Verabschiedung und
Wiederentdeckung des Staates
im Spannungsfeld der Disziplinen

BEIHEFTE ZU „DER STAAT“

Zeitschrift für Staatslehre und Verfassungsgeschichte,
deutsches und europäisches öffentliches Recht

Heft 21

Verabschiedung und Wiederentdeckung des Staates im Spannungsfeld der Disziplinen

Herausgegeben von

Andreas Voßkuhle
Christian Bumke
Florian Meinel

Duncker & Humblot · Berlin

Bibliografische Information der Deutschen Nationalbibliothek

Die Deutsche Nationalbibliothek verzeichnet diese Publikation in der Deutschen Nationalbibliografie; detaillierte bibliografische Daten sind im Internet über http://dnb.d-nb.de abrufbar.

Fremddatenübernahme und Druck:
Berliner Buchdruckerei Union GmbH, Berlin
Printed in Germany

ISSN 0720-6828
ISBN 978-3-428-13944-6 (Print)
ISBN 978-3-428-53944-4 (E-Book)
ISBN 978-3-428-83944-5 (Print & E-Book)

Gedruckt auf alterungsbeständigem (säurefreiem) Papier
entsprechend ISO 9706 ♾

Internet: http://www.duncker-humblot.de

Vorwort

Dieser Band dokumentiert die Erträge eines Colloquiums, zu dem sich Freunde, Kollegen und wissenschaftliche Weggefährten von Gunnar Folke Schuppert am 14. und 15. Oktober 2011 am Wissenschaftszentrum Berlin zusammengefunden haben, um mit ihm Abschied zu feiern von der Forschungsprofessur, die er dort seit 2003 bekleidet hat. Die Beiträge beleuchten aus verschiedenen disziplinären und thematischen Blickwinkeln ein Lebensthema Gunnar Folke Schupperts: den Wandel von Staatlichkeit.

Karlsruhe, Hamburg und Berlin am 23. Mai 2013 — Die Herausgeber

Schaefer, AöR 15, 330

Inhaltsverzeichnis

I. Disziplinäre Zugänge

II. Metamorphosen des Staates

III. Regieren jenseits des Nationalstaates

IV. Staat, Politik, Recht

Anhang

I. Disziplinäre Zugänge

Konturen einer zeitgenössischen Staatssoziologie

Von Helmuth Schulze-Fielitz, Würzburg

I. Problemstellungen

Es gibt aufgegebene Vortragsthemen, an denen man nur scheitern kann. Die Frage nach Konturen einer „zeitgenössischen Staatssoziologie" gehört wohl dazu: Sie sucht nach einer Staatssoziologie, die es noch nicht gibt, und grenzt sich vermeintlich von einer älteren Staatssoziologie ab, die es auch nicht gegeben hat, wie ein Rückblick auf *Max Weber* deutlich macht (II.). Dennoch ist eine soziologische Betrachtung verfassungsstaatlicher Herrschaft vor dem Hintergrund des Wandels von Staatlichkeit auf der Folie zentraler Blickrichtungen Max Webers (III.) auch aus verfassungstheoretischer Sicht erkenntnis- wie handlungstheoretisch hilfreich, wahrscheinlich sogar notwendig, wenn man sich dabei problemfeldspezifisch von Fragen auf einer mittleren Abstraktionsebene leiten lässt (IV.). Status und Stand der empirischen, rechtssoziologischen Forschung führen dabei allerdings unvermeidlich weniger zur Rezeption gesicherten Wissens als zu einer durch alltagstheoretische Annahmen heuristisch geleiteten Interdisziplinarität der Verfassungsrechtswissenschaft (V.). Deshalb geht es nachstehend weniger um die unscharfen Konturen einer zeitgenössischen Staatssoziologie als um ausgewählte Wünsche an eine (virtuelle) Soziologie verfassungsstaatlicher Herrschaft.

II. Staatssoziologie: Ein Rückblick auf Max Weber

1. Anlass: „Staatssoziologie" im begrifflichen Kontext

Sucht man begrifflich nach Anknüpfungspunkten für eine „Staatssoziologie", so stößt man weithin auf Fehlanzeigen. In den Titeln von Monographien der letzten fünf Jahrzehnte erscheint der Begriff Staatssoziologie außer in einem Band mit gesammelten Abhandlungen zur politischen Ideengeschichte und zu Verfassungsproblemen von *Karl Loewenstein* (von 1961)[1] nur in dem Buch von *Horst Dreier* über *Hans Kelsen*, in dem freilich

1 *Karl Loewenstein*, Beiträge zur Staatssoziologie, 1961. – Die Titelwahl wird dem Inhalt der Beiträge nur bei einem sehr deutschen Vorverständnis von „Staat" gerecht.

nur auf fünf Seiten das relative Recht einer Staatssoziologie aus der Sicht Kelsens betrachtet wird.[2] Neben einem rechtssoziologischen Einführungsbüchlein von *Reinhold Zippelius*, in dem der Begriff der Staatssoziologie aber nirgends behandelt wird,[3] und einer ideengeschichtlichen Monographie über *Ludwig Gumplowicz*[4] taucht das Wort Staatssoziologie ausnahmslos nur im Blick auf *Max Weber*[5] oder sein Werk[6] auf. Auch die rechtssoziologischen Lehrbücher[7] enthalten sich dieser Begrifflichkeit; in ihnen spielt der Staat ohnehin keine besondere Rolle.[8] Immerhin bildet bei *Manfred Rehbinder* die Dreiteilung der Gewalten Justiz, Verwaltung und Gesetzgebung ein Gerüst für staatsbezogene rechtssoziologische Fragestellungen;[9] auch erscheint bei *Niklas Luhmann* der Staat als „Formel für die Selbstbeschreibung des politischen Systems der Gesellschaft", das die kollektiv verbindlichen Entscheidungen organisiert,[10] doch ist das ein sehr spezifisches Staatsverständnis. Alles das korrespondiert vielleicht nur dem Abstieg der Kategorie „Staat" auch in der Staatsrechtslehre und Allgemeinen Staatslehre,[11] so sehr es beachtliche Rekonstruktionen im Rahmen einer „Staatswissenschaft" gibt.[12] Wollte man auf die eingrenzende Funktion des Begriffs Staat in „Staatssoziologie" ganz verzichten, wäre mein Thema erst recht konturen- und uferlos. Vielleicht hilft hier deshalb ein Rückblick auf Max

---

2 *Horst Dreier*, Rechtslehre, Staatssoziologie und Demokratietheorie bei Hans Kelsen, 2. Aufl. 1990, S. 136 ff.

3 *Reinhold Zippelius*, Grundbegriffe der Rechts- und Staatssoziologie, 2. Aufl. 1991.

4 *Peter Boßdorf*, Ludwig Gumplowicz als materialistischer Staatssoziologe, 2003.

5 Vgl. den von *Johannes Winckelmann* kompilierten Band: *Max Weber*, Staatssoziologie. Soziologie der rationalen Staatsanstalt und der modernen politischen Parteien und Parlamente, 2. Aufl. 1966; (neu gesetzt) 3. Aufl. 2011.

6 *Andreas Anter/Stefan Breuer* (Hrsg.), Max Webers Staatssoziologie: Positionen und Perspektiven, 2007; siehe auch *Andreas Anter*, Max Weber und Georg Jellinek, in: Stanley L. Paulson/Martin Schulte (Hrsg.), Georg Jellinek, 2000, S. 67 (79 ff.); *Stefan Breuer*, Von der sozialen Staatslehre zur Staatssoziologie: Georg Jellinek und Max Weber, in: Andreas Anter (Hrsg.), Die normative Kraft des Faktischen, 2004, S. 89 ff.; *Gangolf Hübinger*, Die „Staatssoziologie" Max Webers, in: FS Alexander von Brünneck, 2011, S. 443 ff.

7 Zuletzt *Gerhard Struck*, Rechtssoziologie, 2011; *Susanne Baer*, Rechtssoziologie, 2011; *Thomas Raiser*, Grundlagen der Rechtssoziologie, 5. Aufl. 2009.

8 Ein wenig anders *Hans Albrecht Hesse*, Einführung in die Rechtssoziologie, 2004, S. 91 ff.

9 *Manfred Rehbinder*, Rechtssoziologie, 7. Aufl. 2009, §§ 8–10, S. 126 ff., 149 ff. bzw. 172 ff.

10 *Niklas Luhmann*, Staat und Politik (1984), in: ders., Soziologische Aufklärung 4, 1987, S. 74 (78); ähnlich *ders.*, Politik der Gesellschaft, 2000, S. 217.

11 In diesem Sinne *Hasso Hofmann*, Von der Staatssoziologie zu einer Soziologie der Verfassung?, in: Horst Dreier (Hrsg.), Rechtssoziologie am Ende des 20. Jahrhunderts, 2000, S. 180 ff.; zur Entwicklung der Diskussion *Christoph Möllers*, Staat als Argument, 2. Aufl. 2011, S. 141 ff.

12 *Gunnar Folke Schuppert*, Staatswissenschaft, 2003; programmatisch *Andreas Voßkuhle*, Die Renaissance der „Allgemeinen Staatslehre" im Zeitalter der Europäisierung und Internationalisierung, JuS 2004, S. 2 ff.

Weber, schon um durch dogmengeschichtliche Anknüpfung dem Vorwurf einer „gewissen intellektuellen Verspätung in der deutschen Staatsrechtswissenschaft“[13] trotz begrenzter internationaler Anschlussfähigkeit des Staatsbegriffs zu entkommen.

Freilich hat *Max Weber* niemals eine selbständige Staatssoziologie veröffentlicht, so sehr der Staat im Zentrum seines wissenschaftlichen und politischen Denkens steht.[14] Anders als der politische Verband gehört speziell der Staat für Weber gar nicht zu den Grundbegriffen der Soziologie, insoweit diese auf einen interkulturellen Vergleich sehr unterschiedlicher, gesellschaftlich heterogener Verhältnisse zielen, der Staat aber eine spezifische moderne Form der politischen Herrschaft ist.[15] Vielmehr hat er erstmalig und allein im SS 1920 bis zu seinem Tod im Juni seine Vorlesung „Allgemeine Staatslehre und Politik“ unter dem Titel „Staatssoziologie“ gehalten,[16] ohne den oftmals angekündigten Plan der Ausarbeitung einer „Staatssoziologie“ in jenen Jahren noch ausführen zu können. *Johannes Winckelmann* hat es deshalb (wohl unhaltbar) für richtig gehalten,[17] in Aufnahme dieser Planung von Max Weber verschiedene Teil-Texte aus unterschiedlichen Veröffentlichungen Webers als Schlussabschnitt der Soziologie der Herrschaft in „Wirtschaft und Gesellschaft“ aufzunehmen[18] und überdies auch gesondert unter dem Haupttitel „Staatssoziologie“ zu veröffentlichen, ergänzt um einen Auszug des posthum veröffentlichten Textes über die drei reinen Typen der (legalen, traditionalen und charismatischen) Herrschaft.[19] Auch die deutsche Soziologie nach 1945 hat den Staat lange Zeit nicht als ihren Gegenstand betrachtet, ehe sich dieses vor allem durch die Rezeption der Herrschaftssoziologie Max Webers spätestens in den 1990er Jahren änderte.[20]

---

13 *Möllers*, Staat (Fn. 11), S. XIII, zur Kontinuität des juristischen Etatismus.

14 Vgl. *Andreas Anter*, Max Webers Staatssoziologie im zeitgenössischen Kontext, in: ders./Breuer, Staatssoziologie (Fn. 6), S. 13 (14); *Siegfried Weichlein*, Max Weber, der moderne Staat und die Nation, ebd., S. 103 (103); *Siegfried Hermes*, Der Staat als „Anstalt“. Max Webers soziologische Begriffsbildung im Kontext der Rechts- und Staatswissenschaften, in: Klaus Lichtblau (Hrsg.), Max Webers „Grundbegriffe“, 2006, S. 184 ff.

15 *Max Weber*, Wirtschaft und Gesellschaft: Herrschaft, MWG I/22-4, S. 471 = MWS I/22-4, S. 136; *Max Weber*, Wirtschaft und Gesellschaft, Studienausgabe, 5. Aufl. 1972, S. 30; *Catherine Colliot-Thélène*, Das Monopol der legitimen Gewalt, in: Anter/Breuer, Staatssoziologie (Fn. 6), S. 39 (42f.); siehe auch *Carl Schmitt*, Staat als ein konkreter, an eine geschichtliche Epoche gebundener Begriff (1941), in: ders., Verfassungsrechtliche Aufsätze aus den Jahren 1924–1954, 4. Aufl. 2003, S. 375 (384); zum teilweise abweichenden Begriffsverständnis von Staat bei Weber: *Stefan Breuer*, Bürokratie und Charisma. Zur politischen Soziologie Max Webers, 1994, S. 16 ff., 25 f.

16 Vgl. die Vorlesungsnachschriften in: MWG III/7, S. 65 ff.

17 *Winckelmann*, Einführung, in: Weber, Staatssoziologie (Fn. 5), S. 11.

18 *Weber*, Wirtschaft und Gesellschaft (Fn. 15), S. 815 ff.

19 Nw. Fn. 5.

20 *Siegfried Hermes*, Staatsbildung durch Rechtsbildung – Überlegungen zu Max Webers soziologischer Verbandstheorie, in: Anter/Breuer, Staatssoziologie (Fn. 6), S. 81 (97), unter Benennung u. a. der Arbeiten von *Andreas Anter*, Max Webers Theo-

Der Begriff der Staatssoziologie führt mithin unvermeidlich zum Werk Max Webers (und, im Blick auf Wandlungen der Staatlichkeit in der Gegenwart, zu seinen Grenzen).

Ein Rückblick auf die von *Winckelmann* unter dem Titel „Staatssoziologie" thematisierten Fragen zeigt vielleicht einige Konturen dessen, was als ältere oder herkömmliche Staatssoziologie verstanden werden könnte: (1) die Entstehung des rationalen Staates als anstaltsmäßiger Herrschaftsverband mit dem Monopol legitimen physischen Zwanges; (2) der Herrschaftsbetrieb als Verwaltung mit politischer Leitung und Beamtenschaft; (3) die Aufgaben und Funktionen politischer Parteien und des Parlaments und (4) das Verhältnis von Parlamentarismus und Demokratie. Die damit angesprochenen Fragestellungen müssten sicher auch Bestandteil einer „zeitgenössischen Staatssoziologie" sein und es wäre sicher eine Möglichkeit, in diesem Sinne in Anknüpfung an die verfassungsstaatlichen Institutionen des Grundgesetzes heutige Fragen einer Gesetzgebungs-, Verwaltungs- oder Rechtsprechungssoziologie additiv und kompilatorisch aufzuzählen und unter gewandelten Herausforderungen als „Konturen einer zeitgenössischen Staatssoziologie" anzusehen, so konturenlos die Vielfalt der denkbaren Fragestellungen sehr bald erscheinen dürfte. Man könnte *Webers* Beobachtungen im Kontext des Übergangs vom Kaiserreich zur Republik aktualisieren oder fortschreiben; man könnte nach Erklärungen der Merkwürdigkeit des Standes der zeitgenössischen Rechtssoziologie suchen, weshalb im Vergleich zur Verwaltungssoziologie eine Soziologie der Gesetzgebung als solche sehr vernachlässigt wird[21] und eine Soziologie der Justiz und der richterlichen Entscheidungen die Organisation der Justiz weithin unterbelichtet lässt und eher einen berufs- und verfahrenssoziologischen Schwerpunkt aufweist[22] (beide Sachverhalte spiegeln sich auch in den rechtstatsächlich extrem informationsarmen neuesten Staatsrechtslehrerreferaten wider[23]); oder man könnte danach fragen, warum der Staat in der zeitgenössischen Staatsoziologie keine relevante Rolle spielt und welche Antworten die Frage nach einer Staatssoziologie sucht oder suchen könnte.

Der nachstehende Versuch geht einen anderen Weg, schon um zu Beginn eines Diskurses sich dem „obligatorischen" historischen Rückblick zu stellen. Er möchte einige Spezifika von *Max Webers* Staatssoziologie in ihren späten Neuakzentuierungen[24] rekapitulieren, um anschließend vor dem Hin-

---

rie des modernen Staates, 1995, 2. Aufl. 1996; *Stefan Breuer*, Max Webers Herrschaftssoziologie, 1991.

21 Unverändert aktuell *Helmuth Schulze-Fielitz*, Gesetzgebungslehre als Soziologie der Gesetzgebung, in: Dreier, Rechtssoziologie (Fn. 11), S. 156 (157 ff.).

22 Vgl. auch *Martin Rehbinder*, Fortschritte und Entwicklungstendenzen einer Soziologie der Justiz, 1989, S. 25.

23 *Marion Albers / Christoph Schönberger*, Höchstrichterliche Rechtsfindung und Auslegung gerichtlicher Entscheidungen, VVDStRL 71 (2012), S. 258 ff. bzw. 296 ff.

tergrund von Wandlungen moderner Staatlichkeit einerseits auf die Grenzen seiner (mitunter zeitgebundenen) Antworten hinzuweisen, andererseits im Lichte oder mit Hilfe von Webers Fragestellungen auf einige Desiderata oder Schwächen in der zeitgenössischen Soziologie verfassungsstaatlicher Herrschaft hinzuweisen.

2. Die Konnexität von Staat und Wirtschaft als soziologisches Problem

Wenn man eine hohe Stringenz von *Max Webers* 1920 diktierter Vorlesungsgliederung in neun Paragraphen rekonstruiert,[25] dann sollte gerade eine enge Verknüpfung zwischen ihnen bestehen. Begriff des Staates (§ 1), die Typen legitimer Herrschaft (§ 2), Stände und Klassen (§ 3), Geschlechterstaat und Lehnsstaat (§ 4), Patrimonialismus und Fachbeamtentum (§ 5), Bürgertum und Stadtstaat, Staat und Nation (§ 6), ständische Gewaltenteilung und ständische Repräsentation (§ 7), rationale Gewaltenteilung, Parteien und Parlamentarismus (§ 8) sowie die verschiedenen Arten der Demokratie (§ 9)[26] zielen – einerseits – auf die Einordnung des Staates in einen fundamentalen Prozess der Vergesellschaftung der Interessenwahrung durch den Tausch am Markt als eines Typus rationalen Gesellschaftshandelns, dessen Universalisierung eine nicht wegzudenkende Bedingung des modernen Staates gewesen ist.[27] Folge jener „*Markt*vergesellschaftung" ist ein „nach rationalen Regeln *kalkulierbares* Funktionieren des Rechts", das für alle prinzipiell identisch gilt, und parallel zur Marktverbreiterung die „Monopolisierung und Reglementierung aller ‚legitimen' Zwangsgewalt durch *eine* universalistische Zwangsanstalt"[28]. Der moderne Staat bezieht seine Legitimität aus seiner rationalen Strukturierung[29] als eine Erscheinungsform der Eigenart der okzidentalen Moderne,[30] die sich in der Art sei-

24 Zu ihnen *Wolfgang J. Mommsen*, Politik im Vorfeld der „Hörigkeit der Zukunft". Politische Aspekte der Herrschaftssoziologie Max Webers, in: Edith Hanke/Wolfgang J. Mommsen (Hrsg.), Max Webers Herrschaftssoziologie, 2001, S. 303 (313 ff.); *Breuer*, Bürokratie (Fn. 15), S. 22 ff.

25 *Breuer*, Staatslehre (Fn. 6), S. 100 f.; *ders.*, Georg Jellinek und Max Weber, 1999, S. 21 ff.; *ders.*, Bürokratie (Fn. 15), S. 27 ff.

26 Zu Varianten dieser Überschriften: MWG III/7, S. 66 und 67.

27 *Breuer*, Staatslehre (Fn. 6), S. 101; *ders.*, Jellinek (Fn. 25), S. 23.

28 *Weber*, Wirtschaft und Gesellschaft (Fn. 15), S. 198 (Hervorhebungen im Original), siehe auch S. 397, 419, 519.

29 So *Weichlein*, Staat (Fn. 14), S. 103; ähnlich *Hubert Treiber*, Moderner Staat und moderne Bürokratie bei Max Weber, in: Anter/Breuer, Staatssoziologie (Fn. 6), S. 121 (122, 125, 131 f.); *Anter*, Theorie (Fn. 20), S. 203 ff.; *Breuer*, Bürokratie (Fn. 15), S. 8, 33 ff.

30 *Hartmann Tyrell*, Max Webers Soziologie – eine Soziologie ohne „Gesellschaft", in: Gerhard Wagner/Heinz Zipprian (Hrsg.), Max Webers Wissenschaftslehre, 1994, S. 390 (395 ff., 399).

ner legalen Herrschaftsausübung niederschlägt,[31] namentlich der Kontinuität von Amtsgeschäften, der kompetenzmäßigen Behördenorganisation, der Amtshierarchie, der Fachschulung, der Trennung des Verwaltungsstabes von den Verwaltungsmitteln, der Trennung von Amt und Person und der Schriftlichkeit (Aktenmäßigkeit) der Amtsgeschäfte.[32]

Andererseits geht es dem späten *Weber* nun um die Perspektive der Einwirkungen der Gegenmacht der Beherrschten auf den Staat durch Parlamente und Demokratie.[33] Dabei steht aber für Weber im Ganzen nicht die Gesellschaft im Mittelpunkt seiner Fragestellung,[34] sondern seine soziologischen Analysen gelten der Beziehung zwischen der Wirtschaft und den anderen Lebensordnungen der Gesellschaft, insoweit also auch dem Staat in seiner Beziehung zur Wirtschaft:[35] Beide prägen und fördern sich in einem Prozess der Wechselwirkung, um Rechtssicherheit bürokratisch zu gewährleisten und die Berechenbarkeit des Kapitalismus maßgeblich zu fördern.[36]

3. Das Monopol legitimer physischer Gewaltsamkeit

Weber sah bekanntlich im Staat einen „politischen Anstaltsbetrieb", dessen „Verwaltungsstab erfolgreich das Monopol legitimen physischen Zwanges" beansprucht[37] (im Unterschied zum psychischen Zwang in religiösen Gemeinschaften). Für Weber kann der Staat als Idealtypus nicht durch seine spezifischen Zwecke, sondern nur durch seine Mittel charakterisiert werden.[38] Für ihn ist der Staat ein „*Herrschafts*verhältnis",[39] doch anders als die zeitgenössische Staatsrechtslehre annahm, hat der neuzeitliche nachreformatorische Staat kein Herrschaftsmonopol – Machtverhältnisse, den eigenen Willen auch gegen Widerstreben durchzusetzen, und Herrschaftsverhältnisse mit dem Anspruch, auf einen Befehl hin Gehorsam zu finden, sind gesellschaftlich weit verbreitet[40] –, sondern nur das Monopol des Mittels der legiti-

31 *Anter*, Theorie (Fn. 20), S. 194 ff.; siehe auch *Hofmann*, Staatsoziologie (Fn. 11), S. 189.

32 *Weber*, Wirtschaft und Gesellschaft (Fn. 15), S. 124 ff.

33 *Breuer*, Bürokratie (Fn. 15), S. 28 ff.

34 *Anter*, Staatssoziologie (Fn. 14), S. 14; siehe näher *Tyrell*, Soziologie (Fn. 30), S. 392, 394, 402 u.ö.

35 *Colliot-Thélène*, Monopol (Fn. 15), S. 42; *Tyrell*, Soziologie (Fn. 30), S. 394, 405.

36 *Anter*, Theorie (Fn. 20), S. 175.

37 *Weber*, Wirtschaft und Gesellschaft (Fn. 15), S. 29, ähnlich („der physischen Gewaltsamkeit") ebd. S. 822 = *ders.*, Politik als Beruf (1919), in: MWG I/17, S. 159; dazu ausf. *Treiber*, Staat (Fn. 29), S. 121 ff.; *Hermes*, Staat (Fn. 14), S. 197 ff.; *Anter*, Theorie (Fn. 20), S. 47 ff.

38 *Weber*, Wirtschaft und Gesellschaft (Fn. 15), S. 30; krit. etwa *Hermann Heller*, Staatslehre, 1934, S. 203; dazu näher *Anter*, Theorie (Fn. 20), S. 24 ff.; siehe auch *Möllers*, Staat (Fn. 11), S. 389 ff.

39 *Weber*, Politik (Fn. 37), S. 160; ausf. neuestens *Stefan Breuer*, „Herrschaft" in der Soziologie Max Webers, 2011, S. 11 ff.; *Anter*, Theorie (Fn. 20), S. 58 ff.

men Gewaltanwendung i. S. physischen Zwangs,[41] also offene, direkte und auf den menschlichen Körper gerichtete Gewalt.[42] Nicht das Gewaltmonopol ist eine Erfindung Webers,[43] sondern die Verknüpfung mit der Legitimität seiner Wahrnehmung durch gleichzeitige Verrechtlichung der physischen Gewaltanwendung.[44] Voraussetzung ist die Umbildung des politischen Verbandes in einen anstaltlichen (Rechts-)Staat, der die früher kraft Geburt bestehenden Privilegien und Sonderrechte durch die formale Rationalität allgemeiner Gesetze vermittelt,[45] deren rechtsstaatliche Geltung äußerlich von einem Erzwingungsstab garantiert wird, deren Regeln zugleich aber auch faktisch als verbindlich und vorbildlich angesehen werden.[46] Das gilt erst recht für den Verwaltungsstab der modernen Bürokratie und ihre – idealtypisch – streng formalistisch nach rationalen Regeln erfolgende Verwaltungspraxis.[47]

4. Die Dominanz des Machtkampfes in der Politik

Bei *Max Weber* spielt der Machtkampf (gegensätzlicher politischer Interessen und Gestaltungsabsichten) als Grundform sozialer Beziehungen – namentlich auch vor dem Hintergrund der Erfahrungen des Ersten Weltkrieges und der zeitgenössischen wissenschaftlichen Diskussion – in einer durchaus positiven Konnotation eine zentrale Rolle.[48]

---

40 Vgl. *Weber*, Wirtschaft und Gesellschaft (Fn. 15), S. 29f., 539.

41 *Anter*, Staatssoziologie (Fn. 14), S. 20 f.; ausf. *ders.*, Theorie (Fn. 20), S. 35 ff.; *Colliot-Thélène*, Monopol (Fn. 15), S. 40.

42 *Anter*, Theorie (Fn. 20), S. 36.

43 *Colliot-Thélène*, Monopol (Fn. 15), S. 43; *Andreas Anter*, Von der politischen Gemeinschaft zum Anstaltsstaat. Das Monopol der legitimen Gewaltsamkeit, in: Hanke/Mommsen, Herrschaftssoziologie (Fn. 24), S. 121 (124f.); *ders.*, Theorie (Fn. 20), S. 39 f.

44 *Colliot-Thélène*, Monopol (Fn. 15), S. 44 ff.; *Anter*, Staatssoziologie (Fn. 14), S. 20; *ders.*, Gemeinschaft (Fn. 43), S. 124; *ders.*, Theorie (Fn. 20), S. 44 f., 63 ff., 188 ff.; siehe auch *Dieter Grimm*, Das staatliche Gewaltmonopol, in: Freia Anders/ Ingrid Gilcher-Holtey (Hrsg.), Herausforderungen des staatlichen Gewaltmonopols, 2006, S. 18 (24 ff.).

45 *Weber*, Wirtschaft und Gesellschaft (Fn. 15), S. 416 ff.; dazu *Colliot-Thélène*, Monopol (Fn. 15), S. 47 ff.; siehe auch *Hermes*, Staatsbildung (Fn. 20), S. 85 f.

46 *Treiber*, Staat (Fn. 29), S. 127 f.

47 *Treiber*, Staat (Fn. 29), S. 128 ff., 133 ff.; zur im Kern bleibenden Aktualität dieses Idealtypus *Hans Peter Bull*, Die Krise der Verwaltungstheorie, VerwArch. 103 (2012), S. 1 (20 ff.); *Gunnar Folke Schuppert*, Verwaltungswissenschaft, 2000, S. 66 ff.

48 Vgl. *Max Weber*, Der Sinn der „Wertfreiheit" der soziologischen und ökonomischen Wissenschaften (1917), in: ders., Gesammelte Aufsätze zur Wissenschaftslehre, 7. Aufl. 1988, S. 489 (517); *ders.*, Wirtschaft und Gesellschaft (Fn. 15), S. 20 f., 516, 520 f.; *Hans-Peter Müller*, Max Weber, 2007, S. 119 ff.; *Gangolf Hübinger*, Politische Wissenschaft um 1900 und Max Webers soziologischer Grundbegriff des „Kampfes", in: Hanke/Mommsen, Herrschaftssoziologie (Fn. 24), S. 101 ff.; *Breuer*, Bürokratie (Fn. 15), S. 22 f.

Schon für die Entstehung von Staaten betont er, in deutlicher Distanz zu vertragstheoretischen Konstruktionen,[49] Gewalt und Zwang als zentrale Merkmale politischer Gemeinschaften, wenn er jeden Staat auf Gewalt gegründet[50] und den typischen „Keim“ des Staates in „freien Gelegenheitsvergesellschaftungen von Beutelustigen zu einem Kriegszug unter selbstgewähltem Führer“ sieht,[51] also im Akt der kriegerischen Unterwerfung einer Bevölkerung durch Eroberer. Herrschaft ist Weber zufolge ihrem Ursprung nach autoritär.[52] Aber auch für die staatsbezogene Politik[53] in etablierten Staaten selbst ist begrifflich das Machtverteilungs-, Machterhaltungs- und Machtverschiebungsinteresse charakteristisch;[54] der Kampf zwischen Ideen und Interessen erscheint als strukturbildende Voraussetzung seiner Staatssoziologie[55] (in deutlicher Distanz zur Idee einer rationalen Verständigung durch herrschaftsfreie Diskurse) – bis hin zu den im Kampf geschulten Advokaten als Elementen parlamentarischer Demokratie[56] –, per saldo „als eine notwendige Voraussetzung für die Erhaltung einer dynamischen Gesellschaftsordnung“[57] mit der stets notwendigen Folge der sozialen Ungleichheit unter den Menschen.[58]

III. Wandlungen von Staatlichkeit: An den Grenzen der Staatssoziologie Max Webers

1. Prämissen: (Wie) ist eine Staatssoziologie möglich?

Warum ist der Begriff einer Staatssoziologie unüblich? Einerseits ist der Begriff des Staates selbst wenn nicht ungeklärt, so jedenfalls je nach Fragestellung sehr vielschichtig. Für eine auf Informationshaltigkeit zielende em-

---

49 Dazu auch *Anter*, Theorie (Fn. 20), S. 48; *Wilhelm Hennis*, Max Webers Fragestellung, 1987, S. 214.

50 So *Weber*, Politik (Fn. 37), S. 158; *ders.*, Wirtschaft und Gesellschaft (Fn. 15), S. 520.

51 *Max Weber*, Über einige Kategorien der verstehenden Soziologie (1913), in: ders., Wissenschaftslehre (Fn. 48), S. 427 (451); *ders.*, Wirtschaft und Gesellschaft (Fn. 15), S. 32, 57, 385, 523 f.; dazu *Anter*, Staatssoziologie (Fn. 14), S. 24 f.

52 *Christoph Schönberger*, Max Webers Demokratie: Utopisches Gegenprinzip zur bürokratischen Herrschaft, in: Anter/Breuer, Staatssoziologie (Fn. 6), S. 157 (161); siehe auch *Hennis*, Fragestellung (Fn. 49), S. 218 f.

53 Zu Kriterien des Politischen bei Weber: *Anter*, Theorie (Fn. 20), S. 51 ff.

54 MWG I/17, S. 159; siehe auch *Hübinger*, Wissenschaft (Fn. 48), S. 117; *Hennis*, Fragestellung (Fn. 49), S. 210, 219, 233.

55 *Hübinger*, Wissenschaft (Fn. 48), S. 118 f.; siehe auch *Anter*, Theorie (Fn. 20), S. 53.

56 *Anter*, Theorie (Fn. 20), S. 199.

57 So *Mommsen*, Politik (Fn. 24), S. 319.

58 *Wolfgang Schluchter*, Handlung, Ordnung und Kultur, in: Gert Albert/Agathe Bienfalt/Steffen Sigmund/Claus Wendt (Hrsg.), Das Weber-Paradigma, 2003, S. 42 (69 ff.).

pirische Soziologie ist der Begriff des Staates zu diffus oder zu abstrakt,[59] sondern er bedarf einer sachbereichs- oder problemspezifischen Konkretisierung. Insoweit geht es eher um konkrete rechtlich in spezifischer Weise konstituierte und organisierte Verfassungsstaaten westlichen Typs, in Sonderheit die Bundesrepublik Deutschland.

Für eine abstrakte Theoriebildung im Sinne einer allgemeinen Staatstheorie (jenseits des völkerrechtlichen Staatsbegriffs im Sinne der Drei-Elementen-Lehre *Georg Jellineks*) ist der Begriff der Staatssoziologie möglicherweise zu heterogen oder in seiner Abstraktionsebene zu hoch angesetzt, um hinreichend informationshaltige soziologische Aussagen zu ermöglichen; jedenfalls gibt es seit *Hermann Heller* keine soziologische Theorie in jenem großtheoretischen Sinne. Auch wenn man im Wandel der Staatlichkeit heute mit seinen ungeheuren Anpassungszwängen einen epochalen Bruch sieht,[60] so fordert seine wissenschaftliche Verarbeitung unvermeidlich analytische Trennungen. Eine zeitgenössische Soziologie der verfassungsstaatlichen Herrschaft wird vor allem mit empirisch-analytisch plausibilisierten Theorien mittlerer Reichweite Erkenntnisfortschritte erzielen. Plausibilität und Informationshaltigkeit der Erklärung von Zusammenhängen im Sinne von Wenn-Dann-Aussagen oder Verstehensaussagen sind dabei die maßgeblichen Qualitätsmerkmale für die Fruchtbarkeit einer zeitgenössischen Staatswissenschaft in einem weiten Sinne.

Das allerdings schließt nicht aus, zwischen unterschiedlichen Arten interdisziplinär fruchtbarer Fragestellungen einer Soziologie verfassungsstaatlicher Herrschaft zu unterscheiden, und zwar im Blick auf die Anschlussfähigkeit sozialwissenschaftlicher Theoriebildung für Verfassungstheorie und Verfassungsrecht. Es ist ein wissenschaftlich legitimer, wenn nicht notwendiger Ausgangspunkt für ein intradisziplinäres Vorgehen, sozialwissenschaftliche Theorien nach den Verwertbarkeitskriterien der eigenen (Verfassungsrechts-)Wissenschaft „auszubeuten". In diesem Sinne geht es nachstehend um einzelne ausgewählte Fragestellungen *Webers*, die heute neue Antworten verlangen.

2. Wandlungen des Monopols legitimer physischer Gewaltsamkeit

In *Webers* Verständnis vom Monopol legitimer physischer Gewaltsamkeit erscheint die potentielle administrativ-polizeiliche oder militärische An-

---

59 Vgl. auch *Möllers*, Staat (Fn. 11), S. XIII; *Max Weber*, Die „Objektivität" sozialwissenschaftlicher und sozialpolitischer Erkenntnis (1904), in: ders., Wissenschaftslehre (Fn. 48), S. 146 (200): Staat als „Unendlichkeit diffuser und diskreter menschlicher Handlungen".

60 Vgl. *Wolfgang Hoffmann-Riem*, Die Governance-Perspektive in der rechtswissenschaftlichen Innovationsforschung, 2011, S. 21 f. m. w. N.

wendung von Zwangsgewalt gegenüber Personen (wenn auch nur als ultima ratio) von fast exklusiver Wichtigkeit,[61] so sehr für Weber der Staat auch und vor allem mit vielen anderen Mitteln handelt.[62] Auch heute liegt das Monopol legitimer physischer Zwangsgewalt unverändert beim Staat, auf dessen rechtliche Entscheidungen oder Ermächtigungen die Ausübung legitimer physischer Zwangsgewalt etwa auch durch private oder sonstige Dritte noch immer zurückführbar ist;[63] das Gewaltmonopol des (einzelnen) Staates bleibt Garant für die Durchsetzung demokratisch legitimierter Politik im demokratischen Verfassungsstaat,[64] auch im Kontext der europäischen Supranationalität (vgl. Art. 67 ff. AEUV);[65] die Internationalisierung hat bislang vor ihm haltgemacht.[66] Entgegenstehende Behauptungen vom Verlust des staatlichen Gewaltmonopols[67] klammern aus, dass dieses bei Weber nur die legitime physische Gewalt meint. Dennoch erscheint das Monopol legitimen physischen Zwanges in seiner kennzeichnenden Bedeutung für staatliche Herrschaftsausübung weniger wichtig, das heißt es muss nach qualitativen Folgerungen aus mindestens vier tatsächlichen Grenzverschiebungen bei der Anwendung staatlicher Herrschaftsmittel gefragt werden.

Erstens gibt es das mit dem Gewaltmonopol oft assoziierte staatliche Rechtsetzungsmonopol nicht (mehr). Es differenziert sich zunehmend weiter aus zu Gunsten eines Pluralismus von vielfältig verflochtenen Instanzen der Rechtsetzung und Rechtsdurchsetzung im Mehrebenensystem im Sinne einer „graduellen Entkoppelung von Staat und Recht".[68] Es gibt nicht mehr nur eine universalistische Zwangsanstalt i. S. *Webers*, die die Gleichförmigkeit von Recht und seiner Durchsetzung reglementiert, sondern mindestens noch die transnationale, supranationale und internationale Ebene, deren Rechtsproduktion ständig zunimmt. Eine zeitgenössische Staatssoziologie hätte nach den sozialen Gründen für die Art und Weise der Verteilung der insgesamt zunehmenden Rechtsetzungsmacht zu fragen. Ein pauschaler Hinweis

61 *Colliot-Thélène*, Monopol (Fn. 15), S. 47.

62 Vgl. z. B. *Weber*, Wirtschaft und Gesellschaft (Fn. 15), S. 15, 442 f.

63 *Eckart Klein*, Staatliches Gewaltmonopol, in: Otto Depenheuer/Christoph Grabenwarter (Hrsg.), Verfassungstheorie, 2010, § 19 Rn. 2 ff., 18 ff.; dieses spiegelt sich etwa in den Debatten um Grenzen der Privatisierung, ebd. Rn. 29, 31 ff.; vgl. auch *Möllers*, Staat (Fn. 11), S. 278 ff.; *Grimm*, Gewaltmonopol (Fn. 44), S. 27 f.

64 Vgl. *Klein* (Fn. 63), § 19 Rn. 14; *Christian Calliess*, Schutzpflichten, HGR II, 2006, § 44 Rn. 1 f.; *Anter*, Theorie (Fn. 20), S. 45; krit. aber *Möllers*, Staat (Fn. 11), S. 275 ff.

65 *Klein* (Fn. 63), § 19 Rn. 38; *Armin von Bogdandy*, Grundprinzipien, in: ders./Jürgen Bast (Hrsg.), Europäisches Verfassungsrecht, 2. Aufl. 2009, S. 13 (39); *Grimm*, Gewaltmonopol (Fn. 44), S. 35 f.

66 *Dieter Grimm*, Die Zukunft der Verfassung II, 2012, S. 55 f., 311, abweichend akzentuiert S. 315 f.

67 Vgl. *Anter*, Gemeinschaft (Fn. 43), S. 133 ff.

68 *Christoph Möllers*, Globalisierte Jurisprudenz, in: Michael Anderheiden u. a. (Hrsg.), Globalisierung als Problem von Gerechtigkeit und Steuerungsfähigkeit des Rechts, 2001, S. 41 (46 f.).

auf „wirtschaftliche Gründe“ zur Schaffung eines Binnenmarktes dürfte reichlich unterkomplex sein.

Zweitens erscheint physischer Zwang als exklusives Mittel der Durchsetzung von Recht, entgegen dem zwangstheoretischen Normverständnis bei *Weber*, unter den Bedingungen der Europäisierung und Internationalisierung wegen anderer Mittel hoheitlichen Handelns in seiner Exklusivität fraglich, wenn z. B. ökonomische Druckmittel funktional äquivalente Bedeutung (bei der Durchsetzung von Recht) gewinnen, etwa die Höhe von Kreditzinsen am Kapitalmarkt. Eine zeitgenössische Staatssoziologie muss daher nach der Vielfalt der tatsächlich praktizierten Alternativen oder Äquivalente von physischem Zwang oder seiner Androhung zur Durchsetzung von Recht fragen, etwa nach Wirkungsformen der Loyalität als Rechtsprinzip innerhalb der EU[69] oder Folgen der Streitschlichtung durch WTO-Schiedsverfahren oder anderen Formen nichtstaatlicher Rechtsdurchsetzung.

Drittens ist ein erhebliches Bedeutungswachstum von funktionalen Äquivalenten zum Recht selbst festzustellen, wie es unter dem Begriff des „soft law“ rubriziert wird,[70] teilweise auch als „informale Regeln“. Es fehlt insoweit an jeder Durchsetzbarkeit mittels rechtlich geregelten physischen Zwangs und doch entfalten solche Regeln faktisch große Wirksamkeit. Eine zeitgenössische Staatssoziologie hätte die Funktionen solcher Alternativen zum Recht zu (er-)klären. Hinzu kommt, dass zunehmend bloße Information als Mittel hoheitlichen Handelns ohne jeden regelhaften Charakter Verhaltensanreize auslösen und damit im Kontext spezifischer Regelungsstrukturen erhebliche Steuerungsimpulse entfalten kann.[71]

Viertens schließlich ist das faktisch erfolgreiche Zusammenspiel aller staatlichen und überstaatlichen Mittel des Handelns mit dem Handeln von privaten Akteuren, mit Märkten und nichtstaatlichen Institutionen bei einer gemeinsamen Zielverwirklichung ein Prozess, der die Vorstellung einer physisch radizierten Durchsetzungsmacht weit überschreitet. Eine solche Analyse von Handlungskoordination, in der der Staat nur noch ein zentraler Anbieter öffentlicher Güter unter anderen ist,[72] ist die wesentliche Perspektive der Governance-Forschung,[73] bei Handlungskoordination von rechtlichen

---

69 *v. Bogdandy*, Grundprinzipien (Fn. 65), S. 54 f.

70 *Matthias Knauff*, Der Regelungsverbund: Recht und Soft Law im Mehrebenensystem, 2010, S. 213 ff., 257 ff.

71 S. jetzt ausf. *Jule Martin*, Das Steuerungskonzept der informierten Öffentlichkeit, 2012; siehe auch im Kontext politischer Überzeugungsarbeit *Claus Offe*, Governance – „Empty signifier“ oder sozialwissenschaftliches Forschungsprogramm?, in: Gunnar Folke Schuppert/Michael Zürn (Hrsg.), Governance in einer sich wandelnden Welt, 2008, S. 61 (72 ff.).

72 *Gunnar Folke Schuppert*, Governance-Forschung: Versuch einer Zwischenbilanz, Die Verwaltung 44 (2011), S. 273 (282 f.); *Michael Zürn*, Governance in einer sich wandelnden Welt – ein Zwischenbilanz, in: Schuppert/Zürn, Governance (Fn. 71), S. 553 (557).

und nichtrechtlichen Koordinationsformen auch einer sozialwissenschaftlich informierten rechtswissenschaftlichen Governance-Forschung,[74] die sich insoweit als Teil einer zeitgenössischen Staatssoziologie interpretieren lässt: Es geht dann um die sozialen Ursachen, Wirkungen und Kontexte von bestimmten Regelungsstrukturen,[75] die Schwächen herkömmlicher hierarchischer staatlicher Intervention kompensieren sollen.[76]

3. Wandlungen des Legitimitätsglaubens

Für *Max Weber* gründet die (rationale) Legitimität der Herrschaft des modernen Staates im inneren Glauben der Beherrschten an die Legalität der Herrschaft (der gesatzten Ordnungen),[77] der seinerseits auch durch den Verwaltungsstab aufgrund dessen überlegener Organisationsfähigkeit infolge seiner Errichtung und Verfügbarkeit besteht[78] und doch niemals allein durch physischen Zwang gesichert werden könnte.[79] Webers Konzeption ist rechtsstaatlich geprägt, sie betont die formalen Regeln der Volkswillensbildung und „repräsentiert eine typisch deutsche legalistische und konstitutionalistische Konzeption demokratischer Legitimation"[80]. Die demokratische Legitimität spielt eher am Rande eine Rolle, nämlich als Folge des Wandels der Gefolgschaft aufgrund autoritären charismatischen Führertums durch Anerkennung der Beherrschten und Veralltäglichung der charismatischen Herrschaft durch Verrechtlichung.[81] Die Dauerhaftigkeit der Aufrechterhaltung einer Rechtsordnung lebt freilich von der (faktischen) Überzeugung von der Legitimität der Herrschaft kraft „Legalität", d. h. kraft Glaubens an

73 *Schuppert*, Governance-Forschung (Fn. 72), S. 278 f.; *Zürn*, Governance (Fn. 72), S. 561 f.; *Arthur Benz u. a.*, Einleitung, in: dies. (Hrsg.), Handbuch Governance, 2007, S. 9 (9); *Julia von Blumenthal*, Governance – eine kritische Zwischenbilanz, ZPol 15 (2005), S. 1149 (1153 f.).

74 *Schuppert*, Governance-Forschung (Fn. 72), S. 280 f.; ausf. *Hans-Heinrich Trute / Doris Kühlers / Arne Pilniok*, Governance als verwaltungsrechtswissenschaftliches Analysekonzept, in: Schuppert / Zürn, Governance (Fn. 71), S. 173 ff.; *dies.*, Rechtswissenschaftliche Perspektiven, in: Benz u. a., Handbuch (Fn. 73), S. 240 ff.

75 *Hoffmann-Riem*, Governance-Perspektive (Fn. 60), S. 17, 20.

76 So *Offe*, Governance (Fn. 71), S. 67 ff.

77 *Weber*, Wirtschaft und Gesellschaft (Fn. 15), S. 122; dazu näher *Breuer*, „Herrschaft" (Fn. 39), S. 205 ff.; *Anter*, Theorie (Fn. 20), S. 69 ff.; ausf. *ders.*, Soziales Handeln und Struktur der Herrschaft, 2003, S. 101 ff.

78 *Treiber*, Staat (Fn. 29), S. 125 f.; ausf. *Weyma Lübbe*, Legitimität kraft Legalität, 1991.

79 *Niklas Luhmann*, Politische Soziologie, 2010, S. 95; *Anter*, Theorie (Fn. 20), S. 64; siehe auch *Weber*, Wirtschaft und Gesellschaft (Fn. 15), S. 197.

80 So *Joachim Blatter*, Demokratie und Legitimation, in: Benz u. a. (Hrsg.), Handbuch (Fn. 73), S. 271 (272).

81 *Stefan Breuer*, Typen und Tendenzen der Demokratie, in: Lichtblau, „Grundbegriffe" (Fn. 14), S. 217 (223 ff.); *Schönberger*, Demokratie (Fn. 52), S. 160; siehe auch *Anter*, Theorie (Fn. 20), S. 67 f.

die Geltung der positiven Rechtsordnung.[82] Für Weber zielt Demokratie tendenziell auf eine „Minimisierung von Herrschaft"[83] und steht daher in einem Spannungsverhältnis zur Bürokratie als ihrer Zwillingsschwester und Antagonistin zugleich.[84]

Wohl anders als bei *Weber*[85] ist eine zentrale Prämisse des demokratischen Verfassungsstaats, dass Demokratie Herrschaft nicht nur konstituiert, sondern auch organisiert und kontrolliert. In ihm wird der Legitimitätsglaube nicht durch die Bürokratie, sondern primär durch die bürgerschaftliche Alltagserfahrung demokratischer Teilhabe und Einflussnahme auf das Handeln der Verwaltung im Sinne einer Input-Legitimation durch die Bürger aufrechterhalten;[86] die Output-Legitimation durch gute Leistungen des politischen Systems (nicht nur einer Bürokratie) für die Bürger tritt nur hinzu.[87] Zur faktischen Legitimation tragen deshalb viele weitere Momente bei, die das Legitimitätsverständnis Webers heutzutage im Zuge gewandelter Erscheinungsformen von Staatlichkeit eher als unterkomplex erscheinen lassen.[88]

4. Wandlungen der Verwaltung mit politischer Leitung und Beamtenschaft

Wenn man *Webers* idealtypisches Verständnis von Bürokratie als Bündel von analytischen Dimensionen für weite Teile der Verwaltung noch für zutreffend hält,[89] obwohl die Richtigkeit seines Bildes historisch-realtypisch schon für seine Zeit durchaus auch Zweifel weckt,[90] so gründet das in der

---

82 *Weber*, Politik (Fn. 37), S. 160; siehe auch *Colliot-Thélène*, Monopol (Fn. 15), S. 52; *Stefan Breuer*, Wege zum Staat, in: Anter/ders., Staatssoziologie (Fn. 6), S. 57 (63 f., 71); jetzt *ders.*, „Herrschaft" (Fn. 39), S. 222 ff.

83 *Weber*, Wirtschaft und Gesellschaft (Fn. 15), S. 157, ähnlich S. 568.

84 *Anter*, Theorie (Fn. 20), S. 89.

85 *Schönberger*, Demokratie (Fn. 52), S. 162f.; *Breuer*, Typen (Fn. 81), S. 230 ff.; *Mommsen*, Politik (Fn. 24), S. 316 f.

86 Vgl. zuletzt *Hans-Heinrich Trute*, Die demokratische Legitimation der Verwaltung, in: GVwR, Bd. 1, 2. Aufl. 2012, § 6 Rn. 2, 4 ff., u. ö.; siehe auch *Schönberger*, Demokratie (Fn. 52), S. 167 f.

87 *Trute*, Legitimation (Fn. 86), Rn. 53; kategorial grdl. (im Anschluss an David Easton): *Fritz W. Scharpf*, Demokratietheorie zwischen Utopie und Anpassung (1970), 1975, S. 21 ff.

88 Vgl. schon zur Kritik *Peter Graf Kielmansegg*, Legitimität als analytische Kategorie, PVS 12 (1971), S. 367 (374 ff.); *Wilhelm Hennis*, Legitimität, in: Peter Graf Kielmansegg (Hrsg.), Legitimationsprobleme politischer Systeme, 1976, S. 9 (15 f., 19 u. ö.); siehe auch *Jürgen Habermas*, Legitimationsprobleme im modernen Staat, ebd. S. 39 (43 ff., 54 ff.).

89 Nw. in Fn. 47; für die Europäische Kommission *Maurizio Bach*, Europa als bürokratische Herrschaft. Verwaltungsstrukturen und bürokratische Politik in der Europäischen Union, in: Gunnar Folke Schuppert/Ingo Pernice/Ulrich Haltern (Hrsg.), Europawissenschaft, 2005, S. 575 (588 f.).

90 *Schönberger*, Demokratie (Fn. 52), S. 168.

unverändert aktuellen spezifischen Modernität der Bürokratie und ihrer Eigendynamik, die die Tendenzen einer Verselbständigung des Verwaltungsstabes zur Herrschaft über die Politik i. S. einer Politik im Geist der Bürokratie betont,[91] wie sie sich aus den langfristigen Beschäftigungsverhältnissen der Beamten, ihrer formalen Unabhängigkeit, ihres überlegenen Sachverstandes, ihres unpolitisch-überparteilichen Anspruchs und ihrer Personal- und Organisationsressourcen ableiten lassen.[92] Die überlegenen Strukturprinzipien Präzision, Schnelligkeit, Berechenbarkeit, Hierarchie, Arbeitsteilung oder Effektivität[93] führten im Zuge des Wachstums der Staatsaufgaben zum Vormarsch der unentrinnbaren Bürokratie.[94]

Andererseits lassen sich tatsächliche Wandlungen registrieren, die es auch als Idealtypus zumindest ergänzungsbedürftig erscheinen lassen. *Stefan Breuer* hat im Blick auf diese Ergebnisse von *Webers* juristischem Rationalismus gefragt, ob sie nicht auf eine Welt gemünzt seien, „die nicht mehr die unsere ist – eine Welt, die auf Dauer angelegt war, in der die Handlungsketten überschaubar und die Folgen kalkulierbar und zurechenbar waren, in der die Interaktionen sich auf einige wenige, juristisch leicht handhabbare Schemata reduzieren ließen und in der eine Kodifikation Lückenlosigkeit postulieren konnte, ohne auf ungläubiges Staunen zu stoßen", und dementsprechend den Zeitpunkt gesehen, „die Webersche Staatssoziologie zu aktualisieren".[95] Die neuen Entwicklungen der veränderten Handlungsformen und hybriden halbstaatlichen Institutionen, der Entstaatlichung durch Privatisierung, der Deregulierung, der Dezentralisierung und der internationalen Verflechtung jenseits von Webers Theoriehorizont verlangen nach neuen oder modifizierten Idealtypen des staatlichen Handelns, wie sie teilweise im Begriff des „Gewährleistungsstaats" gebündelt werden sollen. Aber auch dann und insoweit zeigt sich in den Verwaltungskulturen der kontinentalen Länder Europas bei der restriktiven Übernahme der Institutionen eines New Public Management eine Pfadabhängigkeit, die sich i. S. eines „Neo-Weberianismus" interpretieren lässt und die Traditionen der zentralen Rolle des Rechtsstaats, der Stellung der Bürger als Normadressaten im Kontext von Rechten und Pflichten, der zentralen Rolle des Verwaltungsrechts als Ordnungsinstrument und der hohen Bedeutung der Ämterkultur des öffentlichen Dienstes betont.[96]

---

91 *Bach*, Europa (Fn. 89), S. 575f., im Anschluss an *Wolfgang Schluchter*, Aspekte bürokratischer Herrschaft, 1985, S. 73 ff.; *Anter*, Theorie (Fn. 20), S. 176 f.

92 *Schluchter*, Aspekte (Fn. 91), S. 68 ff.; *Renate Mayntz*, Soziologie der öffentlichen Verwaltung, 3. Aufl. 1985, S. 62 ff.; siehe auch *Treiber*, Staat (Fn. 29), S. 133 ff.

93 *Weber*, Wirtschaft und Gesellschaft (Fn. 15), S. 128 f.

94 Vgl. ausf. *Breuer*, „Herrschaft" (Fn. 39), S. 230 ff., *Anter*, Theorie (Fn. 20), S. 172 ff., 177 ff.

95 *Breuer*, Bürokratie (Fn. 15), S. 83.

96 Siehe *Bull*, Krise (Fn. 47), S. 21; *Joachim Wentzel*, Europäische Verwaltungskulturen, in: Hermann Hill (Hrsg.), Verwaltungsmodernisierung im europäischen Ver-

Die Kontroversen um die Aktualität des Bürokratie-Modells von *Max Weber* seien hier dahingestellt. Aber ein Teilaspekt sei ausdrücklich hervorgehoben. Weber betont „die ungeheure Bedeutung des geschulten Fachbeamtentums" als entscheidende Bedingung des politischen Betriebs[97] und unterscheidet in seiner Herrschaftssoziologie im Blick auf die unterschiedlichen Arten der Rechtsschulung und der Rechtswissenschaft und die entsprechenden juristischen Eliten scharf zwischen der kontinentalen Rechtskultur mit ihren wissenschaftlich am römischen Recht (und damit einer Entstehensvoraussetzung des Kapitalismus) rational geschulten Juristen[98] und den angelsächsischen, weniger durch das römische Recht als empirisch durch die Praxis geschulten, präjudiziengeleiteten Juristen des Common-Law-Rechtskreises.[99] Die Unterscheidung scheint – etwa auch innerhalb der Europäischen Kommission – eine neue Aktualität zu gewinnen.

IV. Soziologische Probleme verfassungsstaatlicher Herrschaft: Desiderata oder Defizite?

1. Problem: Soziologische Fragestellungen ohne juristischen Eigensinn?

Auch von Seiten der Sozialwissenschaften ist beobachtet worden, dass die Allgemeine Staatslehre an den juristischen Fakultäten marginalisiert sei[100] und eine Wiederannäherung an die Sozialwissenschaften vor allem in der Verwaltungsrechtswissenschaft stattfinde.[101] Wenn das so ist, dann dürfte, dem korrespondierend, auch nicht eine Staatssoziologie, sondern primär eine Soziologie der Verwaltung forschungspraktisch ergiebig sein können, also der Institutionen und Akteure, durch die der Staat den Bürgern gegenüber unmittelbar und zurechenbar handelt. Ein Grund für die Erklärung dieses Tatbestandes scheint mir im Eigensinn wissenschaftlicher Fragestellungen zu liegen. *Weber* betrachtet bekanntlich Soziologie als Lehre vom sinnhaften sozialen Handeln und auch den Staat als „Komplex eines spezifischen Zusammenhandelns von Menschen",[102] also von menschlichem Handeln, das auf individuelle Einzelpersonen nach Maßgabe von deren Wertvorstellungen in strukturierten Handlungskontexten zurückführbar ist;[103] auch Recht ist

gleich, 2009, S. 9 (27 ff.), im Anschluss an *Christopher Pollitt/Geert Bouckaert*, Public management reform: A comparative analysis, 2004, S. 99 ff.

97 *Weber*, Politik (Fn. 37), S. 219; *Anter*, Theorie (Fn. 20), S. 176.

98 Zur Rolle der Juristen bei Weber: *Anter*, Theorie (Fn. 20), S. 198 ff.

99 *Weber*, Wirtschaft und Gesellschaft (Fn. 15), S. 456 ff., 509 ff.; siehe auch *Breuer*, Bürokratie (Fn. 15), S. 14 ff.

100 Siehe auch *Hofmann*, Staatssoziologie (Fn. 11), S. 185 ff.

101 *Hermes*, Staatsbildung (Fn. 20), S. 97 und 98.

102 *Weber*, Wirtschaft und Gesellschaft (Fn. 15), S. 7.

für ihn Handeln.[104] Damit harmoniert rechtswissenschaftlich die Handlungsperspektive des praktischen Juristen, sozialwissenschaftlich die Perspektive der Steuerung durch individuelle Akteure.

Demgegenüber scheint heute (staats-)soziologisches Denken, nicht nur unter dem Einfluss der Systemtheorie, entlang von hohen wissenschaftlichen Abstraktionen wie System und Subsysteme, (Regelungs-)Strukturen und Prozesse, Rollen und Funktionen zu argumentieren, das heißt in wissenschaftlich oder soziologisch eigensinnigen Kategorien, die unabhängig von spezifisch verfassungsrechtlichen Institutionen der Bundesrepublik bestehen und ihren eigenen theoretischen Erklärungswert haben. Gewiss kommt keine Sozialwissenschaft ohne theoretische Hintergrundannahmen und ohne Theoriebildung bei der Sachanalyse aus, will sie einen Erklärungswert beanspruchen, der auch zu prognostischer Kraft oder instrumenteller Verwendbarkeit führen kann. Insofern lassen sich schon immer unterschiedliche Niveaus der theoretischen Abstraktion feststellen – von höchster Abstraktion etwa auf der Ebene der Systemtheorie und ihrem Interesse am Verhältnis ihrer Teilsysteme oder Untersysteme bis hin zu besonders informationsreichen theoretischen Aussagen auf der Ebene von Theorien individuellen Handelns. Häufig wird im Anschluss an *Robert K. Merton* von den „Theorien mittlerer Reichweite“ eine optimale Verknüpfung von theoretischer Verallgemeinerung und der Informationshaltigkeit ihrer Aussage erwartet.

Der Bezug einer Staatssoziologie auf die Erscheinungsformen staatlichen Handelns und der Kontext der an der Problemlösung von konkreten Fällen orientierten rechtswissenschaftlichen Fragestellungen lassen deshalb wahrscheinlich solche staatssoziologische Forschung einerseits interdisziplinär anschlussfähig und andererseits besonders informativ erscheinen, die unter Verzicht auf hochabstrakte Theorieansprüche diese Ebenen des Alltagshandelns in den Blick nehmen. Zwei jüngere politikwissenschaftliche Habilitationsschriften haben durch schlichte Befragung des handelnden Personals und ihrer Beschreibung ohne übergroße Theorieansprüche den sozialen Kontext von Handlungszwängen als prägenden Rahmen für eine funktionsgerechte Aufgabenerfüllung von Bundesverfassungsrichtern bzw. Bundestagsabgeordneten ins Bewusstsein gehoben.[105] Sie lassen sich auch als Beiträge zu einer Soziologie des Handelns staatlicher Amtsträger lesen und verdeutlichen bei ihrer Analyse unter anderem die informellen Kommunika-

---

103 *Weber*, Kategorien (Fn. 51), S. 439; *Treiber*, Staat (Fn. 29), S. 143f., im Anschluss an *M. Rainer Lepsius*, Eigenart und Potenzial des Weber-Paradigmas, in: Albrecht u. a., Weber-Paradigma (Fn. 58), S. 32 (33); *Breuer*, Bürokratie (Fn. 15), S. 6; ausf. *Anter*, Theorie (Fn. 20), S. 93 ff.

104 *Werner Gephart*, Juridische Grundlagen der Herrschaftslehre Max Webers, in: Hanke/Mommsen, Herrschaftssoziologie (Fn. 24), S. 73 (75 f.).

105 *Uwe Kranenpohl*, Hinter dem Schleier des Beratungsgeheimnisses. Der Willensbildungs- und Entscheidungsprozess des Bundesverfassungsgerichts, 2010; *Helmar Schöne*, Alltag im Parlament. Parlamentskultur in Theorie und Empirie, 2010.

tionsstrukturen der alltäglichen Praxis, aus wie vielen gebrochenen Teilaktionen sich die Funktion gerichtlichen bzw. parlamentarischen Entscheidens zusammensetzt und welches die individuellen Erfolgsfaktoren für funktionsgerechtes institutionelles Handeln sind.

Rechtswissenschaft als handlungsorientierte Wissenschaft betont nun einmal den Akteursbezug.[106] Eine zeitgenössische Staatssoziologie könnte ihren Informationsgehalt (zumindest für die Staatsrechtslehre) möglicherweise wesentlich steigern, wenn sie ihre Fragestellungen und Beobachtungen auf diese Weise stärker mit dem Horizont der einzelnen handelnden Menschen im Staat und seinen Organen und Institutionen verknüpfen würde (so wie auch *Weber* bei seinen empirischen Analysen und historischen Typisierungen heuristisch an juristische Institute und Begriffe angeknüpft hat[107]). Jedenfalls wäre sie für Verfassungsrechtswissenschaft und Verfassungstheorie „anschlussfähiger".

Das bedeutet nicht, die Grenzen herkömmlicher Konzepte von hierarchischer Planung und Steuerung zu ignorieren, die wesentlich zum „Boom" der Governance-Forschung beigetragen haben,[108] und bedeutet auch nicht, statt empirisch-analytischer Theoriebildung die normative Dimension von Governance etwa im Sinne guten Regierens[109] in den Mittelpunkt zu stellen. Ein hoher Informationsgehalt mit Rückwirkungen auf die Selbstreflexion der Akteure verbindet sich aber vor allem bei ausreichender Rückkopplung an deren sinnhafte Handlungsdimension als staatliche Amtsträger. Sie würde zudem der Gefahr etwa auch in der Governance-Forschung gegensteuern, rechtlich festgelegte Handlungskompetenzen von staatlichen und/oder privaten Akteuren im Rahmen von Governance-Prozessen entgrenzend zu vernachlässigen.[110] Fazit: Der Steuerungsperspektive der Einzelakteure sollte eine Soziologie verfassungsstaatlicher Herrschaft mehr Aufmerksamkeit schenken – durchaus auch im Rahmen von Governance als fortentwickelter Steuerung,[111] im Rahmen eines akteurszentrierten Institutionalismus[112] oder der „Interaktion von Akteuren in institutionellen Regelungs- und Koopera-

---

106 *Hoffmann-Riem*, Governance-Perspektive (Fn. 60), S. 19; *Jens Kersten*, Governance in der Staats- und Verwaltungswissenschaft, in: Edgar Grande/Stefan May (Hrsg.), Perspektiven der Governance-Forschung, 2009, S. 45 (49).

107 Vgl. *Hermes*, Staat (Fn. 14), S. 190 ff., 197 ff., 205 f.; ausf. *Gephart*, Grundlagen (Fn. 104), S. 73 ff.

108 Vgl. zuletzt *Schuppert*, Governance-Forschung (Fn. 72), S. 273 ff.

109 Zu dieser Differenz etwa *Schuppert*, Governance-Forschung (Fn. 72), S. 277.

110 Vgl. auch *Offe*, Governance (Fn. 71), S. 64, 66.

111 Vgl. übersichtlich zur Entwicklung der Diskussion *Renate Mayntz*, Governance Theory als fortentwickelte Steuerungstheorie?, in: Gunnar Folke Schuppert (Hrsg.), Governance-Forschung, 2005, S. 11 ff.

112 Vgl. *Gunnar Folke Schuppert*, Was ist und wozu Governance?, Die Verwaltung 40 (2007), S. 463 (507 f.); *v. Blumenthal*, Governance (Fn. 73), S. 1173 ff.; grdl. *Fritz W. Scharpf/Renate Mayntz*, Gesellschaftliche Selbstregelung und politische Steuerung, 1995.

tionsstrukturen“[113] und ohne Anspruch auf eine weitgehende Steuerbarkeit der Gesellschaft.

2. Staat und Wirtschaft im Kampf der Interessen

Für *Max Weber* war – ebenso wie für eine materialistische Staatstheorie oder die Theorie vom staatsmonopolistischen Kapitalismus – der Zusammenhang von Staat und Wirtschaft eine selbstverständliche zentrale Fragestellung; ökonomische Interessen als „allermächtigste Beeinflussungsfaktoren der Rechtsbildung“ spielen eine zentrale Rolle für sein Rechtsverständnis,[114] Geldpreise sind für ihn „Kampf- und Kompromißprodukte, als Erzeugnisse von Machtkonstellationen“ im Marktkampf.[115] (Wohl) unter dem Einfluss der analytischen Trennung von Recht, Politik und Wirtschaft entlang der unterschiedlichen Codes von Recht, Macht und Geld drohen, obwohl diese Bezugstrias der Staatsräson[116] eben als Trias wirkt, sachliche Zusammenhänge verloren zu gehen, die für eine soziologisch sensible Staatswissenschaft von zentralem Erkenntnisinteresse sein müssen. Nimmt man *Schupperts* „Staatswissenschaft“ als zugleich repräsentative Benchmark, wird man (auch im ausführlichen Sachregister) unter dem Stichwort „Wirtschaft“ weithin vergeblich fündig; Wirtschaft kommt nur mittelbar im Kontext des Staates als Steuer- und Finanzstaat vor.[117] Die mit dem Handeln der staatlichen Akteure stets unvermeidlich verbundene Gestaltungsmacht wird als Problem sozialer Verteilungswirkungen auf Wirtschaft und Gesellschaft aus dem Aufmerksamkeitsbereich einer Staatssoziologie weithin ausgeklammert.[118] Hinter der formalen Rationalität und Gleichheit staatlichen Handelns verbirgt sich aber offenbar eine soziale Selektivität, die über die Feststellung von strukturell vorrangigen Interessen im Rahmen des Lobbyismus hinaus[119] (wieder) einer verstärkten Beachtung bedarf.

Schon die wachsende Anzahl korporativer Akteure auf bundesstaatlicher, supranationaler und internationaler Ebene erschwert eine Entscheidungsfindung, verdeckt den wirtschaftlichen Verteilungskampf und die faktischen Macht- und Abhängigkeitsverhältnisse der hinter den Akteuren stehenden kollektiven Partialinteressen[120] und macht den komplexen politischen Ent-

---

113 So *Kersten*, Governance (Fn. 106), S. 50 ff.

114 *Weber*, Wirtschaft und Gesellschaft (Fn. 15), S. 196; *Gephart*, Grundlagen (Fn. 104), S. 81 ff.

115 *Weber*, Wirtschaft und Gesellschaft (Fn. 15), S. 58.

116 So *Schuppert*, Staatswissenschaft (Fn. 12), S. 187 ff.

117 *Schuppert*, Staatswissenschaft (Fn. 12), S. 192 ff., 631 ff., 679 ff.

118 Vgl. allg. gegen eine ökonomiefreie Soziologie *Wolfgang Streeck*, Der öffentliche Auftrag der Soziologie, Leviathan 40 (2012), S. 129 (135 ff.).

119 Vgl. *Rainer Eising*, Politische Interessenvermittlung, in: Benz u. a., Handbuch (Fn. 73), S. 285 ff.

120 Vgl. *Offe*, Governance (Fn. 71), S. 68, 72.

scheidungsprozess mangels eindeutiger Verantwortungszuweisungen intransparent und politisch unkontrollierbar. So sehr diese Undurchschaubarkeit eine Kompromissfindung im politischen Alltagsgeschäft erleichtert, so sehr bedarf es einer genaueren soziologischen Analyse der Parteien und Koalitionen in diesem Verteilungskampf und ihres Zusammenhangs mit dem Handeln der Institutionen,[121] soll sich nicht die Prognose einer „Gefährdung für demokratische Mentalitäten in der Bevölkerung" infolge von Machtverschiebungen zugunsten „des" globalen Kapitals und zulasten demokratisch legitimierter Politik[122] bewahrheiten. Der Legitimitätsglaube könnte insgesamt geschwächt werden, wenn die Zunahme sozialer Ungleichheit als unerträglich empfunden wird.

Damit verbunden erscheint mir die Notwendigkeit einer stärkeren Berücksichtigung von sozialen Konflikten. *Claus Offe* hat an der Beschäftigung mit Regelungsstrukturen in der Governance-Forschung beobachtet, dass sie im Kontrast zur sozialwissenschaftlichem Steuerungstheorie „eigentümlich subjektlose Prozesse" erörtere, die sich nicht bestimmten handelnden Akteuren zuordnen ließen.[123] *Folke Schuppert* hat eingewendet, auch die Regelungsstrukturen seien Gegenstand gezielten Akteurshandelns.[124] Vielleicht geht es aber letztlich auch um den Abstraktionsgrad der Theoriebildung durch die Ausklammerung fundamentaler gesellschaftlicher und wirtschaftlicher Konflikte oder Machtverhältnisse, die sich hinter der Art der Ausgestaltung von Netz- oder Regelungsstrukturen verbergen oder in den inhaltlichen Ergebnissen von Governance-Prozessen abbilden.[125] Zwar sollte man – vielleicht anders akzentuiert als bei *Weber* – politische Gestaltung nicht allein auf Machtstreben reduzieren. Abstrakte Verweise auf Aufgaben, Steuerung, Handlungsrationalitäten, kollektive Gruppeninteressen[126] usw. drohen aber – nicht anders als viele (verfassungs-)rechtsdogmatische Kategorien – die Konflikthaftigkeit der gesellschaftlichen Auseinandersetzung zu verdecken und haben Offe zufolge wegen einer tendenziellen Blindheit für Macht- und Verteilungsfragen eine „harmonisierende Funktion".[127] Die Analyse der „Handlungskoordination" in „Regelungsstrukturen", die Beschreibung von Verhandlungen und Netzwerken ohne konkrete Analyse der zu Grunde lie-

---

121 Eindrucksvoll am Beispiel von Staaten in der EU: *Fritz W. Scharpf*, Monetary Union, Fiscal Crisis and the Pre-emption of Democracy, ZSE 9 (2011), S. 163 ff.

122 *Anna Klein/Wilhelm Heitmeyer*, Demokratieentleerung und Ökonomisierung des Sozialen: Ungleichwertigkeit als Folge verschobener Kontrollbilanzen, Leviathan 39 (2011), S. 361 ff.

123 *Offe*, Governance (Fn. 71), S. 61; ähnlich *Timo Grunden*, Informelles Regieren, ZPol 21 (2011), S. 153 (160).

124 *Schuppert*, Governance-Forschung (Fn. 72), S. 279.

125 Gleichsinnig *Bull*, Krise (Fn. 47), S. 16, 19; *Kersten*, Governance (Fn. 106), S. 51 f.

126 *Zürn*, Governance (Fn. 72), S. 554, 560.

127 *Offe*, Governance (Fn. 71), S. 63, 71 f.

genden handfesten wirtschaftlichen und sozialen Interessenkonflikte oder Machtasymmetrien ist jedenfalls informationsärmer als sie sein könnte (und müsste), wenn etwa die Problemlösungsfähigkeit durch gesellschaftliche Eigenorganisation in Netzwerken entscheidend gerade von der Art der Handlungsorientierung an eigenen oder gemeinschaftlichen Interessen der beteiligten Akteure abhängt.[128] Vielleicht könnte eine Soziologie verfassungsstaatlicher Herrschaft hier einerseits an Traditionen der Ideologiekritik anknüpfen, andererseits an die Integrationskraft des „verfassungsmäßig vorgesehenen Kampfes“[129] als Form, produktiv desintegrierende Konflikte im Konsens über den Dissens zu bewältigen.[130] Sie könnte so auch auf der Ebene von Verfassungstheorie und Verfassungsrechtsdogmatik auch den Diskussionen um Koalitionsfreiheit, grundrechtlichen Minderheitenschutz, staatliche Schutzpflichten oder einen strukturell asymmetrischen Pluralismus zugutekommen, aber auch dem mitunter vom Kampf politischer Interessen zwischen Staaten und ihren Ökonomien abgehobenen wissenschaftlichen Diskurs,[131] um eine Rechtswissenschaft im Wolkenkuckucksheim zu vermeiden.

3. Soziale Kontexte demokratischer Legitimation im Medium der Öffentlichkeit

Wie kann die Legitimität der Herrschaft einer staatlichen Rechtsordnung dauerhaft gesichert, das heißt der innere Glaube der Beherrschten faktisch gewährleistet werden, wenn die Überzeugung von der Rationalität des Rechts und der Überlegenheit des Verwaltungsstabs dafür (faktisch) nicht mehr ausreicht? Wenn die Legitimation des demokratischen Verfassungsstaates und des Handelns seiner Amtsträger[132] nicht nur von der formalen Zurechenbarkeit im Rahmen juristischer „Legitimationsketten“ abhängt, sondern wesentlich auch vom faktischen Legitimitätsglauben der Beherrschten, dann lassen sich zahlreiche soziale Kontexte identifizieren, die die Legitimation im demokratischen Verfassungsstaat mit konstituieren und zentrale Aufgaben einer Soziologie verfassungsstaatlicher Herrschaft formulieren.

Auch ohne den Feinheiten der Legitimationstheorien nachzugehen speist sich Legitimität jedenfalls auch aus einem diffusen Grundvertrauen in die (langfristige) Leistungsfähigkeit des demokratischen Verfassungsstaats. Die-

128 *Eising*, Interessenvermittlung (Fn. 119), S. 292.

129 *Rudolf Smend*, Verfassung und Verfassungsrecht (1928), in: ders., Staatsrechtliche Abhandlungen, 4. Aufl. 2010, S. 119 (157).

130 Vgl. *Horst Dreier*, Integration durch Verfassung? Rudolf Smend und die Grundrechtsdemokratie, in: FS Hans-Peter Schneider, 2008, S. 70 (93 ff.); *Günter Frankenberg*, Autorität und Integration, 2003, S. 153 ff., 163 ff.

131 Vgl. etwa *Armin von Bogdandy*, Das deutsche öffentliche Recht im europäischen Rechtsraum, in: FS Rainer Wahl, 2011, S. 651 (659 ff.).

132 Das herrschende Rechtsverständnis konzise zusammenfassend *Fabian Wittreck*, Demokratische Legitimation von Großvorhaben, ZG 26 (2011), S. 209 (210 f.).

ses Grundvertrauen gegenüber Parlamenten, Regierung und Verwaltung, politischen Parteien und ihren personalen Akteuren reaktualisiert sich immer wieder im Medium der Öffentlichkeit und von öffentlichen Diskussionen, zugleich sinkt es, wie in allen westlichen Verfassungsstaaten, auch in der Bundesrepublik. Gleichgültig, ob man das als Legitimationskrise oder nur als Wandel bürgerschaftlicher Partizipationsbedürfnisse interpretiert – in jedem Falle scheint eine Verengung demokratischer Legitimation auf erfolgreiche Parlamentswahlen inadäquat, kommt es entscheidend auf das „Legitimationsniveau" als Saldo unterschiedlicher Modi und Instrumente der Legitimation[133] an.

Betrachtet man die Bilanz der Governance-Forschung, so dürfte in ihr eine Perspektive dominieren, die die Steuerungsleistungen des Staates im Zusammenwirken mit anderen Akteuren und anderen Handlungsformen aus der Sicht sei es des Staates, sei es der Steuerungsergebnisse im Blick hat, das heißt vor allem die Output-Legitimation. Es geht um den Wandel und/oder die Effektivität und Effizienz von Governancestrukturen mit ihren Prozessen kollektiv verbindlicher Entscheidungen hinsichtlich ihrer Qualität zur jeweiligen Problembewältigung.[134] Gerade weil eine Vielzahl privater nichtstaatlicher Akteure bei der öffentlichen Aufgabenerfüllung in Netzwerk- oder Regelungsstrukturen mitwirkt, die dabei auch nach nicht rechtsverbindlichen Steuerungsmechanismen handeln,[135] stellt sich die Frage ihrer demokratischen Legitimation und Kontrolle.[136] Eine Soziologie dieser vielfältigen Herrschaftsformen im demokratischen Verfassungsstaat muss deshalb auch die Perspektive der Betroffenen und/oder der Bürger im Auge haben, d. h. alle Erscheinungsformen der demokratischen Input-Legitimation. Das gilt zunächst innerstaatlich und verschärft sich im Mehrebenensystem, bei dem das europäische „Demokratiedefizit" und die Stärkung der Legitimation der Europäischen Union primär im Kontext der Input-Legitimation problematisiert und überwiegend im Kontext von Output-Legitimation beantwortet[137] wird. Eine stärkere Bürger- statt Elitenorientierung tritt jeden-

133 Zuletzt *Trute*, Legitimation (Fn. 86), Rn. 14 u. ö.; siehe auch *Wittreck*, Legitimation (Fn. 132), S. 216 ff.

134 *Hoffmann-Riem*, Governance-Perspektive (Fn. 60), S. 19; *Zürn*, Governance (Fn. 72), S. 560, 568, 573, 575, 577; siehe auch *v. Blumenthal*, Governance (Fn. 73), S. 1162, 1165 f., 1172, 1176.

135 *Trute* u. a., Perspektiven (Fn. 74), S. 246, 249; *Schuppert*, Governance (Fn. 112), S. 484, 486.

136 *Möllers*, Staat (Fn. 11), S. XLII; *Kersten*, Governance (Fn. 106), S. 55; *Zürn*, Governance (Fn. 72), S. 575 ff.; zust. *Schuppert*, Governance-Forschung (Fn. 72), S. 287 f.

137 Vgl. insoweit zum Vertrauen als legitimationsschaffenden Faktor *Eberhard Schmidt-Aßmann / Georgios Dimitropoulos*, Vertrauen in und durch Recht, in: Markus Weingardt (Hrsg.), Vertrauen in der Krise, 2011, S. 129 (147 f.); *Daniel Rölle*, Vertrauen in die öffentliche Verwaltung im internationalen Vergleich, in: Hill, Verwaltungskulturen (Fn. 96), S. 291 (291 f.); siehe auch *Oscar Gabriel*, Institutionenvertrauen im vereinigten Deutschland, APuZ 43/93, S. 3 ff.

falls der Gefahr einer technokratischen Verkürzung demokratischer Herrschaft entgegen. Eine Soziologie verfassungsstaatlicher Herrschaft steht deshalb vor der Herausforderung, zusätzliche Formen der aktiven Legitimation durch bürgerschaftliches Handeln in Betracht zu ziehen, von der Bürgerbeteiligung etwa im Planungsverfahren bis hin zu Erscheinungsformen direkter Demokratie durch Volksabstimmung, die das Verständnis von demokratischer Legitimation in der Rechtsprechung des Bundesverfassungsgerichts überschreiten muss.[138]

Nachstehend sei nur ein Gesichtspunkt hervorgehoben, weil er alle denkbaren tatsächlichen Prozesse der Input- oder Output-Legitimation übergreift und nachhaltig beeinflusst: die (Medien-)Öffentlichkeit, die im Zuge des Wandels zur Informations-, Wissens- und Kommunikationsgesellschaft ein neues Gewicht zu gewinnen scheint. Entscheidend für die demokratische Qualität und Legitimationsfähigkeit des öffentlichen Kommunikationsprozesses ist seine Offenheit gegenüber allen relevanten Informationen und Werten.[139] Der Kampf der politischen Akteure um Aufmerksamkeit trifft dabei auf die Eigeninteressen der Massenmedien im Kampf um Aufmerksamkeit am Markt; dabei ist „Kritik an der Politik längst zur dominanten Form des journalistischen Opportunismus geworden",[140] obwohl legitimierende Vertrauensbildungsprozesse stets auch personenbezogen erfolgen (müssen).[141] Akzeptanz und Legitimität werden jedenfalls weniger über den tatsächlichen Input oder Output der politischen Akteure, sondern von den durch die Medien wahrgenommenen Inputs und Outputs geprägt, deren soziale Konstruktion durch die Medien ihrerseits den Imperativen der Aufmerksamkeitsökonomie folgt.[142] Solche Gesetzmäßigkeiten komplexer Prozesse der Medialisierung[143] dürften demokratische Legitimationsprozesse weit stärker prägen als etwa die Ausgestaltung der Öffentlichkeitsbeteiligung im Planfeststellungsrecht für Bahnhöfe oder Flughäfen[144] und verdienten insgesamt eine deutlich höhere Beachtung (auch in der Governance-Forschung[145]).

---

138 *Möllers*, Staat (Fn. 11), S. XLIV f.; *Wittreck*, Legitimation (Fn. 132), S. 221 ff.; *Kersten*, Governance (Fn. 106), S. 53 ff.

139 *Blatter*, Demokratie (Fn. 80), S. 277.

140 *Blatter*, Demokratie (Fn. 80), S. 278.

141 *Schmidt-Aßmann / Dimitropoulos*, Vertrauen (Fn. 137), S. 134.

142 Vgl. in diesem Sinne *Blatter*, Demokratie (Fn. 80), S. 278.

143 Übersichtlich *Hans Martin Kepplinger*, Governance und Kommunikation: Was unterscheidet die Mediatisierungsforschung von der Medienwirkungsforschung?, in: Grande / May, Perspektiven (Fn. 106), S. 31 ff.

144 Speziell dazu aus der unübersehbaren neuesten Literatur *Wolfram Hertel / Christoph-David Munding*, „Frühe Öffentlichkeitsbeteiligung" bei der Planung von Großvorhaben, NJW 2012, S. 2622 ff.; *Alexander Schink*, Bürgerakzeptanz durch Öffentlichkeitsbeteiligung in der Planfeststellung, ZG 26 (2011), S. 226 ff.; *Thomas Groß*, Stuttgart 21: Folgerungen für Demokratie und Verwaltungsverfahren, DÖV 2011, S. 510 (512).

4. Soziologie des Rechtsstaats im Mehr-Ebenen-System

Die Veränderungen moderner Staatlichkeit im Rahmen des Mehr-Ebenen-Systems gehören zu den meistdiskutierten Fragen der zeitgenössischen Politik- und Rechtswissenschaft (deutlich weniger der Soziologie[146]). Zweifellos ist mit der Internationalisierung, vor allem aber mit der europäischen Supranationalisierung ein qualitativer Wandel von Staatlichkeit verbunden, wie immer man ihn qualifiziert: ob als eine „Zerfaserung" von Staatlichkeit, als Verlust oder Wandel nationalstaatliche Souveränität usw. Die umfangreichen, nahezu unübersehbaren Debatten seien hier dahingestellt.

Für soziologische Probleme dieses Mehr-Ebenen-Systems bildet es einen oft übersprungenen oder vernachlässigten Ausgangspunkt, dass alle Governance-Prozesse letztlich durch europa- und verfassungsrechtliche Entscheidungen ermöglicht worden sind und/oder stets auch nach rechtlichen Regeln erfolgen, die zugleich den Grad der rechtlichen Autonomie der verschiedenen Ebenen und handelnden Organisationseinheiten/Amtsträger bestimmen und Raum für alternative Formen von Governance neben und im Rahmen des Rechts belassen. Soziologisch weithin unerschlossen sind dabei spezifische Probleme höchst unterschiedlicher Rechts- und Verwaltungskulturen, die im Prozess der Europäisierung und Internationalisierung bei der Rechtsgestaltung (im Rahmen von Politikgestaltung) aufeinandertreffen (und schon zu *Webers* Zeiten in der Differenz von kontinentaleuropäischem Rechtsdenken und Common-Law-Rechtsdenken ausgeprägt war).[147] Allein schon das Verständnis von Recht („Rule of Law") und Rechtsstaatlichkeit unterscheidet sich wie schon weltweit auch innerhalb der Mitgliedstaaten der EU sehr.[148] Vor allem treffen in der Europäischen Kommission selbst Vertreter unterschiedlicher Rechts- und Verwaltungskulturen aufeinander.[149] Von den Europabeamten in leitenden und mittleren Rängen hat etwa ein Drittel einen juristischen Abschluss.[150] Bei der Sekundärrechtsetzung

---

145 So auch *Edgar Grande*, Perspektiven der Governance-Forschung: Grundzüge des Forschungsprogramms des Münchener Centrums für Governance-Forschung, in: Grande/May, Perspektiven (Fn. 106), S. 77 (81, 84 ff.). – Auch insoweit gibt es Anknüpfungspunkte an das Werk Max Webers, vgl. *Siegfried Weischenberg*, Max Weber: „Wirklichkeitswissenschaftler" und streitbarer Geist, M&K 60 (2012), S. 262 (269 ff.).

146 Siehe aber *Bach*, Europa (Fn. 89); *ders.*, Die Bürokratisierung Europas, 1999; *M. Rainer Lepsius*, Die Europäische Union als rechtlich konstruierte Verhaltensstrukturierung, in: Dreier, Rechtssoziologie (Fn. 11), S. 289 ff.

147 *Wentzel*, Verwaltungskulturen (Fn. 96), S. 14 ff.

148 Vgl. *Gunnar Folke Schuppert*, Staat als Prozess, 2010, S. 103 ff., 125 ff.; siehe auch *Helmuth Schulze-Fielitz*, Zur Geltung des Rechtsstaats: Zwischen Kulturangemessenheit und universellem Anspruch, Zeitschrift für Vergleichende Politikwissenschaft 5 (2011), S. 1 (2 ff.).

149 *Bach*, Europa (Fn. 89), S. 578, 592 ff., 597; *Reinhard Priebe*, Anmerkungen zur Verwaltungskultur der Europäischen Kommission, Die Verwaltung 33 (2001), S. 379 (394 ff.).

150 Vgl. *Bach*, Europa (Fn. 89), S. 589 f.

darf offenbar das englische Rechtsdenken als „Exportweltmeister“[151] gelten und beeinflusst europäische (Sekundär-)Rechtsetzung nachhaltig.[152] Was folgt aus solchen Rahmenbedingungen für die Entscheidungsprozesse innerhalb der Kommission oder im Rahmen der Sachverständigenausschüsse der Komitologie? Gründen spezifische Governance-Strukturen in unterschiedlichen Verständnissen von Recht zwischen den Akteuren in der europäischen Verwaltung? Was folgt für den Verwaltungsvollzug in den Mitgliedstaaten aus dem Umstand eines europaweit divergierenden Verständnisses von Recht und Rechtsanwendung? Es fehlt ungeachtet der in Deutschland zu beobachtenden sozialwissenschaftlichen Öffnung der Verwaltungsrechtslehre[153] weithin an einer Soziologie der Verfassungs- und Verwaltungsrechtsvergleichung, die über Textvergleiche oder pauschale Feststellungen wie die einer demokratiefernen, technokratisch geprägten Bürokratisierung europäischer Arkan-Politik[154] wesentlich hinausginge,[155] vielleicht auch hier eine Spätfolge des staatsrechtlichen Positivismus.[156] Die heutigen Aufgaben einer Soziologie verfassungsstaatlicher Herrschaft erscheinen insoweit geradezu unermesslich, ja konturenlos. Auf einer sehr hohen Ebene der Abstraktion könnte sich in der Folge in der deutschen Verfassungstheorie und Verfassungsrechtslehre insoweit im Medium „kosmopolitisch“ (aus-)gebildeter Juristen[157] der Sinn für pragmatische statt für zu legalistische Lösungen verschieben.

---

151 *Matthias Ruffert*, Was kann die deutsche Europarechtslehre von der Europarechtswissenschaft im europäischen Ausland lernen?, in: Helmuth Schulze-Fielitz (Hrsg.), Staatsrechtslehre als Wissenschaft, 2007, S. 253 (257 ff.).

152 Auch die für internationale Rechtsvergleiche notwendige (oder jedenfalls hilfreiche) sprachliche Anschlussfähigkeit z. B. durch Rezeption der Governance-Diskussion (so *Möllers*, Staat [Fn. 11], S. XLII) könnte dann auch in der Sache zur Veränderung staatsrechtlichen Denkens führen, deren Folgen unübersehbar sind.

153 So *Gunnar Folke Schuppert*, Die Verwaltungsrechtswissenschaft im Kontext der Wissenschaftsdisziplinen, in: Armin von Bogdandy / Sabino Cassese / Peter M. Huber (Hrsg.), Handbuch Ius Publicum Europaeum (IPE), Bd. 4, Verwaltungsrecht in Europa: Wissenschaft, 2011, § 70 Rn. 11; *ders.*, Verwaltungsrecht und Verwaltungsrechtswissenschaft im Wandel, AöR 133 (2008), S. 79 ff.; *Ivo Appel*, Das Verwaltungsrecht zwischen klassischem dogmatischen Verständnis und steuerungswissenschaftlichem Anspruch, VVDStRL 67 (2008), S. 226 (268 ff.).

154 *Treiber*, Staat (Fn. 29), S. 142 f.; *Bach*, Europa (Fn. 89), S. 596 ff., bes. 602 ff.

155 Siehe aber jetzt allg. grdl. *Armin von Bogdandy / Pedro Cruz Villalón / Peter M. Huber* (Hrsg.), Handbuch Ius Publicum Europaeum, Bd. 1, Grundlagen – Grundzüge staatlichen Verfassungsrechts, 2007; *dies.* (Hrsg.), IPE, Bd. 2, Offene Staatlichkeit – Wissenschaft vom Verfassungsrecht, 2008; *Armin von Bogdandy / Sabino Cassese / Peter M. Huber* (Hrsg.), IPE, Bd. 3, Verwaltungsrecht in Europa – Grundlagen, 2010; *dies.*, IPE, Bd. 4 (Fn. 153); am konkreten Beispiel *Eberhard Bohne*, The Quest for Environmental Regulatory Integration in the European Union, 2006.

156 Vgl. *Christoph Schönberger*, Verwaltungsrechtsvergleichung: Eigenheiten, Methoden und Geschichte, in: v. Bogdandy u. a., Handbuch IV (Fn. 153), § 71 Rn. 42.

157 Vgl. *Andreas Voßkuhle*, Das Leitbild des „europäischen Juristen“ – Gedanken zur Juristenausbildung und zur Rechtskultur in Deutschland, RW 1 (2010), S. 326 (328 ff., 334 ff.).

V. Ausblick: Der soziologische Blick als Ersatz für eine Staatssoziologie?

1. Soziologie verfassungsstaatlicher Herrschaft – eine erfüllbare Aufgabe?

Das vorstehende „Wunschkonzert" in Form von Forderungen nach angemessenen „staatssoziologischen" Fragestellungen ist freilich ein wenig wohlfeil und erscheint nur begrenzt erfüllbar. Einerseits fehlen schon infrastrukturelle Möglichkeiten ausreichender Forschung. Einschlägige rechtssoziologische Forschungszentren fehlen weithin und empirische Forschungen sind sehr ressourcenintensiv. Vor allem bestehen – ähnlich wie auf dem Feld der Politikberatung – regelmäßig mehr Frage- und Wissensbedarf als gesicherte wissenschaftliche Antworten mit der Folge, dass Hypothesen, Spekulationen und alltagstheoretische Plausibilitätsüberlegungen sehr schnell gesicherte Wissensbestände ersetzen oder ergänzen (müssen). Staatssoziologische Forschungen gelten offenbar immer sehr heterogenen, speziellen ausgewählten Fragen, ohne dass sich feste Konturen einer zeitgenössischen Staatssoziologie abzeichnen würden oder auch nur könnten: Sie können nur ebenso konturenlos sein wie die aktuell feststellbare Entgrenzungen von Staatlichkeit in ihren Wandlungen.

2. Soziologische Hypothesenbildung als Ersatz für eine Staatssoziologie?

Vor diesem Hintergrund der skizzierten Schwierigkeiten der Entfaltung einer Staatssoziologie erscheint es mitunter wichtiger, überhaupt soziologische Fragestellungen zu formulieren und mit plausiblen Hypothesen zu arbeiten. *Folke Schuppert* hat (zusammen mit *Christian Bumke*) die Rechtswissenschaft mit einer Beschreibung und Erklärung der Konstitutionalisierung der einfachen Rechtsordnung seit dem Lüth-Urteil bereichert.[158] Eine kleine Miszelle von *Brun-Otto Bryde* hat dieses Bild jüngst soziologisch ergänzt, indem er als für jenen Konstitutionalisierungsprozess erklärungskräftig gesellschaftliche Voraussetzungen akzentuiert hat[159]: organisationssoziologisch etwa die Spannung zwischen Fachgerichtsbarkeit und einer institutionell verselbständigten spezialisierten Verfassungsgerichtsbarkeit mit ihren je eigenen Perspektiven; das unterschiedliche Rollenverständnis etwa aufgrund der unterschiedlichen Art der Besetzung des Bundesverfassungsgerichts außerhalb der Karrierewege in der normalen Justiz; die Ur-

---

158 *Gunnar Folke Schuppert/Christian Bumke*, Die Konstitutionalisierung der Rechtsordnung, 2000.

159 *Brun-Otto Bryde*, Soziologie der Konstitutionalisierung, in: Matthias Mahlmann (Hrsg.), Gesellschaft und Gerechtigkeit. FS Hubert Rottleuthner, 2011, S. 267 ff.

teilsverfassungsbeschwerde, die die Rechtsunterworfenen und ihre Anwälte zur ständigen Suche nach Verfassungsproblemen im einfachen Recht anhält; aber auch die Unterstützung durch Folgebereitschaft zu Gunsten des Gerichts, gegründet auch in der Pfadabhängigkeit traditioneller antipolitischer und antiparlamentarischer Affekte in Deutschland. Hier wird für die sozialen Rahmenbedingungen rechtsdogmatischer Prozesse auf eine Weise sensibilisiert, die in vielen anderen Zusammenhängen eine rechtsdogmatisch interne Entwicklung erklären und vor vorschneller Kritik bewahren könnte. Vielleicht ist ein solcher soziologischer Blick für verfassungsrechtliche Problemstellungen und seine Einübung die erste, vorerst primär drängende Aufgabe auch für eine Soziologie verfassungsstaatlicher Herrschaft in allen ihren Erscheinungsformen, gleichsam als Propädeutikum für ein soziologisches Problembewusstsein, um der Verfassungsrechtswissenschaft zu helfen, sich intradisziplinär selbst zu finden. Das könnte vielleicht auch helfen zu erklären, weshalb vorstehend statt Konturen nur die Konturenlosigkeit einer zeitgenössischen Staatssoziologie skizziert werden konnte.

Funktion und Wandel von Staatsverständnissen

Von Oliver Lepsius, Bayreuth

I. Funktionen von Staatsverständnissen

Juristen versprechen sich von der Beschäftigung mit dem „Staat“ besondere Einsichten, die über die bloße Behandlung des geltenden Rechts hinausgehen. „Staat“ erfüllt im rechtswissenschaftlichen Diskurs bestimmte Erkenntnisfunktionen. Diese sollen hier etwas näher beleuchtet werden. Überwiegend verwendet man den Begriff „Staat“ und seine Komposita im juristischen Diskurs als eine funktionale Kategorie, um Fragestellungen jenseits des positiven Rechts und jenseits des praktisch-dogmatischen Problemlösungszugriffs zu thematisieren. Nicht hingegen ist „Staat“ als etwas Reales, als tatsächliche Vorgegebenheit oder Seins-Kategorie, als empirisch wahrnehmbare Wirklichkeit zu verstehen. Der epistemologische Status des Erkenntnisgegenstandes „Staat“ ist daher auf den ersten Blick nicht leicht zu erfassen, weil beim Begriff „Staat“ immer auch gerade jene realen, wirklichkeitsverhafteten, empirischen oder seinshaften Konnotationen mitschwingen. Der Staat mag eine historische, soziale und politische Realität besitzen, aber im juristischen Diskurs wird er gerade nicht in dieser Gestalt, sondern in einer spezifischen Funktionalisierung für bestimmte juristische Fragestellungen verwendet. Man kann dies als das „Denken vom Staat her“ bezeichnen,[1] als leitbildorientierte Verfassungsanwendung[2] oder als Staatswissenschaft[3].

1. Staat als unterkomplexer Rechtsbegriff

Das wird sogleich deutlich, wenn man jenem empirischen, realen oder wirklichkeitsverhafteten Status des Begriffes „Staat“ nachgeht. Was könnte

1 Auf die Polarität von Schmitt und Smend in der Staatsrechtslehre der 1950er und 1960er Jahre bezogen: *Frieder Günther*, Denken vom Staat her: die bundesdeutsche Staatsrechtslehre zwischen Dezision und Integration 1949–1970, 2004. Siehe im Umkehrschluss auch *Ewald Wiederin*, Denken vom Recht her: über den modus austriacus in der Staatsrechtslehre, in: Helmuth Schulze-Fielitz (Hrsg.), Staatsrechtslehre als Wissenschaft, 2007, S. 293.

2 So *Uwe Volkmann*, Leitbildorientierte Verfassungsanwendung, AöR 134 (2009), 157.

3 So wohl der Begriff, den *Schuppert* wählen würde; siehe *ders.*, Staatswissenschaft, 2003, insbes. S. 17 ff., 31 ff.

damit gemeint sein? Die Bundesrepublik Deutschland ist zwar Staat in einem völkerrechtlichen Sinne, aber über eine Bezeichnung als Völkerrechtssubjekt mit Rechten und Pflichten hinaus, folgt daraus für sich wenig Erhebliches. Geht es um Rechte und Pflichten jenseits des Völkerrechts, hilft der Begriff „Staat" juristisch nicht weiter, weil er hoheitliche Rechtsträger zu einer Einheit nivelliert. Als juristischer Topos markiert er ein Synonym für hoheitliche Gewalt. Als hoheitliche Gewalt kann Staat aber vieles sein: der Bund, die Länder, die Kommunen, ein Beliehener, auch: die Legislative, die Exekutive, die Judikative. Der Begriff des Staates fusioniert die hoheitlichen Rechtsträger. Das muss mit einem Erkenntnisverlust einhergehen, denn wer „Staat" sagt, verdeckt, um wen es eigentlich geht (Welche Gewalt? Welche Normenhierarchie? Welche föderative Verbandszuständigkeit?) oder kann nicht bestimmen, um wen es geht. Verwenden Juristen in einem geltendrechtlichen Diskurs das Wort „Staat", so ist damit in aller Regel ein Verlust an Präzision verbunden. Deswegen ist davon auszugehen, daß von „Staat" im juristischen Diskurs gerade dann nicht die Rede ist, wenn konkrete Rechtsprobleme auf der Basis des geltenden (Verfassungs-)Rechts in Frage stehen. Denn in diesem Fall würde man immer den jeweiligen Rechtsträger nennen (der Bund, das Land, die Gemeinde), weil dessen jeweils abgegrenzte Kompetenzen rechtlich relevant sind. Wer hier indes vom „Staat" spräche, entdifferenzierte die Kompetenzordnung, die föderative Verbandszuständigkeit und die Gewaltenteilung. Davon ist bei Juristen nicht auszugehen, weil sie sich bei Rechtsfolgen nicht mit einer pauschalen Zuweisung von Rechten und Pflichten an den Staat begnügen könnten. Es wäre in diesem Fall immer unklar, wer gemeint ist: Welche Gewalt? Welche föderative Ebene? Mit anderen Worten: Wenn es um Kompetenzträger geht, ist der Begriff des „Staates" untauglich.

Dementsprechend verwendet das Grundgesetz das Wort „Staat" selten. Es kennt den „sozialen Bundesstaat" in Art. 20 Abs. 1 GG und die Staatsgewalt in Art. 20 Abs. 2 GG. Im Übrigen nennt es die Kompetenzträger beim Namen, wenn es etwa in Art. 1 Abs. 3 GG um die Grundrechtsbindung geht. Es heißt dort eben nicht, der Staat sei an die Grundrechte gebunden. Vor allem durch Verfassungsänderungen in den letzten zwanzig Jahren hat jedoch ein unpräziserer Sprachgebrauch im Text des Grundgesetzes Boden gewonnen und zwar gerade dann, wenn der konkrete Adressat einer Norm nicht angegeben werden kann (Förder- und Schutzpflicht des Staates in Art. 3 Abs. 2 S. 2, 20a GG). Hier heißt es, der Staat schütze, weil alle Gewalten in Bund und Ländern diesem Ziel unterworfen sein sollen. Hier gibt ausnahmsweise die Entdifferenzierung der Kompetenzträger Sinn. Auch wenn man in juristischen Überlegungen bewusst offen lassen möchte, auf welchen Kompetenzträger sich eine Aussage bezieht, empfiehlt sich die Verwendung des Staatsbegriffs. Mit dieser Intention ist dann vom „Staat des Grundgesetzes" die Rede oder vom „modernen Verfassungsstaat". Denn hier kann offenbleiben, welcher Rechtsträger gemeint ist.

Mit der Verwendung des Begriffes „Staat“ als Rechtsbegriff geht daher eine wohlbedachte Unterkomplexität einher, weil nicht gesagt werden muss (und vielleicht auch nicht gesagt werden kann oder soll), auf wen sich die rechtliche Aussage bezieht. Ihr haftet notgedrungen etwas Unverbindliches an. Mit anderen Worten: „Staat“ meint im juristischen Diskurs in der Regel nicht die staatlichen Organe, nicht konkrete Hoheitsträger. Dann aber muss das Wort noch eine andere Bedeutung besitzen. In dieser Unterkomplexität des Staatsbegriffs kann daher umgekehrt sein Charme liegen. Denn der Begriff vereint semantische Bedeutsamkeit und Dignität mit juristischer Offenheit und Konsequenzlosigkeit. Das wiederum ist Voraussetzung, um andere Erkenntnisfunktionen übernehmen zu können.

Die Irrelevanz als Rechtsbegriff im engeren Sinne verdeutlicht zusätzlich der Umstand, dass der Begriff „Staat“ in der deutschen Verfassungsgeschichte keine klare Bedeutung besaß. Die Hoheitsgewalt lag, wenn wir beim Kaiserreich von 1871 beginnen, beim Reich oder bei den Staaten und ihren Monarchen, nicht beim „Staat“. Die reale Entität war das Reich, nicht der Staat. Auch in den Zeiten der deutschen Teilung konnte „Staat“ keine Kategorie mit einem realen Gegenstandsbezug sein. Es gab keinen deutschen Staat, sondern die Bundesrepublik und die DDR, außerdem Berlin als eine Einheit unter dem besonderen Status der Viermächte. Nach dem Zweiten Weltkrieg markiert „Staat“ eher eine Leerstelle, nämlich die unerfüllte staatliche Einheit als Faktum wie als Anspruch und Hoffnung. Vereinfacht kann man sagen, in der deutschen Verfassungsgeschichte blieb „Staat“ ein gerade positivrechtlich unbesetztes Wort, das einen vom geltenden Recht abgesetzten Gegenstand bezeichnen konnte. Besonders augenfällig wird das in der deutschen Sonderdisziplin der „Allgemeinen Staatslehre“, in der gerade die nicht geltendrechtlichen Themen gebündelt wurden.[4] In der Staatslehre geht es nicht um die Normenwelt, nicht um die Realität der Rechtsbeziehungen, sondern um Fragenkreise, die der Normenwelt gegenüberstehen (vorausliegen möchte ich nicht sagen). Die spezifische Funktion des „Staates“ als juristischer Erkenntnisgegenstand wird hier ein Stück weit klarer. Wer die Normenwelt auf eine andere Welt namens „Staat“ bezieht, erhofft sich Einsichten über das Verhalten der Normen (wie entstehen sie, wie und wann werden sie befolgt, wann wirken sie, warum ändern sie sich etc.).

---

4 Siehe *Christoph Schönberger*, Der „Staat“ der Allgemeinen Staatslehre: Anmerkungen zu einer eigenwilligen deutschen Disziplin im Vergleich zu Frankreich, in: Olivier Beaud/Erk Volkmar Heyen (Hrsg.), Eine deutsch-französische Rechtswissenschaft? Kritische Bilanz und Perspektiven eines kulturellen Dialogs, 1999, S. 111 ff.; *Oliver Lepsius*, Braucht das Verfassungsrecht eine Theorie des Staates?, EuGRZ 2004, 370 (372–376); *Christoph Möllers*, Artikel „Staatslehre, allgemeine“, in: Evangelisches Staatslexikon, 4. Aufl. 2006, Sp. 2317–2321; auch auf die Gegenwart bezogene positive Erwartungen verbindet mit der Allgemeinen Staatslehre *Andreas Voßkuhle*, Die Renaissance der „Allgemeine Staatslehre“ im Zeitalter der Europäisierung und Internationalisierung, JuS 2004, S. 2.

2. Die relationale Erkenntnisfunktion von Staatsverständnissen

Mit dem Begriff des „Staates" und entsprechenden Staatsverständnissen können sich daher Forschungsthemen und Fragestellungen verbinden, die nicht auf verfassungsrechtliche Entscheidungen bezogen sind, die also nicht den geltendrechtlichen Praxisdiskurs zum Ziel haben, sondern eine Ebene der Rechtswissenschaft betreffen, die diesen Praxisdiskurs reflektiert und auf anderweitige Erkenntnisinteressen bezieht. Es geht nicht um Offenheit und Unterkomplexität im juristischen Entscheidungsdiskurs, sondern darum, eine Reflexionsebene für eine Rechtswissenschaft bereitzustellen, die die Wirkung von Normen anders beobachtet als in einer reinen Entscheidungsdimension. Hier tun sich viele Perspektiven auf: Es kann um die sozialen Dimensionen des Rechts gehen, also etwa die Wirkung von Regeln in der Gesellschaft und für das Verhalten der Menschen, oder auch um die juristischen Voraussetzungen, um mit Regeln einen bestimmten Effekt zu erzielen. Staat meint hier ein im weiteren Sinne normativ strukturiertes Gemeinwesen. Entscheidend scheint mir jeweils die relationale Perspektive zu sein, in die Regeln gestellt werden. Es ist nicht die Beziehung Regel-Anwendung (Gesetz-Urteil, also Begründung einer Rechtsfolge mit einer Norm), die Rechtswissenschaftler hier thematisieren, sondern es geht um andere Verhältnisse, in denen Normen untersucht werden können: Das Verhältnis der Norm zum Entscheidungsträger (Voraussetzungen der Normanwendung, Organisations- und Verfahrensvoraussetzungen) oder das Verhältnis der Norm zum Normzweck (soziale Wirkung von Normen, Verhaltensbeeinflussung, „Steuerung"). Normen werden nicht in einer Entscheidungssituation sondern mit einem Reflexionsinteresse behandelt, das die Normen typischerweise in eine Beziehung zu einer anderen Eigenschaft als Geltung stellt. Hier sind naturgemäß viele erkenntnisleitende Beziehungen denkbar. Deshalb möchte ich hier von einer relationalen Funktion sprechen.

Aus dieser erkenntnisleitenden Perspektive hat sich auch *Gunnar Folke Schuppert* immer wieder mit Staatsverständnissen beschäftigt. „Staat" dient ihm als Untersuchungsgegenstand für Fragestellungen, die nicht substantiell, sondern relational angelegt sind. Mit „Staatswissenschaft" oder „Neuer Staatswissenschaft"[5], „Staatsbildern" oder Komposita des Staates (Gewährleistungsstaat,[6] aktivierender Staat,[7] kooperativer Staat,[8] schlanker

5 *Gunnar Folke Schuppert*, Staatswissenschaft, 2003, insbes. S. 45–51.

6 *Gunnar Folke Schuppert*, Der moderne Staat als Gewährleistungsstaat, in: Empirische Policy- und Verwaltungsforschung. FS Wollmann, 2001, S. 399; *ders.*, Koordination durch Struktursteuerung als Funktionsmodus des Gewährleistungsstaates, in: FS König, 2004, 287; *ders.* (Hrsg.), Der Gewährleistungsstaat – ein Leitbild auf dem Prüfstand, 2005.

7 *Gunnar Folke Schuppert*, Aktivierender Staat und Zivilgesellschaft: Versuch einer Verhältnisbestimmung, in: Gerd Winter (Hrsg.), Das Öffentliche heute, 2002, S. 101.

Staat[9] und ähnlichem) soll, so verstehe ich *Schuppert*, nicht existentielle Substanz sondern normative Relation beschrieben werden: Dazu zählen etwa Funktionen, die für die Normen und/oder das Gemeinwesen (Politik, Verwaltung, private Akteure) wichtig sind, oder Prozesse, die sich im Verhältnis von Normen und den Gegenständen, auf die sie sich beziehen bzw. den Akteuren, die sie schaffen und betreffen, ausdrücken. Dazu zählt auch das Verhältnis zwischen Kompetenzträgern (im nationalen föderativen wie im supranationalen Mehrebenensystem) oder Fragen einer funktionsadäquaten Organisationsstruktur.[10] Am Oeuvre von *Folke Schuppert* lässt sich nachzeichnen, wie mit juristischen Staatsverständnissen besondere Erwartungen verbunden sind, prozesshafte, dynamische und relationale Themen zu erfassen und zu bearbeiten. Das zeigt sich bei *Schuppert* etwa im Titel seiner Aufsätze[11] oder den Kapiteln seiner Bücher.[12] Auch die Suche nach Funktion, Funktionslogik und Funktionenlehre – erneut also ein relationaler Erkenntnisgegenstand – wird von Schuppert gerne mit „Staat“ in seinen diversen Komposita verbunden.[13] „Staat“ fungiert als Sammelbecken für „von-zu-Themen“, dient der Erfassung von Wandel und Dynamik, soll eine Diagnosegröße bereitstellen für eine zukunftsorientierte und thematisch aufgeschlossene Rechtswissenschaft. Hier dienen Staatsverständnisse der Thematisierung von Wandel und Dynamik in diversen relationalen Perspektiven.

Wenn es um die Erfassung von Wandel und Dynamik von Normen geht, behandelt die Relationierung in Staatsverständnissen letztlich die Zeitdimension des Rechts. Staatsverständnisse, Staatsbilder und Staatsbegriffe

---

8 *Gunnar Folke Schuppert*, Gemeinwohldefinition im kooperativen Staat, in: Herfried Münkler/Karsten Fischer (Hrsg.), Gemeinwohl und Gemeinsinn im Recht, 2002, S. 67.

9 *Gunnar Folke Schuppert*, Zur notwendigen Neubestimmung der Staatsaufsicht im verantwortungsteilenden Verwaltungsstaat, in: ders. (Hrsg.), Jenseits von Privatisierung und „schlankem Staat“, 1999, S. 299; *ders.*, Jenseits von Privatisierung und „schlankem Staat“: Vorüberlegungen zu einem Konzept von Staatsentlastung durch Verantwortungsteilung, in: Christoph Gusy (Hrsg.), Privatisierung von Staatsaufgaben, 1998, S. 72.

10 Man vgl. dazu bereits die Habilitationsschrift von *Gunnar Folke Schuppert*, Die Erfüllung öffentlicher Aufgaben durch verselbständigte Verwaltungseinheiten, 1981.

11 Beispielhaft greife ich wenige heraus: *Gunnar Folke Schuppert*, Was ist und wie misst man Wandel von Staatlichkeit?, in: Der Staat 47 (2008), S. 325; *ders.*, Rückzug des Staates? Zur Rolle des Staates zwischen Legitimationskrise und Neubestimmung, in: Cappenberger Gespräche der Freiherr-vom Stein-Gesellschaft Bd. 28, 1996.

12 *Gunnar Folke Schuppert*, Staat als Prozess, 2010, S. 33 ff., 55 ff., 66 ff. (Prozesscharakter); *ders.*, Staatswissenschaft, 2003 (mit zahlreichen Abschnitten zu Funktionen und Funktionslogiken); *ders.*, Politische Kultur, 2008, S. 167 ff., 205 ff. (Funktionen des Öffentlichen); *ders.*, Verwaltungswissenschaft, 2000, S. 73 ff., 102 ff. (Funktionen und Funktionswandel).

13 Man beachte z. B. die Untergliederung in *Schupperts* Staatswissenschaft (Fn. 5) mit den Teilen „Die Entstehung und Funktionslogik des modernen Staates“ oder „Grundzüge einer Staatsfunktionenlehre“.

pflegen in der deutschen Rechtswissenschaft zur Diagnose von Dynamik und Wandel zu dienen. Auch hier können wir uns auf *Schuppert* als Gewährsmann beziehen. Seine „Staatswissenschaft“ etwa behandelt den „Wandel von Staatlichkeit als Zentralthema einer erneuerten Staatswissenschaft“.[14] Im Einzelnen zählen dazu der Wandel von Staatsaufgaben, von Regelungstypen und Steuerungsinstrumenten, der Wandel von Staatsverständnissen selbst, auch der Wandel des Rechts im Prozess der Globalisierung bis hin zum Wandel des Rechts schlechthin zu Europäisierung, Kooperationalisierung und Selbstregulierung.[15] Verallgemeinernd kann man sagen, Staatsverständnisse dienen der Rechtswissenschaft dazu, Entwicklungsprozesse, Dynamik und Wandel zu thematisieren. Das drückt sich immer wieder in Erzählungen des „von-zu“ aus: Vom demokratischen Rechtsstaat zum … informalen Staat / kooperativen Staat / aktivierenden Staat bzw. zum Staat der … Industrie- / Dienstleistungs- / Wissensgesellschaft oder wie die Verlaufsgeschichten heißen.[16] Hier drückt sich ein Diagnosebedürfnis aus, das gegenständliche Zäsuren benötigt, um Dynamik zu erfassen, diese in Staatsbildern verfestigt und in ihnen markante Veränderungen und Entwicklungen auf einen griffigen Nenner, auf den Begriff, bringen will.

Für eine Normwissenschaft wie die Rechtswissenschaft sind Wandel und Dynamik jedoch kein besonders erklärungsbedürftiger Umstand, sondern die geradezu typische und regelgerechte Eigenschaft von Normen. Normen ändern sich naturgemäß. Sie sind ihrem Wesen nach dynamische Gegenstände. Dieselbe Norm kann unterschiedliche Aggregatzustände einnehmen: als Urteil, als Gesetz, als Rechtsgedanke. Insofern könnte man von einem festen, flüssigen und gasförmigen Aggregatzustand der Norm sprechen. Schon der Wechsel des Aggregatzustandes, in dem eine Norm betrachtet wird, erzeugt Perspektivenvielfalt und behandelt andere Eigenschaften der Norm. Mit anderen Worten: Eine Normwissenschaft kann nicht von einem statischen, vorgegebenen Gegenstand ausgehen. Mit der Existenz der Norm sind schon divergierende Ansichten auf sie als Gegenstand verbunden. Das führt notgedrungen zu einer pluralistischen sowie dynamischen Normerkenntnis.

Üblicherweise wird der Wandel des Rechts aber von Juristen als ein Prozess begriffen, der von außen auf das Rechtssystem einwirkt. Politik und Gesellschaft, Technik oder Globalisierung sind seine Urheber. Der Gesetzgeber ändert die Normen. Die Gesellschaft artikuliert neue Interessen und Bedürf-

---

14 *Schuppert* (Fn. 5), S. 49.

15 Ebd.

16 Neuerdings wird eine solche geschichtsphilosophisch anmutende Verdichtung auf bestimmte typisierbare Zustände auch auf den Verfassungsbegriff bezogen, vgl. *Uwe Volkmann*, Der Aufstieg der Verfassung. Beobachtungen zum grundlegenden Wandel des Verfassungsbegriffs, in: Thomas Vesting / Stefan Korioth (Hrsg.), Der Eigenwert des Verfassungsrechts. Was bleibt von der Verfassung nach der Globalisierung?, 2011, S. 23; das Vorgehen wurde auch schon beschritten von *Ernst Forsthoff*, Die Umbildung des Verfassungsgesetzes, in: FS Schmitt, 1959, S. 35.

nisse, auf die mit Normänderung reagiert wird. Technischer oder sozialer Wandel löst neue Probleme und in ihrer Folge neue Rechtsetzung aus. Aus der Europäisierung folgt ein Anpassungs- und Harmonisierungsdruck, aus der Globalisierung weitere Änderungsnotwendigkeiten. In dieser Perspektive ist Normenwandel exogen motiviert. Recht reagiert auf rechtsexterne Veränderungen.

Daneben wird Wandel aber ebenso gut durch endogene Faktoren erzeugt, tritt also nicht von außen an das Rechtssystem heran, sondern ist das gewollte Ergebnis des natürlichen Funktionierens des Rechtssystems.[17] Urheber des Normenwandels sind hier die Rechtsorgane selbst. Die Institutionen des Rechts können nicht anders arbeiten als durch die Produktion von Recht. Jeder Vertrag, jeder Verwaltungsakt oder jedes Urteil erzeugt neue Normen. Ein Beispiel: Ein Gerichtsurteil führt zur Erzeugung einer Rechtsnorm. Diese wird im Instanzenzug überprüft sowie unter Umständen modifiziert. Sie mag am Ende des Instanzenzugs zu einer obergerichtlichen Entscheidung führen, der über den Einzelfall hinaus eine generell-abstrakte Wirkung zugemessen wird, die als Rechtsfortbildung begriffen oder als Orientierungsgröße und Maßstab im Rechtssystem verarbeitet wird. Damit nimmt nicht nur der Bestand an Rechtsnormen prinzipiell zu, er wird auch zu einem Phänomen, das vom Rechtssystem verarbeitet werden muss (zusätzlich zu den Rechtsnormen, die politisch erzeugt werden – Gesetze, Verordnungen – und zusätzlich zu dem exogenen Änderungsdruck auf das Rechtssystem). Überdies führt die Normenhierarchie des Rechtssystems zu einer endogenen Dynamik. Denn Normen zeigen im Stufenbau der Rechtsordnung in der Regel eine Doppelqualität: Sie enthalten die Anwendung einer höheren Norm und erzeugen zugleich eine Norm für die niedrigere Stufe. Sie sind Ausdruck einer Bindung und zugleich Ausübung eines normativ gewollten Entscheidungs- und Konkretisierungsspielraums. Auch die Gliederung des Rechts im Stufenbau erzeugt folglich einen dynamischen Wandel, weil die ermächtigende Norm permanent in unterschiedlicher Form neu konkretisiert wird. Das führt zu einer Normenvielfalt, die sich in materieller Hinsicht nicht als Einheit verstehen lässt, weil die jeweiligen Konkretisierungen der nominal gleichen Norm zu unterschiedlichen Rechtsfolgen gelangen müssen. Unweigerlich bewirkt die endogene Dynamik des Rechts einen Rechtspluralismus, der wiederum als System- und Kohärenzproblem verarbeitet werden muss. Die Dynamik der Rechtserzeugung ist daher eine Systemeigenschaft des Rechts schlechthin und nicht nur die Folge einer sich im Tatsächlichen verändernden Welt.

Den exogenen wie endogenen Wandel des Rechts zu verarbeiten ist eine der Hauptaufgaben auch der Rechtswissenschaft. Dies zu leisten ist aber

---

17 Vgl. dazu auch *Oliver Lepsius*, Themen einer Rechtswissenschaftstheorie, in: Matthias Jestaedt/ders., Rechtswissenschaftstheorie, 2008, S. 1 (27 ff.).

jenseits des ergebnisorientierten Praxisdiskurses der Dogmatik kein einfaches Unterfangen. Natürlich gelingt es dem funktionierenden Rechtssystem wie auch der dogmatisch vorgehenden Rechtswissenschaft sowohl den endogenen wie den exogenen Wandel in einer Entscheidungsperspektive zu verarbeiten. Freilich stellt sich dieses Verarbeiten aber wieder als Rechtserzeugung oder als deren Kommentierung dar. Aus einem kontinuierlichen Fluss konkreter Rechtsaussagen, die auf ihre Ableitung und Begründung überprüft werden, kommt die Rechtswissenschaft auf diesem Weg aber kaum hinaus. Will sie Aussagen treffen über die Eigenschaften dieser Dynamik, kann sie diese nicht in der Beschreibungsform der rechtsimmanenten Dynamik treffen. Man muss einen Perspektivenwechsel vornehmen, wenn man nicht Ergebnisse, sondern Eigenschaften des Rechts wissenschaftlich behandeln will.

Nun mag es erstaunlich wirken, dass hierfür ausgerechnet wieder Staatsverständnisse herangezogen werden, dass solche relationalen Erkenntnisinteressen auf den Begriff „Staat“ bezogen, als Staatswissenschaft beschrieben und zu Staatsbildern transformiert werden. Staatsverständnissen wird jedenfalls die rechtswissenschaftliche Funktion zugeschrieben, verdichtete Diagnosen und Zäsuren im immerwährenden Fluss des sich dynamisch wandelnden Rechts zu ermöglichen. Jedenfalls in zweierlei Hinsicht ist nachvollziehbar, warum Staatsverständnisse zum Hort solcher Erkenntnisinteressen geworden sind: Einerseits ermöglicht die Zeitachse im Rechtssystem nur selten Zäsuren (Revolution, Systemwechsel, Verfassungsneuschöpfung). Dynamik wissenschaftlich zu beschreiben setzt einen Orientierungspunkt voraus, mag man meinen, der seinerseits nicht wieder dynamisch ist. Hierfür bietet „Staat“ einen prima facie plausiblen Anknüpfungspunkt. Andererseits ist – oben wurde darauf hingewiesen – „Staat“ ein hinreichend offen und unterkomplexer aber auch hinreichend semantisch bedeutsamer und assoziationsreicher Begriff. Staatsbilder und Staatswissenschaft erfüllen dann eine wichtige wissenschaftsinterne Funktion: Sie liefern einen vermeintlich stabilen Bezugspunkt zur Behandlung des Problems des Normenwandels. Die Dynamik bildet sich im Kontrast zu einer kategorial verfestigten und sozial resistenten Größe ab.

3. Die argumentative Begründungsfunktion von Staatsverständnissen

Dies freilich ist nicht der einzige Staatsdiskurs, den die Wissenschaft vom öffentlichen Recht in Deutschland kennt. Neben dem prozesshaften, funktionalen Verständnis, das einem etwa bei *Schuppert* entgegentritt, herrscht(e) ein anderes Verständnis vor, das Staat stärker als werthaften Gegenstand denn als relational offenes Funktionsgehäuse begreift. Ohne dass der Vielfältigkeit dieses Staatsdiskurses hier auch nur annähernd Rechnung getragen werden könnte, mag das Resümee nicht ganz unberechtigt sein, dass „Staat“

hier eine andere Funktion einnimmt: Der Bezug auf den Staat dient Begründungszwecken innerhalb eines juristischen Diskurses, in dem bestimmte normative Fragen nicht rein normativ begründet werden können.[18] Um ein Beispiel für die Wirkungsweise dieses Staatsverständnisses zu geben: In den 1950er Jahren versuchte man, drängende verfassungsrechtliche Probleme wie die Fortgeltung von Beamtenverhältnissen, die Zulässigkeit der Wiederbewaffnung oder die staatliche Kontinuität Deutschlands mit Hilfe von Staatsverständnissen zu lösen. Das gelang letztlich nicht.[19] Verfassungsrechtliche Argumente ersetzten die staatsbezogenen. Dabei spielte auch die neue Institution des Bundesverfassungsgerichts eine tragende Rolle, die naturgemäß im Wege der Verfassungsauslegung und nicht der Auslegung von Staatsverständnissen – wie Teile der deutschen Staatsrechtslehre – judizierte. In den 1970er Jahren konzentrierte sich die Begründung mit Staatsverständnissen dann darauf, bestimmte materielle Grundentscheidungen der politischen Mehrheitsentscheidung zu entziehen bzw. diese inhaltlich anzuleiten (Diskussion um Staatsaufgaben, Schutzpflichten des Staates). Auch hier verweist die argumentative auf eine institutionelle Komponente, nämlich die veränderten Mehrheiten im Deutschen Bundestag. Schon deutlich normativ durch die Verfassung vermittelter präsentiert sich schließlich der Versuch, Verfassungsrecht mit einem Staatsverständnis anzuleiten im großen Projekt des Handbuchs des Staatsrechts der Bundesrepublik Deutschland, dessen erste Auflage von 1988 an erschien.[20]

Das Verbindende dieser Rekurse auf den Staat und entsprechende Staatsverständnisse liegt in Folgendem: Unter Verweis auf den Staatsbegriff in seinen vielen Schattierungen sollen Begründungen gegeben werden, indem man sie aus den normativen Begründungsanforderungen herauslöst und diesen existentialistisch vorschaltet. Wer etwa von Staatsaufgaben spricht, entzieht die Ziele des Handelns der politischen Selbstbestimmung im Rahmen der Verfassungsorgane und verändert die Beweislast auf Kos-

---

18 Zu Chancen und Grenzen eines solchen Ansatzes vgl. etwa *Ernst-Wolfgang Böckenförde*, Die Eigenart des Staatsrechts und der Staatsrechtswissenschaft, in: FS Scupin, 1983, S. 317 ff.; auch in: *ders.*, Staat, Verfassung, Demokratie, 1991, S. 11 (18 ff.); *Hasso Hofmann*, Von der Staatssoziologie zu einer Soziologie der Verfassung, JZ 54 (1999), 1065 (1065 f.); *Christoph Möllers*, Der vermisste Leviathan, 2008, S. 44 ff.; *Udo Di Fabio*, Die Staatsrechtslehre und der Staat, 2003, S. 13 ff., 19 ff.; *Josef Isensee*, Die Staatlichkeit der Verfassung, in: Otto von Depenheuer/Christoph Grabenwarter (Hrsg.), Verfassungstheorie, 2010, § 6 Rn. 9 ff., 44 ff.; *Jo Eric Khushal Murkens*, From Empire to Union. Conceptions of German Constitutional Law since 1871, Oxford 2013, S. 69 ff.

19 Dazu im Überblick m. w. N. *Oliver Lepsius*, Die Wiederentdeckung Weimars durch die bundesdeutsche Staatsrechtslehre, in: Christoph Gusy (Hrsg.), Weimars lange Schatten – „Weimar" als Argument nach 1945, 2003, S. 354 (375–383); *Christoph Möllers*, Der vermisste Leviathan, 2008, S. 31.

20 Erhellend: *Helmuth Schulze-Fielitz*, Grundsatzkontroversen in der deutschen Staatsrechtslehre nach 50 Jahren Grundgesetz: in der Beleuchtung des Handbuch des Staatsrechts, Die Verwaltung 32 (1999), 241.

ten der demokratischen Selbstbestimmung. Wer Staatsrecht an die Stelle von Verfassungsrecht setzt, erweitert den rechtlich zugänglichen Erkenntnisbereich um eine Sphäre, deren Erzeugungs- und Geltungsgrundlage nicht normativ bestimmbar ist, notgedrungen juristisch diffus bleibt und folglich zu Eigeninterpretationen einlädt oder Vorverständnissen einen unverdächtigen Anknüpfungspunkt bietet. Wer den Staat als Verfassungsvoraussetzung beschreibt, engt den normativen Spielraum der Verfassungsauslegung ein oder verordnet ihr eine besondere Stoßrichtung. Wer der Verfassungsordnung der Bundesrepublik Souveränität und Staatlichkeit zuschreibt, setzt der supranationalen Integration Grenzen und beschneidet die innerhalb des Gemeinwesens zulässigen Begründungen für normative (Delegations-)Entscheidungen. Wenn ein Reservat des juristisch Unverfügbaren, Zwangsläufigen oder Voraussetzungsvollen etabliert wird, verändert dies den Begründungsdiskurs zu Lasten der politischen Zweckmäßigkeit und Selbstbestimmung sowie auf Kosten der verfassungsrechtlichen Kompetenzstruktur.

Dieses Staatsverständnis errichtet eine Argumentationsreserve, mit der es allerdings auch auf Begründungskasteiungen der Dogmatik reagiert. Im ergebnisorientierten juristischen Praxisdiskurs der Dogmatik sind nur dogmatisch ableitbare Begründungen zulässig. Dadurch scheiden Begründungen, die mit dem (politischen Mehrheits-)Willen, der Zweckmäßigkeit, der ökonomischen Effizienz, dem gesellschaftlichen Konsens oder der Ethik operieren aus dem dogmatischen Diskurs aus.[21] Da dies die Bandbreite der zulässigen Argumente zugunsten dogmatisch anschlussfähiger Positionen einengt, entsteht ein Kompensationsbedarf, der im öffentlichen Recht durch Staatsrekurse gedeckt wird. Argumente des Wünschbaren, Zweckmäßigen, Moralischen, Ethischen, Effizienten, die dogmatisch unbegründbar sind, werden im deutschen öffentlich-rechtlichen Diskurs anschlussfähig, wenn sie sich über den Umweg „Staat" herleiten lassen. Aber auch umgekehrt ließe sich formulieren: Staatsrekurse bewahren Rechtswissenschaftler davor, politische, ethische, ökonomische oder rein voluntative Überlegungen zu entscheidungsbedürftigen Fragen in Gestalt einer materiell-rechtlichen Rechtskonkretisierung zu transformieren. Sie schützen die Dogmatik vor der Kontextualisierung oder Politisierung. Um dieses Staatsverständnis, so wichtig und einflussreich es in den zurückliegenden Jahrzehnten auch war, soll hier nicht weiter debattiert werden, zumal es *Christoph Möllers* einer umfassenden Analyse und Kritik unterzogen hat, die unter dem Titel „Staat als Argument" gerade die Begründungsfunktion des Staatsrekurses im juristischen Diskurs untersucht hat.[22]

---

21 Näher dazu *Oliver Lepsius*, Kritik der Dogmatik, in: Gregor Kirchhof u. a. (Hrsg.), Was weiß Dogmatik?, 2012, S. 40 (54 ff.); *ders.*, Rechtswissenschaftstheorie (Fn. 17), S. 16–24.

22 *Christoph Möllers*, Staat als Argument, 2000, 2. Aufl. mit neuer Einleitung, 2011.

Wir können daher bereits zwei unterschiedliche Staatsverständnisse im Wissenschaftsdiskurs des deutschen öffentlichen Rechts unterscheiden: „Staat“ im Begründungsdiskurs und „Staat“ im Relationsdiskurs. Das erste Staatsverständnis, man mag es auch als das klassische bezeichnen, zielt auf normative Themen ab. Es geht um Rechtsfolgen, Entscheidungen, Machtfragen. An diesem Staatsverständnis hat sich die deutsche Staatsrechtslehre lange abgearbeitet[23] und es inzwischen durch das Denken von der Verfassung ersetzt.[24] Das zweite Staatsverständnis hingegen operiert auf einer Ebene, die über die praktisch normativen Aufgaben der Rechtswissenschaft hinausweist. Hier geht es darum, Recht auf bestimmte Eigenschaften zu untersuchen (z. B. Funktionen, Prozesse, Dynamik, Wandel, gesellschaftliche Resonanz, Aufgabenadäquanz).

Man kann folglich der Sache und Funktion nach disparate Staatsverständnisse im juristischen Diskurs beobachten: einerseits im juristischen Praxisdiskurs, der im Recht abläuft (Begründungsdiskurs), andererseits im juristischen Theoriediskurs, der über Recht spricht (Relationsdiskurs). Im ersten Staatsverständnis geht es um Entscheidungen durch Recht, im zweiten um Eigenschaften des Rechts. Zwischen beiden Staatsdiskursen wird nicht immer sauber getrennt und nicht selten gehen sie ineinander über. In diesem Punkt freilich teilen sie nur eine Eigenheit der deutschen Rechtswissenschaft, die sich nur unzureichend über den jeweiligen epistemologischen und normwissenschaftlichen Status ihres Tuns vergewissert und mit dem Begriff „Recht“ einen gleichermaßen diffusen Terminus benutzt, der die Einzelfallentscheidung (Urteil) genauso umfasst wie generell-abstrakte Normen (Gesetz), positives wie überpositives Recht, Juristenrecht und hoheitliches Recht, und für den „Recht“ sowohl Erkenntnisgegenstand als auch Erkenntnismittel ist. Der jeweils unterschiedliche epistemologische Status, den Recht einnimmt, wenn von konkreten Rechtsfolgen (Urteil), generell-abstrakten Verhaltenserwartungen (Gesetz) oder normativen Postulaten (Prinzipien) die Rede ist (unterschiedliche Aggregatzustände der Norm), wird zu selten erfasst. Im deutschen Diskurs unterschiedet man eben nicht zwischen „right“ und „law“. Der Gegenstand „Recht“ verfließt zwischen der praktischen und der theoretischen Dimension. Insofern ist der Topos „Staat“ dann auch wieder als kongenialer Partnerbegriff zu würdigen, mit dem der Diskurs über Recht erweitert werden kann, ohne dass freilich das erkenntnistheoretische Problem, das im Gegenstand „Recht“ liegt, dadurch verdeut-

---

23 Höhe- und Schlusspunkt: *Möllers*, Staat als Argument (Fn. 22).

24 Analyse durch *Günther* (Fn. 1), *Möllers*, Leviathan (Fn. 18), S. 31 ff.; *Alfred Rinken*, Einführung in das juristische Studium, 3. Aufl. 1996, S. 213 ff.; siehe statt vieler auch *Horst Ehmke*, Beiträge zur Verfassungstheorie und Verfassungspolitik, 1981; *Konrad Hesse*, Grundzüge des Verfassungsrechts der Bundesrepublik Deutschland, 20. Aufl. 1995, S. 11 ff.; *Peter Häberle*, Die Verfassung des Pluralismus, 1980; *Dieter Grimm*, Die Zukunft der Verfassung, 1991, S. 372 ff.; *Di Fabio* (Fn. 18), S. 51–53, 63–67; *Isensee* (Fn. 18), Rn. 44, 51.

licht würde. Daher duplizieren Staatsdiskurse zu einem großen Teil die juristischen Diskursdefizite und beheben ihre Restriktionen nur scheinbar.

4. Die disziplinenbegründende Funktion von Staatsverständnissen

Eine dritte Funktion von Staatsverständnissen tritt deshalb hinzu: die disziplinenbegründende.[25] Als wissenschaftliche Disziplin ist das öffentliche Recht in Deutschland als Sonderrecht des Staates entstanden. Im Begriff des Staatsrechts lebt diese historische Wurzel fort; er markiert zugleich eine begriffliche Eigenheit in der deutschen Rechtswissenschaft, die sich auf ihre Gegenstände und Methoden auswirkt. In anderen Rechtswissenschaftskulturen finden wir den Begriff des Staatsrechts nicht. Österreich und die Schweiz meiden ihn.[26] Ins Englische, Französische oder Italienische ist er nicht übersetzbar. Dort verbinden sich Verfassungs- und Verwaltungsrecht nicht unter einem Begriff des Staatsrechts, sondern verwenden, wenn überhaupt, den Begriff des öffentlichen Rechts (public law, droit public, diritto pubblico). Man kann bei der Staatsbezogenheit des öffentlichen Rechts in Deutschland durchaus von einem Sonderweg sprechen. Er ist historisch durch die Rechtslage im ausgehenden 19. Jahrhundert bedingt, in dessen Kontext die Ausrichtung am Staat für Deutschland innovativ war, weil sie bei einem nur fragmentarisch entwickelten Verfassungsverständnis und einer positivistisch orientierten Rechtswissenschaft neue Forschungsgegenstände und Zugänge ermöglichte.

Über den Staatsbegriff konnten zum einen die Rechtszersplitterung im 19. Jahrhundert überwunden und Rechtslücken geschlossen werden. Die fragmentarischen Verfassungen ließen sich als Teile eines größeren Ganzen interpretieren und mit aspirativen Elementen aufladen (Einheit der Rechtsordnung, Rechtsstaat). Über die Definition von Staatsaufgaben gelang eine inhaltliche Beschränkung der hoheitlichen Gewalt, solange die Grundrechtsbindung unterentwickelt war.[27] Auch stimulierte die Fixierung auf den Staatsbegriff die Wissenschaft zu einer Erweiterung ihres Untersuchungsgegenstandes über reine Rechtsfragen hinaus.[28] Die disziplinenbegründende

---

25 Siehe dazu auch *Thomas Vesting*, Die Staatsrechtslehre und die Veränderung ihres Gegenstandes, VVDStRL 63 (2004), 41 (42, 45 f.).

26 Vgl. für Österreich *Wiederin*, Denken vom Recht her (Fn. 1); *Alexander Somek*, Wissenschaft vom Verfassungsrecht: Österreich, in: IPE II, 2008, § 33 Rn. 21 ff.; *Andras Jakab*, Die Dogmatik des österreichischen öffentlichen Rechts aus deutschem Blickwinkel: ex contrario fiat lux, Der Staat 46 (2007), 268.

27 *Rainer Wahl*, Rechtliche Wirkungen und Funktionen der Grundrechte im deutschen Konstitutionalismus, in: Ernst-Wolfgang Böckenförde (Hrsg.), Moderne deutsche Verfassungsgeschichte, 1815–1914, 2. Aufl. 1981, S. 346 ff.; *Dietrich Jesch*, Gesetz und Verwaltung, 2. Aufl. 1968, S. 74 ff.

28 Vgl. *Michael Stolleis*, Geschichte des öffentlichen Rechts in Deutschland, Bd. 2, 1992, S. 51 f., 97–99, 119 f.; *Walter Pauly*, Der Methodenwandel im deutschen Spätkonstitutionalismus, 1993, S. 219 ff.

Funktion zeigt sich schließlich in der Abgrenzung zum Zivilrecht. Denn mit der Trennung von Staat und Gesellschaft wurde dem Zivilrecht eine gerade nicht-staatliche Rolle zugewiesen. Zivilrecht regelte die Rechtsbeziehungen der Bürger untereinander und blieb insofern unpolitisch und neutral. Es regelte die Bedürfnisse der freien, sich selbst organisierenden Gesellschaft, öffentliches Recht hingegen hoheitliche, zwangsweise durchgesetzte Akte. Staat und Gesellschaft markierten getrennte Rationalitätssphären, abgesichert durch die Freiheitsrechte. Wenn oftmals die Entstehung des öffentlichen Rechts im 19. Jahrhundert als Ablösung aus dem Zivilrecht beschrieben wurde,[29] so wirkt sich dies auch umgekehrt aus: Nur wenn die politischen Eigenschaften des Rechts vom Staatsrecht besetzt werden, kann sich das Privatrecht erlauben, politische Fragen nach der Legitimation von Machtausübung durch Recht in der gesellschaftlichen Sphäre, nach gesellschaftlich verfestigten Machtstrukturen, der Risikozuweisung oder der Verteilungsgerechtigkeit zu vernachlässigen. Die bürgerliche Gesellschaft konnte sich um 1900 noch mit einer unpolitischen Rolle zufrieden geben und trug den darauf zurückzuführenden Mangel an politischer Kultur und Urteilsvermögen geraume Zeit noch mit Stolz („Betrachtungen eines Unpolitischen").

Noch in anderer Hinsicht führen Staatsverständnisse zu einer disziplinären Vergewisserung, nämlich im Hinblick auf das interdisziplinäre Verhältnis zu den Nachbarwissenschaften. Staatsverständnisse können nämlich als „interdisziplinäre Brückenbegriffe" dazu beitragen, über einen gemeinsamen Gegenstand die Erträge anderer Disziplinen in der Rechtswissenschaft zugänglich zu machen.[30] Denn mit „Staat" beschäftigen sich auch andere Wissenschaftsdisziplinen: die ökonomischen Staatswissenschaften, die Rechts- und Staatsphilosophie, die Geschichtswissenschaft sowie die Sozialwissenschaften. Das Plädoyer nach solchen „Schlüsselbegriffen" verschafft dem Juristen zugleich eine Berechtigung, sich mit den sozialen oder philosophischen Voraussetzungen des Rechts zu beschäftigen. Das Verdienst staats-

---

29 Vgl. *Carsten Kremer*, Die Willensmacht des Staates. Die gemeindeutsche Staatsrechtslehre des Carl Friedrich v. Gerber, 2008; *Walter Wilhelm*, Zur juristischen Methodenlehre im 19. Jahrhundert: die Herkunft Paul Labands aus der Privatrechtswissenschaft, 1958.

30 *Gunnar Folke Schuppert*, Schlüsselbegriffe der Perspektivenverklammerung von Verwaltungsrecht und Verwaltungswissenschaft, in: Die Wissenschaft vom Verwaltungsrecht, Beiheft 2 zu Die Verwaltung, 1999, S. 103 (109 ff.) zu „interdisziplinären Verbundbegriffen und Brückenbegriffen"; *ders.*, Verwaltungswissenschaft, 2000, S. 46 ff.; *Wolfgang Hoffmann-Riem*, Methoden einer anwendungsorientierten Verwaltungsrechtswissenschaft, in: Eberhard Schmidt-Aßmann/ders. (Hrsg.), Methoden der Verwaltungsrechtswissenschaft, 2004, S. 9 (60–62). Zum Umgang mit Schlüsselbegriffen *Christoph Möllers*, Theorie, Praxis und Interdisziplinarität in der Verwaltungsrechtswissenschaft, VerwArch. 93 (2002), 22 (34 ff.); *Andreas Voßkuhle*, Methode und Pragmatik im öffentlichen Recht, in: Hartmut Bauer u. a. (Hrsg.), Umwelt, Wirtschaft, Recht, 2002, S. 171 (186 f.); *ders.*, Wie betreibt man offen(e) Rechtswissenschaft?, in: Wolfgang Hoffmann-Riem, Offene Rechtswissenschaft, 2010, S. 152 (164 ff.).

wissenschaftlicher Brückenbegriffe dürfte insgesamt aber eher in der Selbstermächtigung von Juristen zur Interdisziplinarität als in einem wirklich funktionierenden interdisziplinären Dialog liegen. Denn mittels solcher Brückenbegriffe können Juristen sich über den Gegenstandsbereich des Rechts hinaus mit Themen beschäftigen, die für das Wirken von Normen relevant sind, von der Rechtswissenschaft allerdings nicht mit einer juristischen Methode traktiert werden können. Mit der Hilfe von Staatsbildern und Staatsverständnissen dürfen Juristen, wenn man es zuspitzen wollte, im Terrain von Nachbardisziplinen wildern, ohne dass diese daran Anstoß nehmen oder eine Kompetenzüberschreitung abwehren müssen. Staatswissenschaften und Staatsverständnisse verschaffen Juristen einen legitimen Ort, um einen sozial informierten, gesellschaftlich relevanten, ideenreich gespeisten Metadiskurs über Recht, seine Wirkungen und Aufgaben, seinen Wandel und seine Entwicklung führen zu können. Die disziplinäre Vergewisserungsfunktion von Staatsverständnissen für die deutsche Wissenschaft vom öffentlichen Recht ist daher insgesamt nicht gering zu veranschlagen. Sie etablierte das Fach und ermächtigte die Fachkollegen.

II. Zum Wandel von Staatsverständnissen

Welches sind dann jene spezifischen Erkenntnisfunktionen, die sich Juristen erhoffen, wenn sie sich Staatsverständnisse bedienen und damit ersichtlich kein juristisches Subjekt, keinen Akteur oder Kompetenzträger meinen? Versucht man diese Funktionen ein wenig zu sortieren und zu schematisieren, so wird die große Bandbreite an Themen und Fragestellungen deutlich, die sich mit diesem Konzept verbinden. Mit der Auffächerung verschiedener Erkenntnisfunktionen von „Staat“ kann aber auch erklärt werden, warum sich die Verständnisse von „Staat“ oder „Staatlichkeit“ wandeln. Es sind nicht die Veränderungen in der „realen Welt“, die innerhalb des juristischen Diskurses über „den Staat“ Szenarien des Wandels auslösen. Die Staatsverständnisse wandeln sich nicht, weil sich der Staat wandelt, sondern weil sich die juristischen Fragestellungen verändern. Wandelnde Staatsverständnisse sind primär Ausdruck veränderter rechtswissenschaftlicher Erkenntnisinteressen. Man könnte meinen, mit wandelnden Staatsverständnissen würden Juristen auf Veränderungen in der sozialen Welt reagieren. Ich vertrete eine andere These: Juristen konstruieren sich das jeweilige Staatsverständnis, das sie zur Kontrastierung der Normenwelt benötigen. Staatsverständnisse verschaffen Juristen einen Zugang zur „Wirklichkeit“ in ihrer Mannigfaltigkeit, die als Kontrastschablone der Welt der Rechtsnormen gegenübergestellt wird. Das aber heißt: Staatsverständnisse bilden sich mit den juristischen Erkenntnisinteressen und wandeln sich mit ihnen. Untersuchen wir diese These noch etwas näher indem wir die Zukunftsfähigkeit von Staatsverständnissen kritisch beleuchten.

1. Gegenständliche und methodische Unbestimmtheit

Staatsverständnisse teilen die erkenntnistheoretischen Probleme des Staatsbegriffs.[31] Den Staat als Gegenstand zu bestimmen, fällt nicht leicht. Hier liegt ein erhebliches Theoriehindernis. Die klassische juristische Antwort hat den Staatsbegriff entweder juridifiziert (*Kelsen*) oder ihn als Sozialbegriff ausgesondert (*Heller*). In beiden Alternativen verliert er jedoch seine Funktion als theoretischer Referenzbegriff für die Rechtswissenschaft. Man kann auch sagen: Der Staatsbegriff ist immer entweder eine Abstraktionsstufe zu niedrig gewählt, wenn er juridifiziert und mit der Rechtsordnung identifiziert wird oder er ist eine Abstraktionsstufe zu hoch gewählt, wenn er als Sozialbegriff eine außerjuridische Wirklichkeit meint. Auch in methodischer Hinsicht bleibt die Beschäftigung mit Staatsverständnissen eine heikle Angelegenheit. Ginge man von einer gegenstandsbestimmten Methode aus, müsste zuerst ein gegenständlicher Konsens über den jeweiligen Staatsbegriff hergestellt werden. Ginge man von einer gegenstandserzeugenden Methode aus, landet man bei einem relativen Staatsbegriff, dessen Anspruch als zeiten- und disziplinenübergreifendes Erkenntnisobjekt zu fungieren, naturgemäß begrenzt sein muss. Und auch der Aspekt der Interdisziplinarität spricht nicht für Staatsverständnisse, denn die Vorstellung, man gewänne mit ihrer Hilfe einen interdisziplinär diskursfähigen Gegenstand, hat sich nicht bestätigt.[32] Nur selten wurden Nachbarwissenschaften tatsächlich integriert. Eher gerieten deren Erkenntnisgegenstände aus dem Blick, weil sie nicht auf den Staat gerichtet oder einen anderen sektoralen Aspekt des Staates gerichtet sind. Das Verdienst der Staatsverständnisse lag eher in dem Mandat, als Jurist soziologische, philosophische, historische oder politikwissenschaftliche Überlegungen anzustellen. Auch der interdisziplinäre Status von Staatsbildern muss letztlich undeutlich bleiben, denn sie dienen gleichermaßen der Öffnung wie auch der Abschottung der Rechtswissenschaft. Es verwundert daher nicht, daß der Nutzen von Staatsbildern und Staatsverständnissen seit geraumer Zeit kritischer gesehen wird.[33]

2. Europäisierung und Internationalisierung

Ob Staatsverständnisse heute noch die Funktion ausüben können, den endo- und exogenen Wandel des Rechts zu analysieren und als Instrument für

---

31 Vgl. zum Folgenden auch *Oliver Lepsius*, Braucht das Verfassungsrecht eine Theorie des Staates?, EuGRZ 2004, S. 370 (375 f.).

32 Aufschlussreich zu den Schwierigkeiten der interdisziplinären Anschlussfähigkeit ist etwa die Besprechung von *Schupperts* Verwaltungswissenschaft durch *Arthur Benz*, Die Verwaltung 34 (2001), S. 575.

33 Vgl. *Andreas Voßkuhle*, Der „Dienstleistungsstaat". Über Nutzen und Gefahren von Staatsbildern, Der Staat 40 (2001), S. 495 ff.; *Wilfried Berg*, Über den Umweltstaat, in: FS Stern, 1997, S. 421 ff. (mit einer Typologie von Staatsbildern); *Lepsius*, Braucht das Verfassungsrecht (Fn. 31), S. 376 ff.

die Diagnose von Veränderung und Dynamik fungieren können, steht auch aus einem weiteren Grund zu bezweifeln. Denn die aktuellen Entwicklungen lassen sich mit dem Begriff des Staates immer weniger erfassen. An die Stelle von Staatsverständnissen sind in den letzten Jahren andere Topoi getreten, von denen man sich eine prägnantere Beschreibung des Wandels verspricht. Insofern kann man diagnostizieren: Staatsverständnisse werden zunehmend durch andere Großbegriffe und Forschungsparadigmen abgelöst. Die Zeit der Staatsverständnisse scheint dem Ende zuzugehen.

Man betrachte nur den Prozess der Europäisierung und Internationalisierung. Lange dachte man, gerade in diesem Feld müßte sich über die Veränderung von Staatlichkeit die besondere Diagnosekompetenz einer staatsorientierten Begrifflichkeit beweisen. In den 1990er Jahren versuchte man diese Entwicklungen noch über Staatsverständnisse auf den Punkt zu bringen (Staatenverbund, offene Staatlichkeit).[34] Selbst das Bundesverfassungsgericht, das sich ansonsten von Staatstheorien und Staatsverständnissen fern hielt, beschritt in seiner Rechtsprechung zu den Grenzen der europäischen Integration diesen Weg im Maastricht-Urteil.[35] Jedoch dürfte es keine Fehleinschätzung sein festzustellen, dass sich diese Erwartungen nicht erfüllt haben, weil sich die spezifischen Eigenheiten der Supranationalität mit den Kategorien herkömmlicher Staatlichkeit nur noch unvollkommen abbilden lassen. Inzwischen hat sich die europarechtliche Diskussion von der Staats-Terminologie entfernt und bedient sich anderer Begriffe (Verfassungs- und Verwaltungsverbund, Mehrebensystem, Kooperationsverhältnis).[36] Selbst wenn das Bundesverfassungsgericht im Lissabon-Urteil den Souveränitätstopos weiterhin gegen Brüssel in Stellung bringt, gründet es diesen nicht mehr, wie noch zwanzig Jahre zuvor im Maastricht-Urteil auf den Staat, sondern auf die Demokratie.[37] Die Europa-Rechtsprechung Karlsruhes dokumentiert insofern das Abrücken von Staatsverständnissen. Dort haben nun Demokratie und Volkssouveränität die Begründung der Delegationsgrenzen übernommen. Dieser Begründungswandel in der Rechtsprechung

34 Erhellende Analyse bei *Rainer Wahl*, Internationalisierung des Staates, in: FS Hollerbach, 2001, S. 193 ff., hier zitiert nach *ders.*, Verfassungsstaat, Europäisierung, Internationalisierung, 2003, S. 17 (20 ff.). Als klausurrelevante Lerneinheit aufbereitet von *Andreas Voßkuhle/Ann-Katrin Kaufhold*, Grundwissen – Öffentliches Recht: Offene Staatlichkeit, JuS 2013, 309–311.

35 BVerfGE 89, 155 (181, 185 ff.) [1993]; *Paul Kirchhof*, Die rechtliche Struktur der Europäischen Union als Staatenverbund, in: Armin von Bogdandy (Hrsg.), Europäisches Verfassungsrecht, 2003, S. 893 (897, 909 ff.); kritisch statt vieler *Robert C. van Ooyen*, Die Staatstheorie des Bundesverfassungsgerichts und Europa, 2006 (mehrere erweiterte Neuauflagen).

36 Historisch informierte Analyse dieses konzeptionellen Wandels durch *Murkens*, From Empire to Union (Fn. 18).

37 BVerfGE 123, 267 (346 ff., 357, 400) [2009]. Vgl. zur Analyse insbes. Der Staat 48 (2009) Heft 4 mit den Aufsätzen zum Lissabon-Urteil von *Dieter Grimm*, *Matthias Jestaedt*, *Jon Murkens*, *Christoph Schönberger*, *Daniel Thym* und *Rainer Wahl*.

hat eine symptomatische Bedeutung für die allgemeine Abkehr von Staatsverständnissen, um Prozesse der Europäisierung und Internationalisierung zu erfassen. Wir beobachten also die Abkehr von Staatsbildern und Staatsverständnissen gerade in jenem Bereich, in dem es um die Transformation des klassischen Nationalstaats in den europäischen Mitgliedsstaat geht.[38] Hier ist inzwischen ein noch offener „Begriffswettbewerb"[39] eröffnet, in dem es primär um die Fortbildung überkommener Begrifflichkeiten geht.

3. Staat und Gesellschaft

Man betrachte, um ein anderes Beispiel zu wählen, den Bereich von Privatisierung, drittem Sektor, der Verantwortungsteilung zwischen hoheitlichen und privaten Akteuren, Bedeutungszunahme gesellschaftlicher Standardsetzung und Kodices, also all jener Veränderungen, die an der Schnittstelle von Staat und Gesellschaft, von privat und öffentlich stattfinden. Auch in diesem nicht minder wichtigen Feld des Wandels dürfte man von Staatsverständnissen eine besondere Diagnosekompetenz erwarten, zumal die Dichotomie von Staat und Gesellschaft betroffen ist. Auch hier wird der Ertrag von Staatsbildern, diesen Wandel zu erfassen, eher gering einzuschätzen sein. Anfangs verwendete man noch das Leitbild des Gewährleistungsstaates,[40] das inzwischen jedoch weithin dem Regulierungsparadigma gewichen ist.[41] Im Regulierungsrecht, das als das Recht der Regulierungsbehörden eindeutig hoheitliches Recht ist, verliert die Trennung von Staat und Gesellschaft an Gewicht. Seine Regelungen stellen sich nicht mehr als klassische Wirtschaftsaufsicht dar, mit der der Staat einen durch die Wirtschaftsgrundrechte geschützten Bereich gesellschaftlicher Freiheitsbetätigung regelt. Regulierungsrecht findet Märkte nicht nur vor, sondern schafft sie auch. Es greift nicht nur in Gewerbe ein, sondern erzeugt wirtschaftliche Betätigungsräume aus sozialpolitischen Erwägungen. Das zeigt sich etwa in der Instrumentalisierung des Wettbewerbs. Das Regulierungsrecht behandelt Wettbewerb nicht als vorgegebene Größe und bezweckt nicht seine Erhaltung um seiner selbst willen, sondern verwendet ihn instrumentell um

---

38 Die Entwicklung neuer theoretischer Konzepte zur Charakterisierung des Verbundes von nationalem und gemeinschaftlichem Recht nachzeichnend *Anna Katharina Mangold*, Gemeinschaftsrecht und deutsches Recht, 2011, S. 432 ff. Vgl. auch *Rainer Wahl*, Erklären staatstheoretische Leitbegriffe die Europäische Union?, in: FS Hofmann, 2005, S. 113 ff.; *Armin von Bogdandy*, Europäische Prinzipienlehre, in: ders. (Hrsg.), Europäisches Verfassungsrecht, 2003, S. 149 ff.

39 *Mangold* (Fn. 38), a. a. O.

40 Vgl. z. B. *Andreas Voßkuhle*, Beteiligung Privater an der Wahrnehmung öffentlicher Aufgaben und staatlicher Verantwortung, VVDStRL 62 (2003), 266 (307 ff.).

41 Deutlich etwa im Übergang von Gewährleistungs- zum Regulierungsverständnis *Gunnar Folke Schuppert*, Governance und Rechtsetzung. Grundfragen einer modernen Regelungswissenschaft, 2011, S. 253 ff., 300 ff.

weitergehende Ziele zu verwirklichen.[42] Hier wird die Aufteilung in eine gesellschaftliche Sphäre, grundrechtlich geschützt, und eine staatliche Sphäre, grundrechtlich gebunden, brüchig. An ihre Stelle treten Regulierungssektoren, in denen bereichsspezifische Arrangements von gemeinwohlorientierten Zielen und Mitteln austariert werden. Entsprechend entzieht sich Regulierungsrecht einer großflächigen Schematisierung, die mit allgemeinen Staatsverständnissen arbeiten könnte. Man spricht zwar vom „regulatory state",[43] aber darin liegt gerade die begriffliche Abkehr von den herkömmlichen Staatsverständnissen.

Das Entstehen von Regulierungsrecht ist überdies nur die Folge eines Wandels in der Machtverteilung. Das hergebrachte Verteilungsmuster, in dem die Macht beim Staat und die Freiheit bei der Gesellschaft lagen, stimmt lange nicht mehr. Aufgrund der umfassenden Rechts- und Verfassungsbindung der hoheitlichen Organe sowie ihrer demokratischen Legitimationsbedürftigkeit stellt sich in vielen Beziehungen die hoheitliche Sphäre als freiheitlicher dar als die gesellschaftliche, weil sich in letzterer private Macht nicht rechtlich rechtfertigen muss. Im Zivilrecht geht es bekanntlich nicht um die grundrechtlichen Freiheitssphären natürlicher Personen, sondern um die Interessen von Privatrechtssubjekten, die häufig gar keine natürlichen Personen sind. Die Bandbreite der Privatrechtsakteure reicht von Lieschen Müller und Otto Normalverbraucher bis zu global tätigen Unternehmen, die aufgrund ihrer wirtschaftlichen Stellung politische Macht über Gebietskörperschaften ausüben können, sich dem hoheitlichen Regelungsanspruch durch internationale Standortverlagerungen teilweise entziehen können und über Informations- und Wissensvorsprünge erhebliche Vorteile genießen. Die Gesellschaft (in Abgrenzung zur hoheitlichen Sphäre) wird nicht nur durch individuelle Freiheitsentfaltung geprägt, sondern gleichermaßen durch private Machtstrukturen, die für die Lebensführung der Bürger im demokratischen Verfassungsstaat schwerwiegende Entfaltungsbeschränkungen zur Folge haben. Über die Privatisierung weiter Bereiche der Infrastruktur und Daseinsvorsorge wie auch des öffentlichen Raums (Shopping Mall, Freizeitpark, Verkehrsanlagen) gerät die natürliche Person in eine immer stärkere Abhängigkeit von juristischen Personen, mit denen sie jedoch die privatrechtlich gleiche Freiheitssphäre teilt. Auch unter dem Gesichtspunkt von Freiheit und Eingriff sind daher Neubeschreibungen er-

---

42 Vgl. *Oliver Lepsius*, Ziele der Regulierung, in: Michael Fehling/Matthias Ruffert (Hrsg.), Regulierungsrecht, 2010, § 19; *Jens Kersten*, Herstellung von Wettbewerb als Verwaltungsaufgabe, VVDStRL 69 (2010), S. 288 (316 ff.).

43 Vgl. z. B. *Cass Sunstein*, After the Rights Revolution. Reconceiving the Regulatory State, Cambridge/Mass. 1990; *Giandomenico Majone*, Regulating Europe, London, New York 1996; *Antonio La Spina/Giandomenico Majone*, Lo Stato regolatore, Bologna 2000; *R. Daniel Kelemen*, Eurolegalism. The Transformation of Law and Regulation in the Euroean Union, Cambridge/Mass. 2011.

forderlich, die nicht mehr an der Dichotomie von Staat und Gesellschaft ansetzen können.

4. Öffentliches Recht und Privatrecht

Als letztes Beispiel sei auf die geschwundene disziplinenbegründende Funktion von Staatsverständnissen hingewiesen. Wenn die neuen Aufgabenfelder Herrschaft, Freiheit, Repräsentation oder Legitimation heißen, dann sind solche Themen nicht mehr in einer klassischen Arbeitsteilung von Öffentlichem Recht und Privatrecht zu bewältigen. Immer größere Bereiche der Rechtsordnung entziehen sich dieser Strukturierung des Rechtsstoffes und stellen sich als jeweils unterschiedliche Schnittmengen dar. Das drückt sich im Privatrecht durch die Zunahme der Grundrechtsbindung wie die Europarechtsbindung aus, im öffentlichen Recht durch die Bedeutung, die private Akteure für die Erfüllung der hoheitlichen Aufgaben besitzen (Information, Wissen) wie durch die Privatisierung der Daseinsvorsorge und Infrastruktur. An die Stelle einer säulenartigen Struktur des Rechts in Privatrecht und Öffentliches Recht tritt mehr und mehr eine stufenbauartige Struktur, in der es höherrangiges und niederrangiges Recht gibt und in der dann Verwaltungsrecht und Zivilrecht auf der gleichen Rangstufe angesiedelt sind. Es wird in Zukunft also immer unplausibler werden, die Binnenorganisation der Rechtswissenschaft nach der überkommenen Dichotomie von Öffentlichem Recht und Privatrecht vorzunehmen. Damit schwindet aber die Orientierungskraft eines Staatsverständnisses, das politisch, freiheitlich oder hierarchisch abgrenzbare Sphären kannte und versucht hat, diesen korrespondierende Fachsäulen an die Seite zu stellen.

III. Wie verarbeitet man Dynamik und Wandel rechtswissenschaftlich?

Wenn wir vom Wandel von Staatsverständnissen sprechen thematisieren wir letztlich immer den Wandel in juristischen Begrifflichkeiten und Konstruktionsangeboten. Das Verdienst von Staatsverständnissen bestand gerade darin, der Normenwelt eine Orientierungsgröße gegenüber zu stellen, um etwas über die Eigenschaften von Normen zu lernen. Staatsverständnisse ermöglichten einen anderen rechtswissenschaftlichen Zugang zur Behandlung von Recht als den entscheidungserheblichen Begründungsdiskurs der Dogmatik. Mit Staatsverständnissen sollen Normen in anderen Beziehungen untersucht werden (relationale Erkenntnisfunktion). Die vielleicht wichtigste Beziehung stellt hierbei die Zeit dar: also das Problem von Dynamik und Wandel. Die Rechtswissenschaft tut sich traditionell schwer, Recht nicht nur in einer ergebnisbezogenen Perspektive zu behandeln, sondern auch in einer entwicklungsdynamischen, prozesshaften. Hier droht die Gewissheit, die man einer juristisch begründeten Entscheidung entnehmen kann, verloren zu gehen; der Gegenstand der Rechtswissenschaft verflüchtigt sich vom Ausspruch der Rechtmäßigkeit zur Relativität der nur noch prognostizierbaren Normentwicklung und Normkonkretisierung. Da Dynamik aber eine spezifische Eigenschaft des Rechtssystems selbst ist, gerät die wissenschaftliche Beobachtung dieser Dynamik selbst zum Problem: Der Gegenstand kann nicht zur Ruhe kommen; jedes Urteil ist nur ein Zwischenschritt der immerwährenden Rechtserzeugung. Wie also kann Wandel und Dynamik selbst zum rechtswissenschaftlichen Erkenntnisgegenstand gemacht werden?

So schwierig diese Frage im Allgemeinen zu beantworten ist, so einfach dürfen wir allerdings im Konkreten antworten: Mit Staatsverständnissen wird sie sich immer weniger zufriedenstellend beantworten lassen, weil die Dynamik des heutigen Rechts sich von jenen Eckdaten entfernt, an die Staatsverständnisse appellieren. Die Suche nach neuen Beschreibungsformen ist schon ausgerufen, der Begriffswettbewerb eröffnet. *Gunnar Folke Schuppert* plädiert seit geraumer Zeit für Governance als neues Beschreibungskonzept, das Vergilben der Staatsverständnisse hellsichtig vor Augen. Staatswissenschaft war gestern, Governance ist heute, ließe sich sein letztes großes Werk, Governance und Rechtsetzung, auf den Punkt bringen.[44] In der Tat vermeidet der Governance-Ansatz die spezifischen Schwierigkeiten, die Staatsverständnissen eigen waren. Er geht nicht von einem vorgefassten substantiellen und auf Einheit ausgerichteten Gegenstand aus; er transportiert nicht eine überkommene Begrifflichkeit aus dem 19. Jahrhundert; er sortiert nicht Freiheitssphären nach dem Raster von Staat und Gesellschaft; er klassifiziert nicht die Wissenschaftsdisziplinen; er ist mangels Übersetzungsproblemen sogar international anschlussfähig. Zugleich versucht der Governance-Ansatz die relationalen Erkenntnisfunktionen der alten Staatsverständnisse zu bewahren.[45] Mit Governance ist damit eine begrüßenswerte Erneuerung rechtswissenschaftlicher Forschungsperspektiven verbunden.[46]

Wenn es letztlich aber um die rechtswissenschaftliche Behandlung von Wandel und Dynamik geht, traut sich der Governance-Ansatz vielleicht zu viel zu, wenn er sich eine übergreifende Bewältigung von Dynamik, von Reform- und Veränderungsprozessen zum Ziel setzt. Die Wandlungsprozesse

---

44 *Schuppert*, Governance (Fn. 41); siehe auch *ders.*, Alles Governance oder was?, 2011; *ders.* (Hrsg.), Governance-Forschung, 2005.

45 Bei *Schupperts* Auffächerung des Governance-Ansatzes treffen wir daher auf viele gute Bekannte aus seiner staatswissenschaftlichen Phase, etwa Governance als Brückenfunktion, Schlüsselbegriff, Meta-Ebene, Reformstrategie, Entstaatlichungsstrategie, Flankierung und Steuerung transnationaler Rechtsprozesse – so die Gliederungspunkte in *ders.*, Alles Governance (Fn. 44).

46 Vgl. auch die konstruktiv-kritische Einschätzung durch *Christoph Möllers*, European Governance: Meaning and Value of a Concept, Common Market Law Review 43 (2006), 313–336.

betreffen im Recht so unterschiedliche Beziehungen, dass sie auf den ersten Blick nur schwer unter ein gemeinsames Forschungsparadigma zu fassen sein dürften. Wir tun uns bereits im Rechtssystem schwer, übergreifende Strukturmerkmale auszumachen. Warum sollte es dann leichter gelingen, diese aus einer beobachtenden Metaperspektive zu gewinnen? Vielleicht sollte man sich mit bescheideneren Ansätzen, Theorien auf mittleren Ebenen zufrieden geben. Bereits hier gäbe es viel zu tun:

Will man sich mit dem exogenen Wandel als Rechtswissenschaftler beschäftigen, liegt es nahe, sich denjenigen Organen und Institutionen zuzuwenden, die diesen artikulieren, aggregieren und dann als Rechtsnormen erzeugen. Man muss einen Zugang zum politischen Prozess finden. Hierfür kommt aus juristischer Sicht in erster Linie das Organisations- und Verfahrensrecht in Frage, eine im rechtswissenschaftlichen Kanon typischerweise vernachlässigte Materie. Es sollte dann weniger um die Behandlung und Analyse des materiellen Rechts gehen, denn dieses erweist sich inhaltlich als relativ und zeitlich revisibel, sondern um seine Erzeugungsbedingungen. Dies rückt Zuständigkeiten, Verfahren und Organisation, Aspekte der Mehrheitsbeschaffung (Kompromissbildung) und -änderung in den Mittelpunkt. Die Akteurszentrierung wie die Berücksichtigung der Zeitdimension des Rechts nimmt dann deutlich zu, während übergreifende Systemansprüche abnehmen. Ein Forschungsprogramm des exogenen Rechtswandels schließt auch das Verhältnis der Institutionen zueinander ein, müsste also thematisieren, wie sich die Wahrnehmung von Kompetenzen durch ein Organ auf das Handeln anderer Organe auswirkt oder wie und warum Organe kooperieren. Besonders im Verhältnis der rechtsprechenden Gewalt zu den anderen Gewalten sind hier ständige Verschiebungen und Anpassungen zu beobachten, erst recht in Zeiten einer Pluralisierung der nationalstaatlichen, mitgliedstaatlichen sowie konventionsstaatlichen Obergerichte. Auch dürfen Juristen bei der Untersuchung des exogenen Wandels keine Scheu vor Argumenten haben, die sich nicht rechtsdogmatisch nachvollziehen lassen. Zu Gerechtigkeits-, Vernünftigkeits- und Zweckmäßigkeitsdiskursen müssen Rechtswissenschaftler einen Zugang und eine Meinung haben.

Will man sich mit dem endogenen Wandel beschäftigen, so treten spezifisch normwissenschaftliche Fragestellungen in den Vordergrund. Die Behandlung der Norm im Stufenbau der Rechtsordnung verspricht hier Erträge (Dynamik der Rechtserzeugung zwischen Rechtsanwendung der höheren und Rechtsetzung für die niedrigere Stufe). Auch was oben als Aggregatzustand der Norm bezeichnet wurde, kehrt hier wieder: Dieselbe Norm verfügt über andere Eigenschaften in unterschiedlichen Geltungsräumen (Urteil/Gesetz/Prinzip bzw. konkret-individuelle Norm/generell-abstrakte Norm/Rechtsgedanke). Daraus folgen unterschiedliche Bindungsgrade. Diese Fragen dürften zudem für die Fachsäulen und Teildisziplinen in der Rechtswissenschaft nicht einheitlich beantwortet werden (Intradisziplinarität). Welche Systemansprüche ein derlei endogen dynamisches Recht überhaupt noch erfüllen kann, wäre gleichfalls zu überprüfen. Egal ob Wandel endogen oder exogen erzeugt wird, der jeweilige Kontext der Rechtserzeugung ist für das Verarbeiten der Dynamik unverzichtbar. Vor allem muss die deutsche Rechtswissenschaft bemüht sein, die jeweiligen Kontexte, in denen Recht entsteht, angewendet wird und wirkt, aufzuarbeiten. Das setzt Methoden voraus, die jedenfalls das klassische dogmatische Arbeiten überschreiten. Bei allen diesen Aspekten findet man Schnittmengen zum Governance-Ansatz. Wie immer der Begriffs- und Paradigmenwettbewerb ausgehen wird, die deutsche Rechtswissenschaft scheint mir bereit, neue Forschungsfelder zu bestellen und den Wandel weg von den Staatsverständnissen zu bewältigen.

Ein Gegenstand auf der Suche nach einer Theorie – Ein Versuch, den Wandel des Staates zu begreifen

Von Arthur Benz, Darmstadt

I. Einleitung

Die Überlegungen, die im Folgenden zusammengefasst sind, wurden inspiriert durch ein Buch, dessen Seitenumfang gemessen an den sonstigen Werken des Autors ungewöhnlich gering ist, dessen Inhalt man aber als eine Verdichtung eines enzyklopädischen Werks eben dieses Autors lesen kann.[1] Es handelt sich um *Gunnar Folke Schupperts* „staatstheoretische Skizze“,[2] in der er den „Staat als Prozess“ deutet: historisch betrachtet als Prozess des Kampfes um Herrschaftsmonopole und der Schaffung einer Rechtsordnung, auf die Gegenwart bezogen als Prozess der Aufteilung und des Aushandelns von Macht zwischen konkurrierenden Akteuren. Diese Auffassung, die den ständigen Wandel des Staates akzentuiert, erscheint mir überzeugender als die Verabschiedung und Wiederentdeckung des Staates, die sich nicht erst in den letzten Jahrzehnten durch die Diskussion zieht. Wenn wir den Wandel des Staates erklären wollen, müssen wir seine Dynamik verstehen und einen Begriff verabschieden, der den Staat als eine konstante Rechtsordnung, als System oder als einheitliches Sozialgebilde interpretiert.

In einem Diskussionsbeitrag zur Staatsdiskussion erklärte *Claus Offe* vor nunmehr 25 Jahren, die Staatstheorie sei „auf der Suche nach ihrem Gegenstand“.[3] Offenbar ist aber eher der Gegenstand auf der Suche nach einer adäquaten Theorie. Inzwischen haben Rechtswissenschaftler, Politikwissenschaftler und selbst Ökonomen den Staat wieder entdeckt, wenn sie ihn denn jemals aus den Augen verloren hatten. Dabei konzentriert sich die Diskussion inzwischen auf die Frage nach der Transformation oder den Wandel des Staates. Angesichts der dramatischen Veränderungen nach der Jahrtau-

---

1 *Gunnar Folke Schuppert,* Staatswissenschaft, 2003.

2 *Gunnar Folke Schuppert,* Staat als Prozess. Eine staatstheoretische Skizze in sieben Aufzügen, 2010.

3 *Claus Offe*, Die Staatstheorie auf der Suche nach ihrem Gegenstand. Beobachtungen zur aktuellen Diskussion, Jahrbuch zur Staats- und Verwaltungswissenschaft 1 (1987), S. 309.

sendwende ist das nicht erstaunlich. Vor wenigen Jahren noch als Retter des Finanzmarktes gepriesen, sind Staaten nun selbst in die Krise geraten. Nachdem kürzlich noch eine Rückkehr des Staates verkündet wurde,[4] dominieren nunmehr wieder Niedergangsszenarien. Kaum wurde in Beiträgen zur Governance-Diskussion die Rolle des Staates herausgestellt,[5] scheint dessen Schwäche offenbar zu werden. Sicher scheint nur zu sein, dass sich der Staat wandelt. Wie, in welche Richtung und in welchem Ausmaß er sich wandelt und welches die Ursachen und treibenden Kräfte sind, darüber gehen die Meinungen auseinander.

Das Defizit der wissenschaftlichen Diskussion über den Staat liegt also weniger im Verschwinden des Gegenstands als in einem Theoriedefizit. Völlig zu Recht hat Gunnar Folke Schuppert kritisiert, dass zwar viel über den Niedergang, Wiederaufstieg oder die Transformation des Staates geschrieben und gesprochen wird, dass aber eine Theorie des Wandels des Staates fehlt.[6] Zumindest muss man feststellen, dass vorliegende Staatstheorien den Wandel einseitig erfassen und eindimensional erklären. Dies hat zur Folge, dass in den Debatten einfache Trendaussagen vorherrschen, die den Eindruck einer zyklischen Stärkung und Schwächung des Staates hinterlassen.

Aufstiegs- und Niedergangsthesen leiten sich entweder aus Staatsbegriffen ab, die die Monopolisierung von Machtmitteln und Souveränität betonen, oder aus Gesellschaftstheorien, die den Staat als abhängig von gesellschaftlichen Entwicklungen begreifen und ihm Autonomie und Steuerungsfähigkeit absprechen.[7] Diese Staatsbegriffe und -theorien sind jedoch wenig erhellend, weil sie von vornherein den Blick auf Phänomene verengen, die nur bestimmte Merkmale des Staates betreffen oder eine historische Formation der Gesellschaft voraussetzen. Auf sie gestützte Aussagen über den Staat und seinen Wandel erfassen dementsprechend nur spezifische historische Konstellationen oder partielle Aspekte von Staatlichkeit. Sie geben aber keine Auskunft darüber, welche Kausalmechanismen und welche Bedingungen den Wandel des Staates verursachen. Das gilt auch für theoretische Arbeiten aus dem Bremer SFB „Staatlichkeit im Wandel", der zwar von einem komplexen, wenngleich zeitgebundenen Konzept des Staates ausgeht und verschiedene Aspekte einer Transformation von staatlicher Herrschaft in den OECD-Ländern erforscht hat, aber bislang mehr zur Beschreibung als zur Erklärung der „Metamorphosen des Staates"[8] beigetragen hat.

---

4 Z. B. *Rolf Heinze,* Rückkehr des Staates? Politische Handlungsmöglichkeiten in unsicheren Zeiten, 2009.

5 Z. B. *Stephen Bell/Andrew Hindmoor,* Rethinking Governance: The Centrality of the State in Modern Society, Cambridge 2009.

6 *Schuppert* (Fn. 2), S. 11.

7 Ausführlich dazu *Arthur Benz,* Eine Gestalt, die alt geworden ist? Thesen zum Wandel des Staates, Leviathan 40 (2012), S. 223 (229 ff.).

Im Folgenden wird ein theoretischer Ansatz skizziert, der dazu beitragen soll, den Wandel des Staates besser zu verstehen, wobei dessen Mehrdimensionalität beachtet werden soll. Unter Wandel sollen Veränderungen erfasst werden, die auf bestimmte Kausalmechanismen zurückzuführen sind und dauerhafte Folgen nach sich ziehen. Der Staatsbegriff, der im Folgenden zugrunde gelegt wird, bezieht sich auf den „modernen" Staat, also auf jene Form von Herrschaft, die im Europa der Neuzeit entstand, die politische Entwicklung des „Westens" prägte.[9] Dieser ist als institutionalisierte Form von Herrschaft zu verstehen, dessen konkrete Ausprägungen in einzelnen Ländern historisch und gesellschaftlich bedingt sind. Dies wirft die Frage auf, wie sich Entwicklungen in der Gesellschaft auf die Dynamik der Institutionenordnung des Staats auswirken, welche Verursachungszusammenhänge zwischen Staat und Gesellschaft bestehen. Darüber hinaus ist zu erklären, wie sich der Staat als Institution wandelt, d. h. welche internen Mechanismen seine Kontinuität oder Veränderung bewirken.

II. Staatsbegriff: Der Staat als institutionalisierte Herrschaftsordnung

Namhafte Theoretiker verorten die Entstehung des Staates räumlich im Okzident und zeitlich in der frühen Neuzeit.[10] Vielfach wird die Staatsbildung als Machtkonzentration beschrieben. Entscheidend und die Moderne prägend war aber etwas anderes. In der Neuzeit wurde aus der an Personen gebundenen Herrschaft des Mittelalters eine institutionalisierte Herrschaftsordnung. Indem die willkürliche Machtausübung durch Personen ersetzt wurde durch Herrschaft, die sich aus einer anerkannten unpersönlichen Ordnung ableitete, konnte man Kompetenzen für effektives Regieren schaffen und diese Macht zugleich begrenzen.[11] Institutionalisierung von Herrschaft legitimierte und limitierte diese.

Institutionen sind Regelsysteme, die Handlungsbereiche intern strukturieren und nach außen abgrenzen. Diese Unterscheidung lässt sich auf den Staat übertragen, selbstverständlich in dem Bewusstsein, dass innere und äußere Form real eng miteinander verbunden sind.[12] Die äußere Form des

---

8 *Philipp Genschel/Bernhard Zangl,* Metamorphosen des Staates – Vom Herrschaftsmonpolisten zum Herrschaftsmanager, Leviathan 36 (2008), S. 430; *Jens Joachim Hesse,* Aufgaben einer Staatslehre heute, Jahrbuch zur Staats- und Verwaltungswissenschaft, 1 (1987), S. 55.

9 Dazu *Heinrich August Winkler,* Geschichte des Westens: Von den Anfängen in der Antike bis zum 20. Jahrhundert, 2009.

10 In einer Perspektive auf die Weltgeschichte wird diese Auffassung neuerdings bestritten. *Francis Fukuyama* (The Origins of Political Order, New York 2011) etwa behauptet, der Staat sei zuerst in China entstanden.

11 *Arthur Benz,* Der moderne Staat, 2008, S. 17 ff.

12 *Benz* (Fn. 11), S. 105 ff.

Staates wird mit dem gängigen Begriff der Staatslehre erfasst. Demnach zeichnet er sich durch ein Gebiet, ein Volk und die Staatsgewalt aus. Zumeist werden diese Begriffe verwendet, um den Staat in einem territorial und sozial definierten Bereich als souverän zu charakterisieren. Mit Blick auf die Doppelfunktion von Institutionen, Macht zu schaffen und zu begrenzen, erscheint allerdings eine Präzisierung bzw. Differenzierung des gängigen Staatsbegriffs erforderlich:

Gebietsgrenzen definieren den Machtbereich eines Staates gegenüber anderen Staaten oder anderen territorial verfassten Herrschaftsformen wie Reichen, Staatenbündnissen oder internationalen Organisationen. Sie legitimieren die Herrschaftsordnung eines Staates, weil das Territorium in der inneren Rechtsordnung verankert und durch andere Staaten anerkannt wird. An territorialen Grenzen berühren und überlagern sich gleichwohl Machtansprüche und Wirkungen von Machtausübung. Die Legitimität des modernen Staates setzt voraus, dass die Reichweite seiner Kompetenzen klar begrenzt ist. Das kann aber nicht zur Schließung von Grenzen führen, da dies der Effektivität wie Legitimität von Herrschaft entgegenstehen würde. Gebietsgrenzen des modernen Staates sind also notwendigerweise offene, und dadurch werden grenzüberschreitende Aktivitäten stabilisiert und flexibilisiert.

Der Begriff Staatsvolk (oder Nation) gehört zu den problematischen Begriffen der Staatstheorie. Er legt fest, wer als Mitglied einer Staatsnation an der Herrschaft partizipieren kann und wer davon ausgeschlossen ist, selbst wenn er sich im Gebiet eines Staates aufhält. Gemeint sind mit Staatsvolk nicht einfach alle Menschen mit Staatsangehörigkeit. Der Begriff schreibt diesen Menschen vielmehr eine Rolle zu, die mit Loyalitätserwartungen und Rechten verbunden ist. Die Nation stellt keine den Menschen umfassend integrierende Gemeinschaft dar, sondern setzt eine Unterscheidung zur gesellschaftlichen Sphäre voraus, die durch Freiheitsrechte gesichert ist. Der Begriff Staatsvolk impliziert eine Unterscheidung zwischen Bürgerschaft und Gesellschaft, zwischen citoyens und bourgeois. Dabei sind die Grenzen zwischen beiden genauso umstritten wie die Frage, unter welchen Bedingungen eine Person die Staatsbürgerschaft, die jemanden zum Mitglied im Staat macht, erlangen kann. Die Mitgliedschaftsregeln sind institutionell festgelegt, damit aber auch in politischen Entscheidungen gesetzt und unter dem Vorbehalt der Änderbarkeit in politischen Diskursen anerkannt.

Der traditionelle Begriff Staatsgewalt verweist auf Souveränität oder das Monopol zur Ausübung physischer Gewaltsamkeit. Zur Bestimmung der Institution Staat ist dieser nur bedingt geeignet. Zunächst muss, *Max Weber* folgend, das Merkmal auf legitime Gewaltsamkeit präzisiert werden.[13] Diese

---

13 *Max Weber,* Wirtschaft und Gesellschaft, 1976, S. 29 und 822.

übt der Staat durch Gesetzgebung aus, also aufgrund der Kompetenz, Recht zu setzen. Legitimierung und Limitierung von Herrschaft resultieren zudem aus der Unterscheidung dessen, was vom Staat an Leistungen erwartet und ihm an Kompetenzen zugeschrieben wird, jeweils in Abgrenzung zu anderen Formen der Herstellung kollektiver Güter oder der Regulierung von Konflikten. Es sind somit in formaler Hinsicht Gesetzgebungskompetenzen und in inhaltlicher Hinsicht Staatsfunktionen, die die äußeren Grenzen der Institution Staat gegenüber der Gesellschaft markieren. Dies impliziert, dass „Staatsgewalt" weder souverän noch vorgegeben ist, sondern im politischen Prozess immer wieder neu auszutarieren ist. In ihrer Form ist sie festgelegt und man kann dem Staat bestimmte Kernfunktionen zuschreiben, die generell zur institutionellen Ordnung gehören. Die funktionalen Grenzen zwischen Staat und Gesellschaft sind aber fließend.

Die innere Struktur der Institution Staat wird in gängigen Staatsbegriffen selten erfasst und als Gegenstand der vergleichenden Regierungslehre betrachtet. Damit wird aber die wesentliche Eigenschaft des modernen Staates, Herrschaft zu legitimieren und zu limitieren, ausgeblendet. Unter Absehung von Besonderheiten einzelner Staaten lässt sich die innere Form des Staates nach drei Merkmalen bestimmen:

Zum einen beruht staatliche Herrschaft auf einer (geschriebenen oder ungeschriebenen) Verfassung, die Kompetenzen und deren Aufteilung bestimmt und durch Verfahren Machtausübung ermöglicht, die zugleich Regeln der Herrschaftsbegrenzung festlegt. Die Unterscheidung zwischen Verfassung und verfasster Politik selbst hat legitimierende wie limitierende Wirkungen. Sie ist allerdings nicht eindeutig fixiert und im politischen Prozess immer umstritten.

Zum zweiten organisieren moderne Staaten ihre Herrschaftsausübung in Form der repräsentativen Demokratie, im Unterschied zu vormodernen Monarchien, Aristokratien oder Versammlungsdemokratien.[14] Diese Form beruht auf der grundlegenden Differenzierung zwischen Regierenden und dem „Demos", also auf der Idee, dass Herrschaft von den im Volk vereinigten Staatsbürgern auf Amtsträger übertragen wird, die der Kontrolle durch das Volk unterliegen. Demokratie verwirklicht sich damit letztlich in der Differenz zwischen Regierten und Regierenden, nicht in deren Identität. Diese Differenz bedeutet, dass individuelle Interessen der Regierten und kollektive Interessen, welche die Regierenden in Antizipation dessen, was die Mehrheit der Wählerschaft befürwortet, formulieren, nie in Übereinstimmung zu bringen sind, sondern nur in immer revidierten Entscheidungen einander angenähert werden können. Darin liegt die fundamentale Dialektik der modernen Demokratie.

---

14 Zur Entwicklung der modernen Demokratie vgl. *John Keane,* The Life and Death of Democracy, London u. a., 2009.

Drittens basiert die interne Form der Institution Staat auf der Übertragung der ausführenden Gewalt auf eine Bürokratie, die an Gesetze gebunden ist und die durch unabhängige Gerichte kontrolliert wird, also auf der Differenzierung zwischen Gesetzgebung, Exekutive und Judikative. Der Begriff Bürokratie umschreibt jene Form der berechenbaren, politisch gesteuerten und nach Prinzipien der Legalität kontrollierten Verwaltung, die Max Weber als wesentliches Merkmal des modernen Staates erkannte.[15] Wiederum ist in dieser internen Differenzierung eine Spannung angelegt, hier zwischen dem Autonomiestreben der Verwaltung und der Notwendigkeit der Gesetzesbindung und Kontrolle.

Dieser Begriff des Staates impliziert keine kohärente und konstante Institutionenordnung, vielmehr verweist er auf Spannungen und Konflikte, die ständige Dynamiken verursachen. Die grundlegende Ursache dieser Dynamik liegt in der Anforderung, Macht zu schaffen und zu begrenzen, was gegenläufige Kräfte verlangt. Der hier vorgeschlagene Staatsbegriff betont die verschiedenen Dimensionen der institutionellen Form, die jeweils eigenen Dynamiken unterliegen. Als Institution ist der Staat also nicht als Einheit zu verstehen, etwa als Rechtsordnung, als ein System oder als Apparat. Dementsprechend können Kontinuität und Wandel gleichzeitig stattfinden und die einzelnen Dimensionen unterschiedlich erfassen. Die Unterscheidung zwischen innerer und äußerer Form macht den Staatsbegriff zudem anschlussfähig für Theorien, die Mechanismen der institutionellen Dynamik identifizieren, und Theorien, die Ursachen für Wandel in gesellschaftlichen Prozessen verorten. Ich will mich im Folgenden zunächst auf letzteres konzentrieren.

III. Dynamik der äußeren Form des Staates

Institutionen verändern sich in politischen Prozessen. Die äußere Form des Staates, die ebenfalls als institutionelles Merkmal durch politische Entscheidungen gesetzt wird, unterliegt hingegen in hohem Maß dem Einfluss gesellschaftlicher Akteure und Prozesse. Diese Bedingungen waren und sind Gegenstand soziologischer Staatstheorien. Als treibende Kräfte der Entwicklung und des Wandels des Staates gelten demnach die Dynamik der ökonomischen Verhältnisse, Prozesse der gesellschaftlichen Differenzierung oder Veränderungen von kulturellen (religiösen) Normen bzw. dominierenden Ideen. Diese Theorien versuchen, Kausalmechanismen auf der Makroebene der Gesellschaft zu verorten. Damit setzen sie aber eine Theorie der Gesellschaft voraus, die dann das Staatsverständnis determiniert. Dabei ist höchst umstritten, wie die gegenwärtige Gesellschaft zu beschreiben ist und welche Aspekte ihrer Entwicklung den Staat betreffen.

---

15 *Weber* (Fn. 13), S. 825.

Diese Schwierigkeit lässt sich umgehen, wenn man die Beziehungen zwischen Staat und Gesellschaft auf der Ebene des kollektiven Handelns analysiert. Einen entsprechenden Ansatz hat *Stefano Bartolini* in seiner historischen Analyse der europäischen Integration entwickelt.[16] Er griff dabei auf die Theorie der politischen Strukturierung zurück, mit der *Stein Rokkan* die Entstehung unterschiedlicher Ausprägungen von Staatlichkeit erklärte.[17] Beide Theoretiker haben, in Anlehnung an *Albert O. Hirschman*, drei Typen von Handlungen unterschieden, mit denen Akteure auf Herrschaft reagieren können, nämlich exit/entry, loyalty und voice. Sie interpretieren diese drei Handlungsmuster als soziale Mechanismen, die Strukturen verändern, wobei sich exit/entry auf territoriale Strukturen, Loyalität auf Formen der Gemeinschaftsbildung und voice auf politische Konfliktstrukturen bezieht. Mittels dieser analytischen Kategorien lassen sich Dynamiken des Staates erklären, die dessen institutionell festgelegte Abgrenzung nach außen betreffen, und zwar hinsichtlich seiner territorialen, sozialen und funktionalen Dimension. Die Mechanismen können wie folgt skizziert werden:

1. Territorialstaat und grenzüberschreitende Mobilität

Staaten können in legitimer Weise ihr Gebiet nicht einseitig ändern, sie können ihre Grenzen jedoch durch politische Entscheidungen schließen. Allerdings können sie dadurch grenzüberschreitende Transaktionen nicht verhindern. Faktisch sehen sie sich immer mit Zuwanderungen und Abwanderungen oder Abwanderungsdrohungen konfrontiert. Sie können auch nicht verhindern, dass ihre Entscheidungen über ihr Territorium hinauswirken, ebenso wenig wie sie sich gegen externe Effekte verschließen können, die von anderen Staaten ausgehen. Zu- und Abwanderungen verändern die Ressourcen des Staates, sei es positiv oder negativ, sei es unmittelbar, indem Steuerzahler zu- oder abwandern, oder mittelbar, wenn durch Grenzen überschreitende Mobilität von Personen, Unternehmen, Kapital, Umweltverschmutzung und Terrorismus neue Aufgaben für oder Ansprüche an den Staat hervorrufen. Der Territorialstaat ist also grundsätzlich für Grenzüberschreitungen offen, die, mögen sie auch angesichts der Entwicklung von Transport und Kommunikationstechnologien dramatisch zugenommen haben, schon immer seine Dynamik prägten. Die Zunahme und Beschleunigung von grenzüberschreitenden Aktivitäten und Prozessen, die weitgehend unkoordiniert stattfinden, führen nicht zu einem Bedeutungsverlust territorialer Grenzen. Doch mehr denn je wirken sie sich als Beschränkungen von

16 *Stefano Bartolini,* Restructuring Europe. Centre Formation, System Building and Political Structuring Between the Nation State and the European Union, Oxford 2005.

17 *Stein Rokkan,* State Formation, Nation-building, and Mass Politics in Europe: The Theory of Stein Rokkan, hrsg. von Peter Flora, Oxford 1999.

Herrschaft aus, die Staaten nur durch Kooperation oder Zusammenschlüsse mit anderen Staaten überwinden können. Die anhaltende Bedeutung der Machtausübung durch Grenzen zeigt sich darin, dass Kontrollen nicht mehr nur an den geographischen Außengrenzen des Territoriums stattfinden, sondern sich auf verschiedene Zugangswege verlagert haben.[18]

Als Merkmal der staatlichen Institutionenordnung sind territoriale Grenzen somit relativ konstant, sowohl hinsichtlich der Ausdehnung und Abgrenzung des Herrschaftsbereichs des Staates als auch hinsichtlich der Existenz von Grenzkontrollen, die ein wichtiges Herrschaftsmittel darstellen. In historischer Sicht lassen sich aber, als Folge grenzüberschreitender gesellschaftlicher Prozesse, zumindest zwei wichtige Tendenzen festhalten: Zum einen betreffen Zu- und Abwanderungen Staaten ungleich, sie verstärken also Disparitäten zwischen wohlhabenden und unterentwickelten Staaten. Zum anderen ist die Mobilität von Kapital und Faktoren, die Gefährdungen verursachen, mit legitimen Herrschaftsmitteln schwerlich kontrollierbar und hat sich erheblich beschleunigt. Staaten können dem nur noch durch Kooperation oder die Gründung internationaler bzw. supranationaler Organisationen entgegentreten. Die Welt der Territorialstaaten ist deswegen inzwischen zu einer Welt verbundener, gleichwohl konkurrierender Staaten geworden, die aber nach wie vor als Territorialstaaten existieren.

2. Staatsnation und wandelnde Loyalitäten

Staatsnationen beruhen einerseits auf der Festlegung des Staatsbürgerschaftsrechts, also der Bedingungen für die Mitgliedschaft im Staat. Darüber hinaus stabilisieren sie sich durch einem Mindestmaß an Loyalität der Staatsbürger, die sich als gleichberechtigte Beteiligte an der Herrschaftsausübung gegenseitig anerkennen. Loyalität ist ein individuelles Empfinden, das aber durch öffentliche Diskussionen beeinflusst wird, vermutlich mehr als durch persönliche Erfahrungen und Interaktionen mit anderen. Loyalität zur Nation wird dabei immer überlagert durch Bindungen an andere Gemeinschaften wie Regionen, Kommunen, Religionsgemeinschaften, Vereinen u. a. m. Entsprechende Loyalitätsbeziehungen resultieren aus gesellschaftlichen Mechanismen, die, anders als die territoriale Mobilität, als diskursive Prozesse zu verstehen sind. Nationen sind daher, genauso wie andere Gemeinschaften, „imagined communities",[19] also durch kollektive Interpretationen und Ideen begründet.

---

18 *Lena Laube,* Wohin mit der Grenze? Die räumliche Flexibilisierung von Grenzkontrolle in vergleichender Perspektive, TransState Working Papers Nr. 112, Bremen 2010.

19 *Benedict Anderson,* Imagined Communities. Reflections on the Origin and Spread of Nationalism, London 1983.

Es sei dahingestellt, ob im Zeitalter der Nationalstaaten das Staatsvolk zur dominierenden Bezugseinheit der Loyalität wurde. Bemerkenswert ist, dass Nationalitäten dort, wo sie starke Bindungen auslösten, oft auf eine herrschende Konfession gründeten, selbst wo, wie in Frankreich, Staat und Religion klar getrennt wurden. Inzwischen wird jedenfalls, wie zahlreiche Untersuchungen belegen, die auf die Nation bezogene Loyalität im Vergleich zu anderen Loyalitätsbeziehungen der Menschen schwächer. Zum eine löst sie sich auf in „Mehrfachidentitäten", nicht zuletzt infolge der Differenzierung von Politik auf mehrere Ebenen. Zum anderen scheinen andere Gemeinschaften, nicht zuletzt Religionsgemeinschaften, in politischen Prozessen wieder an Gewicht zu gewinnen. Eine Folge dieser Entwicklung sind regionale Nationalismen, die in vielen Staaten seit Mitte der 1970er Jahre aufgekommen sind. Darüber hinaus wird offenbar Nationalität stärker durch kulturelle Merkmale definiert, während das Kriterium der politischen Beteiligung in den Hintergrund rückt. Die Forderung nach Gleichheit wird durch Betonung von Differenz überlagert. Unter diesen Bedingungen sind Bemühungen, eine homogene Nation herzustellen, zum Scheitern verurteilt, gleichgültig ob sie durch Integrationspolitik oder durch Exklusion von Menschen aus einer eng definierten Staatsbürgerschaft angestrebt werden. Staaten müssen mit der Pluralität von Loyalitätsbeziehungen und den daraus erwachsenden Spannungen und Konflikten umgehen.[20] Die Staatsbürgernation erweist sich nicht mehr als unitarisierende „Vergemeinschaftung" von Bürgern, sie wird zunehmend durchdrungen von sozio-kulturellen Differenzierungen der sich entwickelnden Weltgesellschaft.

3. Staatsfunktionen und Restrukturierung politischer Interessen

Mit dem Mechanismus voice sind kollektive Meinungsäußerungen gemeint, die sich in kollektiven Organisationen verfestigen. Es geht also nicht nur, wie in Hirschmans Konzept, um Widerspruch oder Protest, sondern um organisierte Willensbildung. Diese folgt der „Logik des kollektiven Handelns", erfordert also die Bereitschaft von Akteuren, sich an den Kosten einer Organisation zu beteiligen, deren Vorteile als Gemeinschaftsgut zur Verfügung stehen.[21] Zu dieser Logik gehört, dass bestehende Organisationen gegenüber Interessen, die sich aus sozialen Bewegungen heraus neu formieren, im Vorteil sind, weil sie aufgrund ihrer organisatorischen Kapazitäten über effektive Durchsetzungsmacht verfügen und Leistungen anbieten, die für Mitglieder attraktiv sind. Dynamik entsteht aber durch das Zusammenspiel organisierter Strukturen der Interessenvermittlung und unorganisierten Formen des Protests.

---

20 Vgl. dazu *Ramon Maíz Suárez / Ferran Requejo* (Hrsg.), Democracy, Nationalism and Multiculturalism, London / New York 2005.

21 *Mancur Olson,* Die Logik des kollektiven Handelns, 1974.

Zu den Organisationen, die kollektive Meinungen äußern, gehören in erster Linie Parteien und Interessengruppen. Sie wirken an der politischen Willensbildung mit, die neben Entscheidungen über einzelne Gesetze oder Maßnahmen auch auf die Abgrenzung von Staatsfunktionen gerichtet ist. In Parteiensystemen kommt die gesellschaftliche Konfliktstruktur zum Ausdruck, die zum Gegenstand der Staatstätigkeit wird. Voice stellt in diesem Sinne einen Mechanismus dar, über den in kompetitiven Verfahren der Interessenbekundung und der Propagierung politischer Programme bestimmt wird, welche gesellschaftlichen Aufgaben als Staatsfunktionen erfüllt werden und welche dem Markt oder sozialen Gemeinschaften überlassen bleiben sollen. Der Inhalt dessen, was der Staat durch seine Rechtsetzungsmacht erfüllt,[22] verändert sich, wenn öffentliche Debatten oder konflikthafte Auseinandersetzungen zu einem paradigmatischen Wechsel in der Vorstellung darüber, was der Staat leisten soll, führen.

In der Vergangenheit konzentrierten sich diese Prozesse auf die Thesen des Staatsversagens oder Marktversagens. Beruhte der Sozialstaat auf der Prämisse des Marktversagens, setzte sich, ausgehend von den USA und Großbritannien, in den späten 1970er Jahren das Paradigma des Staatsversagens durch, welches eine über zwei Jahrzehnte anhaltende Phase der Liberalisierung einleitete. In den 1990er Jahren wurde das Paradigma des aktivierenden Staates definiert, gleichsam als dritter Weg zwischen umverteilendem Sozialstaat und regulierendem Minimalstaat. Dieses Konzept drückt allerdings weniger eine fundamentale Neudefinition von Staatsfunktionen aus, sondern reflektiert eine pragmatische Praxis der Kooperation und Arbeitsteilung zwischen staatlichen, gesellschaftlichen und privaten Organisationen. Gefördert wird diese Verflechtung von einer wachsenden Zahl spezifischer Interessengruppen und durch ein zunehmend differenziertes Parteiensystem.

In diesen Entwicklungen verdichten sich anhaltende Dynamiken im Zusammenwirken von Staat und nationaler, regionaler und internationaler Gesellschaft. Sie als Internationalisierung oder Privatisierung des Staates zu bezeichnen, würde die Realität verfälschen. Zu beobachten ist zunächst, dass sich die äußere Form des Staates wandelt, die man heute als „verflochtenen multinationalen Mehrebenenstaat“ beschreiben kann. Dabei handelt es sich aber nicht um eine lineare Veränderung in eine Richtung. Zum einen wirken Gegenkräfte, insbesondere die Pfadabhängigkeit institutioneller Festlegungen. Diese zeigen sich in Widersprüchen zwischen zunehmenden Grenzüberschreitungen und Kontrollen der Staatsgrenzen, zwischen veränderten Loyalitäten und bestehendem Staatsangehörigkeitsrechts mit seiner

22 Gesetzgebung ist dabei immer die Grundlage der Staatstätigkeit. Das gilt auch für den Wohlfahrtsstaat, der seinen Bürgerinnen und Bürgern Leistungen anbietet, also nicht in Freiheiten eingreift, sondern diese erweitert. Letztlich erfordert dies aber eine Umverteilung von Finanzmitteln, die durch Steuern und Abgaben erhoben werden. Diese resultieren aus Zwang, der durch Gesetze legitimierte wird.

Fiktion eines Staatsvolks, zwischen neuen Konfliktlinien und Interessenstrukturen und bestehenden Erwartungen an Staatstätigkeit. Zum anderen sind die Entwicklungen in den drei Dimensionen von Staatsgebiet, Staatsvolk und Staatsfunktionen alles andere als konsistent. Hinzu kommt, dass der Wandel der äußeren Form des Staates nicht mit einem entsprechenden Wandel in der inneren Form verbunden sein muss. Denn letzterer unterliegt einer anderen Logik, die keinesfalls mit ersterer harmonieren muss.

IV. Dynamik der inneren Form des Staates

Der Wandel der inneren Form wird durch andere Mechanismen bewirkt als die soeben beschriebenen. Natürlich kann man die Politikverdrossenheit der Wählerschaft als „exit“, die abnehmenden Parteibindungen als Loyalitätsveränderungen und die Willensbildung und Beteiligung an Wahlen und Abstimmungen als voice interpretieren. Dies sind aber Mechanismen des demokratischen Prozesses, während der Wandel des Staates durch Mechanismen der institutionellen Reform, Evolution oder Stabilisierung verursacht wird. Gesellschaftliche Mechanismen, die Staatsgrenzen überschreiten, den Zusammenhalt der Nation gefährden und die Leistungserwartungen an den Staat verändern, gehen vielfach von individuellen oder kollektiven Akteuren aus und erfordern kein koordiniertes Handeln, vielmehr resultieren ihre Effekte aus der Akkumulation oder wechselseitigen Anpassung von Handlungen einzelner Akteure. Institutionelle Veränderungen hingegen kommen ohne Handlungskoordination nicht zustande, die entweder in kollektiven Entscheidungen oder in Diskursen erreicht werden muss. Im ersten Fall handelt es sich um Reformen, also um explizite Entscheidungen über Institutionen nach geregelten Verfahren, die oft mit qualifizierten Mehrheiten zu beschließen sind. Im zweiten Fall geht es um institutionelle Evolution. Sie wird zwar durch einseitig geänderte Praktiken ausgelöst, ihre Wirkungen müssen aber, um dauerhaft zu werden, innerhalb der Institution anerkannt werden.

Institutioneller Wandel verändert die Machtverteilung. Angesichts der Schwierigkeiten, bei Verteilungskonflikten kollektive Entscheidungen zu erreichen, haben Institutionentheorien auf verschiedene Bedingungen und Restriktionen des Wandels aufmerksam gemacht. Voraussetzungen sind leitende Ideen der institutionellen Reform, gemeinsame Interessen an einer Veränderung, Verhandlungen über Reformkonzepte und Durchsetzung dieser Konzepte gegen mächtige Vetospieler; Veränderungen resultieren aber auch aus fortlaufenden Diskursen über anerkannte Regeln und Praktiken, aus subversivem Unterlaufen formaler Regeln oder aus der Anlagerung neuer an alte Strukturen.[23] Wegen der hohen Kosten, die Veränderungen von In-

---

23 Statt vieler: *Benz*, Institutionentheorie und Institutionenpolitik, in: FS Klaus König, 2004, S. 19; *James Mahoney / Kathleen Thelen*, A Theory of Gradual Institutio-

stitutionen verursachen, entwickeln sich diese in der Regel „pfadabhängig", d. h. sie können nur graduell und partiell umgestaltet werden. Das macht sie nicht statisch, doch institutionelle Dynamiken beinhalten immer gegenläufige Kräfte der Veränderung und Beharrung. Sie bestehen in der Gleichzeitigkeit von Kontinuität und Wandel, wobei die Auflösung dieses Spannungsverhältnisses schwerlich zu prognostizieren ist.[24]

Es ist daher nicht erstaunlich, dass die beschleunigte Dynamik der Gesellschaft auf relativ rigide Institutionen des Staates trifft. Dies erklärt die bereits genannten Widersprüchlichkeiten hinsichtlich der äußeren Form des Staates, obgleich diese die Wahrnehmungen und Wirkungen von Institutionen deutlich geändert haben. Deshalb gehen Staaten nicht in transnationalen politischen Systemen auf, deshalb lösen sich Nationen nicht auf und deshalb ist kein Niedergang des Sozialstaats festzustellen. Jedoch beobachten wir eine Einbettung des Staates in neue politische Ordnungen und im globalen Kontext. Gleichzeitig ist festzustellen, dass Verfassungen, Demokratie und Bürokratien nur langsam an die Bedingungen des verflochtenen, multinationalen Mehrebenenstaats angepasst werden, was die Spannungen und Widersprüche im Staat verstärkt.

1. Stabilität und Politisierung der Verfassung

Verfassungen gelten als Normen, in denen sich Volkssouveränität ausdrückt oder verwirklicht. Ihre Setzung und Änderung erfordert ein hohes Maß an Konsens zwischen den Repräsentanten der verfassungsgebenden Gewalt. Um die Hürden der besonderen Entscheidungsregeln zu überwinden, müssen Änderungen ausgehandelt werden, wobei die Chancen einer erfolgreichen Verfassungsreform mit der Zahl der vertretenen Gruppen, die sich auf einen Änderungsentwurf einigen, steigen.

Diese Mechanismen der Verfassungsreform wirken stabilisierend. Sie sichern die Konstanz, die eine Verfassung leisten soll, um legitime und begrenzte Herrschaft zu ermöglichen. Angesichts der Entwicklung zum Mehrebenenstaat verändern sich aber die Bedingungen von Herrschaft und von Verfassungspolitik. Herrschaftsausübung entzieht sich umso mehr den internen Verfassungsregeln, je mehr sie durch externe Entwicklungen beein-

---

nal Change, in: dies. (Hrsg.), Explaining Institutional Change. Ambiguity, Agency, and Power, Cambridge 2010, S. 1; *Vivien A. Schmidt,* Taking ideas and discourse seriously: explaining change through discursive institutionalism as the fourth ‚new institutionalism', European Journal of Political Research 2 (2010), S. 1.

24 *Arthur Benz/Jörg Broschek*, Conclusion. Theorizing Federal Dynamics', in: dies. (Hrsg.), Federal Dynamics: Continuity, Change and Varieties of Federalism, Oxford 2013, S. 366 (367); *Johan P. Olsen,* Change and Continuity: An Institutional Approach to Institutions of Democratic Government, European Political Science Review 1 (2009), S. 3.

flusst wird und je mehr sie mit dem Regieren in anderen Staaten und internationalen Organisationen verflochten ist. Die Verfassungspolitik entwickeln sie zunehmend in einem transnationalen Verfassungsverbund,[25] in einer „konstitutionellen Synthese“ zwischen verschiedenen nationalen Verfassungen.[26] Dies erhöht den Bedarf für Verfassungsänderungen.

Verfassungspolitik hat im Wandel des Staates eine besondere Bedeutung. Dabei scheinen allerdings Prozesse des evolutionären Verfassungswandels zu dominieren, während Verfassungsreformen zwar vielfach gefordert und initiiert werden, aber selten gelingen. Formale Reformen der Verfassung erweisen sich nicht nur als schwierig, weil Verfassungsnormen durch besondere Verfahren und Entscheidungsregeln gegen einfache Änderungen geschützt sind, sondern auch, weil sie in der Regel die Macht jener Akteure tangieren, die entweder an der Verhandlung über Entscheidungsvorschläge beteiligt sind oder an der Ratifikation mitwirken, also über Vetomacht verfügen. Deshalb geraten Staaten leicht in eine Situation, die mit der „Politikverflechtungsfalle“[27] vergleichbar ist: Weitreichende Reformen scheitern meistens, selbst wenn bestehende Strukturen effektives und demokratisches Regieren behindern, und selbst wenn sie durch neue Leitideen gestützt würden. Inkrementelle Verfassungsänderungen und Anpassung von Verfassungsinterpretationen sind die Regel.[28]

Wandel und Kontinuität können in der Verfassungsordnung dazu führen, dass geschriebene und reale Verfassung zunehmend auseinander fallen. Dies kann nicht nur Legitimationsprobleme verursachen, sondern die Verfassung in einem Maße dynamisieren, die eine Herrschaftsbegrenzung nicht mehr gewährleistet. Möglicherweise liegt die eigentlich brisante Folge der Verfassungsdynamik aber darin, dass Gerichte den Grundrechtsschutz gegen Regierende oder auch mächtige gesellschaftliche Organisationen verstärken, während Verfassungspolitiker die Spielregeln der Herrschaft so sehr dynamisieren, dass sie gleichsam zum Gegenstand der normalen Politik werden. Nicht nur in noch nicht gefestigten demokratischen Staaten, sondern auch in der Bundesrepublik Deutschland sind entsprechende Tendenzen zu beobachten.

---

25 *Ingolf Pernice,* Der Europäische Verfassungsverbund auf dem Wege der Konsolidierung, JöR 48 (1999), S. 206.

26 *John-Erik Fossum / Augustino José Menéndez,* The Constitutional Gift. A Constitutional Theory for a Democratic European Union, Lanham u. a. 2011.

27 *Fritz W. Scharpf,* Die Politikverflechtungsfalle: Europäische Integration und deutscher Föderalismus im Vergleich, PVS 26 (1985), S. 323.

28 *Zachary Elkins / Tom Ginsburg / James Melton,* The Endurance of Constitutions, Cambridge 2009; *Stefan Voigt,* Explaining Constitutional Change: A Positive Economics Approach, Cheltenham 1999.

2. Populistische Demokratie, „Monitory Democracy" und Mehrebenenparlamentarismus

Vielfach wird angenommen, dass Demokratie in einem verflochtenen multinationalen Mehrebenenstaat sich gleichsam auflöst und an ihre Stelle eine „postdemokratische" Herrschaftsform tritt.[29] Dabei würde die Form der Demokratie erhalten, doch Politik und Regieren würden zunehmend durch mächtige, nicht demokratisch verantwortliche Eliten bestimmt.[30] Andere haben von Tendenzen einer „Präsidentialisierung"[31] gesprochen, also angenommen, dass die Exekutive gegenüber den Parlamenten zunehmend autonom agieren würde. Zutreffend an dieser These ist, dass repräsentative Demokratie, wie sie im modernen Staat verwirklicht ist, an das Staatsgebiet und Staatsvolk gebunden ist, während Staatsfunktionen und faktische Staatstätigkeit sich aus diesen Grenzen herausbewegt haben. Zutreffend ist auch, dass ein Wandel demokratischer Herrschaftsformen kaum durch Reformen der Verfassungsgrundlagen zu erreichen ist. Die institutionellen Strukturen sind starr, weil jede Änderung von etablierten Trägern von Macht verhindert werden kann. Formal betrachtet können Parlamente Regierungen kontrollieren und durch Gesetze Regeln bestimmen, und Wählerschaften können Parlamentarier zur Verantwortung ziehen, mögen staatliche Entscheidungen noch so sehr durch internationale Politik, transnationale Organisationen oder Kooperation mit Privaten geprägt werden. Verändert hat sich die Wirkung von Verantwortungs- und Kontrollbeziehungen in der repräsentativen Demokratie, zu Lasten der Parlamente und Bürgerschaft. Aber auf diese Veränderungen haben Parlamente ebenso reagiert wie Regierungen, deren Legitimität bedroht ist. Demokratiewandel resultiert deswegen nicht aus Reformen, sondern aus wechselseitigen Reaktionen von Akteuren auf Machtverschiebungen. Die Prozesse der wechselseitigen Anpassung im politischen Machtkampf bewirken eine beträchtliche Dynamik der Demokratie im modernen Staat.

Zu beobachten sind zum einen Tendenzen hin zu einer „populistischen Demokratie". Mit dieser Bezeichnung sollen Bestrebungen zusammengefasst werden, repräsentative Demokratie durch direkte Beteiligung von betroffenen Bürgerinnen und Bürgern zu ersetzen. Bemerkenswerter Weise sind es vor allem Regierungen, die sich entsprechenden Forderungen nach einer unmittelbaren Partizipation der Betroffenen aufgeschlossen zeigen. Sie wollen damit kaum mehr Bürgernähe erreichen, vielmehr geht es ihnen darum, ihre Legitimität zu sichern und ihre Macht gegenüber Parlamenten und anderen Vetospielern zu erhalten. Populistisch werden Forderungen nach direkter

---

29 *Colin Crouch*, Post-Democracy, Malden/MA 2004.

30 *Crouch* (Fn. 29), S. 6.

31 *Thomas Poguntke/Paul Webb* (Hrsg.), The Presidentialization of Politics: A Comparative Study of Modern Democracies, Oxford 2005.

Demokratie, wenn sie Herrschaft durch Akklamation stützen wollen, während die Macht begrenzende Funktion von Repräsentationsbeziehungen zwischen Herrschenden und Beherrschten aus dem Blick gerät.

Die populistische Demokratie wird durch andere Entwicklungen konterkariert, welche unmittelbar auf Herrschaftsbegrenzung zielen. *John Kean* hat die daraus resultierende neue Form von Demokratie als „Monitory Democracy"[32] bezeichnet. Sie besteht darin, dass sich Repräsentanten intensiver Beobachtung durch Medien, zivilgesellschaftliche Organisationen, unabhängige, teils internationale Gerichte oder privaten Beratungsorganisationen ausgesetzt sehen und dadurch in ihrem Handeln kontrolliert werden. Ihre Verantwortlichkeit gegenüber Wählerinnen und Wählern verliert dadurch nicht an Bedeutung, aber der in der Repräsentationsbeziehung angelegte Kommunikationsprozess, in dem Interessen vermittelt und Entscheidungen gerechtfertigt werden, wird verdrängt durch Evaluierungen, denen sich Entscheidungsträger nicht entziehen können, die ihre Macht daher erheblich beschränken. Ein solches Monitoring von unabhängigen Organisationen erhöht die Transparenz der Staatstätigkeit. Die Verlagerung der Legitimationsprozesse auf Ergebnisse („output-Legitimität") verdeckt allerdings, dass die Definition der öffentlichen Aufgaben und der Prämissen für Entscheidungen („input-Legitimität") selbst zunehmend durch mächtige Interessengruppen beeinflusst werden.

Parlamente, die zentralen Institutionen der repräsentativen Demokratie, werden dadurch aber nicht, wie oft behauptet, entmachtet. Die schleichende Tendenz zur kooperativen Aufgabenerfüllung zwischen Staat und Privaten mögen sie wenig entgegengesetzt haben; die Regierungs- und Verwaltungskooperation zwischen den territorialen Einheiten des Staats haben sie überwiegend akzeptiert; die Mehrebenenverflechtung in der Europäischen Union und internationalen Politik hat sie jedoch herausgefordert und zu Bildung von Gegenmacht veranlasst. Als Ergebnis entstand ein Mehrebenenparlamentarismus, der einerseits auf der Einrichtung parlamentarischer Versammlungen in internationalen Organisationen (und einem Parlament der EU) basiert, der andererseits zu einer institutionellen Stärkung nationaler Parlamente und einer vertikalen und horizontalen Verflechtung der Parlamente auf den verschiedenen Ebenen geführt hat.[33] In diesem Zusammenhang wurde das Subsidiaritätsprinzip zur Leitidee einer demokratischen Mehrebenenordnung erklärt. Der damit verbundene Vorrang kollektiven Handelns in kleinen Gemeinschaften hat mit der Realität moderner Staaten

32 *Kean* (Fn. 14), S. 686 ff.

33 *Ben Crum/Fossum*, The Multilevel Parliamentary Field: A Framework for Theorising Representative Democracy in the EU; European Political Science Review 1 (2009), S. 249; *Gabriele Abels/Annegret Eppler* (Hrsg.), Auf dem Weg zum Mehrebenenparlamentarismus? Funktion von Parlamenten im politischen System der EU, 2011.

wenig gemein und leistet eher elitären Strukturen einer Verhandlungsdemokratie Vorschub. Die Ausdifferenzierung von Demokratie in Ebenen erlaubt aber eine „Politik der Nähe“,[34] in der besondere Interessen Zugang finden. Sie trägt auf regionaler und lokaler Ebene zur Mobilisierung sozialer Bewegungen bei und fördert Experimente mit Formen partizipativer Demokratie, welche die repräsentative Demokratie auf nationaler und transnationaler Ebene ergänzen.

Etablierte demokratische Institutionen und unabhängige, unparteiliche Organisationen unterstützen somit Gegenmächte gegen Eliten. Dies führt zu einer steigenden Zahl von effektiven Vetospielern, die Entscheidungen verhindern und die Regierungsfähigkeit (bzw. die „output-Legitimität“) schwächen können. Gleichzeitig verlieren Wahlen, öffentliche Diskurse oder der Parteienwettbewerb an Bedeutung für die demokratische Legitimität, während Konfliktregelung in Verhandlungen oder die Dynamik von Macht und Gegenmacht an Bedeutung gewinnen. Aus normativer Sicht mag man die damit verbundenen Legitimitätsdefizite beklagen. Tatsache ist aber, dass die Ausbreitung von Vetomacht nur im institutionellen Kontext der auf Freiheit und Gleichheit der Bürger beruhenden repräsentativen Demokratie entstehen konnte, die nun in den fragmentierten gesellschaftlichen und politischen Strukturen des Mehrebenenstaats funktionieren muss. Die Legitimation von Macht beruht zwar noch auf der Institutionalisierung von Herrschaft im demokratischen Staat, mehr und mehr aber auch auf wechselseitiger Beobachtung zwischen korporativen Akteuren, zwischen solchen, die politische Ämter im Staat inne haben, und solchen, die private Interessen oder Interessen anderer Staaten vertreten. All dies ist Ergebnis von Machtkonkurrenzen und nicht von Reformen der Demokratie.

3. Reform und Evolution der Bürokratie

Reformen finden wir hingegen in Exekutiven und Bürokratien. Impulse setzte der internationale Leistungswettbewerb zwischen Staaten, der bewirkte, dass sich die Leitidee eines effizienten Verwaltungsmanagements ausbreitete. Teilweise wurde diese Idee von politischen Führungen aufgegriffen, teilweise jedoch auch von Experten in Fachdiskursen verbreitet. Sowohl politische als auch technokratische Reformen ließen sich aber gegen die Pfadabhängigkeit von Institutionen und gegen die Macht von Verwaltungsbediensteten nur teilweise durchsetzen. Statt einer konsistenten Verwirklichung eines neuen Verwaltungsmodells kam es daher zu partiellen Organisationsreformen, welche nur Teile der Verwaltung erfassten, wobei sie durch reaktionäre Anpassungen teilweise wieder rückgängig gemacht wur-

---

34 *Pierre Rosanvallon,* Demokratische Legitimität. Unparteilichkeit, Reflexivität, Nähe, 2010, S. 210 ff.

den. Versucht man den Mechanismus des Wandels in diesem Bereich zu identifizieren, so erkennt man das zyklische Zusammenwirken von Reform und Evolution, das auch in der Verfassungspolitik zu beobachten ist. Daran ändert nichts, dass, anders als bei Verfassungsreformen, Reformen im Schatten der Hierarchie ausgehandelt und durchsetzt werden, weil letztlich der Gesetzgeber die institutionellen Strukturen und Verfahren der Verwaltung bestimmen kann.

Im Ergebnis sind dennoch, bei allen Beharrungskräften, die Veränderungen im Verhältnis zwischen Legislative, politischer Führung und Verwaltung nicht zu unterschätzen. Bürokratien haben sich in den letzten Jahrzehnten erheblich gewandelt, wenn auch nicht in dem Maße oder so, wie es Protagonisten des New Public Managements oder anderer Reformkonzepte erhofft hatten. Die Wellen von Verwaltungsreformen trafen in den professionsorientierten Verwaltungen des angelsächsischen Raums eher auf Resonanz als in den organisationsorientierten Bürokratien Kontinentaleuropas.[35] Im Zeitverlauf verlagerten sich auch die Ziele von Reformen. Dabei wurde zunächst eine höhere Effizienz von Behörden durch Spezialisierung und Wettbewerb angestrebt, später bemühte man sich um erweiterte Bürgerbeteiligung und verbesserte Koordination zwischen spezialisierten Verwaltungseinheiten. Generell wurden Verwaltungsstrukturen aber an die Anforderungen einer wachsenden Verflechtung mit privaten und internationalen Organisationen angepasst. Indizien dafür sind neue unabhängige Agenturen auf nationaler oder internationaler Ebene, die spezielle Regulierungsaufgaben gegenüber öffentlichen und privaten Leistungsanbietern erfüllen, des weiteren sektorale Netzwerke oder Kooperationsbeziehungen zwischen Behörden und Privaten (vor allem im Bereich der technischen Infrastruktur) sowie regionale und lokale Netzwerke, welche die Wettbewerbsfähigkeit von Städten und Regionen verbessern sollen. Im Vergleich zu klassischen Bürokratien sind solche kooperierenden Verwaltungen zwar effektiver, aber sie sind schwerer zu kontrollieren, obwohl sie mehr als die traditionellen Vollzugsverwaltungen auch politische Entscheidungen treffen.

Fassen wir die Überlegungen zur Dynamik der inneren Form des Staates zusammen: Das Zusammenspiel der Mechanismen von Reformen und Evolution variiert. Ebenso sind geplante oder im Diskurs vollzogene Veränderungen mehr oder weniger auf Paradigmen oder Leitideen gestützt, die Unterstützung mobilisieren oder auch Konsens fördern können. Die Binnenstrukturen des Staates ändern sich vorwiegend in Verhandlungsprozessen und in der wechselseitigen Anpassung von Macht und Gegenmacht. Diese Mechanismen erzeugen keine zielgerichtete Staatspolitik. Sie widerlegen eine funktionalistische Erklärung des Wandels des Staates, der seine Institu-

---

35 *Christopher Pollitt / Geert Bouckaert*, Public Management Reform: A Comparative Analysis, 2. Aufl., Oxford 2004.

tionen nicht an Aufgaben oder gesellschaftliche Bedingungen anpasst. Verfassung, Demokratie und Bürokratie sind aber auch nicht starr, und Veränderungen nicht dauerhaft durch Vetospieler, Transformationskosten oder Eigeninteressen blockiert.

Dynamiken der internen Form des Staates verlaufen nicht völlig losgelöst von denen, welche die Entwicklung der äußeren Form bestimmen. Sie unterliegen aber eigenen Gesetzmäßigkeiten. Während gesellschaftliche Mechanismen (exit/entry, loyalty, voice) sich kumulativ verstärken und Prozesse bewirken, die territoriale, soziale und funktionale Grenzen des Staates überschreiten oder sie verschieben, unterliegen Veränderungskräfte im Innern dem Wechselspiel zwischen Reform- und Beharrungskräften. Das Verhältnis dieser Kräfte variiert je nach dem, welche institutionelle Dimension betroffen ist. Auch die Entwicklung der inneren Form des Staates weist daher Widersprüche auf, die bereits oben für die äußere Form festgestellt wurden. Verfassungen von Staaten sind zunehmend in transnationale Verfassungsentwicklungen eingebunden, aber erforderliche Reformen von Verfassungen scheitern im Innern immer wieder an Vetomächten. Herrschaft ist zunehmend grenzüberschreitend organisiert, weshalb sich Exekutiven in Kooperationsbeziehungen mit anderen Regierungen oder Privaten zu verselbständigen drohen. Im Kern bleibt repräsentative Demokratie jedoch nach wie vor an den Nationalstaat gebunden. Neue Formen der Kontrolle und diskursive Arenen im Parlamentsverbund lagern sich an die bestehende Form lediglich an und werden teilweise durch populistische Modelle einer unmittelbaren Demokratie unterminiert. Reformen von Bürokratien, die in den letzten drei Jahrzehnten durchgeführt wurden, dienten der Effizienzsteigerung, sie führten zu sektoraler Differenzierung und erweiterten die Autonomie von Verwaltungen um den Preis, dass die politische Kontrolle der Bürokratie und die interne Koordination schwieriger wurden. Der verflochtene, multinationale Mehrebenenstaat operiert also in institutionellen Strukturen, die sich zwar verändern, aber nicht in einer Weise, die wie immer bestimmten funktionalen Erfordernissen oder einem „institutional goodness of fit“[36] entsprechen würden.

V. Staat als Institution und Prozess

Wie sich der Staat wandelt, muss in empirischen Untersuchungen genauer erforscht werden. Über meine skizzenhafte Beschreibung der Entwicklungen kann man streiten, selbst wenn man sie als grobe Tendenzaussagen

---

36 Der Begriff wurde in Untersuchungen zur „Europäisierung“ nationaler Staaten oder Politiken geprägt (vgl. zusammenfassend *Kevin Featherstone*, Introduction. In the Name of ‚Europe‘, in: ders./Claudio Radaelli (Hrsg.), The Politics of Europeanization, Oxford 2003, S. 1 (14 ff.).

nimmt. Jedoch kommt es hier nicht auf eine Charakterisierung des Wandels an, sondern darauf, eine Grundlage für die Analyse und Erklärung zu liefern.

Will man den Wandel des Staates angemessen verstehen, reicht es nicht aus, ihn in Beziehung zu transnationalen Herrschaftsformen oder gesellschaftlichen Funktionsbereichen (Staat versus Private) zu betrachten. Man muss bereits im Staatsbegriff seine besonderen Eigenschaften als moderne, von anderen Formen zu unterscheidende institutionelle Herrschaftsordnung erfassen. Die Institutionalisierung dient primär dem Zweck, Macht zu schaffen und gleichzeitig zu begrenzen. Grundsätzlich wird dies durch Regelbindung erreicht. Im Staat sind zudem gegenläufige Kräfte verankert, die sich wechselseitig ergänzen und ausgleichen. Komplementarität und Ausgleich können dabei niemals in ein optimales Gleichgewicht gebracht werden. Widersprüchlichkeiten zwischen Machtschaffung und Machtbegrenzung sind vielmehr institutionell angelegt, weshalb im Staat Ursachen des ständigen Wandels von vornherein angelegt sind. Die theoretisch unterstellte Kongruenz von Staatsgebiet, Staatsvolk und Staatsgewalt lässt sich allenfalls in der Idee eines geschlossenen Staates finden, die bestenfalls in einem Weltstaat zu verwirklichen wäre. Dieser könnte aber die Verbindung von Verfassung, Demokratie und parlamentarisch verantwortlicher Vollzugsorganisation (Bürokratie) nicht erreichen, die selbst im Nationalstaat nur annähernd verwirklicht ist. Verfassungsgebung, Gesetzgebung und Vollzug befinden sich auch hier nicht in einem hierarchischen Verhältnis und logischem Ableitungszusammenhang, sondern in einem immer wieder neu auszutarierenden Wechselverhältnis. Bestimmt man den Staat als institutionelle Herrschaftsordnung, so erfasst man mit diesem Begriff keine statische Einheit, sondern eine mehrdimensionale und dynamische Konfiguration.

Die Dynamik des Staates ist somit in der institutionellen Ordnung eingeschrieben, deren „Gleichgewicht" in politischen Prozessen, d. h. in Machtkämpfen zwischen Herrschenden und Beherrschten sowie zwischen verschiedenen Amtsinhabern immer wieder neu hergestellt wird. Selbstbehauptung der einzelnen Akteure wirkt dabei Macht begrenzend, Anerkennung von erreichten Strukturen und Entscheidungen legitimierend.

Wandel des Staates besteht allerdings nicht in einer Eigendynamik oder einer „Selbsttransformation".[37] Wir müssen daher nach auslösenden Ursachen fragen. Diese lassen sich im Innern sowie außerhalb des Staates verorten. Dynamiken des Staates werden durch gesellschaftliche Entwicklungen vorangetrieben, allerdings weder durch gesellschaftliche Determinanten des Staatsapparats noch durch die operative Geschlossenheit des politischen

[37] *Achim Hurrelmann* u. a., Die Zerfaserung des Nationalstaates: Ein analytischer Rahmen, in: ders. u. a. (Hrsg.), Zerfasert der Nationalstaat? Die Internationalisierung politischer Verantwortung, 2008, S. 21 (38).

Systems, sondern durch die ständigen Auseinandersetzungen um die territoriale, soziale und funktionale Abgrenzung zwischen Staat und nationaler bzw. internationaler Gesellschaft. Dabei wirken verschiedene soziale Mechanismen, die zwar miteinander zusammenhängen, aber jeweils ihre besonderen Effekte erzeugen. Mobilität über Gebietsgrenzen hinweg, Entwicklungen von Loyalitäten und Interessenvermittlung in Formen politischer Strukturierung resultieren auf weitgehend unkoordinierten Handlungen von individuellen und kollektiven Akteuren, die schon deswegen kaum konsistent Wirkungen zeigen. Zwar sind die davon unmittelbar tangierten Dimensionen der äußeren Form des Staates aus politischen Entscheidungen hervorgegangen und dementsprechend veränderbar, angesichts der kaum steuerbaren gesellschaftlichen Mechanismen ergeben sich Veränderungen jedoch bestenfalls aus wechselseitiger Anpassung.

Mechanismen des internen Wandels sind Prozesse des koordinierten Handelns. Sie erfordern eine Einigung in Verhandlungen über Reformen, die in Mehrheitsentscheidungen ratifiziert werden; oder sie kommen durch Anerkennung neuer Regeln zustande, die aus Diskursen über veränderte Praktiken resultieren. Solche Prozesse fördern eher Kontinuität als unkoordiniertes Handeln. Aber sie tragen zur Kontinuität des Wandels bei, während die Auswirkungen gesellschaftlicher Veränderungen zum Teil diskontinuierlich verlaufen.

Die unterschiedlichen Geschwindigkeiten, die durch die Mechanismen des Wandels ausgelöst werden, führen zu ungleichzeitigen Veränderungen in den einzelnen Bereichen. Akteure, die den Wandel des Staates initiieren, fördern oder verhindern, beziehen sich auf jeweils spezifische Dimensionen der institutionellen Ordnung, sie verfügen über Kompetenzen, deren Reichweite begrenzt ist, und sie verfolgen unterschiedliche Ziele. Die Art, Richtung und Wirkung der spezifischen Veränderungsprozesse variiert. All dies bewirkt, dass der Wandel des Staates in teils komplementären, teils widersprüchlichen, in keinem Fall aber kohärenten und abgestimmten Prozessen verläuft.

Der Wandel des Staates entwickelt sich nicht in einem Zyklus des Aufstiegs oder Niedergangs, er verläuft in der differenzierten Institutionenordnung höchst variabel. Folglich entstehen ständig neue Spannungen und Widersprüche, die sich nie auflösen lassen. In Spannungen liegen Chancen, die Balance aus Machtschaffung und Machtbegrenzung zu erhalten, Widersprüche verursachen aber auch Gefährdungen dieser Balance. Wandel ist damit notwendige Voraussetzung einer legitimen Herrschaft.[38] Er kann diese aber auch untergraben.

Aufgabe einer empirisch-analytischen Staatstheorie ist es, diese Chancen und Gefährdungen zu erkennen, die im ständigen Wandel des Staates ange-

---

38 *Olsen* (Fn. 24), S. 19.

legt sind. Um diese Aufgabe zu erfüllen, müssen in vergleichender Forschung Entwicklungen einzelner Staaten beobachtet und analysiert werden. Der Begriff des modernen Staates liefert den notwendigen Analyserahmen, der für diese Forschungsaufgabe unerlässlich ist. Dieser Begriff muss von vornherein die Dynamik des Staates erfassen und mit entsprechenden Theorien des Wandels verbunden werden. Eine Staatstheorie sollte diesen Wandel als dauerhaft, zum modernen Staat gehörend begreifen. Was vielfach mit beträchtlichem publizistischem Aufwand als Niedergang oder Wiederaufstieg beschrieben wurde, erweist sich bei angemessener Betrachtung als nichts anderes als der normale Prozess, den der moderne Staat im Laufe seiner Geschichte durchlief und auch weiter durchlaufen wird. Bisher gibt es keine Anzeichen dafür, dass der Staat am Ende seiner Geschichte angelangt sein könnte, dass er sich auflöst oder grundlegend transformiert wird. Die Merkmale, die den modernen Staat als Institution kennzeichnen, sind nach wie vor gültig. Was sich ändert, sind Bedingungen und Ausprägungen der institutionellen Strukturen von Staatlichkeit. Die Konsequenz aus diesen Überlegungen hat Gunnar Folke Schuppert prägnant und überzeugend auf den Punkt gebracht:

> „Wir lernen hieraus, dass wir uns vor dem Umgang mit festen Staats-Konstrukten, der narrativen Verzerrung durch Staats-Geschichten und der Verwechslung von Karte und Territorium bei der Vermessung der Welt hüten und statt dessen offen sein sollten für neue oder andere Konfigurationen von Staatlichkeit; wir lernen daraus weiter, dass Metamorphosen des Staates der ‚Normalfall' sind und wir uns die Frage stellen müssen, was ‚den' Staat eigentlich dazu befähigt, diese Veränderungsprozesse zu überstehen und dabei das modifiziert aufrecht zu erhalten, was die institutionelle Kompetenz des Staates als Ordnungsmodell politischer Herrschaft ausmacht."[39]

---

[39] *Schuppert* (Fn. 2), S. 164 f.

Des Kaisers alte Kleider: Nur, warum ist er denn dann heute so nackt?

Kommentar zum Beitrag von Arthur Benz

Von Stephan Leibfried, Bremen

Arthur Benz interpretiert den Staat als dynamische Arena politischer Konflikte um Machtausübung und Herrschaftsstabilisierung. Hier streiten sich unterschiedlich mächtige Akteure einerseits darum, ihre Interessen allgemeinverbindlich durchzusetzen. Andererseits müssen sie gleichzeitig darum bemüht sein, dieses Ergebnis der Machtdurchsetzung mit einem Mindestmaß an demokratischer Legitimation zu versehen – zumindest dann, wenn es ihren eigenen Interessen entspricht. Bestenfalls gelingt es ihnen, soviel gesellschaftliche Anerkennung dafür zu finden, dass das Ergebnis institutionell verfestigt oder gar in der Verfassung verankert werden kann.

Diese Arena unterliegt interner und externer Dynamik: extern, indem andere Topographien des Politischen – andere Staaten, internationale Organisationen, Nichtregierungsorganisationen, Interessengruppen oder multinationale Konzerne – über Interdependenzen oder Externalitäten in den Problemhaushalt des Staates eingreifen beziehungsweise indem sie dort gefundene Lösungen, etwa per Gesetzgebung oder über Gerichtsbeschlüsse, in die staatliche Arena einbringen; intern, indem zum Staat gehörende politische Akteure aufgrund sich ändernder Interessen bisherige Kompromisse und Lösungen infrage stellen beziehungsweise sie neu verhandeln wollen und damit im Extremfall sogar die institutionelle und konstitutionelle Ordnung des Staates in Zweifel ziehen.

Im Detail sind all diese Dynamiken in der staatlichen Arena historisch kontingente, politikwissenschaftlich kaum prognostizierbare Prozesse, die aber zeigen, dass der Staat als dynamische Arena weder in Abstieg und Auflösung noch in Wiederaufstieg und Rückabwicklung der Dynamiken der vergangenen drei Jahrzehnte begriffen ist. Vielmehr müssen wir, so Arthur Benz, von einem fließenden Mit- und Gegeneinander diverser, unterschiedlich mächtiger Akteure ausgehen, denen die existierenden institutionellen Rahmenbedingungen zwar einen gewissen Rahmen für ihre Schritte vorgeben, die sich jedoch gerade von nationalen institutionellen Rahmenbedingungen nur noch begrenzt aufhalten lassen.

Dieses Bild des Staates, das uns *Arthur Benz* in notwendigerweise knappen, starken Strichen zeichnet, ist wohltuend erfrischend und, vor allem, es öffnet neue Perspektiven. Das gilt insbesondere für die in den letzten zwei Jahrzehnten in der politikwissenschaftlichen Analyse häufig zu kurz gekommene prozessuale Dimension von Politik, die nicht nur Wilhelm Hennis zu den „zentralen Fragen"[1] der Politikwissenschaft gezählt hat. Das Bild ist zudem ebenso wohltuend wenig normativ, weil Benz die meisten der in der staatswissenschaftlichen Diskussion sonst häufig wenigstens implizit mitgedachten normativen Setzungen über Bord wirft oder zumindest relativiert. Das gilt zum Beispiel für das Denken in Institutionen und „polities", das Denken in Gleichgewichten und Stabilitäten oder auch das Denken in Territorien und Grenzen.

Soweit so gut. Ein genauerer Blick auf das *Benz*'sche Bild vom Wandel des Staates und dessen theoretischer Fundierung hinterlässt jedoch Zweifel in zumindest zweifacher Hinsicht. Zum einen bleibt im Text reiflich unklar, was denn nun genau erklärt werden soll, wenn der Wandel des Staates zu erklären ist. Zum anderen liefert der *Benz*'sche Begriff des Staates als einer Arena machtpolitischer Auseinandersetzungen uns zwar eine schöne räumliche Metapher für einen dynamischen Ansatz. Er verschiebt aber im Kern nur die Frage auf die nächste Ebene, nämlich etwa danach: Wer ist denn eigentlich mächtig? Und woher kommt politische Macht? Die Antworten darauf jedoch sind uns, soweit der knappe Text sie geben kann, alt bekannt: „mächtige Interessengruppen", „politische Eliten" oder Vetospieler, die ihre institutionellen Vetopositionen nutzen. Was den Leser natürlich darüber nachsinnen lässt, wo denn nun das Problem liegen könnte. Es mag ja vollkommen richtig sein, dass der Kaiser wieder einmal seine alten Kleider trägt. Angesichts der vielen Neoismen auch in der Politikwissenschaft der vergangenen Jahrzehnte dürfte es in der Tat wenig überraschen, wenn vieles davon alles andere als neue Kleider für den Kaiser wäre. Allein, wenn das so sein sollte, dann fragt man sich unwillkürlich, warum die Literatur dann seit Jahren behauptet, dieser Kaiser sei nackt. Oder anders gefragt: Was ist denn an den alten Kleidern heute so viel anders, dass ihr Träger damit kaum mehr seine Blößen zu bedecken vermag?[2]

---

1 *Wilhelm Hennis*, Über Antworten der eigenen Wissenschaftsgeschichte und die Notwendigkeit, ‚zentrale Fragen' der Politikwissenschaft stets neu zu überdenken, in: Hans-Hermann Hartwich (Hrsg.), Policy-Forschung in der Bundesrepublik Deutschland. Ihr Selbstverständnis und ihr Verhältnis zu den Grundfragen der Politikwissenschaft, 1985, S. 122.

2 Zur letzten einschlägigen Verwendung dieser Metaphorik siehe *Anat Admati/Martin Hellwig*, The Bankers' New Clothes: What's Wrong with Banking and What to Do about It, Princeton, N.J. 2013.

Zeichnung von Roland Bühs, Bremen.

Hier ist leider nicht der Platz, eine umfassende Antwort auf diese Frage auch nur grob zu skizzieren. Aber einige Anmerkungen zur Erläuterung des Paradoxons eines nackten Kaisers in seinen alten Kleidern sind doch erforderlich, um die Diskussion um eine angemessene Theorie des Staatswandels etwas weiter zu treiben.

I. Der Staat als Arena für Machtauseinandersetzungen – Eine Kritik

Zunächst gehe ich noch einmal einen Schritt zurück zur bislang nur knapp erwähnten Kritik am Konzept des Staatswandels bei Arthur Benz. Wenn der Staat als Arena für Machtauseinandersetzungen beziehungsweise für ihre friedliche Verregelung verstanden wird, dann hat das gerade mit Blick auf die Erklärung seines Wandels zunächst unschätzbare Vorteile. Das Konzept ist intrinsisch offen für Dynamik, ohne dass es – wie etwa beim neofunktionalistischen „spill-over“ von Ernst Haas und seinen Nachfolgern – in einen strukturalistischen Determinismus verfällt.[3] Das Konzept

3 *Ernst B. Haas*, The Study of Regional Integration: Reflections on the Joy and Anguish of Pretheorizing, International Organization 24 (1970), S. 607.

ist ferner akteursorientiert und vermeidet damit den Holismus der vielen sozialwissenschaftlichen Großerklärungen, die auf der Grundlage säkularer gesellschaftlicher Trends erfolgen und zu den bekannten, sich daraus entwickelnden unausweichlichen Problemdrücken führen: Globalisierung, Individualisierung, demographischer Wandel, Spätkapitalismus, Modernisierung, funktionale Differenzierung und was sonst noch alles in der Literatur diskutiert wird.[4]

Diese Perspektive von *Arthur Benz* auf den Staat und seinen Wandel geht allerdings mit mindestens zwei eingebauten Problemen einher, die ihre Erklärungskraft erheblich verwässern. Das erste dieser Probleme bezieht sich auf die abhängige Variable der zu entwickelnden Theorie. Liest man den *Benz*'schen Beitrag auch im Zusammenhang der ganzen Diskussion um den „Staat als Prozess" dann lassen sich mindestens drei unterschiedliche, aber durchaus miteinander verschränkte Gegenstände erkennen, zu deren Erklärung die neue Theorie beitragen soll:

(1) Der bisherige Staat, also das, was wir in Bremen im Sonderforschungsbereich „Staatlichkeit im Wandel" den Staat in seinem „Goldenen Zeitalter" nennen.[5] In mancher Hinsicht liest sich ein gerüttelt Maß der Debatte um den „Staat als Prozess" als Frage danach, was denn mit diesem klassischen Staat passiert (ist) beziehungsweise was von diesem übrig bleibt. Gerade die mit der Finanz- und Wirtschaftskrise geweckten Hoffnungen auf einen wiedererstarkten Staat machen deutlich, dass ein so verstandener Staatswandel von einem mehr oder weniger stabilen „alten" Set an politischen Strukturen ausgeht, die zumindest teilweise die letzten drei Jahrzehnte überlebt haben könnten und – schlicht zugespitzt und ein anderes Märchen bemühend – nun nur noch ihrer dornröschenhaften Erweckung harren, wobei umstritten bleibt, wer denn den Prinz abgeben könnte.[6]

(2) Der Wandel des bisherigen Staates, also der Blick auf im Wesentlichen strukturelle Änderungen in der Zuständigkeit und Arbeitsteilung bei der Produktion öffentlicher Güter und der demokratischen Legitimation ihrer Produktion. Dies ist der Kern der ursprünglichen Bremer These von

---

4 Vgl. für einen ersten Überblick: *Michael Zürn*, Interessen und Institutionen in der internationalen Politik. Grundlegung und Anwendungen des situationsstrukturellen Ansatzes, 1992; *ders.*, Regieren jenseits des Nationalstaates. Globalisierung und Denationalisierung als Chance, 1998.

5 *Achim Hurrelmann* u. a., The Golden-Age Nation State and its Transformation: A Framework for Analysis, in: dies. (Hrsg.), Transforming the Golden-Age Nation State, Basingstoke 2007, S. 1.

6 Vgl. unter vielen *Wolfgang Streeck*, Noch so ein Sieg, und wir sind verloren. Der Nationalstaat nach der Finanzkrise, Leviathan 38 (2010), S. 159; *ders.*, Gekaufte Zeit – Die vertagte Krise des demokratischen Kapitalismus, 2013; *ders.*, Die Krise der Staatsfinanzen: Demokratieversagen? Kapitalismusversagen, dms – Der moderne Staat 6 (2013), S. 7.

der „Zerfaserung der Staatlichkeit“, also der Vermutung, dass Aufgaben beziehungsweise Teile von Aufgaben privatisiert, internationalisiert oder transnationalisiert werden.[7] Wer einem so verstandenen Staatswandel auf der Spur ist, der sucht im Kern nach neuen Strukturen – so nach Mehrebenensystemen, Governance-Strukturen oder privaten funktionalen Äquivalenten –, in denen die bislang vom Nationalstaat erledigten Aufgaben übernommen worden sind.[8]

(3) Schließlich, das Ergebnis des Wandels moderner Staatlichkeit sowie die Konsequenzen, die dieser Wandel für die Produktion öffentlicher Güter hat. Das ist nicht zuletzt der Untersuchungsgegenstand der letzten, dritten Phase des Bremer Sonderforschungsbereichs „Staatlichkeit im Wandel“ (2011–2014). Hier geht es im Kern darum, welche Konsequenzen die neue Staatlichkeit für die wesentlichen öffentlichen Güter zeitigt, die früher vom Nationalstaat produziert wurden, also vor allem für Sicherheit, Wohlfahrt, Rechtsstaatlichkeit und demokratische Legitimation[9]. Ein so verstandener Wandel ruft nach umfangreichen Policy-Analysen, die im Einzelnen darauf abstellen, ob die öffentlichen Güter auch weiterhin produziert werden und ob sich deren Qualität und deren Verteilung in der Gesellschaft geändert haben.

Im Beitrag von *Arthur Benz* blitzen alle drei Elemente eines Staatswandels immer wieder auf. Versteht man dabei den Staat als Prozess, so hat man es mit drei verschiedenen abhängigen Variablen zu tun, die jedoch nur im zweiten Fall – der Zerfaserungsthese – wirklich zumindest teilweise prozessualen Charakter annehmen. Im ersten Fall geht es vielmehr darum, ob und gegebenenfalls wie der alte, klassische Nationalstaat die Herausforderungen der vergangenen Jahrzehnte übersteht und im dritten stehen Politikinhalte oder „Outcomes“ im Mittelpunkt, also Ausmaß und Qualität der heute produzierten öffentlichen Güter. Wie diese Fragen mit dem Konzept des Staates als Prozess beantwortet werden sollen, bleibt nicht nur bei *Benz*, sondern auch bei *Folke Schuppert* reiflich unklar.

Das zweite Problem, das sich *Arthur Benz* mit seinem Fokus auf den Staat als Arena von Machtauseinandersetzungen einkauft, ist die faktische Verlage-

---

7 *Stephan Leibfried/Michael Zürn*, Von der nationalen zur post-nationalen Konstellation, in: dies. (Hrsg.), Transformationen des Staates?, 2006, S. 19; *Achim Hurrelmann* u. a., Die Zerfaserung des Nationalstaates: Ein analytischer Rahmen, in: dies. (Hrsg.), Zerfasert der Nationalstaat? Die Internationalisierung politischer Verantwortung, 2008, S. 21.

8 Vgl. dazu auch *Gralf-Peter Calliess* u. a., Transformation des Handelsrechts? Neue Formen von Rechtssicherheit in globalen Austauschprozessen, in: Achim Hurrelmann u. a. (Hrsg.), Zerfasert der Nationalstaat? Die Internationalisierung politischer Verantwortung, 2008, S. 143; *Gerd Winter*, Zur Architektur globaler Governance des Klimaschutzes, ZaöRV 72 (2012), S. 103.

9 Vgl. zum Beispiel *Steffen Schneider* u. a., Democracy's Deep Roots: Why the Nation State Remains Legitimate, Basingstoke 2010; *Frank Nullmeier* u. a., Prekäre Legitimitäten: Rechtfertigung von Herrschaft in der postnationalen Konstellation, 2010.

rung der Fragestellung auf die nächste Ebene. Will man nicht einfach bei historisch kontingenten Erzählungen über einzelne Wandlungsprozesse stehen bleiben, dann benötigen wir theoretische Konzepte zu gleich mehreren drängenden Fragen: Wer ist mächtig? Und woher kommt gesellschaftliche Macht? Unter welchen Bedingungen ist der gesellschaftlich Mächtige auch in der Lage, seine Interessen und Vorstellungen durchzusetzen? Und wie beziehungsweise unter welchen Bedingungen wandelt sich Macht und Machtbesitz?

Die Antworten, die *Arthur Benz* in seinem Beitrag andeutet, lesen sich unspektakulär, vor allem aber handelt es sich um altbekannte Aspekte: mächtige Interessengruppen, politische Eliten, Vetospieler. Wenn Staat also eine Arena für Machtauseinandersetzungen darstellt und die Mächtigen altbekannte Akteure sind, dann steht vor uns aber wieder ein Kaiser in seinen alten Kleidern.[10] Warum aber behauptet dann die Literatur zu Staat und Staatswandel seit mindestens einem Dutzend Jahren unentwegt,[11] der Kaiser sei nackt? Wo steckt das Problem, wenn wir es beim Staat und seinem Wandel „nur" mit einer Arena mächtiger Interessengruppen und Eliten zu tun haben?

II. Des Kaisers neue Kleider, oder: Er ist doch ziemlich nackt!

Dass der Kaiser doch nackt ist, dass er tatsächlich neue Kleider trägt, ist mittlerweile Mantra der sozialwissenschaftlichen Literatur.[12] Eine Theorie des Staatswandels muss das daher reflektieren und darf sich nicht mit einem „allerliebst" bescheiden und heraushalten. Was aber heißt das? Will man die Vorteile des *Benz*'schen Vorgehens retten, die damit verbundenen Nachteile gleichzeitig lindern, so muss man vermutlich zunächst die Topographie, die Landschaft des Politischen anders vermessen als bislang.

Ein erster Einstiegspunkt könnte dabei das radikalisierte Pluralismusparadigma bilden, das der junge *Harold Laski* vor einem Jahrhundert in die Diskussion geworfen hat: Der Staat ist nur eine unter vielen gesellschaftli-

---

10 Vgl. dazu unter vielen *Nelson W. Polsby*, How to Study Community Power: The Pluralist Alternative, Journal of Politics 22 (1960), S. 474; *Peter Bachrach/Morton S. Baratz*, Two Faces of Power, American Political Science Review 56 (1962), S. 947; *dies.*, Decisions and Nondecisions: An Analytical Framework, American Political Science Review 57 (1963), S. 632.

11 Vgl. wiederum unter vielen *Susan Strange*, Casino Capitalism, Oxford 1986; *dies.*, The Retreat of the State. The Diffusion of Power in the World Economy, Cambridge 1996; *Ulrich Beck*, Weltrisikogesellschaft. Zur politischen Dynamik globaler Gefahren, in: Internationale Politik 50 (1995), S. 13; *Edgar Grande*, Auflösung, Modernisierung oder Transformation? Zum Wandel des modernen Staates in Europa, in: Edgar Grande/Rainer Prätorius (Hrsg.), Modernisierung des Staates, 1997, S. 45.

12 Vgl. die Überblicke bei *Michael Zürn*, Governance in einer sich wandelnden Welt – eine Zwischenbilanz, in: Gunnar Folke Schuppert/Michael Zürn (Hrsg.), Governance in einer sich wandelnden Welt (PVS Sonderheft 41), 2008, S. 553; *Edgar Grande*, Governance-Forschung in der Governance-Falle? Eine kritische Bestandsaufnahme, in: PVS 53 (2012), S. 565.

chen Institutionen und Gruppen, die um Macht, Einfluss und Herrschaft konkurrieren.[13] Das darf nicht normativ verstanden werden. Der Staat löst sich weder in der Gesellschaft auf noch verliert er einige besondere Attribute wie etwa sein Monopol auf legitime Gewaltanwendung. Aber *Laski* macht deutlich, dass die Gesellschaft die Arena politischer Auseinandersetzungen bildet, an denen Staat in verschiedener institutioneller Ausprägung aktiv beteiligt ist – sei es als nationale Regierung, als regionales Parlament, als städtische Verwaltung oder als oberstes Gericht.

Konstruiert man die Topographie des Politischen auf diese Art und Weise, wird gleichzeitig mehreres deutlich:

- Zwar existiert nominell die Unterscheidung zwischen innen und außen nach wie vor. Ihre Bedeutung für die Strukturierung der politischen Auseinandersetzungen bekommt jedoch enorme Konkurrenz. Ja, in vielerlei Hinsicht gewährt die ungleichzeitige Dynamisierung der Unterscheidung bestimmten Akteuren Arbitragespielraum: So mag in der Bundesrepublik die jüngst debattierte steuerrechtliche Gewinnverlagerung durch IKEA, Amazon oder Starbucks als typische Gewinnmaximierungsstrategie transnationalen Kapitals diskutiert werden. Würde aber Siemens oder Volkswagen ähnliches nachgewiesen werden, bräche ein Sturm nationaler Entrüstung los, der nur aufgrund der Ungleichzeitigkeit der Dynamisierung von innen und außen zu verstehen wäre. Dabei gilt für Staat eine ganz andere Form der Dynamisierung etwa der Grenzen oder des Staatsbürgerkonzepts als dies für Gesellschaft der Fall ist, wo es um Wir-Gefühl, Integrationsfähigkeit oder Solidarität geht.
- Die gesellschaftliche Arena politischer Auseinandersetzungen wird von ganz unterschiedlichen Akteuren, die in funktional definierten Mehrebenensystemen wirken, bevölkert. Diese Akteure haben nicht nur sehr disparate Interessen. Sie sind auch nur bei ganz bestimmten Fragen politisch aktiv. „Betroffenheit" ist hier das neue Schlagwort. Die heutige Bevölkerung ist nicht politikverdrossen. Vielmehr verdrießen die Menschen überall dort rasch an politischen Fragen, wo sie nicht ihre Lebenswelt betreffen. Es ist nicht mehr das politische System, das im Schatten des unverarbeiteten Nationalsozialismus und in der Gegenwart einer kommunistischen Alternative hoch politisiert war. Politisiert sind heute vielmehr auch die kleinsten Dinge, sofern sie in die Lebenswelt von Menschen eingreifen – man betrachte nur die schier endlosen Diskussionen um den Lärm entlang ökologisch eigentlich sinnvoller Eisenbahntrassen oder um den Bau von Überlandleitungen im Kontext der so geheißenen „Energiewende". Betroffene Akteure finden sich auf ganz verschiedenen Ebenen: Internationale Organisationen, staatliche Akteure auf nationaler, regionaler oder kommunaler Ebene, Nichtregierungsorganisationen, Interessen-

---

13 *Harold J. Laski*, The Personality of Associations, Harv. L. Rev. 29 (1916), S. 404.

gruppen, Bürgerinitiativen oder auch (multinationale) Konzerne – die gesellschaftliche Arena ist stark bevölkert.

- Diese Akteure verfolgen mindestens zwei Ziele. Zum einen wollen sie konkrete Probleme lösen, wobei es nicht allein darum gehen muss, öffentliche Güter zu produzieren. Vielmehr besteht ein erheblicher Teil politisch aktiver Interessen darin, partikulare Probleme von anderen (mit-)lösen zu lassen, also gesellschaftlich Club- oder gar Privatgüter zu produzieren. Das ist Teil der politischen Auseinandersetzungen in der gesellschaftlichen Arena. Zum anderen geht es, das hat *Arthur Benz* völlig zu recht hervorgehoben, um Machtgewinn, Machtsicherung und Machtausbau. Viele politische Reformen scheitern nicht daran, dass die damit zu lösenden Probleme nicht wichtig und dringlich oder die Lösungen nicht angemessen wären. Sie scheitern vielmehr deshalb, weil die vorgeschlagene Lösung bislang mächtigen Akteuren Machteinbußen abverlangen würde. Für die Frage der Durchsetzungsfähigkeit von Akteuren besonders interessant sind dabei die disparaten Mischungsverhältnisse, also etwa eine Akteursposition, die nur die eigene Macht stärkt, die Problemlösung aber außer Acht lässt, oder aber umgekehrt, die die Problemlösung auf Kosten der eigenen Machtposition voranstellt. Eingewoben in diese Diskussion um Problemlösung und Machtsicherung ist ferner die Herrschaftsfrage. Auch sie besitzt zwei wichtige Dimensionen: Zum einen, darauf verweist *Arthur Benz* ebenfalls zu recht, baut Herrschaft auf einer zumeist institutionell oder gar konstitutionell verfestigten Machtverteilung auf. Mächtige Akteure legen Wert darauf, ihre Machtposition nicht bei jeder einzelnen politischen Entscheidung vorführen zu müssen, sondern diese ritualisiert als institutionalisierte Form verfestigen zu lassen. Zum anderen aber bedarf eine derart konstitutionalisierte Machtverteilung eines Mindestmaßes demokratischer Legitimation, soll sie als Herrschaft einigermaßen nachhaltig stabil sein. *Arthur Benz* verweist dabei mit *Benedict Anderson*[14] zu recht auf die Rolle des Staates bei der Schaffung eines gesellschaftlichen Wir-Gefühls, das eine solche demokratische Legitimation tragen könnte. Aber auch hier gilt, dass der Staat einen wichtigen Faktor bilden kann, aber nicht muss. Die Beispiele DDR, Tschechoslowakei oder Jugoslawien zeigen, dass auch durchsetzungskräftige staatliche Strukturen keineswegs ausreichen, um tragfähige Wir-Gefühle herbeizuführen, während etwa das Beispiel von Polen oder das der Kurden darauf verweist, dass gesellschaftliche Wir-Gefühle auch ohne staatliche Strukturen über lange Zeiträume hinweg bestehen können.

Die Gesellschaft als Arena der Auseinandersetzungen diverser Akteure um Problemlösung, Machtposition und Herrschaftsfrage ist jedoch nur die Angebotsseite von Staatswandel. Hinzu kommt die Nachfrageseite. Je nach

---

14 *Benedict Anderson*, Imagined Communities. Reflections on the Origin and Spread of Nationalism, London 1983.

Gegenstand existieren für die Auseinandersetzungen um Problemlösung, Machtposition und Herrschaftsfrage ganz unterschiedliche Bedingungen. Nun helfen bekanntermaßen in Mehrebenensystemen die klassischen *Lowi*'-schen Unterscheidungen von Policies[15] nicht mehr richtig weiter, weil etwa regulative Politiken auf supranationaler europäischer Ebene mitunter in die Redistribution auf nationaler Ebene eingreifen und damit das Diktum von „policies determine politics" jedenfalls in seiner klassischen Formulierung hinter einem grauen Mehrebenenschleier verschwindet.[16] Daraus jedoch den Schluss zu ziehen, der Politikinhalt sei unwichtig, hieße das Kind mit dem Bade auszuschütten.

Unterscheidet man ganz krude Staat und Gesellschaft, die politisch etwas tun oder unterlassen können, dann ergibt sich eine Vierfeldermatrix, die bei der Bestimmung der Nachfrageseite von Staatswandel weiterhelfen kann:

Staat / *Gesellschaft*	*Unterlassen*	*Tun*
Unterlassen	Liberalisierungspolitiken: Abrüstung, Zölle beseitigen, Grenzkontrollen aufheben	Geldpolitik, Infrastrukturpolitik, Sozialpolitik, Daseinsvorsorge
Tun	autonome gesellschaftliche Regulierung, zum Beispiel technische Normung	Umweltschutz-, Klimapolitik, Verbraucherschutz-, Steuerpolitik

Wenn beide Seiten unterlassen, was sie bislang (möglicherweise) getan haben, kommen wir zu einem breiten Set an Liberalisierungspolitiken von Abrüstung über Zollsenkung bis hin zu Grenzöffnung. Staaten sichern sich hier gegenseitig zu, in Zukunft etwas zu unterlassen, was sie bisher getan haben. Eine gesellschaftliche Regelbefolgung ist zur Zielerreichung nicht notwendig. Es reicht, wenn die Staatsverwaltung ihre bisherige Tätigkeit einstellt. Das heißt nicht, dass diese Politiken gesellschaftlich unumstritten wären. Fällt die Zollprotektion für einen bestimmten Wirtschaftssektor, dann hat das enorme Konsequenzen für die dortigen Gewinne und Arbeitsplätze. Aber der Staat kann sein Ziel erreichen, ohne dass die Betroffenen sich engagieren. Hier handelt es sich um jene Politikbereiche, in denen in den letzten Jahrzehnten die stärksten, die durchgriffsfähigsten Internationalen Organisationen beziehungsweise Mehrebenensysteme entstanden sind.

Bei Politikbereichen, in denen der Staat handelt und die Gesellschaft nichts tut, handelt es sich vor allem um den breiten Bereich der Daseinsvor-

---

15 *Theodore J. Lowi*, Four Systems of Policy, Politics, and Choice, Public Administration Review 32 (1972), S. 298.

16 *Stephan Leibfried/Paul Pierson*, Semi-Sovereign Welfare States: Social Policy in a Multi-Tiered System, in: dies. (Hrsg.), European Social Policy: Between Fragmentation and Integration, Washington, D.C. 1995, S. 43.

sorge, der Sozialpolitik, um Infrastrukturmaßnahmen sowie die Geldpolitik. Wenn der Bund eine Autobahn baut, dann stellt er diese der Gesellschaft zur Nutzung zur Verfügung. Eine gesellschaftliche Regelbefolgung ist auch hier für die Zielerreichung nicht weiter notwendig; auch hier kann der Staat weitgehend autonom handeln. Wiederum heißt das nicht, dass derlei Maßnahmen einfach durchzusetzen wären. Bei Straßen- oder Bahnprojekten sind Proteste und Klagen vorprogrammiert. Aber zum Erfolg des Autobahnbaus im technischen Sinne ist die Mithilfe der Anlieger nicht nötig.

Das ist ganz anders etwa bei Umweltschutz- oder Verbraucherschutzmaßnahmen, bei der Verbrechensbekämpfung oder der Steuerpolitik. In diesem Bereich hängt der Erfolg einer Politik nicht nur vom aktiven Vorgehen der Verwaltung, sondern gleichermaßen von der Bereitschaft der Bevölkerung, zumindest der Betroffenen, ab, sich tagtäglich an die Regeln zu halten und im Zweifel ihre Lebensumstände entsprechend zu verändern. So reicht es bei der Klimapolitik nicht aus, dass die Staaten sich gegenseitig versichern, die Schornsteine ihrer Verwaltungsgebäude zuzumauern. Vielmehr muss zum Erfolg dieser Politik eine Vielzahl von Menschen ihren Lebensstil ändern, sie alle müssen beispielsweise öffentliche Verkehrsmittel benutzen, kleinere Autos kaufen oder ihre Häuser besser dämmen.

Ein vierter Bereich schließlich bezieht sich auf die gesellschaftliche Selbstregulierung ohne Staat. Von technischer Normung über die Arbeit von Ratingagenturen, die Vergabe von Internet-Domainnamen, lex mercatoria und codex alimentarius bis hin zum transnationalen Sportrecht zieht sich durch die heutige Lebenswelt ein breiter Bereich autonomer gesellschaftlicher Regelsetzung, der durchaus im Schatten staatlicher Hierarchie liegen mag, vom Staat aber längst nicht mehr kontrolliert und dominiert werden kann. Staatswandel ohne Staat – auch das darf nicht übersehen werden.

Diese Unterscheidung in Politikbereiche macht zunächst deutlich, dass sich je nach funktional definiertem politischen Gegenstand Problemlösungen, Machtverhältnisse und Herrschaftsbedingungen massiv unterscheiden, etwa schon allein dadurch, dass die Zahl möglicher Vetopositionen von Fall zu Fall erheblich divergiert.

Ein Blick auf die Bedingungen möglicher demokratischer Legitimation lässt uns zudem ein in Teilen konträres Bild sehen. Hier ist nicht der Platz, um diesen Aspekt richtig auszubreiten. Aber es genügt ein Blick dahin, wo der sprichwörtliche „Wutbürger“ aktiv ist, um einen ersten Eindruck davon zu bekommen. Die größten und heftigsten Demonstrationen in der deutschen Nachkriegsgeschichte finden wir bei den Liberalisierungspolitiken, den Infrastruktur- und Daseinsvorsorgemaßnahmen und auch noch bei der autonomen gesellschaftlichen Selbstregulierung. Wir finden sie aber nur selten dort, wo die Bevölkerung faktisch gegen sich selbst demonstrieren müsste: Wo sind die großen Demonstrationen beispielsweise in der Klimapolitik? Wo ist der Wutbürger, wenn es um Korruption, Steuerhinterziehung, um die

Verwahrlosung von Stadtteilen und vieles mehr geht, wo wir unseren eigenen Lebensstil zum Markte tragen müssten? Das aber heißt auch, dass die für demokratische Legitimation notwendige politische Mobilisierung eher nach dem Sankt-Florians-Prinzip funktioniert. Es ist leicht, gegen staatliche Stellen oder große Konzerne zu mobilisieren. Die eigene Verantwortung erweist sich eher als hinderlich.

Was heißt das nun für die Erklärung des Staatswandels? Staatswandel ist in der Tat ein Prozess. Der wird aber nicht verstanden, wenn wir nur „Staat“ in den analytischen Blick nehmen. In einer solchen Staatsperspektive hat der Kaiser nämlich wirklich nur seine altbekannten Kleider an. Der Staat wandelt sich vielmehr in einer Dynamik, die sich nicht mehr in den bekannten Innen-Außen- oder Staat-Gesellschaft-Dichotomien beschreiben lässt. Gleichzeitig löst sich, da ist *Arthur Benz* zuzustimmen, Staat auch nicht einfach auf, sondern die staatlichen Akteure werden Teil einer komplexeren Topographie des Politischen. Welche Akteure in dieser Topographie wie gegen- und miteinander spielen (können), hängt wiederum sehr stark vom jeweiligen Gegenstand der Auseinandersetzung ab.

Auch in der post-nationalen Konstellation gilt in modifizierter Form *Ted Lowis* Diktum, wonach der Politikinhalt die Politikprozesse bestimmt. Funktionaler Problemdruck, da hat *Benz* recht, erklärt zwar kaum direkt das Ergebnis seiner politischen Bearbeitung. Er bestimmt aber sehr wohl zu einem erheblichen Teil die problemlösungsspezifischen Interessen der Akteure und vor allem, welche der Akteure am Entscheidungs- und Implementationsprozess beteiligt sind und ob sie über Vetopositionen verfügen.

Erst aus dieser die Angebots- und die Nachfrageseite umfassenden Perspektive wird schließlich deutlich, warum die alten Kleider des Kaisers ihn heute zum nackten Mann machen: In funktionalen Mehrebenensystemen greifen beispielsweise die alten Fachbruderschaften[17] politischer Eliten nicht mehr und auch die bisher mächtigen Interessengruppen müssen sich neu orientieren.[18] Das heißt nicht, dass es hier nicht neue Elitenstrukturen oder erstarkende Interessengruppen gäbe. Aber es ist unter anderem genau diese Dynamik, um die es beim Staatswandel geht. Staat als Prozess ist folglich nur ein Teil davon.

„Nun, all das müssen wir“, die Staatsforscher und umzu, „schon aushalten“ – wenn wir zum Schluss dem Kaiser noch einmal paraphrasiert das Wort geben dürfen.

---

17 *Frido Wagener*, Der öffentliche Dienst im Staat der Gegenwart, VVDStRL 37 (1979), S. 215.

18 Vgl. zum Beispiel *Wolfgang Streeck / Philippe C. Schmitter*, From National Corporatism to Transnational Pluralism: Organized Interests in the Single European Market, Politics and Society 19 (1991), S. 133.

Nunmehr alles Governance, oder was?

Über die Bedeutung von Verwaltungen, Institutionen und Institutionentheorie

Von Werner Jann, Potsdam

I. Verwaltungswissenschaft als disziplinärer Zugang

Der Titel dieses Beitrages stammt aus einer Übersicht über die Entwicklungslinien der Policy- und Verwaltungsforschung in Deutschland in den letzten fünfzig Jahren[1], dessen rhetorische Frage *Gunnar Folke Schuppert* nach eigenem Bekunden gut gefallen hat.[2] Während es in dem Übersichtsartikel vor allem um die Einordnung der Governance-Forschung und der damit verbundenen Diskurse in die allgemeine Entwicklung der Verwaltungs- und Politikwissenschaft ging, soll es hier umgekehrt um die Relevanz der Verwaltungswissenschaft für die Debatte über eine mögliche „Verabschiedung und Wiederentdeckung des Staates" gehen, also nicht um die Entwicklung der Disziplin oder Disziplinen, sondern um den disziplinären Beitrag der Verwaltungswissenschaft zur sehr praktischen Frage, wie sich der moderne Staat entwickeln wird und soll.

Den spezifischen Beitrag der Verwaltungswissenschaft zur möglichen Verabschiedung und vor allem Wiederentdeckung des Staates möchte ich in vier Schritten explizieren: Ausgehend vom *Governance-Konzept* als neuem Forschungsparadigma der Verwaltungswissenschaft, über die darin enthaltenen Annahmen der Bedeutung und Rolle der *öffentlichen Verwaltung*, zur Wiederentdeckung der *Institutionen* und der Relevanz von *öffentlichen Institutionen* für die Beschreibung, Erklärung und vor allem mögliche Entwicklung und Gestaltung des modernen Staates.

Im Ergebnis will ich zeigen, dass der zentrale Beitrag der Verwaltungswissenschaft sich keineswegs in der Diskussion über Governance, Governance-Strukturen, -Prozesse, -Inhalte, oder was auch immer erschöpft, sondern im Gegenteil in einer Wiederentdeckung, oder zumindest einer wieder verstärkten Fokussierung auf den arbeitenden Staat besteht, auf öffentliche Verwal-

---

1 *Werner Jann*, Praktische Fragen und theoretische Antworten: 50 Jahre Policy Analyse und Verwaltungsforschung, PVS 50 (2009), S. 476 (494 ff.).

2 *Gunnar Folke Schuppert*, Alles Governance oder was?, 2011.

tungen und öffentliche Organisationen als spezifische politische Institutionen – oder zumindest darin bestehen sollte. Der entscheidende „*added value*“ liegt in einem geschärften Verständnis für die Bedeutung von institutionellen Arrangements und damit auch einer modernen Organisations- und Institutionentheorie für die Beschreibung und Erklärung der Voraussetzungen und Folgen staatlichen Handelns. *Schuppert* hat sich bekanntlich verschiedentlich mit dem Gerede vom Verschwinden, Niedergang oder Ausfranzen des Staates beschäftigt, und hat u. a. in sieben Aufzügen darüber hergezogen[3] – und selbstverständlich war der Staat nie weg. Aber tatsächlich konnte man zumindest befürchten, dass die Wissenschaft, und gerade auch die Verwaltungswissenschaft, den eigentlichen Gegenstand ihres Interesses zwischenzeitlich etwas aus den Augen verloren hatte.

Zunächst muss allerdings der Status der Verwaltungswissenschaft kurz geklärt werden. Wenn es um disziplinäre Zugänge zum Staat gehen soll, stellt sich offensichtlich zu allererst die Frage, welche Disziplinen berücksichtigt werden sollen und müssen, und ob die Verwaltungswissenschaft überhaupt dazu gehört. Von welchen Disziplinen erwartet oder erhofft man sich relevante Beiträge, wenn es um die vermeintliche Verabschiedung oder Wiederentdeckung des Staates gehen soll? Es gibt die *usual suspects* Rechtswissenschaft, Politikwissenschaft, Soziologie, die hier sicherlich zu Recht alle beteiligt sind, aber welche Rolle spielt die Verwaltungswissenschaft, die der Autor dieses Beitrages in diesem Rahmen vertreten sollte – und auch gern vertreten hat. Gibt es überhaupt einen relevanten verwaltungswissenschaftlichen Zugang und wenn ja, kann der wiederum mit dem populären Begriff und Konzept *Governance* hinreichend charakterisiert werden?

Offenkundig hat das Governance-Konzept nicht nur in der Verwaltungswissenschaft Karriere gemacht, sondern insgesamt in den Sozialwissenschaften. Populär wurde es zunächst in der Institutionenökonomie und ist von dort über die Entwicklungspolitik (*Good Governance*), die Internationale Politik (*Global Governance*), die Managementlehre (*Corporate Governance*), der Europapolitik (*European Governance*) und anderen Bereichen zum „wichtigsten politikwissenschaftlichen Forschungsschwerpunkt der vergangenen zwanzig Jahre“ und zur „Allzweckwaffe der Politikwissenschaft für jede Art von gesellschaftlichem Regelungsproblem“ (*climate governance, economic governance, cultural governance* usw. usf.)[4] geworden. Die damit einhergehende Ausweitung und Überdehnung des Konzepts ist verschiedentlich kritisiert worden, Governance als „empty signifier“, als leerer Begriff verspottet worden[5]. Hier soll es allerdings nicht um diese ubi-

---

3 *Gunnar Folke Schuppert*, Staat als Prozess. Eine staatstheoretische Skizze in sieben Aufzügen, 2010.

4 *Edgar Grande*, Governance-Forschung in der Governance-Falle? Eine kritische Bestandsaufnahme, PVS 53 (2012), S. 565.

quitäre Verwendung des Konzepts gehen, sondern vielmehr um die Relevanz für die spezifische Bedeutung der öffentlichen Verwaltung für den modernen Staat, und damit für die moderne Verwaltungswissenschaft.

Offen bleibt das keineswegs banale Problem, ob Verwaltungswissenschaft überhaupt als eigenständige Disziplin auf einer Ebene mit Rechtswissenschaft, Soziologie, Ökonomie, also den inzwischen alt-ehrwürdigen und etablierten „Platzhirschen" und „Stammspielern", ernst zu nehmen ist. Es gibt gute Argumente, die dafür plädieren, Verwaltungswissenschaft nicht als eigenständige Disziplin im klassischen Sinne zu betrachten. Die radikalste Sichtweise hält ganz generell die disziplinären Grenzen der Sozialwissenschaftler für äußerst suspekt und wenig hilfreich, und beruft sich dabei u. a. auf das geflügelte Wort des Wissenschaftstheoretikers *Hans Albert*, nachdem das kritikwürdigste Element an den modernen Sozialwissenschaften die disziplinären Grenzen seien, die sie untereinander aufgerichtet haben. Albert wusste worüber er sprach, denn seine Habilitationsschrift *Nationalökonomie als Soziologie der kommerziellen Beziehungen* war 1955 weder von den Soziologen noch von den Wirtschaftswissenschaftlern angenommen worden, weil sie weder der Ökonomie noch der Soziologie einwandfrei zuzuordnen sei.

Die Verwaltungswissenschaft verfügt, das ist inzwischen sicherlich Konsens, über keine eigenständige Methode, die sie etwa von der Politikwissenschaft oder auch den übrigen Sozialwissenschaften unterscheiden würde, und auch über keinen eigenständigen, übergreifenden theoretischen Zugang.[6] In einer neueren Bestandsaufnahme wird dies dahingehend zusammengefasst, dass alle aktuellen grundlegenden wissenschaftstheoretisch unterfütterten Analysetraditionen, die derzeit in den Sozialwissenschaften en vogue sind, „vom ökonomischen Rational-Choice Ansatz über die diversen Institutionalismen bis hin zum Konstruktivismus"[7] auch in der Verwaltungsforschung und damit der Verwaltungswissenschaft angewendet werden, und zwar überaus produktiv. Verwaltungswissenschaft partizipiert ganz normal an der allgemeinen Theorieentwicklung unter aktiver Nutzung der Beiträge anderer Disziplinen, insbesondere auch der Ökonomie und der Rechtswissenschaft, und zum Teil hat sie sogar diese Theorieentwicklung entscheidend vorangebracht.[8] Genau um diesen möglichen Beitrag der Ver-

---

5 *Claus Offe*, Governance – „Empty signifier" oder sozialwissenschaftliches Forschungsprogramm, in: Gunnar Folke Schuppert/Michael Zürn (Hrsg.), Governance in einer sich wandelnden Welt, PVS Sonderheft 41 (2008), S. 61.

6 *Jörg Bogumil/Werner Jann*, Verwaltung und Verwaltungswissenschaft in Deutschland, 2. Aufl. 2009, S. 53 ff.

7 *Jörg Bogumil/Werner Jann/Frank Nullmeier*, Politik und Verwaltung – Perspektiven der politikwissenschaftlichen Verwaltungsforschung, PVS Sonderheft 37 (2006), S. 9 (18).

8 Ebd., S. 19 ff.

waltungswissenschaft zur allgemeinen Staatstheorie soll es im Folgenden gehen.

Aber was macht den Kern der Verwaltungswissenschaft aus? Hier bietet es sich an, sich auf die Einsichten Folke Schupperts zurückzuziehen, der ein immerhin über tausendseitiges Buch mit dem Titel „Verwaltungswissenschaft“ publiziert hat. Er definiert Verwaltungswissenschaft als eine Wissenschaft, „die bei aller Multidisziplinarität ihrer Ansätze einen *einheitlichen Gegenstand* – nämlich die öffentliche Verwaltung – vor Augen hat“[9]. Ausgangspunkt ist also die Überzeugung, dass eine Verwaltungswissenschaft nur grenzüberschreitend gelingen kann, „sie muss die Grenzen der einzelnen Fachdisziplinen überschreiten, in dem sie nicht einfach Disziplin um Disziplin aufaddiert, sondern die fachspezifischen Diskurse aufeinander bezieht und – das ist der entscheidende Gesichtspunkt – *füreinander fruchtbar* macht. Der Verwaltungswissenschaftler ist demnach *Grenzgänger von Beruf*“[10].

Besser kann man den Anspruch und das Ziel der Verwaltungswissenschaft nicht zusammenfassen. Es geht um Grenzgängertum, und zwar nicht nur zwischen den etablierten und daher oft etwas bornierten und rechthaberischen Disziplinen, sondern auch zwischen Theorie und Praxis. Noch etwas schärfer formuliert: Etablierte, oder vielleicht besser gesagt konstruierte, disziplinäre Grenzen, etwa: „ich bin Soziologe, kein Politologe, und daher sehe ich die Welt ganz anders“, sind eher etwas für ängstliche Besitzstandswahrer. Es kommt darauf an, soziale Phänomene besser zu beschreiben, zu verstehen und zu erklären, nicht darauf, sie besser in bestimmte Schubladen zu packen. Es geht nicht um Theorievergleich als Nullsummenspiel (wer hat Recht?), sondern als Positivsummenspiel (was ist hilfreich?). Oder, wie es die amerikanische Ökonomin *Deirdre McCloskey* einmal ausgedrückt hat „specialisation is meaningless without trade“.

Offensichtlich gibt es eine etablierte Verwaltungswissenschaft, und es gibt auf jeden Fall eine steigende Nachfrage nach Verwaltungsforschung und Verwaltungswissenschaftlern, genauso wie es eine moderne Management- oder Organisationswissenschaft gibt, oder eine Medizin oder Ingenieurwissenschaft. Diese Vergleiche sind sicherlich nicht unproblematisch, denn bei diesen Beispielen geht es immer auch, oder sogar vorrangig, um praktische Anwendung und Relevanz, um aktuelle Probleme, angewandte Forschung und „schmutzige Finger“ – aber das macht gerade den spezifischen Reiz der Verwaltungswissenschaft aus, nämlich die Kombination von drängenden und relevanten praktischen Fragen und hoffentlich plausiblen, hilfreichen theoretischen Antworten.[11] Genau aus dieser Kombination speist sich der

---

9 *Gunnar Folke Schuppert*, Verwaltungswissenschaft, 2000, S. 42.

10 Ebd., S. 43, Hervorhebungen jeweils im Original.

11 *Jann* (Fn. 1).

besondere Beitrag der Verwaltungswissenschaft zur Debatte um die „Verabschiedung und Wiederentdeckung des Staates", oder vielleicht noch mehr, ihr potentieller Beitrag, den sie leisten könnte und sollte.

II. Governance als Forschungsparadigma

Welche Rolle spielt „Governance" in diesem Zusammenhang? Ist es tatsächlich das neue und vorherrschende Forschungs-Paradigma der Verwaltungswissenschaft? Noch weiter zugespitzt: beschränkt sich der Beitrag der Verwaltungswissenschaft zur Staatstheorie in der Beschreibung, Erklärung und allenfalls noch Bewertung von immer komplexeren Governance-Strukturen und -Regimes, in der öffentliche Organisationen eine immer geringere Rolle spielen? Genau diese Vermutung versteckt sich in der lockeren Formulierung und Fragestellung „Alles Governance, oder was?".

Die Antwort auf diese Frage ist nicht ganz einfach: Governance reicht als Konzept nicht aus, um den Beitrag der Verwaltungswissenschaft zur Staatstheorie zu charakterisieren, und das Konzept reicht auch nicht aus, um den Wandel von Staatlichkeit umfassend und überzeugend zu beschreiben und zu erklären. Aber gleichzeitig hat der Governance-Diskurs die Forschung erneut auf klassische, grundlegende Probleme der Staatstheorie aufmerksam gemacht und fokussiert, und hat damit wichtige theoretische Grundlagen zum Teil abermals in Erinnerung gebracht, zum Teil neu entdeckt.

Einige Beobachter haben die Entwicklung sowohl der Policy- wie der Verwaltungsforschung durchaus in Richtung einer allgemeinen Governance Orientierung gesehen.[12] Dafür sprechen insbesondere einige überaus weite Definitionen von Governance, die in letzter Zeit vorgelegt worden sind, bei denen in klassischer politikwissenschaftlicher Manier *Policy, Politics und Polity* unterschieden werden, nämlich Governance-Inhalte, als die Inhalte und Instrumente einer Regelung und deren Implementation, Governance-Prozesse, also politische Aushandlungs-, Koalitionsbildungs-, Droh- und Überzeugungsprozesse, und Governance-Strukturen, als die ideellen, institutionellen und materiellen Rahmenbedingungen.[13]

Das Schlüsselwort ist dabei Problemlösung, denn, wie *Michael Zürn* es ausdrückt, „die Erwartung, dass *new modes of governance* eine größere Problemlösungsfähigkeit aufweisen, liegen der Governance-Forschung in der Tat gleichsam programmatisch zugrunde"[14]. Der Governance-Perspektive

---

12 Siehe die Beiträge von *Arthur Benz, Joachim Blatter* und *Frank Janning*, in: Bogumil u. a. (Fn. 7).

13 Vgl. *Michael Zürn*, Governance in einer sich wandelnden Welt – eine Zwischenbilanz, PVS Sonderheft 41 (2008), S. 553.

14 Ebd., S. 573.

geht es, wie der traditionellen Policy Forschung und Steuerungstheorie, vorrangig um Problembewältigung, auch wenn diese immer wieder in Frage gestellt wird, aber Problemlösung ausdrücklich nicht mehr allein mit und durch das politisch-administrative System. Bei der Suche nach neuen Formen der Handlungskoordination geht der Governance-Diskurs eindeutig über die klassische Verwaltungswissenschaft hinaus. Das ist sicherlich richtig und hilfreich, aber damit werden die klassischen Fragen und Problemstellungen der Verwaltungswissenschaft natürlich nicht obsolet. Auch der Governance-Forschung geht es immer wieder auch um die Rolle und Bedeutung des Staates, oder besser und genauer spezifischer öffentlicher, politisch konstituierter oder kontrollierter Akteure in verschiedenen Politikfeldern, in verschiedenen Phasen des politischen Prozesses und um Interaktionen in unterschiedlichen Akteurskonstellationen, zwischen verschiedenen Sektoren und Ebenen.

Aber wie sind diese öffentlichen, staatlichen Akteure konstitutiert? Woher und wodurch bestimmen sich ihre Handlungsfähigkeit und ihre aktuellen Aktivitäten, ihre Legitimation, ihre grundlegenden Werte und Handlungsroutinen? Das sind klassische Themen der Verwaltungswissenschaft, die in diesem Zusammenhang traditionell die Organisation und die institutionelle Verfasstheit des öffentlichen Sektors, des arbeitenden Staates, und die dadurch verstärkten oder verdrängten Werte, Normen und Interessen problematisiert.[15]

Der Governance-Diskurs läuft demgegenüber Gefahr, genau diese Rolle öffentlicher Institutionen und Organisationen aus dem Blick zu verlieren, und damit auch ein zentrales Element von Macht und Herrschaft. In der grundlegenden Trias von *Governance through Government*, das ist das klassische Bild des hierarchischen, *top-down* steuernden Staates, der über der Gesellschaft steht und gesellschaftliche Akteure vor allem als Adressaten staatlicher Politik sieht, *Governance with Government*, das ist das moderne Bild des kooperativen Staates, der mit und durch immer komplexere Politiknetzwerke und Verhandlungssysteme versucht, seine Interessen durchzusetzen, und *Governance without Government*, das ist die neuartige Sicht auf Problemlösungen jenseits klassischer staatlicher und hierarchischer Steuerung, wie sie vor allem in internationalen Beziehungen und neuartigen technologischen Bereichen erkennbar wird, wendet sich das Interesse der Governance-Forschung immer mehr den nicht-staatlichen Akteuren und Subsystemen zu. Dies ist sowohl empirisch wie theoretisch durchaus angemessen, aber damit werden die klassischen Probleme und Fragestellungen der Staats- und Verwaltungswissenschaft nicht obsolet. Denn dort geht es

---

15 So schon in seinem programmatischen Aufsatz *Fritz W. Scharpf*, Verwaltungswissenschaft als Teil der Politikwissenschaft, in: ders., Planung als Politischer Prozess, 1973, S. 9.

bekanntlich nicht nur um Problemlösung, also Effizienz und Effektivität, sondern eben auch, und nicht minder, um Legalität und Legitimität.[16] Governance ist ein wichtiges neues Forschungsparadigma, aber es ersetzt keineswegs das zentrale Interesse an öffentlichen, demokratisch legitimierten und kontrollierten Verwaltungen und Institutionen.

III. Governance und öffentliche Verwaltung

Das Governance-Konzept ist offenkundig nicht mit dem Erkenntnisinteresse der Verwaltungswissenschaft identisch, aber wie hilfreich ist dieses Konzept dennoch, um den Wandel von Staatlichkeit zu erfassen und zu erklären, und dabei insbesondere die veränderte Rolle der öffentlichen Verwaltung einzufangen? Dass der Governance-Begriff, trotz aller inflationärer Verwendung, nützlich ist, ist unstrittig. Folke Schuppert hat viel dazu beigetragen zu klären und zu erläutern, warum das so ist, und hat vor kurzem noch einmal die wichtigsten Funktionen des Governance-Begriffs aufgeschlüsselt und kritisiert.

Er kommt dabei zu dem Schluss, dass Governance tatsächlich unsere Wahrnehmungs- und Analysefähigkeit erhöht, und betont dabei die Nützlichkeit der Funktion als Schlüsselbegriff, der vor allem einen Perspektivenwechsel und eine Perspektivenerweiterung ermöglicht, weil damit eine dynamische Prozess-Perspektive eingefügt wird. Wichtig erscheint ihm die Funktion als Meta-Ebene, die die Wahrnehmung von Verflechtungen und Interdependenzen ermöglicht, insbesondere in Mehrebenensystemen, aber auch bei der Einbeziehung normativer Gesichtspunkte. Er warnt allerdings ausdrücklich vor der Verwendung des Governance-Konzepts im Sinne eines Reformkonzeptes, als Entstaatlichungsstrategie oder als Anwendungsfall eurozentristischer Transferpolitik.[17]

Dem kann man nur zustimmen, allerdings gibt es, empirisch beobachtbar, unterschiedliche Verwendungen des Konzepts. Mit Governance wird zum einen bekanntlich ein eher weites und umfassendes, generisches Konzept bezeichnet, das alle denkbaren Konzepte kollektiven Handelns umfassen soll, also, in der klassischen Definition von *Renate Mayntz*, „das Gesamt aller nebeneinander bestehenden Formen der kollektiven Regelung gesellschaftlicher Sachverhalte, von der institutionalisierten gesellschaftlichen Selbstregelung über verschiedene Formen des Zusammenwirkens staatlicher und privater Akteure bis hin zu hoheitlichem Handeln staatlicher Akteure“[18].

---

16 *Bogumil/Jann* (Fn. 6) S. 55 ff.

17 *Schuppert* (Fn. 2), S. 12 f.

18 *Renate Mayntz,* Governance im modernen Staat, in: Arthur Benz (Hrsg.), Governance: Regieren in komplexen Regelsystemen, 2004, S. 66.

Andererseits versteht man unter Governance aber auch ein eher engeres Konzept, mit dem „neue“ Formen der kollektiven Handlungskoordination gemeint sind, also vor allem nicht-hierarchische, netzwerkartige, durch die systematische Einbeziehung nicht-staatlicher Akteure gekennzeichnete Steuerungs- und Interaktionsformen jenseits des klassischen Repertoires von Regierung und Verwaltung.[19]

Beide Konzepte, sowohl die weitere wie die engere Definition von Governance, sind ohne Zweifel analytische Konzepte und dürfen nicht mit normativen Handlungsanleitungen verwechselt werden. Dennoch gibt es zweifellos auch eine normative Verwendung von „Governance als Reformstrategie“.[20] Allerdings bedeutet der Hinweis auf diesen Gebrauch des Konzepts keineswegs, dass Governance als Reformkonzept verwendet werden sollte, sondern nur, dass dies tatsächlich der Fall ist. „Governance als Reformstrategie“ ist eine empirische Beobachtung und keine normative Handlungsanleitung. Das Governance-Konzept mit seinen Hinweisen auf dezentrale Problemverarbeitung, die Einbeziehung gesellschaftlicher Akteure, die Bedeutung von Netzwerken und Verhandlungssystemen, von Koordination und Zusammenarbeit öffentlicher und gesellschaftlicher Akteure, die Kombination unterschiedlicher Steuerungsformen, eine neuartige Aufgabenteilung zwischen Staat, Wirtschaft und Gesellschaft sowie die Koproduktion kollektiver Güter und die Zunahme gesellschaftlicher und ökonomischer Selbstkoordination und Selbstregulierung eignet sich vorzüglich als Leitbild der Staats- und Verwaltungsmodernisierung, und ist so ja auch ganz bewusst von politischen Akteuren, von der Weltbank, der UN bis hin zur Bundesregierung eingesetzt worden[21].

Governance ist als Leitbild umfassend in die aktuellen Modernisierungsdiskurse aufgenommen worden, und diese Beobachtung kann nicht mit der Feststellung, Governance sei eigentlich ein analytisches Konzept und dürfe daher von der Politik nicht verwendet werden, neutralisiert werden. Das wäre etwas weltfremd. Auch Rechtsstaat und Demokratie sind analytische Konzepte, und werden durchaus auch kontrovers interpretiert, aber sie sind eben auch Leitbilder. Genau dies gilt auch für das Governance-Konzept, und gerade diese Ambivalenz trägt zur Attraktivität des Konzeptes bei.

Allerdings verdrängt diese normative Sichtweise auf die Rolle der öffentlichen Verwaltung und des Staates in modernen Governance-Arrangements die für die Entwicklung der modernen Staatlichkeit viel entscheidendere

---

19 Dazu auch ausführlich *Schuppert*, Was und wozu Governance?, Die Verwaltung 40 (2007), S. 463 (467 ff.).

20 Ausführlich *Jann*, Governance als Reformstrategie – Vom Wandel und der Bedeutung verwaltungspolitischer Leitbilder, in: Schuppert (Hrsg.), Governance-Forschung, 2005, S. 21.

21 Ebd. mit weiteren Hinweisen.

Frage nach der tatsächlichen, empirisch nachweisbaren und theoretisch erklärbaren Veränderung der Aufgabenwahrnehmung von öffentlichen Verwaltungen und öffentlichen Organisationen, und vor allem deren Folgen. Wenn empirisch neuartige Governance-Formen unter Einbeziehung nichtstaatlicher Akteure beobachtet und beschrieben werden, und daran gibt es keinen Zweifel, stellt sich sofort die viel interessantere Frage, was diese Veränderungen für die Organisation des „arbeitenden Staates" bedeutet. Welche konkreten organisatorischen und inhaltlichen Veränderungen gibt es, und wie ist davon der Staatsapparat in seiner internen Struktur betroffen?

Es ist offensichtlich, dass Governance „in den weiten Kontext der Analyse und Beschreibung des Wandels von Staatlichkeit" gehört, wie *Julia von Blumenthal* das zusammengefasst hat – aber was genau ist mit dem „weiten Kontext" gemeint – was ist es präzise, was sich ändert? Oder einfacher gefragt, in welchen Gegenstandsbereichen können wir denn diese Änderungen des Staates „fest machen", beobachten, beschreiben? Es geht, wiederum in den Worten von *Schuppert*, nicht nur um „ein wie auch immer geartetes Näheverhältnis von Governance und Staatlichkeit, sondern es geht darum, diesen diffusen Prozess des Wandels von Staatlichkeit zu präzisieren und analytisch schärfer zu fassen"[22]. Was ändert sich also „beim Staat", was meinen wir, wenn wir vom Wandel der Staatlichkeit sprechen? Wie können wir diesen Wandel am besten einfangen?

Diese Fragen verweisen eindeutig, wenn sicherlich auch nicht ausschließlich (man denke an die veränderte Rolle von Parlamenten, Parteien und Interessengruppen bis hin zu den Gerichten), auf öffentliche Verwaltungen als die zentrale Organisationsformen des modernen Staates. Um diese Frage empirisch und theoretisch befriedigend beantworten zu können, reicht allerdings das Governance-Konzept nicht aus, dazu braucht man präzisere Konzepte, und genau darum geht es in der Wiederentdeckung der Institutionen.

IV. Governance und Institutionen

Wenn es um die Veränderung moderner Staatlichkeit geht ist, so soll argumentiert werden, nicht Governance der zentrale Brückenbegriff, der es verschiedenen Disziplinen ermöglicht, sich über die Merkmale und Auswirkungen des Wandels moderner Staatlichkeit zu verständigen, sondern das Konzept der Institution, mit den korrespondierenden Konzepten der Institutionalisierung und der De-Institutionalisierung.

Dass es sich beim Aufstieg des Governance-Konzepts um einen *institutional turn* handelt, um einen Wandel von einer eher akteurzentrierten zu einer institutionellen Sichtweise, gehört inzwischen zu den Gemeinplätzen der

22 *Schuppert* (Fn. 2), S. 21.

Governance-Debatte.[23] Aber was bedeutet das im Detail? Welcher Erkenntniszuwachs oder zumindest welch möglicher Erkenntnisfortschritt verbirgt sich hinter dieser Wiederentdeckung, diesem Wiederaufstieg der Institutionen?

Zunächst ist zu konzedieren, dass natürlich auch die Institutionen nie wirklich weg waren („ich bin dann mal weg"), aber tatsächlich haben sie in den Sozialwissenschaften und auch in der Ökonomie (falls man die nicht ohnehin zu den Sozialwissenschaften rechnen möchte) seit dem Zweiten Weltkrieg lange Zeit eine eher untergeordnete Rolle gespielt. In der sog. „behavioralistischen Wende" ging es vor allem darum, das Verhalten von Individuen zu beobachten und zu erklären, und als erklärende Faktoren spielten, neben rein utilitaristischen, opportunistischen Motiven, vor allem sozio-ökonomische oder auch kulturelle Faktoren eine Rolle, also z. B. der soziale Status oder die Politische Kultur. Dem „alten Institutionalismus" wurde vorgeworfen, dass er zu formalistisch und deskriptiv sei, Institutionen wurden also aufgrund ihrer Formal- und Legalstrukturen beschrieben und analysiert, aber damit konnte man nichts erklären. Tatsächlich hat sich zum Beispiel die Politikwissenschaft dann auch eine Zeitlang nicht mehr für den Staat interessiert, sondern nur noch für das politisch-administrative System, das PAS.

Der *institutional turn*, der seit den siebziger Jahren in der Soziologie und seit den achtziger Jahren auch in der Politikwissenschaft zu beobachten ist, und der diese Orientierung letztendlich „gewendet" hat, wurde entscheidend durch organisationstheoretische Überlegungen angestoßen und im Rahmen der Politikwissenschaft vor allem durch verwaltungswissenschaftliche Anstöße und Autoren geprägt, die man als „skandinavische Schule" bezeichnen kann.[24] Ausgangspunkt dieser Ansätze waren theoretisch inspirierte empirische Studien von Entscheidungsprozessen in und zwischen öffentlichen Organisationen. Politische Steuerung wurde in diesen Studien als organisatorisches Problem und damit als originärer Gegenstand nicht allein der Politikwissenschaft, sondern auch der Organisationstheorie definiert. Im Zentrum stand die Frage, wie formale und informelle Organisationen und organisatorische Kontexte, Werte, Entscheidungsprämissen und Aktivitäten politischer Akteure und damit auch Politikinhalte prägen.

Dies ist offenkundig eine Problemstellung, die eng mit der Frage nach dem Wandel von Staatlichkeit zusammenhängt. Wie und warum verändern

---

23 *Renate Mayntz*, Governance Theory als fortentwickelte Steuerungstheorie?, in Schuppert (Fn. 20), S. 11.

24 Ausführlich *Werner Jann*, Die skandinavische Schule der Verwaltungswissenschaft, in: Bogumil u. a. (Fn. 4), S. 121; eine engere Bezeichnung spricht sogar von der norwegischen oder „Bergen School". Der herausragende Vertreter war und ist *Johan P. Olsen*; siehe als sein letztes Werk und für die folgende Darstellung insbesondere *Olsen*, Governing Through Institution Building, Oxford 2010.

sich öffentliche Organisationen und Verwaltungen, und welche Auswirkungen hat das für Politikinhalte, für deren Effektivität und Effizienz, aber auch für deren Legitimation? Gleichzeitig ist dies eine Fragestellung, die nicht nur eine enge Kooperation von Organisationstheorie und Politikwissenschaft eingefordert und etabliert hat, sondern auch die offenkundige Frage aufwirft, was andere Disziplinen, zum Beispiel Verwaltungs- und Rechtswissenschaft voneinander lernen können – und sollten.

Institutionalismus, als eine besondere Form der politischen Analyse, basiert zu erheblichen Teilen auf der modernen Organisationstheorie. Die formale Organisation des politischen Lebens, also das, was wir gemeinhin Staat nennen, wird ernst genommen, sehr ernst, und zwar vor allem als „unabhängige Variable" – es geht um die Erklärungskraft formaler Organisationsformen und deren informelle Institutionalisierung. Gefragt wird, welche Wirkungen Institutionen haben, und vor allem institutionelle Veränderungen? Aber auch, was gute und schlechte Organisationen und Institutionen ausmachen, und nicht zuletzt wie und warum Veränderungen stattfinden und welche Konsequenzen diese haben?

Ausgangspunkt ist auch hier der „westfälische Territorialstaat", oder im aktuellen Jargon der DRIS, der demokratische Rechts- und Interventionsstaat, eine „legacy", die Ausgangspunkt aller weiteren Überlegungen ist. Der moderne Staat mit seinen politischen Fähigkeiten Ressourcen zu mobilisieren und zu extrahieren, einen administrativen Personalkörper zu erschaffen und zu erhalten, kollektive Handlungsfähigkeit und legitime Interventionen zu ermöglichen, nicht zuletzt durch Etablierung von Nationalstaaten, rechtlicher Regelungen, demokratischer Partizipation, Entwicklung sozioökonomischer Rechte, Wohlfahrtsstaaten usw., wie von *Johan Olsen, Stein Rokkan* und anderen beschrieben.

Wichtig und wiederum zukunftsweisend ist hier die gemeinsame Wurzel von Rechts- und Politikwissenschaft. Aber während die Rechtswissenschaft den Staat, zumindest wird sie so von den Sozialwissenschaften wahrgenommen, als identisch mit seinen systematischen rechtlichen Regeln gesehen hat, und die tatsächlichen operativen Handlungen als eine Ausführung von Normen, suchen die Sozialwissenschaften nach Ursachen und Konsequenzen staatlicher Institutionen. Dennoch, der hierarchisch organisierte, regelgebundene Nationalstaat ist der gemeinsame Eck- und Ausgangspunkt von Rechts- und Politikwissenschaft. Und dieser moderne Staat kann als ein Konglomerat von Institutionen interpretiert werden. Worauf es beim „Wandel von Staatlichkeit" also ankommt ist, die Veränderungen dieser Institutionen, oder etwas allgemeiner „institutionellen Arrangements", genauer zu beschreiben und deren Folgen zu analysieren und zu erklären, und letztlich auch zu bewerten, also vor allem herauszufinden, ob die durch institutionellen Wandel angestoßenen Veränderungen z. B. aus dem Blickwinkel der Problemlösungsfähigkeit, aber auch der demokratischen Kontrolle und Verantwortlichkeit, der Legitimation und Interessenberücksichtigung, positiv zu bewerten sind, oder negativ. In den Worten von *Olsen* „to make sense of different and shifting relations" zwischen z. B. zentralen Regierungsinstitutionen und lokaler Selbstverwaltung, majoritären und nicht-majoritären Organisationen und zwischen politischen Institutionen und anderen institutionellen Sphären wie Zivilgesellschaft, Märkte, aber auch Wissenschaft, Kunst, Religion usw. usf.

Wie man sieht ist das, was im Governance-Diskurs ganz vorn steht, also die Einbettung in und Interaktion mit anderen institutionellen Sphären, nur ein Aspekt unter vielen relevanten institutionellen Veränderungen. Und gleichzeitig wird diese Einbettung konzeptionell breiter gesehen. Es geht nicht nur um Zivilgesellschaft und *Public-Private-Partnerships*, sondern zum Beispiel sind gerade die Beziehungen zum Wissenschaftssystem und seinen institutionellen Merkmalen, also die Einbeziehung von Wissen in politische Entscheidungen, ein zentrales Problem des modernen Staates.

Um diese Fragen produktiv beantworten zu können, kommt es entscheidend darauf an, was man unter Institutionen versteht. Auch dieses Konzept leidet, wie alle sozialwissenschaftlichen Konzepte, die zugleich wissenschaftlich und praktisch verwendet werden und sich zudem größerer Beliebtheit erfreuen, unter konzeptioneller Ausdehnung und Ausdünnung. Nach einer klassischen Definition von *March / Olsen*[25] sind Institutionen relative dauerhafte Strukturen von Regeln und organisierten Praktiken, eingebettet in Sinn- und Ressourcenstrukturen, die relativ invariant gegenüber der Fluktuation von Personen und externen Einflüssen sind. Mit anderen Worten beeinflussen sie das organisatorische Handeln in zeitlicher Perspektive dauerhaft (sie gelten lange), in sozialer Hinsicht verbindlich (Akteure halten sich daran) und in sachlicher Hinsicht maßgeblich (die Institution ist für ein Phänomen bedeutsam).[26]

Hilfreich ist in diesem Zusammenhang besonders eine theoretische Zuspitzung von *Scott*, der Institutionen als Regelsysteme konzipiert, die aus einer regulativen Säule (formalisierte und mit Sanktionen bewährte Regeln), einer normativen Säule (Normen angemessenen Verhaltens) und einer kognitiven Säule bestehen (nicht hinterfragte Annahmen über soziale Tatsachen).[27] Institutionen strukturieren Konflikte und beeinflussen damit die Verteilung von Vor- und Nachteilen und von Macht und Ohnmacht in der Gesellschaft. Der Zusammenhang zwischen Organisationen, also z. B. öf-

---

25 *James March / Johan P. Olsen*, Rediscovering Institutions. The Organizational Basis of Politics, New York 1989.

26 *Konstanze Senge*, Zum Begriff der Institution im Neo-Institutionalismus, in: dies, / Kai-Uwe Hellmann (Hrsg.), Einführung in den Neo-Institutionalismus, 2006, S. 35 (44 f.).

27 *W. Richard Scott*, Institutions and Organizations – Ideas and Interests, 2008.

fentlichen Verwaltungen, und den institutionellen Gegebenheiten, in denen sie eingebettet sind, kann in dem bekannten Kürzel „Institutionen wirken, Organisationen handeln“ zusammengefasst werden. Aber Institutionen bestehen eben nicht nur aus formalen Regeln und Sanktionen, sondern entscheidend auch aus informellen Werten und Normen und kognitiven Annahmen über die Beschaffenheit der Welt, als das, was man als *taken for granted* bezeichnet.

Institutionalisierung bedeutet dann ganz einfach mehr Klarheit und mehr Konsens über formale Regeln, informelle Normen und die grundlegende Interpretation der Wirklichkeit, De-Institutionalisierung das Gegenteil.[28] Die Frage nach dem Wandel von Staatlichkeit muss daher Fragen beantworten wie: Beobachten wir eigentlich einen Prozess der Institutionalisierung oder De-Institutionalisierung oder gar Re-Institutionalisierung öffentlicher Organisationen, um welche Regeln, Normen und Annahmen, die gestärkt oder geschwächt werden, handelt es sich und welche Auswirkungen hat das? Dies scheint zumindest mir eine etwas klarere Fragestellung zu sein, als die nach den allgemeinen Veränderungen von Governance. Bei der Beantwortung dieser Frage spielen offenkundig klassische staatliche und öffentliche Organisationen, also der ursprüngliche Gegenstand der Verwaltungswissenschaft, ihrer „Kernkompetenz“, eine entscheidende Rolle.

V. Governance und die Bedeutung öffentlicher Institutionen

Dies führt zum vierten Schritt der Argumentation, nämlich der Frage nach der Bedeutung von öffentlichen, politischen Organisationen und Institutionen und ihrer aktuellen Veränderung. Denn genau deren Bedeutung läuft Gefahr, im aktuellen Governance-Diskurs systematisch unterbelichtet zu werden.

Ein demokratisches Regierungssystem besteht schon lange nicht mehr aus einem einfachen, hierarchisch gegliederten institutionellem Arrangement, falls es das jemals gegeben haben sollte, sondern aus einem Konglomerat von teilweise autonomen und machtvollen formalen Organisationen, die nach unterschiedlichen Rationalitätskriterien, Regeln und *standard operating procedures* operieren. Wenn wir also den Wandel von Staatlichkeit verstehen wollen, müssen wir uns auch und gerade auf den Wandel dieser öffentlichen Organisationen konzentrieren. Für eine moderne Staatstheorie bedarf es verbesserter Theorien öffentlicher Organisationen, die gerade nicht den Unterschied zwischen privaten und öffentlichen Organisationen und Institutionen herunterspielen oder gar ignorieren – was zumindest bei

28 Siehe dazu auch *Sigrid Quack*, Institutioneller Wandel – Institutionalisierung und De-Institutionalisierung, in: Senge/Hellmann (Fn. 26), S. 172.

einigen übereifrigen Protagonisten des Governance-Diskurses zu befürchten ist.

Was macht öffentliche Organisationen und Institutionen aus? Was unterscheidet sie von privaten Organisationen? Wiederum in den Worten von *Olsen*: „Governments and other political actors often have to act even though they do not know exactly what they want, and under the weight of many, possibly competing, ambiguous and shifting goals, when their comprehension and control are limited, time is short, and the consequences of possible action are uncertain“[29].

Einfacher und schöner kann man aktuelle Konstellationen und Dilemmata, wie z. B. die derzeitige Finanzkrise, kaum beschreiben. Es geht also bei öffentlichen Organisationen und Institutionen, und das ist der Kern dieses neuen Institutionalismus, nicht allein um Effizienz und rationale Ziel-Mittel-Kalkulationen, und nicht allein um Regelbefolgung, sondern darum, die Rolle von Kontroversen und Konflikten zu verstehen und zu verarbeiten. Demokratische Staaten müssen mit Machtdifferentialen leben, mit ungelösten Konflikten, sie müssen, was *John Stuart Mill standing antagonisms,* nannte ausbalancieren, sie können sie nicht lösen oder gar entfernen.[30]

Dieser Zugang über Institutionen und Institutionentheorie, und dabei die Konzentration auf öffentliche Organisationen, ihre besonderen Merkmale, Konflikte und Zwänge, scheint zumindest mir bei weitem der beste und zumindest einleuchtendste Weg, um den Wandel des modernen Staates einzufangen.

Der Governance-Diskurs ist eine reiche und sprudelnde Quelle von heterogenen Beobachtungen und Ideen, aber er liefert keine eindeutigen Belege und klaren Schlussfolgerungen, er hat, in den Worten von *Edgar Grande* „keinen theoretischen Kern“[31]. Vor allem liefert er keinen Fokus, in dem die vielfältigen Veränderungen wie in einem Brennglas zusammengefasst und operationalisiert werden können. Von einer klaren Operationalisierung ist auch die Institutionentheorie noch einiges entfernt, aber sie bietet doch zumindest die Möglichkeit, dass sich unterschiedliche Disziplinen und Sichtweisen produktiv über zentrale Merkmale des modernen Staates und deren Veränderung verständigen. Es geht dabei um formale Veränderungen der „Regelungsstrukturen“ und Regulierung, ein offenkundiger Schwerpunkt der aktuellen Wirtschafts-, Politik- und Rechtswissenschaft, aber auch entscheidend um informelle Veränderungen von Werten und Normen, was als angemessenes Verhalten noch akzeptabel ist und sein sollte, und was nicht, und schließlich auch um veränderte, vorherrschende Interpretationen der

---

29 *Olsen* (Fn. 24), S. 112.

30 Ebd.

31 *Grande* (Fn. 4), S. 579.

sozialen und ökonomischen Wirklichkeit. Dabei geht es gerade nicht nur um die Zusammenarbeit zwischen Politikwissenschaft, Soziologie und Ökonomie, sondern insbesondere auch um die Einbeziehung der Rechtswissenschaft, also, wiederum in den Worten von *Olsen* „taking the law seriously avoiding a regression to excessive formalism, [...] taking history seriously without reverting to atheoretical descriptions, and taking normative assumptions seriously without mixing empirical and normative arguments“[32].

Die Wiederentdeckung des Staates aus der Sicht der Verwaltungswissenschaft bedeutet im Kern eine Wiederentdeckung öffentlicher Organisationen und Institutionen, also von Regierungen, Ministerien, mehr oder weniger autonomen Behörden, Regulierungsagenturen, Körperschaften, Anstalten, Kommunen usw. usf. Eine ganz besondere Rolle spielt dabei die „Wiederentdeckung der Bürokratie“, die trotz allem Governance-Gerede einer der zentralen Institutionen des demokratischen Rechtsstaats ist und nach aller Voraussicht auch bleiben wird. Entscheidend ist besser zu verstehen, wie und durch welche Institutionen öffentliche Organisationen und Bürokratien beeinflusst und kontrolliert werden, also durch Regeln, Gesetze und Gerichte, durch politisch legitimierte Programme, Weisungen und Hierarchie, oder auch durch etabliertes, nicht hinterfragtes Wissen oder kontroverse, innovative wissenschaftliche Erkenntnisse? Wie sind diese unterschiedlichen Einfallstore zu balancieren – ohne Zweifel eine der zentralen Herausforderungen des modernen Staates.

Dabei sind Institutionen keineswegs stabile Lösungen, die es zu bewahren gilt, sondern im Gegenteil Entwicklungsprozesse, die angestoßen und am Leben erhalten werden müssen. Dabei können formelle Strukturen und Regelungen Handeln stark begrenzen, aber sie können sich auch zu einer Fassade und leeren Hülse entwickeln, die den Blick auf die realen Prozesse verbergen.[33] Deutlich wird aber auch, dass eine aktive Verwaltungspolitik in diesem Sinne nur eine bewusste Institutionenpolitik sein kann, die sich nicht auf die rein formalen und rechtlichen Strukturen der öffentlichen Verwaltung beschränkt.

VI. Zusammenfassung: Staatstheorie als Gestaltung von Institutionen

Im Ergebnis kann die Fragestellung dieses Beitrages, ob und inwieweit der Beitrag der Verwaltungswissenschaft zur „Wiederentdeckung des Staates“ unter dem Schlagwort Governance zu subsumieren ist, in einigen wenigen Thesen zugespitzt werden.

---

32 Ebd.

33 *Olsen* (Fn. 24), S. 125 und 195.

Erstens ist Governance, bei aller Prominenz, nicht das alleinige und zentrale Paradigma der modernen Verwaltungswissenschaft, und schon gar nicht der gesamten Staatswissenschaften. Das Governance-Konzept ist hilfreich und innovativ, denn es schärft den Blick für wichtige Veränderungen und Dynamiken. Der Governance-Diskurs und die dort angebotenen Beobachtungen reichen allerdings nicht aus, um den Wandel moderner Staatlichkeit einzufangen, denn es besteht zweitens die Gefahr, dass in der Governance-Forschung mit ihrer besonderen und spezifischen Konzentration auf nicht-hierarchische, netzwerkartige, selbst-regulierende Problemlösungen, die besondere Bedeutung und Rolle öffentlicher Verwaltungen und Organisationen systematisch unterschätzt wird. Für die Entwicklung moderner Staatlichkeit ist die Frage nach den Veränderungen öffentlicher Verwaltungen, Organisationen und Bürokratien, ihrer Ursachen und Konsequenzen, von einschneidender Bedeutung. Dabei geht es nicht nur um Problemlösung und Effizienz, sondern entscheidend immer auch um Legitimation und Rechtsstaatlichkeit.

Aus diesem Grund ist drittens das zentrale Brückenkonzept einer modernen Staatstheorie, das die moderne Organisations- und Verwaltungswissenschaft anbieten kann und zunehmend nutzt, nicht das ubiquitäre Governance-Konzept, sondern das theoretisch und empirisch ergiebigere und präzisere Konzept der Institutionen. Die moderne, sozialwissenschaftlich inspirierte Institutionentheorie ermöglicht und strukturiert einen informierten Dialog der Disziplinen über den Wandel von moderner Staatlichkeit, von der Ökonomie über die Soziologie, Politik- und Rechtswissenschaft. Die Möglichkeiten dieses Dialoges sind derzeit noch längst nicht ausgeschöpft, zum Teil noch gar nicht erkannt.

Von besonderer Bedeutung sind dabei viertens öffentliche Organisationen und Institutionen, und dabei insbesondere die dort stattfindenden Prozesse von Institutionalisierung, De-Institutionalisierung und Re-Institutionalisierung. Es gilt sowohl die regulativen, normativen und kognitiven Veränderungen von Regelsystemen und organisatorischen Praktiken systematisch zu erfassen, ihre Hintergründe aufzuklären und insbesondere ihre möglichen, intendierten und vor allem nicht-intendierten Konsequenzen zu analysieren. Intensivere und systematischere Kooperationen zwischen Rechts- und Sozialwissenschaften sind hier besonders erfolgversprechend.

Dabei verspricht dieses Forschungsprogramm nicht nur erhebliche theoretische und empirische Erträge, sondern hat, ganz in der Tradition der Verwaltungswissenschaft, auch wichtige praktische Implikationen. Demokratie beruht auf der banalen Annahme *Institutions and Organisations matter*, denn ansonsten müssten wir nicht wählen und bräuchten uns auch nicht über die Organisation und Regelung des Gesundheitswesens, des Arbeitsmarktes oder der Finanzmärkte streiten. Wenn das so ist, stellt sich allerdings die entscheidende Frage nach der Veränderung von Institutionen: Inwieweit sind wir in der Lage, unsere grundlegenden Institutionen zielgerichtet zu verändern?

Aus der Organisationstheorie wissen wir, dass politische Akteure erhebliche Schwierigkeiten haben, Institutionen intentional zu verändern und damit zudem noch gewollte Veränderungen etwa im Bereich der Politikinhalte und/oder der Legitimation zu erreichen.[34] Tatsächlich ist es viel einfacher Veränderungen herbeizuführen als intendierte Konsequenzen, es ist viel einfacher formale Organisationen zu ändern als lebende Institutionen, und formale Regeln und Organigramme als soziale Praktiken.[35] Wir alle wissen seit *Robert Merton*, dass nicht-intendierte Konsequenzen das zentrale soziale Phänomen überhaupt sind, und nicht nur eine exotische Nebenwirkung.

Und dennoch bleibt uns gar nichts anderes übrig, als es immer wieder zu versuchen. Wir dürfen uns nicht der Illusion der sozialen Ingenieure hingeben, öffentliche Institutionen einfach nach unserem Willen und den erwünschten Effekten formen zu können, aber wir dürfen auch nicht fatalistisch darauf warten, was ohne unser Zutun aus unseren liebgewordenen Institutionen wird. Stabile, berechenbare öffentliche Institutionen sind eine unverzichtbare Voraussetzung von Demokratie, und das sind eben nicht nur, wie die Politikwissenschaft gelegentlich anzunehmen scheint, Parteien und Parlamente, oder die Rechtswissenschaft, Gerichte und Gesetze, sondern vor allem die Institutionen des arbeitenden Staates, öffentliche Organisationen und Bürokratien in den unterschiedlichsten Formen und Abhängigkeiten. Eine realistische Theorie vom „Wandel der Staatlichkeit“ ist ohne eine empirisch informierte Verwaltungswissenschaft, die den institutionellen Wandel und die Differenzierung, Institutionalisierung, De-Institutionalisierung und Re-Instituionalisierung der öffentlichen Organisationen und Institutionen beschreibt, erklärt und bewertet, überhaupt nicht denkbar. Das ist der zentrale Beitrag der Verwaltungswissenschaft zur Wiederentdeckung des Staates, und er ist es wert, dass sich Rechts- und Sozialwissenschaften wieder viel stärker als bisher gemeinsam dieser Aufgabe annehmen. Und genau das ist, wenn ich es recht sehe, wiederum die zentrale Botschaft des Werkes von *Gunnar Folke Schuppert*.

---

34 *Tom Christensen* u. a., Organization Theory for the Public Sector, 2007.

35 Siehe auch *Olsen* (Fn. 24) S. 63.

Kommentar zum Beitrag von Werner Jann

Von Matthias Kötter, Berlin

I. Nunmehr nichts mehr Governance?

Kann die Governance-Perspektive zur Beschreibung des Wandels von Staatlichkeit einen selbständigen Beitrag leisten oder lässt sich der Wandel von Staatlichkeit umfassend und sogar präziser mithilfe anderer Begriffe untersuchen? Hierüber besteht offensichtlich Uneinigkeit. In seinem hier zu kommentierenden Beitrag hat *Werner Jann* deutlich vor der „Gefahr" gewarnt, dass „in der Governance-Forschung mit ihrer besonderen und spezifischen Konzentration auf nicht-hierarchische, netzwerkartige, selbst-regulierende Problemlösungen die besondere Bedeutung und Rolle öffentlicher Verwaltungen und Organisationen systematisch unterschätzt" werde. Seine unlängst noch rhetorisch gestellte Frage „Nunmehr alles Governance oder was?" zielte auf die jüngere Tendenz in der politikwissenschaftlichen Policy- und Verwaltungsforschung, die Governance zunehmend als allgemeine Grundlage betrachte und darunter alle in früheren Zeiten behandelten Themen, aber auch Differenzierungen aufgehen lasse und darüber die Bedeutung von Regierung und öffentlicher Verwaltung ignoriere.[1] Diese Frage hat Jann nun – zumindest mit Blick auf die Verwaltungswissenschaft – deutlich verneint und stattdessen argumentiert, dass das Konzept zu unpräzise sei, um einen Beitrag seiner Disziplin zur Wiederentdeckung des Staates zuzulassen. Alleine das „theoretisch und empirisch ergiebigere und präzisere Konzept der Institutionen" könne demnach „einen informierten Dialog der Disziplinen über den Wandel von moderner Staatlichkeit" ermöglichen und strukturieren.[2]

Dagegen betonen andere Stimmen nach wie vor den besonderen Wert von Governance für die Forschung zum Wandel des Staats und von Staatlichkeit gerade im Hinblick auf neue Akteurskonstellationen und die vielfältigen Verkopplungen der staatlichen mit transnationalen Strukturen.[3] Insbeson-

---

[1] *Werner Jann*, Praktische Fragen und theoretische Antworten: 50 Jahre Policy-Analyse und Verwaltungsforschung, PVS 50 (2009), S. 476 (496 f).

[2] *Jann*, in diesem Band.

[3] Siehe nur die Beiträge in *Gunnar Folke Schuppert/Michael Zürn* (Hrsg.), Governance in einer sich wandelnden Welt, PVS-Sonderheft, 2008.

dere *Folke Schuppert* hat immer wieder auf die besondere Bedeutung von Governance als „Schlüsselbegriff" hingewiesen, der einen Perspektivenwechsel weg von einer akteurszentrierten und hin zu einer mehr institutionalistischen Perspektive auf die das Akteurshandeln rahmenden Regelungsstrukturen markiere.[4] Die Governance-Ebene erlaube es, den „diffusen Prozess des Wandels von Staatlichkeit zu präzisieren und analytisch schärfer zu fassen", indem sie ihn „konkretisierend in Wandel von Governancemodi und Governancestrukturen zu übersetzen vermag" und so eine genaue Analyse der „*Changes in Governance*" zulasse.[5] Hinzu komme die „Eigenart des Governance-Konzepts in den verschiedenen Diskussionen eine Meta-Perspektive erklimmen zu können", was die „Wahrnehmung von Verflechtungen und Interdependenzen" erleichtere und „aufgabenbezogene Governance-Regime" deutlich hervortreten lasse, die damit zugleich als Gegenstand normativer Begutachtung nach den Kriterien des Rechtsstaats- und Demokratieprinzips benannt und handhabbar werden"[6].

Der auftretende Widerspruch scheint mir – wenigstens zum Teil – auf einem uneinheitlichen Verständnis der Governance-Perspektive und des die Governance-Forschung leitenden Interesse zu beruhen. Ich möchte zeigen, dass sich aus der Governance-Perspektive ein eigenständiger Beitrag zur Forschung über den Wandel von Staatlichkeit gewinnen lässt. Ich möchte dabei auch deutlich machen, dass der besondere Wert des Ansatzes bei der Beschreibung von Strukturen liegt, die jenseits des modernen Staates zu finden sind oder formelle mit informellen Institutionen verknüpfen. Es bleibt deshalb zu wünschen, dass die Verwaltungswissenschaft ihre Forschungen nunmehr nicht vollständig auf den von *Jann* beschriebenen engeren Rahmen der öffentlichen Verwaltung begrenzen wird.

II. Die Governance-Perspektive

Anders als die Staatsforschung – verstanden als Sammelbegriff für die Arbeiten verschiedener Disziplinen über den Staat und Staatlichkeit – fokussiert die Governance-Perspektive nicht auf den Staat als handelnden Akteur, sondern auf die „Gesamtheit der kollektiven Regelungen, die auf eine bestimmte Problemlage oder einen bestimmten gesellschaftlichen Sachverhalt zielen und mit Verweis auf das Kollektivinteresse der betroffenen Gruppe gerechtfertigt werden" (*Michael Zürn*[7]). Verkürzt gesagt geht es bei Govern-

---

4 *Gunnar Folke Schuppert*, Alles Governance oder was?, Baden-Baden 2011, S. 17, 45 ff.; ähnlich bereits *ders.*, Governance im Spiegel der Wissenschaftsdisziplinen, in: ders. (Hrsg.), Governance-Forschung, 2005, S. 371 (380 ff).

5 *Schuppert* (Fn. 4), 2011, S. 20; und *ders.*, Was ist und wie misst man Wandel von Staatlichkeit?, Der Staat 47 (2008), S. 325 (356).

6 *Schuppert* (Fn. 4), 2011, S. 45 ff.

ance also um den Zusammenhang zwischen gesellschaftlichen Problemlagen und den Strukturen, innerhalb derer sie bewältigt werden. Die Governance-Struktur umfasst die „vergleichsweise stabilen ideellen, institutionellen und materiellen Rahmenbedingungen“, in deren Rahmen Governance-Inhalte, nämlich kollektive Leistungen wie die Gewährleistung der gemeinen Ordnung und die Bewältigung anderer kollektiver Probleme, hervorgebracht werden.[8]

Die Governance-Forschung betreibt ein empirisches Projekt. Ausgehend von der jeweiligen gesellschaftlichen Problemlage untersucht sie, welche Strukturen zu deren Bewältigung dienen, entstehen oder geschaffen werden. Und ausgehend von bestehenden Governance-Strukturen untersucht sie, unter welchen Bedingungen diese effektiv zur Problembewältigung beitragen. Die Legitimität einer Regelung wird dabei zunächst als Effektivitätsbedingung verstanden. So wird bspw. untersucht, welche Legitimationsanforderungen ein südafrikanischer Customary Court bei seiner Entscheidung zu berücksichtigen hat, damit dieser die allgemein erwünschte und erwartete konfliktlösende Wirkung zukommt.[9] Das schließt eine normativ-kritischen Bewertung in einem „zweiten Schritt“ allerdings nicht aus,[10] bei der sich am Maßstab bestimmter, jenseits der Governance-Strukturen gewonnener normativer Anforderungen ergeben kann, dass eine solche Entscheidung bspw. gegen Fair Trial-Regelungen oder Menschenrechte verstößt.

Es ist allerdings nicht alles Governance, was zur Bereitstellung kollektiver Güter beiträgt. Das Konzept ist vielmehr in unterschiedliche Richtungen abzugrenzen, einerseits in qualitativer Hinsicht von der bloßen Güterbereitstellung innerhalb der Governance-Strukturen, die selbst keine kollektive Regelung bildet (*Provision of Services*), und andererseits in normativer Hinsicht von Handlungen, die nur einen zu geringen Teil des Kollektives bedienen (*Clubgüter*) oder die einen normativen Mindestgehalt unterschreiten (*„Gaunerment“*).[11]

Von besonderer Bedeutung für die Governance-Struktur sind die bestehenden Akteurskonstellationen. Wobei es zunächst keinen Unterschied macht, ob es sich um staatliche oder nicht-staatliche Strukturen handelt, oder ob sie ihren Ursprung im nationalen Kontext haben oder von außen kommen. Denn Governance beschreibt – in den Worten von *Renate Mayntz* – das „Gesamt aller nebeneinander bestehenden Formen der kollektiven Rege-

---

7 *Michael Zürn*, Governance in einer sich wandelnden Welt – eine Zwischenbilanz, in: Schuppert/ders. (Hrsg.) (Fn. 3), S. 553 (554 m. w. N.).

8 *Zürn* (Fn. 7), S. 557.

9 Vgl. *Matthias Kötter*, Non-State Justice Institutions: A Matter of Fact and a Matter of Legislation, SFB-Governance Working Paper Series No. 43, 2012, S. 8 ff.

10 Zu diesem Zwei-Schritt-Verfahren siehe *Zürn* (Fn. 7), S. 560 m. w. N.

11 *Bernd Ladwig u. a.*, Governance, Normativität und begrenzte Staatlichkeit, SFB Governance Working Paper Series No. 4, 2007.

lung gesellschaftlicher Sachverhalte von der institutionalisierten zivilgesellschaftlichen Selbstregelung über verschiedene Formen des Zusammenwirkens staatlicher und privater Akteure bis hin zu hoheitlichem Handeln staatlicher Akteure“[12]. Zur Erbringung einer Governance-Leistung trägt oft eine Vielzahl von Akteuren bei, die sich je nach dem Kontext ganz unterschiedlich zusammensetzt. Die Governance-Forschung interessiert sich gerade für solche unterschiedlichen Konstellationen und die bei der Leistungserbringung auftretenden „Muster der Interdependenzbewältigung zwischen Staaten sowie zwischen staatlichen und [anderen] gesellschaftlichen Akteuren“[13].

Der Blick der Governance-Forschung ist also nicht in erster Linie auf staatliche Akteure und ihre Leistungsfähigkeit gerichtet, sondern darauf, in welcher Weise sich Akteure koordinieren oder koordiniert werden, um gesellschaftliche Aufgaben erledigen zu können. Soweit die Erbringung kollektiver Güter allerdings auf den Staat zurückgeht, wird der Staat auch zum Objekt der Governance-Forschung, allerdings stets nur aus der spezifischen Governance-Perspektive und d. h. im Hinblick auf die Problemlösungsfähigkeit der staatlichen Strukturen als Teil der Governance-Struktur.[14] Mit *Folke Schuppert* kann Governance deshalb als „ein staatsrelativierendes“, wenn auch kein „den Staat ausblendendes Konzept“ bezeichnet werden.[15] Aus der Governance-Perspektive ist die Zuschreibung der „Staatseigenschaft“[16] – die Zuordnung bestimmter Akteure zum Staat,[17] oder bestimmter Normen zum staatlichen Recht[18] – selbst ein Modus der Handlungskoordination und damit ein Teil der Regelungsstruktur.

Gemessen am Grad der Beteiligung staatlicher Strukturen lassen sich Konstellationen oder Typen von Governance unterscheiden, deren Grenzfälle die Erbringung einer Governance-Leistung ausschließlich durch den Staat (*Governance by Government*) oder ohne den Staat (*Governance without Government*) sind, wobei sich in den meisten Fällen unterschiedliche Formen der Verknüpfung von nicht-staatlichen mit staatlichen Strukturen

---

12 *Renate Mayntz*, Governance im modernen Staat, in: Arthur Benz (Hrsg.), Governance: Regieren in komplexen Regelsystemen, 2004, S. 65 (66).

13 *Arthur Benz u. a.*, Einleitung, in: ders. u. a. (Hrsg.), Handbuch Governance: Theoretische Grundlagen und empirische Anwendungsfelder, 2007, S. 9 (13).

14 *Schuppert* (Fn. 4), 2005, S. 381 f.

15 *Schuppert* (Fn. 4), 2011, S. 33.

16 Begriff bei *Ariane Berger*, Staatseigenschaft gemischtwirtschaftlicher Unternehmen, 2006.

17 Siehe bspw. BVerfGE 128, 226 (Fraport) zur Bestimmung des Mehrheitsanteils der öffentlichen Hand von über 50 % an einem gemischtwirtschaftlichen Unternehmen als Kriterium für dessen Zuordnung zum Staat und die hieraus folgende Grundrechtsverpflichtung.

18 Zur Bestimmung von „Gesetz und Recht“ als Maßstab der Rechtsprechung in Art. 20 Abs. 3 des Grundgesetzes siehe Michael Sachs, in: ders. (Hrsg.), Grundgesetz, 6. Aufl. 2011, Art. 20, Rn. 106–108.

zeigen werden (*Governance with Government*). Entsprechende Typologien sind in der staatswissenschaftlichen Forschung schon seit den 70er Jahren entwickelt worden.[19] Aus der staatszentrierten Perspektive stellten diese jedoch begrifflich auf variierende Grade der Verantwortungsteilung oder der Kooperativität von Staatlichkeit ab.

Bevor ich mich der Frage zuwende, welchen Beitrag Governance zur „Verabschiedung und Wiederentdeckung des Staates" und zum „Wandel von Staatlichkeit" leisten kann, erscheint es mir sinnvoll, auf die Unterscheidung der Begriffe Staat und Staatlichkeit und die damit zusammenhängende Vorstellung von Wandel einzugehen.

III. Wandel von Staat und Staatlichkeit

Die Unterscheidung zwischen Staat und Staatlichkeit geht einerseits vom *Staat* als einer bestehenden Handlungsstruktur aus, die durch die Ausübung politischer Herrschaft im Hinblick auf ein bestimmtes Territorium gekennzeichnet und völkerrechtlich als Staat anerkannt ist.[20] Welche Akteure, welches Handeln und welche Normen in diesem Sinne zum Staat rechnen, ist eine Frage der konkreten, oft (verfassungs-)rechtlichen Zuschreibung.

Dagegen bezeichnet *Staatlichkeit* diejenigen Eigenschaften, die „in der einschlägigen politikwissenschaftlichen und philosophischen Literatur als Wesensmerkmale von Staaten genannt werden und die internationale Anerkennung eines Akteurs als Staat sinnvoll erscheinen lassen"[21]. Der Begriff wird dabei mit unterschiedlichen Inhalten gefüllt. Unter Bezugnahme auf *Max Weber* lässt sich darunter die Fähigkeit eines Herrschaftsverbands zur hierarchischen Steuerung verstehen, d. h. zur Durchsetzung verbindlicher Regeln und des Gewaltmonopols. Im Unterschied zu anderen Formen der Machtausübung ist mit Herrschaft immer ein Legitimitätsanspruch verbunden.[22] Staatlichkeit wird aber meist noch sehr viel gehaltvoller verwendet als Verweis auf einen Kanon von Institutionen und Herrschaftspraktiken, die in der Tradition der Herausbildung des modernen Staates und seiner Funktionen stehen.[23] Nicht selten wird Staatlichkeit sogar mit den idealtypischen Eigenschaften des Verfassungsstaats westlicher Prägung und den

---

19 *Jann* (Fn. 1), 2009, S. 493.

20 Vgl. *Tanja Börzel*, How Much Statehood Does It Take – And What for?, SFB Working Paper Series No. 29, 2012, S. 7.

21 Prägnant formuliert von *Cord Schmelzle*, Politische Legitimität und zerfallene Staatlichkeit, Diss. Freie Universität Berlin, 2012, S. 159 f.

22 *Max Weber*, Wirtschaft und Gesellschaft: Grundriss der verstehenden Soziologie (1921), Tübingen 1980, S. 28.

23 *Gunnar Folke Schuppert*, Staat als Prozess: Eine staatstheoretische Skizze in sieben Aufzügen, 2010, S. 9 f.; s. a. *ders.* (Fn. 5), 2008, S. 321 ff.

Anforderungen an demokratisches Regieren in eins gesetzt. In diesem Sinne lässt sich auch „Good Governance“ als ein „neues transnationales Leitbild der Staatlichkeit“ verstehen, das auf typische staatliche Strukturen wie die Rule of Law oder das Bestehen einer öffentlichen Verwaltung verweist, dabei aber kein bestimmten Verständnis von demokratischer Herrschaft zum Ausdruck bringt.[24]

Drei verschiedene Verwendungen von Staatlichkeit sind im Hinblick auf die Frage nach dem Wandel zu unterscheiden: (1) Soweit Staatlichkeit den Grad der Fähigkeit zur hierarchischen Steuerung und zur Durchsetzung des Gewaltmonopols angibt, bezeichnet der Wandel von Staatlichkeit einen Zuwachs oder eine Abnahme im Sinne eines Mehrs oder eines Wenigers staatlicher Durchsetzungsfähigkeit. (2) Soweit Staatlichkeit auf einen bestimmten Kanon institutioneller Strukturen verweist, bezeichnet der Wandel eine Veränderung der Zusammensetzung dieser Strukturen und damit eine Veränderung des Begriffsinhalts, bspw. im Hinblick auf eine empirisch nachgewiesene Veränderung bestehender staatlicher Strukturen. (3) Soweit Staatlichkeit dagegen als Leitbild und als Zielvorgabe für die angestrebte Veränderung bestehender staatlicher Strukturen verwendet wird, drückt sich im Wandel von Staatlichkeit eine Veränderung dieser Zielvorgabe aus.

Der verwaltungs- und der rechtswissenschaftliche Beitrag zur Untersuchung des Wandels von Staatlichkeit besteht meist in der Beschreibung und Analyse empirisch nachgewiesener Veränderungen des Staates und eines sich hieran anschließenden Abgleichs des Staatlichkeitsbegriffs. Das zeigt sich bspw. in der Forschung zu der in den letzten Jahren immer wieder von erheblichen Veränderungen betroffenen Sozialverwaltung. Die verwaltungswissenschaftliche Perspektive stellt hier vor allem auf den institutionellen Wandel ab,[25] der durch neue Organisationsformen insbesondere im Bereich kommunaler Einrichtungen,[26] aber auch durch die Einbeziehung von Gruppenvertretern in den Politikprozess bewirkt wird. Ihr Ziel ist es, herauszufinden, „ob die durch institutionellen Wandel angestoßenen Veränderungen z. B. aus dem Blickwinkel der Problemlösungsfähigkeit, aber auch der demokratischen Kontrolle und Verantwortlichkeit, der Legitimation und Interessenberücksichtigung, positiv zu bewerten sind, oder negativ“[27].

---

24 *Rudolf Dolzer*, Good Governance: Neues transnationales Leitbild der Staatlichkeit?, ZaöRV 64 (2004), S. 535.

25 *Katrin Schneiders*, Vom Altenheim zum Seniorenservice: Institutioneller Wandel und Akteurskonstellationen im sozialen Dienstleistungssektor, 2010.

26 *Adalbert Evers* u. a. (Hrsg.), Von öffentlichen Einrichtungen zu sozialen Unternehmen: Hybride Organisationsformen im Bereich sozialer Dienstleistung, 2002; *Maria Oppen* u. a., Innovationsinseln in korporatistischen Arrangements: Public Private Partnerships im Feld sozialer Dienstleistungen, WZB Discussion Paper SP III 2003-117.

27 *Jann*, in diesem Band.

Die rechtswissenschaftliche Perspektive konzentriert sich dagegen auf Veränderungen des Verwaltungsrechts: im Organisationsrechts, bei den Aufgabenzuweisungen und den Handlungsbefugnissen und im Verfahrensrecht. Dabei können auch steuerungstheoretische Erwägungen Berücksichtigung finden.[28] Ein Wandel von Staatlichkeit lässt sich dann bspw. im Kinderbetreuungsverwaltungsrecht erkennen, wo der Bundesgesetzgeber 2008 die Möglichkeit eröffnete, dass die Länder auch privatgewerbliche Träger an der Finanzierung beteiligen und diese den öffentlichen oder frei-gemeinnützigen Trägern gleichstellen, soweit sie die rechtlichen und fachlichen Voraussetzungen für den Betrieb der Einrichtung erfüllen (§ 74a SGB VIII).[29] Diese Regelung folgt dem Prinzip der trägerneutralen Ausgestaltung, das bspw. auch das Krankenhausplanungsrecht schon seit längerem prägt. Danach sind gesetzlich lediglich bestimmte inhaltliche, von den Leistungserbringern zu erfüllende Anforderungen vorgegeben – gem. § 1 Krankenhausplanungsgesetz (KHG) sind das Bedarfsgerechtigkeit, Leistungsfähigkeit und Wirtschaftlichkeit[30] – während der rechtliche Status des Trägers keine eigenständige Zulassungsvoraussetzung ist.

Freilich tritt der Wandel des Staats nirgendwo sonst so deutlich zum Vorschein wie in der „tatsächlichen, empirisch nachweisbaren und theoretisch erklärbaren Veränderung der Aufgabenwahrnehmung von öffentlichen Verwaltungen und öffentlichen Organisationen, und vor allem deren Folgen“[31]. Das gilt zumindest für den Fall des konsolidierten Rechts- und Interventionsstaats westlicher Prägung. Doch lässt sich dieser Wandel ausschließlich oder jedenfalls hinreichend umfassend durch die Analyse öffentlicher Institutionen abbilden? Das wäre nur dann der Fall, wenn die Governance-Perspektive mit der verwaltungs- und rechtswissenschaftlichen Perspektive auf den Staat identisch wäre oder wenn die Governance-Perspektive keinen bedeutenden eigenen Beitrag zur Untersuchung des Wandels von Staat und Staatlichkeit zu leisten in der Lage wäre.

---

28 Siehe nur *Andreas Voßkuhle*, § 1 Neue Verwaltungsrechtswissenschaft, in: Wolfgang Hoffmann-Riem/Eberhard Schmidt-Aßmann/ders. (Hrsg.), Grundlagen des Verwaltungsrechts, 2. Aufl. 2012, Rn. 22 ff.; *Gunnar Folke Schuppert*, Verwaltungsrecht und Verwaltungsrechtswissenschaft im Wandel: Von Planung über Steuerung zu Governance, AöR 133 (2008), S. 79 ff.

29 Entsprechende Regelungen sind allerdings nur in einigen Bundesländern geschaffen worden, siehe bspw. in § 3 Abs. 3, § 8 Kindertagesbetreuungsgesetz Baden-Württemberg, § 6 Abs. 2, 19 ff. Kinderbildungsgesetz NRW.

30 Siehe hierzu *Frank Stollmann*, § 4 Krankenhausplanung, in: Stefan Huster/Markus Kaltenborn (Hrsg.), Krankenhausrecht, 2009, Rn. 39 ff.

31 *Jann*, in diesem Band.

IV. Wandel von Staatlichkeit aus der Governance-Perspektive

Wie wir gesehen haben, verfolgen die Governance- und die Staatsforschung nur zum Teil das gleiche Erkenntnisziel und ihre Forschungsperspektiven sind auch nur teilweise deckungsgleich. In analytischer Hinsicht ist die Governance-Perspektive enger, soweit sie nur auf die Strukturen der Handlungskoordination abstellt, die kollektive Regelungen bilden, und die innerhalb dieser Strukturen ablaufenden Prozesse dabei systematisch ausblendet. Im Hinblick auf die Governance-Strukturen ermöglicht sie jedoch Vergleiche mit historischen ebenso wie mit anders strukturierten kontemporären Konstellationen und zwar dies- und jenseits konsolidierter Staatlichkeit.[32] Letzteres ist der große Zugewinn des Governance-Ansatzes. Allerdings muss er bspw. die Legitimität der beschriebenen Strukturen stets neu feststellen, ohne auf historisch gewachsene und erfahrungsgesättigte Konzepte wie die abgeleitete Legitimation im hierarchischen Staatsaufbau verweisen zu können.[33] Dagegen ist die Staatsforschung historisch, kulturell und systematisch auf den institutionellen Kanon festgelegt, der mit dem Begriff Staatlichkeit verbunden ist. Abweichungen hiervon, die aus der Governance-Perspektive auf eine alternative Governance-Konstellation hindeuten, kann die Staatsforschung nur als defizitäre Staatlichkeit wahrnehmen, soweit sie nicht ihren Begriff von Staatlichkeit insgesamt anpassen möchte.[34]

Die Unterschiedlichkeit der Forschungsperspektiven ist bei der Frage, welchen Beitrag die Governance-Forschung zum Wandel des Staats und von Staatlichkeit leisten kann, ebenso zu bedenken wie die genannten verschiedenen Verwendungen des Begriffs Staatlichkeit. Dann lassen sich wenigstens vier verschiedene solcher Beiträge unterscheiden:

(1) *Verwendung des Staatlichkeitsbegriffs als Maßstab und Zielvorgabe für staatliches Handeln:* Aus der Sicht der Governance-Forschung verweist Staatlichkeit auf einen bestimmten Typus von Governance, der sich historisch unter den sozio-kulturellen Bedingungen herausbildete, die die heute zur westlichen Welt zählenden Gesellschaften seit der frühen Neuzeit prägten. Moderne Staatlichkeit hat sich in unterschiedlicher Hinsicht als Erfolgsmodell erwiesen, was zu einem bedeutenden Teil auf die vereinheitlichende Kraft der Staats-Idee zurückgehen dürfte. Denn sie begründet eine zentrale Instanz, die die verschiedenen, sich teilweise wi-

---

32 Zur historischen Vergleichsdimension siehe bspw. *Sebastian Conrad/Marion Stange*, Governance and Colonial Rule, in: Thomas Risse (Hrsg.), Governance Without a State? Policies and Politics in Areas of Limited Statehood, 2011, S. 39.

33 Vgl. hierzu *Cord Schmelzle*, Evaluating Governance: Effectiveness and Legitimacy in Areas of Limited Statehood, SFB-Governance Working Paper Series, No. 26, 2011.

34 Zur Kritik am „deficit-list-approach" siehe *Schuppert* (Fn. 23), S. 106 ff., 110.

dersprechenden gesellschaftlichen Interessen und Normen integrieren und den Ausgangspunkt für die Legitimität von kollektiven Entscheidungen und Regelungen bilden kann. Dabei handelt es sich um eine leitende Idee innerhalb dieser Governance-Struktur, die fortwährend betont wird und eine entsprechende Anpassung bestehender Strukturen fordert. Werden abweichende Strukturen jedoch nicht als Staatlichkeitsdefizit bewertet, sondern vielmehr zum Anlass für die Erneuerung des Staatlichkeitsverständnisses selbst genommen, dann verändert sich die Ausrichtung des staatlichen Regierens insgesamt und in der Folge der Standard für die Bewertung defizitärer Staatlichkeit.[35] Der Zusammenhang zwischen dem jeweiligen Verständnis von Staatlichkeit und seiner Verwendung als Maßstab und Zielvorgabe lässt sich aus der Governance-Perspektive besonders deutlich zeigen.

(2) *Effektivitätszuwachs vs. Changes in Governance:* Wird konsolidierte Staatlichkeit in dem genannten Weber'schen Sinne als Fähigkeit zur hierarchischen Steuerung und zur Durchsetzung des Gewaltmonopols verstanden und als Gegenbegriff zu zerfallener oder begrenzter Staatlichkeit verwendet, dann stellt sich die Verbesserung oder Verschlechterung dieser Fähigkeit aus einer staatszentrierten Sicht als ein Wandel von Staatlichkeit dar. Aus der Governance-Perspektive zeigt sie sich dagegen zunächst lediglich als eine Erhöhung oder Verminderung der Effektivität der Governance in den genannten Bereichen. Inwieweit damit auch *Changes in Governance* verbunden sind, hängt davon ab, inwieweit es infolge der verbesserten Durchsetzungsfähigkeit der staatlichen Institutionen zu strukturell relevanten Veränderungen kommt.

(3) *Prozesse der Formalisierung und Entformalisierung:* Indem die Governance-Perspektive aufgabenbezogene Regime in den Blick nimmt, kann sie zeigen, welche Beiträge auf formale und auf informale Institutionen zurück gehen, letztere verstanden als solche Institutionen, die nicht Teil des offiziellen, meist dem Staat zuzurechnenden Institutionenkanons sind.[36] Auf diese Weise lassen sich Prozesse der Formalisierung und Entformalisierung solcher Institutionen beschreiben. In Südafrika bspw. sieht die Verfassung vor, dass das Customary Law als ein Teil des staatlichen Rechts gilt und dass die Customary Courts vollständig in die staatliche Gerichtsbarkeit inkorporiert sind. Der Regelungsanspruch des gesetzten staatlichen Rechts ist dabei mit Blick auf solche Gegenstände zurückgenommen, die in den Regelungsbereich der traditionellen Institutionen fallen. Diese Regelung folgte nicht zuletzt der Erkenntnis, dass

---

35 Zur Evaluation von Staatlichkeit siehe *Schuppert* (Fn. 23), S. 90 ff.

36 *Gunnar Folke Schuppert*, Der Rechtsstaat unter den Bedingungen informaler Staatlichkeit: Beobachtungen und Überlegungen zum Verhältnis formeller und informeller Institutionen, 2012, S. 103 ff.

die lokalen Gemeinschaften ihre Angelegenheiten am effektivsten selbst – und das heißt ohne staatliche Institutionen – verwalten;[37] wobei sie unter dem Vorbehalt der Verfassung und der die lokale Selbstregulierung betreffenden Gesetze stehen, die eine Rahmenordnung für die Selbstregulierung bereitstellen. Die Governance-Perspektive ermöglicht es, den Prozess der Formalisierung der traditionellen Gerichtsbarkeit nachzuzeichnen, weil sie deren Beitrag zur Lösung gesellschaftlicher Konflikte schon in den Blick bekommt, bevor sie in die staatliche Verfassung inkorporiert wurde. Das Beispiel macht deutlich, dass sich der Wandel von Staatlichkeit insbesondere da, wo er im Verhältnis von formalen und informalen Institutionen stattfindet, aus der Governance-Perspektive präziser beschreiben lässt, als wenn der Blick alleine auf die öffentlichen Institutionen gerichtet wäre. Die von der Staatsforschung vernachlässigten informalen Institutionen und die Verkopplungsregelungen werden erst aus der Meta-Perspektive des Governance-Ansatzes sichtbar.[38] Das gilt nicht nur für Kontexte mit begrenzter Staatlichkeit, sondern ganz besonders auch für Global oder Transnational Governance.[39]

(4) Grenzen des Wandels von Staatlichkeit: Die hohe Effektivität des Governance-Typus Moderner Staat legt die Frage nahe, was oder wie viel von dem, was Staatlichkeit so effektiv macht, als notwendige Bedingung effektiver Governance anzusehen ist. Dabei geht es nicht so sehr um die Verstaatlichung von Governance-Strukturen als vielmehr um deren charakteristischen Eigenschaften und ihre Übertragbarkeit auf Konstellationen jenseits des Staates. In den Worten *Tanja Börzels*: „Rather than asking how much state it takes to make governance work, we should rather ask to what extent the effective and legitimate provision of common goods relies on statehood as a particular form of hierarchical coordination that companies, non-governmental organizations, traditional chiefs, or war lords by definition cannot acquire – without turning into state actors."[40] Wie viel Staatlichkeit als Mindestvoraussetzung von Governance anzusehen ist, kann bspw. ein Vergleich der Effektivität verschiedener empirisch bestimmbarer und im Hinblick auf die Beteiligung des Staates varianter Governance-Strukturen zeigen. Für die Forschung zum Wandel von Staatlichkeit ist das von großer Bedeutung, macht es doch die funktionalen Grenzen dieses Wandels sichtbar, die sich da zeigen, wo sich Staatlichkeit in Strukturen aufzulösen droht,

---

37 Ausführlich zur Anerkennung als Modus der Verkopplung von Normenordnungen u. a. am Beispiel Südafrikas *Matthias Kötter*, Anerkennung fremder Normen im staatlichen Recht als normatives und kognitives Problem, in: Ino Ausgberg (Hrsg.), Extra-diszipinäres Wissen im Verwaltungsrecht, 2013, S. 63.

38 *Schuppert* (Fn. 4), 2011, S. 45.

39 *Michael Zürn*, Global Governance, in: Schuppert (Hrsg.) (Fn. 4), S. 121; *ders.* (Fn. 7), S. 570 ff.

40 *Börzel* (Fn. 20), S. 8; vgl. auch *Zürn* (Fn. 7), S. 569 f.

durch die die Erbringung der staatlichen Funktionen nicht mehr gewährleistet ist.

V. Schluss

Festzuhalten bleibt, dass der Governance-Ansatz einen eigenständigen Beitrag bzw. eigene Beiträge zum Wandel von Staatlichkeit leisten kann. Das von ihm verfolgte Forschungsinteresse ebenso wie die besondere Perspektive, unterscheiden den Governance-Ansatz von der staatszentrierten Forschung. Sein Mehrwert zeigt sich vor allem mit Blick auf institutionelle Strukturen, die jenseits des institutionellen Kanons moderner Staatlichkeit liegen, in Kontexten mit begrenzter Staatlichkeit oder in transnationalen Kontexten. Inwieweit Governance auch unter diesen Bedingungen effektiv und legitim sein kann, ist eine zentralen Forschungsfrage der Governance-Forschung, die Gleichung „Staatlichkeit minus = ineffektiv und illegitim" geht jedenfalls nicht immer auf. Die Governance-Forschung beruht zu einem wesentlichem Teil auf der Analyse von Institutionen, diese kann sich aber sinnvoller Weise nicht auf öffentliche Institutionen beschränken, will sie Beschreibungs- und Erklärungsverluste vermeiden. Die Governance-Forschung ist hier auf das Wissen derjenigen Disziplinen angewiesen, die empirische Institutionenforschung betreiben, das ist nicht zuletzt die Verwaltungswissenschaft. Denn Governance-Forschung war von Anfang an ein inter- oder transdisziplinäres Projekt.[41] Die hieran beteiligten Disziplinen müssen sich wenigstens vorübergehend gegenüber dem Anliegen und der Perspektive der Governance-Forschung öffnen, um diese internalisieren zu können.[42] In diesem Sinne hat die Rechtswissenschaft ihre Perspektive im Hinblick auf nicht-formale, nicht-staatliche (Rechts-)Normen und ihre Verkopplung mit dem staatlichen und dem internationalen Recht – also ihren klassischen Forschungsobjekten – erweitert. Es bleibt nur zu wünschen, dass die verwaltungswissenschaftlichen Forschung sich auch weiterhin mit informalen Institutionen beschäftigen und sich nunmehr nicht vollständig auf den von *Jann* beschriebenen engeren Rahmen der öffentlichen Verwaltung begrenzen wird.

---

41 Zur Funktion von Governance als „interdisziplinärer Brückenbegriff" siehe *Schuppert* (Fn. 4), 2005, 373 ff.

42 Zu Zyklen der Öffnung und Schließung der Verwaltungsrechtswissenschaft im Hinblick auf bestimmte Themen und die damit verbundenen methodischen Erweiterungen vgl. *Christian Bumke,* Die Entwicklung der verwaltungsrechtswissenschaftlichen Methodik in der Bundesrepublik Deutschland, in: Eberhard Schmidt-Aßmann/ Wolfgang Hoffmann-Riem (Hrsg.), Methoden der Verwaltungsrechtswissenschaft, 2004, S. 73 (115 ff).

II. Metamorphosen des Staates

Religionspolitische Governance im weltanschaulich neutralen Verfassungsstaat: Eine Problemskizze*

Von Karsten Fischer, München

Es ist das Verdienst von *Gunnar Folke Schuppert*, der Governance-Forschung Impulse für die rechts- und politikwissenschaftliche Analyse religiöser Phänomene und ihrer Probleme in der modernen Gesellschaft abgewonnen zu haben.[1] In Würdigung dessen und zur Weiterentwicklung seines Ansatzes werden nachfolgend zunächst verschiedene religionspolitische Governance-Regime bzw. -Strukturen im liberal-demokratischen Verfassungsstaat unterschieden, die, auf jeweils eigene Weise, alle auf das politische Problem reagieren, dass der freiheitliche, säkularisierte Staat auf eine freiwillige religiöse Liberalität im Sinne des berühmten Böckenförde-Theorems angewiesen ist (I.). Von hier aus lassen sich dann religionsverfassungsrechtliche Konzepte reflektieren, die im Zuge gewandelter, als „postsäkular" bezeichneter Rahmenbedingungen[2] ihre ungebrochene Validität beweisen müssen (II. und III.). Dies ermöglicht es, abschließend ein aktuelles wie grundsätzlich relevantes, politik- und rechtstheoretisches Spannungsfeld zu beleuchten (IV.).

I. Das politische Problem religiöser Liberalität und seine Governancestrukturen

Seit einiger Zeit ist es in Mode gekommen, *Ernst-Wolfgang Böckenfördes* berühmtes Theorem der *Entstehung des Staates als Vorgang der Säkularisation*[3] in Frage zu stellen und den neuzeitlichen Säkularisierungsprozess im

---

* Für hilfreiche Hinweise, Kritik und Bestärkungen auf dem rechtswissenschaftlichen Terrain danke ich Christian Bumke, Jens Kersten und Stefan Lascho. Großartige Unterstützung bei Recherche und Redaktion verdanke ich Martina Bauer.

1 *Gunnar Folke Schuppert*, When Governance meets Religion. Governancestrukturen und Governanceakteure im Bereich des Religiösen, 2012.

2 *Jürgen Habermas*, Glauben und Wissen. Friedenspreis des Deutschen Buchhandels 2001. Laudatio: Jan Philipp Reemtsma, 2001, S. 13; *ders.*, Zwischen Naturalismus und Religion. Philosophische Aufsätze, 2005, S. 116.

Sinne der zunehmenden Autonomie der Politik gegenüber Religion als einen Mythos darzustellen, in dem sich ein europäischer Sonderwegswunsch artikuliere. Diese von Seiten der Religionssoziologie prominent von *José Casanova* vertretene Auffassung ist von rechtswissenschaftlicher Seite beispielsweise von *Horst Dreier* sekundiert worden.[4] Sie ist jedoch schwerlich mit den historischen Zusammenhängen vereinbar.[5] Denn „die friedliche Beilegung religiöser Konflikte durch rechtlich geregelte Streitverfahren ist eine wesentliche Errungenschaft des staatlichen Gewaltmonopols", und „seine Anfänge sind unmittelbar verbunden mit der Schaffung des Reichskammergerichts durch den deutschen König und späteren Kaiser *Maximilian I.* im Jahre 1495."[6] Dieser Verrechtlichungsschritt fand seine Fortsetzung dann im Augsburger Religionsfrieden von 1555, mit der Deutschland – entgegen der berühmten These *Helmuth Plessner*s von der *verspäteten Nation* – Vorreiter der schließlich durch den Westfälischen Frieden vollzogenen, den mittelalterlichen *Personenverbandsstaat* ablösenden Herausbildung des säkularen, *institutionellen Territorialstaates* der Neuzeit gewesen ist.[7]

Dieser Prozess ist eng verbunden mit der, für die spätere Herausbildung des liberal-demokratischen Verfassungsstaates wesentlichen, sukzessiven Entwicklung weltanschaulicher Neutralität. Mit ihr ist nämlich der religionspolitisch schlechthin wesentliche Fortschritt verbunden, dass nicht mehr, wie noch im Edikt von Nantes 1598 und generell im Zeitalter der Reformation, lediglich Toleranz geübt wird, was notwendig impliziert, dass man vom Irrtum des Tolerierten überzeugt ist, in dem entsprechenden Konflikt aber Zurückhaltung übt.[8] Neutralität klammert, anders als Toleranz, die Wahrheitsfrage von vornherein als unentscheidbar und nicht entscheidungsbedürftig aus; sie verhält sich nicht nur in Fragen des *Glaubens*, son-

---

3 *Ernst-Wolfgang Böckenförde*, Die Entstehung des Staates als Vorgang der Säkularisation (1967), in: ders., Der säkularisierte Staat. Sein Charakter, seine Rechtfertigung und seine Probleme im 21. Jahrhundert, 2007, S. 43.

4 *José Casanova*, Europas Angst vor der Religion, 2009; *Horst Dreier*, Rechtskolumne. Staatsbildung als Vorgang der Konfessionalisierung, Merkur. Deutsche Zeitschrift für europäisches Denken 64 (2010), S. 429.

5 Zur historisch-systematischen Rekonstruktion der Säkularisierungsthese vgl. *Karsten Fischer*, Die Zukunft einer Provokation. Religion im liberalen Staat, 2009, und *Karl Gabriel/Christel Gärtner/Detlef* Pollack (Hrsg.), Umstrittene Säkularisierung: Soziologische und historische Analysen zur Differenzierung von Religion und Politik, 2012.

6 *Andreas Voßkuhle*, Religionsfreiheit und Religionskritik – Zur Verrechtlichung religiöser Konflikte, EuGRZ 37 (2010), S. 537 (537).

7 *Voßkuhle* (Fn. 6), S. 538; *Theodor Mayer*, Die Ausbildung der Grundlagen des modernen deutschen Staates im Hohen Mittelalter, in: Hellmut Kämpf (Hrsg.), Herrschaft und Staat im Mittelalter, Darmstadt, S. 284.

8 *Michael Schweitzer*, „Neutralität" in Religionssachen, in: Otto Brunner/Werner Conze/Reinhart Koselleck (Hrsg.), Geschichtliche Grundbegriffe, Bd. 4, 1978, S. 337 (352). Vgl. *Rainer Forst*, Toleranz im Konflikt. Geschichte, Gehalt und Gegenwart eines umstrittenen Begriffs, 3. Aufl. 2003.

dern auch in solchen der *Wahrheit* prinzipiell skeptizistisch bzw., religionsphilosophisch gesprochen, *agnostizistisch*, und das macht ihr demokratisches Moment aus.[9] Denn seit der *Entstehung des Politischen bei den Griechen* bedeutet Demokratie die Institutionalisierung von Fehlerfreundlichkeit für innerweltliches Handeln unter Kontingenzbedingungen.[10] Aus diesem Grunde ist es irrig, Toleranz anstelle von Neutralität als Antwort auf „die Herausforderung des ‚neutralen' Staates durch neue Formen von Religiosität in der postmodernen Gesellschaft" auszugeben.[11]

Vielmehr macht das Konzept seiner weltanschaulichen Neutralität die innere Logik der gesamten *Entstehung des Staates als Vorgang der Säkularisation* (*Böckenförde*) aus und damit eines Prozesses, der seit seinen ersten Anfängen im mittelalterlichen Investiturstreit den neuzeitlichen Differenzierungsprozess strukturell und semantisch geprägt hat,[12] vom „implizit antiklerikalen" Souveränitätskonzept in *Bodins Les Six Livres de la République* (1583),[13] über den Augsburger Religionsfrieden von 1555 und den Westfälischen Frieden von 1648, dem drei Jahre später mit *Hobbes' Leviathan* ein Schlüsselwerk der Unterscheidung zwischen Religion und Politik folgte, bis hin zum Allgemeinen Preußischen Landrecht von 1794 mit seiner Betonung individueller Gewissens- und Glaubensfreiheit und der schon von *Bodin* so konzipierten Bestimmung von Religion als Privatsache.[14]

---

9 Vgl. *Stefan Huster*, Die Bedeutung des Neutralitätsgebotes für die verfassungstheoretische und verfassungsrechtliche Einordnung des Religionsrechts, in: Hans Michael Heinig / Christian Walter (Hrsg.), Staatskirchenrecht oder Religionsverfassungsrecht? Ein begriffspolitischer Grundsatzstreit, 2007, S. 107 (114). Ungenauer spricht *Martin Heckel*, Religionsfreiheit. Eine säkulare Verfassungsgarantie, in: ders., Gesammelte Schriften. Staat – Kirche – Recht – Geschichte, Bd. IV, hrsg. v. Klaus Schlaich, 1997, S. 647 davon, „der Standpunkt des westlichen Verfassungsstaates" sei „ein prinzipieller Relativismus" (673), enthalte aber keine „die Bürger zum Agnostizismus verpflichtende Staatsideologie" (713).

10 Vgl. *Christian Meier*, Die Entstehung des Politischen bei den Griechen, 1983. Insofern hat *Carl Schmitt*, Corollarium I: Übersicht über die verschiedenen Bedeutungen und Funktionen des Begriffes der innerpolitischen Neutralität des Staates (1931), in: ders., Der Begriff des Politischen. Text von 1932 mit einem Vorwort und drei Corollarien, 1991, S. 97 (97 f.) durchaus recht mit der von ihm allerdings pejorativ gemeinten, polemischen Wendung, das Prinzip der weltanschaulichen Neutralität des Staates müsse „zu einer allgemeinen Neutralität gegenüber allen denkbaren Anschauungen und Problemen und zu einer absoluten Gleichbehandlung führen, wobei z. B. der religiös Denkende nicht mehr geschützt werden darf als der Atheist [...]. Diese Art ‚neutraler Staat' ist der *nichts mehr unterscheidende, relativistische* stato neutrale e agnostico [...]."

11 *Karl Heinz Ladeur / Ino Augsberg*, Toleranz – Religion – Recht. Die Herausforderung des ‚neutralen' Staates durch neue Formen von Religiosität in der postmodernen Gesellschaft, 2007, S. 84, 137.

12 *Niklas Luhmann*, Gesellschaftsstruktur und Semantik. Studien zur Wissenssoziologie der modernen Gesellschaft, 4 Bde., 1980 ff.

13 *Stephen Holmes*, Passions and Constraint. On the Theory of Liberal Democracy, Chicago / London 1995, S. 123.

14 Vgl. die Unterscheidung verschiedener Phasen der Neutralität in Religionssachen bei *Schweitzer* (Fn. 8), S. 348 ff.

Diese Logik weltanschaulicher Neutralität als einem auf erkenntnistheoretischem Skeptizismus und religionsphilosophischem Agnostizismus beruhenden Prozess freiheitsverbürgender sozialer Differenzierung hat *Ernst Troeltsch* bereits zu Beginn des 20. Jahrhunderts treffend zusammengefasst, indem er von der „Mehrheit von Kirchen" gesprochen hat, „in deren verschiedenen Formen jener innere Wahrheitsgehalt enthalten sein, aber jedenfalls nicht objektiv festgestellt werden kann." Ihnen gegenüber müsse „auch der Staat eine gewisse Neutralität" praktizieren, „um keiner zu nahe zu treten und in das Gewissen sich nicht einzumischen". Sei er „erst einmal so kirchlich neutralisiert", dann werde auch der Staat „eine eigene Sphäre an Lebenszwecken sich schaffen, die vielleicht mit den religiösen verträglich sind, die aber jedenfalls sich selbständig neben diesen entfalten können."[15]

Die Aufrechterhaltung dieser Selbständigkeit aber ist es, deren Schwierigkeit das Böckenförde-Theorem problematisiert, indem es betont, dass der freiheitliche, säkulare Staat um seiner im Säkularisierungsprozess errungenen Freiheitlichkeit willen konstitutiv unfähig ist, seine sozial-moralischen Bestandsvoraussetzungen zu garantieren, da er die Loyalität seiner Bürger(innen) nicht mit Gesinnungskontrolle, Zwang und autoritativem Gebot steuern darf.[16]

Umso mehr ist der liberal-demokratische Verfassungsstaat angewiesen auf „*entgegenkommende* Lebensformen"[17] gerade auch seitens derjenigen, nämlich religiösen Teile der Bürgerschaft, deren frühere Konflikte untereinander und mit der kollektiven Ordnung entscheidend zur *Entstehung des Staates als Vorgang der Säkularisation* beigetragen haben. Ein solches Entgegenkommen besteht in der voraussetzungsvollen Entwicklung religiöser Liberalität im Sinne der freiwilligen Bereitschaft von Glaubensgemeinschaften, den Vorrang demokratischer politischer Entscheidungen gegenüber weltanschaulichen Geltungsansprüchen zu akzeptieren und konkurrierende religiöse Überzeugungen zu tolerieren.[18] Es kommt also darauf an, „daß die Frommen ihr Gottesgesetz religiös-sittlich deuten und gerade im diskursiven Wahrheitsstreit der Religionen erkennen, daß nur autonomes staatliches Recht das freie, rechtsfriedliche Zusammenleben der Streitenden dauerhaft zu sichern vermag."[19] Denn der Verdacht, dass „auch der säkularisierte, westliche Staat letztlich aus jenen inneren Antrieben und Bindungskräften leben muss, die der religiöse Glaube seiner Bürger vermittelt", bedeutet gerade nicht, „daß er zum ‚christlichen' Staat rückgebildet wird", sondern dass

---

15 *Ernst Troeltsch*, Die Trennung von Staat und Kirche, der staatliche Religionsunterricht und die theologischen Fakultäten, 1906, S. 6.

16 Vgl. *Böckenförde* (Fn. 3), S. 71.

17 *Jürgen Habermas*, Erläuterungen zur Diskursethik, 1991, S. 25.

18 *Fischer* (Fn. 5), S. 11.

19 *Friedrich Wilhelm Graf*, Moses Vermächtnis. Über göttliche und menschliche Gesetze, 2006, S. 87.

Christen – und Muslime, wie man *Böckenfördes* Feststellung heutzutage ergänzen muss – „diesen Staat in seiner Weltlichkeit nicht länger als etwas Fremdes, ihrem Glauben Feindliches erkennen, sondern als die Chance der Freiheit, die zu erhalten und zu realisieren auch ihre Aufgabe ist."[20]

Entgegen verbreiteten Missverständnissen bzw. beliebten Instrumentalisierungen ist das im Kontext des II. Vatikanischen Konzils stehende Böckenförde-Theorem mithin weder als Infragestellung der legitimen Eigenlogik des demokratischen Verfassungsstaates zu verstehen, wie es jüngst *Martin Mosebach* zum Zweck seines Plädoyers für ein Blasphemie-Strafrecht zu missbrauchen suchte,[21] noch als Betonung von Säkularität auf Kosten der Religionsfreiheit.[22]

Was sich von hieraus jedoch aufdrängt, ist eine Ausdehnung des von *Richard Rorty* begründeten *Vorrangs der Demokratie vor der Philosophie*[23] auf einen Vorrang der liberalen Demokratie vor der Theologie und generell vor unbedingten religiösen Geltungsansprüchen. Denn es ist im Pluralismus überaus legitim, wenn auch Religionsgemeinschaften versuchen, politischen Einfluss auszuüben; doch muss die Ergebnisoffenheit dieser Einflussnahme akzeptiert sein. Illegitim ist es, „im Falle des Unterliegens aber sich auf eine naturrechtliche Position zurückzuziehen" und auf ihre „inkommensurable Stellung" zu verweisen[24] – ein *double-bind*, dessen sich Papst Benedikt XVI. in seiner Rede vor dem Deutschen Bundestag 2011 schuldig gemacht hat.[25]

---

20 *Böckenförde* (Fn. 3), S. 72.

21 Vgl. *Martin Mosebach*, Kunst und Religion. Vom Wert des Verbietens, Frankfurter Rundschau, 19. Juni 2012, S. 29. Da sich Art. 4 Abs. 1 GG „grundsätzlich nur gegen den Staat" richtet (*Roman Herzog*, Art. 4 (Lfg. 27), in: Grundgesetz. Kommentar, begr.v. Theodor Maunz/Günter Dürig, hrsg. v. Roman Herzog et al. i.Vbdg.m. Peter Badura et al., Bd. I, 2012, Rn. 85), besteht ein Blasphemie-Verbot lediglich für den Staat, der die religiösen Gefühle seiner Bürger(innen) nicht verletzen darf, nicht aber für die Bürger(innen), zumal es kein subjektives Recht gibt, keine blasphemischen Äußerungen anderer hören zu müssen, und eine individuelle Beleidigung bei Religionskritik oder Gotteslästerung regelmäßig fehlt (*Voßkuhle* (Fn. 6), S. 541 f.; vgl. *Barbara Rox*, Schutz religiöser Gefühle im freiheitlichen Verfassungsstaat?, 2012), da sich der Gläubige andernfalls ja in der Position seines Gottes fühlen müsste. Irrig ist daher auch die Unterstützung *Mosebachs* durch *Robert Spaemann*, Beleidigung Gottes oder der Gläubigen?, Frankfurter Allgemeine Zeitung, 25. Juli 2012, S. 33.

22 Vgl. die entsprechend abwegige Kritik an Böckenförde bei *Bernd Grzeszick*, Verfassungstheoretische Grundlagen des Verhältnisses von Staat und Religion, in: Heinig/Walter (Fn. 9), S. 131 (138).

23 *Richard Rorty*, Der Vorrang der Demokratie vor der Philosophie, in: ders., Solidarität oder Objektivität? Drei philosophische Essays, 1988.

24 *Ernst-Wolfgang Böckenförde*, Das Ethos der modernen Demokratie und die Kirche, in: ders., Kirche und christlicher Glaube in den Herausforderungen der Zeit. Beiträge zur politisch-theologischen Verfassungsgeschichte 1957–2002, 2. Aufl. 2007, S. 9 (23).

25 Vgl. zur Kritik hieran meine Diskussionsbemerkungen in: „Wie erkennen wir, was recht ist?" Papst Benedikt XVI. vor dem Deutschen Bundestag – ein Jahr danach, zur Debatte. Themen der Katholischen Akademie in Bayern, 8/2012, S. 11.

Von religiöser Seite zu erkennen, dass der Säkularisierungsprozess nicht nur der Demokratie, sondern auch der Religion einen Freiheitsgewinn beschert, ist wohl umso voraussetzungsvoller, insofern Liberalität eine Zumutung zumal für monotheistische Offenbarungsreligionen darstellt. „Eine Wahrheit des Heils läßt es nicht zu, daß man sich nur bedingungsweise auf sie einließe. Sie ist unbedingt, und sie ist total, indem sie das Ganze des menschlichen Lebens betrifft und umgreift."[26] Daher ist es eine dauerhafte Provokation für religiöse Überzeugungen, überhaupt zwischen Politik und Religion zu unterscheiden. Hiermit werden nämlich beide von einer neutralen Position aus als unterschiedliche Formen sozialen Handelns beobachtet, und damit wird dem Religiösen sein traditioneller Vorrang abgesprochen, der sozialen Sinn, metaphysische Mission, wissenschaftliche Wahrheit und politische Praxis gleichermaßen umfasste. Demgegenüber gründet die Demokratie auf einer politischen Selbstermächtigung des Menschen, der sich als Teil einer freien Bürgerschaft versteht, deren Volkssouveränität allein über Vergabe und Legitimität politischer Macht entscheidet. Insoweit ist jegliche demokratische Politik ein Akt von Säkularisierung, denn in ihr werden politische Entscheidungen von religiösen Anschauungen getrennt, und die kollektive Verbindlichkeit dieser Entscheidungen resultiert einzig aus einem Verfahren, das unter der Voraussetzung von Gleichheit und Transparenz die Zurechenbarkeit und also Sanktionierbarkeit der Entscheidungen garantiert. Demokratische Herrschaft ist demzufolge legitim, insofern die Machtunterworfenen die politischen Entscheidungen, deren Konsequenzen sie betreffen, den Machthabern ursächlich zurechnen und aufgrund der Reversibilität der Machtverhältnisse zumindest zukünftige Entscheidungsbedingungen ändern können.

Damit werden religiöse Konflikte von der liberalen Demokratie gleichsam okkupiert und in die Rechtsfrage legitimer Freiheitsausübung und ihrer Grenze an der Freiheit Andersdenkender verwandelt. Vorher hatten diese Konflikte die Politik nur mittelbar betroffen, dies aber in Gestalt religiös angeheizter Bürgerkriege umso heftiger. Fortan wird der demokratische Verfassungsstaat als langfristiges Säkularisierungsprodukt dieser Zustände gerade dadurch selber zur Konfliktpartei, dass er weltanschauliche Neutralität reklamiert und durchzusetzen hat. Auf diese Weise wird er quasi zum Erben der religiösen Bürgerkriege Alteuropas, der stets in Gefahr schwebt, von Gruppen mit umfassenden religiösen Geltungsansprüchen zum direkten Gegner erkoren und mit der gleichen Inbrunst bekämpft zu werden, die in der Vormoderne Andersgläubigen gegolten hatte.

Dieses Spannungsverhältnis charakterisiert das politische Problem religiöser Liberalität: Die liberale Demokratie droht nicht nur mit der Nutzung

---

26 *Hermann Lübbe*, Politische Theologie als Theologie repolitisierter Religion, in: Jacob Taubes (Hrsg.), Der Fürst dieser Welt. Carl Schmitt und die Folgen, 2. Aufl. 1985, S. 45 (50).

des staatlichen Gewaltmonopols, sondern sie garantiert historisch ungekannte, umfassende Religionsfreiheit, und so steigt die Autonomie der Religion gegenüber politischen Interventionen gleichzeitig mit der Autonomie der Politik gegenüber religiösen Geltungsansprüchen.[27]

Diese Win-win-Situation ist von *Alfred Stepan* als Konzept von *Twin Tolerations* beschrieben worden:[28] Die Religionen akzeptieren das Zustandekommen kollektiv verbindlicher Entscheidungen allein durch demokratische Verfahren, und bis zu dieser Grenze schützt und fördert der liberaldemokratische Staat Religionen in all ihrer Mannigfaltigkeit und ihren verschiedensten Artikulationsformen. Hierbei handelt sich um eine „normtechnische Konfliktlösung zwischen individuellen Moralvorstellungen und demokratischem Recht“,[29] insofern die Verfassung den Bürger(innen) gestattet, „ihrer individuellen Gewissensfreiheit und damit ihren eigenen moralischen Handlungspflichten zu folgen“ und sich gleichzeitig mit den dies garantierenden „Verfahrensstrukturen und Institutionen“ des demokratischen Verfassungsstaates zu identifizieren.[30]

Solchermaßen vermag der liberal-demokratische Verfassungsstaat eine religionspolitische Governancestruktur zu praktizieren, die sich – in Anspielung auf Abraham Lincolns berühmte Lobpreisung des „government of the people, by the people, for the people“ in seiner *Gettysburg Address* vom 19. November 1863 – als *Governance of Religions*, *Governance by Religions* und *Governance for Religions* charakterisieren lässt. Der Fluchtpunkt dieser triangulären Konstellation besteht in der freiwilligen religiösen Liberalität im vorstehend bestimmten Sinn. Eingedenk der notwendigerweise regulatorischen Komponente einer *Governance* of *Religions*, wie sie beispielsweise in Verboten verfassungsfeindlicher, fundamentalistischer Aktivitäten zum Tragen kommt, ist die Akzeptanz des Demokratievorbehalts nämlich die Voraussetzung dafür, dass der aus Art. 4 Abs. 1 und 2 GG resultierende Verfassungsauftrag einer *Governance* for *Religions* bis zu einer *Governance* by *Religions* reichen kann, wie sie der neuerdings auch islamischen Glaubens-

---

27 *Holmes* (Fn. 13), S. 207. Wie *Martin Heckel*, Säkularisierung. Staatskirchenrechtliche Aspekte einer umstrittenen Kategorie, in: ders., Gesammelte Schriften. Staat, Kirche, Recht, Geschichte, Bd. II, hrsg. v. Klaus Schlaich, 1989, S. 773 (904) betont, hatte die Säkularisierung „eine kardinale Funktion gerade zur Sicherung der religiösen Freiheit bereits im Konfessionellen Zeitalter – so paradox es klingt.“ Zum historischen und systematischen Zusammenhang zwischen „Säkularisierung der öffentlichen Gewalt und Individualisierung religiöser Überzeugungen“ vgl. *Christian Walter*, Religionsverfassungsrecht in vergleichender und internationaler Perspektive, 2006, S. 22 ff.

28 *Alfred Stepan*, Religion, Democracy, and the „Twin Tolerations“, Journal of Democracy 11 (2000), S. 37.

29 *Jens Kersten*, Was ist ein moralisches Problem? (Rechtswissenschaft), in: Michael Zichy/Jochen Ostheimer/Herwig Grimm (Hrsg.), Was ist ein moralisches Problem? Zur Frage des Gegenstandes angewandter Ethik, 2012, S. 110 (113).

30 Ebd., S. 114.

gemeinschaften ermöglichte schulische Religionsunterricht in eigener Trägerschaft und die Einrichtung islamisch-theologischer Fakultäten an staatlichen Universitäten darstellen. In diesem Kontext ist auch der von der *Deutschen Islam Konferenz* initiierte, auf einen verfassungspolitischen Konsens angelegte, langfristige Kommunikationsprozess zwischen Staatsvertretern und Muslimen in Deutschland als *Governance von und durch Wissen*[31] zu verstehen, mit der der Staat Informationen über seine Gesprächspartner sammelt, um das staatskirchenrechtliche Modell den nur zu rund zehn Prozent organisierten Muslimen anpassen und entscheiden zu können, wie viel *Governance* of *Religions* er durchsetzen muss, wie viel *Governance* by *Religions* er zulassen kann und zu wie viel *Governance* for *Religions* er in puncto Körperschaftsstatus verpflichtet ist. Alle diese Informationen kulminieren in den staatlicherseits nicht garantierbaren Bedingungen religiöser Liberalität.

Auch im religionspolitischen Feld finden sich mithin „komplexe Governance-Regime, die aus unterschiedlichen Koordinationsmechanismen zusammengesetzt sind, und in denen mehrere Institutionen zusammenwirken", wobei solche komplexen Arrangements „zumeist das Ergebnis emergenter Ordnungsbildung und nicht das Produkt intentionaler politischer Reform" bilden.[32] Denn naheliegenderweise kann nicht von weitgehend invarianten, in festgefügten Glaubenssystemen begründeten, größeren bzw. geringeren Liberalitätskompetenzen der verschiedenen Religionen ausgegangen werden, auf die staatlicherseits bloß zu reagieren wäre. Vielmehr ist die Geschichte der religionspolitischen Governancepraktiken gekennzeichnet von komplexen Wechselwirkungsprozessen zwischen erfolgreichen bzw. erfolglosen politischen Anreizen für religiöse Liberalität einerseits und einschlägigen Erfahrungen der Religionsgemeinschaften mit repressiver *Governance* of *Religions* bzw. bis zur autonomieförderlichen *Governance* by *Religions* reichenden, freiheitlichen *Governance* for *Religions* andererseits.

Insoweit dem liberal-demokratischen Verfassungsstaat also gerade in puncto des Entgegenkommens religiöser Lebensformen eine transformative Kraft zu attestieren ist,[33] zeigt sich die Dringlichkeit des Forschungsdesiderates, das reziproke Verhältnis zwischen politischen Anreizstrukturen und religiösen Dispositionen näher zu bestimmen, bei dem es sich schlimmstenfalls um wechselseitige Blockaden und Lernpathologien handeln kann, wie *Reinhard Schulze* sie im Fall des Kolonialismus beobachtet hat, der ebenso

---

31 *Gunnar Folke Schuppert/Andreas Voßkuhle* (Hrsg.), Governance von und durch Wissen, 2008.

32 *Edgar* Grande, Governance-Forschung in der Governance-Falle? – Eine kritische Bestandsaufnahme, PVS 53 (2012), S. 565 (582).

33 *Stephen Macedo*, Transformative Constitutionalism and the Case of Religion. Defending the Moderate Hegemony of Liberalism, Political Theory 26 (1998), S. 56 (65).

ironischer- wie tragischerweise eine originäre aufklärerische Strömung im sunnitischen Islam des 18. Jahrhunderts beschädigt hat.[34] Ein weiteres Beispiel hierfür sind gewisse, hinsichtlich der Osterweiterung der Europäischen Union relevante, anti-liberale Traditionen in der christlichen Orthodoxie, die *Dimitrios Kisoudis* jüngst unter expliziter Bezugnahme auf *Carl Schmitt* zu der Feststellung gebracht haben, die griechisch-orthodoxe Kirche habe „ihren Feind derzeit im Verfassungsrecht gefunden", dessen Insistenz auf von Staat und Kirche zu achtenden Menschenrechten ein Auswuchs der westlichen Theologie sei.[35]

Bestenfalls aber vermögen positive Erfahrungen mit liberaler Governance auf religiöser Seite zur Konvergenz zu motivieren. Hierfür ist die Entwicklung der katholischen Kirche einschlägig, die den weltanschaulich neutralen Staat lange als Apostasie angesehen und die auf der Kantischen Unterscheidung zwischen Moralität und Legalität basierenden, liberalen Abwehrrechte gegen den Staat als unvereinbar mit der katholischen Identifikation von Moral und Recht angesehen hatte. Dass dementgegen auf dem II. Vatikanischen Konzil schließlich die Menschenrechte inklusive der Religionsfreiheit und die Verfassung als Grundlage moderner Staatlichkeit ausdrücklich anerkannt wurden, ist wohl, vor allem dank *John Courtney Murray S. J.*, maßgeblich auch auf die positiven Erfahrungen mit dem liberalen amerikanischen Staat zurückzuführen.[36]

---

34 *Reinhard Schulze*, Das islamische 18. Jahrhundert. Versuch einer historiographischen Kritik, Die Welt des Islams 30 (1990), S. 140; *ders.*, Was ist die islamische Aufklärung?, Die Welt des Islams 36 (1996), S. 276; *ders.*, Geschichte der islamischen Welt im 20. Jahrhundert, 3. Aufl. 2003, S. 11 ff. Kritisch hierzu *Gottfried Hagen/Tilman Seidensticker*, Reinhard Schulzes Hypothese einer islamischen Aufklärung. Kritik einer historiographischen Kritik, Zeitschrift der Deutschen Morgenländischen Gesellschaft 148 (1998), S. 83. Auch für den schiitischen Islam mit seiner erst durch Khomeinis Lehre von der „Treuhänderschaft der religiösen Rechtsgelehrten" (velâyat-e Faqîh) beendeten, jahrhundertelangen, mystisch-weltflüchtigen Tradition ist der Gemeinplatz der öffentlichen Diskussion im Westen, im Islam fehle jegliche Basis für eine Unterscheidung zwischen Religion und Politik, falsch. So aber undifferenziert *Arnd Uhle*, Die Integration des Islam in das Staatskirchenrecht der Gegenwart, in: Heinig/Walter (Fn. 9), S. 299 (327 f.).

35 *Dimitrios Kisoudis*, Politische Theologie in der griechisch-orthodoxen Kirche, 2007, S. 114. Vgl. auch die (nicht ihrerseits anti-liberale) Analyse entsprechender russisch-orthodoxer Traditionen bei *Konstantin Kostjuk*, Der Begriff des Politischen in der russisch-orthodoxen Tradition. Zum Verhältnis von Kirche, Staat und Gesellschaft in Rußland, 2005.

36 *John Courtney Murray*, Zum Verständnis der Entwicklung der Lehre der Kirche über die Religionsfreiheit, in: Jérome Hamer/Yves Congar (Hrsg.), Die Konzilserklärung über die Religionsfreiheit, 1967, S. 125; *Ernst-Wolfgang Böckenförde*, Religionsfreiheit. Die Kirche in der modernen Welt, 1990; *George Weigel*, Catholicism and Democracy, The Other Twentieth-Century Revolution, in: Brad Roberts (Hrsg.), The New Democracies. Global Change and U.S. Policy, Cambridge (MA) 1990, S. 17; *Joseph A. Komonchak*, Das II. Vatikanum und die Auseinandersetzung zwischen Katholizismus und Liberalismus, in: Franz-Xaver Kaufmann/Arnold Zingerle (Hrsg.), Vatikanum II und Modernisierung. Historische, theologische und soziologische Perspektiven, 1996, S. 147; *Rudolf Uertz*, Vom Gottesrecht zum Menschenrecht. Das katholische Staats-

Dieser Prozess, wie auch die lutherische Entwicklung zu einer weltliche Belange relativierenden und sie damit in ihrer Eigenständigkeit anerkennenden „Innerlichkeitsanarchie“,[37] und weitere religionskomparative Überblicksversuche[38] sprechen jedenfalls gegen die Befürchtung, dass die für den Liberalismus kennzeichnende Privatisierung religiöser Überzeugungen Radikalität infolge von Defizienzgefühlen provoziert.[39] Vielmehr ist diese Privatisierung nicht nur „Merkmal einer demokratischen und pluralistischen Gesellschaft“,[40] sondern auch Bedingung religiöser Freiheit. Nur als Privatangelegenheit sind religiöse Glaubenssätze von jeglichem Begründungs- und Rechtfertigungsdruck ausgenommen.[41] Aus diesem Grunde ist es auch fraglich, ob das von *Jürgen Habermas* vorgeschlagene Modell, das Vernunftpotential der großen Religionen für den öffentlichen Vernunftgebrauch fruchtbar zu machen, indem diese sich um die Übersetzung ihrer religiösen Artikulationsformen in eine auch ihren, zur kommunikativen Offenheit verpflichteten, säkularen Mitbürger(inne)n verständliche Semantik bemühen müssten,[42] bei all seinen offensichtlichen Vorteilen nicht auch einen schweren Nachteil mit sich bringt, der in einem Rationalitäts- bzw. Rationalisierbarkeitspostulat gegenüber Religionen besteht und somit die literalistischen Weltreligionen bevorteilt, während im klassisch liberalen Modell auch aus säkularer Sicht „irrationale“, esoterische bzw. mystische Religionsformen vollkommene Gleichbehandlung erfahren.[43]

Angesichts solch komplexer Problemlagen, hinsichtlich derer aufgrund des angesprochenen Defizits an Forschung zu dem Reziprozitätsverhältnis

denken in Deutschland von der Französischen Revolution bis zum II. Vatikanischen Konzil (1789–1965), 2005; *Karl Gabriel/Christian Spieß/Katja Winkler* (Hrsg.), Religionsfreiheit und religiöser Pluralismus – Entwicklungslinien eines katholischen Lernprozesses, 2010.

37 *Friedrich Wilhelm Graf*, Der Protestantismus, in: Hans Joas/Klaus Wiegandt (Hrsg.), Säkularisierung und die Weltreligionen, 2. Aufl. 2007, S. 78 (116). Vgl. auch *Marcus Sandl*, Politik im Angesicht des Weltendes. Die Verzeitlichung des Politischen im Horizont des lutherischen Schriftprinzips, in: Andreas Pečar/Kai Trampedach (Hrsg.), Die Bibel als politisches Argument. Voraussetzungen und Folgen biblizistischer Herrschaftslegitimation in der Vormoderne, 2007, S. 243.

38 *Fischer* (Fn. 5), S. 141 ff.

39 *Habermas*, Zwischen Naturalismus und Religion (Fn. 2), S. 243. Empirisch noch unbegründeter ist die zudem politisch bedenkliche Forderung von *Ladeur/Augsberg* (Fn. 11), S. 130, „eine gewisse liberale Abstinenz gegenüber dem staatlichen Regulierungsrausch“ auch auf religionspolitischem Gebiet nicht zu verabsolutieren, weil „die Erfahrung der Vergangenheit“ gelehrt habe, dass „Zurückhaltung gegenüber religiösen Bewegungen“ weniger „partielle Anpassungsleistungen“ an die „Herausforderungen der Moderne“ als vielmehr „Regression“ bewirkt habe.

40 *Richard Rorty*, Kulturpolitik und die Frage der Existenz Gottes, in: ders., Philosophie als Kulturpolitik, 2008, S. 15 (53). Ebenso *Dieter Grimm*, Conflicts Between General Laws and Religious Norms, Cardozo Law Review 30 (2009), S. 2369 (2372).

41 *Rorty* (Fn. 40), S. 53.

42 *Habermas*, Zwischen Naturalismus und Religion (Fn. 2), S. 137; *ders.*, Glauben und Wissen (Fn. 2), S. 21 f.

43 *Fischer* (Fn. 5), S. 194 ff.

zwischen politischen Anreizstrukturen und religiösen Dispositionen keine verlässlichen, empirischen Fundamente verfügbar sind, ist es nicht verwunderlich, dass auch die terminologische Klarheit gelitten hat. Während bislang der Begriff *Laizität* zur Kennzeichnung des spezifisch französischen Modells einer strikten Trennung zwischen Politik und Religion verwendet wurde, wohingegen das deutsche Modell staatskirchenrechtlicher Kooperation als lediglich *säkular* bezeichnet wurde, gibt es nämlich in der neueren religionsphilosophischen Diskussion nun gegensätzliche begriffliche Strategien, um zu betonen, dass die Unabhängigkeit demokratischer politischer Entscheidungen von religiösen Geltungsansprüchen keinen Ausschluss religiöser Artikulationsformen aus der öffentlichen Kommunikation bedeuten muss und darf: Während *Habermas* hierzu die weltanschauliche Neutralität der durch Säkularisation gekennzeichneten Staatsgewalt von der „politischen Verallgemeinerung einer säkularistischen Weltsicht" abgrenzt[44] und auf diese Weise den Politischen Liberalismus vor einem „seit langem" gegen ihn geschürten, auf seiner laizistischen Fehldeutung beruhenden „Ressentiment" bewahren möchte,[45] verwahren sich *Jocelyn Maclure* und *Charles Taylor* gegen die Verwechslung der „*Laizisierung* eines politischen Regimes [...] mit der *Säkularisierung* einer Gesellschaft".[46] So sei Säkularisierung „eher ein soziologisches Phänomen, das sich in den Weltbildern und Lebensweisen der Menschen widerspiegelt" und dazu führe, „daß der Einfluß der Religion auf die sozialen Praktiken und die individuelle Lebensführung zurückgedrängt wird".[47] Bei Laizisierung handele es sich hingegen um einen „politischen Prozeß [...], der sich im positiven Recht niederschlägt"[48] und als „Modus politischen Regierens [...] auf zwei grundlegenden Prinzipien beruht, nämlich der gleichen Achtung und der Gewissensfreiheit, sowie auf zwei Verfahrensmodi, nämlich der Trennung von Kirche und Staat und der Neutralität des Staates gegenüber den Religionen und säkularen geistigen Strömungen."[49] So schließen *Maclure* und *Taylor* aus der „notwendigen Neutralität des Staates gegenüber verschiedenen Konzeptionen des Guten und Gewissensüberzeugungen [...], daß der Staat sich zu laizisieren versuchen muß, ohne dabei jedoch die Säkularisierung zu befördern."[50]

Unabhängig davon, wie man diese terminologische Alternative zwischen *Säkularisierung / Säkularität / Säkularismus* und *Laizisierung / Laizität / Laizismus* handhaben möchte, ist es ein Verdienst von *Maclure* und *Taylor*, den

---

44 *Habermas*, Zwischen Naturalismus und Religion (Fn. 2), S. 118.

45 *Jürgen Habermas*, Nachmetaphysisches Denken II. Aufsätze und Repliken, 2012, S. 117.

46 *Jocelyn Maclure / Charles Taylor*, Laizität und Gewissensfreiheit, 2011, S. 25.

47 Ebd.

48 Ebd.

49 Ebd., S. 33.

50 Ebd., S. 25.

Laizismus vor seinem zumal in Deutschland verbreiteten, aber falschen Ruf tendenzieller Religionsfeindlichkeit in Schutz zu nehmen. So hat auch kein geringerer als *Léon Duguit* in seinem *Traité de Droit Constitutionnel* betont, dass keinesfalls religiöse Schulen durch pagane Schulen vollständig ersetzt werden dürften, denn „tout le monde reconnaît que la laïcité de l'enseignement primaire public implique en même temps une rigoureuse neutralité. [...] Mais en même temps, l'enseignement ne peut pas être antireligieux. [...] La neutralité absolue est la conséquence nécessaire de la laïcité."[51]

Jenseits der begriffsstrategischen Frage nach Säkularität oder Laizität zeigt sich an dieser Stelle aber vor allem die sehr viel wesentlichere Bedeutung der Neutralität als zentraler Kategorie religionspolitischer Governance im liberal-demokratischen Verfassungsstaat.

II. Weltanschauliche Neutralität in der „postsäkularen" Konstellation

Die liberale Neutralität hat notwendigerweise eine minimal-hegemoniale Tendenz. Denn der freiheitlich-demokratische Rechtsstaat muss wenigstens verlangen, dass der von ihm gesetzte Rahmen und damit seine grundlegende Wertordnung akzeptiert wird,[52] was bis hin zum *Vorrang des Rechten vor dem Guten* im Sinne der berühmten Formel von *John Rawls* reicht. Dies bedeutet, dass nur der *öffentliche Vernunftgebrauch* und damit die intersubjektive Rechtfertigbarkeit *formaler* Positionen kollektiv verbindliche Geltungskraft entfalten kann, nicht aber der vom Kommunitarismus propagierte Rekurs auf eine *substantielle* Vorstellung vom *Guten Leben*.[53]

Insofern kann „die Neutralität des demokratischen und liberalen Staates *per definitionem* nicht absolut sein"; vielmehr ergreift der Staat „Partei für die Gleichheit und Autonomie der Bürger, indem er es ihnen freistellt, ihren eigenen Lebensplan und ihre eigene Lebensweise zu wählen."[54] Genau dies ist aber die Bedingung der Freiheit, denn nur „auf diese Weise können Gläu-

---

51 „Die ganze Welt weiß, daß die Laizität des öffentlichen Primarunterrichts zugleich eine rigorose Neutralität impliziert. [...] Aber gleichzeitig darf der Unterricht nicht antireligiös sein. [...] Die absolute Neutralität ist die notwendige Konsequenz der Laizität." *Léon Duguit*, Traité de Droit Constitutionnel, 5 Bde., Bd. 5, Paris, 2. Aufl. 1925, S. 405 f. Vgl. *Dieter Grimm*, Solidarität als Rechtsprinzip. Die Rechts- und Staatslehre Léon Duguits in ihrer Zeit, 1973. Vgl. ebenso BVerfGE 41, 29 (50) – Simultanschule.

52 *William A. Galston*, Liberal Purposes. Goods, Virtues, and Diversity in the Liberal State, Cambridge etc. 1991, S. 3.

53 *John Rawls*, Politischer Liberalismus, 1998, S. 266 ff., 312 ff.; zu dieser Kontroverse vgl. *Rainer Forst*, Kontexte der Gerechtigkeit. Politische Philosophie jenseits von Liberalismus und Kommunitarismus, 2. Aufl. 1996.

54 *Maclure / Taylor* (Fn. 46), S. 26.

bige und Atheisten ihren eigenen Überzeugungen gemäß leben, ohne ihr eigenes Weltbild den jeweils anderen aufzwingen zu dürfen."[55]

Demgemäß hat das Bundesverfassungsgericht bereits früh und seither in ständiger Rechtsprechung[56] die weltanschauliche Neutralität als unverzichtbares Wesensmerkmal des demokratischen Verfassungsstaates herausgearbeitet und dabei eine semantische Ausweitung vom „weltanschaulich nicht einheitlichen Staat"[57] zu dem aus Art. 3 Abs. 3, 4 Abs. 1, 9, 33 Abs. 3 GG und Art. 140 GG i.V.m. Art. 136 Abs. 1, 4 und 137 Abs. 1 WRV hergeleiteten,[58] „für den Staat verbindlichen Gebot weltanschaulich-religiöser Neutralität"[59] vorgenommen.

Diese staatliche Neutralität ist „im Interesse der Glaubens- und Bekenntnisfreiheit aller Bürger" geboten[60] und nicht als „distanzierende im Sinne einer strikten Trennung von Staat und Kirche, sondern als eine offene und übergreifende, die Glaubensfreiheit für alle Bekenntnisse gleichermaßen fördernde Haltung zu verstehen".[61] Mit dem Hinweis, „der Staat, in dem Anhänger unterschiedlicher oder gar gegensätzlicher religiöser und weltanschaulicher Überzeugungen zusammenleben", könne „die friedliche Koexistenz nur gewährleisten, wenn er selber in Glaubensfragen Neutralität bewahrt",[62] betont das Gericht gleichzeitig die ihrer historischen Entwicklung entsprechende, pazifizierende soziale Funktion dieser Ordnungsvorstellung.

Die „für die Norminterpretation regulative Idee"[63] der Neutralität sieht sich allerdings nicht nur dem Hinweis auf Konkretisierungsbedarf ausge-

---

55 Ebd.

56 BVerfGE 10, 59 (85) – Elterliche Gewalt; 12, 1 (4) – Glaubensabwerbung; 18, 385 (386) – Teilung einer Kirchengemeinde; 19, 1 (8) – Neuapostolische Kirche; 19, 206 (216) – Kirchenbausteuer; 24, 236 (246 ff.) – Aktion Rumpelkammer; 30, 415 (421 f.) – Mitgliedschaftsrecht; 32, 98 (106) – Gesundbeter; 33, 23 (28 f., 41) – Eidesverweigerung aus Glaubensgründen; 41, 29 (50) – Simultanschule; 42, 312 (330, 332) – Inkompatibilität/Kirchliches Amt; 53, 366 (419) – Konfessionelle Krankenhäuser; 93, 1 (16 f.) – Kruzifix; 102, 370 (394) – Körperschaftsstatus der Zeugen Jehovas; 105, 279 (294) – Osho; 108, 282 (299 f.) – Kopftuch am Arbeitsplatz; 123, 148 (178 f.) – Gewährung staatlicher Mittel an Religionsgesellschaften.

57 BVerfGE 10, 59 (85) – Elterliche Gewalt.

58 BVerfGE 53, 366 (419) – Konfessionelle Krankenhäuser; 105, 279 (294) – Osho; 108, 282 (323) – Kopftuch am Arbeitsplatz; 123, 148 (179) – Gewährung staatlicher Mittel an Religionsgesellschaften.

59 BVerfGE 24, 236 (246 ff.) – Aktion Rumpelkammer; 32, 98 (106) – Gesundbeter.

60 BVerfGE 19, 1 (8) – Neuapostolische Kirche.

61 BVerfGE 108, 282 (299) – Kopftuch am Arbeitsplatz.

62 BVerfGE 93, 1 (16 f.) – Kruzifix.

63 *Hans Michael Heinig*, Verschärfung der oder Abschied von der Neutralität? Zwei verfehlte Alternativen in der Debatte um den herkömmlichen Grundsatz religiös-weltanschaulicher Neutralität, JZ 2009, S. 1136 (1140). Vgl. *Christian Waldhoff*, Neue Religionskonflikte und staatliche Neutralität – Erfordern weltanschauliche und religiöse Entwicklungen Antworten des Staates? Gutachten D für den 68. Deutschen Juristentag, 2010, S. 38.

setzt,[64] sondern steht sogar in der Kritik. So hat *Hans Michael Heinig* an der Osho-Entscheidung des Bundesverfassungsgerichts eine „Verselbständigung des Neutralitätsgrundsatzes" gegenüber „seinen positiv-verfassungsrechtlichen Grundlagen" bemängelt.[65] Die Übersteigerung der Neutralität „zum constituens für die Religionsfreiheit selbst"[66] gefährde die Religionsfreiheit, weil sie den „Einfluss der Religion auf die Politik begrenzt, um sodann den Einfluss der Politik auf die Entfaltung der Religion zu entgrenzen", womit Religion „aus dem öffentlichen Raum verdrängt" werde.[67] Gegen „eine streng verstandene Begründungsneutralität" führt Heinig „das dezisionistisch-voluntative Element der Demokratie" ins Feld, die „nicht nur Vernunft und Diskurs, sondern auch Wille und Entscheidung" meine; jedenfalls folge das Grundgesetz „gerade nicht der Blaupause eines rein deliberativen Demokratieverständnisses".[68]

Damit werden freilich die Kausalitäten verkehrt, denn die zu Recht befürchtete Entgrenzung der rechtsstaatlich beschränkten Politik würde gerade durch Stärkung dezisionistisch-voluntativer Elemente wahrscheinlicher, wie zumal die deutsche Geschichte der ersten Hälfte des 20. Jahrhunderts beweist. Demnach ist es eher als problematisch einzustufen, dass das Bundesverfassungsgericht in der Kopftuch-Entscheidung nicht hinreichend klar gemacht hat, dass als Konsequenz aus der Kruzifix-Entscheidung „eine unkonditionierte Erlaubnis des Kopftuchs bei Lehrerinnen kaum in Betracht kommt",[69] und stattdessen dem Gesetzgeber den keineswegs aus reiner Verfassungsinterpretation resultierenden, politischen Willen nahegelegt hat, den „mit zunehmender religiöser Pluralität verbundene[n] gesellschaftliche[n] Wandel" zum Anlass „einer Neubestimmung des zulässigen Ausmaßes religiöser Bezüge in der Schule" zu nehmen.[70] Auf diese Weise wird nämlich von Seiten des Gerichts insinuiert, es bedürfe einer solchen Neubestimmung, ohne dass hierfür eine Begründung gegeben wird, geschweige denn Leitlinien formuliert werden, sodass ein revisionistischer politischer Willensbildungsprozess ausgerechnet in dem sensiblen, religionspolitischen Bereich angeregt wird.

---

64 Vgl. *Christian Polke*, Öffentliche Religion in der Demokratie. Eine Untersuchung zur weltanschaulichen Neutralität des Staates, 2009.

65 *Hans Michael Heinig*, Schlusswort: Verschleierte Neutralität, JZ 2010, S. 357 (360).

66 *Heinig* (Fn. 63), S. 1137.

67 Ebd., S. 1138.

68 Ebd.; vgl. hierzu auch *Christoph Möllers*, Demokratie – Zumutungen und Versprechen, 3. Aufl. 2012.

69 *Hans Michael Heinig*, Was ist unter Religionsfreiheit zu verstehen? – Historischer Hintergrund und Geltungsbereich eines Grundrechts, Evangelischer Pressedienst: Dokumentation Nr. 50, hrsg. v. Gemeinschaftswerk der Evangelischen Publizistik, 2004, S. 5 (13).

70 BVerfGE 108, 282 (309) – Kopftuch am Arbeitsplatz.

Dementgegen dürfte es gerade in der durch den Bedeutungsgewinn pluralisierter religiöser Kulturen gekennzeichneten, „postsäkularen" Konstellation unabdingbar sein, das Postulat der weltanschaulichen Neutralität des Staates im Sinne einer strikten und damit auch von politischen Präferenzen und Opportunitätskalkülen freien *Begründungsneutralität* zu verstehen, wie sie „sich ohnehin weitgehend unmittelbar aus Art. 3 Abs. 3 GG ergibt"[71] und dem eingangs als *demokratischer Agnostizismus* titulierten, „spezifisch politischen Skeptizismus in religiös-weltanschaulichen Wahrheitsfragen" entspricht.[72] Nur auf diese Weise ist nämlich der spezifisch liberale Gehalt des Grundrechts auf Religionsfreiheit gewahrt, „einen auf der kognitiven Ebene unversöhnlich fortbestehenden Dissens zwischen Gläubigen, Andersgläubigen und Ungläubigen von der sozialen Ebene so weit [zu] entkoppeln, dass davon die Interaktionen zwischen Bürgern des politischen Gemeinwesens nicht berührt werden" und „die gesellschaftliche Destruktivität eines weltanschaulichen Konflikts durch die weitgehende Neutralisierung seiner Handlungsfolgen zu entschärfen" ist.[73]

Dies bildet wiederum die Gewährleistung dafür, dass komplementär zur *Neutralität der gleichmäßigen Distanzierung* eine *Neutralität der gleichmäßigen Respektierung*[74] und damit eine Gleichbehandlung aller religiösen Überzeugungen erfolgt, wie sie sich keineswegs immer von selbst verstanden hat. So findet sich in der Glaubensabwerbung-Entscheidung des Bundesverfassungsgerichts noch die Feststellung, das Grundgesetz habe „nicht irgendeine, wie auch immer geartete freie Betätigung des Glaubens schützen wollen, sondern nur diejenige, die sich bei den heutigen Kulturvölkern auf dem Boden gewisser übereinstimmender sittlicher Grundanschauungen im Laufe der geschichtlichen Entwicklung herausgebildet hat."[75] Diese Formel ist in der Entscheidung zur Aktion Rumpelkammer nochmals wiederholt,[76] später aber widerrufen worden. Nachdem in der Gesundbeter-Entscheidung zunächst eine Beschränkung der Glaubensfreiheit durch das Sittengesetz verneint wurde,[77] hat das Gericht nämlich in der Entscheidung zur Simultanschule die Kulturvölker-Formel aus der Glaubensabwerbung-Entscheidung per wörtlichem Zitat ausdrücklich zurückgenommen und den „Pluralismus

---

71 *Werner Heun*, Trennung, Neutralität oder Gleichheit? Das Verhältnis von Staat und Religion und die Gleichheit der Religionen im Rechtsvergleich, in: Martin Honecker (Hrsg.), Gleichheit der Religionen im Grundgesetz?, 2011, S. 50 (62); *ders.*, Art. 3, in: Horst Dreier (Hrsg.), Grundgesetz-Kommentar, Bd. I, 2. Aufl. 2004, Rn. 124.

72 *Huster* (Fn. 9), S. 107 (112). Vgl. *ders.*, Die ethische Neutralität des Staates. Eine liberale Interpretation der Verfassung, 2002; *ders.*, Der Grundsatz der religiös-weltanschaulichen Neutralität des Staates – Gehalt und Grenzen, 2004.

73 *Habermas*, Zwischen Naturalismus und Religion (Fn. 2), S. 319.

74 *Heckel* (Fn. 9), S. 774 f.

75 BVerfGE 12, 1 (4) – Glaubensabwerbung.

76 BVerfGE 24, 236 (245 f.) – Aktion Rumpelkammer.

77 BVerfGE 32, 98 (107) – Gesundbeter.

weltanschaulich-religiöser Anschauungen" zur Bewährungsprobe staatlicher Neutralität erklärt.[78]

Damit wird dem Umstand Rechnung getragen, dass der für alle Staatsbürger(innen) geltende verfassungsrechtliche Gewährleistungsauftrag der „Einheitlichkeit der Rechtsordnung" und der „Grundlagen des politischen Zusammenlebens" sich auf „alle Bekenntnisse und Weltanschauungen" gleichermaßen erstreckt und also zumal in einer religiös zunehmend pluralen Gesellschaft von Bedeutung ist.[79] Denn die in der (späteren) Kruzifix-Entscheidung betonte, soziale Funktion des Neutralitätsprinzips aus Art. 4 GG kann nur erfüllt werden, wenn sie „ohne exkludierende Tendenz ausgelegt wird".[80]

Alles andere, so etwa der von *Arnd Uhle* propagierte, *ex ante* prinzipielle Ausschluss traditionalistischer Strömungen des Islam aus den „institutionellen Verbürgungen des Staatskirchenrechts",[81] würde den säkularen Verfassungsstaat nicht nur „permanenter Selbstüberforderung ausliefern",[82] weil er unbegründbare Abgrenzungen vornehmen müsste. Vor allem würde dies auch seine *raison d'être* der Freiheit tangieren. Gerade der Neutralitätsgrundsatz verbürgt jedoch eine flexible Anwendung des deutschen Religionsverfassungsrechts auch auf den Islam.[83] Dementgegen eine institutionalistische Inflexibilität der „Dogmatik des Art. 4 GG" als Grund für „Inkompatibilitätsprobleme mit dem Islam" zu kritisieren,[84] ist insofern irrig, als „im weltanschaulich neutralen Staat nur diejenigen politischen Entscheidungen als legitim gelten dürfen, die im Lichte von allgemein zugänglichen Gründen unparteilich, also gleichermaßen gegenüber religiösen wie nicht-religiösen Bürgern, oder Bürgern verschiedener Glaubensrichtungen, gerechtfertigt werden können."[85] Und hierzu ist es erforderlich, auch „die entsprechenden *Institutionen* auf Grundsätzen beruhen zu lassen, die alle

---

78 BVerfGE 41, 29 (50) – Simultanschule. Unerklärlicherweise behaupten hingegen *Peter Badura*, Der Schutz von Religion und Weltanschauung durch das Grundgesetz. Verfassungsfragen zur Existenz und Tätigkeit der neuen „Jugendreligionen", 1989, S. 42 und *Herzog* (Fn. 21), Rn. 112, die Kulturvölker-Formel sei niemals aufgegeben worden.

79 BVerfGE 12, 45 (54) – Kriegsdienstverweigerung I.

80 *Heinig* (Fn. 69), S. 10.

81 *Uhle* (Fn. 34), S. 299 (331).

82 *Friedrich Wilhelm Graf*, Kontinuitätsfiktionen, in: Michael Stolleis (Hrsg.), Herzkammern der Republik. Die Deutschen und das Bundesverfassungsgericht, 2011, S. 110 (120).

83 *Waldhoff* (Fn. 63), S. 149; *Wiebke Hennig*, Muslimische Gemeinschaften im Religionsverfassungsrecht. Die Kooperation des Staates mit muslimischen Gemeinschaften im Lichte der Religionsfreiheit, der Gleichheitssätze und des Verbots der Staatskirche, 2010.

84 *Oliver Lepsius*, Die Religionsfreiheit als Minderheitenrecht in Deutschland, Frankreich und den USA, Leviathan 34 (2006), S. 321 (330).

85 *Habermas*, Zwischen Naturalismus und Religion (Fn. 2), S. 127.

BürgerInnen als Freie und Gleichberechtigte akzeptieren können – und somit eine Festschreibung von Privilegien und ungerechtfertigte Ausschließungen zu verhindern."[86]

Da Art. 4 Abs. 1 GG die Freiheit garantiert, nach „als bindend und unbedingt verpflichtend innerlich erfahrenen Geboten handeln zu dürfen",[87] sind indes Konflikte regelrecht „vorprogrammiert",[88] die von einer Kollision mit den Rechtsgütern Dritter bis hin zu einer Glaubensüberzeugungen über die institutionellen Verfahrenswege des Verfassungsstaats stellenden „Fundamentalopposition"[89] reichen können. Dies erfordert nicht nur die im Fall von Art. 4 GG besonders schwierige Bestimmung der Grundrechtsschranken, sondern auch eine Antwort auf die im Rahmen des Neutralitätsprinzips geradezu aporetische Frage, was überhaupt als Glaubensüberzeugungen und Gewissensentscheidungen bedingende Religion anzusehen ist.

III. Schranken, religiöses Selbstverständnis und der gewaltenteilige *Tatsächlichkeitsvorbehalt*

Angesichts des bei Art. 4 GG fehlenden Gesetzesvorbehalts ist die Frage nach den auch bei Art. 4 GG „praktisch unvermeidlichen Grundrechtseingriffe[n]"[90] und -schranken von „besondere[r] Brisanz".[91] In der entsprechend kontroversen Debatte lassen sich vier Vorschläge unterscheiden:

Erstens ist von Roman Herzog gefragt worden, „ob es rebus sic stantibus nicht organischer wäre, hinsichtlich der vorbehaltlosen Grundrechte analog auf die Schranken-Trias des Art. 2 I zurückzugreifen."[92] Dieser Vorschlag ist indes nicht nur aufgrund der *Schrankenspezialität* dogmatisch nicht überzeugend,[93] sondern auch deshalb, weil er impliziert, „die Gewissensfreiheit in die Nähe der allgemeinen Handlungsfreiheit zu rücken", sodass die „leidige Diskussion um Art. 2 I GG [...] unter anderer Flagge noch einmal geführt" werden müsste.[94] Zudem verleitet er dazu, die Differenz zwischen

---

86 *Rainer Forst*, Ein Gericht und viele Kulturen, in: Stolleis (Fn. 82), S. 36 (50), Hervorhebung von mir, K. F.

87 BVerfGE 48, 127 (163) – Wehrpflichtnovelle.

88 *Kersten* (Fn. 29), S. 111.

89 Ebd., S. 114.

90 *Christian Bumke/Andreas Voßkuhle*, Casebook Verfassungsrecht, 5. Aufl. 2008, S. 16 f.

91 *Ernst-Wolfgang Böckenförde*, Schutzbereich, Eingriff, verfassungsimmanente Schranken. Zur Kritik gegenwärtiger Grundrechtsdogmatik, Der Staat 42 (2003), S. 165 (181).

92 *Herzog* (Fn. 21), Rn. 114.

93 *Heckel*, Religionsfreiheit und Staatskirchenrecht in der Rechtsprechung des Bundesverfassungsgerichts, in: ders., Gesammelte Schriften, Staat – Kirche – Recht – Geschichte, Bd. V, S. 303 (333, Fn. 100).

Abs. 1 und Abs. 2 des Art. 4 GG zu vernachlässigen. Insofern folgerichtig meint Herzog, das Schrankenproblem trete bei Art. 4 Abs. 1 GG gar nicht auf, sondern nur bei Art. 4 Abs. 2 GG.[95] Dies vernachlässigt aber die Erfahrung der totalitären Diktaturen, dass es durchaus äußere Mittel dafür gibt, „das Gewissen als forum internum zu zerstören oder außer Funktion zu setzen".[96] Auch das Bundesverfassungsgericht lehnt die Übertragung der Schranken-Trias aus Art. 2 Abs.1 GG auf Art. 4 GG in ständiger Rechtsprechung ab und betont stattdessen, Art. 4 Abs. 1 GG sei „gegenüber Art. 2 Abs. 1 GG lex specialis".[97]

Zweitens wird die Auffassung vertreten, Art. 140 GG i. V. m. Art. 136 Abs. 1 WRV bilde eine Schranke für Art. 4 GG.[98] Dies ist aber weder aus der Entstehungsgeschichte heraus plausibel,[99] noch dogmatisch. „Der Grundgesetzgeber hat die Glaubens- und Gewissensfreiheit aus dem Zusammenhang der Kirchenartikel der Weimarer Reichsverfassung gelöst und ohne jeden Gesetzesvorbehalt in den an der Spitze der Verfassung stehenden Katalog unmittelbar verbindlicher Grundrechte aufgenommen. Art. 136 WRV ist deshalb im Lichte der […] Tragweite des Grundrechts der Glaubens- und Gewissensfreiheit auszulegen; er wird nach Bedeutung und innerem Gewicht im Zusammenhang der grundgesetzlichen Ordnung von Art. 4 Abs. 1 GG überlagert."[100]

Drittens ist vom Bundesverfassungsgericht in ständiger Rechtsprechung die Lehre der vom Gesetzgeber zu bestimmenden, verfassungsimmanenten Schranken von Art. 4 GG entwickelt worden.[101] Diese Grundrechtsdogmatik ist jedoch zirkulär, zeigt doch „der fehlende Gesetzesvorbehalt, daß der Gesetzgeber nicht mehr die Freiheit zur Beurteilung und zur Bekämpfung" haben soll.[102] „Das Ensemble verfassungsimmanenter Schranken" ermöglichte

---

94 *Ernst-Wolfgang Böckenförde*, Das Grundrecht der Gewissensfreiheit, VVDStRL 28 (1970), S. 33 (64).

95 Vgl. *Herzog* (Fn. 21), Rn. 76.

96 *Böckenförde* (Fn. 94), S. 50 f.

97 BVerfGE 32, 98 (107) – Gesundbeter; 52, 223 (246) – Schulgebet.

98 *Heckel* (Fn. 93), S. 333; ebd., S. 756; *Uhle* (Fn. 34), S. 311 möchte Art. 140 GG i. V. m. Art. 136 Abs. 1 WRV zumindest als Schranke für Art. 4 Abs. 2 GG sehen.

99 *Christian Bumke*, Der Grundrechtsvorbehalt, 1998, S. 131 f. Vgl. das Zitat des Abgeordneten Dr. von Brentano zur Inkorporation der Weimarer Kirchenartikel in das Grundgesetz in BVerfGE 19, 206 (219 f.) – Kirchenbausteuer.

100 BVerfGE 33, 23 (30 f.) – Eidesverweigerung aus Glaubensgründen. Ebenso *Böckenförde* (Fn. 94), S. 50 f.; *Badura* Grundgesetz (Fn. 78), S. 15; *Heinig* (Fn. 69) S. 12; *Stefan Korioth*, Art. 136 WRV (Lfg. 66), in: Grundgesetz. Kommentar, begr. v. Theodor Maunz / Günter Dürig, hrsg. v. Roman Herzog et al. i. Vbdg. m. Peter Badura et al., 2012, Rn. 4; *Waldhoff* (Fn. 63), S. 151; *Walter* (Fn. 27), S. 513 ff.

101 BVerfGE 32, 98 (108) – Gesundbeter; 33, 23 (29) – Eidesverweigerung aus Glaubensgründen; 52, 223 (246 f.) – Schulgebet; 93, 1 (21) – Kruzifix; 108, 282 (311) – Kopftuch am Arbeitsplatz.

102 *Böckenförde* (Fn. 91), S. 168.

es jedoch, „die Grundrechte ohne Gesetzesvorbehalt, deren Freiheitsgehalt die Verfassung besonders stark gewährleisten wollte, mindestens ebenso leicht, wenn nicht gar leichter zu handhaben und mit Einschränkungen zu versehen, als die Grundrechte mit Gesetzesvorbehalt."[103] Dieser Umstand ist umso problematischer, als die in der Josephine Mutzenbacher-Entscheidung vollzogene „Anerkennung eines ungeschriebenen Grundrechtsvorbehalts"[104] in der Kopftuch-Entscheidung auf problematische Weise fortentwickelt worden ist, indem die Bestimmung und Konkretisierung verfassungsimmanenter Schranken „durch den parlamentarischen Gesetzgeber" in dem Sinne verstanden wird, dass die Volksvertretung dazu angehalten sei, „Notwendigkeit und Ausmaß von Grundrechtseingriffen in öffentlicher Debatte zu klären".[105] Anders als in der an dieser Stelle zitierten Fangschaltungen-Entscheidung erfolgt hiermit nämlich keine Betonung der Wesensgehaltsgarantie aus Art. 19 Abs. 2 GG[106] und damit einer konstitutionellen Beschränkung potentieller gesetzgeberischer Willkür, sondern eine Öffnung gegenüber den bereits vorstehend problematisierten, dezisionistisch-voluntativen Elementen der Demokratie. Wie Odysseus den Preis tödlichen Schiffbruchs nur vermeiden konnte, indem er den Sirenengesang in gefesseltem Zustand vernahm, so bedarf das Experiment demokratischer Freiheit jedoch einer Sicherungsmaßnahme, die darin besteht, dass die Demokratie selbst und zentrale Wertentscheidungen mittels konstitutionalistischer Unverfügbarkeit der demokratischen Disposition entzogen bleiben.[107] Hierbei handelt es sich um eine auf die historische Problembeziehung zwischen Religion und Politik reagierende Unverfügbarkeit zweiter Ordnung:[108] Der liberal-demokratische Verfassungsstaat wendet sich gegen transzendente Begründungen sozialer Ordnung und politischer Herrschaft und versteht diese als keineswegs unverfügbarer göttlicher Bestimmung unterliegend, sondern vielmehr aus dem Willen der Herrschaftsunterworfenen resultierend und dementsprechend disponibel. Dieses Verständnis und seine institutionellen Ausprägungen werden jedoch ihrerseits als unverfügbar verabsolutiert, just um jedwede Reprise religiöser Unverfügbarkeitspostulate hinsichtlich politisch-sozialer Belange auszuschließen. Diese Unverfügbarkeit zweiter Ordnung, die aus dem politischen Willensakt der Verfassungsgebung, in dem die Gestaltbarkeit aller immanenten Ordnung faktisch wie symbolisch aufscheint, resultiert, hat den US-Supreme Court zu der Formel inspiriert, die *rule of law* sei „the great mucilage that holds

103 Ebd., S. 170.

104 *Bumke / Voßkuhle* (Fn. 90), S. 19; BVerfGE 83, 130, 142 – Josephine Mutzenbacher.

105 BVerfGE 108, 282 (312) – Kopftuch am Arbeitsplatz.

106 BVerfGE 85, 386 (404) – Fangschaltungen.

107 *Holmes* (Fn. 13), S 135, 163.

108 *Fischer* (Fn. 5), S. 48 f.

society together."[109] Insofern sie somit grundlegende Fragen der demokratischen Willensbildung entzieht, hat diese konstitutionalistische Unverfügbarkeit „eine freiheitliche, aber nicht unbedingt eine demokratische Tradition",[110] was jedweden dezisionistisch-voluntativen Tendenzen das Bewusstsein entgegensetzt, dass der freiheitliche Konstitutionalismus die Demokratie zu ihrem eigenen Schutz begrenzt.[111]

Viertens hat *Ernst-Wolfgang Böckenförde* vor diesem Hintergrund einen dogmatisch konsistenten und politik- wie rechtstheoretisch überzeugenden Vorschlag gemacht, wie „das leidige Schrankenproblem zwar nicht aufgehoben, aber wesentlich entspannt" werden kann.[112] Und zwar kann „die Heranziehung von verfassungsimmanenten Grundrechtsschranken, die wegen ihrer fehlenden klaren Begrenzung stets der Gefahr ausgesetzt sind, Grundrechtsgehalte zu verengen und die Grundrechte bequem zu machen, [...] wesentlich zurückgedrängt werden", wenn man die Grundrechte ohne Gesetzesvorbehalt allein durch „die elementaren Nichtstörungsschranken, die Bestandteil jeder funktionsfähigen Rechtsordnung sind", beschränkt.[113] Auch und gerade diese elementaren Nichtstörungsschranken bedürfen zwar der näheren Ausformung durch den Gesetzgeber, damit „der unmittelbare Schrankenrückgriff auf die Verfassung durch den Richter entbehrlich wird".[114] Doch können diese Nichtstörungsschranken, sofern sie hinsichtlich ihrer *elementaren* Funktion begriffen und also begrenzt werden, nur prinzipieller Natur sein, sodass sie sich von der weitaus offeneren, öffentlichen Debatte über „Notwendigkeit und Ausmaß von Grundrechtseingriffen"[115] kategorisch unterscheiden.

Dabei ist Art. 4 GG nicht primär von seinem Abs. 2 als vermeintlicher „sedes materiae der religiös orientierten Handlungsfreiheit" her zu verstehen.[116] Vielmehr muss genauer zwischen Abs. 1 und Abs. 2 des Art. 4 GG unterschieden werden als dies in und seit der Aktion Rumpelkammer-Entscheidung erfolgt ist,[117] was dazu geführt hat, dass „die verschiedenen Gewährleistungen in Art. 4 Abs. 1 und 2 zu einem einheitlichen, in seinem Schutzbereich sehr weit ausgelegten und daher eher konturlosen Recht der

---

109 US-Supreme Court, Papachristou v. City of Jacksonville, 405 U.S. 156, 171 [1972].

110 *Ernst-Wolfgang Böckenförde*, Entstehung und Wandel des Rechtsstaatsbegriffs, in: ders., Recht, Staat, Freiheit. Studien zur Rechtsphilosophie, Staatstheorie und Verfassungsgeschichte, 1991, S. 143, 148.

111 *Holmes* (Fn. 13), S. 134 ff.

112 *Böckenförde* (Fn. 91), S. 183.

113 Ebd., S. 190. A.A. *Bumke* (Fn. 99), S. 155 f.

114 Ebd., S. 191.

115 BVerfGE 108, 282 (312) – Kopftuch am Arbeitsplatz.

116 So aber *Herzog* (Fn. 21), Rn. 118. Vgl. *Martin Morlok*, Art. 4, in: Horst Dreier (Hrsg.), Grundgesetz. Kommentar, Bd. I, 1996, Rn. 90; *Heinig* (Fn. 69), S. 11.

117 *Böckenförde* (Fn. 94), S. 65; Fn. 102.

Glaubens- und Bekenntnisfreiheit bzw. der Religionsfreiheit zusammengefaßt“ worden sind.[118] Eine solche „Konturlosigkeit kollektiver oder sozialer Freiheitsbetätigung“ droht zwar ständig, da „beinahe jedes Verhalten Ausdruck sozialer Freiheitsbetätigung“ sein kann.[119] Umso dringlicher ist aber eine Präzisierung des Gewährleistungsgehalts. Hierbei ist davon auszugehen, dass das Religionsverfassungsrecht des Grundgesetzes mit dem korporativen Staatskirchenrecht und der individuellen Religionsfreiheitsgarantie „auf zwei Säulen“ ruht.[120] Dieses „System konzentrischer Kreise, die vom Individualgrundrecht der religiösen Vereinigungsfreiheit (Art. 4 Abs. 1 GG unter Einschluß von Art. 140 GG i. V. m. 137 Abs. 2 WRV) über die korporative Religionsfreiheit (Art. 4 Abs. 2 GG) und das Selbstbestimmungsrecht des Art. 140 GG i. V. m. Art. 137 Abs. 3 WRV bis zu dem von der individuellen Religionsfreiheit relativ weit entfernten, Gemeinwohlinteressen transportierenden Körperschaftsstatus (Art. 137 Abs. 5 WRV) reichen“,[121] zeigt einen hohen Grad interner Differenzierung. Folglich umfasst Art. 4 GG „die Freiheit, einen Glauben zu haben oder nicht zu haben, den Glauben oder die Weltanschauung durch Wort, Rede, Schrift, Erziehung zu bekennen und zu verbreiten oder dies nicht zu tun, die Religion i. S. ihres exercitiums, d. h. in Form von Kulten, Feiern und Gebräuchen privat oder öffentlich auszuüben oder nicht auszuüben. Was hiernach nicht mehr zu diesem Gewährleistungsinhalt gehört, ist die Freiheit zu jedwedem weltlichen, von religiösen Überzeugungen motivierten Verhalten; sie ist erst durch das Bundesverfassungsgericht in Art. 4 Abs. 1 und 2 hineingelesen worden, wodurch dieses Grundrecht entgegen der Intention des Verfassungsgebers zu einem Parallelrecht der allgemeinen Handlungsfreiheit, nämlich der allgemeinen Handlungsfreiheit aus religiöser (oder weltanschaulicher) Überzeugung, und dies ohne jede gesetzliche Einschränkungsmöglichkeit, erweitert worden ist.“[122]

Hiermit ist die Frage nach dem Gegenstandsbereich des Religiösen als weiteres, zentrales Problem des liberal-demokratischen Verfassungsstaates aufgeworfen. Infolge seiner weltanschaulichen Neutralität scheint er näm-

---

118 *Böckenförde* (Fn. 91), S. 181.

119 *Christian Bumke*, Ausgestaltung von Grundrechten. Grundlagen und Grundzüge einer Dogmatik der Grundrechtsausgestaltung unter besonderer Berücksichtigung der Vertragsfreiheit, 2009, S. 44.

120 *Heun*, Trennung, Neutralität oder Gleichheit? (Fn. 71), S. 58.

121 *Peter M. Huber*, Die korporative Religionsfreiheit und das Selbstbestimmungsrecht nach Art. 137 Abs. 3 WRV einschließlich ihrer Schranken, in: Heinig/Walter (Fn. 9), S. 155 (167 f.).

122 *Böckenförde* (Fn. 91), S. 182 f. Demnach ist es natürlich nicht möglich, die Religionsfreiheit interpretatorisch darauf begrenzen zu wollen, dass „der Betreffende einer Religionsgemeinschaft angehört, deren Glaubenslehren sich tatsächlich entsprechende konkrete Aussagen, also konkrete Gebote entnehmen lassen.“ So aber *Claus Dieter Classen*, Religionsfreiheit und Staatskirchenrecht in der Grundrechtsordnung. Zur besonderen Bedeutung der religionsverfassungsrechtlichen Garantien im Lichte der allgemeinen Grundrechtsdogmatik, 2003, S. 54.

lich gehindert, eine solche Bestimmung vorzunehmen, weil sie die diskriminierende Ab- und also Ausgrenzung vermeintlich nicht-religiöser Phänomene implizierte, denen auf diese Weise ihr potentielles Recht auf Religionsfreiheit auf kaltem, definitorischem Wege vorenthalten würde. Diese Problematik hat dazu geführt, dass die ständige Rechtsprechung des Bundesverfassungsgerichts als alleiniges Kriterium das aus dem Neutralitätsprinzip abgeleitete „Selbstverständnis der Religions- und Weltanschauungsgemeinschaften“[123] betont hat. Nach dieser, von der herrschenden Meinung in der Literatur unterstützten Auffassung gilt: Religion ist, was sich selbst für Religion hält bzw. zur Religion erklärt, und im Rahmen des „verfassungsrechtlichen Ordnungsrahmen[s]“ soll das religiöse Selbstverständnis sogar darüber bestimmen dürfen, wie die „als Körperschaften des öffentlichen Rechts verfassten Religionsgemeinschaften [...] ihr Verhältnis zu anderen Religionen und Religionsgemeinschaften [...] gestalten.“[124]

Auf den ersten Blick scheint die Bezugnahme auf das Selbstverständnis die Gerichte von einem nicht nur mit dem Neutralitätsgebot unvereinbaren, sondern ohnehin kaum umsetzbaren Definitionszwang zu entlasten.[125] Doch bei genauerer Betrachtung zeigt sich, dass es gerade der Rekurs auf das Selbstverständnis ist, der staatliche Organe notwendigerweise überfordern muss. Anekdotisch und ironisch, gleichzeitig aber besonders prägnant hat dies der im Sommer 2011 publik gewordene Fall des Österreichers Niko Alm gezeigt. Dieser hatte sich zu der von dem Amerikaner Bobby Henderson gestifteten Glaubensgemeinschaft der „Kirche des Fliegenden Spaghettimonsters“ bekannt[126] und reklamiert, sein Glaube gebiete ihm das Tragen eines Nudelsiebs auf dem Kopf auch auf seinem Führerscheinfoto. Die Wiener Bundespolizeidirektion genehmigte dies schließlich, da sie sich außerstande sah, die religiöse Unernsthaftigkeit zweifelsfrei genug nachzuweisen. Dies ist umso interessanter, als dieser „Pastafarianismus“ im Jahr 2005 als Reaktion auf die Entscheidung der Schulbehörde des US-amerikanischen Bundesstaats Kansas, mit der Lehre vom „Intelligent Design“ eine gegen die Evolutionstheorie gerichtete, kreationistische Lehre als gleichberechtigte Alternative in das schulische Curriculum aufzunehmen, entstanden ist. Henderson begründete seinen Anspruch auf die gleichberechtigte Lehre auch seiner Kosmogonie, dass das Universum von einem fliegenden Spaghettimonster erschaffen worden sei, seinerzeit nämlich mit dem Argument, wenn es schon Wahlfreiheit für abwegige Theorien geben solle, müsse diese für

---

123 BVerfGE 24, 236 (247 f.) – Aktion Rumpelkammer; 42, 312 (334 ff., 344) – Inkompatibilität / Kirchliches Amt; 53, 366 (391 ff.) – Konfessionelle Krankenhäuser; 108, 282 (298 f.) – Kopftuch am Arbeitsplatz.

124 BVerfGE 102, 370 (395) – Körperschaftsstatus der Zeugen Jehovas.

125 *Maclure / Taylor* (Fn. 46), S. 109 ff.

126 http://www.venganza.org; http://www.venganza.info.

alle gelten. Damit hat er einerseits bewusst die selbstironische Unernsthaftigkeit seiner „Religion“ betont, andererseits aber den Finger in die unheilbare Wunde der weltanschaulichen Neutralität des freiheitlichen Verfassungsstaates gelegt: Wollte dieser nämlich zwischen dem mit religiösem Ernst vertretenen Kreationismus und dem eingestandenermaßen nur zu dessen Ironisierung gedachten „Pastafarianismus“ diskriminierend unterscheiden, müsste er sich eine Kompetenz zur Prüfung religiöser Seriosität zuschreiben, die mit seiner religiös-weltanschaulichen Neutralität offenkundig unvereinbar wäre.

Reicht dies zwar schon aus, den Rekurs auf das religiöse Selbstverständnis als religionsverfassungsrechtliche Grundlage zu diskreditieren, gibt es aber auch noch den gewichtigeren Grund, dass es andernfalls zu einer Verlagerung der „Kompetenz-Kompetenz für die Rechtsgebote vom Staat auf die einzelnen und die religiös-weltanschaulichen Gruppen“ käme,[127] die dazu führen könnte, dass der Staat „im Extremfall völlig *depossediert*“ würde, „und zwar nicht zugunsten des Individuums oder der gesamten Gesellschaft, sondern zugunsten einzelner, nicht kontrollierbarer Gruppen.“[128]

Hinsichtlich des solchermaßen drängenden Definitionsproblems kann man *Gunnar Folke Schuppert* folgen, der die Frage danach, was Religion ist, für „relativ einfach“ beantwortbar erklärt hat, insofern Religionen regelmäßig durch Kontingenzbewältigung und Sinnstiftung gekennzeichnet seien.[129] Religionen verbürgen demnach die „Bestimmbarkeit allen Sinnes gegen die miterlebte Verweisung ins Unbestimmbare“.[130] Hierzu entwickeln sie spezifische, durch Transzendenzbezug gekennzeichnete, in der Regel devotionale Weltanschauungen, die infolge unbedingter Wahrheitsgewissheit zur Bewältigung sozialer Kontingenz beitragen und von individueller Weltflüchtigkeit über kollektive Praktiken bis hin zum Aufbau organisatorischer Strukturen reichen können.[131]

---

127 *Böckenförde* (Fn. 91), S. 181.

128 *Herzog* (Fn. 21), Rn. 103 f.

129 *Schuppert* (Fn. 1), S. 23. *Morlok* (Fn. 116), Rn. 41 f. spricht insofern von einem „Grundrecht der Sinnorientierung“. Unterkomplex und in der Konsequenz abwegig ist hingegen die Beschränkung des Bundesverwaltungsgerichts (BVerwGE 123, 49 (55)) darauf, den Begriff der Religionsgemeinschaft „im Kern soziologisch zu verstehen“, insofern „jedes Minimum an Organisation, welches immer entsteht, wenn sich Menschen auf der Grundlage eines gemeinsamen Glaubens zur Erfüllung sich daraus ergebender Aufgaben vereinigen“, genügen soll, nicht hingegen, „dass Menschen eine religiöse Überzeugung teilen“. Inakzeptablerweise würde das Bundesverwaltungsgericht hiermit nämlich Anhängern organisatorisch wenig entwickelter, individualistischer Religionen das Grundrecht aus Art. 4 GG vorenthalten.

130 *Niklas Luhmann*, Die Religion der Gesellschaft, 2000, S. 127.

131 *Ralf Poscher*, Totalität – Homogenität – Zentralität – Konsistenz. Zum verfassungsrechtlichen Begriff der Religionsgemeinschaft, Der Staat 39 (2000), S. 49 fordert zudem, eine Religionsgemeinschaft müsse sich auf das Bekenntnis in seiner Totalität beziehen und ihre Mitgliedschaft müsse Homogenität im Sinne eines Konsenses über das Bekenntnis aufweisen. Zudem müsse die Erfüllung religiöser Aufgaben zentral

Die Erfüllung weitergehender Kriterien wird man lediglich einfordern müssen, wenn Religionsgemeinschaften den Anspruch auf *Governance* by *Religions* erheben. So hat das Verwaltungsgericht Düsseldorf im Jahr 2001 den Anspruch zweier islamischer Verbände auf die Genehmigung der Erteilung staatlichen Religionsunterrichts mit dem Argument abgewiesen, der Staat bedürfe eines dauerhaften und organisierten, „verlässlichen Ansprechpartners", „der die Fähigkeit zu verbindlicher und hinreichend legitimierter Artikulation von Grundsätzen der Religionsgemeinschaft hat", was in diesem Fall nicht gegeben sei, da es den islamischen Verbänden an einer durchgehenden *Legitimationskette*[132] „vom Ansprechpartner zur Basis der Religionsgemeinschaft" mangele.[133]

Diese überzeugende Argumentation zeigt, dass es notwendig ist, zwischen der allen Glaubensüberzeugungen unabhängig von ihrer organisatorischen Struktur zukommenden *Governance* for *Religions* und der weitergehenden, staatliche Hoheitsfunktionen übertragenden *Governance* by *Religions* zu unterscheiden. Denn die *Entstehung des Staates als Vorgang der Säkularisation* (*Böckenförde*) ist eben mit jenem neuzeitlichen Prozess sozialer Differenzierung verbunden, der den Staat als *Selbstbeschreibung des politischen Systems* (*Luhmann*) neben die Religion und das Recht gestellt hat. Und als solch funktionales Teilsystem der modernen Gesellschaft benötigt die Politik notwendigerweise gleichsam eine soziale Adresse, die die Anschlussfähigkeit der Kommunikation garantiert und eine *strukturelle Kopplung* der Funktionssysteme erlaubt, wie sie zwischen Politik und Recht mit der Verfassung besteht und wie das Religionsrecht sie zwischen Religion und Recht etablieren muss.[134]

---

sein, und zwischen religiöser Überzeugung und der Praxis ihrer Träger müsse ein Konsistenz verbürgender Zusammenhang bestehen.

132 BVerfGE 47, 253 (275) – Gemeindeparlamente; 77, 1 (40) – Neue Heimat; 83, 60 (67, 73) – Ausländerwahlrecht II; 93, 37 (67 f.) – Mitbestimmungsgesetz Schleswig-Holstein; *Ernst-Wolfgang Böckenförde*, Demokratie als Verfassungsprinzip (§ 24), in: Josef Isensee/Paul Kirchhof (Hrsg.), Handbuch des Staatsrechts der Bundesrepublik Deutschland, Bd. II, 3. Aufl. 2004, Rn. 11 ff.

133 VG Düsseldorf, Az. 1 K 10519/98, Rn. 109, juris; im Berufungsverfahren ebenso OVG NRW, 19 A 997/02, juris, im Revisionsverfahren dagegen anders BVerwGE 123, 49.

134 *Fischer* (Fn. 5), S. 51. Insofern ist *Dieter Grimms* Formulierung, Recht sei „geronnene Politik", besonders geglückt (*Grimm*, Recht und Politik, JuS 9 (1969), S. 501 (502)). Vgl. *Christoph Möllers*, Referat, in: Verhandlungen des 68. Deutschen Juristentages, Bd. II/1, 2011, S. O 39 (O 46). Hiergegen wird nicht nur mit Blick auf den defizienten Organisationsgrad muslimischer Verbände Einspruch erhoben, sondern auch aus katholischer Sicht, vgl. *Matthias Jestaedt*, Universale Kirche und nationaler Verfassungsstaat – Die Dichotomie von Universalität und Partikularität des Katholischen Kirche als Herausforderung des Staatskirchenrechts, Essener Gespräche zum Thema Staat und Kirche 37 (2003), S. 87 (111), der die „‚Weltkirchenblindheit'" des Staatskirchenrechts mit der Folge, dass die katholische Kirche in das Prokrustesbett des staatlichen Orientierungsmodells gespannt werde, beklagt. Hiergegen wird man einfach einwenden können, dass ihr das alles andere als schlecht bekommen ist, vgl. die in Fn. 36 genannte Literatur.

Es ist aber auch gar nicht richtig, von einer uneingeschränkten Konzentration der Bundesverfassungsgerichtsjudikatur auf das religiöse Selbstverständnis zu sprechen. Vielmehr hat das Gericht bereits früh, in der Frage nach dem Erfordernis schematisch strikter Gleichbehandlung aller Religionsgemeinschaften, betont, es seien „Differenzierungen zulässig, die durch tatsächliche Verschiedenheiten der einzelnen Religionsgesellschaften bedingt sind.“[135] Diese Position ist in der Bahá'í-Entscheidung wesentlich weiterentwickelt und mit einer klaren Abgrenzung gegenüber dem bedingungslosen Rekurs auf das religiöse Selbstverständnis verbunden worden. So heißt es dort, „nicht allein die Behauptung und das Selbstverständnis, eine Gemeinschaft bekenne sich zu einer Religion und sei eine Religionsgemeinschaft“, könne „für diese und ihre Mitglieder die Berufung auf die Freiheitsgewährleistung des Art. 4 Abs. 1 und 2 GG rechtfertigen“. Vielmehr müsse „es sich auch tatsächlich, nach geistigem Gehalt und äußerem Erscheinungsbild, um eine Religion und Religionsgemeinschaft handeln. Dies im Streitfall zu prüfen und zu entscheiden“ obliege „– als Anwendung einer Regelung der staatlichen Rechtsordnung – den staatlichen Organen, letztlich den Gerichten, die dabei freilich keine freie Bestimmungsmacht ausüben, sondern den von der Verfassung gemeinten oder vorausgesetzten, dem Sinn und Zweck der grundrechtlichen Verbürgung entsprechenden Begriff der Religion zugrundezulegen“ hätten.[136] Später ist diese Auffassung mit dem expliziten Hinweis bekräftigt worden, der weltanschaulich neutrale Staat dürfe zwar „im Bereich genuin religiöser Fragen nichts regeln und bestimmen“; dies hindere ihn aber mitnichten, „das tatsächliche Verhalten einer Religionsgemeinschaft oder ihrer Mitglieder nach weltlichen Kriterien zu beurteilen, auch wenn dieses Verhalten letztlich religiös motiviert“ sei.[137]

Diese in ihrer Bedeutung und Angemessenheit kaum zu überschätzende, aber bislang noch wenig ausdrücklich registrierte Lehre des Gerichts lässt sich als *Tatsächlichkeitsvorbehalt* kennzeichnen, mit dem die Unvermeidlichkeit einer staatlichen Interpretation der Tatsächlichkeit religiöser Überzeugung und der hierfür erforderlichen verfassungskonformen, interpretatorischen Bestimmung des Religionsbegriffs, und zwar erst und nur im Streitfall, betont wird. Gerade diese Beschränkung auf den Streitfall garantiert, dass das Neutralitätsprinzip hiermit nicht ausgehöhlt, sondern spezifiziert wird, ist doch auf diese Weise gerade keinem – wie auch immer demokratischen – politischen Voluntarismus oder Dezisionismus Tür und Tor geöffnet, sondern im Geist der Gewaltenteilung die Prüfung der unabhängigen Judikative vorbehalten.[138] Und die Konsequenz dessen, dass Religionen

---

135 BVerfGE 19, 1 (8) – Neuapostolische Kirche.

136 BVerfGE 83, 341 (353) – Bahá'í.

137 BVerfGE 102, 370 (394) – Körperschaftsstatus der Zeugen Jehovas; 105, 279 (294) – Osho.

bereit sein müssen, „sich von einem für sie äußeren Maßstab schätzen zu lassen", weil man sich sonst „im Kreis drehen" würde, wird zumal auch von religiöser Seite betont.[139]

IV. Individualrechte gegen „administrativen Artenschutz"

Die bisherigen Überlegungen haben gezeigt, welch große Vorzüge „das im harmonischen Ausgleich zwischen Sozialität und Individualität angelegte liberale Grundverständnis"[140] zumal auch in religionsverfassungsrechtlichen und religionspolitischen Konfliktlagen bietet. Dabei dürfte die in puncto religiöser Liberalität erstrebenswerte, transformative Kraft des liberalen Konstitutionalismus insbesondere durch seine Bereitschaft und Fähigkeit bedingt sein, Konflikte „zwischen verschiedenen Trägern eines vorbehaltlos gewährleisteten Grundrechts sowie zwischen diesem Grundrecht und anderen verfassungsrechtlich geschützten Gütern […] nach dem Grundsatz praktischer Konkordanz zu lösen, der fordert, dass nicht eine der widerstreitenden Rechtspositionen bevorzugt und maximal behauptet wird, sondern alle einen möglichst schonenden Ausgleich erfahren."[141] Zwar hat der Staat das Recht, „auch gegenüber der Gewissensentscheidung des Einzelnen seine Pflicht zur Sicherung der menschlichen Existenz zu erfüllen", wenn es beispielsweise darum geht, in Epidemiezeiten Impfungen auch gegenüber Impfgegnern zu erzwingen.[142] Schwieriger zu entscheiden sind jedoch die weitaus häufigeren Fälle, in denen kein Schutz der Allgemeinheit reklamiert werden kann, sondern „kollidierende Grundrechte Dritter und andere mit Verfas-

---

138 In rechtsvergleichender Perspektive betont *Walter* (Fn. 27), S. 217, in Deutschland, Frankreich und die USA werde das Definitionsproblem „weitgehend ähnlich gelöst. Genaue Aussagen dazu, was Religion im einzelnen ausmacht, werden nach Möglichkeit vermieden. Wo ein solches Vorgehen an seine Grenzen stößt, weil die staatliche Rechtsordnung die Definitionsmacht nicht ausschließlich in die Hand des betroffenen Individuums legen kann, wird […] vielfach ein Analogieverfahren verwendet, das sich an den Kennzeichen bestehender Religionsgemeinschaften orientiert, ohne diese Kennzeichen als abschließend zu betrachten oder gar andere Formen von Religiosität damit grundsätzlich auszuschließen. […] Mit Ausnahme einer bestimmten Position in der französischen Tradition, die unter Anwendung extrem laizistischer Vorstellungen dem Staat jegliche Definitionsmacht über den Begriff der Religion abspricht, gehen Rechtsprechung und Literatur in allen drei Staaten davon aus, daß eine Definition von Religion durch die staatlichen Gerichte im Streitfall – aber eben auch nur dann! – unvermeidlich ist."

139 *Rémi Brague*, Atheismus und die Zukunft des Glaubens, zur debatte. Themen der Katholischen Akademie in Bayern, 6/2012, S. 9 (10).

140 *Christian Bumke*, Menschenbilder des Rechts, Jahrbuch des öffentlichen Rechts der Gegenwart, N.F. 57 (2009) S. 125 (137).

141 BVerfGE 93, 1 (21) – Kruzifix. Vgl. BVerfGE 2, 1 (72 f.) – SRP-Verbot; 28, 243 (261) – Dienstpflichtverweigerung; 77, 240 (255) – Herrnburger Bericht; 81, 298 (308) – Nationalhymne; 83, 130 (146 ff.) – Josephine Mutzenbacher; *Konrad Hesse*, Grundzüge des Verfassungsrechts der Bundesrepublik Deutschland, 20. Aufl. 1995, Rn. 72.

142 *Herzog* (Fn. 21), Rn. 157.

sungsrang ausgestattete Rechtswerte" betroffen sind.[143] Diesbezüglich kann der Gesundbeter-Entscheidung nur das schlechte Zeugnis ausgestellt werden, im Ergebnis „irrig [...] und in den allgemeinen Konsequenzen unhaltbar" zu sein, weil „die Grenze des Strafrechts gegen religiös motivierte Übertretungen ohne spezifizierte Abwägung viel zu pauschal und viel zu weit" zurückgenommen worden ist.[144] Andererseits schließt es das liberale Verständnis ebenso aus, in einem Konfliktfall wie der obligatorischen Teilnahme am staatlichen Schulunterricht gegen religiös motivierte Bedenken der Eltern in puncto Biologie- oder koedukativem Sport- bzw. Schwimmunterricht mit dem kommunitaristischen Argument notwendiger Lernprozesse im Zeitalter der Globalisierung leichthin zu zwingen.[145] Nur der individuelle Schutz des Kindes und sein Recht auf Bewahrung vor irreversiblen, biographischen Weichenstellungen infolge elterlicher Entscheidungen sind hier aus liberaler Sicht einschlägig. Hinsichtlich der Erzwingung lebensrettender Bluttransfusionen für Kinder von dies ablehnenden, religiösen Minderheiten dürfte dies unstrittig sein.

Diese Problemkonstellation ist aber auch einschlägig hinsichtlich der jüngsten, heftigen öffentlichen Diskussion über das Urteil des Landgerichts Köln vom 7. Mai 2012 (Az. 151 Ns 169/11) in Sachen Strafbarkeit der Beschneidung Minderjähriger. Im Zuge dessen sind zumal politische Argumente geltend gemacht worden, von der besonderen Verpflichtung Deutschlands gegenüber dem Judentum infolge der Shoah, über die integrationspolitische Berücksichtigung der muslimischen Minderheit bis hin zu der Frage, ob eine moderne, säkulare Rechtsordnung sich in eine normative Konkurrenz zu einer mehrtausendjährigen Religion setzen sollte.

Entgegen dem Tenor dieser Diskussion ist der Schutzbereich des Art. 4 GG in diesem Fall jedoch gar nicht als eröffnet zu betrachten. Die Religionsfreiheit kann es nämlich „von vornherein nicht legitimieren, die grundlegenden Rechte Dritter – hier: die körperliche Unversehrtheit des Kindes – zu beeinträchtigen."[146] Denn hierbei handelt es sich um eine indisponible Nichtstörungsschranke hinsichtlich des elementaren Gutes der Bewahrung vor konkreter, unmittelbarer und irreversibler Schädigung. Andernfalls

---

143 BVerfGE 28, 243 (261) – Dienstpflichtverweigerung. Vgl. eine Fülle von Beispielen, wie Helmpflicht für Sikhs, koschere Gefängniskost für jüdische Häftlinge und Gebete am Arbeitsplatz für Muslime, bei *Dieter Grimm*, Multikulturalität und Grundrechte, in: Rainer Wahl/Joachim Wieland (Hrsg.), Das Recht des Menschen in der Welt. Kolloquium aus Anlaß des 70. Geburtstags von Ernst-Wolfgang Böckenförde, 2002, S. 135 (136 ff.).

144 *Heckel* (Fn. 93), S. 333 Fn. 101.

145 So aber *Maclure/Taylor* (Fn. 46), S. 134 ff.

146 *Tatjana Hörnle/Stefan Huster*, Wie weit reicht das Erziehungsrecht der Eltern? – Am Beispiel der Beschneidung von Jungen, JZ 2013, Heft 7 (i.E.); a. A. *Heiner Bielefeldt*, Der Kampf um die Beschneidung. Das Kölner Urteil und die Religionsfreiheit, Blätter für deutsche und internationale Politik 9/2012, S. 63; *Martin Hochhuth*, Beschneidung im religionsneutralen Staat, NJW-Editorial, NJW 29/2012, S. 3.

drohte ein Dammbruch gegenüber ähnlich gelagerten, unstrittig extremeren Fällen wie Witwenverbrennung und weiblicher Genitalverstümmelung.[147]

Fraglich ist mithin allenfalls die hier nicht zu erörternde Einschlägigkeit von Art. 6 Abs. 2 S. 2 GG. Will man nicht ausgerechnet in der Beschneidungskontroverse eine Regression auf dezisionistisch-voluntative Parameter riskieren, sollte man sie jedoch keinesfalls als „originär politische Frage" ansehen.[148] Gerade angesichts der in diesem Zusammenhang unter dem Begriff „Vulgärrationalismus" geführten, demagogischen Gegenaufklärung[149] bedarf es vielmehr des unbedingten Festhaltens an der liberalen Tradition, in solchen Kontroversen gerade nicht politischen Willen und demokratische Entscheidung gegen deren rechtliche Rahmenbedingungen auszuspielen, sondern an der normativen Gleichursprünglichkeit von Rechtsstaatlichkeit und Demokratie festzuhalten.[150]

Tut man dies, ist insbesondere klar, dass jeglicher wohlmeinende Versuch einer Garantie kollektiver kultureller oder eben religiöser Traditionen verfehlt ist, denn „eine Kultur eignet sich nicht als solche zum Rechtssubjekt, weil sie die Bedingungen ihrer Reproduktion nicht aus eigener Kraft erfüllen kann, sondern auf die konstruktive Aneignung durch eigensinnige, ‚Ja' oder ‚Nein' sagende Interpreten angewiesen ist. Das Überleben von Identitätsgruppen und der Fortbestand ihres kulturellen Hintergrunds *kann* deshalb gar nicht durch kollektive Rechte garantiert werden. Eine Überlieferung muss ihr kognitives Potential so entfalten können, dass die Adressaten die Überzeugung gewinnen, es lohne sich, genau diese Tradition weiterzuführen. Und die hermeneutischen Bedingungen für die Fortsetzung von Traditionen können eben nur durch individuelle Rechte sichergestellt werden."[151] Daher wären kollektive Rechte im demokratischen Rechtsstaat sogar „normativ fragwürdig. Denn der Schutz von identitätsbildenden Lebensformen und Traditionen soll ja letztlich der Anerkennung ihrer Mitglieder dienen; er hat keineswegs den Sinn eines administrativen Artenschutzes. Der ökologische Gesichtspunkt der Konservierung von Arten läßt sich nicht auf Kulturen übertragen."[152] Vielmehr müssen kulturelle Traditionen „von sich *über-*

---

147 Vgl. *Hörnle/Huster* (Fn. 146).

148 So aber *Hörnle/Huster*, ebd. Pointiert *Jürgen Kaube*, Das Wohl des Kindes, Frankfurter Allgemeine Zeitung, 28. Juni 2012, S. 31: „Wer Richtern [...] den Vorwurf macht, sie machten den Rechtspositivismus zu einer Ersatzreligion, macht ihnen in Wahrheit das größte Kompliment."

149 *Navid Kermani*, Ein Triumph des Vulgärrationalismus, Süddeutsche Zeitung, 30. Juni 2012, S. 13.

150 *Jürgen Habermas*, Faktizität und Geltung. Beiträge zur Diskurstheorie des Rechts und des demokratischen Rechtsstaats, 1992, S. 155.

151 *Habermas*, Zwischen Naturalismus und Religion (Fn. 2), S. 313.

152 *Jürgen Habermas*, Kampf um Anerkennung im demokratischen Rechtsstaat, in: ders., Die Einbeziehung des Anderen. Studien zur politischen Theorie, 1996, S. 237 (259).

zeugen, d. h. zur produktiven Aneignung und Fortführung motivieren" und dies kann nur ermöglicht, nicht aber als Ergebnis garantiert werden, weil die Garantie auf Kosten des individuellen Rechts kritischer Prüfung und Ablehnung der Tradition gehen müsste.[153] Dieser Umstand, dass zwar gerade im Bereich des korporativen Staatskirchenrechts Gruppenrechte vorgesehen sind, Grundrechte aber Individualrechte sind und es also insbesondere im Konfliktfall kein „Grundrecht auf Gruppenidentität" und keinen „ausdrücklichen Schutz kultureller Minderheiten" im Grundgesetz gibt,[154] bedeutet notwendigerweise einen impliziten Anpassungsdruck für kulturelle Traditionen.[155] Dieser muss allerdings nicht als Problem für die liberale, weltanschauliche Neutralität angesehen werden, solange Begründungsneutralität von Wirkungsneutralität unterschieden bleibt.[156]

Nur auf diese Weise kann jedenfalls garantiert werden, dass die „legitimierenden Gründe" der zu rechtfertigenden Normen „wechselseitig und allgemein akzeptabel" ausfallen, womit jedwede Berufung „auf eine ‚höhere Wahrheit'" ausgeschlossen ist, zugunsten der Mitsprache derjenigen, die potentiell von einer Norm betroffen sind, bei ihrer Begründung.[157]

In jeder Problemhinsicht zeigt sich also, dass die größte Freiheit und Friedlichkeit sozialer Ordnung stets durch die rechtsstaatliche Garantie und den gerichtlichen Schutz individueller Rechte verbürgt wird, was eine agnostizistische Selbstbeschränkung auf Seiten des weltanschaulich neutralen, liberal-demokratischen Verfassungsstaates ebenso voraussetzt wie religiöse Liberalität auf Seiten der Glaubensgemeinschaften.

---

153 Ebd.

154 *Grimm* (Fn. 143), S. 139.

155 *Grimm* (Fn. 40), S. 2382; *Habermas* (Fn. 152), S. 261 spricht sogar davon, dass „rigide Lebensformen" in der Moderne „der Entropie anheim" fallen.

156 *Huster*, Die ethische Neutralität des Staates (Fn. 72), S. 98 ff.

157 *Rainer Forst*, Das Recht auf Rechtfertigung. Elemente einer konstruktivistischen Theorie der Gerechtigkeit, 2007, S. 249.

Graduelle Entkoppelung von Staat und Recht

Von Christian Bumke, Berlin*

I. Einleitung

Folke Schuppert liebt hybride Gebilde, die die vertrauten Sehgewohnheiten herausfordern und tradierte Unterscheidungen in Frage stellen. Unter dem Titel „Zur graduellen Entkoppelung von Staat und Recht" beschäftigt er sich in seinem Buch „Governance und Rechtsetzung" mit solchen Gebilden, nämlich den transnationalen Rechtsstrukturen, und denkt dabei über das Verhältnis zwischen Staat und Recht nach.[1] Im Folgenden möchte ich seine Überlegungen aufgreifen und ihnen am Verhältnis zwischen den von Privaten geschaffenen Regeln und der staatlichen Rechtsordnung nachgehen.

Es handelt sich bei diesem Gegenstand um ein facettenreiches Feld an Phänomenen, Akteuren und jahrzehntelangen Diskussionen von Gesellschafts- und Geisteswissenschaftlern aller Fachrichtungen. Um sich auf diesem Feld zu orientieren, möchte ich zunächst das Phänomen privater Regeln erläutern und zentrale Berührungspunkte zur staatlichen Rechtsordnung aufzeigen. Dies erlaubt es, einen Kreis von Regeln als Privates Recht zusammenzufassen, auf den ich mich im Weiteren konzentrieren möchte. Anschließend werde ich dem Verhältnis von Staat, Souveränität und Recht nachgehen, um daran zu erinnern, dass der Gedanke staatlicher Souveränität einer privaten Rechtssphäre nie entgegenstand und dass diese unter einem Vorbehalt des Politischen stehende Autonomie bis in das 20. Jahrhundert hinein das Verhältnis zwischen Staat und Privatrecht bestimmt hat. Erst unter der Idee des demokratischen Verfassungsstaates verwachsen politische Herrschaft und Recht unauflöslich miteinander. Dem verfassungsdemokratischen Ordnungsanspruch können sich weder das Privatrecht noch das Private Recht entziehen. Doch die Wirklichkeit will nicht immer so, wie das Recht es will, und so stößt man auf Orte Privaten Rechts, an denen sich die demokratische Zurechnung ausgedünnt hat oder von vornherein fehlt. Wie mit

---

* Der vorliegende Beitrag bildete die maßgebliche Grundlage für den Beitrag von *Bumke/Röthel*, Auf der Suche nach einem Recht des Privaten Rechts, in: dies. (Hrsg.), Privates Recht, 2012, S. 1 ff.

1 *Schuppert*, Governance und Rechtsetzung, 2011, S. 359 ff.

dieser Wirklichkeit umzugehen ist, ob sich der Ordnungsanspruch des demokratischen Verfassungsstaates bescheiden sollte, alternative Formen der Legitimierung vorhanden sind oder sich die Schwierigkeiten bei genauerer Betrachtung in Wohlgefallen auflösen, ist Gegenstand meiner abschließenden Überlegungen.

II. Annäherung an das Phänomen Privaten Rechts

1. Erscheinungsformen und Eigenheiten privater Regeln und Muster

In allen Lebensbereichen schaffen Private Regeln und Muster für Regeln. Sie legen die Größe von Schrauben fest, entwickeln Vertragsmuster für komplizierte internationale Transaktionen, stellen Standards für die Rechnungslegung auf, entscheiden sich für eine bestimmte elektronische Technik, treffen Absprachen über ihr Verhalten auf einem Markt, schlichten ihre Streitigkeiten mit Hilfe von Mediatoren oder Schiedsgerichten und verpflichten sich mitunter dazu, moralisch anstößige Praktiken wie etwa Kinderarbeit zu unterlassen.

In all diesen Fällen sind oder fühlen sich Private ihren Regeln verpflichtet. Es mag verschiedene Gründe geben, warum sie einer Regel folgen; einer dieser Gründe ist, dass es sich um eine Regel handelt. Die Regeln besitzen einen normativen Gehalt und dadurch unterscheiden sie sich von bloßen Gewohnheiten und anderen Verhaltensregelmäßigkeiten.[2] Private Regeln finden sich in den verschiedenen normativen Bereichen einer Gesellschaft: Sie können aufgrund moralischer, wirtschaftlicher, politischer, religiöser oder rechtlicher Erwägungen bestehen und tragen zur Bildung gesellschaftlicher Ordnung(en) bei. Eine Regel kann deshalb rechtlich betrachtet unverbindlich, wirtschaftlich oder sozialmoralisch betrachtet aber sehr wohl verbindlich sein – und umgekehrt.[3]

---

2 Zu den erheblichen Schwierigkeiten, das Phänomen des Normativen zu erfassen, siehe aus neuerer Zeit *Wedgwood*, The Nature of Normativity, Oxford 2007; *Robertson*, Introduction: Normativity, Reasons, Rationality; in: Robertson (Hrsg.), Spheres of Reason, Oxford 2009, S. 1; *Turner*, Explaining the Normative, Cambridge, UK, 2010, S. 1 ff.; sowie die in Bertea/Pavlakos (Hrsg.), New Essays on the Normativity of Law, Oxford 2011, versammelten Beiträge. Ein deutlich abweichendes Verständnis von dem hier zugrunde gelegten entwickelt *Stemmer*, Normativität, 2008. Im englischsprachigen Raum wird in diesem Zusammenhang von „social norms" gesprochen. Zu der sehr umfangreichen Diskussion siehe nur die Zusammenstellung wichtiger Diskussionsbeiträge in: *E. A. Posner* (Hrsg.), Social Norms, Nonlegal Sanctions, and the Law, Cheltenham 2007. Einen Überblick über verschiedene Ansätze, solche Phänomene rechtlich zu erfassen, gibt *Glinski*, Die rechtliche Bedeutung der privaten Regulierung globaler Produktstandards, 2010, S. 68 ff.

3 In ähnliche Schwierigkeiten gerät man beim Umgang mit dem „soft law" (siehe nur *Knauff*, Der Regelungsverbund: Recht und Soft Law im Mehrebenensystem, 2010, S. 216 ff.; *Arndt*, Sinn und Unsinn von Soft Law, 2011). Die verschiedenen Formen

Private Regeln entstehen auf unterschiedlichste Weise, und noch vielgestaltiger als ihre Entstehungsformen sind ihre Funktionen und Wirkungen. Private Regeln können, um nur einige hervorstechende Formen anzuführen, vereinbart, einseitig gesetzt oder vom Staat initiiert sein. Es können Regeln über ihre Erzeugung existieren; es kann aber auch vom Zufall abhängen, wie sie sich herausbilden. Die Teilnehmer eines Marktes, Rechtsanwaltskanzleien, Wissenschaftler und andere Expertengruppen, Interessensverbände oder institutionell gefestigte Einrichtungen können am Prozess der Regelerzeugung beteiligt sein.[4]

Private Regeln dienen der Ordnungsbildung, also der Schaffung und Erhaltung friedlicher und vorhersehbarer Verhältnisse, sowie der Kooperation und Koordination von Verhalten. Darüber hinaus sind ihre Funktionen und Wirkungen ebenso weit gestreut wie die menschliche Kultur.

2. Privates Recht und seine Funktionen

a) In Anbetracht dieser Vielfalt und des Umstandes, dass das zu seiner Charakterisierung benutzte Vokabular dem rechtlichen Diskurs nicht fremd ist, stellt sich die Frage, ob sich ein Kreis von privaten Regeln bestimmen lässt, bei dem es sich als sinnvoll erweist, ihn als Privates Recht auszuzeichnen. Als maßgebliches Kriterium dafür kommt die Verknüpfung mit der Rechtsordnung eines Landes, eines Bundes oder einer internationalen Organisation in Betracht. Eine solche Verbindung kann auf ganz unterschiedliche Weise hergestellt werden: Private Regeln können wie der Vertrag oder die Satzung als eine Handlungsform des Rechts anerkannt sein. Sie können

---

der Verbindlichkeit dürften den maßgeblichen Grund für die Schwierigkeiten des Rechts im Umgang mit solchen Ansprüchen bilden. Die verpflichtende Kraft kann das Recht nur in dem von ihm vorgesehenen Rahmen, wie etwa durch die in Art. 4 Abs. 1 GG geschützte Gewissensfreiheit, akzeptieren. Die aus rechtlicher Sicht bloße faktische Wirkung geht eben über eine bloße Tatsache hinaus und kann gerade deshalb so wirkungsmächtig werden.

4 Einen Eindruck von der Vielfalt und den Eigenheiten – begrenzt auf das Feld Privaten Rechts – geben: *F. Kirchhof*, Private Rechtsetzung, 1987, Teil B; *S. Augsberg*, Rechtsetzung zwischen Staat und Gesellschaft, 2003, 2. Kap.; *Bachmann*, Private Ordnung, 2006, § 2; *Köndgen*, Privatisierung des Rechts, AcP 206 (2006), S. 478 (479 ff.); *Calliess / Zumbansen*, Rough Consensus and Running Code, Oxford 2010, S. 153 ff., 181 ff.; *Schuppert* (Fn. 1), S. 200 ff., 373 ff., 386 ff., und die in *Bumke / Röthel* (Hrsg.), Privates Recht, 2012, versammelten Beiträge.

Sehr lehrreiche Fallstudien finden sich beispielsweise ferner bei *M. Schwab*, Rechtsfragen der Politikberatung im Spannungsfeld zwischen Wissenschaftsfreiheit und Unternehmensschutz, 1999, S. 237 ff., 252 ff. zu Äußerungen der DFG; *Schepel*, The Constitution of Private Governance, Oxford 2005; *Fischer-Lescano / Teubner*, Regime-Kollisionen, 2006, S. 66 ff.; *Renner*, Zwingendes transnationales Recht, 2010, S. 92 ff., 126 ff., 169 ff.; *Glinski* (Fn. 2); *Krisch*, Beyond Constitutionalism: The Pluralist Structure of Postnational Law, Oxford 2010, S. 189 ff.; *Vöneky*, Recht, Moral und Ethik, 2010, zu Ethikräten; *Weiß*, Hybride Regulierungsinstrumente, 2011, zu Corporate-Governance-Kodizes.

durch einen Verweis in die Rechtsordnung transformiert werden.[5] Ihre Beachtung kann als Rechtmäßigkeitsvermutung ausgestaltet sein oder als Maß für die Bestimmung von Sorgfaltspflichten herangezogen werden.[6] Oft wird die Verknüpfung auch dadurch bewerkstelligt, dass sich die Rechtsordnung ein Stück weit zurücknimmt und einen Einschätzungs- oder Gestaltungsspielraum anerkennt, der durch private Regeln ausgefüllt werden darf. Ein schönes Beispiel dafür bietet die Eröffnung von Rechtswahlmöglichkeiten, wie sie sich in den unionsrechtlichen Verordnungen über das Internationale Privatrecht finden.[7]

Wenn private Regeln auf die geschilderten Weisen in die Rechtsordnung eingebunden werden, lassen sie sich als „Privates Recht" bezeichnen. Dieses Recht sollte nicht mit dem Rechtsgebiet des Privatrechts verwechselt werden. Denn das Privatrecht ist Teil der hoheitlich geschaffenen Rechtsordnung. Zudem begegnet man dem Privaten Recht sowohl im Öffentlichen Recht als auch im Privatrecht.[8]

b) Um die spezifischen Funktionen des Privaten Rechts zu erschließen, ist es wichtig, zwischen jenen Regeln, die wie Verträge als Rechtsgeschäft und damit als rechtliche Handlungsform anerkannt werden (rechtsgeschäftliche Regeln), und den übrigen privaten Rechtsregeln zu unterscheiden.

Private Regeln, die als Rechtsgeschäfte anerkannt werden, werden zu einem Teil des Privatrechts und besitzen deshalb sämtliche Funktionen und Wirkungen, die dem Privatrecht auch sonst zugeordnet werden. Im Vordergrund stehen dabei Freiheit und Autonomie, Interessenverwirklichung und Interessenausgleich sowie das friedliche Miteinander und der gesellschaftliche Wohlstand.[9]

---

5 Näher *R. Breuer*, Direkte und indirekte Rezeption technischer Regeln durch die Rechtsordnung, AöR 101 (1976), S. 46; *Augsberg* (Fn. 4), S. 173 ff.; *Becker*, Kooperative und konsensuale Strukturen in der Normsetzung, 2005, S. 537 ff.; *Debus*, Verweisungen in deutschen Rechtsnormen, 2008.

6 Näher zu den verschiedenen Formen der Verknüpfung hoheitlichen und Privaten Rechts *Eifert*, Regulierungsstrategien, in: Hoffmann-Riem/Schmidt-Aßmann/Voßkuhle (Hrsg.), Grundlagen des Verwaltungsrechts, Bd. 1, 2. Aufl. 2012, § 19 Rn. 62 ff.; sowie ausführlich *Becker* (Fn. 5).

7 Näher zum Prinzip der Rechtswahlfreiheit im internationalen Privatrecht *Rühl*, Statut und Effizienz, 2011, S. 429 ff.; siehe ferner *Martiny*, in: Reithmann/ders. (Hrsg.), Internationales Vertragsrecht, 7. Aufl. 2010, S. 86 ff.; *O'Hara/Ribstein*, The Law Market, Oxford 2009.

8 Stärker am Privatrecht ausgerichtet, aber vor allem am Phänomen des Privaten Rechts interessiert *Michaels/Jansen*, Private Law Beyond the State?, in: Jansen/Michaels (Hrsg.), Beyond the State: Rethinking Private Law, 2008, S. 69; *Jansen*, The Making of Legal Authority, Oxford 2010, mit einsichtsvollen historischen Längsschnitten; siehe ferner *Snyder*, Private Lawmaking, Ohio St. L. J. 64 (2003), S. 371.

9 Zu den Aufgaben des Privatrechts siehe nur aus deutscher Perspektive *L. Raiser*, Die Aufgabe des Privatrechts, 1977; *Reuter*, Die ethischen Grundlagen des Privatrechts, AcP 189 (1989), S. 199; *F. Bydlinski*, Formale Freiheitsethik und andere Ethiken im Privatrecht, in: Kessal-Wulf/Martinek/Rawert (Hrsg.), Freiheitsethik und

Die übrigen rechtlich relevanten Regeln lassen sich auf zwei Grundfunktionen zurückführen: Sie werden entweder alternativ zum hoheitlichem Recht, seiner Kontrolle und Durchsetzung genutzt oder sie dienen der rechtlichen Maßstabsbildung.[10] Letzteres geschieht, indem sie Anforderungen für das Verhalten, die Herstellung von und den Umgang mit Sachen, die Errichtung und die Tätigkeit von Organisationen oder den Ablauf von Verfahren aufstellen oder präzisieren.[11]

Weitere Funktionen treten hervor, sobald man das Private Recht aus der Perspektive hoheitlicher Ordnungs- und Steuerungsbemühungen betrachtet.[12] Oft wird auf das Private Recht aus Nützlichkeitserwägungen zurückgegriffen: Ziel ist vor allem die Einbindung Privater bei der Bewältigung öffentlicher Aufgaben. Dies kann dadurch geschehen, dass die Aufgaben von Privaten selbst erledigt oder die Hoheitsträger bei ihrer Erledigung unterstützt werden, indem etwa privates Wissen in Form von Regeln generiert oder sie zu Kontrollaufgaben herangezogen werden.[13]

III. Staat und Recht

Nähert man sich dem Privaten Recht über seine Verknüpfung mit einer Rechtsordnung, setzt ein solcher Schritt voraus, dass sich die privaten Regeln zunächst einmal von der Rechtsordnung unterscheiden lassen. Diese

materiale Verantwortungsethik, 2006, S. 99; *Wieacker*, Das bürgerliche Recht im Wandel der Gesellschaftsordnungen (1960), in: ders., Industriegesellschaft und Privatrechtsordnung, 1974. Interessanterweise wird derzeit über die Aufgaben des Privatrechts vor allem in Abgrenzung zum öffentlichen Recht nachgedacht; dazu *Schmidt-Aßmann*, Öffentliches Recht und Privatrecht: Ihre Funktionen als wechselseitige Auffangordnungen, in: ders./Hoffmann-Riem (Hrsg.), Privatrecht und öffentliches Recht als wechselseitige Auffangordnungen, 1996, S. 7.

10 Vgl. *Eifert* (Fn. 6), Rn. 61 ff., 73 ff., 80 ff. Siehe ferner *Michael*, Rechtsetzende Gewalt im kooperativen Verfassungsstaat, 2002; *Augsberg* (Fn. 4), S. 46 ff.; *Bachmann* (Fn. 4), S. 363 ff., und speziell zum Phänomen der Selbstverpflichtung *Faber*, Gesellschaftliche Selbstregulierungssysteme im Umweltrecht unter besonderer Berücksichtigung der Selbstverpflichtung, 2001; *Frenz*, Selbstverpflichtungen der Wirtschaft, 2001.

11 Näher *Schepel* (Fn. 4); *Peters / Koechlin / Förster / Zinkernagel* (Hrsg.), Non-State Actors as Standard Setters, Cambridge, UK, 2009.

12 Aus der Fülle des Schrifttums siehe nur *Trute*, Verwaltung und Verwaltungsrecht zwischen gesellschaftlicher Selbstregulierung und staatlicher Steuerung, DVBl. 1996, S. 950; *Di Fabio*, Verwaltung und Verwaltungsrecht zwischen gesellschaftlicher Selbstregulierung und staatlicher Steuerung, VVDStRL 56 (1997), S. 235; *Schmidt-Preuß*, Verwaltung und Verwaltungsrecht zwischen gesellschaftlicher Selbstregulierung und staatlicher Steuerung, VVDStRL 56 (1997), S. 160; *Voßkuhle*, Neue Verwaltungsrechtswissenschaft, in: Hoffmann-Riem / Schmidt-Aßmann / ders. (Hrsg.), Grundlagen des Verwaltungsrechts, Bd. 1, 2. Aufl. 2012, § 1 Rn. 16 ff.

13 Näher *Voßkuhle*, Beteiligung Privater an der Wahrnehmung öffentlicher Aufgaben und staatliche Verantwortung, VVDStRL 62 (2003), S. 266. Die Anerkennung Privaten Rechts kann aber dazu dienen, Räume für privatautonome Gestaltung zu gewährleisten oder von Privaten geschaffene Positionen zu schützen.

Unterscheidung wird gewöhnlich darauf zurückgeführt, dass das Recht mit dem Staat verkoppelt ist. Ein vollständiges Bild vom Privaten Recht und seiner heutigen Bedeutung lässt sich deshalb nicht ohne einen Blick auf die Beziehung zwischen Recht und Staat gewinnen. Insbesondere lässt sich sonst über die Frage, inwieweit sich das Private Recht von der Rechtsordnung ablösen lässt, nur spekulieren.

Wie nun genau ist das Recht mit dem Staat verkoppelt? Eine oft erzählte Geschichte lautet in etwa so: Seit der zweiten Hälfte des 16. Jahrhunderts bildete sich der territoriale Fürstenstaat als neue Form politischer Ordnung heraus. Den europäischen Fürsten gelang es, sich aus ihren personalisierten lehenschaftlichen Bindungen zu lösen. Konzeptionell getragen von der Idee der Souveränität vermochten sie ihre verschiedenen Herrschaftsbefugnisse zu bündeln und zu verallgemeinern. Recht wurde neben Gewalt, Geld, Familie und rudimentären Formen bürokratischer Verwaltung zu einem entscheidenden Herrschaftsinstrument. Der Fürst verstand sich als Souverän, als höchste Gewalt im Land. Neben tradierten Rechten, wie jenem, oberster Gerichtsherr zu sein, stand im (konzeptionellen) Zentrum der Souveränitätsidee die Befugnis, Recht zu setzen. Das „gute" Recht war nicht länger das alte Recht, sondern die vom Fürsten erlassene Order.[14]

Mit der durch Zwangsmittel bewehrten Rechtsetzungsbefugnis verfügte der Fürst über ein außerordentliches Machtinstrument. Als Menschenwerk beliebig formbar, ließ sich mit der Hilfe des Rechts gesellschaftliche Ordnung im Großen wie im Kleinen gestalten. Die Besonderheit des Rechts bestand und besteht jedoch darin, dass es seine Autorität aus sich selbst zu schöpfen vermag. Der Zwang ist nur die eine Seite des Rechts, die andere besteht in dem Anspruch, gerecht und deshalb gesollt zu sein. Es handelt sich deshalb um ein willkürliches und doch legitimes Machtmittel, das nicht allein auf der Souveränität des Fürsten gründet.[15]

Das Zivilrecht blieb von diesen Veränderungen weitgehend unberührt. Als gemeineuropäisches Gewohnheitsrecht entwickelte es sich – vielfach überlagert und modifiziert durch regionale Besonderheiten – in seinem eigenen Rhythmus. Die Gerichte folgten mehr ihren eigenen Traditionen als den Vorgaben des fürstlichen Souveräns. So bestand zwar eine partielle Koppelung zwischen Staat und Recht. Doch leitete sich das Recht weder vom Staat ab, noch war es auf seine Anerkennung angewiesen; es war allein der Prärogative des Souveräns unterworfen.[16]

---

14 Zu Entwicklung und Funktionen des Souveränitätskonzepts näher *Schuppert*, Staatswissenschaften, 2003, S. 155 ff. Eine ausgezeichnete Analyse und ein differenziertes Bild der historsichen Wirklichkeit zeichnet *Schilling*, Normsetzung in der Krise, 2005.

15 Parallel zum Bemühen um die Monopolisierung der Machtmittel gewann die Überzeugung an Boden, dass der Staat eine rationale Anstalt darstelle, die Sicherheit und Wohlstand für die Untertanen wahre.

Infolge des mit der französischen Revolution erwachten Nationalgedankens veränderte sich auch das Verhältnis zwischen Staat und Recht. Die meisten Menschen verstanden sich als Teil eines kollektiven Ganzen, das im Wettstreit mit den übrigen Nationen stand. Der Ausgang dieses Wettstreits entschied über Größe und Wert eines Volkes. In diesem geistig-politischen Klima entstand nicht nur das Bedürfnis nach einer deutschen Naturwissenschaft, sondern auch jenes nach einem nationalen Privatrecht, in dem sich die nationalen Eigenheiten widerspiegelten. Diese enge Bindung zwischen Staat und Recht war jedoch nicht Ausdruck herrschaftlicher Souveränität, sondern politisch-kulturell bedingt, in ihr drückte sich das nationale Selbstverständnis aus. Der Charakter des Rechts als fürstliches Herrschaftsinstrument blieb von alldem aber unberührt.[17]

Erst unter der Idee des demokratischen Verfassungsstaates kommt es zu jener Symbiose von Staat und Recht, auf der die Gegenüberstellung von privaten Regeln und Rechtsordnung fußt. Im demokratischen Verfassungsstaat nimmt die politische Gemeinschaft ihren Ausgang beim Einzelnen, der in seinem Eigenwert anerkannt wird und kollektiv verbunden als gleicher und freier Bürger die alleinige Basis herrschaftlicher Legitimation bildet. Die Politik ist auf den demokratischen Willensbildungsprozess verpflichtet, für ihre Entscheidungen ist sie auf die Handlungsformen des Rechts angewiesen. Die staatliche Herrschaft ist in drei Gewalten gegliedert und einer verfassungsgerichtlichen Kontrolle unterworfen, die wiederum am Recht ausgerichtet ist. Die Frage nach dem Souverän verliert im demokratischen Verfassungsstaat zumindest nach innen gerichtet ihren Sinn.[18] Die verfassungsgebende Gewalt des Volkes bestimmt die Form kompetenzieller Grenzen oder prozeduraler Gebote wie etwa desjenigen, eine Volksabstimmung abhalten zu müssen. Alle Gewalt und alle Mittel sind im demokratischen Verfassungsstaat rechtlich gebunden und bedürfen einer hinreichenden demokratischen Legitimation.

---

16 Näher *Jansen/Michaels*, Private Law and the State, in: Jansen/Michaels (Hrsg.), Beyond the State: Rethinking Private Law, 2008, S. 15 ff.; *Donahue*, Private Law without the State and During its Formation, in: Jansen/Michaels (Hrsg.), Beyond the State: Rethinking Private Law, 2008, S. 121 ff.

17 Interessant zu sehen ist, dass schon der Wechsel von der ständischen Fürstenordnung zum konstitutionell-monarchischen Nationalstaat als fundamentaler Wechsel und Bruch wahrgenommen wurde und dementsprechend das Staatsrecht und Privatrecht neu gedacht und konzipiert werden müssten. Dieser Bruch ist ein Hauptanlass für *Gerber* sein epochales Werk „Grundzüge des deutschen Staatsrechts, 3. Aufl. 1880“ zu verfassen. Näher *Kremer*, Die Willensmacht des Staates, 2008, S. 114 ff., 305 ff.

18 In diese Richtung *C. Möllers*, Staat als Argument, 2000, S. 214 ff., 228 ff.; *Grimm*, Souveränität, 2009, S. 35 ff.; a. A. *Isensee*, Staat und Verfassung, in: ders./Kirchhof (Hrsg.), Handbuch des Staatsrechts, Bd. 2, 3. Aufl. 2004, § 15 Rn. 12 ff., 46 ff. Neue Aktualität gewinnt der Souveränitätsgedanke bei dem Bemühen des Bundesverfassungsgerichts, mit seiner Hilfe den europäischen Integrationsprozess vor dem Hintergrund von Art. 79 Abs. 3 und 146 GG zu begrenzen, vgl. BVerfGE 123, 267 (344 ff.), aus dem breiten Reigen der Kritik stellvertretend *Thym*, Europäische Integration im Schatten souveräner Staatlichkeit, Der Staat 48 (2009), S. 559.

IV. Privates Recht im demokratischen Verfassungsstaat

Wie aber sieht die Rolle des Privaten Rechts im demokratischen Verfassungsstaat aus?[19] Die verfassungsstaatliche Rechtsordnung beansprucht ein gedankliches, konzeptionelles und normatives Primat gegenüber dem Privaten Recht. Dies gilt jedenfalls für ein Verfassungsverständnis, das das Grundgesetz als eine Grundordnung für das gesamte Gemeinwesen begreift und welches sich in den vergangen Jahrzehnten in Deutschland als herrschendes Verständnis herausgebildet hat. Privates Recht muss sich in die demokratische Verfassungsrechtsordnung einfügen und hat nicht anders als die übrige einfache Rechtsordnung die verfassungsrechtlichen Vorgaben zu beachten.[20]

Der Gestaltungsspielraum Privaten Rechts wird dabei im Wesentlichen von drei Determinanten bestimmt: Er hängt zunächst davon ab, ob und mit welcher Intensität die Verfassung inhaltliche Vorgaben für private Beziehungen und ihre einfachrechtliche Ausgestaltung trifft. Ferner wird dieser Spielraum dadurch bestimmt, wie weit die grundrechtlich geschützten Autonomie- oder Freiheitsbereiche reichen. Schließlich stellt sich die Frage, in welchem Umfang und in welcher Weise Privates Recht an die demokratische Gesetzgebung an- oder rückgebunden sein muss.

Bekanntlich hat sich das Grundgesetz für eine intensive inhaltliche Bindung und die Möglichkeit verhältnismäßiger Freiheitsbeschränkungen ausgesprochen. Wie weit der Freiheitsbereich reicht, hängt daneben vom Autonomieverständnis ab. Dieses ist in Fluss geraten. Privatautonomie wird nicht länger als eine Naturgegebenheit begriffen, für die es ausreicht, dass die Person, rechtlich betrachtet, auch anders hätte handeln können. Immer mehr wird Privatautonomie als ein inhaltlich anspruchsvolles und rechtlich verfasstes Phänomen verstanden. Dies führt dazu, dass Beschränkungen bei der Gestaltung der privaten Verhältnisse gerade dem Schutz und damit der Gewährleistung von Autonomie dienen können.[21]

---

19 *F. Kirchhof* (Fn. 4), S. 486 ff.; *Becker* (Fn. 5). Zur Idee des demokratischen Verfassungsstaates und deren unterschiedlichen Ausformung: *Enzmann*, Der demokratische Verfassungsstaat, 2009.

20 *Jestaedt*, Grundrechtsentfaltung im Gesetz, 1999, S. 72 ff.; *Ruffert*, Vorrang der Verfassung und Eigenständigkeit des Privatrechts: eine verfassungsrechtliche Untersuchung zur Privatrechtswirkung des Grundgesetzes 2001, S. 31 ff., 53 ff. Dadurch unterscheidet sich die Situation vom allgemeinen Verhältnis zwischen Staat und Privatem Recht. Der Staat bzw. der Souverän beansprucht traditionell den Vorrang gegenüber dem Privaten Recht (näher *Jansen/Michaels* [Fn. 16], S. 15; *Wendehorst*, The State as a Foundation of Private Law Reasoning, in: Jansen/Michaels [Hrsg.], Beyond the State: Rethinking Private Law, 2008, S. 145); der Ordnungsanspruch des demokratischen Verfassungsstaates reicht weiter und ist auf umfassende Integration angelegt. Zu einem anderen Bild gelangt man nur, wenn man die Ordnungskraft der Verfassung auf die Ausübung von Hoheitsgewalt beschränkt (state-act-doctrine). In diese Richtung *Böckenförde*, Zur Lage der Grundrechtsdogmatik nach 40 Jahren Grundgesetz, 1990, S. 63, 66 ff.

Schwieriger zu beantworten ist die Frage nach der demokratischen Rückbindung Privaten Rechts. Dabei fällt der Anfang noch leicht: Als private Betätigung sind private Regeln zunächst nicht unmittelbar durch die Grundrechte beeinflusst und genauso wenig den Anforderungen des Demokratieprinzips unterworfen. Doch die Verknüpfung mit der hoheitlichen Rechtsordnung, die aus den Regeln Privates Recht werden lässt, bringt unweigerlich die Fragen nach Intensität, Mitteln und Wegen der Verfassungsbindung mit sich.

Für das rechtsgeschäftlich geformte Private Recht lassen sich diese Fragen noch einigermaßen sicher beantworten. Bei der rechtsgeschäftlichen Formenlehre handelt es sich um einen vom demokratischen Gesetzgeber fein ausgestalteten und wohlgeformten Rechtsbereich, der von der Rechtspraxis intensiv auf- und ausgearbeitet wurde. Aufgabe dieses Rechtsbereichs ist es gerade, private Regeln in die Rechtsordnung zu transformieren und das Recht nach ihrer Maßgabe zu gestalten. Das Private Recht wird hier um seiner selbst willen anerkannt. Daran ändern selbst weitgehende Wahlrechte, wie sie heute im Internationalen Privatrecht bestehen, wenig. Sind sie doch von einer klaren hoheitlichen Entscheidung getragen, um die privatautonome Gestaltungsfreiheit zu stärken. Dies schließt Defizite nicht aus. Doch fehlt es dabei nicht an einer ausreichenden demokratischen Legitimation.[22] Vielmehr betreffen diese Defizite die Frage, ob in Anbetracht der Regelungssituation die Autonomie der Beteiligten in ausreichendem Maße gewahrt wird oder ob es, wie bei Satzungen von Publikumsgesellschaften oder Sportverbänden, einer inhaltlichen gerichtlichen Kontrolle bedarf oder ob, wie im Recht der Allgemeinen Geschäftsbedingungen, darüber hinaus sogar gesetzliche Gestaltungsgrenzen gezogen werden müssen.[23]

Für die übrigen Formen Privaten Rechts lassen sich im Gegensatz zum Rechtsgeschäft keine allgemeinen Antworten geben. Soweit private Regeln als rechtliche Maßstäbe rezipiert werden, haben sich immerhin für die technische Regulierung breit geteilte Vorstellungen über die Anforderungen he-

---

21 Siehe aus der sehr breiten Diskussion nur *Reuter* (Fn. 9); *Canaris*, Wandlungen des Schuldvertragsrechts, AcP 200 (2000), S. 273; sowie den lehrreichen Überblick bei *Wagner*, Materialisierung des Schuldrechts unter dem Einfluss von Verfassungsrecht und Europarecht, in: Blaurock/Hager (Hrsg.), Obligationenrecht im 21. Jahrhundert, 2010, S. 13; zur Kritik statt vieler: *Zöllner*, Regelungsspielräume im Schuldvertragsrecht, AcP 196 (1996), S. 1.

22 A. A. *Rödl*, Private Law Beyond the Democratic Order?, in: Jansen/Michaels (Hrsg.), Beyond the State: Rethinking Private Law, 2008, S. 323.

23 Näher *K. Schmidt*, Gesellschaftsrecht, 4. Aufl. 2002, S. 121 ff.; *Vieweg*, Normsetzung und -anwendung deutscher und internationaler Verbände, 1990, 3. Teil; *Buchberger*, Die Überprüfbarkeit sportverbandsrechtlicher Entscheidungen durch die ordentliche Gerichtsbarkeit, 1999; *Butte*, Das selbstgeschaffene Recht des Sports im Konflikt mit dem Geltungsanspruch des nationalen Rechts, 2010; *Hellwege*, Allgemeine Geschäftsbedingungen, einseitig gestellte Vertragsbedingungen und die allgemeine Rechtsgeschäftslehre, 2010, S. 339 ff., 527 ff.

rausgebildet, die sich aus dem Demokratieprinzip ergeben.[24] Bemerkenswert ist dabei, dass das Gesetz, obwohl es das zentrale demokratische Legitimationsmittel bildet, nicht ausreichen soll, um das nötige demokratische Fundament für die Rezeption zu bilden. Ergänzend werden organisatorische und prozedurale Mindestanforderungen an die privaten Standardsetzer gestellt. Zu ihnen zählen die plurale Besetzung des Entscheidungsgremiums sowie die Einrichtung eines transparenten Verfahrens, das nach Möglichkeit allen Interessierten oder Betroffenen die Gelegenheit bietet, ihre Überlegungen in das Erzeugungsverfahren einzubringen, und das Gremium verpflichtet, sich mit diesen Kommentaren auseinanderzusetzen. Rechtfertigen lassen sich solche zusätzlichen Anforderungen aus der Überlegung heraus, dass es sich um eine Form delegierter Rechtsetzung handelt und deshalb die fehlende sachlich-personelle Neutralität privater Regelsetzungsgremien durch prozedurale und organisatorische Vorgaben ausgeglichen werden muss. Dies unterscheidet die Situation von Gesetzesentwürfen aus privater Hand, die das Gesetzgebungsverfahren nach Art. 77 und 78 GG durchlaufen.[25] Dieses Verfahren muss von seinem Sinn und Zweck her so verstanden werden, dass es die Kraft hat, das erlassene Gesetz von jeder ungerechtfertigten privaten Einflussnahme zu reinigen. Das Gesetz selbst ist stets ausreichend demokratisch legitimiert.

V. Herausforderungen

Auf der internationalen Ebene werden jedoch die Grenzen nationalstaatlicher Ordnungsmacht immer deutlicher. Man kann deshalb von einer Entkoppelung von Staat und Recht sprechen. Um welche Phänomene geht es konkret? Da sind zum Ersten die Verschiebungen auf dem Feld politischer Macht. Sie betreffen die Machtverlagerung von den Staaten auf die internationale Ebene und die Stärkung des exekutiven Gestaltungsvermögens auf Kosten parlamentarischer Richtliniengewalt.[26] Zum Zweiten geht es um die Veränderungen, die sich bei den vielfältigen Prozessen der Rechtserzeugung beobachten lassen. Bei ihnen handelt es sich einerseits um das Herausbewegen aus dem Verfassungsstaat als der Mitte und dem legitimatorischen Zent-

---

24 Dazu *Lamb*, Kooperative Gesetzeskonkretisierung, 1995, S. 182 ff., 238 ff. Siehe ferner *Eichenberger*, Gesetzgebung im Rechtsstaat, VVDStRL 40 (1982), S. 7 (28 ff.); *Lübbe-Wolff*, Verfassungsrechtliche Fragen der Normsetzung und Normkonkretisierung im Umweltrecht, ZG 1991, S. 219 (242 ff.); *Augsberg* (Fn. 4), S. 79 ff., 99 ff., 195 ff.; *Becker* (Fn. 5), S. 351 ff., 479 ff., sowie die Beiträge in: *T. Möllers* (Hrsg.), Geltung und Faktizität von Standards, 2009.

25 Näher *Schuppert* (Fn. 1), S. 72 ff.; *Kloepfer*, Gesetzgebungsoutsourcing, NJW 2011, S. 131.

26 Anschaulich verfolgt von *Slaughter*, A New World Order, Princeton 2004. Siehe ferner *Lübbe-Wolff*, Internationalisierung der Politik und Machtverlust der Parlamente, in: Brunkhorst (Hrsg.), Demokratie in der Weltgesellschaft, 2009, S. 127.

rum, sei es hinauf zur internationalen Ebene oder hinunter zur Ebene privater Akteure. Verfolgen lässt sich dies beispielsweise bei der Herausbildung von materiellen Regeln durch private Schiedsgerichte, um den Streit um internationale Handelsgeschäfte oder die Verwendung von Domainnamen zu lösen.[27] Andererseits kommt es in der Folge zu vielfältigen Verknüpfungen zwischen den verschiedenen Rechts- und Ordnungsebenen, aus denen rechtliche Kondominien oder hybride Gebilde entstehen.[28] Thematisiert wird schließlich das Fragwürdigwerden vertrauter Vorstellungen über die staatliche Rechtsordnung durch die Entterritorialisierung von Ordnungsaufgaben, etwa im Bereich des Umweltschutzes oder der sozialen Sicherheit.[29]

Das Recht internationaler Organisationen, intergouvernementale Absprachen, transnationale Regelwerke und private Regeln bilden ein Reich heterogener, pluralistischer und diffuser Ordnungen, die sich oft kaum gegenüber politischen oder ökonomischen Ansprüchen behaupten können. Auf diesem Feld wird intensiv über die Möglichkeit und Notwendigkeit neuartiger Konstellationen der Rechts- und Ordnungsbildung jenseits der Staaten diskutiert.[30] Die meisten dieser Überlegungen versuchen entweder, die Idee des demokratischen Verfassungsstaates auf die Ebene der internationalen Staatengemeinschaft zu übertragen (Konstitutionalismus)[31], oder an der Stelle einer einheitlichen Ordnung einen Pluralismus von Rechtsregimen zu etablieren, ohne sich dabei aber mit einem maßstabslosen Realismus begnügen zu wollen (normativer Pluralismus)[32].

---

27 Näher *Renner* (Fn. 4).

28 *Calliess/Zumbansen* (Fn. 4), S. 96 ff.; *Schuppert* (Fn. 1), S. 373 ff., 386 ff.

29 Näher *Tietje*, Internationalisiertes Verwaltungshandeln, 2001, S. 171 ff.; *Kment*, Grenzüberschreitendes Verwaltungshandeln, 2010, S. 12 ff., 267 ff., 533 ff.

30 Statt vieler *Teubner*, Globale Zivilverfassungen: Alternativen zur staatszentrierten Verfassungstheorie, ZaöRV 63 (2003), S. 1; *Fischer-Lescano/Teubner* (Fn. 4), S. 25 ff., 170 ff.; *Brunkhorst*, Die Legitimationskrise der Weltgesellschaft, in: Albert/Stichweh (Hrsg.), Weltstaat und Weltstaatlichkeit, 2007, S. 63; *Walker*, Beyond Boundary Disputes and Basic Grids: Mapping the Global Disorder of Normative Orders, Int. J. Const. Law 6 (2008), S. 373; *Berman*, Globaler Rechtspluralismus, in: Kötter/Schuppert (Hrsg.), Normative Pluralität ordnen, 2009, S. 41 (88 ff.); *Calliess/Zumbansen* (Fn. 4), S. 248 ff.; *Krisch* (Fn. 4), S. 225 ff., 264 ff.; *Schultz*, The Concept of Law in Transnational Arbitral Legal Orders and some of its Consequences, J. Int. Dis. Settlem. 2 (2011), S. 59.

31 Hinter den Begriff verbergen sich sehr unterschiedliche Ansätze. Näher zu ihnen *Payandeh*, Internationales Gemeinschaftsrecht, 2010; *Schwöbel*, Global Constitutionalism in International Legal Perspective, Leiden 2011; *Kleinlein*, Konstitutionalisierung im Völkerrecht, 2012. Siehe ferner den eindrucksvollen Entwurf von *Fassbender*, The United Nations Charter as the Constitution of the International Community, Leiden 2009, und ferner *Peters*, Compensatory Constitutionalism, Leiden J. Int. Law 19 (2006), S. 579; sowie unter den Aufsatzsammlungen aus neuerer Zeit: *Klabbers/Peters/Ulfstein* (Hrsg.), The Constitutionalization of International Law, Oxford 2009; *Dobner/Loughlin* (Hrsg.), The Twilight of Constitutionalism?, Oxford 2010; *Joerges/Petersmann* (Hrsg.), Constitutionalism, Multilevel Trade Governance and International Economic Law, Oxford 2011. Grundsätzliche Kritik daran findet sich bspw. bei *Maus*, Verfassung und Verfassungsgebung, in: Kreide/Niederberger (Hrsg.), Staatliche Souveränität und transnationales Recht, 2010, S. 27.

Den Vertretern des Konstitutionalismus geht es darum, die brüchige staatliche Anbindung mit Hilfe des Verfassungsgedankens zu kompensieren und eine hierarchisch aufgebaute Ordnung zu errichten, bei der einzelne Elemente als Leit- oder Strukturprinzipien dienen, um eine innere Ordnung zu schaffen, an der sich der übrige Rechtsstoff ausrichten kann.[33] Über diese Basis hinaus weist der Konstitutionalismus indes eine beträchtliche Heterogenität auf bezüglich des einheitsstiftenden Fundaments, des Prozederes der Begründung und Gewährleistung einer Verfassungsordnung sowie der Wahl der maßgeblichen Leit- und Strukturprinzipien.[34]

Eine entgegengesetzte Perspektive nehmen die Anhänger des Pluralismus ein. Sie sehen in der Hierarchisierung ein unzeitgemäßes und unpraktikables Konzept der Ordnungsbildung.[35] Globalisierung bei gleichzeitiger Fragmentarisierung lässt danach nur ein produktives Neben-, Mit- oder Gegeneinander der (verschiedenen) rechtlichen Regeln zu. Der Nationalstaat müsse realistisch Maß nehmen, die Anmaßungen staatlichen Wissens akzeptieren und sich zurücknehmen, um mehr auf die „unsichtbare Hand“ menschlicher Ordnungsbildung zu vertrauen.[36]

Neben den beiden Gruppen der „Neuerer“ steht die weiterhin große Gruppe der „Verfassungsstaatler“, die sich dem Phänomen Privaten, transnationalen, supranationalen und internationalen Rechts aus der Warte des demokratischen Verfassungsstaates nähern.[37] Wie die übrigen Diskursteilnehmer verzeichnen die „Verfassungsstaatler“ die vielfältigen Veränderungen. Jedoch machen sie sich vor diesem Hintergrund nicht auf die Suche nach neuen Ordnungsvorstellungen, vielmehr diskutieren sie ganz konkret die Konsequenzen für einzelne Staatsorgane, etwa die Reichweite der Mitwirkungsbefugnisse des Bundestages, oder die Notwendigkeit einer weitergehenden Parlamentarisierung der Europäischen Union, wie sie der Lissabon-Vertrag mit sich gebracht hat.[38] Vielfach denken sie auch darüber nach, in welcher Weise das überkommene Verfassungsverständnis modifiziert und an die gewandelten Rahmenbedingungen angepasst werden kann, ohne dass

---

32 *Fischer-Lescano/Teubner* (Fn. 4); *Walker* (Fn. 30); *Tamanaha*, Understanding Legal Pluralism, Syd. L. Rev. 30 (2008), S. 375; *Cotterrell*, Transnational Communities and the Concept of Law, Ratio Juris 21 (2008), S. 1; *Berman* (Fn. 30); *Calliess/Zumbansen* (Fn. 4), S. 248 ff.; *Krisch* (Fn. 4). Eine ausgezeichnete Einführung auf der Basis traditioneller analytischer Rechtstheorie in die Vorstellungswelt des normativen Pluralismus bietet *Twining*, General Jurisprudence, Cambridge, UK, 2009.

33 Näher *Fassbender* (Fn. 31), S. 77 ff.; *Schwöbel* (Fn. 31), S. 109 ff.

34 Siehe nur *Kleinlein* (Fn. 31), S. 5 ff.

35 *Krisch* (Fn. 4), S. 52 ff., 234 ff.

36 *Teubner* (Fn. 30), S. 3 ff.; *Fischer-Lescano/Teubner* (Fn. 4), S. 52 ff.

37 Diese Position wird von *Poscher*, Das Verfassungsrecht vor den Herausforderungen der Globalisierung, VVDStRL 67 (2007), S. 160, anschaulich entfaltet. Siehe ferner *Ruffert*, Die Globalisierung als Herausforderung an das Öffentliche Recht, 2004; *N. C. Ipsen*, Private Normenordnungen als transnationales Recht?, 2009, S. 207 ff.

38 Anschaulich geschildert wird dieser Weg von *Poscher* (Fn. 37), S. 182 ff.

dabei der Ordnungsanspruch des demokratischen Verfassungsstaates aufgegeben wird. Jene, die sich von der Idee des demokratischen Verfassungsstaates her mit dem Privaten Recht beschäftigen, eint die Überzeugung, dass sich so gut wie alle wichtigen Prozesse der Internationalisierung und der Entterritorialisierung mit Hilfe des vorhandenen Normenbestandes, namentlich mittels der Art. 23, 24 und 59 GG, verfassungsrechtlich einfangen und beurteilen lassen.[39]

VI. Legitimität Privaten Rechts[40]

1. Frage und Strategien der Legitimität

Nach dem Gesagten lässt sich das Private Recht aus dem demokratischen Verfassungsstaat nur herauslösen, sofern sich in den globalisiert-fragmentierten Rechtsbereichen das Private Recht unabhängig von der staatlichen Gewalt rechtfertigen lässt. Fehlt es an einer solchen Legitimationsbasis, kann sich das Private Recht vom Ordnungsanspruch des demokratischen Verfassungsstaates nicht befreien, auch wenn es sich tatsächlich lösen mag.[41]

Jede Form der Fremdbestimmung ist legitimationsbedürftig.[42] Fußt die Bindung auf Privatem Recht, darf – angelehnt an *Weber* – von „Herrschaft" gesprochen werden.[43] Ob es eine solche Bindung überhaupt geben kann, ist damit indes noch nicht entschieden.

39 Näher *Poscher* (Fn. 37); *Giegerich*, Europäische Verfassung und deutsche Verfassung im transnationalen Konstitutionalisierungsprozess, 2003, Teil 3; *Röben*, Außenverfassungsrecht, 2007, S. 499 ff.; *P. Kirchhof*, Der europäische Staatenverbund, in: Bogdandy/Bast (Hrsg.), Europäisches Verfassungsrecht, 2. Aufl. 2009, S. 1009.

40 Vgl. *Cutler*, Private Power and Global Authority, Cambridge, UK, 2003, S. 241 ff.; *Schepel* (Fn. 4), S. 406 ff.; *Michael*, Private Standardsetter und demokratisch legitimierte Rechtsetzung, in: Bauer u. a. (Hrsg.), Demokratie in Europa, 2005, S. 431; *Bachmann* (Fn. 4), S. 159 ff.; *Lepsius*, Standardsetzung und Legitimation, in: Möllers/Voßkuhle/Walter (Hrsg.), Internationales Verwaltungsrecht, 2007, S. 345; vgl. weiter die in *Peters/Koechlin/Förster/Zinkernagel* (Fn. 11) im Teil 2 und die in *de Sousa Santos/Rodriguez-Garavito* (Hrsg.), Law and Globalization from Below, Cambridge, UK, 2005, im Teil 3 versammelten Beiträge sowie *Sieber*, Rechtliche Ordnung in einer globalen Welt, RT 41 (2010), S. 151 (174 ff.); *Smith*, The Normativity of Private Law, Oxford L. J. 31 (2011), S. 215.

41 Zur allgemeinen Diskussion um ein eigenständiges Privates Recht siehe *Michaels/Jansen* (Fn. 8); *Zumbansen*, Law After the Welfare State, in: Jansen/Michaels (Hrsg.), Beyond the State: Rethinking Private Law, 2008, S. 349; *Calliess/Zumbansen* (Fn. 4), S. 134 ff., 274 ff.

42 Näher *Fallon*, Legitimacy and the Constitution, Harv. L. Rev. 118 (2005), S. 1787; *Schneider/Nullmeier/Lhotta/Krell-Laluhová/Hurrelmann*, Legitimationskrise nationalstaatlicher Demokratie?, in: Leibfried/Zürn (Hrsg.), Transformationen des Staates?, 2006, S. 197; *Niederberger*, Demokratie unter Bedingungen der Weltgesellschaft?, 2009, Teil 1. Siehe ferner *F. Kirchhof* (Fn. 4), S. 84 ff.; *Scharpf*, Legitimationskonzepte jenseits des Nationalstaates, in: Schuppert/Pernice/Haltern (Hrsg.), Europawissenschaft, 2005, S. 705 (706 ff.); *Mayntz*, Legitimacy and Compliance in Transnational Governance, MPIfG Working Paper 10/5, 2010, S. 5, http://www.mpifg.de/pu/workpap/wp10-5.pdf.

Unter welchen Voraussetzungen Herrschaft als legitim erachtet wird, hängt von den Zeitumständen, den weltanschaulichen Überzeugungen und der gesellschaftlichen Verfasstheit ab. Stellt man sich in die Traditionslinie des Hobbes'schen Leviathan und versteht die Frage normativ, setzt die Suche voraus, dass die gesellschaftliche Ordnung ein Menschenwerk ist, das so, aber auch anders sein könnte. Ein Menschenwerk lässt sich nur rational, also durch gute Gründe rechtfertigen. Trotz des kontingenten Ausgangspunktes der Legitimationsthematik dürfte deshalb am Ende allein die Zustimmungsfähigkeit für den Einzelnen als maßgebliches Legitimationskriterium in Betracht kommen.[44]

Spätestens an dieser Stelle dürfte sich Unmut regen. Denn soweit Privates Recht auf selbstbestimmten Erklärungen oder Zustimmung beruhe, wie dies typischerweise bei Rechtsgeschäften der Fall sei, fehle es doch an einer legitimierungsbedürftigen Fremdbestimmung. Vielmehr sei das Private Recht Ausdruck grundrechtlicher Freiheitsbetätigung und deshalb gerade nicht legitimationsbedürftig.[45] Bei genauer Betrachtung zeigt sich aber, dass auch die rechtsgeschäftliche Zustimmung dazu dient, Fremdbestimmung zu rechtfertigen. Die Zustimmung bindet für die Zukunft und gerade für solche Situationen, in denen sich der Erklärende von seiner Pflicht lösen möchte. Der Selbstbestimmungsakt ist der Grund dafür, warum die eingegangene Bindung als legitimiert erachtet wird. Freiheit und Bindung fallen trotzdem nicht zusammen. Wie weit die rechtfertigende Kraft einer Zustimmung reicht, hängt von mehreren Faktoren ab, allen voran dem zugrunde gelegten Autonomiekonzept, einer realistischen Einschätzung der Gestaltungsmöglichkeiten des Erklärenden sowie der Bedeutung des erstrebten Gutes, die existenziell sein kann, wie etwa die internationale Wettkampftätigkeit für einen Sportler. Es verbleiben demnach schon im Bereich rechtsgeschäftlich geformten Privaten Rechts Legitimationslücken, die wie der Bereich zustimmungsfreien Privaten Rechts vor der Errichtung eines eigenständigen Regimes ausgefüllt werden müssen.[46]

---

43 *M. Weber*, Wirtschaft und Gesellschaft, 5. Aufl. 1980, S. 28 f., 122 ff. Näher *S. Breuer*, Max Webers Herrschaftssoziologie, 1991.

44 Es handelt sich um ein hypothetisches Urteil, das von sehr unterschiedlichen Bedingungen abhängig gemacht werden kann (z. B. prozedurale oder organisatorische Anforderungen an den Prozess der Regelsetzung oder ein bestimmtes Ausmaß tatsächlicher gesellschaftlicher Akzeptanz u. a. m.) und auf der durchaus anfechtbaren Idee einer – wohl lebensweltlich begrenzten – rationalen Einsichtsfähigkeit fußt. Die Anforderungen lassen sich mit Hilfe der Unterscheidung zwischen „Input-orientierte" und „Output-orientierte Legitimation" (näher *Scharpf* [Fn. 42], S. 708 ff.) oder nach den verschiedenen Legitimationsquellen (z. B. Akzeptanz, demokratische Herrschaft, Rationalität, Wohlstand) weiter strukturieren.

45 Vgl. *Bachmann* (Fn. 4), S. 172 ff.; *Cornils*, Die Ausgestaltung der Grundrechte, 2005, S. 201 ff.; *Isensee*, Privatautonomie, in: ders./Kirchhof (Hrsg.), Handbuch des Staatsrechts, Bd. 5, 3. Aufl. 2009, § 150 Rn. 10 ff.

46 *Bachmann* (Fn. 4), S. 204 ff.

Für diese Aufgabe findet sich eine Reihe von Vorschlägen, die entweder auf den Gedanken privater Ordnung, Momente rationalen Handelns, inhaltliche Richtigkeit oder demokratische Einbindung abstellen.[47] Letzterer Weg, für den exemplarisch die Verwirklichung des Gemeinwohls steht,[48] scheitert schon am Unvermögen, solche inhaltlichen Maßstäbe zu operationalisieren. Vielmehr haben die Erfahrungen der gesellschaftlichen Praxis und die Reflexionen der politischen Theorie gezeigt, dass es einer äußerst komplexen institutionell-inhaltlichen Ordnung wie des demokratischen Verfassungsstaates bedarf, um eine Chance zu haben, Gemeinwohl zu erzeugen.[49]

Im Rahmen rationaler Maßstäbe dürfte heutzutage die größte Aufmerksamkeit auf den ökonomischen Nutzen gerichtet sein. Dieser ist an die Stelle des Gemeinwohls getreten und verspricht, auch den kompliziertesten Wertkonflikt auf ein Rechenexempel zu reduzieren.[50] Statt kontingenter Mehrheitsüberzeugung soll das ökonomische Kalkül herrschen. Nun sollte man sich davor hüten, eine Aporie zwischen demokratischer und rationaler Entscheidung anzunehmen. Gerade der demokratische Verfassungsstaat ist als Rechtsstaat der Rationalität verpflichtet.[51] Eine präzise Kosten-Nutzen-Analyse kann genauso wie ein aufhellender funktionaler Rechtsvergleich oder eine Bedürfnisanalyse den maßgeblichen Grund dafür bilden, das Recht in einer bestimmten Weise zu gestalten.[52] In Acht nehmen sollte man sich vor den Illusionen reiner Nützlichkeit oder Vernünftigkeit. Auf ihnen lässt sich das gesuchte legitimatorische Fundament nicht errichten.

---

47 *Dickinson*, Public Law Values in a Privatized World, Yale J. Int'l L. 31 (2006), S. 383; *Zumbansen,* The Law of Society: Governance Through Contract, Indiana J. Global L. Studies 14 (2007), S. 191 (220 ff.); *Schwab* (Fn. 4), Teil 7; *Vöneky* (Fn. 4), S. 534 ff. Häufig knüpfen die Vorschläge am Demokratieprinzip an, siehe dazu aus neuerer Zeit die in *Erman/Uhlin* (Hrsg.), Legitimacy Beyond the State?, Basingstoke 2010, versammelten Beiträge.

48 So die Konzeption von *Bachmann* (Fn. 4), S. 193 ff.

49 Vgl. *Schuppert*, Gemeinwohl, das. Oder: Über die Schwierigkeiten, dem Gemeinwohl Konturen zu verleihen, in: Schuppert/Neidhardt (Hrsg.), Gemeinwohl – Auf der Suche nach Substanz, 2002, S. 19; *Isensee*, Gemeinwohl im Verfassungsstaat, in: ders./Kirchhof (Hrsg.), Handbuch des Staatsrechts, Bd. 4, 3. Aufl. 2006, § 71 Rn. 1 ff., 110 ff.

50 Näher *Schäfer/Ott*, Lehrbuch der ökonomischen Analyse des Zivilrechts, 4. Aufl. 2005, Teil 1; *R. A. Posner*, Economic analysis of law, 8th ed., Austin 2011. Siehe ferner die sehr lehrreiche Studie von *Cooter/Schäfer*, Solomon's Knot, Princeton 2011.

51 Näher *Meßerschmidt*, Gesetzgebungsermessen, 2000, S. 777 ff.; *Bumke*, Die Pflicht zur konsistenten Gesetzgebung, Der Staat 49 (2010), S. 77 (91 ff.).

52 Siehe dazu beispielhaft die in *O'Hara* (Hrsg.), Economics of Conflict of Laws, 2 vol., Cheltenham 2007, und in *Sanchirico* (Hrsg.), Economics of Evidence, Procedure and Litigation, 2 vol., Cheltenham 2007, versammelten Beiträge sowie speziell für das öffentliche Recht: *Fehling*, Ökonomische Analyse im öffentlichen Recht als Methode zur Reformulierung und Operationalisierung von Gerechtigkeitsfragen, in: Professorinnen und Professoren der Bucerius Law School (Hrsg.), Begegnungen im Recht, 2011, S. 39, sowie die in *Kobayashi/Ribstein* (Hrsg.), Economics of Federalism, Cheltenham 2007, versammelten Beiträge. Ein sehr lehrreiches Beispiel für einen funktionalen Rechtsvergleich bietet die Studie von *Kraatman* et al., The Anatomy of Corporate Law, 2nd ed., Oxford 2009.

Gesucht wird also eine Legitimationsressource, die auf der einen Seite die zwischen Zustimmung und Rationalität verbleibenden Lücken zu schließen und zugleich die verschiedenen Quellen zu einem stabilen Fundament zusammenzuschließen vermag. Solches zu vollbringen, vermag wohl nur eine Vorstellung, die ähnlich wie der demokratische Verfassungsstaat an den Gedanken guter gesellschaftlicher Ordnung anknüpft und eine Ordnung entwirft, deren Mittelpunkt die bürgerliche Verkehrsgesellschaft, die Autonomie des Einzelnen und das von ihnen geschaffene Private Recht bilden.

Verschiedene Überlegungen lassen sich anführen, um eine solche private Ordnung zu begründen:[53] Das sind zunächst einmal liberale Ansätze, die aus der Vorstellung der Würde, Gleichheit und Freiheit des Einzelnen ein vorstaatliches Privates Recht als Direktive und Grenze für die staatliche Herrschaft entwickeln. Trotz eines grundlegend gegensätzlichen Ausgangspunkts tritt ergänzend die Hegel'sche Gegenüberstellung von bürgerlicher Verkehrsgesellschaft und dem Staat als sittlicher Idee hinzu. Auch sie unterstreicht Eigensinn und Eigenständigkeit privater Ordnungsbildung. Ergänzend wird heutzutage auf das evolutionäre Konzept spontaner gesellschaftlicher Ordnungsbildung oder auf die systemtheoretische Überzeugung rekurriert, dass sich funktional ausgerichtete autonome private Regime entwickeln. Hier ist nicht der Ort, um all diese Ansätze sorgfältig zu diskutieren.[54]

2. Legitimationsdilemma

Die wirkliche Herausforderung für das Konzept privater Ordnung als Legitimationsgrundlage Privaten Rechts ergibt sich indes auch weniger aus denkbaren Einwänden, die sich gegen eine solche Konzeption anführen lassen, als vielmehr aus dem Legitimationsdilemma, in das man gerät, sobald dem Ordnungsanspruch des demokratischen Verfassungsstaates der Ordnungsanspruch privater Ordnung gegenübergestellt wird. Zwar kennt das Recht viele Wege, um mit konkurrierenden Ansprüchen umzugehen, doch der gewöhnlich dabei beschrittene Weg einer Vorrangentscheidung ist versperrt.[55] Votiert man nämlich für den demokratischen Verfassungsstaat, steht man wieder am Anfang des überkommenden Monopolanspruchs. Ver-

---

53 Näher *Bumke*, Ausgestaltung von Grundrechten: Grundlagen und Grundzüge einer Dogmatik der Grundrechtsgestaltung unter besonderer Berücksichtigung der Vertragsfreiheit, 2009, S. 28 ff. Siehe ferner *Teubner*, Contracting Worlds: The Many Autonomies of Private Law, Social & Legal Studies 9 (2000), S. 399; *ders.* (Fn. 30).

54 Nur auf eine Schwäche, an der die Übertragung des Evolutionsgedankens von der Natur auf die Gesellschaft leidet, soll aufmerksam gemacht werden: Die Funktionalität der Natur ist getragen von einer unbegrenzten Zahl von Mutationen, die sich nach einem grund- und sinnlosen Zufall ereignen. Nach diesem Mechanismus funktionieren Gesellschaften nicht und außerdem versagt bei ihnen der Maßstab der Funktionalität, weil sie erst vom Menschen geschaffen werden.

55 Näher *Bumke*, Relative Rechtswidrigkeit, 2004, S. 37 ff.

fährt man umgekehrt, würde der Legitimationsanspruch des Verfassungsstaates infrage gestellt. Die einzige praktikable Lösung besteht deshalb darin, den Konflikt zu vermeiden, indem die Ordnungsansprüche sachlich, personell und zeitlich so einander zugeordnet werden, dass Überschneidungen unterbleiben. Das würde zugleich bedeuten, dass das Private Recht von der staatlichen Rechtsordnung entkoppelt wird. Dieses gute Ende hat jedoch seinen Preis. Denn die Idee des demokratischen Verfassungsstaates wird dadurch zu einer unter mehreren Antworten auf die Frage nach der legitimen Herrschaft. Eine solche Relativierung der demokratischen Idee sollte sehr sorgfältig bedacht werden.

Kommentar zum Beitrag von Christian Bumke

Von Arno Scherzberg, Erfurt

I.

„Zur graduellen Entkopplung von Staat und Recht" lautet das abschließende Kapitel in *Folke Schupperts* neuem, der Entwicklung einer zeitgemäßen Regelungswissenschaft gewidmetem Werk „Governance und Rechtssetzung", an das das Referat von *Christian Bumke* anknüpft.[1] Am Beispiel der transnationalen Regulierung macht Schuppert klar, dass hier zwischen administrativen Regelungsverbünden und zivilgesellschaftlich verwurzelten Regelungsnetzwerken zu unterscheiden ist.[2] Letztere stehen im Mittelpunkt des hier zu kommentierenden Beitrags von Bumke und zwar unter der prima facie überraschenden Fragestellung, „in welchem Umfang und in welcher Weise privates Recht an die demokratische Gesetzgebung an- oder rückgebunden sein muss."

Als privates Recht bezeichnet Bumke private Regeln, die mit der staatlichen Rechtsordnung in bestimmter Weise verknüpft sind. In Betracht kommt dabei naturgemäß ihre Transformation in staatliches Recht, kommen aber auch schlichte Beachtungspflichten, sei es als Grundlage einer Rechtmäßigkeitsvermutung für das entsprechende Rechtsgeschäft oder als Maß für die Bestimmung von Sorgfaltspflichten. Grundlegend möchte Bumke zwei Typen von privaten Regeln unterscheiden: solche, die „wie der Vertrag oder die Satzung als eine Handlungsform des Rechts anerkannt" sind und mithin „Teil des Privatrechts" werden, und alle übrigen, die „entweder alternativ zum hoheitlichen Recht" genutzt werden oder „der rechtlichen Maßstabsbildung" dienen, etwa wenn die Rechtsordnung einen durch private Regeln ausgefüllten Einschätzungs- oder Gestaltungsspielraum anerkennt.

Beide Arten von Regeln sind, insoweit ist dem Referat von Bumke vorab und vollständig zuzustimmen, dem Ordnungsanspruch des demokratischen Verfassungsstaates nicht vollständig entzogen. Denn dieser hat zwar keinen unmittelbaren Zugriff auf die Regeln selbst, setzt aber die materiell-rechtli-

---

1 *Gunnar Folke Schuppert*, Governance und Rechtssetzung, 2011.

2 *Schuppert* (Fn. 1), S. 362.

chen, organisationsrechtlichen und/oder prozeduralen Rahmenbedingungen, unter denen sie in der bezeichneten Weise mit dem staatlichen Recht verknüpft, von ihm rezipiert oder inkorporiert werden. Fraglich ist aber, ob die privaten Regeln über diese Rahmensetzung hinaus einer „Legitimation" durch staatliches Recht bedürfen und, wie Bumke meint, ein „Legitimationsdilemma" entstünde und eine „Relativierung der demokratischen Idee" zu befürchten wäre, wenn man eine eigenständige Legitimationsgrundlage für private Regeln anerkennt. Wären diese dann „von der staatlichen Rechtsordnung entkoppelt"?

II.

Betrachten wir zunächst die in Betracht kommenden Regelwerke. Dabei handelt es sich, wie Folke Schuppert im bezeichneten Werk unter der plakativen Überschrift „Das Gesetz bekommt Gesellschaft" des Näheren beschreibt, vor allem um nationale und internationale, überwiegend privatwirtschaftlich organisierte Standards, die sowohl zur Klassifikation von Gütern, Akteuren oder Verfahren als auch zur Setzung von Verhaltens-, Verfahrens-, Qualitäts- oder Organisationsanforderungen dienen können, sowie um Codes of Conduct, die Firmen und Verbände als Instrument der Zielverfolgung und der Gewinnung öffentlicher Reputation nutzen.[3] Die standardsetzenden Institutionen, man denke an die International Organization for Standardization, das International Accounting Standards Board, die Codex Alimentarius Commission, die Internet Corporation for Assigned Names and Numbers, die Internationale Zivilluftfahrt Organisation, das Deutsche Rechnungslegungs Standards Committee, die Deutsche Ärztekammer und eine Vielzahl von Verbänden,[4] agieren überwiegend auf privatrechtlicher Grundlage, teilweise aber auch aufgrund zwischenstaatlicher Vereinbarung und unter Mitwirkung von Staaten,[5] und wirken insoweit an hybrider Regelsetzung mit.[6] Die öffentlich-rechtliche Beteiligung mag in einigen Fällen Anlass bieten, die Regelsetzung insgesamt als Ausübung öffentlicher Gewalt zu qualifizieren;[7] diese Konstellationen sollen vor dem Hintergrund der von Bumke verfolgten Fragestellung nach dem *Status des privaten Rechts* nachfolgend aber außer Betracht bleiben.

---

3 *Schuppert* (Fn. 1), S. 200 ff.

4 Dazu näher *Hans Christian Röhl*, Internationale Standardsetzung, in: Möllers/Voßkuhle/Walter (Hrsg.), Internationales Verwaltungsrecht, 2007, S. 319 (321 ff.).

5 *Schuppert* (Fn. 1), S. 217 ff., 222.

6 *Schuppert* (Fn. 1), S. 232 ff.

7 So für die Richtlinien der Bundesärztekammer nach § 16 TPG *Eberhard Schmidt-Aßmann*, Organisationsformen des medizinischen Sachverstandes im Transplantationsrecht, in: Kern/Wadle/Schroeder/Katzenmeier (Hrsg.), FS Laufs, 2006, S. 1049 (1064 ff.).

Fraglos stellt sich bei jeder Machtakkumulation in nichtstaatlicher Hand das Problem der Sicherung der Gemeinwohlkompatibilität, vor allem dann, wenn technische oder verhaltensbezogene Regeln auch außerhalb des Kreises der vertraglich oder mitgliedschaftlich Beteiligten sozial oder wirtschaftlich kaum entrinnbare Wirkungen zeitigen, sind private Akteure doch „anders als Staaten nur begrenzt den Interessen der Machtunterworfenen verpflichtet".[8] Aber lässt sich dem durch die Forderung nach einer „demokratischen Rückbindung", nach einer *Legitimation* privaten Rechts durch den Gesetzgeber sachgerecht und dogmatisch korrekt abhelfen? Immerhin ändert die Feststellung eines faktischen Zugewinns gesellschaftlich-organisierter und eines Substanzverlusts staatlicher Einwirkungsmacht nichts an der rechtlichen Qualifikation privater Regelbildung: Sie ist nicht Teil der organisierten Staatlichkeit, sondern Ausdruck gesellschaftlicher Selbststeuerung, und genießt, aufgrund der Freiheitsgarantien der Grund- und Menschenrechte, eine verfassungs- und internationalrechtlich gewährleistete Autonomie.[9]

Findet private Regelbildung ihre Grundlage aber in den Freiheitsrechten, ist ihre Existenz und Eigenständigkeit gegenüber dem staatlich gesetzten Recht verfassungsunmittelbar (und damit im nationalen Rechtskreis: staatlich) legitimiert. Eine „Entkopplung" findet hier nur vom Gesetzgeber, nicht vom Staat und dem von diesem getragenen Rechtssystem als solchem statt; als Problembefund taugt diese Art der Entkopplung nicht. Das gilt auch dann, wenn sich privates Recht faktisch auf rechtsgeschäftlich oder mitgliedschaftlich unbeteiligte Dritte auswirkt. Die Gefahr von „Störungen" Dritter ist der Freiheitsausübung immanent. Diese deshalb als quasi-staatliche Herrschaftsausübung in die Pflicht zu nehmen und einem Zwang zu „demokratischer Legitimation" zu unterwerfen, würde – ähnlich wie eine Änderung der grundrechtlichen Schutzrichtung zugunsten einer unmittelbaren Drittwirkung – die Grundkategorien von Herrschaft und Autonomie verwischen.[10] Nicht die Aufstellung privater Regelwerke, sondern ihre Beschränkung durch den Staat ist legitimations- und begründungsbedürftig.

---

8 *Matthias Ruffert*, Die Globalisierung als Herausforderung an das Öffentliche Recht, 2004, S. 49.

9 *Ruffert* (Fn. 8), S. 50; *Florian Becker*, Kooperative und konsensuale Strukturen in der Normsetzung, 2005, S. 358 f.; *Schmidt-Aßmann* (Fn. 7), S. 1059.

10 *Ruffert* (Fn. 8), S. 50, 62; ähnlich im Ergebnis *Oliver Lepsius*, Standardsetzung und Legitimation, in: Möllers/Voßkuhle/Walter (Hrsg.), Internationales Verwaltungsrecht, 2007, S. 345 (363 f., 369 f.), unter Rückgriff auf die Differenz von Selbst- und Fremdbindung. Freilich bleibt dabei die faktische Bindungskraft privater Regelbildung gegenüber unbeteiligten Dritten ausgeblendet. Entscheidend ist: nur Regelwerke, die durch einen Akt hoheitlicher Gewalt geschaffen oder in die Rechtsordnung inkorporiert werden, unterliegt den für staatliches Handeln geltenden Legitimationsanforderungen, vgl. *Lepsius*, ebd., S. 364, 372.

Freilich werden der Schutz unbeteiligter Dritter und die Sicherung des Gemeinwohls den Erlass von rahmen- und grenzsetzenden Vorgaben des Gesetzgebers vielfach erfordern. Damit ist aber nicht ein Bedarf an *demokratischer Legitimation*, sondern die Notwendigkeit einer *gesetzlichen Kontrolle* der privaten Regelbildung angezeigt.[11] Diese Einhegung nichtstaatlicher Machtausübung gründet nicht im Demokratieprinzip,[12] sondern im sozialstaatlichen und grundrechtlichen Auftrag, durch die Ordnung der rechtlichen, wirtschaftlichen, sozialen und sonstigen Rahmenbedingungen des Freiheitsgebrauchs für eine fortlaufende Verwirklichung des „Verfassungsziels Freiheit" zu sorgen und den Grundrechtsträgern dabei ein hinreichendes Maß an „realer Freiheit" zu ermöglichen.[13] Freie Selbstregulierung wird in Verfolgung dieses Auftrags zu staatlich regulierter Selbstregulierung,[14] von der Politik zunächst entkoppeltes Recht rechtsstaatlich rückgebunden. Der Gesetzgeber hat dabei vor allem „für eine transparente und interessengerechte Ordnung der einschlägigen Verfahren zu sorgen."[15]

III.

Verfassungsrechtlich problematisch wäre die Existenz privater Rechtsregeln indes, wenn mit ihnen eine Einbuße entsprechender parlamentarischer Steuerungsoptionen verbunden wäre. Fehlt die staatliche Einhegungsmacht, wird die Entkopplung privaten Rechts zum Rechtsproblem. In welchen Fällen kann es dazu kommen? Dieser Frage soll im Folgenden nachgegangen werden und zwar unter Erweiterung der Perspektive um das staatliche Recht und unter Rückgriff auf einige Elemente und Instrumente des Schuppert'schen Schaffens.

1. Für das Werk von Folke Schuppert charakteristisch ist die Arbeit mit und die Nutzung von Stichworten und lexikalischen Begriffen (ich erinnere an „Gemeinwohl, das"[16], ein besonders in der Forstwirtschaftslehre dankbar aufgegriffener Beitrag[17]), nach deren Substanz der Autor sucht, und die er,

---

11 Von Kontrolle spricht insoweit auch *Lepsius (*Fn. 10), S. 367.

12 So im Ergebnis auch *Lothar Michael*, Private Standardsetter und demokratisch legitimierte Rechtssetzung, in: Bauer/Huber/Sommermann (Hrsg.), Demokratie in Europa, 2005, S. 431 (449, 455 f.); eine demokratische Legitimation für die Mitwirkung von Eurotransplant bei der Organallokation sucht demgegenüber (bezeichnender Weise vergeblich) *Andreas Engels*, Organallokation im internationalen Verbundsystem, Die Verwaltung 44 (2011), S. 347 (358 ff.).

13 *Arno Scherzberg*, Grundrechtsschutz und „Eingriffsintensität", 1989, S. 140 ff.; *Dieter Grimm*, Die Zukunft der Verfassung, 2. Aufl. 1994, S. 411 ff.

14 *Schmidt-Aßmann* (Fn. 7), S. 1049, 1060.

15 *Schmidt-Aßmann* (Fn. 7), S. 1061; siehe auch *Michael* (Fn. 12), S. 450 ff.

16 *Schuppert*, Gemeinwohl, das – Oder: Über die Schwierigkeiten, dem Gemeinwohlbegriff Konturen zu verleihen, in: ders./Neidhardt (Hrsg.), Gemeinwohl – auf der Suche nach Substanz, 2002, S. 19 ff.

meist während einer Sommervakanz in Pranzo/Trentino und unter hohem Verbrauch von Bleistiften des Härtegrades 4 B, regelmäßig auch findet. Machen wir es ihm insoweit einmal nach und vermerken:

- *Entkopplung, graduelle, die.*

Damit angesprochen ist offenbar die teil- oder schrittweise Auflösung einer Kopplung. Nicht gemeint sind demnach vollständige Auflösungen wie sie mit den Stichworten: Korruption, Willkür, Despotismus oder failed states bezeichnet werden. Nicht gemeint sind vermutlich auch Entwicklungen in der staatsrechtlichen Ära vor dem Erlass des Grundgesetzes. Wir sprechen also, und ich hoffe, die Schuppert'sche Zielsetzung hier nicht misszuverstehen, über das Deutschland der Jetztzeit, nicht über afrikanische Staaten oder Georgien, über die Schuppert in seinem neuen Band über den Rechtsstaat auch Interessantes zu berichten weiß,[18] und – trotz Trentino – nicht über das Italien der Berlusconi-Ära, für das die Bearbeitung unseres Themas nochmals völlig anders gefasst werden müsste.

Fragt man, was sich dergestalt entkoppelt, erreicht man scheinbar sicheres Gewässer: es sind Staat und Recht, und deren Kopplung, die sich hier möglicherweise in Teilen auflöst, nennt man herkömmlicher Weise den Rechtsstaat. Wir haben das Thema damit in einen sehr weiten Rahmen gespannt: es geht um die graduelle Auflösung des Rechtsstaats. Das allerdings klingt bedrohlich.

2. Einem so komplexen Phänomen wie dem Rechtsstaat und seiner graduellen Auflösung kommt man durch begriffliche Verortung allein nicht näher. Hier brauchen wir ein weiteres methodisches Instrument aus dem Arsenal des Schuppert'schen Schaffens, die sog. Patchwork-Methode. Das ist bei aller Interdisziplinarität Schupperts kein familienpolitisches Gestaltungsinstrument, sondern der Versuch, bereits vorhandene Ideen, Konzepte und Theorien neu zu interpretieren oder in neue Zusammenhänge zu stellen und damit ein Ergebnis zu gewinnen, das mehr ist als die Summe der genutzten Teile.

Gleich im 2. Kapitel seines viel zu wenig gelobten Werkes „Staatswissenschaft" beschreibt Schuppert die „Geschichte des modernen Staates als Geschichte des Rechts" und erkennt drei Kopplungen von Staat, Macht und Recht:

- die systemtheoretische Kopplung: das Recht als Grundstruktur, als Institution, einer Gesellschaft, die über wechselseitige Verhaltenserwartungen die soziale Ordnung konstituiert,
- die staatssoziologische Kopplung: das gesetzte Recht als Instrument der Rationalisierung staatlichen Handelns und

17 *Chantal Ruppert*, Gemeinwohlverpflichtung öffentlicher Forstbetriebe, Arbeitsbericht 38-2004, www.freidok.uni-freiburg.de, S. 17 ff.

18 *Schuppert*, Der Rechtsstaat unter den Bedingungen informaler Staatlichkeit, 2011, S. 76 ff., 161 ff.

- die verfassungsstaatliche Kopplung, bestehend aus einer dialektischen Wechselbeziehung zwischen Recht und Macht, in der also die Staatsgewalt ihre Autorität aus dem Recht ableitet, der Staat aber auch über das Recht verfügt.[19]

Lösungen einer derart fundamentalen und mehrschichtigen Verknüpfung zwischen Staat und Recht sind in zweierlei Richtungen möglich: Entweder entwickelt sich der Staat weg vom Recht oder das Recht entwickelt sich weg vom Staat. Für beide Phänomene gibt es in der Tat Anhaltspunkte.

a) Christian Bumke hat die Entfernung des (privaten) Rechts vom Staat thematisiert, auf die auch Folke Schuppert im 6. Aufzug seiner von Leibfried als „Tragödie“ wohl missverstandenen Prozessstudie über den Staat verweist:[20] Diesem werden bei der Entfernung des Rechts rechtsstaatliche Steuerungsoptionen entzogen, wenn eine private Tätigkeit nicht mehr der staatlichen Gemeinwohlverträglichkeitsprüfung unterliegt.

Das ist in der Regel *gerade nicht* bei privatautonomer Rechtssetzung im Rahmen von nationalstaatlich regulierter Selbstregulierung, wohl aber u. U. bei internationalen, teils von überstaatlichen, teils von privaten Einrichtungen getragenen technischen Normungen, Sicherheitsstandards, Bilanzierungsregeln und Zertifizierungen der Fall. Diese sind faktisch wirksam, auch ohne in Rechtsordnungen formell integriert zu sein, und erzeugen quasi-Rechtswirkungen, die sich nicht auf einen Staat zurückführen lassen.[21]

Allerdings werden dem Staat zwei Wege verbleiben: Er kann derartigen Regelwerken im Alleingang seine Anerkennung und die Durchsetzung mit Hilfe seines Rechtsschutzapparates verweigern und er kann auf völkerrechtlichem Wege für ihre rechtliche Einhegung sorgen. Erst wenn oder soweit beides scheitert, muss man eine Einbuße an staatlichen Steuerungsoptionen und damit eine Entkopplung von Staat und Recht konstatieren.

b) Für die zweite Perspektive, die Verselbständigung des Staates gegenüber dem Recht, gibt es zumindest zwei einschlägige Erscheinungen:

- Der Staat unterwirft sich mit dem Recht konfligierenden Zielsetzungen und
- der Staat nutzt das Recht nicht mehr als „living instrument“[22] der Sozialgestaltung.

---

19 *Schuppert*, Staatswissenschaft, 2003, S. 77 ff.

20 *Schuppert*, Staat als Prozess, 2010, S. 127 ff.; dazu *Stephan Leibfried*, Vorbemerkung, in: ebd.; einer Tragödie ist das Scheitern des Helden immanent, hingegen sieht Schuppert derzeit keinen Anlass zur Sorge um den Fortbestand des Staates als Ordnungsmodell politischer Herrschaft, ebd., S. 171.

21 *Lepsius* (Fn. 10), S. 346 ff.

22 *Frank Schorkopf*, Gestaltung mit Recht – Prägekraft und Selbststand des Rechts in einer Rechtsgemeinschaft, AöR 136 (2011), S. 323 (328).

aa) Auf die mit der ersten Fallgruppe verbundene Problematik verweist ein besonders interessantes, in der Tiefe der Schuppert'schen Staatswissenschaft schlummerndes Stichwort:[23]

- *Rechtsstaatliche Distanz, die.*

Distanz ist mit *Kloepfer* als zentrale Kategorie des Rechtsstaats zu verstehen, etwa i. S. eines Abstandes zwischen Interessen und Entscheidung und zwischen politischem Wollen und rechtlicher Verbindlichkeit.[24] Dieser Abstand ist heute auf der Rechtssetzungs- und vor allem der Vollzugsebene angesichts vielfacher „Näheverhältnisse zu den Adressaten der Verwaltungsentscheidung" teilweise verloren.[25] Der kooperative Staat ist ein tendenziell distanzloser Staat, wird Partner einer nur noch teilweise rechtsförmigen Verantwortungskooperation[26] mit dem Ziel eines fairen Interessenausgleichs.[27] Von der Vorstellung einer durch Rechtsnormen durchprogrammierten Verwaltung ist, so Schuppert, Abschied zu nehmen. Das Gesetz ist nur noch die erste Phase eines arbeitsteiligen Vorgangs sozialgestaltender Rechtsverwirklichung, so der zustimmend zitierte *Horst Dreier*.[28]

Diese Feststellung führt, das verwundert nun in diesem wissenschaftlichen Kontext niemanden, zu einem weiteren für Schuppert zentralen Stichwort:

- *Governance, die.*

Genauer geht es um die Frage: ist der von der linearen Rechtsbindungsidee befreite, dafür in Governance-Prozesse verstrickte Staat in seinem Handeln gegenüber privaten Kooperationspartnern hinreichend rechtsstaatlich eingebunden oder ist er rechtsstaatlich entkoppelt? Jedenfalls der Umstand, dass der Staat zur Realisierung seiner sozialgestaltenden Ziele vielfach auf privatautonome Akteure angewiesen ist und mit diesen kooperiert, enthält keine Aufhebung des Rechtsstaats, sondern bezeichnet nur die heutigen, auch im Recht selbst bereits aufgenommenen Gegebenheiten seiner Verwirklichung.

- Denn das öffentliche Recht in seiner verfahrensgestaltenden und handlungsanleitenden Funktion zielt gerade darauf, den Prozess der Erzeugung, Konkretisierung und Anwendung des abstrakten Normenbestandes

---

23 *Schuppert*, Staatswissenschaft (Fn. 19), S. 138.

24 *Michael Kloepfer*, Gesetzgebung im Rechtsstaat, VVDStRL 40 (1982) S. 65 (66).

25 *Schuppert*, Staatswissenschaft (Fn. 19), S. 139.

26 *Rainer Pitschas*, Allgemeines Verwaltungsrecht als Teil der öffentlichen Informationsordnung, in: Hoffmann-Riem / Schmidt-Aßmann / Schuppert (Hrsg.), Reform des Allgemeinen Verwaltungsrecht: Grundfragen, 1993 S. 219 (245).

27 *Schuppert*, Staatswissenschaft (Fn. 19), S. 393.

28 *Schuppert*, Der Rechtsstaat (Fn. 18), S. 17; verwiesen wird auf *Horst Dreier*, Informales Verwaltungshandeln, Staatswissenschaften und Staatspraxis 4 (1993), S. 647 (659).

auf den Einzelfall hin zu strukturieren. Das Recht verarbeitet dergestalt seine eigene inhaltliche Unbestimmtheit und gestaltet Verfahren u. a. durch verschiedene Beteiligungsformen geradezu dazu aus, zu einem Forum der Abstimmung, des Abwägens und auch des Aushandelns von Interessen zu werden.

- Dies ist umso notwendiger, als das Recht, auch wenn es geschrieben ist, nicht einfach vorfindlich „da" ist und auch nicht unvermittelt auf seine Adressaten in gewünschter Weise einwirkt. Gefordert ist vielmehr seine Aufbereitung mit Hilfe von Gründen, die sich in der Regel auf Wertungen stützen, die der Rechtsanwender in der Auseinandersetzung mit der Norm entwickelt und deren Verwendung er wiederum unter Berufung auf sie rechtfertigt. Hierzu ist die Einbeziehung des Realbereichs der Norm und damit auch der in Konfliktlagen zu befriedenden Interessen unabdingbar.
- Dabei setzt das spannungsfreie Funktionieren der Rechtsordnung im Grundsätzlichen wie in Einzelentscheidungen, man denke an die Nutzung der Atomkraft oder an den Bau von Bahnhöfen, eine grundsätzliche Akzeptanz bei den Adressaten, Staatsorganen wie Bürgern, voraus, und ist insofern von sozio-kulturellen Voraussetzungen abhängig, die das Recht jedenfalls nicht alleine erzeugt.[29] Akzeptanz oder zumindest Akzeptabilität muss für den zu behandelnden Fall, den zu lösenden Konflikt hin erarbeitet, d. h. ggf. auch verhandelt und plausibel gemacht werden.
- Schließlich darf auch der Umstand, dass das öffentliche Recht auf wesentliche Aspekte der gesellschaftlichen Entwicklung nur einen relativ geringen und eher mittelbaren Einfluss hat, weil es sich um Bereiche privatautonomer, supranationaler oder globaler Rechts- oder Standardsetzung handelt, für sich allein nicht als Krisenerscheinung missverstanden werden. Es verwirklicht sich hierin vielmehr die dem Rechtsstaat innewohnende Zielsetzung, Freiheit zu gewähren und zu erweitern, also Handlungsoptionen zu öffnen.
- Der Nationalstaat kann dann die Erreichung konkreter Gemeinwohlziele allerdings nicht mehr garantieren. Er muss sich auf diejenigen Steuerungsbemühungen beschränken, die sich sachgerecht mit den Mitteln des nationalen Rechts bewältigen lassen und das heißt: er wirkt in der Praxis nur noch subsidiär, d. h. nur noch in den Fällen, in denen nicht andere Entscheidungseinheiten seine früheren Aufgaben besser bewältigen können als er.

Dass in dem dadurch entstehenden Rechtspluralismus die Wirkkraft der auf den Nationalstaat bezogenen rechtsstaatlichen Sicherungen schwindet, ist letztlich nicht das entscheidende Problem. Bedenklich ist vielmehr, dass

---

29 *Schulze-Fielitz*, Zur Geltung des Rechtsstaates: zwischen Kulturangemessenheit und universellem Anspruch, ZVglPolitWiss 5 (2011), S. 1 (8).

entsprechende Gemeinwohlsicherungen gegenüber den hinzutretenden Steuerungsakteuren auf überstaatlicher Ebene erst neu definiert, etabliert und durchgesetzt werden müssen. Hierbei steht die internationale Gemeinschaft vielfach erst in den Anfängen und scheitert nur zu oft an fehlendem Konsens.

bb) Zu einer Entkopplung von Staat und Recht kommt es schließlich, wenn das Recht aus Sicht der Politik wegen angenommener oder tatsächlicher Sachzwänge ungeeignet erscheint, auftretende Konflikte zu bewältigen, und auch der Weg der Rechtsänderung nicht schnell genug beschritten werden kann. Die Krise ist bekanntlich die „Stunde der Exekutive"; die Funktion des Rechts als „living instrument" der Sozialgestaltung geht dabei schnell verloren. Das ist in der aktuellen Finanzkrise schon mindestens zwei Mal geschehen:

Der erste Fall dieser Art betrifft die Aussetzung der Regeln des Stabilitäts- und Wachstumspaktes im Jahre 2003.[30] Seinerzeit konnte sich der Europäische Rat nicht zu Maßnahmen gegen die Defizitsünder Deutschland und Frankreich entschließen. Auch der EuGH fand keine Abhilfe.[31] Im Jahre 2005 wurde stattdessen der Pakt geändert und mit weiteren Gründen für die Rechtfertigung von Defizitüberschreitungen versehen.

Der zweite Fall betrifft die Griechenland-Hilfen und die Europäische Finanz-Stabilisierungs-Fazilität. Die Europäischen Verträge sahen von je her mit Ausnahme des Sozialfonds keinen Finanzausgleich und Ressourcentransfer zwischen den Mitgliedstaaten vor.[32] Das im Maastricht-Vertrag eingeführte bail out-Verbot in Art. 125 AEUV schließt die Haftung der Union und der anderen Mitgliedstaaten für die Verbindlichkeiten eines Mitgliedstaates sogar ausdrücklich aus. Ein Mitgliedstaat, der sich hoch verschuldet, soll nicht damit rechnen können, dass für ihn genauso gute Finanzierungsbedingungen gelten wie für Staaten, die eine solide Haushaltspolitik betreiben. Die Mitgliedstaaten werden mithin hinsichtlich der Bewertung ihrer Bonität den Kapitalmärkten ausgesetzt. *Callies* sprach hier in seinem Vortrag bei der Staatsrechtslehrer-Tagung 2011 von einer ganz eigenen Form der „Privatisierung".[33] Dennoch versprachen die Euro-Staaten im Jahre 2010 Griechenland im Rahmen eines dreijährigen Programms bis zu 80 Mrd. Euro in Form von bilateralen Krediten. Im Mai 2010 wurde in einer sonntäglichen Notoperation der EFSM, der Europäische Finanz-Stabilisierungsmechanismus, im Umfang von 60 Mrd. Euro ins Leben gerufen. Überdies grün-

---

30 Näher *Schorkopf* (Fn. 22), S. 331 f.

31 EuGH C 27/04 Slg. 2004 I – 6649.

32 Dazu *Hermann-Josef Blanke*, Die Wirtschafts- und Währungsunion zwischen Krisenanfälligkeit und Reform, in: Scherzberg (Hrsg.), Zehn Jahre Staatswissenschaftliche Fakultät, 2012, S. 70 (105 f.).

33 *Christian Callies*, Finanzkrisen als Herausforderung der internationalen, europäischen und nationalen Rechtsetzung, VVDStRL. 71 (2012), S. 113 (122 ff.).

dete man auf intergouvernementaler Ebene die Europäische Finanz-Stabilisierungsfazilität (EFSF), eine Zweckgesellschaft, die Kredite im Umfang von 440 Mrd. Euro gewähren kann und in ihrer reformierten Form auch Staatsanleihen aufkaufen darf, um die drohende Zahlungsunfähigkeit von Euro-Staaten zu verhindern. Während das Handeln der Union mit dem EFSM auf Art. 122 Abs. 2 AEUV gestützt werden kann, der den finanziellen Beistand „bei außergewöhnlichen Ereignissen“ gestattet, wurde mit der bilateralen Vergabe von Krediten zwischen den Mitgliedstaaten und durch den EFSF Art. 125 AEUV umgangen. Dessen Zielsetzung verbietet gerade, eine Mithaftung für fremde Verbindlichkeiten zu begründen und Euroländern Kredite unterhalb des Marktzinses zur Verfügung zu stellen.[34] Umso weniger kann es gestattet sein, dass sich die EFSF von der Europäischen Zentralbank unbegrenzt Geld leihen darf, wie dies als „leveraging“ in der politischen Diskussion gefordert wird. Ob die Fortexistenz des Euro als Voraussetzung für die Prosperität und Einheit der europäischen Integration einen rechtfertigenden Grund für die Durchbrechung des bail out-Verbots und damit des Prinzips der Eigenverantwortung der Eurostaaten bietet, ist äußerst fraglich.[35] Der Versuch einer Rechtfertigung unter Rückgriff auf Art. 4 Abs. 3 AEUV (Unionstreue)[36] verstößt gegen den Vorrang der lex specialis. Die geplante Einführung des Art. 136 Abs. 3 AEUV n.F. zum Europäischen Stabilisierungsmechanismus (ESM), der weitere Kredite über bis zu 500 Mrd. Euro vergeben kann, schließt die Regelungslücke im AEUV ebenfalls nicht.

Die Schwäche des Rechts in der Krise zeigt sich nicht zuletzt in der Entscheidung des BVerfG zum Euro-Rettungsschirm.[37] Einerseits werden darin das bail out-Verbot und die Stabilitätskriterien für eine tragfähige Haushaltswirtschaft ausdrücklich als unionsrechtliche Sicherung verfassungsrechtlicher Anforderungen des Demokratieprinzips qualifiziert,[38] andererseits bleibt die dann doch naheliegende Frage nach der Verletzung dieser Bestimmungen, die eben auch eine Verletzung des grundgesetzlichen Demokratieprinzips nach sich zöge, ohne jede Erörterung.[39]

---

34 *Schorkopf* (Fn. 22), 330 f.; *Blanke (*Fn. 32), S. 106; *Kai Hentschelmann*, Finanzhilfen im Lichte der No Bailout-Klausel – Eigenverantwortung und Solidarität in der Währungsunion, EuR 2011, S. 282 (293 f.).

35 So aber *Blanke (*Fn. 32), S. 106.

36 So *Callies* (Fn. 33).

37 BVerfG EuGRZ 2011, 525 ff.

38 BVerfG EuRGZ 2011, 525, 540.

39 BVerfG EuGRZ 2011, 525, 541 f.

IV.

Vor dem Hintergrund der verfassungsrechtlich geprägten Unterscheidung von staatlicher Herrschaft und gesellschaftlicher Autonomie fordert private Regelsetzung nicht demokratische Legitimation, sondern gesetzliche Kontrolle. Zu einer rechtsstaatlich bedenklichen Entkopplung von Staat und Recht kann es insoweit kommen, wenn dem Gesetzgeber geeignete Steuerungsoptionen fehlen, um den Schutz betroffener Dritter und sonstiger Gemeinwohlinteressen wirksam zu gewährleisten. Hierfür haben sich in einer das staatliche Recht einschließenden, erweiterten Perspektive drei potentielle Anwendungsfelder ergeben: das kooperative Handeln der Exekutive, die internationale Standardsetzung und die exekutive Krisenbewältigung.

III. Regieren jenseits des Nationalstaates

Der souveräne Staat als regulative Idee[1]

Von Michael Zürn, Berlin

I. Einleitung

In einem in der vorliegenden Zeitschrift veröffentlichten Artikel hat *Gunnar Folke Schuppert* den Kern des Forschungsprogramms des Bremer Sonderforschungsbereichs „Staatlichkeit im Wandel" kritisch hinterfragt.[2] Dabei argumentierte er einerseits, dass die Metapher der „Zerfaserung" von Staatlichkeit in semantischer Hinsicht problematisch sei, da sie die Vielschichtigkeit des Wandels nicht präzise beschreibe und fälschlicherweise den Eindruck des Niedergangs und Zerfalls erwecke. Andererseits kritisierte er die Wahl des demokratischen Rechts- und Interventionsstaates (DRIS) als Referenzpunkt für die Messung des Wandels. Zwar könne nur durch die Bestimmung eines Referenzpunktes Wandel untersucht werden, die Bezugnahme auf ein angebliches „goldenes Zeitalter" des DRIS in der Mitte des 20. Jahrhunderts mache jedoch die Diagnose eines Niedergangs unausweichlich. Darüber hinaus verallgemeinere das Konzept des DRIS nicht nur ein spezifisches Zeitfenster, sondern auch einen bestimmten Punkt im Raum: den westeuropäischen Staat. Dadurch würde die Vielzahl an unterschiedlichen Staatsformen, wie sie beispielsweise die Forschung im Berliner Sonderforschungsbereich „Governance in Räumen begrenzter Staatlichkeit" zu Tage gebracht hat, aus dem Blick geraten.[3] Diese Vorgehensweise führe, so Schuppert, zu einer Verabsolutierung einer zeitlich eng begrenzten, auf die OECD-Welt beschränkten Staatlichkeitsform zum Staatlichkeitsideal schlechthin – oder um es in den Worten von *James Tully* freiheraus zu sagen: Die Verwendung des DRIS als Referenzkonzept ist eine Version des Kantianischen Imperialismus.[4]

---

1 Dieser Artikel beruht auf dem Buchkapitel *Michael Zürn, Nicole Deitelhoff*, Internationalization and the State – Sovereignty as the External Side of Modern Statehood, in: Huber/Lange/Leibfried/Levy/Nullmeier/Stephens (Hrsg.), The Oxford Handbook of Transformations of the State, Oxford 2014 (in Vorbereitung).

2 *Gunnar Folke Schuppert*, Was ist und wie misst man Wandel von Staatlichkeit?, Der Staat 47 (2008), S. 325. Siehe auch *ders.*, Staat als Prozess. Eine staatstheoretische Skizze in sieben Aufzügen, 2010.

3 Siehe *Thomas Risse*, Governance in Areas of Limited Statehood: Introduction and Overview, in: ders. (Hrsg.), Governance Without a State? Policies and Politics in Areas of Limited Statehood, New York 2011, S. 1.

Die Schuppert'sche Kritik saß. Sie stellt eine ernst zu nehmende Herausforderung dar. *Philipp Genschel* und *Stephan Leibfried* haben damals in einer direkten Antwort in derselben Ausgabe klug geantwortet.[5] Dennoch möchte ich die vorliegende Gelegenheit der Würdigung von Folke Schupperts Schaffen nutzen, um der Diskussion um den DRIS und die Räume begrenzter Staatlichkeit eine eigene Note hinzuzufügen und weiter zu treiben. Dies wird nicht unparteiisch erfolgen können. Ich habe die beiden kritisierten Konzepte – sowohl das der Zerfaserung der modernen Staatlichkeit als auch das eines stilisierten Höhepunkts einer institutionellen Form (goldenes Zeitalter des DRIS) – in unterschiedlichen Zusammenhängen entwickelt und verwendet.[6] Vor diesem Hintergrund möchte ich mich mit einem gewissen zeitlichen Abstand und angesichts der erfolgten Forschungen erneut mit ihnen auseinandersetzen. Dies geschieht in diesem Beitrag über eine Analyse der Veränderungen im Konzept der Souveränität als externe Seite des DRIS. Ich hoffe, dass es dadurch gelingt, die These von der Zerfaserung moderner Staatlichkeit anhand des Vergleichs mit einem historischen Ideal herauszustellen und differenziert zu entfalten.

Der Artikel ist in vier aufeinander aufbauende Teile untergliedert, wobei im ersten Schritt eine Beschreibung der externen Seite des modernen Staates als Souveränität erfolgt (Abschnitt II.). Das traditionelle oder westfälische Verständnis der Souveränität beruht auf der Idee, „that there is a final and absolute political authority in the political community [...] and no final and absolute authority exists elsewhere".[7] Eine solche Konstruktion hängt von der externen Anerkennung der absoluten Autorität ab, so dass die Staaten und das Staatensystem in einer Beziehung der wechselseitigen Konstitution stehen. Die *traditionelle oder westfälische Souveränität* ist im Ergebnis ein Konzept mit vier Merkmalen, von denen jedes ein Korrelat zu den internen Merkmalen des DRIS darstellt. Es basiert auf (1) *Anerkennung,* die sich durch Kapazität begründet und davon ausgeht, dass die Staaten ihr eigenes Hoheitsgebiet kontrollieren; (2) *formaler Gleichheit,* die eine institutionalisierte Dominanzbeziehung zwischen Staaten ausschließt (segmentäre Differenzierung); (3) *letzter Autorität,* die keine supranationale Kompetenzen zulässt sowie (4) *relativ geschlossenen ökonomischen und kulturellen Räumen,*

4 Siehe *James Tully*, Public Philosophy in a New Key. Volume II: Imperialism and Civic Freedom, Cambridge 2008, Kap. 5.

5 *Philipp Genschel/Stefan Leibfried*, Schupperts Staat. Wie beobachtet man den Wandel einer Formidee?, Der Staat 47 (2008), S. 359.

6 Siehe beispielsweise *Zürn*, Regieren jenseits des Nationalstaats. Globalisierung und Denationalisierung als Chance, 1998; *Zürn*, Political Systems in the Postnational Constellation: Societal Denationalization and Multilevel Governance, in: Rittberger (Hrsg.), Global Governance and the United Nations System, New York 2001, S. 48; *Berhard Zangl/Zürn*, Frieden und Krieg. Sicherheit in der nationalen und post-nationalen Konstellation, 2003; *Zürn/Leibfried/Zangl/Peters*. Transformations of the State, Bremen, TranState, Working Paper, No. 1, 2004.

7 *Francis Hinsley*, Sovereignty, 2. Aufl., Cambridge 1986, S. 26.

die eine unabhängige wirtschaftliche und soziale Entwicklung möglich machen. Vor dem Hintergrund eines solchen Souveränitätsmaßstabs stellt sich die Frage, ob sich die Bedeutung von Souveränität während der letzten Jahrhunderte verändert hat und ob dementsprechend der traditionelle Maßstab immer noch maßgeblich für das Verständnis der externen Seite des Staates ist.

Ein Einwand gegenüber einer solchen Herangehensweise – ganz im Geiste der Kritik von Schuppert – besteht darin, dass in der realen Welt zu keiner Zeit und an keinem Ort alle Komponenten der Staatlichkeit in Reinform verwirklicht worden sind. So haben beispielsweise mächtige Staaten seit jeher die Souveränität anderer Staaten verletzt, indem sie die formale Gleichheit missachtet haben. Eine Konzeptualisierung, in der die traditionelle Souveränität als Maßstab dient, tappt gemäß dieser Kritik somit in die Falle des westfälischen Mythos.[8] Nicht etwa die vollständig konsolidierte, sondern die begrenzte Staatlichkeit bilde nämlich den Normalfall.[9] Diese Kritik geht davon aus, dass der Bestand einer Norm sich an deren faktischer Befolgung messen lässt. Eine solche „Befolgungsperspektive" weist generell Grenzen auf. Im konkreten Fall erscheint sie aber besonders problembehaftet, weil Souveränität – so mein Argument – keine Verhaltensnorm, sondern eine *regulative Idee* als Teil der breiteren Vorstellung von Staatlichkeit in der nationalen Konstellation darstellt. Regulative Ideen, wie etwa Objektivität oder Demokratie, haben einen anderen Status als präskriptive Verhaltensregeln. Sie bringen komplexe normative Zielorientierungen zum Ausdruck, die sich genau dadurch auszeichnen, dass sie nie komplett erreicht werden können. In diesem Sinne möchte ich im zweiten Schritt (Abschnitt III.) Souveränität als regulative Idee konzeptionalisieren. Dabei zeigt sich, dass der Gehalt einer regulativen Idee sich über Zeit ändern kann. Die Praxis kann sich aber auch so weitgehend von der regulativen Idee lösen, dass sie keine wirksame Orientierung mehr bereitstellt. Daher gibt es für die Analyse drei mögliche Ergebnisse:

(1) Die traditionelle oder westfälische Souveränität ist als regulative Idee nach wie vor dominant (Persistenz).

(2) Die regulative Idee der Souveränität besteht fort, die Bedeutung aber wandelt sich (Transformation).

(3) Souveränität verliert ihre Funktion als eine regulative Idee (Verfall).

Vor diesem konzeptuellen Hintergrund wird die externe Seite des Staates angesichts der Entwicklung insbesondere seit dem Zweiten Weltkrieg re-

---

8 Vgl. *Stephen Krasner*, Sovereignty: Organized Hypocrisy, Princeton 1999 und *Andreas Osiander*, Sovereignty, International Relations, and the Westphalian Myth, International Organization 55 (2001), S. 251.

9 *Risse* (Fn. 3).

konstruiert (Abschnitt IV.). Das Ergebnis dieser Übung lässt sich in zwei Feststellungen zusammenfassen. Erstens führen die Auswirkungen der Internationalisierung *auf* den Staat teilweise zu einer Internationalisierung *des* Staates. Er wird aber fortbestehen und mit ihm die Souveränität als regulative Idee. Zweitens zeigen sich bedeutsame Veränderungen im Gehalt der regulativen Idee der Souveränität. Traditionelle Souveränität hat sich zu etwas gewandelt, das man als eine *neue oder postwestfälische Souveränität* bezeichnen könnte – den geneigten Leser wird es nicht wirklich verwundern, dass ich diese Verwandlung als eine Form der Zerfaserung beschreiben werde.

II. Souveränität – Die externe Seite des Staates

Der westfälische Staat, der sich im westlichen Teil der Welt in der zweiten Hälfte des 20. Jahrhunderts herausgebildet hat, kann als die spezifische Institutionalisierung einer regulativen Idee gesehen werden, in dem vier zentrale Ausprägungen der Staatlichkeit gebündelt sind.[10]

(1) Die Monopolisierung der Gewaltmittel und der Steuereinziehung innerhalb eines bestimmten Gebiets begründet den zunächst absolutistischen *Territorialstaat*.

(2) Die Anerkennung, dass der Staat in seinem Inneren an seine eigenen Gesetze gebunden ist, führt zur Institutionalisierung der Rechtsstaatlichkeit und des *Verfassungsstaates*.

(3) Die Herausbildung einer gemeinsamen nationalen Identität – die Menschen innerhalb eines Staatsgebietes betrachten sich selbst als eine politische Gemeinschaft bzw. eine Gesellschaft – führt zur Forderung nach politischer Selbstbestimmung und ermöglicht den Aufstieg des *demokratischen Nationalstaates*.

(4) Das Ziel, den gesellschaftlichen Wohlstand der Gesellschaft zu steigern und gerecht zu verteilen, führt zur Entwicklung eines *interventionistischen Wohlfahrtsstaates*.

Zumindest in der Welt der OECD der 1960er und 70er Jahre bestand das zentrale Merkmal des Staates darin, dass sich die vier Attribute der Staatlichkeit im Nationalstaat gebündelt und durch wechselseitige Anerkennung

---

10 Vgl. *Zürn / Leibfried / Zangl / Peters* (Fn. 6) und *Zürn / Leibfried*, A New Perspective on the State: Reconfiguring the national constellation, in: Leibfried / Zürn (Hrsg.), Transformations of the State, Cambridge 2005, S. 1. Siehe *Genschel / Zangl*, Metamorphosen des Staates: Vom Herrschaftsmonopolisten zum Herrschaftsmanager, Leviathan 36 (2008), S. 430; *Deitelhoff / Steffek* (Hrsg.), Was bleibt vom Staat? Demokratie, Recht und Verfassung im globalen Zeitalter, 2009, und *Hurrelmann / Leibfried / Martens / Mayer* (Hrsg.), Transforming the Golden-Age Nation State, Basingstoke 2007, als Beispiele für weitere Beiträge, in denen unterschiedliche Gesichtspunkte des Konzepts verwendet und weiterentwickelt werden.

gestützt haben. Der westfälische oder moderne Staat zeichnete sich dadurch aus, dass die „Territorialität“ oder der „Raum“ eine besondere Bedeutung erlangte, was die segmentäre Differenzierung zum dominanten Organisationsprinzip im internationalen Raum gemacht hat.[11] Die einzelnen Elemente verbanden sich zu einer „nationale Konstellation“[12]. Da sich die vier Komponenten dabei gegenseitig stärkten, können wir auch von einer „synergetischen Konstellation“ sprechen.[13] Diese Konstellation schaffte den Rahmen für das, was man als „Korridor“ der modernen Staatlichkeit bezeichnen kann. Das Verschmelzen dieser vier Dimensionen der Staatlichkeit auf der Ebene von territorial klar umrissenen Staaten implizierte auch eine scharfe räumliche Trennungslinie zwischen „Innen“ und „Außen“. Anders ausgedrückt: Der DRIS hatte nicht nur eine innere, sondern hat auch eine äußere Seite. Der Begriff, der diese externe Seite der Staatlichkeit in der nationalen Konstellation erfasst, lautet „Souveränität“.

Der Begriff der Souveränität ist eng mit der Vorstellung vom modernen Staat in der nationalen Konstellation verknüpft.[14] In einer der bekanntesten Definitionen von Souveränität heißt es: „Sovereignty is the supreme legal authority of the nation to give and enforce the law within a certain territory and, in consequence, independence from the authority of any other nation and equality with it under international law“[15]. Souveränität wird dabei den Staaten über die Anerkennung durch andere Staaten zuteil. Bei dieser Lesart ist es letztlich die Anerkennung als ein Subjekt des Völkerrechts, die ein politisches Gemeinwesen in den Staatsstatus erhebt. „Sovereignty, in the end, is status – the vindication of the state's existence as a member of the international system“[16]. Obwohl sich das Konzept der Souveränität *de facto* ab dem 15. Jahrhundert zu etablieren begann, erlangte es erst durch die Westfälischen Verträge und die Vorherrschaft des Staates über institutionelle Mitbewerber wie Stadtstaaten einen *de jure*-Status.[17] Danach gingen erneut gut 300 Jahre ins Land, bevor die Welt vollständig in souveräne Staaten

---

11 *John G. Ruggie*, Continuity and Transformation in the World Polity: Toward a Neorealist Synthesis, in: Keohane (Hrsg.), Neorealism and Its Critics, New York 1986, S. 131.

12 Vgl. *Jürgen Habermas*, Die postnationale Konstellation und die Zukunft der Demokratie, in: Blätter für Deutsche und Internationale Politik 43 (1998), S. 804.

13 Siehe *Dieter Senghaas*, Wohin driftet die Welt? Über die Zukunft friedlicher Koexistenz, 1994.

14 Siehe *Schuppert*, Souveränität – überholter Begriff, wandlungsfähiges Konzept oder „Born 1576, but still going strong“?, in: Stein/Buchstein/Offe (Hrsg.), Souveränität, Recht, Moral. Die Grundlagen politischer Gemeinschaft, 2007, S. 251.

15 *Hans Morgenthau*, Politics Among Nations. The Struggle for Power and Peace, 4. Aufl., New York 1967, S. 305; Siehe auch *Hinsley* (Fn. 7), S. 17.

16 *Abram Chayes/Antonia Chayes*, The New Sovereignty. Compliance with International Regulatory Agreements, Cambridge 1995, S. 27. Siehe auch *Hedley Bull*, The Anarchical Society. A Study of Order in World Politics, Basingstoke 1977.

17 *Hendrik Spruyt*, The Sovereign State and Its Competitors. An Analysis of Systems Change, Princeton 1994.

aufgeteilt war, denen jeweils die Verantwortung für ein bestimmtes Territorium übertragen wurde, und bevor andere massive Bedrohungen für das staatliche Machtmonopol wie etwa Piraten und Söldner in transnationalen Räumen besiegt waren.[18]

Das Konzept der Souveränität beinhaltet in seiner ursprünglichen (oder „westfälischen") Bedeutung vier Komponenten. Erstens: Der Herrscher über einen Staat übt die alleinige Kontrolle über sein Hoheitsgebiet aus. Das bedeutet im Kern, dass die Autorität eines Staates durch andere anerkannt wird, „when [it] has achieved the capability to defend its authority against domestic and international challenges" [19]. In den Worten von *Morgenthau*: „to give and enforce the law within a certain territory." Die externe Anerkennung war also an die Fähigkeit gebunden, sich intern als Machtinhaber in einem bestimmten Landesgebiet zu behaupten.

Die zweite Komponente: Die segmentäre Differenzierung auf der Ebene des Staatssystems besagt im Kern, dass Staaten keinem anderen Gesetz als ihrem eigenen unterliegen. Diese Komponente kommt insbesondere in der juristischen Begrifflichkeit der „final authority" bzw. der „Kompetenz-Kompetenz" zum Ausdruck. Eine stratifikatorische Differenzierung zwischen Staaten kann es demnach nicht geben. Oder wieder mit Morgenthau gesprochen: „Independence from the authority of any other nation – and any institution above the state." Diese Komponente schließt einerseits die Möglichkeit aus, dass Staaten die internen oder externen Angelegenheiten anderer Staaten kontrollieren. Andererseits werden internationale Institutionen – soweit sie überhaupt möglich und effektiv sind[20] – als Instrumente des Staates betrachtet, ohne dass sie über eine eigenständige politische Autorität verfügen.[21] Internationale Institutionen sind demnach lediglich ein Werkzeug, um staatliche Interaktionen zu koordinieren, gemeinsame Gewinne zu erzielen und gemeinsame Verluste zu vermeiden.[22] In diesem Sinne betont die westfälische Souveränität das Prinzip der Nicht-Einmischung in innere Angelegenheiten und – sehr eng damit verbunden – das Konsens-Prinzip bei der internationalen Entscheidungsfindung.

Die dritte Komponente, das Prinzip der souveränen Gleichheit, geht über das Konsensprinzip hinaus. Es besagt, dass Staaten in internationalen Insti-

---

18 *Janice Thomson*, Mercenaries, Pirates, and Sovereigns: State-building and Extraterritorial Violence in Early Modern Europe, Princeton 1994.

19 *Dies.*, State Sovereignty and International Relations. Bridging the Gap Between Theory and Empirical Research, International Studies Quarterly 39 (1995), S. 213 (220).

20 Siehe *John Mearsheimer*, The False Promise of International Institutions, International Security 19 (1994), S. 5.

21 *Miles Kahler*, Defining Accountability Up: the Global Economic Multilaterals, Government and Opposition 39 (2004), S. 132.

22 *Robert Keohane*, After Hegemony. Cooperation and Discord in the World Political Economy, Princeton 1984.

tutionen formal gleich sind. Mit Morgenthau gesprochen: „Equality with [any other nation] under international law." Das bedeutet, dass es im Völkerrecht und in internationalen Organisationen keine institutionalisierte Diskriminierung zwischen kleinen und großen, schwächeren und mächtigeren Staaten gibt, sondern formale Gleichheit: „one state, one vote." In den Worten von *Kenneth Waltz*: „Since there is no functional differentiation between states, formally each is the equal of all the others."[23]

Viertens schließlich ist ein westfälischer Staat nicht nur frei (im normativen Sinne), sondern auch in der Lage (im instrumentellen Sinne), die von ihm beabsichtigte Innenpolitik zu verfolgen. Anders ausgedrückt: Die Staaten besitzen genügend Autonomie, um sich im eigenen Land auf unterschiedliche Wege der Entwicklung einzulassen und diese aktiv zu verfolgen. Selbst nach dem Zweiten Weltkrieg überließ der „embedded liberalism"[24] den Staaten nach wie vor die Entscheidungsfreiheit darüber, inwieweit sie die Umverteilung von Wohlstand innerhalb ihrer Gesellschaften fördern und Wohlfahrtsstaaten aufbauen wollten.[25]

Die vier Komponenten der externen Seite des modernen Staates sind weitgehend Entsprechungen der internen Komponenten des DRIS. Die Anerkennung von Staaten aufgrund ihrer Fähigkeit, sich intern durchzusetzen, spiegelt die Monopolisierung von Mitteln der Gewalt und der Steuereintreibung innerhalb eines bestimmten Landesgebiets wider, wodurch letztlich der moderne *Territorialstaat* begründet wurde. Das souveräne Gleichheitsprinzip im Völkerrecht geht mit dem internen *Rechtsstaatlichkeitsprinzip* Hand in Hand. Die Ablehnung von jeglicher Autorität, die über dem modernen Staat angesiedelt ist, basiert auf dem Gedanken der politischen Selbstbestimmung, die intern dem *demokratischen Regieren* entspricht. Das Prinzip der nationalstaatlichen Autonomie wiederum ist eine Grundvoraussetzung für den *interventionistischen Wohlfahrtsstaat.*

III. Souveränität als eine regulative Idee

Die beschriebene Herangehensweise an das Thema der Souveränität weist Ähnlichkeiten mit *Stephen Krasners* einflussreichem Beitrag über Souveränität als organisierter Heuchelei auf.[26] Krasner unterscheidet vier Typen von

---

23 *Kenneth Waltz*, Theory of International Politics, Boston 1979, S. 88.

24 *John G. Ruggie*, International Regimes, Transactions, and Change: Embedded Liberalism in the Postwar Economic Order, in: Krasner (Hrsg.), International Regimes, Ithaca 1983, S. 195.

25 *Katzenstein* (Hrsg.), Between Power and Plenty: Foreign Economic Policies of Advanced Industrial States, Madison 1978; *Hall/Soskice* (Hrsg.), Varieties of Capitalism, Oxford 2001.

26 *Krasner* (Fn. 8).

Souveränität:[27] *legale Souveränität* als die Anerkennung und Annahme der formalen Gleichheit von Staaten vor Gericht; *westfälische Souveränität* als eine Form politischer Organisation, die auf der Grundlage eines definierten Territoriums beruht und unter Ausschluss jeglicher externen Autorität erfolgt; *innere Souveränität* als die Fähigkeit des Staates, effektive Kontrolle auszuüben; und *interdependente Souveränität* als eine Möglichkeit der Behörden, den Fluss von Informationen, Ideen, Gütern, Kapital und Menschen grenzüberschreitend zu kontrollieren. Anders als Krasner spreche ich nicht von vier Typen, sondern von vier Komponenten der Souveränität, denn die vier Komponenten stehen in einer Beziehung zueinander und Veränderungen in der einen ziehen zwangsläufig Veränderungen in einer anderen Komponente nach sich. Dies geschieht in einer synergetischen Konstellation – eben genauso wie im DRIS.[28]

Krasners Angriff auf den „Mythos der Souveränität" richtet sich in erster Linie gegen einen ganz bestimmten Aspekt der Souveränität, nämlich gegen die – in seiner Begrifflichkeit – „westfälische Souveränität", also den kategorischen Ausschluss der externen Autorität.[29] Krasner führt gegen den Mythos der westfälischen Souveränität zwei Argumente ins Feld. Zunächst betont er einen Sachverhalt, den er bereits zu einem früheren Zeitpunkt in „Westphalia and All That"[30] herausgearbeitet hatte. Er betrachtet den Westfälischen Frieden von 1648 nicht als einen Wendepunkt in der Geschichte, der schlagartig zur Souveränität der Staaten geführt hätte. „Westphalia was but one step in the long-term erosion of the position of the emperor. Every important change in the Holy Roman Empire from the Golden Bull of 1356 to the Recess of the Imperial Deputation involved either a reduction in the emperor's power or an increase in the power of the princes or both. Westphalia was only the most notable of these developments"[31]. Dem ist nicht viel hinzuzufügen. Die westfälische Souveränität kam nicht über Nacht, sie wurde aber zum Auslöser eines langfristigen historischen Prozesses – so wie der DRIS das Resultat eines Prozesses ist, bei dem die Durchsetzung des Gewaltmonopols der Ausgangspunkt war.

Es gibt freilich noch ein anderes Argument, um die westfälische Souveränität als Mythos zu entlarven.[32] Anders als bei der – in der Begrifflichkeit Krasners – „legalen Souveränität", die dem Interesse aller Herrscher entge-

---

27 *Krasner* (Fn. 8), S. 2 f.

28 Eine weitere Differenz zu Krasner ergibt sich zudem dadurch, dass ich den Begriff der westfälischen Souveränität für das Zusammenspiel der Ausprägungen in einer bestimmten historischen Epoche verwende und nicht für eine einzelne Dimension.

29 *Krasner* (Fn. 8).

30 *Krasner*, Westphalia and All That, in: Goldstein / Keohane (Hrsg.), Ideas and Foreign Policy. Beliefs, Institutions and Political Change, Ithaca 1993, S. 235.

31 *Ders.* (Fn. 30), S. 296.

32 *Ders.* (Fn. 8); *Risse* (Fn. 3).

genkommt, liegt Krasners „westfälische Souveränität" allein im Interesse der Herrscher von schwächeren, nicht aber von starken und mächtigen Staaten. Aus diesem Grund sei die westfälische Souveränität – im Gegensatz zur legalen Souveränität – von Natur aus unbeständig. „The central conclusion of this study is that Westphalian sovereignty has always been a myth. Westphalian sovereignty has never been a stable equilibrium. Rather, Westphalian sovereignty is best understood as organized hypocrisy"[33].

Sofern der Maßstab des Gleichgewichts oder der präskriptiven Verhaltensnorm gewählt wird, war Souveränität in der Tat immer schon eine schwache Norm. Es gab immer wieder Verletzungen der Norm. Die Feststellung, dass sie stets zu einem gewissen Maß missachtet wurde, führt aber nicht notwendigerweise zu dem Schluss, dass sich die westfälische Souveränität nie durchsetzen konnte. Gegen einen solchen Fehlschluss möchte ich zunächst ins Feld führen, dass die enge Verknüpfung zwischen Einhaltung und Bestehen einer Norm (die Befolgungsperspektive) selbst im Fall von einer Verhaltensvorschrift problematisch ist, denn der Bestand einer Norm bestimmt sich eher durch diskursive Praktiken der Rechtfertigung als durch fehlerfreie Befolgung. Im Fall der Souveränität scheint mir die Befolgungsperspektive sogar doppelt problematisch zu sein. Souveränität sollte nämlich besser nicht als eine Verhaltensnorm verstanden werden, sondern als eine regulative Idee, für die die Abweichung vom Ideal konstitutiv ist. Eine *regulative Idee* benennt nämlich ein wünschenswertes gesellschaftliches Ziel, das zwar nicht erreicht werden kann, aber dennoch als Idealvorstellung wirkt. Sie besteht folglich aus zwei Komponenten: aus einem rationalen Ideal und aus Normativität. Sie ist ein Ideal so wie beispielsweise der mathematische Begriff des Kreises, der nie vollständig realisiert werden kann. Sie ist normativ wünschenswert, denn das benannte Ideal ist anstrebenswert. Regulative Ideen sind heuristische Prinzipien, die soziale Beziehungen strukturieren, ohne selbst vorhanden zu sein. Perfekte Objektivität ist ein solches Ideal, das das Leben in der Gesellschaft strukturiert. Immanuel Kants ursprüngliches Beispiel, nämlich Gott, ist vielleicht am einschlägigsten. Freiheit, Gerechtigkeit und Demokratie sind moderne institutionelle Beispiele für regulative Ideen. Wer behauptet, dass eine Demokratie perfekt sei oder dass ein Land die Gerechtigkeit perfekt verwirklich habe, macht sich verdächtig. Er behauptet nämlich das Vorhandensein des Unmöglichen. Anders als Verhaltensnormen – die, wie zum Beispiel Geschwindigkeitsvorschriften, perfekt eingehalten werden *können* –, bleiben regulative Ideen immer Orientierungspunkte.

Das Konzept der regulativen Idee relativiert auch die Kritik, die sich durch die Forschungen zur begrenzten Staatlichkeit am Konzept des DRIS ergeben hat.[34] Für *Thomas Risse* sind „Räume begrenzter Staatlichkeit" –

33 *Krasner* (Fn. 8), S. 27.

d. h. Räume, in denen Staaten keine effektive Kontrolle ausüben – „an almost ubiquitous phenomenon in the contemporary international system, but also in historical comparison.“[35] Diese empirische Beobachtung kann kaum bezweifelt werden. Zugleich wird jedoch schon begrifflich offenkundig, dass das Gegenteil zur begrenzten Staatlichkeit nicht etwa – so wie er es schreibt – konsolidierte Staatlichkeit im Kern der OECD-Welt ist (die entsprechend seiner Definition ebenfalls z. B. in bestimmten Stadtteilen eingeschränkt ist), sondern volle Staatlichkeit. Volle Staatlichkeit – inklusive der externen Seite der Souveränität – ist aber eine regulative Idee, die enorme Auswirkungen hat, auch und gerade weil sie nirgendwo vollständig realisiert ist. Räume begrenzter Staatlichkeit sind nur deshalb begrenzt, weil es die regulative Idee vollständiger Staatlichkeit gibt.

Ein solches Verständnis von Staatlichkeit und Souveränität als regulative Ideen hat eine weitere theoretische Implikation. Regulative Ideen bestehen wie gesagt aus zwei Komponenten: einem rationalen Ideal und der inhärenten Normativität. Regulative Ideen sind somit auch Ausdruck von fundamentalen Normen. Mit einem Verständnis von Souveränität als regulative Idee nähert man sich der Idee einer internationalen oder gar weltweiten Gemeinschaft, die auf Übereinkünften und bestimmten Mindestwerten beruht. Dadurch verlässt man die neo-realistische Perspektive, die Normen und Regeln im internationalen Staatensystem lediglich als Epiphänomen betrachtet, und erkennt das Vorhandensein einer internationalen *Gesellschaft* an: „A *society of states* (international society) exists when a group of states, conscious of certain common interests and common values, form a society in the sense that they conceive themselves to be bound by a common set of rules in their relations with one another, and share in the working of common institutions“[36]. In ähnlicher Weise haben *John Meyer* und Kollegen die Vorstellung von einer Weltgesellschaft entwickelt, die kognitive und normative Modelle bereitstellt, die durch zeitgenössische Staaten übernommen werden.[37] Dieses „Skript“ enthält die regulative Idee der Souveränität. In dem Ausmaß, wie Souveränität ein Ausdruck für solche Grundlagen einer internationalen Gesellschaft oder einer Weltgesellschaft ist, bringt es einen moralischen Staatenzweck zum Ausdruck, der legitimierte Staatlichkeit definiert.[38]

---

34 Siehe *Schuppert*, Law Without a State?, A „New Interplay“ Between State and Nonstate Actors in Governance by Rulemaking, in: Risse (Hrsg.), Governance Without a State? Policies and Politics in Areas of Limited Statehood, New York 2011, S. 65.

35 *Risse* (Fn. 3), S. 6.

36 *Bull* (Fn. 17), S. 13.

37 *John Meyer/John Boli/George Thomas/Francisco Ramirez*, World Society and the Nation-State, American Journal of Sociology 103 (1997), S. 144.

38 *Christian Reus-Smit*, The Moral Purpose of the State. Culture, Social Identity, and Institutional Rationality, International Relations, Princeton 1999.

Mit einem Verständnis von Souveränität als einer regulativen Idee erweitert sich das räumliche und zeitliche Fassungsvermögen des Konzepts. Auf der einen Seite hat die Entwicklung des Begriffs der territorialen Souveränität im „langen sechzehnten Jahrhundert“[39] mit den Augsburger Verträgen aus dem Jahre 1555 als einer ersten vertraglichen Ausdrucksform begonnen. Die Verträge von Osnabrück und Münster (Westfälischer Frieden) werden von vielen als ausschlaggebender Zeitpunkt betrachtet. Die Konsolidierung der westfälischen Souveränität ereignete sich spätestens im Europa des 18. Jahrhundert mit den Verträgen von Utrecht (1713), wodurch festgelegt wurde, dass die territorialen Grenzen der Staaten wichtiger sind als die Reichweite von familiären Bindungen der Herrscherhäuser. Die Zeitperiode in der späteren Hälfte des 20. Jahrhunderts kann als der Höhepunkt der westfälischen Souveränität betrachtet werden, in der alle vier Komponenten der Souveränität näher an das Ideal der regulativen Idee herankamen als jemals zuvor (und wahrscheinlich jemals danach) – das bringt die Figur des goldenen Zeitalters zum Ausdruck. Zugleich strebt das Souveränitätskonzept nach einer globalen Reichweite. Ab dem 19. Jahrhundert haben nur sehr wenige politische Gemeinschaften nicht nach Souveränität gestrebt. Der Prozess der Entkolonialisierung wurde von dem Gedanken der Selbstbestimmung und der souveränen Staatlichkeit angetrieben und selbst in den Fällen der gescheiterten Staatlichkeit spielt die regulative Idee der Souveränität eine wichtige Rolle.

Die Betrachtung der Souveränität als regulative Idee kann nun wie folgt zusammengefasst werden. Regulative Ideen wie Souveränität strukturieren die Wahrnehmung und verschaffen eine normative Orientierung, ohne jemals den Anspruch zu erheben, in der Praxis vollständig umgesetzt werden zu können. Auf die fortwährende normative Kraft des ursprünglich westlichen Verständnisses von Staatlichkeit wurde von vielen hingewiesen, beispielsweise in der Stanford Schule der Weltgesellschaft.[40] Daraus ergeben sich drei Implikationen. Erstens ist die Nicht-Erreichung des Ideals konstitutiv und kann argumentativ nicht dazu verwendet werden, seine Ineffektivität zu beweisen. Folglich muss eine Veränderung im Inhalt oder in der Wirksamkeit empirisch auf einer tieferen Ebene als der Verhaltensebene aufgezeigt werden: Es muss gezeigt werden, dass der Maßstab für die Bewertung von Verhaltensweisen und die üblichen Praktiken zur Rechtfertigung sich verändern. Zweitens ist das Goldene Zeitalter eine Zeitperiode, in der zumindest einige Staaten der vollständigen Verwirklichung der regulativen

---

[39] *Immanuel Wallerstein*, The Modern World-System I. Capitalist Agriculture and the Origins of the European World-Economy in the Sixteenth Century, New York 1974.

[40] *Meyer*, Weltkultur. Wie die westlichen Prinzipien die Welt durchdringen, 2005; *Thomas*, Rationalized Cultural Contexts of Functional Differentiation, in: Albert/Buzan/Zürn (Hrsg.), Bringing Sociology to IR. World Politics as Differentiation Theory, Cambridge 2013 (im Erscheinen).

Idee nahe gekommen sind. Deswegen ist der DRIS wesentlich mehr als nur eine Staatsform unter anderen.[41] Sie ist vielmehr gleichsam die Inkarnation der regulativen Idee, die von allen anderen als Maßstab verwendet wird. Drittens ist Souveränität, so wie jede regulative Idee, kein Konzept mit einer genau festgelegten Bedeutung. Es können sich große Veränderungen in der Bedeutung ergeben, ohne dass das Konzept als solches verworfen werden würde. Eine Diskussion des Wandels von Souveränität muss daher zweierlei fragen: nämlich zum einen, ob und wie sich die Bedeutung von Souveränität verändert und zum anderen, ob die regulative Idee der Souveränität überhaupt noch wirksam ist. So wie das Konzept hier verwendet wird, entgeht es „den zwei Gefahren des Schnappschusshaften und des Verklärens solcher Momentaufnahmen" und fordert geradezu eine dynamische Perspektive ein, „die also nicht nur den Entstehungsprozessen des modernen Staates in den Blick nimmt (...), sondern auch seine seitdem stattgefundenen Veränderungen, Häutungen, Mutationen oder Metamorphosen"[42]. Wenn traditionelle oder westfälische Souveränität als Maßstab für die nachfolgende Analyse des Wandels zugrunde gelegt wird, sind mithin drei Ergebnisse logischerweise möglich: Erstens könnte das traditionelle Verständnis von Souveränität als regulative Idee unverändert fortbestehen; zweitens könnte Souveränität eine nach wie vor wirksame regulative Idee sein, die jedoch über Zeit ihre Bedeutung verändert hat; drittens könnte Souveränität als regulative Idee ausgedient haben.

Im nachfolgenden Abschnitt möchte ich nun versuchen aufzuzeigen, dass sich derzeit der zweite mögliche Entwicklungsprozess entfaltet: die regulative Idee der Souveränität ist im Begriff transformiert zu werden. Um dies herauszuarbeiten werde ich jede der vier Komponenten des westfälischen Souveränitätsverständnisses zum Gegenstand einer eingehenden Betrachtung machen, die jeweils zeigen wird, dass jede der Dimensionen einen Bedeutungswandel durchlebt hat. Im Ergebnis bleibt Souveränität als regulative Idee weiterhin wirksam, ihre vorherrschende Interpretation hat sich aber umfassend verändert.

IV. Häutungen, Mutationen oder Metamorphosen

Die Diskussion des vierdimensionalen Verständnisses von Souveränität betonte die strukturierende Kraft der regulativen Idee. Das bedeutet nicht, dass die Souveränität ein festes Konzept wäre, das im Jahre 1648 ein für allemal fixiert worden ist. Genau das Gegenteil ist der Fall: Es hat seine Bedeutung mit der Zeit verändert und es gibt viele Anzeichen dafür, dass dies vor allem für die Gegenwart gilt.

41 So *Schuppert*, Staat als Prozess (Fn. 2), S. 107, 131.

42 *Ders.*, Staat als Prozess (Fn. 2), S. 13.

1. Von der ewigen Anerkennung aufgrund von Kapazitäten zur wertekonditionalen Souveränität

Ausschlaggebend für die Entwicklung der externen Anerkennung von Staaten auf der Grundlage von Kapazitäten war der Prozess der Monopolisierung der Macht in einem bestimmten Gebiet. Ein königliches Gewaltmonopol war als Ergebnis eines erbitterten Konkurrenzkampfes zwischen verschiedenen Machthabern erst in Frankreich und anschließend in England entstanden. Das Monopol der Gewaltsamkeit wurde von einem Steuereintreibungsmonopol begleitet, durch das wiederum das Gewaltmonopol vor inneren und äußeren Feinden geschützt werden konnte.[43] In ihrem Zusammenspiel haben beide Entwicklungen einerseits den Staat zum administrativen Apparat erkoren, der sich von der Gesellschaft abhebt und zur Rechtsdurchsetzung sowie gleichzeitig zur Mobilisierung von Ressourcen dient. Die daraus resultierende Kapazität, ein bestimmtes Staatsgebiet zu regieren, war die Grundlage für die externe Anerkennung im traditionellen Souveränitätsbegriff. Es war die Grundlage für das Konzept der Kompetenz-Kompetenz und für ein Verständnis von Souveränität „as a social status that enables states as participants within a community of mutual recognition"[44]. Der Mechanismus der gegenseitigen Anerkennung hat den Staaten dazu verholfen, sich gegenüber Konkurrenten wie den Stadtstaaten zu behaupten (Spruyt 1994). Vor diesem Hintergrund betonte *John Ruggie* die enge Verbindung zwischen Souveränität und Territorialität im internationalen System: „A distinctive feature of the modern system of rule is that it has differentiated its subject collectivity into territorially defined, fixed and mutually exclusive enclaves of legitimate dominion"[45].

Obgleich die externe Anerkennung eine notwendige Komponente der Souveränität geblieben ist, hat sich ihr Inhalt im Laufe der Zeit verändert. Mit dem Nationalismus, der sich vor allem im 18. und 19. Jahrhundert ausbreitete, wurde zunächst die externe Anerkennung durch die interne Anerkennung des Territorialstaats als die legitime und notwendige Organisationsform einer politischen Gemeinschaft ergänzt. So wurde der Territorialstaat zu einem Nationalstaat. Obwohl der Territorialstaat selbst nur auf Grundlage proto-nationaler Kulturen und Gemeinschaften entstehen konnte, hat erst er aktiv zur Entwicklung von nationalen Identitäten durch eine kultu-

---

43 Siehe *Norbert Elias*, Über den Prozeß der Zivilisation. Soziogenetische und psychogenetische Untersuchungen, 26. Aufl., 1976; *Charles Tilly*, War Making and State Making as Organized Crime, in: Evans/Rueschemeyer/Skocpol (Hrsg.), Bringing the State Back In, Cambridge 1985, S. 169; *Anthony Giddens*, The Nation State and Violence. Volume II of a Contemporary Critique of Historical Materialism, Berkeley 1985.

44 *David Strang*, Contested Sovereignty: The Social Construction of Colonial Imperialism, in: Biersteker/Weber (Hrsg.), State Sovereignty as Social Construct, Cambridge 1996, S. 22 (22).

45 *John G. Ruggie*, Territoriality and Beyond: Problematizing Modernity in International Relations, International Organization 47 (1993), S. 139 (151).

relle Harmonisierungspolitik und die symbolische Repräsentation der „imagined communities“ beigetragen.[46] Das Ergebnis dieser Entwicklung war die Norm, dass die Grenzen der Nation und die territorialen Staatsgrenzen zur Deckung gebracht werden müssen.[47] Interne Anerkennung und Legitimität führten zu einer Situation, in der sich ein allgemeines Verständnis der Fähigkeit zu regieren durchsetzte: „the recognition by internal and external actors that the state has the exclusive authority to intervene coercively in activities within its territory“.[48] Um ein Staat zu sein, bedurfte es nun also einer doppelten Anerkennung: der externen durch andere Staaten und der internen Legitimation, d. h. einer verallgemeinerten Wahrnehmung, dass eine bestimmte Herrschaftsform im Rahmen der in der Gesellschaft geteilten Werte als angemessen angesehen wird.[49]

Im 20. Jahrhundert hat sich zudem die Grundlage für die externe Anerkennung verändert. Als Grundlage für die externe Anerkennung wurde zunehmend die effektive Ausübung der Regierungsgewalt (Kapazität) durch das Prinzip der Selbstbestimmung ersetzt. Noch 1946 weigerte sich die britische Regierung, ihre Kolonien aufzugeben und rechtfertigte sich dafür mit dem Argument, dass es den Kolonien an der Fähigkeit mangele, ein wirksamer Staat zu sein. Die britische Regierung konnte sich dabei auf den Völkerbund berufen, der die geltende Rechtssprechung für die Bildung von Staaten eingeschränkt hatte, indem er eine Reihe von Kriterien für die „capacity for independence“ festlegte. Kaum vierzehn Jahre später verabschiedeten die Vereinten Nationen jedoch eine Resolution, die das Prinzip der Selbstbestimmung explizit nicht mehr an die „Fähigkeit zur Unabhängigkeit“ band: „Inadequacy of political, economic, social or educational preparedness should never serve as a pretext for delaying independence“[50]. In der Folge entstanden „Quasi-Staaten“, die ihre Existenz in erster Linie der Anerkennung und Unterstützung durch andere Staaten und internationale Organisationen zu verdanken hatten, die jedoch die Kriterien der westfälischen Souveränität bei Weitem nicht erfüllten.[51] Souveränität als rechtli-

---

46 *Benedict Anderson*, Imagined Communities: Reflections on the Origin and Spread of Nationalism, London 1991.

47 *Ernest Gellner*, Nationalismus und Moderne, 1991.

48 *Thomson* (Fn. 20), S. 219.

49 Für dieses Verständnis von Legitimation vgl. *David Beetham*, The Legitimation of Power, Atlantic Highlands 1991; *Mark Suchman*, Managing Legitimacy: Strategic and Institutional Approaches, The Academy of Management Review 20 (1995), S. 571, und *Zürn*, Autorität und Legitimität in der postnationalen Konstellation, in: Geis/Nullmeier/Daase (Hrsg.), Der Aufstieg der Legitimitätspolitik. Rechtfertigung und Kritik politisch-ökonomischer Ordnungen (Leviathan Sonderband 40/27), 2012, S. 41.

50 Resolution 1514 (XV), 14.12.1960.

51 Der Begriff der „Quasi-Staaten“ wurde geprägt von *Robert Jackson*, Quasi-States: Sovereignty. International Relations and the Third World, Cambridge 1990. Siehe hierzu auch *Sørensen*, An Analysis of Contemporary Statehood: Consequences for Conflict and Cooperation, Review of International Studies 23 (1997), S. 253. Das

ches Konzept konnte nun unabhängig von der „capacity to govern" bestehen.

Bis 1989 blieben allerdings zwei Aspekte des traditionellen Souveränitätsverständnisses erhalten: Staaten blieben die einzigen Subjekte, die über die externe Anerkennung anderer Staaten entschieden, während die Anerkennung selbst als Anspruch mit Ewigkeitsgarantie verstanden wurde. Wem es also gelang, in die internationale Staatengemeinschaft aufgenommen zu werden, der war auf ewig Mitglied eines Klubs, der keine Möglichkeit zum Ausschluss vorsah. Die Ewigkeit könnte in diesem Fall allerdings nur bis zum Ende des Kalten Krieges gedauert haben. Manches spricht nämlich dafür, dass auch diese beiden traditionellen Aspekte des Souveränitätsverständnisses nach 1989 einen Wandel durchleben.[52] So werden zum einen zunehmend internationale Normen ausschlaggebend für die Anerkennung eines Staates. Selbstbestimmung muss demnach mit der Bereitschaft einhergehen, die Menschen im Staatsgebiet vor massiven Menschenrechtsverletzungen wie Genozid, ethnische Säuberung, Kriegsverbrechen und Verbrechen gegen die Menschlichkeit zu schützen. Es reicht nicht mehr aus, das Prinzip der Selbstbestimmung zu reklamieren. Um anerkannt zu bleiben, muss ein politisches System darüber hinausgehend auch unter Beweis stellen, dass es prinzipiell in der Lage und willens ist, den Interessen der Bevölkerung zu dienen.

Freilich handelt es sich dabei noch nicht um eine konsolidierte Norm. So zeigt die Debatte über die „responsibility to protect" (R2P), dass nach wie vor eine ganze Reihe von Streitpunkten über die Bedeutung des Konzepts besteht.[53] Sowohl die Emergenz der Norm als auch die fortwährende Auseinandersetzung über ihre Anwendung zeigt sich auch auf der Verhaltensebene. So hat die internationale Staatengemeinschaft seit 1989 verstärkt auf Gewaltexzesse und dramatische Menschenrechtsverletzungen reagiert, indem sie die Mittel der militärischen Intervention und der wirtschaftlichen Sanktion umfassender zur Anwendung gebracht hat. Nach 1989 haben die Vereinten Nationen sogar Übergangsverwaltungen mit weitreichenden Befugnissen der Exekutive, Legislative und Judikative aufgebaut, wie im Fall des Kosovo und von Osttimor. Doch gleichzeitig zeigt die Selektivität dieser Interventionen auf, dass der Normwandel nach wie vor noch nicht abgeschlossen ist

---

Konzept der Quasi-Staaten weist Ähnlichkeiten mit den Räumen begrenzter Staatlichkeit auf. In dieser Sichtweise stellen aber „failed states" keine Herausforderung für das Konzept der Souveränität dar, sie sind vielmehr Folge von dessen Bedeutungswandel.

52 *Zürn*, Regieren jenseits des Nationalstaats (Fn. 6), S. 332 f.

53 Vgl. *Theresa Reinold*, The responsibility to protect – much ado about nothing?, Review of International Studies 36 (2010), S. 55; *Alex Bellamy*, R2P and the Problem of Regime Change, in: Stark (Hrsg.), The Responsibility to Protect: Challenges & Opportunities in Light of the Libyan Intervention, o.O. 2011, S. 20, http://www.e-ir.info/wp-content/uploads/R2P.pdf.

und dass die Umsetzung der neuen Norm größtenteils von der Bereitwilligkeit einiger mächtiger Staaten abhängig ist, die erforderlichen Ressourcen hierfür zur Verfügung zu stellen.[54]

In dem Maße, wie internationale Menschenrechtsnormen die Grundlage für die Anerkennung von Staaten bilden, wird Souveränität zu einem an bestimmte Verhaltensbedingungen geknüpftes Konzept, deren Erfüllung nicht etwa eine einmalige Angelegenheit darstellt. So kann die einmal erlangte Anerkennung auch wieder einbüßen, wer die entsprechenden Kriterien nicht mehr erfüllt. Zudem scheinen Staaten nicht mehr die Monopolisten der Anerkennung zu sein. Bis zu einem gewissen Grad spielen nämlich transnationale Akteure und die Weltöffentlichkeit bei solchen An- und Aberkennungsprozessen eine gewichtige Rolle. So betrachtet ist die internationale Gesellschaft sehr nahe daran, eine Weltgesellschaft mit einem doppelten Klientel zu werden: Staaten *und* die Völker sind dann die Weltgesellschaftssubjekte.[55]

Zusammenfassend kann gesagt werden, dass seit dem Ende des Kalten Krieges die Anerkennung von Staaten nicht mehr nur allein aus staatlicher Interaktion, sondern auch unter Einbeziehungen transnationaler Akteure erfolgt; dabei erweist sich die Anerkennung nicht mehr als zeitlich unbegrenzt, sie ist vielmehr stets an die Erfüllung von bestimmten Bedingungen geknüpft. Dieses Merkmal der westfälischen Souveränität hat sich folglich in beachtlicher Weise verändert.

2. Von der alleinigen Letztentscheidungsinstanz zu pluralistischen Autoritäten

Gemäß der westfälischen Souveränität unterstehen die Staaten und Regierungen keinem anderen Gesetz als ihrem eigenen. Folglich gilt aus diesem Blickwinkel das Völkerrecht als ein schwaches Instrument. Seine rechtliche Verbindlichkeit hängt von der einzelstaatlichen Zustimmung ab, und es gibt keinerlei Möglichkeit sie mit Sanktionen zu untermauern. Traditionell beschränkte sich das Völkerrecht daher folgerichtig auf die Koordination der zwischenstaatlichen Angelegenheiten, ohne den Anspruch zu erheben, in innenpolitische Angelegenheiten einzugreifen. Das Völkerrecht ist formal nach wie vor in vielen Staaten der Welt dem nationalen Recht und insbesondere den Verfassungen nachgestellt. Freilich entspringt auch dieses Verständnis des Völkerrechts der traditionellen Interpretation der Souveränität – die Praxis stellte sich im Rahmen der sich wandelnden regulativen Idee aber seit jeher etwas anders dar. Schon die Westfälischen Verträge enthielten Abschnitte über den Schutz (religiöser) Minderheiten und stellten somit

---

54 *Zangl/Zürn* (Fn. 6), Kap. 9; *Martin Binder*, Humanitarian Crises and the International Politics of Selectivity, Human Rights Review 10 (2009), S. 327.

55 *Habermas*, Zur Verfassung Europas. Ein Essay, 2011.

eine Vorschrift dar, die mit dem Begriff des uneingeschränkten freiheitlichen Handelns eines Staates auf seinem eigenen Hoheitsgebiet nicht kompatibel war. Dennoch blieb das Ideal des Staates als „final authority“ oder Letztentscheidungsinstanz dominant – wobei die soziale Realität in den Kernstaaten des europäischen Staatensystems bis weit nach dem Ende des Zweiten Weltkriegs auch nahe an dieses Ideal herankam. Internationale Organisationen entstanden erst ab der zweiten Hälfte des 19. Jahrhunderts und dienten zunächst in erster Linie als Mittel, um verschiedene nationale Politiken miteinander zu koordinieren. Das Konsensprinzip war vorherrschend und die Staaten wurden, wenn überhaupt, nur ausgesprochen selten aufgefordert, Entscheidungen umzusetzen, zu denen sie nicht wirklich ihre Zustimmung gegeben hatten.

Im Zeitalter des „embedded liberalism“ und mit der Entwicklung des Systems der Vereinten Nationen ergaben sich nach dem Zweiten Weltkrieg erste Veränderungen. Das Völkerrecht wurde zunehmend als Recht betrachtet, aus dem sich einige gesetzliche Verpflichtungen ergaben. Internationale Verträge wurden häufiger als zuvor in den nationalen Parlamenten ratifiziert. Zudem entwickelte das Völkerrecht nun wesentliche Bestandteile, die sich auf die Beziehung zwischen Staaten und ihren Bürgern bezogen. Die gewachsene Bedeutung der Menschenrechte ist in diesem Zusammenhang hervorzuheben. Ganz allgemein begannen die internationalen Institutionen sich mit Themen zu befassen, die auch die Innenpolitik betrafen. Im Völkerrecht wird dieser Prozess auch als Übergang vom Koordinations- zum Kooperationsrecht bezeichnet.[56] Zwar bestand die Rechtsfigur der Nichtintervention in innere Angelegenheiten fort, gleichzeitig aber sahen viele internationale Organisationen die Möglichkeit von Mehrheitsentscheidungen vor und haben damit die Möglichkeit eröffnet, Staaten zur Umsetzung von Entscheidungen zu bringen, zu denen sie nicht ihr Einverständnis erklärt haben. Zudem wiesen einige der im Nachkriegseuropa entstandenen Verfassungen dem Völkerrecht einen eigenen Platz zu. So ermöglicht beispielsweise die italienische Verfassung, dass es „Einschränkungen der Souveränität“ geben kann, wenn diese dem Frieden und der Gerechtigkeit unter den Nationen dienlich sind. Trotz dieser Veränderungen erwies sich die Konzeptualisierung von internationalen Institutionen als Mittel der Staaten weiterhin als tragfähig.[57] So betrachtet galten internationale Institutionen zumindest bis zum Ende des Kalten Krieges als Instrumente des Territorialstaates ohne eigene politische Autorität.[58]

Jahrzehntelang bildete die Europäische Gemeinschaft bzw. die Europäische Union das dezidierte Kontrastprogramm dazu. Hier entstanden mit der Zeit sehr starke Institutionen, die über dem Staat angesiedelt waren und

---

56 Z. B. *Theodor Schweisfurth*, Völkerrecht, 2006.

57 *Keohane* (Fn. 23).

58 *Kahler* (Fn. 22).

zunehmend eine eigene politische Autorität entwickelten.[59] Die Europäische Union tat sich zunehmend als ein genuines politisches System hervor, das für die Mitgliedsstaaten kein Veto-Recht mehr vorsieht. Spätestens mit der Einheitlichen Europäischen Akte und mit den Verträgen von Maastricht wurde die Europäische Union zu einem Ort der politischen Autorität, der sich nicht auf ein Verständnis der Europäischen Institutionen als bloße Werkzeuge der Nationalstaaten reduzieren lässt. Während das europäische Recht prinzipiell Suprematie gegenüber dem nationalen Recht eingenommen hat, schränken die meisten Verfassungsgerichte dieses Primat des europäischen Rechts allerdings dann ein, wenn sich daraus Kollisionen mit den nationalen Verfassungen ergeben.

Die letzten zwei oder drei Jahrzehnte haben schließlich Veränderungen mit sich gebracht, die die Vorstellung von der staatlichen Letztentscheidungsinstanz auch jenseits von Europa untergraben haben. Von zentraler Bedeutung ist die Entstehung neuer Formen der internationalen Autorität. Internationale Institutionen beinhalten zunehmend Entscheidungsverfahren, die dem Prinzip des Konsenses aller Mitgliedsländern und der Nicht-Einmischung widersprechen.[60] Dementsprechend ergeben sich aus bestimmten internationalen Normen und Regeln Verpflichtungen für nationale Regierungen, bestimmte Maßnahmen zu ergreifen, auch wenn sie der Vereinbarung nicht selbst zugestimmt haben.[61] Internationale Institutionen genießen also Autorität, sofern die Staaten im Prinzip oder in der Praxis ihre Fähigkeit anerkennen, bindende Entscheidungen und/oder glaubwürdige epistemische Urteile zu treffen, auch wenn solche Entscheidungen und Urteile im Widerspruch zu den Interessen eines betroffenen Staates stehen.

Dieses Verständnis von politischer Autorität jenseits des Nationalstaates setzt nicht unbedingt unabhängige internationale Organisationen voraus. Sowohl internationale Institutionen denen eine autonome Entscheidungskompetenz übertragen wird (z. B. der Internationale Strafgerichtshof) als auch internationale Institutionen ohne formelle Autonomie, die aber Mehrheitsentscheidungen vorsehen, können über Autorität im angegebenen Sinne

---

59 *Ernst B. Haas*, Beyond the Nation State. Functionalism and International Organization, Stanford, 1964.

60 *Zürn/Binder/Ecker-Ehrhardt/Radtke*, Politische Ordnungsbildung wider Willen, Zeitschrift für Internationale Beziehungen 14 (2007), S. 129; *Zürn/Binder/Ecker-Ehrhardt*, International Authority and Its Politicization, International Theory 4 (2012), S. 69.

61 Siehe auch *Ian Hurd*, Legitimacy and Authority in International Politics, International Organization 53 (1999), S. 379; *David Lake*, Rightful Rules: Authority, Order, and the Foundations of Global Governance, International Studies Quarterly 54 (2010), S. 587; *Kahler/Lake*, Economic Integration and Global Governance: Why So Little Supranationalism?, in: Mattli/Woods (Hrsg.), The Politics of Global Regulation, Princeton 2009, S. 242 (246); *Rittberger/Nettesheim/Huckel/Göbel*, Introduction: Changing Patterns of Authority, in: Rittberger/Nettesheim (Hrsg.), Authority in the Global Political Economy, Basingstoke 2008, S. 1 (3).

verfügen. Im ersten Fall lässt sich hierbei von delegierter Autorität sprechen, während es sich im zweiten Fall um zusammengelegte Autorität („pooled authority") handelt.[62]

Im Ergebnis hat sich die Rolle der internationalen Institutionen inzwischen so stark verändert, dass die nationalstaatliche Suprematie nun nicht mehr Teil der regulativen Vorstellung von Souveränität ist – zumindest nicht in Europa. Sie wurde durch die Vorstellung ersetzt, dass nationales Regieren durch internationale Normen und Autorität ergänzt wird. Dazu ist nicht unbedingt die Übernahme der Doktrin erforderlich, dass das Völkerrecht den Vorrang vor nationalem Recht zu genießen hat. Insbesondere die rechtswissenschaftliche Theorie des „legal pluralism" hat verdeutlicht, dass internationale Autoritäten gleichsam parallel – also ohne Über- oder Unterordnungsverhältnis – zu nationalem Recht existieren können, ohne dass dadurch normative Konzepte wie beispielsweise die Rechtsstaatlichkeit oder die Demokratie zwangsläufig unterlaufen werden würden.[63] In den seltenen Fällen, in denen Regelkollissionen zwischen Autoritäten auf unterschiedlichen politischen Ebenen wirklich auftauchen, kann der Rückgriff auf quasiverfassungsrechtliche Prinzipien zur Auflösung beitragen.[64]

3. Von der formellen Gleichheit zur institutionalisierten Ungleichheit

Souveräne Gleichheit beschreibt eine Situation, in der alle souveränen Staaten – ganz gleich, auf welcher Grundlage ihre Anerkennung erfolgt ist – entsprechend dem Völkerrecht formell und gesetzlich gleich sind.[65] Die Charta der Vereinten Nationen beruht „on the principle of the sovereign equality of all its members". In der Theorie der internationalen Politik von *Kenneth Waltz* ist das Konzept der souveränen Gleichheit mehr als nur ein normatives Prinzip.[66] Für ihn bedarf es für die funktionale Differenzierung innerhalb des politischen Systems einer Hierarchie. Solange es aber für das Sicherheitsdilemma keine Lösung gibt, könne sich kein Staat beispielsweise

62 *Hoffmann/Keohane* (Hrsg.), The New European Community: Decisionmaking and Institutional Change, Boulder 1991; *Andrew Moravcsik*, The Choice for Europe. Social Purpose and State Power from Messina to Maastricht, Ithaca 1998, S. 67; *Hawkins/Lake/Nielson/Tierney* (Hrsg.), Delegation and Agency in International Organizations, Cambridge 2006.

63 *Nico Krisch*, Beyond Constitutionalism: The Pluralist Structure of Postnational Law, Oxford 2010.

64 *Mattias Kumm*, The Cosmopolitan Turn in Constitutionalism: On the Relationship Between Constitutionalism In and Beyond the State, in: Dunoff/Trachtman (Hrsg.), Ruling the World: International Law, Global Governance, Constitutionalism, Cambridge 2009, S. 258.

65 Siehe *Morgenthau* (Fn. 15); *Krasner* (Fn. 8), S. 14.

66 *Ruggie* (Fn. 24).

auf die Überwachung der Menschenrechte spezialisieren, während andere Staaten nach wie vor ihren Fokus auf Fragen der Sicherheit und des Militärs legen.[67] In einem solchen anarchischen System werden Fragen der Sicherheit und des Überlebens zwingend zu den obersten Prioritäten eines Staates, was wiederum dazu führt, dass das politische System alle anderen innergesellschaftlichen Subsysteme dominiert.

Der nahezu ontologische Status, welcher die souveräne Gleichheit in vielen Analysen der internationalen Politik und des Völkerrechts genießt, erscheint angesichts der Geschichte der internationalen Politik überraschend. Die Ungleichheiten zwischen den Staaten hinsichtlich ihrer Größe, ihrer Bevölkerung, ihres Wohlstand und ihrer militärischen Ressourcen, aber auch ihres Wissens und ihrer sog. „soft power" sind seit jeher eklatant. Da das Prinzip der souveränen Gleichheit sich aber auf formelle Gleichheit bezieht, stellen diese Ressourcenungleichheiten noch kein unmittelbares Problem dar. Die Unterminierung der formalen (sprich: rechtlichen) Gleichheit wird erst durch die Schwäche des internationalen Rechts ermöglicht. Das internationale System besitzt nämlich keine tatsächliche Verfassung und keine umfassende Rechtsstaatlichkeit, die Schwächeren dazu verhelfen könnte, ihre *formelle oder rechtliche Gleichheit* trotz Ressourcenungleichheit durchzusetzen. So ist es schwer vorzustellen, dass sich die Machtdifferenz zwischen den USA und Somalia nicht in anderen Formen der Ungleichheit niederschlägt. Und in der Tat weist die Unterscheidung zwischen Großmächten und kleinen Mächten, die Unterscheidung zwischen dem Zentrum und der Peripherie des internationalen Systems, die exklusive Mitgliedschaft in Staatenclubs – wie der europäische Staatenbund nach 1815 oder die G 8/20 – oder das Vetorecht der P 5 im Sicherheitsrat der Vereinten Nationen auf Formen der Ungleichheit hin, die über die Ungleichheit der Ressourcen hinausgehen. Zudem wurden viele internationale Institutionen dafür kritisiert, dass ihre Politiken die Interessen einer kleinen Gruppe von reichen Staaten widerspiegeln, während die Bedürfnisse der ärmeren und weniger entwickelten Staaten übergangen werden.[68] Daher kann es auch nicht überraschen, dass es in der Geschichte der internationalen Beziehungen immer auch formelle und informelle Imperien gab.[69]

Die Praxis internationaler Politik hat also stets zwei Formen der institutionellen Ungleichheit mit sich gebracht. Erstens haben informelle Hierarchien zwischen den Großmächten und anderen Staaten zu einer unterschiedlichen Verteilung von Ansprüchen und Verpflichtungen bei der Gestaltung

---

67 *Ders.* (Fn. 24), S. 104, 115.

68 *Ethan Kapstein*, Winners and Losers in the Global Economy, International Organization 54 (2000), S. 359; *Richard Higgott*, Contested Globalization: the Changing Context and Normative Challenges, Review of International Studies 26 (2000). S. 131.

69 Siehe auch *Andrew Hurrell*, On Global Order: Power, Values and the Constitution of International Society, Oxford 2007, S. 34.

der internationalen Ordnung geführt. Der Grundsatz lautete schon immer: je mehr Ressourcen, desto mehr Einfluss auf das internationale Geschehen. Die Wiener Konferenz von 1815 und die anschließenden Konferenzen dienen als gute Beispiele für diese Art von institutionalisierter Ungleichheit. Zweitens hat der Erwerb von Grund und Bodenschätzen während des Kolonialismus und des Imperialismus automatisch eine Hierarchie zwischen den Mitgliedern des Staatensystems (den Kolonialherren) und der umliegenden Welt (den Kolonisierten) erschaffen. Die zweite, formellere Form von Ungleichheit bildete sich ab dem Ersten Weltkrieg zurück und endete endgültig mit dem Zusammenbruch der Sowjetunion. Die andere Form institutionalisierter Ungleichheit ist nach wie vor vorhanden, sie gewinnt mit dem Anstieg internationaler Autorität sogar an Bedeutung. Je mehr Autorität internationale Institutionen ausüben, desto sichtbarer wird die institutionalisierte Ungleichheit in ihrer internen Ausgestaltung.[70]

In einem internationalen System mit internationaler Autorität wird segmentäre Differenzierung durch stratifikatorische und funktionale Differenzierung begleitet.[71] So beinhaltet das internationale System tatsächlich wesentlich mehr Aspekte der informellen und formellen Stratifizierung als man es von einer anarchischen Gesellschaft erwarten würde.[72] Stratifikatorische Differenzierung oder institutionalisierte Ungleichheit bildeten zwar von Beginn an einen festen Bestandteil des internationalen Systems,[73] die eindeutigsten Fälle für institutionalisierte Ungleichheit in internationalen Organisationen zeigten sich aber erst nach 1945: die Veto-Rechte der P 5 im Sicherheitsrat der Vereinten Nationen sowie die gewichteten Stimmrechte in der Weltbank und dem Internationalen Währungsfonds. Zudem erscheint die Neigung, exklusive Klubs wie die G 8 oder G 20 zu gründen, heute ausgeprägter als früher. Es lässt sich also feststellen, dass mit dem Aufkommen von internationaler Autorität staatliche Gleichheit als konstitutives Prinzip der Weltpolitik an Bedeutung verliert. Gleichzeitig scheint angesichts der Verbreitung kosmopolitischer Prinzipien individuelle Gleichheit als Norm auch auf der internationalen Ebene eine gewisse Rolle zu spielen. Im Ergebnis wird jedenfalls die souveräne Gleichheit als Bestandteil der regulativen Idee der Souveränität geschwächt.

---

70 *Zürn*, Institutionalisierte Ungleichheit in der Weltpolitik. Jenseits der Alternative „Global Governance" versus „American Empire", Politische Vierteljahresschrift 48 (2007), S. 680; *Lora Ann Viola/Duncan Snidal/Zürn*, Sovereign (In)equality in the Evolution of the International System, in: Huber/Lange/Leibfried/Levy/Nullmeier/Stephens (Hrsg.), The Oxford Handbook of Transformations of the State, Oxford 2014 (in Vorbereitung).

71 Siehe *Albert/Buzan/Zürn* (Hrsg.), Bringing Sociology to IR. World Politics as Differentiation Theory, Cambridge 2013 (im Erscheinen).

72 *Hurrell* (Fn. 71), Kap. 7.

73 *Viola*, Of Dwarfs and Giants: Sovereign Equality and Inequality in the International System, Annual Meeting of the Midwest Political Science Association, Chicago 2006.

4. Von der Autonomie der Politik zur liberalen Konvergenz?

Staaten haben lange Zeit über die notwendige normative und faktische Autonomie verfügt, um eigene Entwicklungspfade zu wählen und um das Verhältnis von Markt und Staat eigenständig zu bestimmen. Während sich beispielsweise in England und in den Vereinigten Staaten liberale Gesellschaftsmodelle durchgesetzt haben, dominierten in Frankreich, Preußen und Russland stärker staatsorientierte und interventionistische Strategien.[74] Eine gewisse Kontrolle grenzüberschreitender Aktivitäten durch staatliche Autoritäten machte dies möglich.[75]

Nach dem Zweiten Weltkrieg entstanden jedoch internationale Institutionen, die die staatliche Kontrolle grenzüberschreitender Aktivitäten im ökonomischen Bereich durch internationale Normen beschränkte. Das Ziel dieser internationalen Institutionen bestand darin, die wirtschaftliche Interdependenz zu managen und die Freihandelsorientierung der großen Industrieländer zu institutionalisieren. Die internationalen Handelsabkommen (GATT) sowie der Internationale Währungsfonds und die Weltbank spielten dabei eine wesentliche Rolle. Diese Institutionen wurden geschaffen, um eine Wiederholung der verheerenden Protektionismus- und Subventionierungsspirale zu verhindern, die 1929 nach dem Schwarzen Freitag einsetzte und die Weltwirtschaftskrise erst hervorgerufen hat.[76] Die Bretton-Woods-Institutionen, die unter amerikanischer Leitung gegründet wurden, waren lange Zeit ausgesprochen erfolgreich. Sie galten dreißig Jahre lang als ein Garant für stabiles Wachstum in den westlichen Industriestaaten. Sie hatten die Integration der globalen Wirtschaft gefördert und die Rolle der exportorientierten Industriebranchen innerhalb der nationalen Politik gestärkt. Vor allem in den Zeiten der wirtschaftlichen Rezession halfen sie eine Spirale des Protektionismus und Abwertungswettläufe zu verhindern. Außerdem leisteten diese Institutionen einen Beitrag zur Entstehung von demokratischen Wohlfahrtsstaaten, die zum Teil bis zu fünfzig Prozent des Bruttoinlandsprodukts abschöpften. Auf diese Weise bewahrten sich die Nationalstaaten genügend Autonomie, um auf externe Herausforderungen ganz unterschiedlich reagieren zu können.[77]

Das Prinzip, auf das sich dieses institutionelle Arrangement stützte, wurde mit dem Begriff „embedded liberalism“ beschrieben. Demnach sollte die

---

74 Siehe *Senghaas*, Von Europa lernen. Entwicklungsgeschichtliche Betrachtungen, 1982; *Barrington Moore*, Soziale Ursprünge von Diktatur und Demokratie, 1966.

75 Darauf bezieht sich Krasners Konzept der Interdependenzsouveränität, welche die Fähigkeit eines Staates bezeichnet, grenzübergreifende Bewegungen zu kontrollieren. Siehe dazu *Krasner* (Fn. 8), S. 12.

76 *Charles Kindleberger*, Geschichte der Weltwirtschaft im 20. Jahrhundert. Band 4: Die Weltwirtschaftskrise 1929–1939, 1973; *Keohane* (Fn. 23).

77 *Peter Gourevitch*, The Second Image Reversed: The International Sources of Domestic Politics, International Organization 32 (1978), S. 881; *Peter Katzenstein*, Small States in World Markets. Industrial Policy in Europe, Ithaca 1985.

Freihandelsorientierung die offenen Grenzen so gestalten, dass die Autonomie der nationalen politischen Systeme erhalten bleibt, um die Schocks und Ungerechtigkeiten, die der globale Markt zwangsläufig mit sich bringt, nach eigenem Geschmack abzufedern.[78] Dabei handelt es sich um historisch beachtenswerte Errungenschaften. Internationale Kooperation, Wohlstand und Demokratie haben sich vor diesem Hintergrund gegenseitig gestützt und dazu beigetragen, dass zwischen den demokratischen Wohlfahrtsstaaten ein stabiler Frieden entstehen konnte.[79]

Die Bretton-Woods-Institutionen haben jedoch die Grundlage ihres eigenen Erfolgs ausgehöhlt. Der „embedded liberalism" hat eine kontinuierliche Dynamik der sich vertiefenden Liberalisierung und der beschleunigten technologischen Entwicklung nach sich gezogen, deren Zusammenspiel letztlich zur Globalisierung oder ökonomischen Denationalisierung geführt hat.[80] In der Folge verringert sich die Wirksamkeit staatlicher Politiken überall dort, wo sich der politische Raum des Nationalstaates nicht mehr mit den realen Grenzen des gesellschaftlichen Handelns deckt. Der Spielraum für verschiedenartige nationale Politiken hat sich durch den schnellen Anstieg von Direktinvestitionen und vor allem durch den Druck der hochsensiblen Finanzmärkte erstaunlich stark eingeschränkt.

Natürlich hat es niemals eine vollständige innenpolitische Autonomie der Staaten gegeben. Neben den normativen Einschränkungen weist das internationale System seit jeher auch strukturelle Einschränkungen der Autonomie auf. Seitdem England im Zuge der industriellen Revolution modernisiert und industrialisiert wurde, lastete auf allen anderen Staaten der Druck, darauf zu reagieren und die nachholende Entwicklung zu organisieren.[81] In den 1970er Jahren wurde der Begriff der Interdependenz verwendet, um darauf hinzuweisen, dass jede innenpolitische Wirkung stets von der Politik anderer Nationen abhängig ist.[82] Robert O. Keohane hat auch vollkommen recht, wenn er zu der Feststellung gelangt, „The problem that international interdependence poses in the first instance for governments is not that it directly threatens their formal sovereignty or even their autonomy, but that it calls into questions their effectiveness."[83] Wenn aber die Autonomie des Na-

---

78 Siehe *Ruggie* (Fn. 25).

79 *Bruce Russett / John O'Neal*, Triangulating Peace. Democracy, Interdependence, and International Organizations, New York 2001.

80 *Held / McGrew / Goldblatt / Perraton*, Global Transformations: Politics, Economics and Culture, Cambridge 1999; *Beisheim / Dreher / Walter / Zangl / Zürn*, Im Zeitalter der Globalisierung? Thesen und Daten zur gesellschaftlichen und politischen Denationalisierung, 1999.

81 *Senghaas* (Fn. 76).

82 *Keohane / Nye*, Power and Interdependence: World Politics in Transition, Boston 1977.

83 *Keohane*, Sovereignty, Interdependence and International Institutions, in: Miller / Smith (Hrsg.), Ideas and Ideals: Essays on Politics in Honour of Stanley Hoffmann, Boulder 1993, S. 91 (93).

tionalstaates auf letztlich nur noch eine Option eingeschränkt wird – so wie es uns eine extreme Lesart der Vorstellung des Wettbewerbsstaates suggeriert –, dann löst sie sich auf.

V. Konklusion – Die neue Souveränität

Souveränität als regulative Idee besteht fort. Verändert hat sich die Bedeutung der Souveränität. Politische Gemeinschaften verweisen nicht mehr nur auf ihre Kapazitäten, sondern auf ihre normative Dignität, wenn sie als Staaten anerkannt werden wollen. Es ist nicht mehr länger die materielle Fähigkeit zur Kontrolle eines Territoriums, sondern der Wille und die Fähigkeit, die eigene Bevölkerung zu schützen, die hierbei ausschlaggebend ist. Zugleich haben sich die Rechte und Pflichten von anerkannten Staaten geändert. Das Recht auf Nichteinmischung in innere Angelegenheiten hat ebenso an Bedeutung verloren wie das Recht auf formelle Gleichheit der Staaten. Zudem haben die Nationalstaaten auch deutlich an politischer Autonomie eingebüßt. Die Anerkennung eines Staates erfolgt auch nicht mehr auf Dauer, sie ist vielmehr kontinuierlich an die Einhaltung bestimmter Grundnormen gebunden. Auf der anderen Seite ist für starke Staaten das Recht erwachsen, einen größeren Anteil an Befugnissen bei der Ausübung internationaler Autorität einzufordern, wenn sie dabei mehr Verantwortung übernehmen. Diese Veränderungen stehen in einer synergetischen Beziehung zueinander. Zusammen weisen sie auf eine gesteigerte Wichtigkeit von Individuen, gesellschaftlichen Gruppen und einen Rückgang des Wertes des Staates an und für sich hin. Die Bündelung aller politischer Rechte und aller politischer Autorität im Nationalstaat löst sich in der postnationalen Konstellation also auf. Insofern ist eine Zerfaserung des exklusiv auf den Staat ausgerichteten Konzepts der Souveränität zu beobachten. Während die traditionelle oder westfälische Souveränität in der Anerkennung einer ausschließlichen staatlichen Kontrolle von Hoheitsgebieten durch Staaten bestand, ist der Staat inzwischen längst nicht mehr der einzige Referenzpunkt für Souveränität. Die „neue Souveränität“ betrachtet den Staat immer mehr als ein Instrument, um andere Werte zu erfüllen. Die neue Souveränität unterscheidet sich zwar sehr erheblich von der traditionellen Souveränität, sie verweist aber immer noch auf dieselbe regulative Idee. Die Souveränität hat sich lediglich transformiert.

Der souveräne Staat und seine Konkurrenten – primus inter pares in einer Multiakteurs-Governance

Kommentar zum Beitrag von Michael Zürn

Von Marianne Beisheim, Berlin

I. Einleitung

Dieser Beitrag kommentiert *Michael Zürns* Ausführungen zum souveränen Staat und zum Wandel der regulativen Idee der Souveränität und würdigt *Gunnar Folke Schupperts* Arbeiten zum Staat und zu Governance. Die Themen Staat und Governance – und beide geschätzte Kollegen und Denker – beschäftigen mich seit längerer Zeit. So schrieb ich bereits als Tübinger Studentin im Sommersemester 1990 eine Hausarbeit zu „Nation und Nationalstaat als politische Ordnungsvorstellung" bei einem jungen Doktoranden namens *Michael Zürn*. Bei diesem arbeitete ich dann etwas später im Rahmen eines DFG-Projektes zum Thema „Denationalisierung"[1] und schrieb meine Dissertation über die Rolle nichtstaatlicher Akteure für Global Governance.[2] Im Kontext der Antragstellung für den Berliner SFB 700 „Governance in Räumen begrenzter Staatlichkeit" beschäftigten *Folke Schuppert* und ich uns mit dem Thema Staatszerfall und Governance.[3] Dieser Hintergrund wird sich auch in diesem Kommentar spiegeln: Zum einen werde ich den Staat in den Kontext anderer, nicht-staatlicher Governance-Akteure stellen, zum anderen auch die Bedingungen in Räumen begrenzter Staatlichkeit außerhalb der OECD-Welt reflektieren.

Der Beitrag von Michael Zürn stellt den souveränen Staat bzw. die westfälische Souveränität als „regulative Idee" vor. Da keine „präskriptive Ver-

1 *Marianne Beisheim / Sabine Dreher / Gregor Walter / Bernhard Zangl / Michael Zürn*, Im Zeitalter der Globalisierung? Thesen und Daten zur gesellschaftlichen und politischen Denationalisierung, 1999; *Zürn / Walter* (Hrsg.), Globalizing Interests. Pressure Groups and Denationalization, Albany 2005.

2 *Beisheim*, Fit für Global Governance? Transnationale Interessengruppenaktivitäten als Demokratisierungspotential – am Beispiel Klimapolitik, 2004.

3 *Beisheim / Schuppert* (Hrsg.), Staatszerfall und Governance, 2007; *Thomas Risse / Ursula Lehmkuhl* (Hrsg.), Regieren ohne Staat? Governance in Räumen begrenzter Staatlichkeit, 2007; *Risse* (Hrsg.), Governance without a State? Policies and Politics in Areas of Limited Statehood, New York 2011.

haltensnorm", könne man die Relevanz von Souveränität als regulativer Idee nicht an deren realpolitischer Befolgung und Umsetzung ermessen – vielmehr sei es geradezu konstitutiv für eine regulative Idee, dass sie in der Realität nie vollständig erfüllt werden könne. Ihre Relevanz ergebe sich vielmehr durch „diskursive Praktiken der Rechtfertigung". Dabei könne sich allerdings sehr wohl der Gehalt der regulativen Idee über die Zeit verändern – wie der Text im Folgenden differenziert und überzeugend für alle vier Komponenten der Souveränität ausführt. Die beschriebenen Veränderungen liegen sowohl auf der realpolitischen Ebene als auch auf der ideellen Ebene der Norm – ohne dass die kausalen Bezüge zwischen beidem immer völlig klar sind. Schließlich wird ein Wandel von der westfälischen zur postwestfälischen Souveränität konstatiert, die regulative Idee habe also mithin eine grundlegende Transformation durchlaufen – jedoch: „die neue Souveränität unterscheidet sich zwar sehr erheblich von der traditionellen Souveränität, sie verweist aber immer noch auf *dieselbe* regulative Idee" (Zürn in diesem Band, eigene Hervorhebung).

So sehr ich diese Argumentation empirisch wie konzeptionell nachvollziehbar finde, so birgt die Zürn'sche Apologie (zur These der „Zerfaserung von Staatlichkeit") doch die Gefahr einer Immunisierungsstrategie. Wenn die regulative Idee der Souveränität und ihre vier Komponenten definitorisch so elastisch gefasst werden, dass sie derart grundlegende Veränderungen abdecken und dabei immer noch auf „dieselbe" regulative Idee rekurrieren, wird es schwierig zu bestimmen, wann eigentlich die Grenze erreicht ist, ab der wir in der wissenschaftlichen Analyse oder normativen Theorie nicht mehr von staatlicher Souveränität sprechen wollen würden, egal mit welchem Präfix. Negativ formuliert: Ab wann wäre die Idee der staatlichen Souveränität in ihrem ursprünglichen Kerngehalt so sehr verletzt, dass sie in *Krasners* Sinne nur noch ein scheinheiliges, heuchlerisches Konzept wäre,[4] welches auch im Diskurs nur mehr im Wissen um dessen realpolitische Bedeutungslosigkeit gebraucht oder gar instrumentell missbraucht wird. Positiv formuliert: Ab wann ginge die Transformation bzw. der Normwandel so weit, dass man statt postwestfälischer Souveränität einen neuen Begriff bräuchte, der die neue regulative Idee zur Position und Rolle des Staates besser erfasst?

Derartige begrifflich-normative Fragen werden jedoch nicht der Schwerpunkt der folgenden Überlegungen sein. Vielmehr geht es mir zunächst darum, nochmals empirisch zu erkunden, welche Befunde und Entwicklungen dazu beitragen, dass das traditionelle Konzept des souveränen Staates derart infrage gestellt wird, dass wir empirisch vom „Regieren jenseits des Nationalstaates" (so der Titel des Abschnittes in diesem Band) sprechen und normativ nach dem entsprechenden neuen regulativen Ideen suchen. Dabei hebe ich zwei Dinge in Ergänzung zu Michael Zürns Ausführungen hervor: Erstens er-

4 *Stephen D. Krasner,* Sovereignty. Organized Hypocrisy, Princeton 1999.

gänze ich die von ihm eingenommene normorientierte und institutionelle Perspektive um eine stärker akteursbezogene Analyse, die relevante Governance-Akteure jenseits des Staates einbezieht (siehe Abschnitt II.). Zweitens möchte ich Überlegungen zum Regieren in Räumen begrenzter Staatlichkeit in diese Analyse mit aufnehmen. Zusammen genommen fragt der Beitrag danach, was heute die Position und die Aufgaben des Staates sind, wenn sowohl in Räumen konsolidierter als auch begrenzter Staatlichkeit andere Akteure verstärkt an Governance beteiligt sind (siehe Abschnitt III.). Dies spricht auch zu der für Folke Schuppert zentralen Frage nach neuen Akteurskonstellationen und Koordinationsstrukturen im Rahmen einer komplexen Global Governance.[5] Ich werde mich dabei stark auf die Ergebnisse beziehen, die *Tanja Börzel*, *Philipp Genschel*, *Bernhard Zangl* und die Autorin vor dem Hintergrund der Arbeiten des Berliner und des Bremer Sonderforschungsbereiches (SFB 700 und 597) in dem Sammelband „Wozu Staat?“[6] formuliert haben. Am Ende komme ich nochmals auf die regulative Idee des souveränen Staates zurück und diskutiere, inwieweit sie angesichts der Position und Aufgaben des Staates in den vier empirisch aufgefundenen Akteurskonstellationen noch treffend normative Orientierung gibt.

II. Welche Akteure konkurrieren wie mit dem Staat?

Michael Zürn nennt in seinem Beitrag bereits einige Akteure und Institutionen, die die regulative Idee eines im traditionellen Sinne nach innen und außen souveränen und autonomen Staates herausfordern. Zum einen sind es *zwischenstaatliche* Institutionen, deren Bedeutung und Eingriffstiefe derart steigt, dass sie vom Instrument der Staaten zum konkurrierenden Governance-Akteur werden. Dazu gehören *regionale* Bündnisse, hier ragt vor allem die Europäische Union (EU) mit ihren Kompetenzen heraus (siehe auch Tanja Börzels Beitrag in diesem Band zur EU-Staatlichkeit). Unter den *internationalen* Organisationen ist es sicherlich der Sicherheitsrat der Vereinten Nationen (VN), der die Souveränität von Staaten am stärksten beschneiden kann. Aber auch die Weltbank und der Internationale Währungsfonds mit ihren Konditionalitäten oder der Internationale Strafgerichtshof haben Instrumente zu ihrer Verfügung, um auf Staaten starken Druck auszuüben, in (fremd-)bestimmter Weise zu agieren. Schließlich können informellere *Staaten-Clubs* wie die G8 oder die G20 qua ihrer de-facto Politik- und Wirtschaftsmacht andere Staaten mächtig unter Druck setzen.

---

5 *Schuppert/Zürn* (Hrsg.), Governance in einer sich wandelnden Welt, 2008; *Schuppert*, Alles Governance oder was? 2011.

6 *Beisheim/Tanja Börzel/Philipp Genschel/Zangl* (Hrsg.), Wozu Staat? Governance in Räumen begrenzter und konsolidierter Staatlichkeit, 2011.

Hinzu kommen *nichtstaatliche* Akteure sowohl aus der Zivilgesellschaft als auch aus der Wirtschaft, die ebenfalls de facto relevante Beiträge zu Governance leisten. So können nationale oder transnationale *Nichtregierungsorganisationen* (NROs) beispielsweise Umwelt- und Sozial-Standards definieren, entsprechende Siegel vergeben und überwachen. Nationale oder multinationale *Unternehmen* können Regeln für ihren oft nicht kleinen Einflussbereich setzen und damit nationale Standards unterlaufen oder übertreffen. In Räumen begrenzter Staatlichkeit treten *traditionale* Akteure hinzu (vgl. auch den Beitrag von *Matthias Kötter* in diesem Band). Clanchefs oder Dorfälteste können in lokalen Kontexten höhere Autorität als die Zentralregierung genießen.

Entscheidend ist natürlich die Frage, *was* genau diese anderen Akteure tun. Verhalten sich etwa die nichtstaatlichen Akteure wie Interessengruppen im nationalen Kontext, die im Umfeld der staatlichen Entscheidungsfindung im staatlich bestimmten Rahmen Lobbyismus betreiben oder von staatlichen Entscheidungsträgern konsultiert werden? Sind die internationalen Organisationen nur Forum für zwischenstaatliche Verhandlungen? All dies würde die Souveränität des Staates nicht berühren. Oder agieren diese Akteure selbstständig, gleichberechtigt oder zumindest konkurrierend mit dem Staat, indem sie bestimmte Kompetenzen beanspruchen und ausüben, die bislang dem Staat vorbehalten waren, indem sie also in politisch relevanten Angelegenheiten mit Anspruch auf kollektive Verbindlichkeit (mit-)entscheiden und (mit-)umsetzen, gar (mit-)legitimieren? Wenn dem so ist, welche neuen Beziehungsmuster zwischen dem Staat und den konkurrierenden Akteuren ergeben sich daraus? Hat der Staat in diesen neuen Konstellationen noch eine souveräne Stellung oder zumindest herausgehobene Rolle? Ist dies überall so?

III. Der Staat in verschiedenen Governance-Konstellationen

Auf Basis einer Auswertung der empirischen Ergebnisse des Berliner und Bremer Sonderforschungsbereiches (SFB) zur Frage „Wozu Staat?" haben *Tanja Börzel*, *Philipp Genschel*, *Bernhard Zangl* und die Autorin vier *Governance-Konstellationen* identifiziert, die sich durch jeweils spezifische Beziehungsmuster und teilweise auch eine Aufgabenteilung zwischen staatlichen und nicht-staatlichen Akteuren auszeichnen.[7] In diesen Konstellationen nehmen verschiedene Akteure in unterschiedlichem Umfang Entscheidungs-, Organisations- und Legitimationskompetenzen wahr, die im

---

[7] Vgl. *Beisheim/Börzel/Genschel/Zangl*, Governance jenseits des Staates. Das Zusammenspiel staatlicher und nicht-staatlicher Governance, in: dies. (Fn. 6), S. 254 ff. Basis der Auswertung waren Fallstudien in den vier Bereichen Sicherheits-, Gesundheits-, Umwelt- und Finanzmarktpolitik, jeweils für Räume konsolidierter und begrenzter Staatlichkeit.

von Michael Zürn angesprochenen „goldenen Zeitalter" vom Staat monopolisiert und weitgehend exklusiv wahrgenommen wurden. Diese neue Gemengelage führt in den jeweiligen Konstellationen zu typischen Konflikten. Dabei stellen wir die These auf, dass der Staat bei einigen dieser Konflikte qua einer herausgehobenen Stellung vermittelnd auftreten kann, während er dies in anderen Konstellationen nicht vermag.

1. International reguliertes nationalstaatliches Regieren

In dieser ersten Konstellation werden Entscheidungskompetenzen von internationalen Institutionen wahrgenommen – meist haben die Staaten zuvor selbst diese Kompetenzen an Institutionen wie die EU oder den VN-Sicherheitsrat übertragen und sie damit auch zur Erbringung bestimmter Governance-Leistungen legitimiert. Gleichzeitig verbleiben die Organisationskompetenzen zur Umsetzung dieser Entscheidungen beim Staat. Im Sinne einer funktionalen Spezialisierung entscheiden also internationale Institutionen kollektiv-verbindlich, und staatliche Verwaltungen implementieren dann diese Entscheidungen.

In dieser Governance-Konstellation treten oft *Integrationskonflikte* auf. Generell geht es um die Frage, wie weit sich der Staat der Entscheidungskompetenz einer internationalen Institution unterwerfen soll. Zum einen sind dies Konflikte darüber, inwieweit internationale Institutionen überhaupt ehemals staatliche Entscheidungskompetenzen bekommen sollen (Delegationskonflikte). Zum anderen entstehen in der Folge oft Konflikte um die Frage, ob Staaten die von internationalen Institutionen getroffenen Entscheidungen hinreichend umsetzen (Compliance-Konflikte). Gerade im internationalen Kontext bedienen sich Staaten bei derartigen Konflikten gerne der regulativen Idee der Souveränität, um sich gegenüber den Zumutungen anderer Staaten und internationaler Institutionen zu behaupten und auch um die Partizipation nichtstaatlicher Akteure an zwischenstaatlichen Verhandlungen zurück zu weisen.

2. Staatlich regulierte gesellschaftliche Selbstorganisation

Auch die zweite Governance-Konstellation folgt einem Muster funktionaler Spezialisierung. Diesmal ist es der Staat, der zentrale Entscheidungskompetenzen ausübt, während privatwirtschaftliche, zivilgesellschaftliche und/oder traditionale Akteure diese staatlichen Entscheidungen umsetzen und dazu ihre spezifischen Organisationskompetenzen nutzen. Nun setzt also der Staat die allgemein-verbindlichen Regeln. Teilweise delegiert er dann die Umsetzung an nicht-staatliche Akteure, teilweise tun diese Akteure das auch ohne Auftrag, aber mit Autorisierung oder auch nur mit Duldung des Staates. Beispiele sind private Zertifizierungsagenturen, technische Überwachungsvereine oder gemeinnützige Organisationen. Auch in Räumen begrenzter Staatlichkeit übernehmen NROs oder öffentlich-private Partnerschaften die Umsetzung national beschlossener Politiken; in einigen dieser Räume ist der Staat auch in der Lage, diese Aktivitäten (zumindest auf dem Papier) zu regulieren (in anderen Räumen begrenzter Staatlichkeit jedoch nicht, vgl. dazu die dritte und vierte Konstellation).

In dieser Konstellation treten verstärkt *Autonomiekonflikte* auf. Es kommt zu Auseinandersetzungen darüber, welche Organisationskompetenzen beim Staat verbleiben und welche nicht-staatliche Akteure übertragen bekommen sollen und wie autonom sie diese nutzen dürfen. Sowohl konservative als auch kritische Beobachter beanstanden die Tendenz, dass sich private Akteure zunehmend derartige Governance-Funktionen aneignen, ohne hinreichend rückgebunden zu sein.

3. Transnationales Regieren am Staat vorbei

Bei der dritten, von uns nur in Räumen begrenzter Staatlichkeit identifizierten Konstellation rückt der Staat ziemlich weit in den Hintergrund. Ähnlich wie bei der ersten Konstellation (international reguliertes nationalstaatliches Regieren) treffen inter- oder transnationale Institutionen Entscheidungen; doch anders als dort werden diese nicht vom betroffenen Staat selbst organisatorisch umgesetzt, da diesem dafür in Räumen stark begrenzter Staatlichkeit die notwendigen Organisationskompetenzen fehlen. Diese Organisationskompetenzen werden vielmehr von nichtstaatlichen Governance-Akteuren eingebracht. Ein Beispiel dafür sind die Governance-Aktivitäten eines transnationalen Geberforums mit Sitz in Kenia, welches entwicklungspolitische Maßnahmen für Somalia koordiniert und dabei auch Gelder beim „Global Fund to Fight AIDS, Tuberculosis and Malaria", einer transnationalen Gesundheitspartnerschaft, beantragte, um mit deren Hilfe Tuberkulose-Programme in Somalia durchzuführen, die dort dann vor allem von der NGO „World Vision Somalia" umgesetzt wurden. In dieser Konstellation implementieren also zivilgesellschaftliche, privatwirtschaftliche oder traditionale Akteure inter- und transnationale Entscheidungen am Staat vorbei auf dessen Territorium und für die dort lebenden Menschen. Die Regierung des betroffenen Staates beschränkt sich, gewollt oder ungewollt, auf eine Zuschauerrolle; gleichwohl muss sie die Aktivitäten auf ihrem Territorium zumindest dulden. Ein etwas anders gelagertes Beispiel wären die Aktivitäten fremdstaatlicher Governance-Akteure im Rahmen von zeitweiligen Treuhandverwaltungen nach internationalen Interventionen.[8]

---

8 Vgl. dazu *Krasner*, Alternativen zur Souveränität. Neue Institutionen für kollabierte und scheiternde Staaten, in: Beisheim/Schuppert (Fn. 3), S. 163 ff. Krasner schlägt „Verträge über geteilte Souveränität" als wünschenswerte Grundlage für sol-

Wenn internationale Institutionen und andere externe Akteure an einem Staat vorbei in dessen innere Angelegenheiten hineinregieren, kommt es zu *Legitimitätskonflikten*. Diese rütteln gewaltig am Bild des souveränen Staates, wenn dieser nicht mehr die klare Oberhand und Kontrolle über Governance-Aktivitäten auf seinem Territorium hat. Michael Zürn diskutiert dies auch im Zusammenhang mit der Norm der „responsibility to protect“, da mit der Idee einer subsidiären Schutzverantwortung der internationalen Gemeinschaft das Prinzip der Nichteinmischung in die inneren Angelegenheiten eines Staates unterminiert wird. Auch hier lauern Legitimitätskonflikte.

4. Parallel-Regieren staatlicher und nicht-staatlicher Akteure

Bei der vierten von uns identifizierten Konstellation ist keine funktionale Arbeitsteilung zwischen den konkurrierenden Governance-Akteuren erkennbar – sie ist auch gar nicht gewollt. Vielmehr beanspruchen verschiedene Akteure dieselben Governance-Kompetenzen, sie treffen sowohl Entscheidungen und setzen diese auch qua ihrer Organisationskompetenz um. Auch diese Konstellation finden wir nur in Räumen begrenzter Staatlichkeit. Ein Beispiel hierfür ist die Situation in einigen Gebieten Afghanistans und Pakistans, wo Warlords und lokale traditionale Akteure, aber im Falle Afghanistans auch internationale Akteure beanspruchen, in ihrem Einflussgebiet Sicherheit und andere Governance-Leistungen zu erbringen, und damit die zentralstaatliche Regierung unter Druck setzen. In einigen peripheren Räumen ist die Zentralregierung damit nur ein Mitspieler unter anderen; sie verfügt zwar über Entscheidungs- und auch Organisationskompetenz, kann aber vor Ort keine von beiden monopolisieren. Auch stützen sich die rivalisierenden Akteure teilweise auf religiöse, traditionale oder charismatische Legitimationsquellen, die mit der vom Staat durch Wahlen geschaffenen Input-Legitimität konkurrieren.

In einer solchen Governance-Konstellation treten unvermeidlich *Domänenkonflikte* auf, im Sinne von Auseinandersetzungen über die Frage, wer, wann, wo und wie legitimiert welche Governance-Kompetenz ausüben darf. Es liegt in der Natur dieser Konflikte, dass der schwache Staat bei diesen nicht qua einer herausgehobenen Stellung vermitteln kann.

IV. Neue Aufgaben für den Staat als Governance-Manager

Im Vergleich behält der Staat in den ersten beiden Konstellationen entweder das Monopol der Entscheidungs- oder das der Organisationskompetenz. Diese Stellung gibt ihm gegenüber den konkurrierenden Governance-Ak-

---

che Interimsverwaltungen vor, die den „direkten Angriff auf die Souveränitätsnormen“ mindern würden.

teuren eine herausgehobene Position. Das wird noch dadurch verstärkt, dass auch die Legitimation weitgehend über staatlich organisierte Wahlen und andere Prozesse verläuft. Diese Situation ist vor allem für *Räume konsolidierter Staatlichkeit* typisch. In dieser Stellung kann der Staat auch noch einen Schatten der Hierarchie werfen, um eine kooperative Bearbeitung der typischen Integrations- und Autonomiekonflikte herbeiführen zu helfen. Dies kann im Idealfall zu einer vom Staat moderierten funktionalen Arbeitsteilung führen, in der der Staat als „Manager"[9] einer teilweise nicht-staatlichen Governance-Architektur agiert und dafür sorgt, dass sich die Beiträge der verschiedenen Akteure komplementär ergänzen. Diese koordinierende und rahmensetzende Rolle des Staates wird dann auch oft als entscheidender Faktor für das Gelingen von Governance „mit" dem Staat genannt. In diesen beiden Governance-Konstellationen spielt der Staat also eine zentrale Rolle für das Gelingen von Governance: Zum einen verfügt er über zumindest eine der drei Governance-Kompetenzen noch weitgehend exklusiv. Zum anderen trägt er auf dieser Basis entscheidend dazu bei, dass die latenten oder offen auftretenden Konflikte zwischen den Governance-Akteuren aufgefangen und einer kooperativen Konfliktbearbeitung zugeführt werden.

In den beiden letzten Konstellationen besitzt der Staat dagegen weder das Monopol der Entscheidungs- noch das der Organisationskompetenz. In der dritten Konstellation verfügt er weder über gewichtige Entscheidungs- noch über erforderliche Organisationskompetenzen, vielmehr wird weitgehend von anderen an ihm vorbei regiert. In der vierten Konstellation muss sich die Zentralregierung mit konkurrierenden Akteuren mit je eigenen Entscheidungs- und Organisationskompetenzen auseinandersetzen, die zudem vom Staat unabhängige, eigene Legitimationsgrundlagen aufbieten können. Diese beiden Konstellationen finden wir in *Räumen stark begrenzter Staatlichkeit*, die auf einer Skala zwischen den beiden Idealtypen einer vollständigen und einer völlig zerfallenen Staatlichkeit in Richtung des letzteren Endes tendieren. Hier wird der Staat bzw. die zentralstaatliche Regierung zu einem Governance-Akteur unter vielen, der kaum noch eine herausgehobene Position innehat. Infolge dessen stoßen konkurrierende Akteure mit ihren Governance-Bestrebungen tendenziell unkoordiniert und miteinander konkurrierend aufeinander. Auf die resultierenden Legitimations- und Domänenkonflikte kann der Staat auch keinen Schatten der Hierarchie werfen und daher nicht als potenter Governance-Manager agieren. Die Bearbeitung dieser Konflikte gelingt entsprechend selten und wenn, dann meist nur zeitweise und stets prekär bleibend.

Das Zusammenspiel der verschiedenen Governance-Akteure ist aufgrund der Schwäche des Staates in den letzten beiden Konstellationen mithin er-

---

9 *Genschel/Zangl*, Metamorphosen des Staates. Vom Herrschaftsmonopolisten zum Herrschaftsmanager, Leviathan 3 (2008), S. 430.

heblich problembeladener. Darunter leidet nicht nur der Staat als Akteur, sondern auch die Effektivität und Legitimität des Regierens. Entsprechend setzen viele Entwicklungsagenturen für Räume begrenzter Staatlichkeit auf Programme zum Staatsaufbau („state building"). Ob dies aber die richtige Lösung ist, hängt u. a. von den „good governance"-Qualitäten staatlicher Akteure ab: Bei weiterhin vorherrschender Korruption und Willkürherrschaft wäre eine simple Stärkung staatlicher Akteure wenig hilfreich und würde die Probleme nur verschärfen. Vielmehr wäre ein breiter angelegtes „governance shaping"[10] sinnvoller, bei dem die Kapazitäten und Kompetenzen der verschiedenen lokalen Governance-Akteure genutzt und gezielt ausgebaut werden. Dabei ist jedoch zu berücksichtigen, dass nicht-staatliche Akteure häufig nicht in der Lage und auch nicht unbedingt willens sind, die Bereitstellung von Governance-Leistungen auf Dauer zu übernehmen und den Staat davon zu entlasten. Außerdem besteht das ständige Risiko, dass auch die nichtstaatlichen Akteure sich von ihren Partikularinteressen leiten lassen. Daher wird dem Staat auch in einem solchen Szenario eine zentrale Rolle zugewiesen. Er soll – ähnlich wie in den ersten beiden Konstellationen – mittelfristig in die Lage versetzt werden, die Rolle eines zuverlässigen Governance-Managers zu übernehmen, der jeweils kontextspezifisch Koordinations- und Kontrollaufgaben übernimmt. *Stephen Krasner* spricht ähnlich von dem neuen Orientierungsprinzip einer „verantwortlichen Souveränität",[11] das sich auf effektive Regierungsführung konzentriert. Der Staat bleibt also zentral für die Stabilität und Ausgewogenheit des Gesamtsystems einer pluralisierten Multiakteurs-Governance (vgl. auch den Beitrag von Dieter Grimm in diesem Band). Aber die ihm zugedachten Aufgaben haben sich verändert. Wie *Philipp Genschel* und *Bernhard Zangl* es formuliert haben,[12] durchläuft der Staat eine Transformation vom Herrschaftsmonopolisten zum Herrschaftsmanager, bzw. wie ich es hier sagen würde vom allzuständigen, nach innen und außen souveränen „Government"- zum koordinierenden Governance-Manager. Dies passt dann auch zu *Folke Schupperts* Diktum, dass der Governance-Ansatz ein staatsrelativierendes, aber kein den Staat ausblendendes Konzept ist.[13]

Diese normative Zielvorstellung verweist auf die regulative Idee eines spezifisch kompetenten Staates, der nun als „*primus inter pares*" arbeitsteilig agieren soll. Zwar soll er nicht alle Governance-Leistungen selbst erbringen, aber sicherstellen, dass sie dauerhaft so erbracht werden, dass sie der politisch definierten öffentlichen Wohlfahrt dienen. Ob dies aktuell tatsächlich

---

10 *Lars Brozus*, Applying the Governance Concept to Areas of Limited Statehood, in: Risse (Fn. 3), S. 275 ff.

11 *Krasner*, Verantwortliche Souveränität. Ein Orientierungsprinzip für das 21. Jahrhundert, Internationale Politik 5 (2010), S. 10 ff.

12 *Genschel / Zangl* (Fn. 9).

13 *Schuppert* (Fn. 5), S. 34.

so ist, hängt wie gezeigt stark vom jeweiligen lokalen Kontext ab; in Räumen konsolidierter Staatlichkeit tendenziell eher (im Idealfall als „Gewährleistungsstaat“[14]), in Räumen begrenzter Staatlichkeit ist der Staat dagegen eher weniger dazu in der Lage. Allerdings bleibt es bei der Erwartungshaltung, dass er dazu in der Lage sein sollte – insofern hat Michael Zürn recht, wenn er sagt, dass die regulative Idee eines potenten und gleichzeitig verantwortlichen Staates als normative Orientierung empirisch fortbestehe. Und ein so gedachter bzw. gewünschter Staat hat auch durchaus etwas von einem „Souverän“, da er als Akteur gegenüber den anderen Governance-Akteuren herausgehoben ist. Allerdings muss sich der Staat diese Position als *primus inter pares* angesichts der Konkurrenz anderer Governance-Akteure erarbeiten. Was seine Rolle als Primus ist hängt vor allem von der Anerkennung durch die anderen Akteure – andere Staaten, internationale Organisationen oder nichtstaatliche Akteure – ab. Eine Quelle dafür ist deren Achtung vor der Verkörperung der von der Gemeinschaft gewollten (und im Sinne von *Arthur Benz* Beitrag in diesem Band: ausgehandelten) institutionalisierten Herrschaftsordnung, die dem Staat besondere Kompetenzen zuweist und ihn damit als Primus heraushebt, wenngleich auch nicht mehr als allmächtig und allzuständig. Anknüpfend an Michael Zürns Darstellung von Souveränität als einer regulativen *Idee* wird der Staat in diesem Sinne zum „imagined sovereign“, auch wenn er dem traditionellen Normgehalt nach nicht (mehr) souverän ist (oder noch nie war).

---

14 *Schuppert*, Der Gewährleistungsstaat – Ein Leitbild auf dem Prüfstand, 2005.

EU-Staatlichkeit – ein Oxymoron?

Von Tanja A. Börzel, Berlin

I. Einleitung

Die Europäische Union (EU) erweist sich als äußert sperrig, wenn es darum geht, sie in ihrem Wesen zu erfassen. Es gibt heute kaum einen Bereich klassischer Staatstätigkeit, in dem sie nicht tätig werden kann. Die Eingriffstiefe variiert allerdings erheblich. Durchdringt das Europäische Recht in weiten Teilen die regulative Politik der Mitgliedstaaten, sind die Kompetenzen der EU in der redistributiven Politik und auch der äußeren Sicherheit stark eingeschränkt. Und selbst in den vergemeinschafteten Bereichen fehlt der EU die Fähigkeit, ihre Gesetze ggf. per Zwang durchzusetzen. Die gegenwärtige Finanzkrise zeigt deutlich, wie sehr Europäische Politik letztendlich auf die freiwillige Folgebereitschaft der Mitgliedstaaten angewiesen ist, um effektiv zu sein. Deshalb werden Forderungen immer lauter, endlich den entscheidenden Schritt hin zu den Vereinigten Staaten von Europa zu unternehmen, welcher der EU das gäbe, was ihr bisher fehlt – echte Staatlichkeit, also die Fähigkeit, kollektiv verbindliche Regeln nicht nur zu setzen, sondern auch ggf. gegen den Widerstand der Mitgliedstaaten durchzusetzen. Ob es in naher Zukunft zu einem solchen Integrationssprung kommt, bleibt abzuwarten. Bis dahin gilt jedoch die Feststellung des englischen Politikwissenschaftlers und Mitglied des Britischen Oberhauses, *Lord William Wallace*, von 1983, dass die EU mehr als ein zwischenstaatlicher Zusammenschluss, aber weniger als ein Staat ist.[1] Weil sich die EU von Anfang an nicht durch existierende Kategorien fassen ließ, haben Politik- wie Rechtswissenschaftler mit bemerkenswerter Kreativität neue Konzepte entworfen, um das eigene Wesen der EU zu erfassen: „funktionaler Zweckverband“[2], „neue post-Hobbesianische Ordnung“[3], „ein Netzwerk, in dem Souveränität ge-

---

1 *William Wallace*, Less than a Federation, More than a Regime: The Community as a Political System, in: Helen Wallace/William Wallace u. a. (Hrsg.), Less than a Federation, More than a Regime: The Community as a Political System, Chichester 1983, S. 43.

2 *Hans Peter Ipsen*, Europäisches Gemeinschaftsrecht, 1972.

3 *Philippe C. Schmitter*, The European Community as an Emergent and Novel Form of Political Domination, Madrid 1991.

poolt und geteilt wird"[4], ein „Staatenverbund"[5] oder ein „Verfassungsverbund"[6] sind nur einige Beispiele.

Es besteht kein Zweifel, dass die EU ein staatsähnliches Gebilde ist, ohne jedoch selbst ein Staat zu sein. Dennoch ist sie weniger einzigartig als uns die wissenschaftliche Auseinandersetzung häufig glauben machen will. Dieser Beitrag argumentiert, dass sich das Konzept der Staatlichkeit in hervorragender Weise eignet, das Wesen der EU als Herrschaftsordnung freizulegen, ohne sie zum Wesen eigener Art zu erklären. Diese Perspektive erlaubt nicht nur, die EU mit anderen Herrschaftssystemen jenseits wie diesseits des Staates zu vergleichen, sondern lenkt den Blick auch auf Governance-Probleme, die in der Literatur oft übersehen werden bzw. unterbelichtet bleiben.

Der erste Teil führt zunächst Staatlichkeit als analytisches Konzept ein und grenzt es gegenüber dem Staat ab. Es folgt eine Typologie unterschiedlicher Formen von Staatlichkeit, mit Hilfe derer dann EU-Staatlichkeit erfasst werden soll. Der Beitrag schließt mit einigen Überlegungen zur zukünftigen Entwicklung der EU im Spannungsfeld zwischen nationaler und europäischer Staatlichkeit.

II. Staat und Staatlichkeit

Die Rechts- und die Politikwissenschaft sind gleichermaßen staatszentriert. Dies drückt sich auch in Unterscheidung zwischen internationalem Recht bzw. internationaler Politik einerseits und nationalem Recht bzw. Innenpolitik andererseits aus. Konstitutiv für diese Trennung zwischen „außen" und „innen" ist die sanktionsbewährte Zentralgewalt, die nicht nur verbindliche Regeln für ein Gemeinwesen setzen, sondern diese auch ggf. per Zwang durchsetzen kann. Diese Zwangsgewalt wird in der Moderne ausschließlich dem Staat zugeschrieben – das Gewaltmonopol ist neben Gebiet und Volk eines der drei Kernelemente des Staates.[7] In der Governance-Literatur ist es Max Weber folgend vor allem die Fähigkeit zur hierarchischen Setzung und Durchsetzung kollektiv verbindlicher Entscheidungen, welche den Staat von anderen Herrschaftsverbänden unterscheidet.[8] Nun mag diese Fähigkeit ein Definitionsmerkmal des Staates sein. Historisch hat

---

4 *Robert O. Keohane/Stanley Hoffmann*, Institutional Change in Europe in the 1980s, in: dies. (Hrsg.), Institutional Change in Europe in the 1980s, Oxford/Boulder 1991, S. 1.

5 BVerfGE 89, 155.

6 *Ingolf Pernice*, Europäisches und nationales Verfassungsrecht, VVDStRL 60 (2001), S. 148–193.

7 *Georg Jellinek*, Allgemeine Staatslehre, 1914, S. 394–434.

8 *Max Weber*, Wirtschaft und Gesellschaft. Grundriß der verstehenden Soziologie, 5. Aufl. 1980, S. 822.

er diese Fähigkeit jedoch weder vollständig noch ausschließlich besessen. So genannte „Räume begrenzter Staatlichkeit“, in denen der Staat zu schwach zur Setzung und Durchsetzung von Regeln ist, finden sich nicht nur in weiten Teilen unserer heutigen Welt, sondern kennzeichnen die Entwicklung von Recht und Politik seit der Antike.[9] Was Staaten vielmehr auszeichnet, ist ihr öffentliches Mandat, also der institutionell abgelagerte Auftrag, die Zwangsgewalt ausschließlich zur Wahrung des Gemeinwohls, etwa zur Bereitstellung von Gemeinschaftsgütern einzusetzen.[10] Dafür tragen seine Entscheidungsträger im demokratischen Rechtsstaat politische Verantwortung und werden bei Missbrauch auch rechtlich zur Verantwortung gezogen.

Während der Staat eine Herrschaftsstruktur darstellt, handelt es sich bei Staatlichkeit also um eine Eigenschaft von Herrschaftsakteuren, die in der Fähigkeit zur hierarchischen Setzung und Durchsetzung von kollektiv verbindlichen Regeln begründet liegt und institutionell an das Gemeinwohl gebunden ist. Diese Fähigkeit zur hierarchischen Bereitstellung von Gemeinschaftsgütern bzw. deren Regulierung speist sich aus dem Gewaltmonopol, welches die Anwendung von Zwangsgewalt durch Durchsetzung verbindlicher Entscheidungen ermöglicht.[11] In der Governance-Forschung wird heftig debattiert, wie viel Staatlichkeit für die effektive und legitime Bereitstellung von Gemeinschaftsgütern notwendig ist und welche Funktion sie dabei erfüllt.[12] Dabei wird nicht immer zwischen Staat und Staatlichkeit unterschieden und deshalb oft übersehen, dass der Staat ja auch die Bereitstellung von Gemeinschaftsgütern verhandeln oder anreizen kann. Während es unstrittig ist, dass der Staat sein Herrschafts- oder Governance-Monopol längst eingebüßt hat, wenn er es denn je besessen haben sollte,[13] stellt sich immer noch die Frage, wie viel hierarchische Koordination für die gemeinsame Bereitstellung von Gemeinschaftsgütern mit anderen staatlichen sowie nicht-staatlichen Akteuren notwendig ist. Inwieweit kommt Regieren ohne Staat tatsächlich gänzlich ohne Staatlichkeit aus? Die Literatur zum Regieren im modernen Staat verweist auf den sog. *Schatten der Hierarchie*, der durch die Androhung staatlicher Regulierung Anreize für nicht-staatliche

---

9 *Thomas Risse / Ursula Lehmkuhl* (Hrsg.), Regieren ohne Staat? Governance in den Räumen begrenzter Staatlichkeit, 2007.

10 *Fritz W. Scharpf*, Die Handlungsfähigkeit des Staates am Ende des zwanzigsten Jahrhunderts, PVS 1991, S. 621.

11 *Thomas Risse / Ursula Lehmkuhl*, Regieren ohne Staat? Governance in Räumen begrenzter Staatlichkeit, in: dies. (Fn. 9), S. 13.

12 So neben anderen *Nicole Deitelhoff / Jens Steffek* (Hrsg.), Was bleibt vom Staat? Demokratie, Recht und Verfassung im globalen Zeitalter, 2009; *Gunnar Folke Schuppert*, Staat als Prozess. Eine staatstheoretische Skizze in sieben Aufzügen, 2010; *Marianne Beisheim / Tanja A. Börzel* u. a. (Hrsg.), Wozu Staat? Governance in Räumen begrenzter und konsolidierter Staatlichkeit, 2011.

13 *Stephan Leibfried / Michael Zürn*, Transformation des Staates?, 2006; *Philipp Genschel / Bernhard Zangl*, Metarmophosen des Staates – vom Herrschaftsmonopolisten zum Herrschaftsmanager, Leviathan 2008, S. 430.

Akteure setzt, über nicht-hierarchische Formen der Selbst-Regulierung oder der Ko-Regulierung zum Schutz der Umwelt, dem Gesundheitswesen oder der Finanzsicherheit beizutragen und ggf. über die Möglichkeit der „Ersatzvornahme“ sicherstellt, dass nicht-staatliche Leistungen sich am Gemeinwohl orientieren.[14] Die Letztverantwortung für die Bereitstellung von Gemeinschaftsgütern verbleibt also beim Staat. Sowohl die glaubwürdige Drohung mit einseitiger Regulierung sowie die Rück- bzw. Ersatzvornahme durch den Staat setzt aber die Fähigkeit voraus, kollektiv verbindliche Regeln zu setzen und durchzusetzen. Staatlichkeit ist damit eine wesentliche Voraussetzung für die Effektivität und Legitimität nicht-staatlichen Regierens.[15] Wenn das so ist, ergibt sich daraus ein Dilemma für das Regieren in Räumen begrenzter Staatlichkeit, die ja genau dadurch definiert sind, dass dem Staat die Fähigkeit zum hierarchischen Regieren fehlt. Nun gibt es sog. funktionale Äquivalente zumindest für die Anreizfunktion von Staatlichkeit.[16] Zum einen kann er extern erzeugt werden, z. B. durch Übergangsverwaltungen wie sie die internationale Gemeinschaft in Bosnien-Herzegowina und dem Kosovo errichtet hat. Zum anderen stellen durch den Markt und die (trans)nationale Zivilgesellschaft erzeugte Reputationsgewinne und -verluste wichtige Anreize vor allem für Unternehmen dar, die negativen Effekte ihrer Produktion auf Gemeinschaftsgüter wie saubere Luft oder sauberes Wasser zu reduzieren bzw. sich direkt an der Bereitstellung von Gemeinschaftsgütern, z. B. öffentlicher Sicherheit oder Gesundheitsversorgung zu beteiligen.[17] Schließlich ist es gerade die Abwesenheit staatlichen Regierens, die häufig wirtschaftliche und zivilgesellschaftliche Akteure dazu bewegt, in die Governance-Lücke zu stoßen. Während es zum öffentlichen Auftrag von (trans)nationalen Nichtregierungsorganisationen gehört, zur Bereitstellung von Gemeinschaftsgütern beizutragen, streben Unternehmen nach Profit- und Wachstum, sind dafür aber auf bestimmte basale Leistungen wie Sicherheit für ihre Produktionsstätten oder Infrastruktur angewiesen. Ist der Staat nicht fähig oder willens, zumindest eine Grundversorgung zu leisten, übernehmen Unternehmen diese Funktion.[18] Das Problem der Ge-

---

14 *Renate Mayntz / Fritz W. Scharpf*, Der Ansatz des akteurszentrierten Institutionalismus, in: dies. (Hrsg.), Gesellschaftliche Selbstregelung und politische Steuerung, 1995, S. 39.

15 *Tanja A. Börzel*, Regieren ohne den Schatten der Hierarchie. Ein modernisierungstheoretischer Fehlschluss?, in: Thomas Risse / Ursula Lehmkuhl (Hrsg.), Regieren ohne den Schatten der Hierarchie. Ein modernisierungstheoretischer Fehlschluss?, 2007, S. 41.

16 *Tanja A. Börzel / Thomas Risse*, Governance without a State – Can it Work?, Regulation and Governance 2010, S. 1.

17 *Nicole Deitelhoff / Klaus-Dieter Wolf* (Hrsg.), Corporate Security Responsibility? Corporate Governance Contributions to Peace and Security in Zones of Conflict, Houndmills 2010; *Tanja A. Börzel / Christian Thauer* (Hrsg.), Racing to the Top? Business and Governance in South Africa, Houndmills 2013.

18 Ebd.

währleistung für das Gemeinwohl bleibt dabei aber bestehen. Der Staat in Räumen begrenzter Staatlichkeit mit seinen häufig nur rudimentär vorhandenen rechtsstaatlichen und demokratischen Institutionen erhebt häufig nicht einmal formal einen „gemeinwohlbezogenen Steuerungsanspruch".[19] Er ist kein Gewährleistungsstaat;[20] im Gegenteil, lokale Machthaber missbrauchen gerne ihre staatliche Autorität, um Renten abzuschöpfen und persönlichen Profit aus den Governance-Leistungen zwischen- und nichtstaatlicher Akteure zu schlagen.[21] Nicht-staatliche Akteure sind nur eingeschränkt in der Lage, staatliche wie nicht-staatliche Governance-Akteure zur Verantwortung zu ziehen.

Inwiefern die funktionalen Äquivalente zum durch Staatlichkeit erzeugten Schatten der Hierarchie letztlich nicht doch auf rechtlich und demokratisch gebundene Staatlichkeit angewiesen sind, ist nicht nur eine Frage, die sich für Räume begrenzter Staatlichkeit stellt. Sie stellt sich auch für die Europäische Union, die beträchtliche Ansätze von Staatlichkeit herausgebildet hat, deren Ausübung an rechtliche und demokratische Institutionen gebunden ist. Welche Form diese Staatlichkeit annimmt und welche Herausforderungen sich daraus für das effektive und legitime Regieren im europäischen Mehrebenensystem ergeben, soll nun in den verbleibenden Abschnitten dieses Beitrags erörtert werden.

III. Varianten von Staatlichkeit

In der Literatur wird zwischen klassischer und moderner Staatlichkeit unterschieden. Während der klassische Staat das Monopol über die Setzung und Durchsetzung kollektiv verbindlicher Regeln hält, „zerfasert" im modernen Staat die Staatlichkeit durch Prozesse der Internationalisierung und Privatisierung. Der Staat teilt sich die Wahrnehmung hoheitlicher Aufgaben mit zwischen-staatlichen Akteuren, z. B. internationalen Organisationen, einerseits und (trans-)nationalen wirtschaftlichen und zivilgesellschaftlichen Akteuren (Unternehmen, Nichtregierungsorganisationen) andererseits. Es wird dadurch nur noch einer von mehreren Herrschaftsträgern und wandelt sich immer mehr zum Herrschaftsmanager, der das Regieren anderer Akteure initiiert, koordiniert und komplementiert.[22] Moderne Staatlichkeit ist arbeitsteilig und kooperativ organisiert.[23] Dabei geht es nicht um die ge-

---

19 *Martin Nettesheim*, Die Dienstleistungskonzession. Privates Unternehmertum in Gemeinwohlverantwortung, EWS 2007, S. 145 (146).

20 Zum Konzept des Gewährleistungsstaates siehe *Gunnar Folke Schuppert* (Hrsg.), Der Gewährleistungsstaat – Ein Leitbild auf dem Prüfstand, 2005.

21 *Jana Hönke*, New political topographies. Mining companies and indirect discharge in Southern Katanga (DRC), Politique Africaine, 2010.

22 *Philipp Genschel/Bernhard Zangl*, Die Zerfaserung von Staatlichkeit und die Zentralität des Staates, APuZ 20–21/2007, S. 10.

meinsame Bereitstellung von Gemeinschaftsgütern durch staatliche und nicht-staatliche Akteure per se. Die „Co-Performance of Governance“[24] ist zwar auch ein Merkmal des modernen Staates, das als modernes, kooperatives oder neues Regieren beschrieben wurde und im wesentlichen Formen nicht-hierarchischer Koordination zwischen staatlichen und nicht-staatlichen Akteuren umfasst.[25]

Bei der „Ko-Produktion von Staatlichkeit“[26] geht es vielmehr um gemeinsame Herrschaftsausübung, also um den Bereich der Sicherheitsgewährleistung einerseits und die Setzung und Durchsetzung kollektiv verbindlicher Regeln andererseits.[27] Diese beiden hoheitlichen Aufgaben fallen unter das klassische Staatsmonopol und ihre Erfüllung beinhaltet die Ausübung rechtlichen und physischen Zwangs. Das Zusammenwirken staatlicher, zwischen-staatlicher und nicht-staatlicher Akteure kann vier verschiedene Formen annehmen:[28]

(1) Die Kooption von Ressourcen nicht-staatlicher und zwischen-staatlicher Akteure für die Wahrnehmung hoheitlicher Aufgaben durch staatliche Akteure. Als „Partner für Staatlichkeit“ stellen Unternehmen, Verbände, Nichtregierungsorganisationen oder internationale Regime ihr Wissen, ihre Erfahrung und finanzielle Mittel bereit und erhalten im Gegenzug Einflussmöglichkeit (aber keine Mitspracherechte) auf die Setzung und Umsetzung rechtlich verbindlicher Regeln bzw. die Ausübung des staatlichen Gewaltmonopols.

(2) Die Kooperation staatlicher, zwischen- und nicht-staatlicher Akteure bei der gemeinsamen Wahrnehmung hoheitlicher Aufgaben durch z. B. tripartistische Verhandlungssysteme, in denen Vertreter des Staates, von Wirtschaftsverbänden und Gewerkschaften rechtlich verbindliche wirtschaftliche und sozialpolitische Maßnahmen untereinander aushandeln.

---

23 *Scharpf* (Fn. 10); *Genschel/Zangl* (Fn. 13); *Gunnar Folke Schuppert*, Von Ko-Produktion von Staatlichkeit zur Co-Performance of Governance, Working Papers des Sonderforschungsbereiches 700, Freie Universität Berlin, 2008.

24 *Schuppert* (Fn. 23).

25 Vgl. die verschiedenen Beiträge in: *Gunnar Folke Schuppert* (Hrsg.), Governance Forschung – Vergewisserung über Stand und Entwicklungslinien, 2005.

26 *Schuppert* (Fn. 23).

27 Die Wahrnehmung von Dienstleistungen im Bereich der Infrastruktur (Errichtung und Erhaltung von Straßen, Schulen und Krankenhäusern; Abfallbeseitigung) oder die Übertragung von Konzessionen für wirtschaftliche Aktivitäten (z. B. Rohstoffabbau) zählen hingegen nicht dazu.

28 Vgl. ausführlich *Tanja A. Börzel*, European Governance – Verhandlungen und Wettbewerb im Schatten von Hierarchie, PVS Sonderheft „Die Europäische Union. Governance und Policy-Making“, 2007, S. 611; *Marianne Beisheim/Tanja A. Börzel* u. a., Governance jenseits des Staates. Das Zusammenspiel staatlicher und nicht-staatlicher Governance, in: Marianne Beisheim/Tanja A. Börzel u. a. (Hrsg.), Governance jenseits des Staates. Das Zusammenspiel staatlicher und nicht-staatlicher Governance, 2012.

(3) Die Delegation an oder Beleihung von zwischen- und nicht-staatlichen Akteuren mit hoheitlichen Aufgaben, z. B. private Militär- und Sicherheitsunternehmer oder (trans)nationale technische Normungsinstanzen.

(4) Die Aneignung hoheitlicher Aufgaben durch zwischen- und nicht-staatliche Akteure gegen den Widerstand von oder unter Duldung durch den Staat, z. B. lokale Warlords oder internationale Übergangsverwaltungen.

IV. Staatlichkeit in der Europäischen Union

Die Europäische Union (EU) wird in der Politik- und in der Rechtswissenschaft gleichermaßen als politisches Gebilde eigener Art verstanden, dass sich nicht mit herkömmlichen, in der einen oder anderen Weise an Staatlichkeit gebundenen Kategorien erfassen lässt – sie weist Elemente staatlicher wie zwischen-staatlicher Organisationen auf, ohne das eine oder das andere zu sein.[29] Der sog. „Governance Turn“[30] in den Europawissenschaften scheint einen Ausweg aus dem Dilemma zu weisen, da das Governance-Konzept die Möglichkeit bietet, Recht und Politik ohne Staat zu fassen. Governance bezeichnet „institutionalisierte Modi der sozialen Handlungskoordination, die auf die Herstellung und Implementierung verbindlicher Regelungen bzw. auf die Bereitstellung kollektiver Güter abzielen“.[31] Die Handlungskoordination schließt nicht notwendigerweise den Staat aus – staatliche Akteure monopolisieren nicht die Ausübung hoheitlicher Aufgaben, aber sie sind in den meisten Fällen immer noch maßgeblich daran beteiligt.[32] Noch impliziert Governance, dass die Handlungskoordination immer nicht-hierarchisch, also ohne Staatlichkeit erfolgt. Die EU wird gerne als eine neue Herrschaftsstruktur (*new governance system*) bezeichnet, die sich als „a unique set of multi-level, non-hierarchical and regulatory institutions, and a hybrid mix of state and non-state actors“[33] beschreiben lässt und sich damit signifikant von klassischen Formen politischer Herrschaft unterscheidet, die auf die Anwendung rechtlichen und physischen Zwangs rekurrieren kann. In der EU wird jedoch häufig über traditionelle hierarchische Steuerung regiert. Außerdem funktionieren „neue“ oder „weiche“ (nicht-hierarchische) Steuerungsformen nur im „Schatten der Hierarchie“, also in Antizipation einer gemeinschaftsrechtlichen Regelung durch supranationale Institutionen.[34]

---

29 Für einen Überblick über die Debatte vgl. die Beiträge zu *Gunnar Folke Schuppert / Ingolf Pernice / Ulrich Haltern* (Hrsg.), Europawissenschaft, 2005.

30 *Beate Kohler-Koch / Berthold Rittberger*, The ‚Governance Turn‘ in EU Studies, Journal of Common Market Studies 2006, S. 27.

31 *Risse / Lehmkuhl* (Fn. 11), S. 13.

32 *Beisheim / Börzel* u. a. (Fn. 12).

33 *Simon Hix*, The Study of the European Union II: The ‚New Governance‘ Agenda and its Revival, Journal of European Public Policy 1998, S. 38 (39).

Staatlichkeit spielt in der EU somit eine zentrale Rolle. In den verschiedenen Politikfeldern, in denen die EU hoheitliche Aufgaben wahrnimmt, finden sich drei der vier im vorherigen Abschnitt eingeführten Varianten von Staatlichkeit.[35] Diese werden allerdings nicht vom Staat aus, sondern von der EU aus gedacht, die zwar nicht über ein Gewaltmonopol verfügt, aber aufgrund des Vorrangs und der unmittelbaren Anwendbarkeit europarechtlicher Normen in den vergemeinschafteten Bereichen auf rechtlichen Zwang rekurrieren kann. Mit der zunehmenden Ausdehnung von Mehrheitsentscheidungen im Rat sowie der schrittweisen Aufwertung des Europäischen Parlaments zu einem dem Rat nahezu gleichberechtigten Mitgesetzgeber kann die EU einzelne Mitgliedstaaten gegen deren Willen rechtlich binden. In der Währungspolitik und Teilen der Wettbewerbskontrolle unterliegen sie sogar den hoheitlichen Weisungen der Europäischen Zentralbank bzw. der Europäischen Kommission. In den meisten Fällen übt die EU ihre Staatlichkeit aber nicht ohne die Mitgliedstaaten aus. Die Rolle nicht-staatlicher Akteure fällt hingegen wesentlich schwächer aus.

1. Kooption staatlicher und nicht-staatlicher Akteure

Die Regierungen der Mitgliedstaaten sind in den gesamten supranationalen Politikprozess maßgeblich eingebunden, z. B. über die Expertenausschüsse der Kommission zur Vorbereitung von Gesetzesvorlagen oder über die Komitologie zur Konkretisierung verabschiedeter Normen. Transgouvernementale Politiknetzwerke, die sich meist über mehrere Regierungsebenen spannen, verschaffen den Mitgliedstaaten einschließlich ihrer regionalen und lokalen Gebietskörperschaften Zugang zur Setzung und Durchsetzung Europäischen Rechts. In diesen Netzwerken koordinieren supranationale, nationale und sub-nationale Funktionsträger ihre Interessen über den Austausch von Ressourcen.

Auch nicht-staatliche Akteure sind auf vielfältige Weise in das Regieren im EU-Mehrebenensystem eingebunden. Vor allem die Kommission ist aufgrund ihrer begrenzten Ressourcen auf die Zusammenarbeit mit wirtschaftlichen und gesellschaftlichen Akteuren angewiesen, die sie mit den für die Formulierung effektiver EU-Gesetze notwendigen Informationen und Sachverstand versorgen. Das gleiche gilt für deren Konkretisierung in den Ausschüssen der Komitologie oder die Überwachung ihrer Einhaltung in den Mitgliedstaaten. Auch der Rat mit seinen Arbeitsgruppen und dem Aus-

---

34 *Adrienne Héritier/Dirk Lehmkuhl* (Hrsg.), The Shadow of Hierarchy and New Modes of Governance. Special Issue Journal of Public Policy, 2008; *Adrienne Héritier/Martin Rhodes* (Hrsg.), New Modes of Governance in Europe. Governing in the Shadow of Hieararchy, Houndmills 2010.

35 Die folgenden Ausführungen stützen sich auf die Untersuchungsergebnisse in *Börzel* (Fn. 28).

schuss der Ständigen Vertreter sowie das Europäische Parlament eröffnen Experten und Interessengruppen Zugangsmöglichkeiten zum EU-Entscheidungsprozess. Bei den Kontakten zwischen europäischen Entscheidungsträgern und nicht-staatlichen Akteuren handelt es sich nicht nur um Lobbying, also um Versuche der einseitigen Einflussnahme seitens des Privatsektors und der Zivilgesellschaft auf politische Entscheidungen der EU. Es bilden sich informelle Beziehungen heraus, die nicht selten in die Entstehung von Politiknetzwerken münden, in denen EU und nicht-staatliche Akteure Ressourcen (Informationen, Expertise, Legitimität) austauschen.

2. Kooperation mit staatlichen und nicht-staatlichen Akteuren

Die EU kann nur sehr wenige ihrer hoheitlichen Aufgaben ohne die maßgebliche Mitwirkung der Mitgliedstaaten ausüben. Bei der Rechtssetzung sind die nationalen Regierungen über den Rat immer beteiligt. Auch geben sie über den Europäischen Rat die Leitlinien für die EU-Politik vor. Die Durchsetzung ist schließlich weitgehend an die Mitgliedstaaten delegiert (siehe unten).

Im Bereich der Sicherheit dominiert die Kooperation zwischen den Mitgliedstaaten. Das gilt auch für Teile der Sozial-, Beschäftigungs-, Bildungs- und Kulturpolitik sowie für die Fiskalpolitik. In diesen Bereichen hat die EU, wenn überhaupt, nur ergänzende Kompetenzen, und der formale Einfluss des „supranationalen Dreigestirns" (Kommission, Parlament, Gerichtshof) ist äußerst begrenzt. Gemeinsame Maßnahmen beruhen auf der freiwilligen Zusammenarbeit staatlicher Akteure, münden aber durchaus in rechtlich bindende Entscheidungen.

Während nicht-staatliche Akteure in die Setzung und Durchsetzung Europäischen Rechts vor allen in den vergemeinschafteten Bereichen eingebunden sind, finden sich auf europäischer Ebene kaum gleichberechtigte Partnerschaften, in der EU oder staatliche Akteure verbindliche Regeln nicht qua Mehrheitsbeschluss oder hoheitlicher Weisung hierarchisch gegen die Interessen privater Akteure setzen bzw. durchsetzen können. Es gibt keine tripartistischen Verhandlungssysteme, die politische Parteien, Interessengruppen, Regierungen der Mitgliedstaaten und die Kommission zur Setzung und Durchsetzung Europäischer Regeln zusammenbringen. Ansätze lassen sich lediglich im Bereich der Sozialpolitik erkennen. Im Rahmen des mit dem Maastrichter Vertrag eingeführten Sozialdialogs können Arbeitgeber und Arbeitnehmer verbindliche Abkommen schließen und auf ihren Wunsch in EU-Recht überführen lassen, eine Möglichkeit, die bisher kaum genutzt worden ist und die sich wohl eher unter die Delegation von hoheitlichen Aufgaben an nicht-staatliche Akteure fassen lässt (siehe unten).

Das Partnerschaftsprinzip in der Strukturpolitik schreibt die Mitwirkung nicht-staatlicher Akteure an der Setzung und Umsetzung von EU-Entscheidungen rechtlich vor. Trotzdem dominieren und kontrollieren die Mitgliedstaaten nach wie vor den Politikprozess, sodass von einer gemeinsamen Wahrnehmung hoheitlicher Aufgaben nicht gesprochen werden kann. Die sog. neuen Formen des Regierens sehen ebenfalls die gleichberechtigte Einbeziehung nicht-staatlicher Akteure in den EU-Politikprozess auch jenseits der Strukturpolitik vor. Wachsende Effektivitäts- und Legitimitätsprobleme der EU haben den Ruf nach Alternativen zur traditionellen Gemeinschaftsmethode mit ihrer hierarchischen Regulierung durch verbindliche Vorschriften laut werden lassen. Das prominenteste Beispiel ist die Offene Methode der Koordinierung, die mittlerweile in zahlreichen Politikbereichen Anwendung findet. An die Stelle einheitlicher, rechtlich sanktionierter Regelungen treten mit den wichtigsten *Stakeholdern* gemeinsam festgelegte Ziele, deren Erreichung freiwillig ist und über Lernprozesse erfolgen soll. Abgesehen davon, dass von einer systematischen Einbeziehung wirtschaftlicher und gesellschaftlicher Akteure im Sinne einer gleichberechtigten Teilhabe am Entscheidungsprozess bisher kaum die Rede sein kann, sind die neuen Formen des Regierens gerade dadurch definiert, dass sie keinen hoheitlichen Charakter tragen.[36]

3. Delegation an staatliche und nicht-staatliche Akteure

Die EU kann in den vergemeinschafteten Bereichen Mitgliedstaaten gegen ihren Willen rechtlich binden. Sie hat aber keine Möglichkeit, ihre Entscheidungen gegen deren Widerstand durchzusetzen. Die Durchsetzung Europäischen Rechts ist vielmehr an die Mitgliedstaaten bzw. ihre Gerichte delegiert. Allerdings wacht die Kommission als Hüterin der Verträge über die effektive Anwendung des Gemeinschaftsrechts und kann jeden Mitgliedsstaat vor den Europäischen Gerichtshof bringen, der gegen EU-Gesetze verstößt. Aber auch bei der Durchsetzung der Urteile ihres Gerichts muss die EU letztlich die Zwangsgewalt der Mitgliedstaaten „beleihen".

Eine indirekte Form der Delegation findet sich im Bereich des Binnenmarkts, v. a. in der Wettbewerbs- und Industriepolitik. In Folge der EU-induzierten Öffnung nationaler Märkte haben sich Netzwerke europäischer Regulierungseinrichtungen und nationaler Regulierungsbehörden herausgebildet, die auf der Basis freiwilliger Zusammenarbeit EU- und nationale Re-Regulierung aufeinander abzustimmen suchen. Da es sich häufig um relativ unabhängige Regulierungsbehörden handelt, scheint es angezeigt, von Dele-

---

36 *Adrienne Héritier*, New Modes of Governance in Europe: Policy-Making without Legislating?, in: dies. (Hrsg.), New Modes of Governance in Europe: Policy-Making without Legislating?, Langham 2002, S. 185.

gation statt Kooperation zu sprechen. Dabei ist der häufig verwendete Begriff „regulatory networks“[37] allerdings etwas irreführend, weil diese Netzwerke meist keine rechtsetzenden Kompetenzen haben. Nicht-staatliche Akteure werden zwar konsultiert, aber nicht immer gleichberechtigt in Entscheidungen einbezogen.

Während sich auf EU-Ebene kaum Formen der gemeinsamen Wahrnehmung hoheitlicher Aufgaben durch staatliche und nicht-staatliche Akteure finden, beinhaltet die Risikoregulierung im Binnenmarkt ein starkes Element der Delegation. Der im Rahmen der Vollendung des Binnenmarktes als Alternative zur Vollharmonisierung eingeführte „Neue Ansatz“ definiert auf EU-Ebene nur noch allgemeine Gesundheits- und Sicherheitsanforderungen für große Produktbereiche. Die technische Spezifizierung dieser Anforderungen delegiert der EU-Gesetzgeber an private Normungsorganisationen. Die von der CEN, CENELEC und ETSI gesetzten technischen Normen sind rechtlich nicht verbindlich. Sie werden allerdings von der Kommission in Konsultation mit den Mitgliedstaaten geprüft und im Amtsblatt veröffentlicht. Vor allem erhalten die Normen rechtliche Bedeutung, weil die Mitgliedstaaten im Rahmen des Neuen Ansatzes für Produkte, welche den Normen entsprechen, davon ausgehen, dass sie den allgemeinen Anforderungen entsprechender Richtlinien entsprechen (Konformitätsvermutung).

V. EU-Staatlichkeit – geteilt und verflochten

Die EU verfügt in beachtlichem Maße über Staatlichkeit, die sie zur Wahrnehmung hoheitlicher Aufgaben einsetzt. Allerdings ist sie dabei vor allem bei der Durchsetzung Europäischen Rechts auf die Kooperation mit staatlichen Akteuren angewiesen. Kooption von staatlichen wie nicht-staatlichen Akteuren kommt bei der Setzung und der Durchsetzung gleichermaßen eine zentrale Rolle zu. Delegation an nicht-staatliche Akteure ist hingegen nachrangig und kommt nur bei der Rechtsdurchsetzung durch die Mitgliedstaaten voll zum Tragen.

Über Kooperation und Delegation ist EU-Staatlichkeit mit den Mitgliedstaaten geteilt und verflochten. Diese Mehrebenenstaatlichkeit ist keinesfalls einzigartig, sondern dem kooperativen Föderalismus vergleichbar, wie wir ihn im deutschen Bundesstaat finden.[38] Während der Bund Gesetze for-

---

37 *Burkhard Eberlein / Edgar Grande*, Reconstituting Political Authority in Europe: Transnational Regulatory Networks and the Informalization of Governance in the European Union, in: Edgar Grande / Louis W. Pauly (Hrsg.), Reconstituting Political Authority in Europe: Transnational Regulatory Networks and the Informalization of Governance in the European Union, Toronto 2005, S. 146.

38 *Fritz W. Scharpf*, Die Politikverflechtungsfalle: Europäische Integration und deutscher Föderalismus im Vergleich, PVS 1985, S. 323.

muliert und beschließt, setzten die Länder sie um und durch. Eine solche funktionale Arbeitsteilung erfordert umfangreiche Mitspracherechte der dezentralen Einheit in der zentralen Rechtssetzung, wie der Bundesrat bzw. der Rat der EU haben. Dadurch wird nicht nur die effektive Um- und Durchsetzung gewährleistet, sondern auch verhindert, dass die Mitglieds-/ Länder zu reinen Verwaltungseinheiten verkommen. Gleichzeitig ergibt sich aus dieser Verflechtung ein Spannungsverhältnis zwischen europäischer, nationaler und regionaler Staatlichkeit, das immer mehr zur Herausforderung für das effektive und legitime Regieren in der EU wird.

1. Zu viel EU Staatlichkeit?

Der Ausgleich des Verlusts von Selbstbestimmungsrechten durch Mitwirkungsrechte, wie er für die Entwicklung der EU und der Bundesrepublik Deutschland gleichermaßen charakteristisch ist, führt nicht nur zu einer Exekutivlastigkeit von Entscheidungsverfahren, weil Mitglieds-/Länder über ihre Regierungen an der zentralen Rechtssetzung mitwirken.[39] Während die Dominanz von Exekutivinteressen im deutschen Föderalismus über den Parteienwettbewerb und das Verbändewesen ausgeglichen wird, fehlt es in der EU an einem vertikal integrierten Parteien- und Interessenvermittlungssystem. Die Mehrebenenverflechtung erschwert außerdem die Zurechenbarkeit von politischen Entscheidungen. Dies ist nicht nur ein Problem für die demokratische Legitimität der EU-Staatlichkeit.[40] Sie gefährdet auch die demokratische Staatlichkeit föderal organisierter Mitgliedstaaten wie der Bundesrepublik Deutschland.[41]

Weil die Gliedstaaten in den föderativen Mitgliedstaaten der EU über umfangreiche legislative und administrative Kompetenzen verfügen, führte der Ausbau der EU-Staatlichkeit zu einer doppelten Kompetenzverschiebung zugunsten des Zentralstaates. Erstens verlieren die Gliedstaaten jegliche Entscheidungsrechte, wenn ihre ausschließlichen Kompetenzen auf die europäische Ebene übertragen werden. Der Zentralstaat hingegen, der anders als die Gliedstaaten mit seiner Regierung an den entsprechenden europäischen Entscheidungsprozessen beteiligt ist, erhält Zugriff auf regionale Kompetenzen, die ihm auf der innerstaatlichen Ebene verfassungsrechtlich entzogen sind. Zweitens reduziert sich der formale Einfluss der Gliedstaaten

39 *Phillipp Dann*, Die europäischen Organe, in: Armin von Bogdandy/Jürgen Bast (Hrsg.), Die europäischen Organe, 2009, S. 385.

40 *Jürgen Habermas*, Zur Verfassung Europas: Ein Essay, 2011.

41 Vgl. hierzu ausführlich *Tanja A. Börzel*, Föderative Staaten in einer entgrenzten Welt: Regionaler Standortwettbewerb oder gemeinsames Regieren jenseits des Nationalstaates?, in: Arthur Benz/Gerhard Lehmbruch (Hrsg.), Föderative Staaten in einer entgrenzten Welt: Regionaler Standortwettbewerb oder gemeinsames Regieren jenseits des Nationalstaates?, 2001, S. 363.

von Mitentscheidungsrechten in der Rechtssetzung auf eine Mitwirkung an der Durchsetzung, wenn gemeinsame Kompetenzen von Zentralstaat und Gliedstaaten vergemeinschaftet wurden. Der Zentralstaat hingegen, der zwar ebenfalls Einbußen seiner Rechtssetzungskompetenzen hinnehmen muss, hat immerhin noch ein umfassendes Mitentscheidungsrecht über Kooperation und Delegation auf EU-Ebene. Dies stellt nicht nur ein Problem für die Staatsqualität der Bundesländer dar, sondern auch für die Demokratie im deutschen Bundesstaat. Die Exekutivlastigkeit europäischer Politikprozesse führt zu einer Entparlamentarisierung. Die nationalen und regionalen Parlamente gehören zu den Verlierern der Europäischen Integration.[42] *Damm* stellt zu recht fest „Ein System [...] wie die EU wird ineffektiver, je politischer und offener die Diskusion. [...] Ein gewisses Politik-Defizit sichert das Funktionieren der Organe im Exekutivföderalismus, es ist der berühmte Tropfen Öl im Getriebe der exekutivföderalen Organverfassung.“[43]

Das Bundesverfassungsgericht hat in seiner Rechtsprechung zu den Verträgen von Maastricht und Lissabon klar gemacht, dass Bund und Ländern ein Kern von „souveräner Staatlichkeit“ erhalten bleiben muss, sie also ein Maß hoheitlicher Aufgaben unabhängig von der EU ausüben.[44] Während Versuche einer Rückverlagerung hoheitlicher Aufgaben von der EU auf die nationale Ebene bisher als gescheitert gelten können, hat das Bundesverfassungsgericht einem weiteren Ausbau der EU-Staatlichkeit klare verfassungsrechtliche Grenzen gesetzt. Dabei gilt es allerdings zu beachten, dass die Grenzen des Rechts politisch überwunden werden können. Eine Diskussion darüber, ob sich dazu die Deutschen nach Artikel 146 GG eine neue Verfassung geben müssen, würde an dieser Stelle zu weit führen. Es muss der Hinweis genügen, dass das Grundgesetz der europäischen Staatlichkeit nicht nur Grenzen setzt, sondern diese überhaupt erst ermöglicht hat. Es gibt kein objektives Kriterium, wann die durch Artikel 79 III GG geschützten Verfassungsprinzipien als verletzt gelten. Die Rechtsprechung des Bundesverfassungsgerichts selbst hat die Grenzen des Artikel 79 immer wieder verschoben und muss bei deren zukünftiger Festlegung die gesellschaftspolitischen und wirtschaftlichen Gegebenheiten in einer globalisierten Welt berücksichtigen.

2. Oder zu wenig EU-Staatlichkeit?

Die (verfassungsrechtliche) Begrenzung von EU-Staatlichkeit stellt in der gegenwärtigen Finanzkrise eine besondere Herausforderung dar. Während

---

42 *Andreas Maurer / Wolfgang Wessels* (Hrsg.), National Parlaments on their Ways to Europe: Losers or Latecomers?, 2001.

43 *Dann* (Fn. 39), S. 370.

44 BVerfGE 89, 155; 123, 267.

die EU für die Schaffung des Binnenmarktes über ausreichende Staatlichkeit verfügt, reicht diese in vielen Bereichen nicht aus, um die politisch ungewollten Konsequenzen der Marktintegration zu regulieren.[45] Die Mitgliedstaaten haben der EU in der Sozial-, Beschäftigungs- und Steuerpolitik nur sehr eingeschränkte Rechtsetzungskompetenzen übertragen. Die weiche Koordination nationaler Staatlichkeit auf EU-Ebene im Rahmen der Offenen Methode der Koordinierung und der Euro-Gruppe hat sich weitgehend als ineffektiv erwiesen. Gleichzeitig ist in den Mitgliedstaaten für solche marktkorrigierenden Politiken nicht mehr genug Staatlichkeit vorhanden. Der Euro nimmt den Mitgliedstaaten ihr zentrales Instrument der makroökonomischen Stabilisierung, während die Maastricht Kriterien und der Stabilitäts- und Wachstumspakt die Möglichkeiten staatlicher Konjunkturpolitik stark begrenzt haben. Die Staatsausgaben und Investitionen von Banken soweit zu kontrollieren, um die gegenwärtige Schulden- und Bankenkrise zu verhindern, ist ihnen aber nicht gelungen.

Vielfach wird das Problem in einem Mangel an EU-Staatlichkeit im Bereich der Fiskalpolitik gesehen. Das sogenannte „Six Pack" von Richtlinien und Verordnungen zur wirtschaftspolitischen Steuerung von 2011 und der jüngst verabschiedete Fiskalpakt sind der Versuch, die Durchsetzungsfähigkeit der EU im Bereich der Konvergenzkriterien zu stärken. Das Problem der fehlenden Rechtsetzungsfähigkeit in der Fiskalpolitik ist damit aber nicht gelöst, weil es sich vor allem um eine Stärkung der haushaltspolitischen Überwachung auf EU-Ebene handelt, die zwar eine Korrektur makroökonomischer Ungleichgewichte vorsieht. Eine echte Koordination nationale Steuer- und Ausgabenpolitik zum Ausgleich regionaler und konjunktureller Schwankungen erlauben die bisher gefassten Maßnahmen nicht. Um diesen Geburtsfehler von Maastricht zu beheben, hat die Bundeskanzlerin nun die Einberufung eines Europäischen Konvents gefordert, der das rechtliche Fundament für eine Fiskal- und Bankenunion ausarbeiten soll.[46] Das würde eine einschneidende Stärkung der EU-Staatlichkeit bedeuten, die sicherlich nicht von allen 27 Mitgliedstaaten mitgetragen würde. Selbst wenn sie mit dem Grundgesetz vereinbar wäre, ist fraglich, ob ein solcher Integrationsschub auf breite Akzeptanz bei den Bürgerinnen und Bürgern stoßen würde.

Um einen Ausweg aus der Krise zu finden, muss das Gleichgewicht zwischen EU- und nationaler Staatlichkeit neu austariert werden, aber ohne dass es zu einer grundlegenden Verschiebung zu Gunsten der einen oder anderen Ebene kommt. Staatlichkeit in der EU ist nicht nur geteilt, sondern verflochten, weshalb die Stärkung der einen Ebene nicht notwendigerweise

---

[45] *Fritz W. Scharpf*, Politische Optionen im vollendeten Binnenmarkt, in: Markus Jachtenfuchs / Beate Kohler-Koch (Hrsg.), Politische Optionen im vollendeten Binnenmarkt, Bd. 1, 1996, S. 109.

[46] Spiegel Online, 25.8.2012, www.spiegel.de/politik/deutschland/kanzlerin-merkel-fordert-neuen-eu-vertrag-a-852054.html, letzter Zugriff, 28.8.2012.

zu einer Schwächung der anderen führt. Mit anderen Worten, ein Mehr an Europa muss nicht einen drastischen Verlust nationaler Staatlichkeit bedeuten. Die gemeinsame Ausübung nationaler Staatlichkeit im Bereich der Fiskalpolitik sollte vielmehr von der freiwilligen Koordination zur rechtlich verbindlichen Kooperation ausgebaut werden. Dabei würden auch die Kommission und ggf. der Europäische Gerichtshofs eine stärkere Rolle spielen. Das verfassungsrechtliche Problem ist dann nicht, ob der Bundesrepublik Deutschland genügend Reststaatlichkeit bleibt, sondern ob der europäische „Staatlichkeitsverbund" aufgrund seiner Exekutivlastigkeit über genügend demokratische Legitimität verfügt. Letztere kann nicht alleine durch das Europäische Parlament erzeugt werden, sondern muss auf die nationalen Parlamente rekurrieren, die allerdings ihre Mitwirkungsrechte auch wahrnehmen müssen.[47] Eine EU-Wirtschaftsregierung, selbst mit einem durch die Unionsbürgerinnen und -bürger direkt oder durch das Europäische Parlament gewählten Kommissionspräsidenten, wird weder von den Mitgliedstaaten mit genügend Staatlichkeit ausgestattet werden noch über hinreichend demokratische Legitimation verfügen, um das Funktionieren der Währungsunion in Zukunft zu gewährleisten. Dies ist nicht eine Frage des europäischen Demos, sondern eine Notwendigkeit, die sich aus der Dominanz exekutiver Interessen im EU-Mehrebenensystem ergibt. Mehrebenenstaatlichkeit erfordert Mehrebenendemokratie.

---

47 *Carina Sprungk*, Ever more or ever better scrutiny? Analysing the conditions of effective national parliamentary involvement in EU affairs, European Integration Online Papers, 2010, S. 1–25.

EU-Staatlichkeit, was könnte das sein?

Kommentar zum Beitrag von Tanja Börzel

Von Peter M. Huber, Karlsruhe / München

I. Der Staat als Selbstbeschreibung des politischen Systems

1. Keine trennscharfen Bestimmungskriterien

Die Systemtheorie begreift den Staat als Selbstbeschreibung des politischen Systems.[1] Das ist insofern richtig, als die Frage, ob man eine Herrschaftsordnung als Staat qualifiziert, nicht zuletzt vom Blickwinkel des Betrachters und der Gesellschaft, in der er lebt, abhängt. Staatlichkeit ist daher ein Begriff mit fließenden Konturen, insbesondere wenn es sich um Bundesstaaten, Staaten-Staaten, Staatenverbünde oder Staatenbünde handelt.[2] Ob eine bestimmte Ebene in einem Mehr-Ebenen-System Staatsqualität besitzt oder nicht, lässt sich zwar anhand konkreter Kriterien wie Staatsgebiet, Staatsvolk, Staatsgewalt, der Ansiedelung der Kompetenz-Kompetenz, der Möglichkeit zum Austritt, der Verteilung von Kompetenzen und Ressourcen etc. festmachen, hängt jedoch nicht minder vom Selbstverständnis der beteiligten Akteure ab und lässt sich häufig erst im Nachhinein mit Sicherheit sagen.

So bestand im Kaiserreich für die Zeitgenossen lange Zeit keineswegs Klarheit darüber, ob mit der Reichsverfassung von 1871 tatsächlich ein Bundesstaat geschaffen worden war, oder die Gliedstaaten des Reiches nach wie vor über die Souveränität verfügten. Bezeichnenderweise sprach die Präambel (nur) von einem „ewigen Bund“ der deutschen Fürsten und hielt die Rechtsnatur des Reiches damit zumindest noch ein wenig in der Schwebe. Während *Paul Laband* und seine Schule zwar schon unmittelbar nach der Reichsgründung dessen Staatsqualität (zu Recht) bejahten,[3] hielt etwa *Max von Seydel* noch zur Jahrhundertwende die Souveränität und Selbstbestimmung Bayerns hoch.[4] Endgültig durchgesetzt hat sich die Laband'sche Sicht wohl erst mit dem I. Weltkrieg.

---

1 *N. Luhmann*, Soziologische Aufklärung 4, Beiträge zur funktionalen Differenzierung der Gesellschaft, 4. Aufl. 2009, S. 78.

2 Dazu *G. Jellinek*, Die Lehre von den Staatenverbindungen, 1882.

3 *P. Laband*, Deutsches Reichsstaatsrecht, 5. Aufl. 1909, S. 15 ff.

2. Der Staaten- und Verfassungsverbund der EU

a) Das Bundesverfassungsgericht hat die EU in seinem Maastricht-Urteil von 1993 im Gefolge von *Paul Kirchhof*[5] als „Staatenverbund" bezeichnet[6], um deutlich zu machen, dass es sich dabei um einen völkerrechtlichen Zusammenschluss souveräner Staaten handelt, der durch Gemeinsamkeit im Recht, einen Gemeinsamen Markt und die Kraft zu politisch abgestimmtem Staatshandeln im fortbestehenden „Pluriversum der Staaten" gekennzeichnet ist. Daran hat sich seitdem wenig geändert. Im Gegenteil. Nachdem der Europäische Verfassungsvertrag 2005 in Referenden in Frankreich und den Niederlanden gescheitert ist, hat man darauf verzichtet, die Verträge mit Regelungen anzureichern, die in Terminologie und Funktion auf eine Staatlichkeit der EU hätten hindeuten und als eine entsprechende Selbstbeschreibung hätten verstanden werden können.[7] Das ist freilich nicht mehr als ein oberflächliches Indiz.

b) Ob ein Herrschaftsverband Staatsqualität besitzt oder nicht, ist letztlich nämlich weniger eine Frage mehr oder weniger gelungener pathetischer Formulierungen, als seiner Strukturen, Aufgaben und Funktionen. Begriffe mögen diese zutreffend erfassen; für die Realität sind sie jedoch von untergeordneter Bedeutung. Insoweit gilt auch für die allgemeine Staatslehre und mit Blick auf die Frage nach der Staatlichkeit der EU: falsa demonstratio non nocet.

aa) Betrachtet man die klassischen, wenn auch unzureichenden Kriterien der Drei-Elementen-Lehre – Staatsgebiet, Staatsvolk und Staatsgewalt[8] –, so liegt das Maß ihrer Erfüllung wiederum auch im Auge des Betrachters.

Die Verträge (EUV, AEUV) gründen zwar keinen Staat, enthalten aber eine klare Beschreibung ihres Geltungsbereichs (Art. 52 EUV, Art. 355 AEUV) und grenzen das Gebiet der Europäischen Union mit unterschiedlichen Mechanismen zu Drittstaaten ab (Exklusion). Gleichzeitig relativiert das Unionsrecht die territoriale Radizierung der EU aber auch, indem es etwa mit Norwegen und der Schweiz auch Nicht-Mitgliedstaaten am Schengen-System teilhaben lässt, Drittstaaten wie Island, Liechtenstein, Norwegen, die Schweiz oder die Türkei in der Umweltagentur mitarbeiten lässt, oder indem es gestattet, dass die Schweiz über die sogenannten Bilateralen I und II am Binnenmarkt teilhat.[9]

---

4 *M. v. Seydel*, Kommentar zur Reichsverfassung, 2. Aufl. 1897, S. 15 ff.; *ders.*, Hirths Annalen, 1876, S. 648 ff.; vgl. auch *M. Becker*, Max von Seydel und die Bundesstaatstheorie des Kaiserreichs, 2009.

5 *P. Kirchhof*, Der deutsche Staat im Prozeß der europäischen Integration, in: Isensee/ders. (Hrsg.), HStR VII, 1992, § 183 Rn. 38.

6 BVerfGE 89, 155 (188) – Maastricht.

7 Der EUV verzichtet auf die Begriffe der Verfassung und der Gesetze, Symbole oder die Festschreibung des Vorrangs (anders hingegen der EVV, insbesondere Art. I-6 und Art. I-8).

8 *G. Jellinek*, Allgemeine Staatslehre, 3. Aufl. 1900.

Die Unionsbürgerschaft könnte sich als Kristallisationspunkt für einen europäischen Demos erweisen, eröffnet sie doch den Zugang zum Kommunalwahlrecht für Unionsbürger anderer Mitgliedstaaten und zu den Wahlen zum Europäischen Parlament unabhängig vom Wohnsitz (Art. 20 Abs. 2 lit. b AEUV). Sie ist vom Europäischen Gerichtshof nicht nur zu einer Grundfreiheit ohne Markt[10] entwickelt worden, die Unionsbürgern eine weitgehend gleichberechtigte Teilhabe an den Sozialleistungen ihres Aufnahmestaates verbürgt, sondern wird neuerdings, wenn auch nicht unumstritten, als grundlegender Status qualifiziert, der zu der eigentlichen, nationalen Staatsangehörigkeit hinzutritt.[11] Auf der anderen Seite nivelliert das Unionsrechts die Bedeutung der Unionsbürgerschaft, indem es den Angehörigen von Drittstaaten etwa den Zugang zum Arbeitsmarkt unter ähnlichen Bedingungen eröffnet wie den Unionsbürgern selbst.

Auch unter dem Gesichtspunkt der Staatsgewalt hat die Europäische Union mittlerweile einiges vorzuweisen: Europol und Frontex sind hier ebenso zu nennen wie die Befugnis der Kommission, Bußgelder zu verhängen oder Anlastungen vorzunehmen. Vom staatlichen Gewaltmonopol traditioneller Prägung ist dies zwar noch weit entfernt; es ist jedoch unverkennbar, dass sich hier in den vergangenen Jahren einiges getan hat.

bb) Sieht man auf die Zuständigkeiten, die der EU zugewiesen sind (Art. 5 Abs. 1 S. 1 EUV), so besitzt sie in allen drei Staatsfunktionen Kompetenzen, die hinter denen staatlicher Ebenen kaum zurückstehen. Das betrifft die Rechtsetzung, die durch das Subsidiaritätsprinzip kaum begrenzt wird. Es betrifft aber auch die Verwaltungszuständigkeiten, bei denen sich die EU von dem exekutivföderalistischen Modell der Verträge zunehmend entfernt und mit ihren mittlerweile an die 40 Agenturen und sonstigen Einrichtungen eine neben den Mitgliedstaaten stehende Eigenverwaltung errichtet und immer weiter ausgebaut hat. Schließlich betrifft es die Gerichtsbarkeit, die bereits einen dreistufigen Aufbau aufweist[12] und durch weitere „irreguläre" europäische Gerichte wie das europäische Patentgericht mit Sitzen in London, Paris und München weiter aufgebläht wird. So unternimmt es die EU – sei es aus Mangel an konzeptioneller Weitsicht oder Vertragstreue – ein föderalistisches Modell auszubilden, das Nachteile des deutschen und des amerikanischen Modells kombiniert: Eine Dominanz der zentralen Rechtsetzung, parallele Verwaltungs- und Gerichtsstrukturen, ein (theoretisch) uneingeschränkter Vorrang des Unionsrechts sowie die Einbindung und Unterordnung der mitgliedstaatlichen Verwaltungen in zahllose Netzwerke, in

9 *H. Keller*, Offene Staatlichkeit: Schweiz, in: v. Bogdandy/Cruz Villalón/Huber (Hrsg.), IPE II, 2008, § 23 Rn. 19 ff.

10 *F. Wollenschläger*, Grundfreiheit ohne Markt, 2007.

11 EuGH, Urt. v. 8.3.2011 – Rs. C-34/09 – Ruiz Zambrano; Urt. v. 15.11.2011 – Rs. C-256/11 – Dereci.

12 *P. M. Huber*, in: Streinz (Hrsg.), EUV/AEUV, 2. Aufl. 2012, Art. 19 EUV Rn. 3.

deren Mitte letztlich die Europäische Kommission oder von ihr kontrollierte Behörden sitzen.

3. Allgemeiner Befund

Die Frage nach einer möglichen EU-Staatlichkeit lässt sich vor diesem Hintergrund nicht sicher beantworten. Namentlich erscheint es nicht ausgeschlossen, dass künftige Generationen der Europäischen Union des Jahres 2011 Staatlichkeit zusprechen werden, wobei viel vom Verlauf der weiteren Entwicklung abhängen wird. Erweist sich die aktuelle Finanz- und Staatsschuldenkrise als der „constitutional moment", der der europäischen Integration den entscheidenden Schub verleihen wird, so wird man in der Retrospektive vermutlich bereits heute eine (Bundes-)Staatlichkeit der EU bejahen. Sollte die Krise hingegen zu einer Disintegration der EU führen, dürfte auch die rechtliche Analyse des aktuellen Status quo zurückhaltender ausfallen.

II. Aus der Perspektive der Mitgliedstaaten: Wie kann es weitergehen?

1. Die politische Selbstbestimmung als Schlüsselfrage

Verlässt man die Vogelperspektive der allgemeinen Staatslehre und wendet sich der Frage zu, welche rechtlichen Anforderungen an eine Weiterentwicklung der EU zu stellen sind, so wird man in erster Linie im Europaverfassungsrecht der Mitgliedstaaten fündig, in Deutschland in Art. 23 Abs. 1 GG. Maßgeblicher Ausgangspunkt ist dabei das in Art. 20 Abs. 1 und 2 GG niedergelegte und durch Art. 79 Abs. 3 GG einer Verfassungsänderung entzogene und für integrationsfest erklärte Demokratieprinzip. Bei ihm handelt es sich um die auf den deutschen Nationalstaat zugeschnittene spezifische Konkretisierung eines universellen (Rechts-)Grundsatzes, der in dieser spezifischen Konkretisierung verbindlich ist.[13]

Ausgangspunkt des grundgesetzlichen Demokratieprinzips ist insoweit, dass sich Demokratie nicht darin erschöpfen kann, in regelmäßigen Abständen eine wie auch immer geartete Repräsentativkörperschaft zu wählen, sondern dass mit dieser Wahl zugleich der tiefere Sinngehalt der Demokratie – die gleichberechtigte politische Selbstbestimmung des Einzelnen – verwirklicht wird. Auch in der Demokratiekonzeption des Grundgesetzes steht der Mensch im Mittelpunkt, ist Art. 1 Abs. 1 GG der zentrale Bezugspunkt. Dieser Gedanke ist es, den das Bundesverfassungsgericht im Maastricht-Ur-

---

13 *P. M. Huber*, Demokratie in Europa, Zusammenfassung und Ausblick, in: Bauer u. a. (Hrsg.), Demokratie in Europa, 2005, S. 491 (499).

teil dazu bewogen hat, die Übertragung von Hoheitsrechten auf die EU als Eingriff bzw. Einflussknick in den demokratischen Gehalt des Wahlrechts zu begreifen und sie einer Kontrolle im Rahmen der Verfassungsbeschwerde zu unterwerfen. Diese epochale und emanzipatorische Neuausrichtung des Verhältnisses zwischen Bürger und Staat hat das Gericht in seinem Urteil zum Vertrag von Lissabon aufrechterhalten und weiter ausgebaut[14] und in der Entscheidung zur Griechenlandhilfe und zur Europäischen Finanzstabilisierungsfazilität gegen die vordergründig integrationsfreundlichere, der Sache nach aber einem autoritären Staatsverständnis verhaftete Kritik verteidigt. Wörtlich heißt es im Urteil vom 7. September 2011:

> „Diese über die Grundrechtsrüge eines jeden Bürgers eröffnete Kontrolle der öffentlichen Gewalt hat bereits anlässlich des Maastricht-Urteils Kritik erfahren [...]. Entsprechende Stimmen wurden auch im Anschluss an das Lissabon-Urteil laut [...]. Der Senat hält indes an seiner Auffassung fest. Der letztlich in der Würde des Menschen wurzelnde Anspruch des Bürgers auf Demokratie [...] wäre hinfällig, wenn das Parlament Kernbestandteile politischer Selbstbestimmung aufgäbe und damit dem Bürger dauerhaft seine demokratischen Einflussmöglichkeiten entzöge. Das Grundgesetz hat den Zusammenhang zwischen Wahlrecht und Staatsgewalt in Art. 79 Abs. 3 und Art. 20 Abs. 1 und 2 GG für unantastbar erklärt [...].“[15]

Aus diesem Ansatz folgt, dass die Demokratiekonzeption des Grundgesetzes input- und nicht output-orientiert ist. Entscheidend ist, dass die Möglichkeiten des Bürgers zur Einflussnahme auf den politischen Prozess hinreichend effektiv sind und ihm politische Selbstbestimmung auch real ermöglichen.

2. Konsequenzen für die Rolle des Parlaments

a) Das schließt es aus, dass der Deutsche Bundestag durch Übertragung immer weiterer Zuständigkeiten zu einer bloßen Fassade degeneriert und zum Potemkin'schen Dorf wird. Dass Repräsentativkörperschaften, die über keinerlei nennenswerte Zuständigkeiten verfügen, wenig zur Selbstbestimmung ihrer Wähler beitragen können, zeigt ein Blick auf die deutsche Sozialversicherung und die Sozialwahlen. Sie sind angesichts der flächendeckenden gesetzlichen Determinierung des Sozialversicherungsrechts praktisch funktionslos.

Um dem Wähler ein ähnliches Schicksal mit Blick auf den Bundestag zu ersparen, sehen Art. 23 Abs. 2 und 3 GG, das EuZBBG sowie die zwischen dem Bundestag und der Bundesregierung abgeschlossene Vereinbarung nach § 12 EuZBBG detaillierte Mitwirkungsmöglichkeiten des Bundestags

---

14 BVerfGE 123, 267 (341) – Lissabon.

15 BVerfGE 129, 124 (169) – Griechenlandhilfe und Europäische Finanzstabilisierungsfazilität.

bei der Formulierung der deutschen Verhandlungspositionen in Angelegenheiten der Europäischen Union vor. Deshalb weisen Art. 12 EUV sowie das Protokoll über die Rolle der nationalen Parlamente in der Europäischen Union und das Subsidiaritätsprotokoll entsprechende Mitwirkungsrechte der nationalen Parlamente bei der Gesetzgebung der EU aus und ermächtigen diese im Rahmen des sogenannten Frühwarnmechanismus nicht nur zur Erhebung einer Subsidiaritätsrüge, sondern auch zu einer Subsidiaritätsklage vor dem EuGH. So wird sowohl durch verfassungsrechtliche als auch durch unionsrechtliche Vorgaben die Einbeziehung der nationalen Parlamente in die europäischen Entscheidungsverfahren sichergestellt. Das begrenzt zugleich die psychologisch und gruppendynamisch erklärbare vorrangige Orientierung der Regierungen an ihren Verhandlungspartnern im Rat und die Neigung, die Bindung an das eigene Parlament tendenziell zurückzustellen.[16] Denn die Mechanismen im Rat der Europäischen Union unterscheiden sich insoweit nicht wesentlich von jenen, wie sie auf einer Ministerpräsidentenkonferenz, einer Innenministerkonferenz, einer Hochschulrektorenkonferenz etc. zu beobachten sind. Sie mögen unvermeidlich sein; dem Schutzgut demokratischer Selbstbestimmung sind sie jedoch nicht zuträglich.

b) Wie in anderen Verfassungen auch – der österreichischen Bundesverfassung (Art. 44 Abs. 3 B-VG) etwa, der schweizerischen Bundesverfassung (Art. 193 BV) oder der spanischen Verfassung (Art. 168 CE) –, ist die Relativierung oder gar Beseitigung dieses durch Art. 79 Abs. 3 GG abgesicherten Legitimationskonzeptes an eine Zustimmung des Volkes nach Art. 146 GG gebunden. Dies sichert, dass die realen Möglichkeiten zur Selbstbestimmung, die der Nationalstaat den Deutschen jedenfalls seit 1949 eröffnet, nicht gegen ihren Willen aufgegeben werden. Das gilt gerade auch mit Blick auf die europäische Integration, deren überwältigende Rechtfertigung zwar nach wie vor in der Gewährleistung des Friedens in Europa besteht, deren Ausgestaltung im Detail jedoch das Ergebnis zahlloser Kompromisse zwischen sehr heterogenen Interessen ist.

3. Absage an Europa als Elitenprojekt

Mit der Ausrichtung auf die politische Selbstbestimmung der Bürger erteilt das Grundgesetz in der Auslegung des Bundesverfassungsgerichts insbesondere der Vorstellung eine Absage, die europäische Integration könne ein Projekt der Eliten sein, dem durch seine positiven Resultate die notwendige Legitimität schon zuwachsen werde. Diese nicht nur in der deutschen Öffentlichkeit anzutreffende Vorstellung mag für die Anfänge der auf weni-

16 Paradigmatisch insoweit BVerfG 131, 152 ff. – ESM-Informationsrechte.

ge ökonomische Sektoren begrenzten Integration hinnehmbar gewesen sein. Für eine Herrschaftsordnung, die jedenfalls am Rande der Staatsqualität Lebensbedingungen ihrer Bürger in stärkerem Ausmaß bestimmt als dies für staatliche Ebenen in manchen Bundesstaaten gilt, ist sie jedoch nicht akzeptabel. Denn sie unterwirft die Bürger den Präferenzentscheidungen einer selbst ernannten Elite und verdammt sie zur Unmündigkeit. Damit würden die Errungenschaften der amerikanischen und französischen Revolution ebenso zur Disposition gestellt wie die mit der Reformation eingeleitete Befreiung des Menschen von obrigkeitlicher Bevormundung. Aus Sicht des Grundgesetzes ist dies kein gangbarer Weg.

III. Der Nationalstaat als Schutz für die politische Selbstbestimmung

Es mag überraschen, im Nationalstaat (wieder) einen Garanten für die Selbstbestimmung seiner Bürger zu sehen. Ein unideologischer und realitätsnaher Blick auf die Europäische Union in den letzten 50 Jahren belegt jedoch, dass dies durchaus der Fall ist.

Insofern ist die Annahme, „Mehr Europa" sei per se gut und der aktuelle Bestand an nationalen Aufgaben und Befugnissen ein Übel, das es zu überwinden gelte, unterkomplex. Die Erfahrung zeigt, dass es deutschen Regierungen, Institutionen und Verbänden – von Ausnahmen abgesehen – kaum nachhaltig gelungen ist, eigene Vorstellungen für die Ordnung bestimmter Lebensbereiche auf europäischer Ebene zu entwickeln, geschweige denn durchzusetzen. Selbst Rechtsgebiete, die ursprünglich nach deutschem Vorbild konzipiert waren, haben diese Prägung mittlerweile verloren – das Umweltrecht, das Kartellrecht und zunehmend auch das Währungsrecht. Gerade für die Deutschen, die sich in den EU-Organen nicht sonderlich gut durchzusetzen vermögen, die leichtfertig auf die Verwendung ihrer Sprache verzichten und damit auf die Chance, ihre Werte und Anliegen adäquat beschreiben und dafür werben zu können, besteht das Risiko, in den Organen der Europäischen Union majorisiert zu werden. Das zeigen nicht zuletzt die inoffiziellen Statistiken des Rates der Europäischen Union, nach denen Deutschland der am häufigsten überstimmte Mitgliedstaat ist. „Mehr Europa" sollte es daher vernünftigerweise nur dort geben, wo entweder unsere Vorstellungen auch eine realistische Chance haben, sich auf Unionsebene durchzusetzen oder das Zusammenwirken der Europäer selbst dann Vorteile verspricht, wenn dies nicht der Fall ist. Das lässt sich nicht mit einer ideologischen Großformel entscheiden, sondern nur auf der Grundlage einer gewissenhaften Detailanalyse. Deren Ergebnis kann freilich auch dazu führen, dass bestimmte Integrationsschritte – etwa die Vergemeinschaftung von Staatsschulden oder die Ausgaben sogenannter Eurobonds – nicht im deutschen Interesse liegen.

IV. Fazit

Auch eine EU-Staatlichkeit ist auf die Akzeptanz ihrer Bürger angewiesen. Die schwierigen Vertragsänderungen der letzten 20 Jahre haben insoweit ein ums andere Mal deutlich gemacht, dass die politischen und kulturellen Voraussetzungen für eine weitergehende Zentralisierung von Entscheidungszuständigkeiten in Europa fehlen oder doch auf Widerstand stoßen. Die negativen Volksabstimmungen über den Vertrag von Maastricht in Dänemark, über den Vertrag von Nizza in Irland, den Europäischen Verfassungsvertrag in Frankreich und den Niederlanden sowie den Vertrag von Lissabon in Irland, aber auch die Ablehnung eines Beitritts zur Währungsunion durch die schwedische und die dänische Bevölkerung müssen wohl als Warnung vor einem allzu idealistischen Vorantreiben der Integration verstanden werden, wenn sich dieses über grundlegende Wünsche der Völker hinwegsetzt. Auch wenn es in guter Absicht geschieht, birgt es doch die Gefahr, das bereits Erreichte zu gefährden.

Nachhaltige Akzeptanz wird die Europäische Union bei ihren Bürgern nur erringen, wenn sie als gerechte und zukunftsfähige Ordnung empfunden wird, die die Errungenschaften von Reformation, Aufklärung und Revolution nicht zugunsten der Finanzmärkte, einer diffusen Weltgeltung oder sonstiger partikularer Interessen opfert. Dabei geht es weniger um große Sprünge und pathetische Momente, denn darum, die anstehenden Probleme zu lösen und dabei Rechtsstaat und Demokratie zu bewahren. Ob das in einem Gebilde geschieht, dem spätere Generationen Staatlichkeit zusprechen werden, erscheint demgegenüber zweitrangig.

Kosmopolitischer Staat und konstitutionelle Autorität: Eine integrative Konzeption Öffentlichen Rechts

Von Mattias Kumm, Berlin

I. Verfassung jenseits des Staates? – Worum es geht

Ist es angemessen, von Verfassung jenseits des Staates zu sprechen, wie es nicht nur viele Europarechtler, sondern auch eine kritische Masse von Völkerrechtlern hinsichtlich ihres Forschungsgegenstandes tun?[1] Was hat es mit der Rede um die Konstitutionalisierung des Rechts jenseits des Staates auf sich? Worum geht es in dem Streit um die Verwendung des Verfassungsbegriffs für das Recht jenseits des Staates? Ist es nur ein Streit um Worte? Wenn es um mehr geht, worum geht es genau?

Zunächst geht es in dieser Debatte offensichtlich nicht um einen Streit über empirische Tatsachen. Deskriptiv besteht weitgehend Einigkeit, dass das Internationale Recht sich nach dem 2. Weltkrieg und noch einmal nach dem Ende des Kalten Krieges stark verändert hat und zum Teil formelle, funktionale und materielle Elemente von Verfassungen aufweist. Es gibt Normenhierarchien im Internationalen Recht, von *jus cogens* Normen bis zu Art. 103 der Charta der Vereinten Nationen (UN-Charta), der die Priorität von Chartaverpflichtungen gegenüber anderen Abkommen etabliert. Funktional gibt es bereichsspezifische, multilaterale Vertragsregime, die jeweils komplexe institutionelle Praxen strukturieren: von den Vereinten Nationen über die Welthandelsorganisation bis hin zu regionalen Menschenrechtsorganisationen. Materiell gibt es nicht nur ein allgemeines Gewaltverbot, das mit strafrechtlichen Sanktionen bewehrt ist, sondern auch die Pflicht der Staaten, allgemein die Menschenrechte zu achten, zu schützen und zu erfüllen. Die Beziehung des Staates zu seinen Subjekten ist zum Regelungsgegenstand des Internationalen Rechts geworden und die einzelne Person zu einem Subjekt der Internationalen Rechtsordnung.

Aber auch die unzweifelhaft dynamische Entwicklung des Internationalen Rechts im 20. Jahrhundert und Verrechtlichungstendenzen, die zum Teil for-

---

[1] Die Literatur ist inzwischen kaum noch zu überblicken. Eine gute Übersicht bietet *Thomas Kleinlein*, Konstitutionalisierung im Völkerrecht, 2012.

melle, funktionale und materielle Elemente von staatlichen Verfassungen in das Internationale Recht integrieren, sind nicht hinreichend, um Zweifel am konstitutionellen Charakter des Internationalen Rechts auszuräumen. Der Kernpunkt ist, dass es sich bei Verfassungen in der Tradition der Amerikanischen und Französischen Revolution um ein *normativ anspruchsvolles Projekt* handelt, in dem es, wie *Folke Schuppert* formuliert, „um die Vergewisserung über Legitimationsgrundlagen von Herrschaft und die Formulierung eines programmatischen Zukunftsentwurfs“[2] geht. Genauer geht es im modernen Konstitutionalismus *um die Begründung und Ausrichtung von legitimer Herrschaft über Subjekte, die sich als Freie und Gleiche verstehen.*[3] Ist es vor diesem Hintergrund plausibel, von Konstitutionalismus und Konstitutionalisierung jenseits des Staates zu sprechen?

Ein Verständnis der amerikanisch-französischen Verfassungstradition, die als *demokratisch-etatistische Interpretation* bezeichnet werden soll und im Kern auch der Europarechts-Rechtsprechung des Bundesverfassungsgerichts zugrunde liegt,[4] verneint diese Frage. Eine Verfassung leite ihren Anspruch auf legitime Autorität aus dem Volk – „We the People“ – als *pouvoir constituant* als alleiniger legitimer Quelle öffentlicher Gewalt ab und erhebe den Anspruch, öffentliche Gewalt umfassend und mit höchster Autorität zu regulieren. Verfassung in diesem, legitime Autorität erst begründenden Sinne kann es hinsichtlich der Organisation territorialer öffentlicher Gewalten für jedes Territorium jeweils nur eine geben. Recht jenseits des Staates sei legitimationstheoretisch derivativ aus der Zustimmung der Staaten heraus abzuleiten. Soweit es eine internationale öffentliche Gewalt gibt, sei es keine konstitutive, sondern derivativ herzuleitende öffentliche Gewalt. Erst durch die völkerrechtliche Zustimmung nationaler öffentlicher Gewalt und nach Maßgabe nationaler Verfassungsvorschriften könnten internationalrechtliche Verpflichtungen verfassungsrechtliche Legitimität beanspruchen. Das würde sich erst dann ändern, wenn sich auf europäischer oder – noch unwahrscheinlicher – globaler Ebene im Rahmen eines kollektiven politischen Prozesses ein europäisches oder globales Volk als *pouvoir constituant* eine

---

2 *Gunnar Folke Schuppert*, Anforderungen an eine europäische Verfassung: Gründe und Grenzen europäischer Verfassungserwartungen, in: Hans-Dieter Klingemann/Friedhelm Neidhardt (Hrsg.), Zur Zukunft der Demokratie: Herausforderungen im Zeitalter der Globalisierung, 2000, S. 237.

3 *Christoph Möllers*, Verfassunggebende Gewalt – Verfassung – Konstitutionalisierung, in: Armin von Bogdandy/Jürgen Bast (Hrsg.), Europäisches Verfassungsrecht, 2009, S. 227 unterscheidet zwischen zwei Typen von Verfassungstraditionen: eine, die auf rechtliche Begrenzung von Herrschaft ausgerichtet ist und eine zweite, die auf Konstitution von Herrschaft durch Freie und Gleiche gerichtet ist. Der erste Typus ist besser als historischer Vorläufer oder, wie etwa im Deutschland der Kaiserzeit, als obrigkeitsstaatliche Schwundform des zweiten Typs zu verstehen.

4 Gemeint ist die Linie von Entscheidungen von Maastricht BVerfGE 89, 155 bis Lissabon BVerfGE 123, 267. Durch größere verfassungs- und demokratietheoretische Abstinenz geprägt ist dagegen das Urteil des BVerfG vom 12.9.2012 – 2 BvR 1390/12 – zum ESM-Vertrag und Fiskalpakt.

neue Verfassung mit umfassendem Regelungsanspruch gäbe. Solange das nicht der Fall ist, bleibe die nationale Verfassung die Grundlage und Grenze jeder verfassungsrechtlichen Legitimität und das nationale Verfassungsgericht der Hüter verfassungsrechtlicher Legitimität.

Vielleicht die analytisch klarste und historisch reflektierteste Kritik konstitutionalistischer Rhetorik für Recht jenseits des Staates wird von *Dieter Grimm* formuliert.[5] Nach *Grimm*, der alle genannten Elemente demokratisch-etatistischer Verfassungstheorie teilt,[6] verdeckt die Rede von Konstitutionalisierung und Verfassung jenseits des Staates lediglich die Diagnose einer Krise des modernen Konstitutionalismus. Im Rahmen der Globalisierung habe sich „eine Kluft zwischen öffentlicher Gewalt und verfassungsrechtlicher Legitimation aufgetan, die aufgrund der Erosion der Staatlichkeit und der Übertragung öffentlicher Gewalt auf internationale Organisationen eingetreten ist“[7]. Von einer genuinen Verfassung jenseits des Staates könne man nicht sprechen, da normative Kernelemente fehlten. Einerseits sei es nicht plausibel, den Ursprung der internationalen Rechtsordnung oder von Teilen von ihr in einem globalen Volk von Weltbürgern als *pouvoir constituant* zu sehen. Damit fehle einer internationalen Verfassung die demokratische Basis. Zweitens erhebe das Internationale Recht nicht einmal den Anspruch, öffentliche Gewalt umfassend zu regulieren, sondern regelt nur Teilbereiche. Die Begriffe Konstitutionalisierung und Verfassung „sind missverständlich, insofern sie die Hoffnung wecken, dass der Verlust, den die nationale Verfassung erleidet, auf internationaler Ebene ausgeglichen werde könne. Das wäre jedoch eine Illusion.“[8]

Es gibt ein ganzes Repertoire von Argumenten gegen die demokratisch-etatistische Interpretation der Konstitutionalistischen Tradition. Diese Argumente haben gemeinsam, dass sie legitimationstheoretisch die kosmopolitische Dimension der Herrschaftslegitimation ernst nehmen und insoweit als Teil einer konkurrierenden kosmopolitischen Interpretation der Konstitutionalistischen Tradition gelten können. Erstens gibt es funktionale Argumente, die auf globalisierungsbedingte Interdependenzen und die Unfähigkeit des Staates, ohne stärkere rechtlich-politische Integration öffentliche Güter gewährleisten zu können, abstellen.[9] Die funktionale Unzulänglichkeit nationaler öffentlicher Gewalt unter den Bedingungen der Globalisierung unterminiert auch dessen Legitimität, während umgekehrt die komparativ

---

5 *Dieter Grimm*, Die Zukunft der Verfassung II. Auswirkungen von Europäisierung und Globalisierung, 2012.

6 Vgl. ebd., S. 324.

7 Ebd., S. 342.

8 Ebd., S. 344.

9 Vgl. statt vieler *Ernst-Ulrich Petersmann*, International Economic Law in the 21st Century: Constitutional Pluralism and Multilevel Governance of Interdependent Public Goods, Oxford 2012.

überlegene Leistungsfähigkeit von Institutionen jenseits des Staates ihre Legitimität mitbegründet. Zudem reicht es nicht aus, auf ein etwaiges Spannungsverhältnis zwischen Input- und Outputlegitimation hinzuweisen[10] und supranationale legislative Akte generell als administrative Maßnahmen zu beschreiben:[11] Die Existenz von Externalitäten und Interdependenzen ist nämlich, zweitens, auch demokratietheoretisch relevant. Sollten nicht alle von einer Entscheidung Betroffenen auch an der Entscheidung teilhaben können? Folgt daraus nicht ein Mitwirkungsrecht von denjenigen, die sich außerhalb eines Staates befinden, aber von den Konsequenzen einer staatlichen Entscheidung betroffen sind?[12] Folgt daraus nicht, dass, auch was Input-Legitimität angeht, internationale Entscheidungsprozesse unter Umständen nationalen Entscheidungsprozessen überlegen sein können, gerade weil der Kreis der Beteiligten über Mitglieder eines nationalen Demos hinausgeht? Schließlich wird darauf hingewiesen, dass der Anspruch des Konstitutionalismus jenseits des Staates nicht darin besteht, nationale Verfassungslegitimationspotentiale voll zu reproduzieren. Konstitutionelle Elemente auf globaler Ebene hätten lediglich die legitimitätstheoretische Funktion, den Bedeutungsschwund nationaler Verfassungen zu kompensieren[13] und sind als Teil eines Verfassungsverbundes zu denken.[14] Der Konstitutionalismus jenseits des Staates hat insoweit eine legitimationstheoretisch geringere Last zu tragen. Neben diesen normativen legitimitätsbezogenen Argumenten aber sehen sich diejenigen, die von Verfassung jenseits des Staates reden, häufig als analytisch-deskriptiv arbeitende Handwerker des Rechts, die das positive Recht ordnen und systematisieren, dabei eben auf konstitutionalistische Elemente der Internationalen Ordnung stoßen und im Übrigen versucht sind, nationale und internationale Ordnung als kohärentes Ganzes zu beschreiben. Kosmopolitische Konstitutionalisten sind typischerweise gerade keine normativ ausgerichteten Theoretiker. Genau das aber ist ihr Problem.

Alle Argumente der kosmopolitischen Konstitutionalisten enthalten wichtige Ansatzpunkte, bieten aber insgesamt kein theoretisch-begriffliches Grundgerüst, das der Verfassungstheorie der demokratisch-etatistischen Tradition mit ihrer begrifflich-integrativen Einfachheit und Eleganz wis-

---

10 *Fritz W. Scharpf*, Governing in Europe: Effective and Democratic?, Oxford 1999.

11 Vgl. *Alexander Somek*, On cosmopolitan self-determination, Global Constitutionalism 1 (2012), S. 405.

12 Vgl. *Christian Jörges*, A New Type of Conflicts Law as the Legal Paradigm of the Postnational Constellation, in: ders./Josef Falke (Hrsg.), Karl Polanyi, Globalisation and the Potential of Law in Transnational Markets, 2011; *Miguel Poiares Maduro*, We the Court: European Court of Justice and the European Economic Constitution, 1998.

13 *Anne Peters*, Compensatory Constitutionalism: The Function and Potential of Fundamental International Norms and Structures, Leiden J Int'l L 19 (2006), S. 579.

14 *Ingolf Pernice*, The Treaty of Lisbon: Multilevel Constitutionalism in Action, Columbia J European L 15 (2009), S. 349.

senschaftstheoretisch Paroli bieten könnte.[15] Es ist kein Zufall, dass die hartnäckigsten und intelligentesten Gegner konstitutionalistischer Rhetorik jenseits des Staates oft gerade diejenigen sind, die intensiv über Grundlagenfragen von Staat und Verfassung gearbeitet haben. Sie finden ihre Überzeugungen unterstützt durch eine historisch-rekonstruktiv normativ plausible, konzeptionell klar strukturierte Theorie, durch die zentrale Rechtsbegriffe wie Volk, verfassungsgebende Gewalt, Demokratie, Staat, Souveränität, Verfassung und Höchstrangigkeit elegant aufeinander bezogen und integriert werden. Eine solche normative Theorie legitimer Autorität wird weiter dadurch gestützt, dass sie im Laufe der Zeit in der Rechtswissenschaft zu einer Reihe konventionell wiederholter dogmatischer Formeln gerinnt, deren normative Grundlagen nicht mehr begründet werden müssen.[16] Eine hochintegrative normative Theorie dieser Art verliert selbst dann nicht ihren Halt, wenn sie sich zur Rechtswirklichkeit in wachsender Spannung befindet (umso schlimmer für die Wirklichkeit![17]). Sie wird erst dann endgültig ihren Halt verlieren, wenn zwei Bedingungen erfüllt sind. Erstens muss sie eindeutig als normative Theorie erkannt werden und nicht etwa als natürlich gegebene deskriptiv dogmatisch beschreibende Grundstruktur der Welt des Rechts missverstanden werden. Zweitens muss eine alternative Theorie entwickelt werden, die es erlaubt, wichtige Herausforderungen der Gegenwart plausibler zu thematisieren, ohne dabei genuine Errungenschaften des Alten aufzugeben.

Im Folgenden soll versucht werden, die konzeptionelle Grundstruktur einer solchen alternativen kosmopolitischen Verfassungstheorie zu entwickeln. Im Herzen einer solchen Theorie steht die Idee des kosmopolitischen Staates.

---

15 Das gilt auch für meinen Beitrag, The Cosmopolitan Turn in Constitutionalism: On the Relationship between Constitutionalism in and beyond the State, in: Jeffrey Dunoff/Joel Trachtman (Hrsg.), Ruling the World? Constitutionalism, International Law, and Global Governance, 2009, S. 258, der zwar die zentralen Fragen und relevanten Phänomene plausibel beschrieb, aber hinsichtlich der verfassungstheoretischen Grundlagen nur in kritischer, nicht aber in konstruktiver Hinsicht erfolgreich war.

16 Die demokratisch-etatistische Tradition in Deutschland führt über die Rezeption von de Sièyes bei Carl Schmitt über Böckenförde, der sie für die Verfassung des Grundgesetzes fruchtbar macht.

17 Das wachsende Spannungsverhältnis zwischen Theorie und Wirklichkeit führt entweder zu einer Haltung sokratischer Perplexität *(Grimm)*, Nostalgie (*Somek*) oder reaktionärer Standhaftigkeit (so etwa im Bereich der Definition und Begründung von absoluten Integrationsgrenzen das BVerfG, das allerdings von manchen – vielleicht vorschnell – als „dog that barks but does not bite" abgetan wird, oder auch die „Revisionists" in den USA, die verfassungsdogmatisch praktisch versuchen, aus der US-Verfassung einen geschlossenen Nationalstaat zu konstruieren).

II. Kosmopolitische Legitimitätsbedingungen staatlicher Verfassungen

1. Drei Thesen

Es gibt keine freistehende Legitimität des demokratischen Verfassungsstaates. Die Legitimität des Staates und seiner verfassungsrechtlichen Ordnung hängt nicht nur davon ab, wie diese intern verfasst sind. Es reicht nicht aus, dass die Verfassung eines Staates plausibel als auf einem verfassungsgebenden Akt des Volkes rekonstruiert werden kann und dabei Grundrechte garantiert, demokratische Verfahren institutionalisiert und allgemein rechtsstaatliche Herrschaftsausübung gewährleistet. Stattdessen hängt die Legitimität des demokratischen Verfassungsstaates auch von der Struktur der internationalen Rechtsordnung ab und wie er sich zu ihr verhält. Demokratisch-etatistische Verfassungstheorien leiden an begründungstheoretischem Solipsismus, indem sie implizit ohne plausiblen Grund den globalen Kontext nationalstaatlichen Handelns als legitimitätstheoretisch irrelevant voraussetzen.

Stattdessen ist es eine Voraussetzung für die Legitimität nationalen Verfassungsrechts, dass es auf angemessene Art und Weise in ein entsprechend strukturiertes System internationalen Rechts eingebettet ist. Es ist einer der Hauptzwecke des Internationalen Rechts, die Bedingungen zu definieren und zu schaffen, unter denen Staaten legitimerweise Souveränität geltend machen können. Staaten stehen unter einer allgemeinen Pflicht, ein System internationalen Rechts zu fördern und aufrechtzuerhalten, das eine solche Funktion erfüllen kann.

Staatliches Verfassungsrecht steht nicht über (etatistischer Monismus) oder neben dem internationalem Recht (klassischer Dualismus), sondern ist ihm präsumtiv untergeordnet. Nationales Verfassungsrecht kann lediglich die Aufgabenverteilung verschiedener nationaler Organe bei der Durchsetzung internationalen Rechts bestimmen, soweit diese nicht schon international festgeschrieben ist. Bis auf Situationen, in denen Staaten sich gerechtfertigterweise auf Prinzipien institutionalisierten offiziellen Ungehorsams oder kollektiver verfassungsrechtlicher Identitätssicherung berufen können,[18] unterliegen Staaten der Autorität des Internationalen Rechts und können sich auch auf nationaler Ebene nicht auf die unabhängige Legitimation nationaler Verfassungsvorschriften zur Rechtfertigung der Nichtbefolgung des Internationalen Rechts berufen. Dennoch ist die Beziehung zwischen nationalem und internationalem Recht weder eine der Derivation

---

[18] Siehe dazu *Mattias Kumm*, The Moral Point of Constitutional Pluralism. Defining the Domain of Legitimate Institutional Civil Disobedience and Conscientious Objection, in: Julie Dickson/Paulos Eleftheriadis (Hrsg.), Philosophical Foundations of European Union Law, Oxford 2012, S. 216.

noch eine der Autonomie, sondern eine der gegenseitigen Abhängigkeit. Nationales und internationales Recht sind ko-konstitutiv. Die verfassungsrechtliche Legitimität nationalen Rechts hängt zum Teil davon ab, adäquat integrierter Teil eines angemessen strukturierten Systems internationalen Rechts zu sein. Und die Legitimität des internationalen Rechtssystems hängt zum Teil davon ab, dass nationale Staaten eine verfassungsrechtlich adäquate Struktur haben. Die Standards konstitutioneller Legitimität sind aus einer integrativen Konzeption des öffentlichen Rechts zu gewinnen, die die Dichotomie zwischen dem Nationalen und dem Internationalen überwindet.

2. Die Grenzen legitimer staatlicher verfassungsrechtlicher Autorität

Es kann keine freistehende staatliche verfassungsrechtliche Legitimität geben, weil die Praxis verfassungsrechtlich strukturierter demokratischer Selbstbestimmung innerhalb souveräner Staaten das Problem gerechtigkeitssensibler Externalitäten aufwirft.

Interdependenz ist häufig als Argument für die Legitimität Internationalen Rechts und gegen demokratisch-etatistische Konstruktionen nationalstaatlicher Legitimität angeführt worden. Aber wie unten ausgeführt werden soll, ist Interdependenz weder ein Argument gegen demokratisch-etatistische Konstruktionen verfassungsrechtlicher Legitimität noch ein Argument für ein Internationales Recht, das sich von Zustimmungserfordernissen der zu verpflichtenden Staaten löst. Es mag zutreffen, dass Internationales Recht die Funktion hat, als Instrument der Kooperation und Koordination interdependenter Staaten zu dienen. Aber unter Bedingungen der Interdependenz haben Staaten lediglich ein Interesse, durch Vertrag miteinander zu kooperieren. Interdependenz an und für sich ist noch kein Argument, das demokratisch-etatistische Konstruktionen nationaler verfassungsrechtlicher Legitimität unterminiert.

Das verändert sich erst, wenn das Problem nicht nur irgendwelche Externalitäten und Interdependenzen, sondern *gerechtigkeitssensible Externalitäten* sind. Staaten haben keine legitime Autorität, Probleme unilateral verbindlich einer Lösung zuzuführen, die gerechtigkeitssensible Externalitäten betreffen. Angesichts der Tatsache plausibler Differenzen (reasonable disagreement) zwischen verschiedenen Akteuren über die Frage, wie diese Externalitäten im Rahmen einer angemessenen Lösung berücksichtigt werden sollen, ist jede einseitige Autoritätsbehauptung eines Staates im Kern die Beanspruchung einer Vorherrschaft (domination) gegenüber anderen betroffenen Parteien. Es ist der Hauptzweck des Internationalen Rechts, diese Art von Konflikt autoritativ im Wege eines hinreichend partizipativen, fairen Verfahrens einer Lösung zuzuführen. Darüber hinaus ist es die Pflicht eines jeden Staates, ein Internationales Recht zu fördern und zu unterstützen, das in der Lage ist, eine solche Funktion wahrzunehmen. Im Folgenden werde ich kurz darlegen, wie die Existenz von gerechtigkeitssensiblen Externalitäten Behauptungen nationaler verfassungsrechtlicher Autorität unterminiert. In dem darauf folgenden Abschnitt 3. werde ich näher zwischen drei Arten von Externalitäten unterscheiden, die normativen Probleme, die mit diesen Externalitäten verbunden sind, analysieren und nach der Struktur fragen, die das Internationale Recht haben muss, um diese Probleme angemessen behandeln zu können.

Es gibt keinen Zweifel, dass ein weites Spektrum nationaler politischer Entscheidungen das Problem gerechtigkeitssensibler Externalitäten aufwirft. Die folgenden vier Beispiele mögen das illustrieren: (1) Ein Staat entscheidet sich, in einem anderen militärisch zu intervenieren. (2) Ein Staat entscheidet sich für die Atomkraft und lässt Atomkraftwerke in der Nähe staatlicher Grenzen bauen. Der Nachbarstaat findet die nationalen Sicherheitsstandards besorgniserregend niedrig. (3) Ein Staat entscheidet sich generell für eine bestimmte Balance zwischen akzeptablen Kohlendioxid-Emissionen unter Berücksichtigung der Probleme der Wettbewerbsfähigkeit nationaler Industrie und des Problems des Klimawandels. (4) Ein Staat entscheidet sich, welche Ressourcen er für die Kriminalitätsbekämpfung im Bereich der transnationalen Kriminalität zur Verfügung stellt und was die Prioritäten sein sollen. In all diesen Fällen sind Personen außerhalb des Staates auf eine Art und Weise betroffen, die die Frage aufwirft, ob deren Interessen angemessen berücksichtigt wurden. Im Folgenden werde ich genauer die verschiedenen Externalitäten und die Gerechtigkeitsprobleme, die sie aufwerfen, analysieren. Hier soll es darum gehen, was daraus folgt, dass diese Entscheidungen gerechtigkeitssensible Externalitäten aufweisen. Was daraus folgt ist, erstens, dass ein Staat verpflichtet ist, sich dieser Externalitäten bewusst zu sein und sie angemessen zu berücksichtigen. Das verlangt von staatlichen Akteuren, sich nicht nur gegenüber nationalen Gruppen in der Pflicht zu sehen. Stattdessen sind Staaten verpflichtet, sich insoweit auch gegenüber der weiteren internationalen Gemeinschaft als verpflichtet zu sehen.[19] Damit staatliche Entscheidungen nicht ungerecht sind, ist es erforderlich, dass sie die legitimen Interessen von betroffenen Außenseitern berücksichtigen.

Aber das reicht nicht aus. Es gibt weitergehende Verpflichtungen. Das Spektrum von Fragen, über das ein Staat legitimerweise Autorität beanspruchen kann, ist begrenzt auf diejenigen Fragen, die keine gerechtigkeitssensiblen Externalitäten aufweisen. *Eine Verfassung, deren Autorität auf der verfassungsgebenden Gewalt des Volkes beruht, kann nur verfassungsrechtliche Legitimität über Fragen beanspruchen, die nicht mit Problemen*

---

19 *Eyal Benvenisti*, Sovereigns as Trustees of Humanity: On the Accountability of States to Foreign Stakeholders, im Erscheinen, in: American J Int'l L 107 (2013), Entwurf verfügbar unter http://ssrn.com/abstract=1863228; siehe auch *Anne Peters*, Humanity as the A and Ω of Sovereignty, European J Int'l L 20 (2009), S. 513.

gerechtigkeitssensibler Externalitäten behaftet sind. Ein Staat würde seinen Anspruch auf legitime Autorität überdehnen und effektiv auf Vorherrschaft insistieren, wenn er nicht ein System des Internationalen Rechts unterstützen würde, das diese Fragen effektiv anzugehen vermag und sich ihm unterordnen würde. Es reicht nicht aus, dass ein Staat versucht, den legitimen Interessen von denjenigen außerhalb seiner Grenzen gerecht zu werden. Die Existenz externer plausibler Gerechtigkeitsforderungen unterminiert jeden Anspruch auf legitime Autoritätsbehauptung auf nationaler Ebene und unterminiert die Autorität nationaler Verfassungen, insoweit sein Legitimitätsanspruch alle Entscheidungen nationaler öffentlicher Gewalt umfasst. Außerdem begründen solche Gerechtigkeitsforderungen eine Pflicht eines Staates, sich einem System internationalen Rechts zu unterwerfen, das in der Lage ist auf adäquate Art und Weise diese Art von Gerechtigkeitsproblem zu lösen. Die Aufgabe eines solches System internationalen Rechts ist, die Grenzen legitimer nationaler Souveränität zu bestimmen.

Um dieses Argument besser nachzuvollziehen, ist es zweckmäßig, sich erst einmal die Grundlagen verfassungsrechtlicher Legitimation im nationalen Kontext zu vergegenwärtigen. Nach der Standard-Argumentation für die Unterwerfung unter rechtliche Autorität im Vernunftrecht des 18. Jahrhunderts, das der verfassungsrechtlichen Tradition zugrunde liegt,[20] ist das Ausgangsproblem die Frage, was erforderlich ist, um gerechte Beziehungen zwischen Freien und Gleichen zu etablieren. Dabei gibt es im Wesentlichen zwei Probleme. Wegen dieser Probleme reicht es nicht aus, dass jedes Subjekt sich dazu bekennt, nach Gerechtigkeit zu streben und das eigene Handeln daran ausrichten zu wollen. Stattdessen ist es erforderlich, dass es sich konstitutioneller Autorität unterwirft. Was also sind diese Probleme und warum erfordern sie die Unterwerfung unter konstitutionelle Autorität?

Das erste Problem ist *motivationaler* Natur. Auf sich gestellt ist nicht zu erwarten, dass jeder Akteur in jedem Kontext – etwa wenn dies mit starken Präferenzen oder Interessen in Konflikt stehen würde – geneigt sein wird, das zu tun, was die Gerechtigkeit erfordert. Die Institutionalisierung eines Rechtssystems schafft durch Androhung von Sanktionen verschiedener Art nicht-moralische Anreize, ein auf Gerechtigkeit ausgerichtetes System und entsprechende Verhaltensweisen zu stabilisieren. Hierbei hat die Androhung von Sanktionen eine doppelte Funktion. Erstens hat der Adressat des Rechts einen Anreiz, im Falle eines Motivationskonflikts das zu tun, was auf den ersten Blick gegen sein Interesse gerichtet ist. Die Androhung von Sanktionen macht es leichter, anderen Verführungen und der eigenen Willensschwäche zu widerstehen, die einen dazu verleiten könnten, den Gerechtigkeitsfor-

---

20 Die Struktur dieser Argumentation durchzieht die politische Philosophie von u. a. Hobbes, Rousseau und Kant. Einen guten Überblick bietet *Samantha Besson*, The Morality of Conflict. Reasonable Disagreement and the Law, Oxford 2005, S. 121.

derungen nicht zu genügen. Zweitens schafft die Androhung von Sanktionen eine zuverlässige Gewährleistung von Reziprozität. Sie bietet eine gewisse Sicherheit, dass der kooperierende Teil nicht angesichts eines strategischen Akteurs auf der anderen Seite von gerechtigkeitskompatiblem Verhalten profitiert, um es dann in Verletzung seiner Gerechtigkeitspflichten zu Lasten des anderen auszunutzen.

Zweitens gibt es ein *epistemisches* Problem. Selbst wenn alle Akteure angemessen motiviert sind, das Richtige zu tun, kann es immer noch unklar und umstritten bleiben, was Gerechtigkeit in einem konkreten Kontext erfordert. Es gibt kein Verfahren, das garantiert, dass in allen Fällen selbst gut informierte und motivational angemessen disponierte Akteure, die sich als Freie und Gleiche verstehen, sich darüber einigen können, was in Hinblick auf ein konkretes Problem Gerechtigkeit genau erfordert. Die Tatsache, dass Meinungsverschiedenheiten darüber, was Gerechtigkeit erfordert, auch unter solchen Bedingungen fortbestehen (fact of reasonable disagreement), verlangt nach einem angemessen strukturierten Verfahren, in dem autoritativ festgelegt wird, welche Gerechtigkeitsforderungen in einem konkreten Kontext als richtig anerkannt werden sollen. Die Alternative zur Einrichtung eines solchen Verfahrens wäre es, der stärkeren Partei zu ermöglichen, einseitig zu bestimmen und gegebenenfalls gegenüber der schwächeren Partei durchzusetzen, was ihrer Ansicht nach Gerechtigkeit erfordert. Das aber wäre eine Form der Vorherrschaft (domination). Es würde die eine Seite gegenüber der anderen Seite privilegieren, ohne dass es dafür gute Gründe gäbe (beide Seiten behaupten, die Gerechtigkeit auf ihrer Seite zu haben und die Berufung auf Machtverhältnisse zählt nicht als zulässiges Argument). Die jeweiligen Akteure sind deshalb verpflichtet, sich einer konstitutionellen Autorität zu unterwerfen, die im Rahmen eines überparteilichen und hinreichend partizipativen Verfahrens Meinungsverschiedenheiten über das, was Gerechtigkeit erfordert, verbindlich lösen kann und das auf eine Art und Weise tut, die sicherstellt, dass die Ergebnisse vernünftig sind und gegenüber allen Parteien als Freie und Gleiche rechtfertigbar sind. So oder so ähnlich sehen die wesentlichen Schritte zur Begründung legitimer Autorität in der liberal-demokratischen konstitutionellen Tradition aus.

Wenn die Argumente hinsichtlich der gerechtigkeitssensiblen Externalitäten von Handlungen Einzelner als Grundlage für die Pflicht, sich einer externen Autorität zu unterwerfen, zutreffen, dann trifft das auch für die Beziehungen zwischen Staaten zu. Dort repliziert sich das Problem.[21] Auch zwischen Staaten stellt sich die Frage nach der Gerechtigkeit in den Beziehungen zwischen autonomen Akteuren und auch hier gibt es motivationale und epistemische Probleme, die diese Frage belasten. Die Geschichte der

21 Vgl. *Immanuel Kant*, Zum Ewigen Frieden: Ein philosophischer Entwurf, Königsberg 1795.

Außenpolitik von Staaten, selbst liberal-demokratischen Verfassungsstaaten[22], bietet reiches Anschauungsmaterial für Voreingenommenheiten, Unkenntnis oder Desinteresse gegenüber den Interessen von Außenstehenden. Da nationale Repräsentanten mächtiger Staaten primär Anreize haben, die Interessen nationaler Gruppen zu fördern, ist die strukturelle Vernachlässigung der Interessen Außenstehender hinsichtlich gerechtigkeitssensibler Externalitäten keine Überraschung. Ergänzend kommt hinzu, dass zwar nicht alle,[23] aber viele Verpflichtungen gegenüber Außenstehenden nur unter der Bedingung reziproker Anerkennung und Befolgung Bestand haben.[24]

Weiter kommt hinzu, dass es naheliegenderweise hinsichtlich der gerechtigkeitssensiblen Externalitäten staatlicher Politik häufig zu Meinungsverschiedenheiten zwischen Staaten kommt. Selbst wenn sich Einigkeit darüber erzielen lässt, dass die Besetzung und Einverleibung des Territoriums eines anderen Staates durch militärische Intervention eine Rechtsverletzung des anderen Souveräns ist, welche Art von Gegenmaßnahmen dürfen getroffen werden und von wem, wenn ein anderer Staat seine Verpflichtungen verletzt? Darf ein Staat jede zur Verfügung stehende Waffe erwerben, wenn er behauptet, dass er ihrer zur Verteidigung bedarf? Welche Verpflichtungen genau hat ein Staat, um sicherzustellen, dass sein Territorium nicht als Basis internationaler Terroristengruppen genutzt wird? Wie hoch ist der akzeptable Kohlendioxidausstoß eines Staates angesichts drohender Klimaveränderungen? Über diese und ähnliche gerechtigkeitssensible Fragen gibt es verständlicherweise heftige Meinungsverschiedenheiten.

Wegen des Bestehens plausibler Meinungsverschiedenheiten hinsichtlich dieser Art von Fragen unterliegt es nicht der legitimen Autorität eines Staates, sie einseitig mit Verbindlichkeitsanspruch zu beantworten. Legitimität gegenüber Außenseitern zu behaupten, denen keinerlei formelle Rolle in dem nationalen Entscheidungsprozess zugesprochen wird, ist ein imperialer Akt (an act of domination). Die Durchsetzung einer bestimmten Gerechtigkeitsvorstellung durch einen mächtigen Akteur oder eine hegemoniale Koalition gegenüber anderen, die diese Vorstellung nicht teilen, ist ein Akt der

---

22 Es ist anerkannt, dass Demokratien dazu tendieren, nicht miteinander Krieg zu führen. Für eine Übersicht über die Debatte und die Literatur zur These vom „Demokratischen Frieden" siehe *Steven Pinker*, The Better Angels of Our Nature: Why Violence Has Declined, New York 2011. Außerdem scheint eine Korrelation zu existieren zwischen liberalen Demokratien, der Öffnung von Märkten zur Teilnahme am globalen Markt und dem Grad multilateraler rechtlicher Integration gemessen an der Mitgliedschaft in internationalen Institutionen, siehe die Literatur zitiert in ebd.

23 Dies ist in Bezug auf bestimmte Pflichten auch in positivem Internationalen Recht anerkannt, siehe Artikel 50 der ILC Draft Articles on State Responsibility for Internationally Wrongful Acts (2001) UN-Doc. A/56/10.

24 Im Falle einer Zuwiderhandlung (gegen eine rechtliche Verpflichtung) kann ein Staat Gegenmaßnahmen ergreifen durch die Nichterfüllung seiner Verpflichtungen gegenüber dem zuwiderhandelnden Staat, siehe Art. 49–53 ILC Draft Articles on State Responsibility for Internationally Wrongful Acts.

Domination, wenn sich diese Akteure weigern, sich einem fairen Verfahren zu unterwerfen, das gleiche partizipative Möglichkeiten für alle diejenigen bietet, deren gerechtigkeitssensiblen Interessen tangiert sind. Soweit gerechtigkeitssensible Externalitäten im Spiel sind, ist jeder Staat verpflichtet, die Entwicklung eines konstitutionellen Maßstäben genügenden Systems internationalen Rechts zu unterstützen, das in der Lage ist, diese Fragen angemessen zu lösen, und sich seiner Autorität zu unterwerfen. Ein solches System würde ein überparteiliches und angemessen partizipatives Verfahren etablieren, um diese Art von Meinungsverschiedenheiten und Interessengegensätzen durch die Etablierung verbindlicher Normen zu lösen, die ihrerseits gegenüber allen betroffenen Akteuren als vernünftig und plausibel begründet werden können. Der Zweck eines solchen konstitutionellen System internationalen Rechts ist es, die Domäne zu definieren, innerhalb derer Staaten und die sie konstitutierenden Völker legitimerweise konstitutionelle Souveränität ausüben können.

3. Drei Arten von Externalitäten

Wegen der zentralen Rolle, die gerechtigkeitssensible Externalitäten für die Begründung der Grenzen nationaler verfassungsrechtlicher Legitimität spielen, sollen im Folgenden der Begriff und seine praktischen Implikationen für das Internationale Recht einer näheren Analyse zugeführt werden. Dabei soll zwischen drei Arten von Externalitäten unterschieden werden. Jede dieser Externalitäten verweist auf spezifische normative Herausforderungen und erklärt spezifische Strukturmerkmale des Internationalen Rechts. Im Folgenden muss es ausreichen, kurz diese Externalitäten und die Gerechtigkeitsherausforderungen, die sie begründen, zu beschreiben, um dann kurz auf die Strukturmerkmale hinzuweisen, die das Internationale Recht aufweisen muss, um diesen Herausforderungen gerecht zu werden.

a) Die erste Art gerechtigkeitssensibler Externalitäten ist strukturell. Sie entsteht dadurch, dass eine Menge von Menschen, die sich in einem abgrenzbaren Territorium als Staat organisieren und kollektive Selbstbestimmung betreiben wollen, notwendigerweise Grenzen etablieren müssen. Die Behauptung eines souveränen Rechts auf Selbstbestimmung – ein durch Grenzen definiertes Territorium nach Maßgabe des Willens einer politischen Gemeinschaft nutzen zu wollen – verlangt als externes Äquivalent das kollektive Recht, andere auszuschließen: Sie daran hindern zu können, die Grenze zu überschreiten und sich ebenfalls auf dem Territorium zu entfalten.[25] Staaten nehmen allgemein das Recht in Anspruch, nach eigenem Gut-

25 Zu der reichen Literatur, die in den letzten Jahren zu diesem Problem erschienen ist, gehören z. B. *Ayelet Shachar*, The Birthright Lottery: Citizenship and Global Inequality, Cambridge 2009; *David Miller*, Immigrants, Nations, and Citizenship, The

dünken darüber zu befinden, wen sie hereinlassen und wen sie abweisen. Die Beanspruchung eines solchen Rechts geht einher mit einem Eingriff in das Recht Außenstehender, von ihrer Freiheit dadurch Gebrauch zu machen, dass sie die Grenze überqueren und sich auf das Territorium dieses Staates begeben, sei es um ein besseres Leben zu führen oder aus einem beliebigen anderen Grund. Die Frage ist, wie ein solches Recht, andere auszuschließen, begründet werden kann. Was rechtfertigt gegebenenfalls auch die Anwendung von Gewalt an der Grenze gegenüber denjenigen, die sich Zutritt verschaffen wollen, ohne die einseitig aufgestellten Bedingungen des Staates für zulässige Grenzüberschreitung zu erfüllen?

Die Souveränitätsbehauptung über ein Territorium durch eine Gruppe von Menschen kann als Analogon zur Geltendmachung von Eigentumsansprüchen auf ein Stück Land betrachtet werden. Beiden ist gemeinsam, dass das Recht geltend gemacht wird, das Land nach eigenem Gutdünken zu nutzen und Dritte von der Nutzung ausschließen zu können. Es gibt eine Reihe von Argumenten, die zugunsten der Aufteilung der Welt in verschiedene Staaten vorgebracht worden sind. Dazu gehören Argumente, die die Vorteile betonen, die mit der Allokation besonderer Verantwortung von bestimmten Gruppen für ein bestimmtes Territorium einhergehen sollen.[26] Darauf kann hier nicht weiter eingegangen werden. Entscheidend ist aber, dass als zusätzliche Bedingung das Locke'sche Proviso, für jede gerechtfertigte eigentumsanaloge Behauptung andere auszuschließen, erfüllt sein muss: es muss „enough, and as good, left in common for others" übrig bleiben.[27] Obwohl jede Aneignung von Land eine Begrenzung der Rechte anderer darstellt, ist eine solche Begrenzung gerechtfertigt, solange niemand schlechter gestellt wird als er gestellt wäre, wenn eine solche Aneignung nicht möglich wäre. Der Maßstab „as good" im Kontext der Exklusion von territorial basierten Selbstbestimmungspraxen ist so zu verstehen, dass die ausgeschlossene Per-

---

Journal of Political Philosophy 16 (2008), S. 371; *Thomas Risse*, On the Morality of Immigration, Ethics and International Affairs 22 (2008), S. 25.

26 Vgl. *John Rawls*, The Law of Peoples, Cambridge 1999; *David Miller*, On Nationality, Oxford 1995.

27 Lockes Proviso wurde in der modernen Debatte über die ursprüngliche Aneignung von Land durch *Robert Nozick*, Anarchy, State, and Utopia, New York 1974, S. 175, eingeführt. John Lockes Argument in seinem „Second Treatise of Government" war, dass die Anerkennung von Eigentum keine Rechtsverletzung von anderen darstellt, die nunmehr von der Nutzung ausgeschlossen waren: „Nor was this appropriation of any parcel of land, by improving it, any prejudice to any other man, since there was still enough and as good left, and more than the yet unprovided could use. So that, in effect, there was never the less left for others because of his enclosure for himself. For he that leaves as much as another can make use of does as good as take nothing at all. Nobody could think himself injured by the drinking of another man, though he took a good draught, who had a whole river of the same water left him to quench his thirst. And the case of land and water, where there is enough of both, is perfectly the same." *John Locke*, Second Treatise of Government, 1690, Kapitel V, Para. 33.

son Zugang zu einem Territorium haben muss, in dem zumindest ihre Rechte nicht der Gefahr ernsthafter Verletzungen ausgesetzt sind. Wenn einer Person der Zugang zu einem Territorium verwehrt wird, ohne dass sie einen Zugang zu einem anderen Staat hat, in dem ihre Rechte geschützt sind, dann sind die Bedingung der Locke'schen Proviso nicht erfüllt und der Ausschluss ist illegitim. Wenn im Staat A die Bedingungen erfüllt sind (die Rechte aller dort anwesenden Subjekte sind im Großen und Ganzen geschützt), liegen im Staat A die Voraussetzungen vor, die es dem Staat B ermöglichen, gerechtfertigterweise Menschen, die Zugang zu Staat A haben, Zugang zum Territorium des Staates B zu verwehren. Wenn eine Person sich in einem Staat befindet, in dem seine Rechte nicht im Großen und Ganzen geschützt sind und sich dann entscheidet, den Staat zu verlassen und zu einem anderen Staat Zugang sucht, ist nicht klar, auf welcher Grundlage ein solcher Zugang gerechtfertigterweise verwehrt werden kann.

Die normative Signifikanz von Grenzen und dem Recht, andere auszuschließen, auf diese Art und Weise nachzuzeichnen erlaubt es, zwei wesentliche Bestandteile des Internationalen Rechts zu rekonstruieren. Einerseits versucht das Internationale Recht die Bedingungen zu schaffen, unter denen souveräne Staaten gerechtfertigt sind, sich auf ein Recht zu berufen, andere ausschließen zu dürfen: Alle Staaten sind verpflichtet die Menschenrechte derjenigen, die ihrer Jurisdiktion unterliegen, zu respektieren, zu schützen und zu erfüllen. Andererseits begrenzt das Internationale Recht das Recht souveräner Staaten, Menschen auszuschließen, wenn die erforderlichen Voraussetzungen für die Ausübung eines solchen Rechts nicht gegeben ist, insbesondere in Fällen von Flüchtlingen.[28] Auf diese Weise wird auch ein Grund deutlich, warum sich das Internationale Recht darum kümmert, wie das Verhältnis zwischen nationaler öffentlicher Gewalt und ihren Unterworfenen aussieht und ob deren Rechte respektiert werden. Wir kümmern uns nicht nur aus allgemeiner Solidarität mit unseren Mitmenschen darum, dass die Rechte von Menschen überall respektiert werden. Es ist auch in unserem Interesse, sicherzustellen, dass die notwendigen Bedingungen für die Rechtfertigung unserer Praxis, anderen Zugang zu unserem Territorium verwehren, erfüllt sind.

b) Zusätzlich zu gerechtigkeitssensiblen Externalitäten, die im Zusammenhang mit dem Recht souveräner Staaten, andere auszuschließen, beste-

---

28 Siehe Artikel 1 der United Nations Convention Relating to the Status of Refugees, wie angepasst durch das Protocol Relating to the Status of Refugees von 1967, der einen Flüchtling als Person definiert, „who owing to a well-founded fear of being persecuted for reasons of race, religion, nationality, membership of a particular social group or political opinion, is outside the country of his nationality and is unable or, owing to such fear, is unwilling to avail himself of the protection of that country; or who, not having a nationality and being outside the country of his former habitual residence as a result of such events, is unable or, owing to such fear, is unwilling to return to it."

hen, gibt es eine Klasse von gerechtigkeitssensiblen Externalitäten, die im Kontext nationaler politischer Entscheidungen entstehen und Außenseitern Schaden zufügen oder Risiken aufbürden. Hier geht es um ein weites Spektrum von spezifischen Problemen, die hier nur exemplarisch genannt werden können. Vielleicht am offensichtlichsten sind Probleme, die im Zusammenhang mit einer aggressiven, imperialistischen Außenpolitik zusammenhängen. Es ist offensichtlich, dass eine imperialistisch expansive Außenpolitik, die die Unabhängigkeit und territoriale Integrität eines anderen Staates unterminiert auch dann nicht gerechtfertigt ist, wenn eine solche Politik sich im nationalen Kontext großer Zustimmung erfreut und im Rahmen eines gut organisierten demokratischen Verfassungsstaats beschlossen wird. Weniger offensichtliche Beispiele betreffen nicht die Außenpolitik, sondern nationale Politiken, deren negative Außenwirkung im nationalen politischen Prozess in der Regel nicht die ihr gebührende Aufmerksamkeit erhält und der nicht das angemessene Gewicht zugesprochen wird. Dabei kann es sich um den Bau von Atomkraftwerken, Endlagern oder anderen Industrieanlagen an der Landesgrenze handeln, deren Sicherheit Gegenstand kontroverser Debatten ist. Es kann sich allgemein um Grenzüberschreitende Umweltverschmutzung handeln, sei es im dramatischen Kontext von Kohlenstoffemissionen, die langfristig klimatische Veränderungen erzeugen, die verschiedene Staaten ganz verschieden betreffen werden, oder im mehr alltäglichen Bereich von Flussverschmutzungen im stromaufwärts gelegenen Staat, die das Wasser im flussabwärtsgelegenen Staat unbrauchbar machen. Noch etwas subtiler sind Externalitäten, die dadurch zustande kommen, dass Staaten ihrer Verantwortung nicht nachkommen, dafür Sorge zu tragen, dass ihr Territorium nicht von Terroristen oder anderen Formen organisierter Kriminalität als Basis für schädigendes Verhalten außerhalb des Territoriums verwendet wird. Gerechtigkeitsfragen entstehen nicht nur durch staatliche Handlungen, die woanders zu Schädigungen führen, sondern auch durch Unterlassen, wenn der Staat zu handeln verpflichtet ist.

Da es sich in diesen Bereichen um Fragen handelt, über die Staaten keine konstitutionelle Autorität beanspruchen, verbindlich zu regeln was geboten und was verboten ist, stellt es auch kein Legitimitätsproblem dar, wenn in diesem Bereich Staaten internationalrechtlichen Pflichten unterworfen werden können, ohne dass sie diesen Verpflichtungen zugestimmt haben. Im Gegenteil, Legitimitätsprobleme bestehen in diesem Bereich eher, wenn einzelne Staaten effektiv die Möglichkeit haben, die Entstehung neuer universell gültiger Rechtsnormen zu blockieren. Unter diesem Gesichtspunkt ist es zu begrüßen, wenn etwa der Weltsicherheitsrat seine Kompetenzen im Bereich der Friedens- und Sicherheitsgewährleistung weit auslegt und de facto zum Teil – auf höchst unvollkommene Art und Weise – als eine Art globaler Gesetzgeber fungiert, der mit qualifizierter Mehrheit Recht setzen kann.[29] Zudem ist es ebenfalls plausibel, dass in manchen Bereichen, in denen gerechtigkeitssensible Externalitätenprobleme auftreten, die Anforderungen, die an Völkergewohnheitsrecht gestellt werden, im Lichte des Zwecks Internationalen Rechts interpretiert werden:[30] Die Voraussetzung für die Identifikation von Völkergewohnheitsrecht, was Umfang und Kriterien für die Identifikation von relevanter Staatenpraxis und *opinio iuris* betrifft, hat sich zu Recht von der Idee der impliziten Zustimmung aller Staaten getrennt und reflektiert eher die Vorstellung eines dezentralen, informellen Rechtsetzungsprozesses durch relevante Mehrheiten. Das Problem in diesen Bereichen ist nicht, dass das Zustimmungserfordernis als notwendige Voraussetzungen dafür, dass ein Staat verpflichtet wird, zunehmend aufgeweicht wird. Es gibt einfach kein Problem der Legitimität von Rechtsetzungsprozessen, wenn Internationales Recht statt durch die explizite oder implizite Zustimmung des jeweils gebundenen Staates durch eine faire, adäquate, Beteiligungsrechte gewährleistende Mehrheitsprozedur erzeugt wird.[31] Natürlich lässt sich darüber streiten, wie genau diese Erfordernisse formuliert werden sollen und was das für die Identifikation von Völkergewohnheitsrecht oder die Rolle des UN-Sicherheitsrates bedeutet. Aber jedenfalls besteht das Problem nicht in der Emanzipation tatsächlicher Rechtsetzungsprozesse im Internationalen Recht von dem spezifischen Zustimmungserfordernis der zu bindenden Staaten. Das wirkliche Problem in diesem Bereich liegt darin, dass mächtige Staaten nach wie vor in der Lage sind, jurisgenerative Prozesse effektiv zu blockieren. Das Vetorecht, das von den fünf permanenten Mitgliedern im UN-Sicherheitsrat beansprucht wird, ist ein weitaus größeres Legitimationsproblem als die Erosion des Zustimmungserfordernisses. Es ist nur zu begrüßen, wenn in der Wissenschaft kreative Vorschläge gemacht werden, deren Zweck es ist, das Vetorecht zu qualifizieren und zu begrenzen.[32]

c) Die oben genannten Beispiele beschreiben Externalitäten, deren Vorhandensein jeweils strittige Gerechtigkeitsfragen aufwerfen. Nicht jede Externalität wirft allerdings Gerechtigkeitsfragen auf. Grundsätzlich haben

29 *Stefan Talmon*, The Security Council as World Legislature, American J Int'l L 99 (2005), S. 175.

30 Für ein Argument, dass die Existenzbedingungen von Völkergewohnheitsrecht bezüglich eines bestimmten Sachverhalts auch von der spezifischen Funktion abhängen, die Internationales Recht in einem bestimmten Bereich erfüllen muss, siehe *Anthea Roberts*, Traditional and Modern Approaches to Customary International Law, American J Int'l L 95 (2001), S. 757; für ähnliche Ideen fokussiert auf die Rolle von nationalen Gerichten im Internationalen Recht allgemein, siehe *Eyal Benvenisti*, Reclaiming Democracy: The Strategic Uses of Foreign and International Law by Domestic Courts, American J Int'l L 102 (2008), S. 241.

31 Eine normative adäquate Konstruktion des Mehrheitserfordernisses würde sich nicht nur auf die Anzahl der Staaten, sondern auch auf die Anzahl der von ihnen repräsentierten Bürger beziehen.

32 Siehe beispielsweise *Peters* (Fn. 19), mit dem Argument, dass ein Veto unter bestimmten Umständen als nichtig angesehen werden sollte.

Außenstehende keinen Anspruch gegenüber einer in einem souveränen Staat organisierten Gemeinschaft, dass ihre Interessen allgemein berücksichtigt werden. Außenstehende haben ein Recht, dass sie nicht durch die Politik anderer Staaten geschädigt werden, aber eine politische Gemeinschaft hat umgekehrt das Recht, sich nicht als Instrument für die Wohlfahrt von Außenstehenden begreifen zu müssen. Hier wäre vieles zu sagen,[33] aber hier muss es ausreichen, auf einige grundsätzliche Unterscheidungen zu verweisen und einige Beispiele zur Illustration anzuführen.

Erstens ist die unterlassene Realisierung positiver Externalitäten durch einen Staat nur dann ein potentielles Gerechtigkeitsproblem, wenn eine Verpflichtung zum Handeln besteht. Ein Staat ist zum Beispiel verpflichtet, dafür Sorge zu tragen, dass von seinem Territorium keine Gefahren für Außenstehende ausgehen.[34] In diesen Fällen kann auch ein Unterlassen Gerechtigkeitsfragen aufwerfen.[35] Es gibt aber keine allgemeine Verpflichtung eines Staates, die Wohlfahrt von Außenstehenden der Wohlfahrt von Mitgliedern der nationalen Verfassungsgemeinschaft gleichzustellen. Wenn eine Gemeinschaft diskutiert, ob mehr Geld für die soziale Sicherheit der Schwächsten einer Gemeinschaft ausgegeben werden soll, ist es nicht plausibel, darauf zu insistieren, dass Geld zunächst ausgegeben werden müsse um die Lage derjenigen zu verbessern, denen es global am Schlechtesten geht. Es ist auch keine ungerechtfertigte Diskriminierung, wenn nationale soziale Sicherheitssysteme Außenstehenden grundsätzlich keine Ansprüche gewähren. Schließlich stellen sich auch keine Gerechtigkeitsfragen, wenn ein Staat eine Wirtschaftspolitik verfolgt, die darauf ausgerichtet ist, die nationale Wohlfahrt zu mehren, auch wenn die Auswirkungen auf andere negativ sein könnten. Staaten sind nicht verpflichtet, sicherzustellen, dass ihre Politik nicht nur eigenen Mitgliedern, sondern auch Außenstehenden hilft. Sie sind nur verpflichtet, sich als Treuhänder der Menschheit zu begreifen, sofern Außenstehende Gerechtigkeitsforderungen gegen sie geltend machen können. Im Übrigen haben Staaten besondere Verpflichtungen gegenüber ihren eigenen Bürgern und sind zu Recht darauf fokussiert, ihre Wohlfahrt zu mehren.

---

33 Für eine Diskussion der Rolle deontologischer Beschränkungen in verschiedenen Rechtsbereichen, siehe *Mattias Kumm/Alec D. Walen*, Human Dignity and Proportionality: Deontic Pluralism in Balancing, im Erscheinen in: Grant Huscroft/Bradley Miller/Gregoire Webber (Hrsg.) Proportionality and the Rule of Law: Rights, Justification, Reasoning, NYU School of Law Public Law Research Paper No. 13-03 (2013), online verfügbar unter: http://ssrn.com/abstract=2195663.

34 Für einen guten Überblick über die Wirkungsweise dieses Prinzips im internationalen Umweltrecht siehe *Julio Barboza*, The Environment, Risk and Liability in International Law, Leiden/Boston 2011.

35 Dies trifft auch zu wenn diese Schäden nicht direkt durch den Staat verursacht werden, sondern durch private Akteure wie Terroristen oder andere Formen organisierter Kriminalität.

Zweitens, selbst die Belastung Anderer mit negativen Externalitäten wirft nicht immer Gerechtigkeitsfragen auf. Außenstehenden wird kein Unrecht getan, wenn ein Staat eine protektionistische Wirtschaftspolitik verfolgt und zum Beispiel den Import bestimmter Güter mit prohibitiven Zöllen wirtschaftlich unrentabel macht. Es gibt keinen Anspruch der Gerechtigkeit eines Staates gegenüber einem anderen, dass er sich zu einem Instrument für die Wohlfahrt anderer macht. Selbst ein Staat der zum Zeitpunkt T1 seine Grenzen für den Handel bestimmter Güter öffnet und sie dann zu einem späteren Zeitpunkt T2 wieder schließt und damit Händlern, die vorher gut an dem Handel verdient haben, den Lebensunterhalt untergräbt, täte nichts, was nicht in die Domäne seiner Autorität fiele. Die negativen Externalitäten einer solchen Handlung würden keine Gerechtigkeitsfragen aufwerfen. Wie ein Ladenbesitzer keinen Anspruch gegenüber einem Kunden hat, der sich eines Tages entschließt, in dem Laden nichts mehr zu kaufen, hat der Händler keinen Anspruch darauf, seine Güter in einem Staat verkaufen zu können, bloß weil er das vorher konnte. In dieser Art von Situation verändert das Handeln des Staates lediglich die Situation, in der sich der betroffene Andere befindet.[36] Aber es stellen sich keine Gerechtigkeitsfragen.

Unter Bedingungen hochgradiger Interdependenz – Situationen, in denen auf beiden Seiten das Handeln des Anderen in hohem Maße die eigenen Chancen und die eigene Wohlfahrt betrifft – haben Staaten ein Interesse, Politik zu koordinieren und miteinander zu kooperieren, um die Wohlfahrt ihrer Bürger durch Pareto-optimale Absprachen und Politikabstimmungen mit anderen Staaten zu maximieren. Das ist genau das, was Staaten im Rahmen von regionalen Freihandelsabkommen oder dem Beitritt zur WTO oder dem Abschluss von Investitionsabkommen getan haben. Nachdem ein Staat sich im Wege eines bi- oder multilateralen Abkommens rechtlich verpflichtet hat, den Zugang zu bestimmten Waren oder Dienstleistungen zu bestimmten Bedingungen zuzulassen, hat sich die Situation verändert. In einem solchen Kontext sind die negativen Externalitäten, die mit der fehlenden Befolgung gemeinsamer Vereinbarungen einhergehen, gerechtigkeitssensible Schäden. Der Grund, warum diese Externalitäten gerechtigkeitssensibel sind, liegt aber in der Existenz einer vorhergehenden vertraglichen Verpflichtung, sich anders zu verhalten. Ohne eine solche Verpflichtung würde die Existenz solcher Externalitäten keine Grundlage für plausible Gerechtigkeitsansprüche sein. In einem solchen Kontext sind freiwillig eingegangene Verpflichtungen konstitutiv für plausible Gerechtigkeitsansprüche.

Dies ist der angemessene Bereich für vertragsbasiertes Internationales Recht. In diesem Bereich sind völkerrechtliche Verträge das funktionale Äquivalent zu privatrechtlichen Verträgen im nationalen Recht. Die Zustim-

---

36 Für diese Unterscheidung siehe Arthur Ripsteins erhellende Diskussion von Kants rechtlicher und politischer Philosophie, *Arthur Ripstein,* Force and Freedom: Kant's Legal and Political Philosophy, Cambridge 2009.

mung der Staaten ist nicht die Grundlage des Internationalen Rechts, aber es gibt eine Domäne, in der Staaten zu Recht behaupten, dass sie tun und lassen können, was sie wollen, begrenzt lediglich durch die Verpflichtungen, die sie freiwillig auf sich genommen haben. Es gibt eine Domäne, in der zu Recht auf die erklärte Zustimmung als konstitutive Voraussetzung für die Entstehung von rechtlichen Verpflichtungen insistiert wird. In dieser Domäne, aber auch nur in dieser Domäne, können souveräne Staaten legitime Autorität für sich in Anspruch nehmen.

Nebenbei bemerkt sei hier noch, dass es nicht nur der Fall ist, dass die exakten Konturen dieser Domäne umstritten sein können, sie sind auch nicht stabil. Ob in einer konkreten Situation Externalitäten gerechtigkeitssensible Fragen aufwerfen oder nicht, ist zwar häufig, aber nicht immer einfach festzustellen. Auf lange Dauer und tiefere Beziehungen gründende Verträge können unter Umständen auch der assoziative Grund für weitergehende Verpflichtungen sein, die über das, was im Vertrag bestimmt ist, hinausgehen. Umso weitreichender vertraglich strukturierte gemeinsame Beziehungen sind, umso weiter reichen die möglichen Gerechtigkeitsansprüche, die sich daraus entwickeln können.[37] Die Reichweite dessen, was Gerechtigkeit erfordert, ist zum Teil abhängig von der Struktur der Praxis, innerhalb derer sich diese Fragen stellen.[38]

Praktisch heißt das, dass wie im Privatrecht die Vertragsfreiheit durch andere, Allgemeinwohl und Gerechtigkeit fördernde Normen, die ihrerseits nicht auf die Zustimmung aller Beteiligten angewiesen sind, begrenzt und strukturiert werden kann. Es würde außerdem nahelegen, eine Hierarchie zwischen Normen anzunehmen, die innerhalb der privatrechtlichen Domäne durch Vertrag erzeugt worden sind und anderen internationalrechtlichen Verpflichtungen, die wegen ihres Bezugs zu gerechtigkeitssensiblen Externalitäten besser als quasi-legislative Normen verstanden werden. Im Privatrecht der meisten Verfassungsstaaten ist eine solche Hierarchie anerkannt: Verträge, die allgemeine Rechtsnormen verletzen, sind nichtig.[39] Im Internationalen Recht ist die Lage komplizierter. Einerseits sind Verträge nichtig, die gegen *jus cogens* Normen verstoßen.[40] Außerdem haben alle Verpflichtungen, die sich aus der UN-Charta ergeben, Vorrang gegenüber anderen Verpflichtungen.[41] Schließlich können Verträge zwischen Staaten nicht die Ver-

37 *Andrea Sangiovanni*, Solidarity in the European Union: Problems and Prospects, in: Dickson/Eleftheriadis (Hrsg.), (Fn. 18), S. 384.

38 *Miriam Ronzoni*, The Global Order: A Case of Background Injustice? A Practice Dependent Account, Philosophy and Public Affairs 37 (2009), S. 229; siehe auch *Sangiovanni*, (Fn. 38).

39 Vgl. in Deutschland z. B. § 134 BGB.

40 Art. 53 der Vienna Convention on the Law of Treaties (1969) 1155 UNTS 331 (VCLT).

41 Art. 30 Abs. 1 VCLT und Art. 103 UN-Charta.

pflichtungen, die ein Staat gegenüber Dritten hat, beeinträchtigen.[42] Dennoch gibt es keine allgemeine Regel, der zufolge bilaterale Verträge, die in Verletzung quasi-legislativer multilateraler Verträge abgeschlossen wurden oder die gegen Normen des Völkergewohnheitsrechts verstoßen, nichtig sind.

Aber trotz dieser und anderer Komplexitäten, die hier nur angedeutet werden konnten, bleibt festzuhalten: Nicht alle Externalitäten nationaler Politik sind gerechtigkeitssensibel. Die Tatsache der Interdependenz allein ist unzureichend, um eine Verpflichtung eines Staates zu begründen, die Interessen von Außenstehenden zu berücksichtigen. Das gilt nur für Externalitäten, die plausible Gerechtigkeitsansprüche seitens der Benachteiligten begründen können.[43]

III. Konsequenzen

Bei der Debatte um den Konstitutionalismus und die Konstitutionalisierung jenseits des Staates geht es nicht lediglich um terminologische Konventionen. Es geht um die normativen Grundlagen des Rechts und die Interpretation der Errungenschaften der amerikanischen und französischen Revolution. Dabei konkurrieren als Hauptproponenten eine demokratisch-etatistische Interpretation und eine kosmopolitische Interpretation der konstitutionalistischen Tradition. Beide sehen die Errungenschaft des Konstitutionalismus darin, „jede Form der absoluten oder willkürlichen Gewalt von Menschen über Menschen“[44] auszuschließen, wobei diese Menschen als freie und gleiche Personen gedacht werden. Kosmopoliten insistieren lediglich, dass dieser Zweck innerhalb einer demokratisch-etatistischen Konzeption gerade nicht erfüllt wird, sofern es sich um Außenstehende, aber dennoch von nationaler öffentlicher Gewalt betroffene Personen handelt.

Der Kern eines kosmopolitisch geläuterten Konstitutionalismus ist die Idee des kosmopolitischen Staates. Ein kosmopolitischer Staat ist ein liberal-demokratischer Verfassungsstaat, der die kosmopolitischen Legitimitätsbedingungen seines verfassungsrechtlichen Anspruchs auf legitime Autorität mit reflektiert. Eine solche Reflexion hat eine doppelte Konsequenz.

Erstens versteht sich ein solcher Staat als integrativer Bestandteil einer internationalen Rechtsordnung, deren Aufgabe es ist, das Problem gerechtigkeitssensibler Externalitäten nationaler politischer und rechtlicher Selbstbestimmungspraxen verbindlich, effektiv und angemessen zu lösen. Jeder Staat ist verpflichtet, eine solche Rechtsordnung zu unterstützen und gege-

42 Art. 30 Abs. 4, 5 VCLT.

43 Wie genau diese Unterscheidung am besten ausgearbeitet und anwendbar gemacht werden kann liegt außerhalb des Rahmens dieses Artikels, siehe *Ripstein* (Fn. 36).

44 So richtig *Grimm* (Fn. 5), S. 326.

benenfalls durch entsprechende Interpretation, progressive Entwicklung oder politische Reformen zu vervollkommnen. Genau die Aspekte der internationalen Rechtsordnung, die von demokratisch-etatistischen Interpreten der konstitutionalistischen Tradition als Gefahr und als Erosion des demokratischen Verfassungsstaates beschrieben werden, schaffen in der kosmopolitischen Interpretation erst die Voraussetzungen, unter denen die Behauptung nationaler verfassungsrechtlicher Autorität legitim sein kann.

Zweitens folgt daraus, dass die Entscheidung des Grundgesetzes für den offenen Verfassungsstaat nicht als kontingent partikulare Verfassungsentscheidung eines spezifischen Volkes aufgrund einer spezifischen historischen Erfahrung verstanden werden kann. Die Entscheidung für den offenen Verfassungsstaat ist vergleichbar mit der Entscheidung für die Demokratie. Sie ist verfassungstheoretisch vorgegeben und wird lediglich in konkreten Verfassungsnormen ausgestaltet und konkretisiert. Eine andere Entscheidung wäre schlichtweg nicht vereinbar mit den Prämissen konstitutionalistischer Rechtfertigung legitimer Autorität und wäre insoweit fehlerhaft. Damit läge es auch nahe, die in der Ewigkeitsgarantie des Grundgesetzes genannten Prinzipien soweit möglich kosmopolitisch zu interpretieren und etwa Art. 23 GG als Konkretisierung dieser Prinzipien in Hinblick auf europarechtliche Fragen zu lesen.[45]

Nebenbei sollte aber auch ein weiterer Punkt deutlich geworden sein, der hier nicht explizit Gegenstand der Argumentation war, aber implizit klar hervorgetreten sein dürfte. Die scharfe Gegenüberstellung zwischen positiven Rechtsnormen und normativer Verfassungstheorie, wie sie gerade auch im Rahmen der demokratisch-etatistischen Theorien gang und gäbe ist, beruht auf einem Missverständnis. Die Vorstellung, dass die Funktion von Theorie sich darin erschöpft, zu begründen, warum wir die positiv gesetzten Normen der nationalen Verfassung ernst nehmen sollen – sie beruhen auf einem Akt der *pouvoir constituant*! – um dann als gute Positivisten, ausgestattet mit den Canones der Auslegung am Text arbeiten zu dürfen, ist nicht nur deswegen irreführend, weil die Verfassungspraxis so nicht funktioniert. Ein Akt der *pouvoir constituant* – häufig fern in der Vergangenheit und belastet mit prozeduralen Eigenheiten, die seine Legitimationswirkung zweifelhaft erscheinen lassen[46] – kann eine solche Legitimationslast alleine auch gar nicht tragen. Der normative Grund positivierter Verfassungsnormen, die moralischen Grundideen, die sie tragen, sind aus gutem Grund ein ständiger Bezugspunkt der Verfassungspraxis.[47] Eine Verfassungspraxis wird zum Teil

---

45 Es ist unwahrscheinlich, dass eine solche Lesart die defensiven Positionen begünstigen würde, die das Bundesverfassungsgericht in den Urteilen zu den Verträgen von Maastricht und Lissabon formuliert hat.

46 Vgl. *Mattias Kumm*, Beyond Golf Clubs and the Legalization of Politics: Why Europe has a Constitution properly so called, American J Comparative L 54 (2006), S. 505.

auch dadurch legitimiert, dass es ihr gelingt, in einem permanenten Prozess der Kontestation und Deliberation sich der Bedeutung der moralischen Grundlagen des politischen Gemeinwesens zu vergegenwärtigen und sie jeweils wieder neu bezogen auf die Herausforderungen der jeweiligen Zeit zu konkretisieren.[48]

Wenn von der Konstitutionalisierung des internationalen Rechts die Rede ist, geht es darum, auch das Internationale Recht zu verstehen als ein Recht, das einer Begründung im Licht konstitutionalistischer Prinzipien bedarf und es im Lichte solcher Prinzipien zu kritisieren, zu interpretieren und gegebenenfalls progressiv fortzuentwickeln oder zu reformieren. Insoweit unterscheidet sich die Konstitutionalisierung des Internationalen Rechts nicht von der Konstitutionalisierung des Privatrechts oder des Steuerrechts. Alles Recht muss in letzter Konsequenz konstitutionalistisch rechtfertigbar sein, wenn es legitime Autorität beanspruchen will. Insoweit ist jede Rechtsmaterie der Konstitutionalisierung fähig und bedürftig und die verbreitete Rede von der Konstitutionalisierung auch eher technischer Randbereiche des Rechts nicht weiter rätselhaft.[49] Damit erweist sich auch die Frage, ob es jenseits des Staates einen konstitutionsfähigen Gegenstand gibt, als Scheinproblem. Wo es Recht gibt, wird legitime Autorität behauptet.[50] Wo es eine Behauptung legitimer Autorität gibt, gibt es die Forderung, dass sie auch nach konstitutionalistischen Maßstäben begründet ist. Die eigentliche Frage ist eine normative: Wie sind diese konstitutionalistischen Maßstäbe zu verstehen? Wann ist eine Behauptung legitimer Autorität begründet? Wie sind existierende Institutionen und Prozeduren und materielle Normen im Lichte dieser Maßstäbe zu interpretieren oder zu reformieren?

Wie im Rahmen der Gegenüberstellung der kosmopolitischen und der demokratisch-etatistischen Interpretation des Konstitutionalismus deutlich geworden sein dürfte, hängt die Antwort auf diese Fragen auch von verfassungstheoretischen Grundannahmen ab, die deshalb würdiger Gegenstand kontroverser rechtswissenschaftlicher Debatten sind. Dazu soll hier zu Ehren von *Folke Schuppert* ein Beitrag gemacht worden sein.

---

47 So *Ronald Dworkin*, Law's Empire, Cambridge 1986, zuletzt noch allgemein auf das Recht bezogen, in: ders., Justice for Hedgehogs, Cambridge 2011.

48 Zutreffend *Gunnar Folke Schuppert*, Verfassungswandel im Kontext: Aspekte einer Theorie des Verfassungswandels, in: Christoph Hönnige/Sascha Kneip/Astrid Lorenz (Hrsg.), Verfassungswandel im Mehrebenensystem, 2011, S. 346 (347): Schuppert beschreibt Verfassung als Prozess und die Bindung an die Verfassung als Bindung an etwas Aufgegebenes, immer wieder neu zu Schaffendes und betont dabei strukturelle Offenheit, Lernfähigkeit und Konkretisierungsbedürftigkeit des Verfassungsrechts.

49 Vgl. dazu auch *Gunnar Folke Schuppert/Christian Bumke*, Die Konstitutionalisierung der Rechtsordnung, 2000.

50 Vgl. *Joseph Raz*, The Authority of Law, Oxford 1979, und *ders.*, The Morality of Freedom, Oxford 1986.

Internationales Verwaltungsrecht: Begriffsbildung im Spiegel veränderter Staatlichkeit

Von Eberhard Schmidt-Aßmann, Heidelberg

Die prägenden Begriffe der Rechtswissenschaft haben nicht nur ordnende Aufgaben. Hinter ihnen stehen vielmehr Konzepte, die zugleich Beobachtungszusammenhänge aufzeigen und Forschungsperspektiven festlegen.[1] Das soll am Begriff des Internationalen Verwaltungsrechts aufgezeigt werden, den ich im Folgenden in drei Begriffsvarianten vorstellen will. Wir begeben uns also „in aufklärerischer Absicht" auf „eine Reise ins Land der Begriffe"; denn gerade wenn nach neuerer staatswissenschaftlicher Ansicht das Recht eine „Bereitstellungsfunktion" hat,[2] ist es wichtig, die Strukturen von Rechtskonzepten und die in ihnen mitgeführten Vorverständnisse offen zu legen. Die Begriffsvarianten heißen: Internationales Verwaltungsrecht als „Kollisionsrecht" (I.), als „Global Administrative Law" (II.) und als im Völkerrecht begründetes „Aktions-, Determinations- und Kooperationsrecht" (III.).[3]

I. Internationales Verwaltungsrecht als „Kollisionsrecht"

Die überkommene Auffassung im deutschen Sprachraum versteht unter dem Internationalen Verwaltungsrecht den Inbegriff derjenigen Rechtsnormen eines Staates, die eine Bestimmung darüber treffen, welches Recht – eigenes oder fremdes – von seinen Verwaltungsbehörden in Sachverhalten mit Auslandsbezug anzuwenden sein soll.[4] Ein „Grenzrecht" soll es sein, das sich

---

1 Am Beispiel des Staates *G. F. Schuppert*, Staat als Prozess, 2010, dort S. 66 ff. zu der auch für unsere Studie wichtigen „Enträumlichung" politischer Herrschaft und S. 115 ff. zu den hier ebenfalls einschlägigen „semantic shifts".

2 Grundlegend *G. F. Schuppert*, Staatswissenschaft, 2003, S. 442 ff.

3 Zum Ganzen auch *C. D. Classen / G. Biaggini*, Die Entwicklung eines Internationalen Verwaltungsrechts als Aufgabe der Rechtswissenschaft, in: VVdStRL, Bd. 67 (2008), S. 365 ff. und 413 ff.; *Ch. Möllers / J. Terhechte*, in: J. Terhechte (Hrsg.), Verwaltungsrecht der Europäischen Union, 2011, § 40 Rn. 3 ff.; *E. Schmidt-Aßmann*, in: Hoffmann-Riem / Schmidt-Aßmann / Voßkuhle (Hrsg.), Grundlagen des Verwaltungsrechts, Bd. I, 2. Aufl. 2012, § 5 Rn. 48 ff.; *M. Ruffert,* dort § 17 Rn. 149 ff. und 169 ff.

4 So z. B. *G. Hoffmann*, Internationales Verwaltungsrecht, in: I. von Münch (Hrsg.), Besonderes Verwaltungsrecht, Berlin, 7. Aufl. 1985, S. 853 (859); aus jüngerer Zeit

an *nationale* Organe wendet und vom jeweiligen *nationalen* Gesetzgeber geschaffen worden ist. Nähere Betrachtung zeigt jedoch, dass diese Begriffsbestimmung weder sprachlich (1.) noch sachlich angemessen ist (2.).

1. Zum Sprachgebrauch: „Internationales" Verwaltungsrecht

Die Verwendung des Begriffs „international" für ein in seiner Substanz nationales Recht ist keine besonders naheliegende Begriffsbildung. Das wird von den Vertretern der überkommenen Lehre erkennbar in Kauf genommen: „Trotz des Attributs ‚international' sind die Bestimmungen des Internationalen Verwaltungsrechts nationales Recht, und nicht etwa Bestandteil des Völkerrechts."[5] Ihre Faszination verdankt diese Begriffsverwendung dem Werk *Karl Neumeyers*, der die internationalen Bezüge nationalen Verwaltungshandelns in alle Richtungen hin systematisch zu entfalten versucht und dafür den Begriff des „Internationalen Verwaltungsrechts" benutzt hatte.[6] Dabei war es Neumeyers Bestreben, sein Internationales Verwaltungsrecht ganz in Parallele zum Internationalen Privatrecht zu entfalten. Neumeyer hat – wie er 1909 im Vorwort zu Band 1 seines Werkes schreibt – den Bearbeitern des Internationalen Privatrechts „bei ihrem Werke" zugesehen. Danach ist ihm nicht mehr zweifelhaft, was die Aufgabe eines Internationalen Verwaltungsrechts sein soll, nämlich „die Grenzen der öffentlichen Gewalt in Verwaltungssachen gegenüber der öffentlichen Gewalt anderer Gemeinschaften zu ziehen".[7]

Die Fixierung des Internationalen Verwaltungsrechts auf ein Grenzrecht findet sich freilich schon früher. In der 1896 erschienenen ersten Auflage seines Verwaltungsrechts behandelt *Otto Mayer* in einem Anhang entsprechende Fragestellungen:[8] „Unsere Staatsgewalt beansprucht nicht, die Staatsgewalt zu sein für die ganze Welt", heißt es da markant und weiter: „Innerhalb ihres Gebiets ist sie Herr, ist sie allein das, was nach einem allgemeinen Begriff Staatsgewalt sein soll. Dem Gebiet ihrer Schwestern erkennt sie für diese die gleiche Bedeutung zu." Mayer verweist darauf, dass im Bereich des Zivilrechts die natürliche Abgeschlossenheit der Staatsgebiete durchbrochen und die Lehre von den Grundsätzen, nach welchen diese Durchbrechung stattfindet, mit dem Ausdruck „Internationales Privat-

---

J. Menzel, Internationales Öffentliches Recht, 2011, S. 7 ff. und passim. Weitere Nachweise bei *Ch. Ohler*, Die Kollisionsordnung des Allgemeinen Verwaltungsrechts, 2005, S. 3 Anm. 13 und 14; *D. Ehlers*, in: Erichsen/Ehlers (Hrsg.), Allgemeines Verwaltungsrecht, 14. Aufl. 2010, § 4 Rn. 3 ff.

5 *Hoffmann*, Internationales Verwaltungsrecht (Fn. 4), S. 853 (861).

6 *K. Neumeyer*, Internationales Verwaltungsrecht, Bd. 1–4, München/Berlin 1910–1936.

7 *K. Neumeyer*, Internationales Verwaltungsrecht, Bd. 1, S. III und IV.

8 *O. Mayer*, Deutsches Verwaltungsrecht, Bd. 2, Berlin, 1. Aufl. 1896, S. 453 ff.

recht" belegt werde, eine Bezeichnung, die er, wie er kritisch hinzufügt, „übrigens sehr wenig angemessen" findet. Trotzdem will er die entsprechenden Erscheinungen im Verwaltungsrecht als Internationales Verwaltungsrecht bezeichnen. „Sie folgen nicht den gleichen Regeln und liefern namentlich zu dem, was den Schwerpunkt des Internationalen Privatrechts ausmacht, kein Seitenstück." Seine wissenschaftlichen Ansprüche auf diesem Feld weit zurücknehmend fährt er fort: „Wenn dieses einen eigenen Wissenszweig zu bilden vermochte, so fehlt bei uns der wesentliche Stoff dazu."[9] Folglich sind es auch nur wenige Fragen, die im Anschluss daran behandelt werden: Abweichungen vom Territorialitätsprinzip, die Berücksichtigung der Staatsangehörigkeit und Fragen der Ausweisung. Ganz auf die Verwaltung im nationalen Staat konzentriert, kann Mayer der in diesem Zusammenhang immerhin nicht fernliegenden Verwaltungszusammenarbeit rechtlich wenig abgewinnen und versucht, sie ganz auf ihre einzelstaatlichen Komponenten zu reduzieren. Zu kollisionsrechtlichen Fragen, wie sie Neumeyer mit den Themen „Verweisungen auf fremdes Recht", „Anerkennung", „ausländische Amtshandlungen" erörtert,[10] findet sich bei Mayer nichts. In den folgenden Auflagen ist der Abschnitt zum Internationalen Verwaltungsrecht denn auch ganz weggelassen.

Gemeinsam aber ist beiden Autoren (Neumeyer und Mayer) die Bestimmung des Internationalen Verwaltungsrechts allein aus der Perspektive der nationalstaatlichen Verwaltung und ein dualistisches Konzept, das zwischen Völkerrecht und Staatsrecht streng trennt und letzterem den Vorrang zuweist.[11] Das aber ist ein stark reduktionistischer Sprachgebrauch, der angesichts der Vielfalt internationaler Verwaltungsbeziehungen aus drei Gründen nicht zu überzeugen vermag: Der Begriff wird auf die nationalen Verwaltungen als einzige Adressaten beschränkt, ohne andere Akteure des internationalen Verwaltungsverkehrs in den Blick zu nehmen. Die nationalen Verwaltungen werden gegeneinander isoliert, ohne ihre Kooperationsbeziehungen rechtlich zu erfassen. Der Begriff des Internationalen wird für einen Ausschnitt des nationalen Rechts usurpiert, während sich nach unbefangenem Sprachgebrauch internationales Recht und Völkerrecht sehr viel näher stehen – in anderen Sprachen sogar synonym verwendet werden.

Im Ergebnis kann man von einer sachlich verfehlten, aber symptomatischen Begriffsbildung sprechen, insofern das Internationale ganz aus der Sicht des souveränen Nationalstaates und seiner Verwaltung betrachtet wird, hinter deren großem Format es ganz zu verschwinden droht. An diesen Mängeln der Begriffsbildung kann auch die bemühte Parallele zum Interna-

---

9 *Mayer*, Verwaltungsrecht (Fn. 8), S. 454.

10 *Neumeyer*, Internationales Verwaltungsrecht (Fn. 6), Bd. 4, S. 473 ff.

11 Dazu ausführlich *C. Tietje*, Internationalisiertes Verwaltungshandeln, 2001, S. 86 ff.

tionalen Privatrecht wenig ändern. Sie ist von Vertretern dieser Disziplin denn auch entschieden zurückgewiesen worden. „Wichtig ist es in der Tat, dass man sich im öffentlichen Recht gänzlich freimacht von dem Bemühen, Parallelen zu international-privatrechtlichen Fragestellungen und Methoden zu suchen.“[12] In der Tat fehlt einem als „Kollisionsrecht“ definierten Internationalen Verwaltungsrecht das, was ein Kernstück des Internationalen Privatrechts ist: die grundsätzliche Befugnis der Akteure zur Rechtsregimewahl.

2. Zum Sachproblem: „Öffentliches Kollisionsrecht“

Die Kritik an der verfehlten Parallelführung der Begriffe besagt nicht, dass es nicht auch zwischen Verwaltungsrechtsordnungen Fragen der Grenzziehung gibt, zu deren Bezeichnung im jüngeren Schrifttum der Begriff des „öffentlichen Kollisionsrechts“ verwendet wird.[13] Eine solche Begriffsbildung ist schon deshalb vorzugswürdig, weil der Begriff des Internationalen Verwaltungsrechts dann verfügbar wird, um sehr viel weiter greifend und sprachlich plausibler die *im Völkerrecht* gegründeten administrativen Regelungsstrukturen begrifflich auf den Punkt zu bringen (vgl. unter III.).

Freilich ist diese Ausrichtung auf ein Kollisionsrecht ihrerseits umstritten. So wird nicht selten eingewandt, ein öffentliches Kollisionsrecht sei denkunmöglich, mindestens aber überflüssig, da sich Öffentliches Recht stets auf einen ganz bestimmten Staat beziehe, eine nationale Verwaltung nur ihr Recht anzuwenden habe, so dass Kollisionslagen ausgeschlossen seien. Besonders prominent hat *Klaus Vogel* diese Auffassung vertreten. Doch finden sich entsprechende Einwände auch in Teilen des international-privatrechtlichen Schrifttums. Ihnen ist zuzugestehen, dass sich in der öffentlich-rechtlichen Gesetzgebungspraxis eine Trennung von Sachnormen und Kollisionsnormen kaum nachweisen lässt und es erst recht an einer eigenständigen Kodifikation eines öffentlich-rechtlichen Kollisionsrechts, das dann auch mehrseitige Kollisionsnormen zu enthalten hätte, fehlt. Auf der anderen Seite ist jedoch nicht zu übersehen, dass es angesichts einer immer stärker internationalisierten Verwaltungsrealität immer mehr auch zu Abgrenzungsfragen zwischen konkurrierenden Verwaltungsrechtsordnungen kommen kann, für die das Territorialitätsprinzip und der klassische „räumliche Anwendungsbereich der Verwaltungsrechtsnorm“ nur eine erste Orientierung, aber keine in jedem Fall sichere Antwort geben. Man denke etwa an den Einsatz deut-

---

12 So *C. v. Bar*, Internationales Privatrecht, Bd. 1, München, 1987, Rn. 252.

13 Vgl. die Fallgruppen bei *Ohler*, Kollisionsordnung (Fn. 4), S. 48 ff.; aus der Analyse bestimmter Rechtsgebiete auch *K.-H. Ladeur*, Die Internationalisierung des Verwaltungsrechts: Versuch einer Synthese, in: Möllers/Voßkuhle/Walter (Hrsg.), Internationales Verwaltungsrecht, 2007, S. 375 (379).

scher Polizeibeamter im Ausland und ausländischer Polizeikräfte im Inland, die in den Polizeigesetzen des Bundes und der Länder heute durchaus vorgesehen sind. Weitere Beispiele bilden die Anerkennung fremder Verwaltungsentscheidungen, die Tätigkeit grenznachbarlicher Zweckverbände und die grenzüberschreitende Öffentlichkeitsbeteiligung an raumbezogenen Verwaltungsverfahren. Jedenfalls hat die Idee eines öffentlichen Kollisionsrechts gerade in jüngster Zeit erheblich an wissenschaftlicher Faszination gewonnen. Nach *Christoph Ohlers* Schrift „Die Kollisionsordnung des Allgemeinen Verwaltungsrechts" von 2005 hat es *Martin Kment* 2010 unternommen, die systematischen sowie die völker- und verfassungsrechtlichen Einwände gegen ein solches Recht Punkt für Punkt zu widerlegen und den „Grundriss eines mehrseitigen öffentlichen Kollisionsrechts" zu entfalten.[14] Die viel zitierte „Völkerrechtsfreundlichkeit" des Grundgesetzes ermöglicht heute einen wesentlich entspannteren Umgang mit fremden Rechtsakten und Rechtsordnungen.

In einem sehr weiten und unspezifischen Sinne lässt sich schon dieses Recht als ein „Recht jenseits des Staates" bezeichnen, insofern es das überkommene Junktim zwischen Staatsgebiet, Verwaltungshoheit und Verwaltungsrecht gelockert hat. Nur bleibt es in seiner Substanz, d. h. von der Rechtsquelle her betrachtet, staatliches Recht, bei dessen Schaffung der einzelne Staat zwar gewisse Rücksichten auf das Völkerrecht nehmen muss und das im Vollzug nicht selten noch völkerrechtlicher Mithilfe, z. B. durch Verwaltungsabkommen, bedarf. Aber das Konzept des Kollisionsrechts bleibt staatszentriert, ja es unterstreicht und unterstützt die eigenständige Rolle der einzelnen Staaten sogar, indem es einen anderen Weg als den der Rechtsangleichung verfügbar macht.[15] Für das heutige Symposium, d. h. für Fragen veränderter Staatlichkeit, ist das neu erwachte wissenschaftliche Interesse an einem so verstandenen Internationalen Verwaltungsrecht bzw. öffentlichen Kollisionsrecht insofern bedeutsam, als es die Zunahme internationalisierten Verwaltungshandelns anzeigt. Zu einem wirklichen „Recht jenseits des Staates" trägt ein kollisionsrechtlich gedeutetes Internationales Verwaltungsrecht sonst jedoch noch wenig bei.

II. Global Administrative Law (GAL)

Das ist bei dem zweiten hier zu behandelnden Begriff ganz anders: *Global Administrative Law* ist von Anfang an so konzipiert, dass es sich gerade mit den über die einzelstaatliche Sphäre hinausgreifenden Problemen beschäf-

---

14 Zu *Ohler* s. oben Fn. 4; *M. Kment*, Grenzüberschreitendes Verwaltungshandeln, 2010, S. 214 ff.

15 Vgl. *Tietje*, Internationalisiertes Verwaltungshandeln (Fn. 11), S. 86 ff.; *M. Ruffert*, in: Hoffmann-Riem / Schmidt-Aßmann / Voßkuhle, Grundlagen (Fn. 3), § 17 Rn. 12 ff.

tigt: „Global administrative law can be understood as comprising the legal rules, principles and institutional norms applicable to processes of ‚administration' undertaken in ways that implicate more than purely intra-State structures of legal or political authority."[16] Der Begriff der Verwaltung – im Zitat in Anführungszeichen gesetzt – soll dabei bewusst weit gefasst werden und neben Internationalen Organisationen auch transnationale Behördennetzwerke, hybride öffentliche und private Akteure umfassende Gremien wie etwa die Codex Alimentarius Commission und rein private Organisationen mit Normsetzungsaufgaben wie die Internationale Standardisierungsorganisation (ISO) einschließen. Wer sich schnell begeistern lässt, wird im GAL vielleicht die perfekte Komplementärveranstaltung zu Global Governance entdecken wollen. Ich bin jedoch insoweit skeptisch.

1. Treffende Analysen internationalisierten Verwaltungshandelns

Den Trägern des Projekts – und um ein großes Projekt handelt es sich, mit dem sich so bedeutende Namen wie *Sabino Cassese* und *Richard B. Stewart* verbinden – ist zunächst einmal dafür zu danken, dass sie die Scheinwerfer wissenschaftlichen Arbeitens auf die Vielfalt der Formen und auf die Intensität der Wirkungen gelenkt haben, mit denen heute auf globaler Ebene Administration (ohne strenge Trennung zur Programmierung und sekundären Normsetzung) geübt wird: WTO, WHO, Weltbank, ICANN, der Hohe Flüchtlingskommissar der UN – sie alle sind nicht länger nur fernab agierende Instanzen, sondern treffen auch Entscheidungen, die für Bürger, Unternehmen, Verbände und lokale Selbstverwaltungsträger unmittelbare Wirkungen haben können und zu typisch verwaltungsrechtlichen Fragen angemessener Beteiligung, Kontrolle und Haftung führen. Das in jüngster Zeit viel behandelte Thema „Rechtsschutz gegen Listing-Entscheidungen des UN-Sicherheitsrates" zeigt das exemplarisch.[17]

Die im Rahmen des GAL-Projekts mit den Forschungsschwerpunkten an der New York University und in Italien vorgelegten Studien beschreiben und analysieren diese Handlungszusammenhänge präzise und geben ein anschauliches Bild davon, wie sehr die verwaltungsrechtliche Theoriebildung, die sich jedenfalls im traditionellen deutschen Mainstream ganz auf die nationale Verwaltung und das Verwalten im nationalen Raum beschränkt hat, zu eng gefasst ist und der Ergänzung bedarf, die bei der Verwaltungsrealität ansetzt. Dem kann nur zugestimmt werden. Es ist derselbe Ansatz, der von Anfang an auch die verwaltungsrechtliche Reformdiskussion und die Neue Verwaltungsrechtswissenschaft bestimmt hat:[18] Wer über Verwaltungsrecht

---

16 *B. Kingsbury/M. Donaldson*, Max Planck Encyclopedia of Public International Law (EPIL), Artikel „Global Administrative Law" Tz. 1.

17 Dazu monographisch *C. Feinäugle*, Hoheitsgewalt im Völkerrecht, 2011.

schreiben will, muss sich zunächst einmal damit beschäftigen, wo und wie sich Verwaltung vollzieht. Beschreibung und Analyse sind hier nicht nur schmückendes Beiwerk, sondern die Basis der Theoriebildung. GAL hat das treffend auf den Punkt gebracht, indem zweistufig vorgegangen wird: „the first task is to define international administration".[19] Diesen primär verwaltungswissenschaftlichen Zugang wird derjenige mit Zustimmung begleiten, der der Verwaltungsrealität und ihrer beschreibenden Erfassung seit je einen hohen Stellenwert einräumt,[20] und – „disziplinärem Containerdenken" gänzlich abhold – immer wieder die großen Transferleistungen der Verwaltungswissenschaft für das Verwaltungsrecht betont.[21]

2. (Noch) wenig konkrete rechtliche Folgerungen

Weniger überzeugend stellen sich nach bisherigem Entwicklungsstand dagegen die rechtlichen Folgerungen dar, die die Lehre vom GAL aus ihren Bestandsaufnahmen und Analysen gezogen hat.[22] Mit dieser eher zurückhaltenden Bewertung teile ich nicht die gegen das Projekt als solches gelegentlich gerichtete Fundamentalkritik, GAL stabilisiere nur die Vormacht der Industriestaaten gegenüber den Entwicklungsländern. Ein solcher Einwand wird eigentlich schon durch das ernsthafte Bemühen widerlegt, gewachsene Strukturen analytisch zu durchdringen und sie auf diese Weise mindestens bewusst und damit auch kritisierbar zu machen. Eher ließe sich eine gewisse einseitige Ausrichtung des Konzepts an den Werten eines ökonomischen Liberalismus kritisieren, der zu den administrativen Aufgaben in großen Teilen der Welt nicht recht passen will.[23] Das soll aber hier dahinstehen. Meine Bedenken gegen das Projekt treffen die Weite des mit dem Begriff GAL umrissenen Untersuchungsfeldes: Sind die einbezogenen Akteure nicht zu unterschiedlich, die Verwaltungsrechtsverhältnisse zu vielgestaltig und die sich im globalen Raum begegnenden Rechtsauffassungen zu heterogen, um daraus mit hinreichender Plausibilität Rechtsfolgen abzuleiten?

---

18 Vgl. *A. Voßkuhle*, in: Hoffmann-Riem / Schmidt-Aßmann / Voßkuhle, Grundlagen, Bd. I (Fn. 3), § 1 Rn. 29 ff.

19 *Kingsbury / Donaldson* (Fn. 16) Tz 10.

20 Richtungsweisend *G. F. Schuppert*, Die Erfüllung öffentlicher Aufgaben durch verselbständigte Verwaltungseinheiten, 1981 und jüngst erneut etwa *G. F. Schuppert*, Governance und Rechtsetzung, 2011.

21 *G. F. Schuppert*, Die Verwaltungswissenschaft als Impulsgeberin der Verwaltungsrechtsreform, in: W. Hoffmann-Riem, Offene Rechtswissenschaft, 2010, S. 1041 ff.

22 Vgl. auch die Kritik von *Terhechte / Möllers*, in: Terhechte, Verwaltungsrecht der EU (Fn. 3), § 40 Rn. 4 f.

23 Vgl. *C. Harlow*, Global Administrative Law: The Quest for Principles and Values, in: European Journal of International Law 17 (2006), S. 187 (195 ff.).

Ein einheitlicher Bezugspunkt, wie er für das nationale Verwaltungsrecht im Verfassungsrecht und für das Europäische Verwaltungsrecht im Primärrecht der Union (unter Einschluss seiner allgemeinen Rechtsgrundsätze) zu finden ist, fehlt für das GAL und die in seinen Anwendungsbereich fallenden Einzelregelungen. Und ebenso fehlt ein Gerichtssystem, das als Klärungsinstanz und Entwicklungsmotor fungieren könnte. Zwar gibt es auf internationaler Ebene in der Zwischenzeit neben dem Internationalen Gerichtshof, dem Internationalen Seegerichtshof und dem Internationalen Strafgerichtshof eine ganze Reihe sektoral tätiger Gerichte und gerichtsähnlicher Instanzen. Doch ist das mit dem Zusammenspiel zwischen Unionsgerichten und nationalen Gerichten nach Maßgabe der Art. 251 ff. des AEUV nicht zu vergleichen. Die Ausarbeitung übergreifender Rechtsgedanken und Rechtsinstitute kann nur behutsam erfolgen, weil sie ganz unterschiedliche Verwaltungskulturen und Wertvorstellungen unterschiedlich dimensionierter Räume zu berücksichtigen hat.[24] Die Vertreter des GAL sind sich dessen bewusst. Die Konkretisierungen des Konzepts bewegen sich bisher vor allem auf der Ebene allgemeiner Werte (Demokratie, rule of law) und weit gefasster Prinzipien: Transparenz, Partizipation, Due Process, Review.[25] Rechtsregeln und Rechtsinstitute, die den internationalen Verwaltungsrelationen Strukturen verleihen und die Lösung streitiger Rechtsfälle befördern könnten, sind bisher kaum erkennbar.

Aus alledem folgt: Die Lehren von einem Global Administrative Law sind noch keine hinreichenden Antworten auf die rechtsstaatlichen Probleme von Global Governance. Der Gedanke der Konstitutionalisierung und des in den UN-Menschenrechtspakten angelegten Individualrechtsschutzes können dem GAL vielleicht in Zukunft die notwendige verfassungsrechtliche Rückorientierung bieten. Aber das muss erst rechtssystematisch und rechtsdogmatisch „kleingearbeitet“ werden, bis aus einem wissenschaftlich interessanten Analyserahmen ein praktisch verwertbarer Rechtsrahmen wird.

Für unsere begriffsgeschichtliche Studie ist das Global Administrative Law interessant, weil sich in ihm das ausgreifende Anliegen eines „Welt-Innenrechts“, aber auch dessen begrenzte Entwicklungschancen spiegeln, – begrenzt eben, weil ohne die Respektierung nationaler Rechtstraditionen und die Nutzung nationaler Legitimationsstränge nicht weiterzukommen ist.

---

24 Anschaulich dazu *S. Cassese*, Administrative Law without the State? The Challenge of Global Regulation, in: New York University Journal of International Law and Politics 37 (2005), S. 663 (670 ff.).

25 Vgl. *Kingsbury/Donaldson* (Fn. 16) Tz. 26 ff.; *S. Cassese*, A Global Due Process of Law?, in: G. Anthony/J. B. Auby/J. Morison/T. Zwart (Hrsg.), Values in Global Administrative Law, 2011, S. 17 ff.; Hinweise auch bei *Harlow* (Fn. 23), S. 187 (194).

III. Internationales Verwaltungsrecht als im Völkerrecht gegründetes „Aktions-, Determinations- und Kooperationsrecht"

Ich möchte, um das Recht der über den einzelstaatlichen Bereich hinausgreifenden Verwaltungsvorgänge zu bezeichnen, den Begriff des Internationalen Verwaltungsrechts mit neuem Inhalt füllen und darunter nicht das nationale Kollisionsrecht, sondern das im Völkerrecht gegründete Aktions-, Determinations- und Kooperationsrecht der Verwaltung verstehen. Ein solcher Sprachgebrauch kann zum einen auf einen älteren, verwaltungswissenschaftlich informierten Sprachgebrauch eines Lorenz von Stein Bezug nehmen.[26] Er kann zum andern an eine seit langem neben der kollisionsrechtlichen Deutung bestehende Wortwahl anknüpfen, die unter dem Internationalen Verwaltungsrecht das (Innen-)Recht der Internationalen Organisationen versteht.[27]

Das so definierte Internationale Verwaltungsrecht soll in seinen Grundannahmen (1.) und seinen Funktionskreisen (2.) im Folgenden vorgestellt werden.

1. Im Völkerrecht gegründetes Recht

Die Bezugnahme der Definition auf das Völkerrecht und das Epitheton „international" (im Gegensatz zu „global") machen deutlich, dass es die *Staaten* sind, die als die nach wie vor wichtigsten Akteure des internationalisierten und internationalen Verwaltungsgeschehens zu gelten haben. In dieser Einschätzung liegt ein Unterschied zum GAL, das den Begriff des Internationalen bewusst vermeidet, um nicht in die überkommenen Einteilungen und Regelungsmuster des internationalen Rechts zu verfallen, sondern etwa auch private Akteure einbeziehen zu können.[28] Das hier vorgestellte Konzept eines im Völkerrecht gegründeten Internationalen Verwaltungsrechts hebt sich davon in zweifacher Weise ab:

- Es ist *konzentrierter*, weil es bei den Staaten ansetzt, die ja international keineswegs nur politisch, sondern auch administrativ präsent sind – nicht zuletzt als diejenigen Instanzen, denen in den allermeisten Fällen die Umsetzung und zwangsweise Durchsetzung der inter-, supra- oder transnational getroffenen Regelungen zufällt. Ähnliches gilt für die unverändert wichtige Rolle der Staaten im internationalen Menschenrechtsschutz.[29]

---

26 Nachweis bei *Tietje* (Fn. 11), S. 50 ff.; ferner *Kingsbury/Donaldson* (Fn. 16) Tz. 4 ff.

27 *Ruffert*, in: Hoffmann-Riem/Schmidt-Aßmann/Voßkuhle, Grundlagen (Fn. 3), § 17 Rn. 149 f.

28 Vgl. *Kingsbury/Donaldson* (Fn. 16) Tz. 1.

Wir sollten uns hier vom Phänomen sogenannter transnationaler Verrechtlichungsprozesse nicht blenden lassen.[30] Ohne eine Verbindung zu den Staaten und ihrem internationalrechtlichen Handlungsrahmen, dem Völkerrecht, geht es nicht. Zudem stellt sich das Völkerrecht heute weniger hermetisch dar, als das von manchen angenommen wird. Es hat sich längst vom bloßen Koordinations- zum Kooperationsrecht zwischen Staaten gewandelt. Zudem beschäftigt es sich nicht mehr ausschließlich mit Staaten als den originären Völkerrechtssubjekten, sondern auch mit anderen als staatlichen Akteuren – mit Internationalen Organisationen und ihrer sekundären Rechtssetzung ebenso wie mit der Rechtsstellung von Nichtregierungsorganisationen und transnationalen Unternehmen.[31] Insgesamt ist es also durchaus geeignet, dem über den klassischen Rechtsverkehr zwischen souveränen Staaten hinausreichenden Zuwachs an Rechtsbeziehungen einen Rechtsrahmen zu bieten.

– Es ist *konkreter*, weil es sich nicht nur für die weltweit wirksamen Kräfte und global wahrnehmbaren Aktionen, sondern auch für einfache zwischenstaatliche Verwaltungsvorgänge interessiert. Es erschließt sich dadurch einen großen Fundus bilateraler und plurilateraler Abkommen und Verwaltungsvereinbarungen (Polizeiverträge, wirtschaftsrechtlicher Investitionsschutz, Doppelbesteuerungs-, Sozialversicherungs- und ausländerrechtliche Rückführungsabkommen), in denen zahlreiche Probleme der verwaltungsrechtlichen Praxis wie Amtshilfe, Informationstransfer und Datenschutz längst konkret geregelt sind.[32] Eine vergleichende Auswertung dieses Materials kann auch die Entwicklung allgemeiner oder (zunächst) fachgebietsspezifischer Grundsätze des Internationalen Verwaltungsrechts fördern, ohne dass dazu auf sehr allgemein gehaltene Anforderungen z. B. einer Due-process-Klausel zurückgegriffen werden muss.

Insgesamt soll die Ausrichtung am Völkerrecht und hier wiederum am positiven Recht der Verträge und Abkommen das Internationale Verwaltungsrecht auch vor einer zu starken Umklammerung durch die „Global Governance"-Debatte bewahren, der sich die Lehre vom Global Administrative Law, unbeschadet ihrer sonstigen Verdienste, methodisch nicht entschieden genug versagt hat.[33]

---

29 Vgl. dazu nur *J. Delbrück*, Menschenrechtsschutz im Mehrebenensystem, in: Festschrift für E. Schmidt-Jortzig, 2011, S. 665 (676 ff.).

30 Zu ihnen *G. F. Schuppert*, Governance und Rechtsetzung, 2011, S. 373 ff.

31 Zum Wandel des Völkerrechts zu einem Kooperationsrecht vgl. *A. Verdross/B. Simma*, Universelles Völkerrecht, 3. Aufl. 1984, § 52 ff.; *A. Funke*, Umsetzungsrecht, 2012, S. 353 ff. Zu staatenübergreifenden Gestaltungsmöglichkeiten des modernen Völkerrechts *M. Payandeh*, Internationales Gemeinschaftsrecht, 2010.

32 Vgl. *E. Schmidt-Aßmann*, Principles of an International Order of Information, in: Anthony/Auby/Morison/Zwart, Values (Fn. 25), S. 117 ff.

2. Die drei Funktionskreise des Internationalen Verwaltungsrechts

Das im Völkerrecht gegründete Internationale Verwaltungsrecht umfasst drei große Funktionskreise.[34] Es ist Aktionsrecht internationaler Akteure [a)], Determinationsrecht für die nationalen Verwaltungsrechtsordnungen [b)] und Kooperationsrecht vernetzter internationaler Handlungszusammenhänge [c)]. Alle drei Funktionskreise reflektieren zugleich Erscheinungen gewandelter Staatlichkeit: nämlich (erstens) die Zunahme administrativen Handelns auf überstaatlicher Ebene, (zweitens) die Einbindung der nationalen Rechtsordnungen in internationale menschenrechtliche Standards und (drittens) den Ausbau grenzüberschreitender Verwaltungsbeziehungen.

a) Aktionsrecht. Der Begriff nimmt Bezug auf die vielfältigen *administrativen* Aktivitäten auf internationaler Ebene, insbesondere auf das Handeln Internationaler Organisationen. Erfasst wird zum einen das Recht ihrer *internen* Verwaltung. Insofern sind die Materien des Beamten- und Haushaltsrechts, aber auch die Regeln der internen Entscheidungsbildung, die üblicherweise im Organisationsstatut festgelegt sind, und überhaupt das interne Organisationsrecht Gegenstände, die schon im älteren Schrifttum als Internationales Verwaltungsrecht bezeichnet wurden. Darüber hinaus entwickelt sich das Aktionsrecht heute immer mehr auch zu einem Recht der *externen* Verwaltungsbeziehungen zu anderen Akteuren (Staaten, substaatlichen Verwaltungsträgern, Unternehmen, Privatpersonen).[35] So ist die internationale Entwicklungshilfe (Official Development Assistance – oder ODA), wie am Beispiel der Weltbank und des United Nations Development Program (UNDP), ein Gebiet, in dem sich die aus dem nationalen und dem europäischen Recht bekannten typischen Bauformen eines Leistungsverwaltungsrechts finden: Programmpläne, Projektprüfungen, Vertragsschlüsse und Kontrollinstrumente.[36]

Kennzeichnend für das Aktionsrecht ist seine *Formenvielfalt*, die neben rechtsförmlichen Handlungen auch eine ganze Reihe informeller Instrumen-

---

33 Vgl. die ähnlich lautende Kritik von *Terhechte/Möllers*, in: Terhechte, Verwaltungsrecht der EU (Fn. 3), § 40 Rn. 5. Dass trotz ihres unterschiedlichen Ansatzes die Überschneidungen zwischen GAL und Internationalem Verwaltungsrecht in der vorliegenden Konzeption die Unterschiede zwischen beiden überwiegen, wird zutreffend betont von *Ruffert*, Perspektiven, in: Möllers/Voßkuhle/Walter, Internationales Verwaltungsrecht (Fn. 13), S. 404 f.

34 Der folgende Text aktualisiert die Ausführungen in *E. Schmidt-Aßmann*, Überlegungen zu Begriff und Funktionskreisen des Internationalen Verwaltungsrechts, in: Festschrift für H. Siedentopf, 2008, S. 101 (111 ff.).

35 Dazu reiches Anschauungsmaterial bei *A. von Bogdandy* u. a. (Hrsg.), The Exercise of Public Authority by International Institutions, 2010, bes. S. 99 ff.; *Classen*, Entwicklung (Fn. 3), S. 385 ff.

36 *P. Dann*, Grundfragen eines Entwicklungsverwaltungsrechts, in: Möllers/Voßkuhle/Walter (Hrsg.), Internationales Verwaltungsrecht (Fn. 13), S. 7 ff.; *ders.*, Entwicklungsverwaltungsrecht, 2012, S. 273 ff.

te ausgebildet hat. Teilweise ist das Aktionsrecht in völkerrechtlichen Verträgen verankert. Wichtig sind außerdem aber alle Formen sekundärer Rechtssetzung durch die betreffenden Organisationen.[37] Im weiteren Sinne gehören aber auch ihre Empfehlungen und Leitlinien und die oft in Handbüchern niedergelegten prozeduralen Regeln hierher. Die Nutzung gerade solcher Instrumente „weicher" Steuerung und des soft law ist ein Charakteristikum des Völkerrechts und färbt damit auch auf das Internationale Verwaltungsrecht ab.[38]

Oft reicht das auffindbare Normenmaterial nicht aus, um die intensiver gewordenen administrativen Aktivitäten Internationaler Organisationen rechtlich abzusichern. Nur zu deutlich zeigt sich, dass internationales Handeln, wenn es die Ebene politischer Programmatik verlässt und (sei es auch nur im weitesten Sinne) konkretisierendes Handeln wird, das bestimmten Adressaten gilt und Verbindlichkeit beansprucht, an elementaren Rechtsschutzstandards orientiert sein muss. Das spezifische Handlungsdesign des Verwaltens verlangt nach einem spezifischen Kontrolldesign.[39] Die nationalen Verwaltungsrechtsordnungen und das Europäische Verwaltungsrecht haben solche Standards in Form allgemeiner Rechtsgrundsätze längst entwickelt und sehen in ihnen eine Grundvoraussetzung rechtsstaatlich-demokratischen Verwaltens. Selbst wenn das Aktionsrecht Internationaler Organisationen nicht vorschnell auf ein vergleichbares Verwaltungsrechtsmodell festgelegt werden darf, werden doch auch für das Internationale Verwaltungsrecht die veränderte Stellung des Individuums im Völkerrecht und überhaupt die Konstitutionalisierung des Völkerrechts spürbar.[40] In der Konsequenz dieser Entwicklung liegt es, für das Aktionsrecht Internationaler Organisationen und sonstiger Akteure Grundanforderungen von Transparenz, Verantwortungsklarheit und Fairness zu formulieren. Bei eingreifenden Individualakten gehört auch die Garantie mindestens elementarer Rechtsschutz- und Kontrollmöglichkeiten dazu.[41] Das ist vor allem in der amerikanischen Literatur zutreffend herausgearbeitet und als ein zentraler Gegenstand des Internationalen Verwaltungsrechts ausgewiesen worden:

---

37 Dazu *J. D. Aston*, Sekundärgesetzgebung Internationaler Organisationen zwischen mitgliedstaatlicher Souveränität und Gemeinschaftsdisziplin, Berlin 2005; *Funke*, Umsetzungsrecht (Fn. 31), S. 20 ff.; ferner *J. E. Alvarez*, International Organizations as Law-makers, Oxford 2006.

38 Vgl. *M. Knauff*, Der Regelungsverbund: Recht und Soft Law im Mehrebenensystem, 2010, S. 257 ff.

39 Dazu grundlegende Überlegungen bei *Ch. Möllers*, Gewaltengliederung, Tübingen 2005, S. 94 ff. et pass.

40 Dazu die Nachweise bei *A. L. Paulus*, Die internationale Gemeinschaft im Völkerrecht, München 2001, S. 225 ff.; *A. Emmerich-Fritsche*, Vom Völkerrecht zum Weltrecht, Berlin 2007, bes. S. 459 ff. und 686 ff.

41 Dazu *E. Schmidt-Aßmann/T. Rademacher*, Internationale Rechtsschutzgarantien, in: JöR NF, Bd. 61 (2013), S. 61 ff.

„The Emerging Field of International Administrative Law: Its Content and Potential.“[42]

Für die Entwicklung dieser Grundsätze werden zwei komplementäre Vorgehensweisen vorgeschlagen:[43]

- Soweit direkt einschlägige Rechtsvorschriften nicht bestehen, dürfte die vergleichende Auswertung *internationalrechtlicher Vorschriften aus anderen Bereichen* die wichtigste Rechtserkenntnisquelle sein. Ein gutes Beispiel bietet das Urteil des Europäischen Gerichts erster Instanz vom 21. September 2005 in der Rechtssache „Yusuf“, in der es um konkret-individuelle Maßnahmen (Sperrung von Bankguthaben) des UN-Sicherheitsrats bei der Terrorismusbekämpfung ging.[44] Die UN-Organe selbst sind förmlich nicht Verpflichtete der internationalen Menschenrechtspakte. Das Gericht entnimmt diesen von der UN entwickelten Pakten aber elementare Garantieelemente, die es als zwingendes Völkerrecht ansieht und an die auch die UN-Organe selbst gebunden sein sollen.
- Erst in zweiter Linie ist auch an die Rechtsvergleichung der *nationalen Verwaltungsrechtsordnung* zu denken. Dabei muss allerdings darauf geachtet werden, dass durch eine vorschnelle Festlegung auf eine bestimmte Rechtsordnung nicht schon die Parameter falsch bestimmt werden, nach denen der Vergleich vorgenommen werden soll. Einen Vorzug genießen insofern Rechtsordnungen, die ihrerseits aus wertender Rechtsvergleichung hervorgegangen sind, wie das für das Europäische Verwaltungsrecht gilt.[45]

b) Determinationsrecht. Als Determinationsrecht werden diejenigen völkerrechtlichen Normen bezeichnet, die Vorgaben für die inhaltliche Ausgestaltung des nationalen Verwaltungsrechts enthalten. Die Völkerrechtsgemeinschaft interessiert sich nicht länger nur für die Beziehungen der Staaten untereinander und für die Verwaltungstätigkeit internationaler Verwaltungsinstanzen, sondern auch dafür, dass das Verwaltungsrecht der Staaten in bestimmten Politikbereichen vereinheitlichten Anforderungen entspricht. Determinationsrecht findet sich vor allem in völkerrechtlichen Verträgen, z. B. in den globalen und regionalen Menschenrechtspakten, in speziellen Abkommen wie der Genfer Flüchtlingskonvention, im Wirtschafts- und Umweltvölkerrecht. Es ist von den sich bindenden Staaten

---

42 So der Titel des instruktiven und materialreichen Beitrages von *E. Kinney*, in: Administrative Law Review 54 (2002), S. 415 ff.

43 *R. B. Stewart*, U.S. Administrative Law: A Model for Administrative Law?, in: Law and Contemporary Problems, in: Duke University, School of Law, Vol. 8 (2005) Nos 3 and 4, S. 76 ff. („Bottom up“) und S. 88 ff. („Top down“).

44 EuG, EuGRZ 2005, S. 592 ff., bes. Tz. 277 ff.

45 Grundlegend zur Verwaltungsrechtsvergleichung *Ch. Schönberger*, in: A. von Bogdandy/S. Cassese/P. M. Huber (Hrsg.), Handbuch Ius Publicum Europaeum, Bd. IV, 2011, § 72.

selbst geschaffen, oft auf Konferenzen vorbereitet, die als Artikulationsforen auch zivilgesellschaftlichen Akteuren offenstehen. Hier ist aus dem Bereich des Umweltschutzes etwa die Aarhus-Konvention zu nennen, die die Konventionsstaaten verpflichtet, in ihrem Recht den Zugang zu Umweltakten für jedermann zu öffnen, Umweltverträglichkeitsprüfungen vorzusehen und Umweltverbandsklagen zuzulassen.[46] Reiches Anschauungsmaterial bieten zudem das Allgemeine Zoll- und Handelsabkommen (GATT) und eine Reihe von Handelsübereinkünften, die Anlagen zum WTO-Übereinkommen bilden:[47] z. B. das Übereinkommen über die Anwendung gesundheits-, polizeilicher und pflanzenschutzrechtlicher Maßnahmen (SPS-Übereinkommen) und das Übereinkommen über das öffentliche Beschaffungswesen (EPA). Schließlich ist im Sinne einer weiteren Rechtsquelle des determinierenden Völkerrechts die Tendenz zu beobachten, allgemeine Rechtsgrundsätze des internationalen Rechts auch mit verwaltungsrechtlichen Inhalten zu füllen.[48]

Das Determinationsrecht verfügt über mehrere Einwirkungspfade, auf denen es das nationale Recht durchdringt: Während das Gewohnheitsrecht bzw. die allgemeinen Regeln des Völkerrechts per se Bestandteil nationaler Rechtsordnungen sind, setzen völkerrechtliche Verträge, um für die nationalen Verwaltungen verpflichtend zu sein, grundsätzlich einen Anwendungsbefehl durch einen staatlichen Rechtsakt voraus.[49] Nach der in der internationalen Praxis herrschenden Vollzugslehre wahren die Vertragsnormen ihren völkerrechtlichen Charakter. Es ist also Völkerrecht und nicht nationales Recht, das die Verwaltungen, sofern die entsprechenden Normen unmittelbar vollziehbar sind, anwenden. Das ist bedeutsam z. B. für die Auslegung der entsprechenden Vorschriften, die sich nach völkerrechtlichen Grundsätzen zu richten hat. Daneben steht die völkerrechtskonforme Auslegung des nationalen Rechts, die zu einer mittelbaren Einwirkung des Determinationsrechts auf das nationale Verwaltungsrecht führt. Sie folgt für das deutsche Recht aus der Verfassungsentscheidung für eine offene Staatlichkeit (Art. 24 GG).[50]

---

46 Dazu *C. Walter*, Internationalisierung des Deutschen und Europäischen Verwaltungsverfahrens und Verwaltungsprozessrechts – am Beispiel der Aarhus-Konvention, EuR 2005, S. 411 ff.; *A. Schwerdtfeger*, Der deutsche Verwaltungsrechtsschutz unter dem Einfluss der Aarhus-Konvention, 2010.

47 *Ruffert*, in: Hoffmann-Riem / Schmidt-Aßmann / Voßkuhle, Grundlagen, Bd. I (Fn. 3), § 17 Rn. 158 ff.

48 Vgl. BVerfGE 112, 1 (27 f.).

49 *G. Dahm / J. Delbrück / R. Wolfrum*, Völkerrecht, Bd. I/1, Berlin, 2. Aufl. 1989, § 10 I 2; *Tietje*, Internationalisiertes Verwaltungshandeln (Fn. 11), S. 585 ff.; *R. Geiger*, Grundgesetz und Völkerrecht, 5. Aufl. 2010, § 33.

50 BVerfGE 74, 358 (370); 112, 1 (24 ff.); 128, 326 (366 ff.); *R. Geiger*, Grundgesetz (Fn. 49) § 38 II; *Ruffert*, in: Hoffmann-Riem / Schmidt-Aßmann / Voßkuhle, Grundlagen, Bd. I (Fn. 3), § 17 Rn. 41.

Besondere Fragen stellen sich dort, wo internationale Vertragsregime über eigene Rechtsprechungsinstanzen verfügen, wie das für die EMRK und das WTO-Übereinkommen gilt. Im Grundsatz ist davon auszugehen, dass auch die Erkenntnisse dieser Gremien zu einer unmittelbaren Bindung der nationalen Verwaltungen führen. Die damit einhergehende Dynamisierung des Determinationsrechts ist freilich nicht spannungsfrei.[51] Insgesamt aber nimmt „die völkerrechtlich relevante Verantwortlichkeit der nationalen Verwaltungsbehörden" mit der steigenden internationalen Regelungsdichte zu.[52]

c) Verwaltungskooperationsrecht. Verwaltung auf internationaler Ebene ist heute zum allergrößten Teil Verwaltungszusammenarbeit.[53] Kooperationsregeln finden sich im Aktionsrecht ebenso wie im Determinationsrecht. Das hier besonders aufgeführte Kooperationsrecht selbst soll keine dritte Rechtsquelle bezeichnen, sondern einen *spezifischen* Funktionsbereich: Es geht um *Schnittstellen* zwischen den Handlungsbereichen unterschiedlicher Akteure und um die dabei auftretenden Probleme von Effizienz, Transparenz und Rechtsschutz. Jede Form von Kooperation generiert ihre spezifischen Fragen, die zu den Standardproblemen des Verwaltungsrechts hinzutreten. „Im verwaltungsrechtlichen Internationalisierungsprozeß muß es mithin vor allem um die Analyse der Querverbindungen zwischen den Rechtsschichten und um die Herstellung der legitimatorischen und rechtsstaatlichen Belastbarkeit der Verbindungsmechanismen gehen".[54]

Die Zusammenarbeit findet *vertikal* zwischen Internationalen Organisationen und Staaten sowie *horizontal* zwischen Staaten bzw. ihren Verwaltungen statt. Die Beteiligten handeln, soweit sie nicht in das Privatrecht ausweichen, ggf. nach unterschiedlichen Rechtsregimen: Internationale Organisationen nach internationalem öffentlichen Recht, nationale Verwaltungen nach ihrem nationalen Recht, ggf. auch nach völkerrechtlichen Vorschriften, die in das nationale Recht inkorporiert worden sind. Die Rechtsquellen des Kooperationsbereichs sind also unterschiedlich. „Verwaltungskooperationsrecht" im weiteren Sinne meint den gesamten Kooperationsbereich; im engeren Sinne sollte der Begriff aber auf völkerrechtli-

---

51 Vgl. BVerfGE 111, 307 (319 ff.) und 120, 180 (199 ff.); 128, 326 (371 ff.); *J. Kokott*, Bundesverwaltungsgericht und Völkerrecht, in: E. Schmidt-Aßmann u. a. (Hrsg.), Festgabe für das Bundesverwaltungsgericht, Köln u. a. 2003, S. 411 ff.

52 So *Tietje*, Internationalisiertes Verwaltungshandeln (Fn. 11), S. 593. Zu verwaltungsgerichtlichen Konsequenzen *E. Schmidt-Aßmann*, Ansätze zur Internationalisierung des verwaltungsgerichtlichen Rechtsschutzes, in: Liber Amicorum R. Wolfrum, Bd. 2, 2012, S. 2119 ff.

53 *G. F. Schuppert*, Verwaltungsorganisation und Verwaltungsorganisationsrecht als Steuerungsfaktoren, in: Hoffmann-Riem / Schmidt-Aßmann / Voßkuhle, Grundlagen, Bd. 1 (Fn. 3), § 16 Rn. 166 ff.

54 So *Ruffert*, Perspektiven, in: Möllers / Voßkuhle / Walter, Internationales Verwaltungsrecht (Fn. 13), S. 411.

che Rechtsakte beschränkt bleiben. Entscheidend ist die Verzahnung und Abstimmung zwischen den beteiligten Rechtsregimen in prozeduraler und substantieller Hinsicht. Das lässt sich an den Instituten der gegenseitigen Amtshilfe und der gegenseitigen Anerkennung, die beide wichtige Instrumente des Kooperationsbereichs sind, recht gut zeigen. Beide benötigen neben einer völkerrechtlichen Grundlage ein Widerlager im nationalen Recht. Gerade hier zeigt sich, wie eng Völkerrecht und nationales Verwaltungsrecht heute zusammengerückt sind. Inwieweit sich daraus allerdings ein kooperationsspezifisches *transnationales* öffentliches Recht entwickeln wird, das als eigene Quelle neben das internationale und das nationale Verwaltungsrecht treten kann, ist noch nicht abzusehen.

IV. Abschließende Überlegungen

Im Verwaltungsrecht ist der Staat niemals verabschiedet worden. Er muss folglich auch nicht wiederentdeckt werden. Treffen wir hier auf ein Analogon zu Otto Mayers bekanntem Satz: „Verfassungsrecht vergeht, Verwaltungsrecht besteht"? – Die Betrachtungen zu den drei Begriffen des Internationalen Verwaltungsrechts geben ein anderes Bild: Die Staaten sind nach wie vor die wichtigsten Akteure auf internationaler Ebene. Aber sie sind es in anderer Weise als früher – oder sagen wir präziser: anders als die staats- und verwaltungsrechtliche Theoriebildung sie früher wahrgenommen hat.

- Selbst im *kollisionsrechtlichen Verständnis* des Internationalen Verwaltungsrechts, das nach wie vor nationales Recht ist, sind heute die völkerrechtlichen Rückbindungen und die Offenheit gegenüber den Rechtsordnungen anderer Staaten unübersehbar. Verwaltungsrecht wird nicht mehr automatisch mit dem nationalen Verwaltungsraum gleichgesetzt und auf das Handeln der nationalen Verwaltung begrenzt.
- Der Ansatz des *Global Administrative Law* erfasst die Vielfalt der neuen Akteure in weltweiten Verwaltungsbeziehungen zutreffend. Es hat den Fokus jedoch zu stark von der Rolle der Staaten und von den einfachen zwischenstaatlichen Beziehungen weg zu einem großen Miteinander diverser Akteure verschoben und bringt sich damit auch um die Erfahrungen, die im vorhandenen Bestand des internationalen Rechts gespeichert sind.
- Der neu *auf das Völkerrecht* ausgerichtete Begriff des *Internationalen Verwaltungsrechts* umreißt in seinen drei Funktionskreisen ein „Projekt der Wissenschaft", das die Offenheit der Verwaltungsräume aufnimmt:[55]

---

55 Vgl. von einem auch nationales Recht bis zu einem gewissen Grade einbeziehenden und damit etwas breiteren Verständnis des Internationalen Verwaltungsrechts ähnlich *Biaggini*, Entwicklung (Fn. 3), S. 437 f.

Es ist weit genug, um in manchem den in den Governance-Diskussionen beheimateten Gedanken der „Regelungsstruktur“ einzubeziehen.[56] Es bleibt aber zugleich dem positiven Recht verbunden, dessen Rechtsformen es aus dem vorhandenen Normenmaterial, insbesondere dem Völkervertragsrecht, herauspräparieren und das es im Wege wertender Vergleichung weiterentwickeln will.

[56] Dazu *G. F. Schuppert*, in: Hoffmann-Riem / Schmidt-Aßmann / Voßkuhle, Grundlagen, Bd. I (Fn. 3), § 16 Rn. 26 ff. im Anschluss an H.-H. Trute.

Staatstheorie oder Demokratietheorie: Wie viel Staat braucht die Demokratietheorie?

Von Wolfgang Merkel, Berlin

I. Einleitung

Es war ein gelernter Jurist, der in den letzten Jahrzehnten die vehementeste Attacke gegen die Staatstheorie, ja gegen Konzept und Begriff des Staates überhaupt, ritt. Der von der Jurisprudenz zur Soziologie konvertierte *Niklas Luhmann* betrachtete den Begriff des Staates als eine „unbestimmte, analytisch wenig brauchbare Kategorie"[1], die der alteuropäischen Idee verhaftet bleibe, dass der Staat als ein hierarchisch übergeordnetes Zentrum über der Gesellschaft rangiere und ihr wirkungsvoll autoritativ-verbindliche Entscheidungen verschreiben könne. Hoffnungslos obsolet und für die ausdifferenzierten Sphären teilsystemischer Ordnungen und Logiken von naiver Unterkomplexität könne die Theorie vom Staat analytisch nur wenig zu unserem Verständnis der Entwicklung der sozialen, rechtlichen und politischen Teilsysteme beitragen. Die Staatsidee sei nicht nur anachronistisch, sondern verbreite auch die ebenso naive wie unter Juristen und Politikwissenschaftlern populäre Vorstellung, der Staat könne über Recht oder Geld die sozialen und wirtschaftlichen Entwicklungen wesentlich beeinflussen oder gar steuern.

Aus der Vogelperspektive, die bekanntlich die genauen Schattierungen verwischt, wurde in der staatsrechtlichen Literatur (nicht nur) der letzten Jahrzehnte eine eher konservativ-etatistische Hauptströmung ausgemacht, die am Vorrang des Staates vor der Verfassung als Ausgangsprämisse festhielt.[2] Ebenso pauschal wurde der Demokratietheorie unterstellt, dass sie ein linksliberales Vorurteil pflegt, einen normativen Vorrang der Verfassung vor dem Staat reklamiert oder letzterem überhaupt keinen wichtigen Stellenwert zumisst. Stimmt diese pauschale Antinomie? Oder konkreter: Wel-

---

1 *Niklas Luhmann*, Soziologische Aufklärung. Aufsätze zur Theorie sozialer Systeme, 1970, S. 154.

2 Exemplarisch: *Josef Isensee*, Staat und Verfassung, in: Josef Isensee/Paul Kirchhof (Hrsg.), Handbuch des Staatsrechts, 3. Aufl., Bd. II, 2004, § 15. Gegenbeispiele wären: *Dieter Grimm*: Die Zukunft der Verfassung, 1991; *Christoph Möllers*, Der vermisste Leviathan, 2008.

che Rolle spielt der Staat eigentlich in der soziologischen und vor allem politikwissenschaftlichen Theoriebildung zur Funktionsweise demokratischer politischer Systeme? Ich beabsichtige hier aus leicht einsehbaren Gründen nicht, die politikwissenschaftliche Staatstheorie der letzten Jahrzehnte zu behandeln. Ich werde mich nicht mit den neomarxistischen Theorien der Staatsableitung der späten sechziger und siebziger Jahre des vergangenen Jahrhunderts beschäftigen. Ich will mich vielmehr selektiv auf einige Theorieansätze kaprizieren, die die Demokratie- und Staatsfrage aus der Perspektive des politischen Systems zu beantworten, aber auch zu negieren suchen. Anschließend will ich selbst ein systemtheoretisch inspiriertes Demokratiekonzept vorlegen, das die Staatsvergessenheit überwinden und den Staat in für die Demokratie wichtigen Funktionen wieder in die Demokratieanalyse zurückholen will.

II. Staat und Demokratie in der Systemtheorie

Luhmann erteilte den Staatstheoretikern eine doppelte Absage: Erstens bestritt er die theoretische Relevanz der „Idee Staat" und zweitens negierte er folgerichtig eine relevante Steuerungsfähigkeit des Staates, ja des politischen Systems überhaupt.[3] Der Staat sei nichts als die „Selbstbeschreibung des politischen Systems"[4] und somit im politischen System aufgehoben.

Während bei *Luhmann* der Staat die Selbstbeschreibung des politischen Systems ist, wird die Demokratie ihrerseits zur „Selbstbeschreibungsformel des politischen Systems"[5]. Sie beschreibt die Regeln, nach denen im politischen System Politik betrieben werden soll.[6] Damit bezeichnet *Luhmann* zwar abstrakt, aber doch erstaunlich konventionell die Demokratie als eine bestimmte Form der Verfassung, als normativen Anspruch an „alle Gebilde, die als Staat auftreten und Anerkennung finden wollen"[7]. Demokratie erscheint evolutorisch als politisches Korrelat zur gesellschaftlichen Differenzierung. Aus der Innenperspektive organisieren demokratische Regeln die „Recodierung der politischen Macht"[8]. Das Zentrum dieser Regeln bilden die „politischen Wahlen". Der basale Code der Machtausübung und Macht-

---

3 Darin befindet sich der eher konservative Luhmann übrigens in einer Allianz mit jenen marxistischen Theoretikern, die dem Überbauphänomen Staat eine von der ökonomischen Basis nur abgeleitete Existenz zusprechen und ebenfalls den Steuerungsunwillen oder die Steuerungsohnmacht des Staates (gegenüber der kapitalistischen Wirtschaft) behaupten.

4 *Luhmann*, Soziologische Aufklärung. 4. Beiträge zur funktionalen Differenzierung der Gesellschaft, 1987, S. 79.

5 *Luhmann*, Die Politik der Gesellschaft, hrsg. von André Kieserling, 2000, S. 356.

6 *Luhmann* (Fn. 4), S. 357.

7 *Luhmann* (Fn. 4), S. 97.

8 *Luhmann* (Fn. 4), S. 99.

kontrolle heißt „Regierung versus Opposition". So verbindet *Luhmann* Demokratie mit dem politischen System, ohne auf das Konzept des Staates zurückgreifen zu müssen. Demokratie inszeniert sich im politischen System als Selbstwiderspruch, d. h. als Herrschaft des Volkes über sich selbst.

Die Idee der Obsolenz des Staatskonzepts wurde in einer etwas weniger radikalen Form von *Helmut Willke* noch einmal zu Beginn der 1990er Jahre vorgetragen. Auch *Willke* ist ein gelernter Jurist, der zur Soziologie übergelaufen ist. In seinem Buch „Ironie des Staates" bekräftigt er Luhmanns Steuerungspessimismus, wenngleich in abgemilderter Form.[9] Denn selbst „wenn der Staat seine Identität in profanisierter Form als gesellschaftliches Funktionssystem retten könnte, bliebe er nach der Logik funktionalisierter Interdependenz nichts anderes als Spezialist unter Spezialisten, Gleicher unter Gleichen"[10].

Darüber hinaus beklagt *Willke* besonders die Verarmung der Staatstheorie, die zum letzten Mal in einem anspruchsvollen philosophischen Gewande bei *Hegel* und *Marx* aufgetreten sei. Der Sündenfall sei *Jellinek* gewesen. Mit ihm sei die Staatstheorie zum Staatsrecht regrediert und habe damit die gesellschaftliche Dimension des Staates verloren. Das Staatsrecht sei zu einer weitgehend positivistischen Normwissenschaft geworden, die keine kausalen Theorien über den Zustand, die Entwicklung, die Wirkung oder Nicht-Wirkung des Staates mehr zuließe. Die theoretische Verankerung des Staates in einer Idee der Gesellschaft sei aufgegeben worden. In *Willkes* Worten: „In der Staatstheorie des Staatsrechts wurde der Staat selbst zu einer Leitidee; aber es blieb unklar, wofür. Herrmann Heller wäre die Ausnahme. Aber sein Schattendasein bis heute bestätigt die Regel"[11].

Auch die politikwissenschaftliche Systemtheorie, wie sie von den US-Amerikanern *David Easton*[12] und *Gabriel Almond*[13] vorgelegt wurde, hat keinen gesonderten Platz für den Staat. Bekanntlich gibt es im US-amerikanischen Sprachgebrauch keine dem deutschen Begriff „Staat" angemessenen Übersetzung. *„State"* ist für die einzelnen Gliedstaaten reserviert. *„Government"* ist der verengte Begriff, der in der Politikwissenschaft an die Stelle des Staates tritt. Der politische Systembegriff ist weiter gefasst als *government*. Dennoch reduziert er Staat und Demokratie auf ihre grundsätzlichen Funktionen und Verfahren. Normen bleiben dünn, Strukturen, al-

---

9 *Helmut Willke*, Ironie des Staates. Grundlinien einer Staatstheorie polyzentrischer Gesellschaft, 1992.

10 *Willke* (Fn. 9), S. 211.

11 *Willke* (Fn. 9), S. 12.

12 *David Easton*, A Systems Analysis of Political Life, Chicago/London 1965; *ders.*, A Framework for Political Analysis. Chicago 1979.

13 *Gabriel A. Almond*, Comparative Political Systems, Journal of Politics 18 (1956), S. 391–409; *Gabriel A. Almond/G. Bingham Powell*, The Political System. A Developmental Approach, Boston 1966.

so vor allem Institutionen, fehlen. Legitimation wird über Verfahren und systemische Performanz, etwa in der Wirtschafts- und Sozialpolitik, konzeptualisiert. Der erreichte Grad der Legitimität wird dann über Feedback-Mechanismen als Unterstützung oder Unterstützungsentzug in das politische System zurückgefüttert. Da Easton keine Gewichtung der normativen und leistungsbezogenen Dimensionen des politischen Systems vorlegt, ist anzunehmen, dass beide Legitimitätsquellen sich bis zu einem gewissen Grade wechselseitig ersetzen können. Wie lange etwa die Performanzdimension Defizite in der normativen Dimension der Verfahren und Institutionen kompensieren kann, ohne die Sphäre der Demokratie zu verlassen, bleibt unklar. Eastons politisches Modell vermag die Stabilität und Reproduktion von politischen Systemen zu erklären, aber nicht ihre demokratischen Gehalte. Die Systemtheorie hat also auch in ihrer US-amerikanischen politikwissenschaftlichen Variante keinen systematischen Platz für Demokratiefragen.

In der soziologischen wie politikwissenschaftlichen Systemtheorie wird der Staat negiert oder minimiert. Als Steuerungszentrum mit den Institutionen der legitimen Gewaltausübung, der Erfüllung hoheitlicher Aufgaben oder rechtsstaatlicher Sicherungsgarantien wird er nicht gesehen, zumindest nicht konzeptualisiert. Für eine Staatstheorie taugt dies nicht. Aber auch für eine Konzeptualisierung der Demokratie bleiben die vorhandenen Systemtheorien normativ und institutionell unterbestimmt. Zugespitzt lässt sich formulieren: Die Systemtheorie gewährt weder dem Staat noch der Demokratie einen analytischen Platz.

Gegenüber der weitgehend affirmativen Systemtheorie der US-amerikanischen Soziologie und Politikwissenschaft entwickelten sich in der Bundesrepublik Deutschland zu Beginn der siebziger Jahre des vergangenen Jahrhunderts kritischere Varianten. Ihr Fokus ist nicht der Feedback-Mechanismus funktionaler Bestandssicherung sozialer wie politischer Systeme, sondern im Gegenteil die Risse, Brüche und Dysfunktionalitäten zwischen der kapitalistischen Ökonomie und den politischen und sozialen Systemen. Am einflussreichsten wurden die systemkritischen Betrachtungen unter dem Titel von Legitimations- und Strukturkrisen, die *Jürgen Habermas* und *Claus Offe* nahezu zeitgleich vorlegten.[14] Weder *Jürgen Habermas* noch *Claus Offe* sind klassische Systemtheoretiker. Aber ihre staats- und kapitalismuskritischen Schriften der frühen siebziger Jahre haben unverkennbar den kritischen Anschluss an die damals dominierende Systemtheorie gesucht. Systemtheoretisch inspiriert, zielten *Habermas'* „Legitimationsprobleme" und *Offes* „Strukturprobleme" des Spätkapitalismus auf den Gesamtzusammenhang

---

14 *Jürgen Habermas*, Legitimationsprobleme im Spätkapitalismus, 1973; *Claus Offe*, Strukturprobleme des kapitalistischen Staates. Aufsätze zur politischen Soziologie, 1972.

des ökonomischen, des politisch-administrativen und des soziokulturellen Systems.[15] Das politisch-administrative System fällt bei beiden Autoren weitgehend mit dem zusammen, was im Staatsrecht als „Staat" definiert ist. Es umschließt die politischen Institutionen und die Verteilung legitimer Macht. Hervorgehoben werden bei *Jürgen Habermas* die krisenauslösenden Mechanismen der spätkapitalistischen Wirtschaftsform und die chronisch defizitäre Krisenverarbeitungsform des politisch-administrativen Systems. Kann das „politisch-administrative System", also im Wesentlichen der Staat plus politische Organisationen wie Parteien[16], die ökonomischen Krisen und ihre Wirkung nicht zufriedenstellend für die Bürger bearbeiten – so lässt sich die Hauptthese zusammenfassen –, büßt es dies mit Legitimationsentzug.[17]

Claus Offe arbeitete diesen Zusammenhang präziser heraus.[18] Nach ihm besteht eine systematische Lücke zwischen dem notwendigen Interventionserfordernis und der nicht ausreichenden Interventionskapazität des politisch-administrativen Systems. Das politisch-administrative System sucht diese Funktions- und Legitimationslücke vor allem durch wohlfahrtsstaatliche Leistungen („output/outcome") zu schließen, um „Massenloyalität" zu erzeugen. Dieser Versuch stößt allerdings an fiskalische Grenzen. Es werden nämlich gerade dann vermehrt finanzielle Ressourcen benötigt, wenn diese aufgrund der ökonomischen Krise spärlicher fließen.[19] Zudem reizt der demokratische Wettbewerb zwischen den Parteien diese an, sich programmatisch zu überbieten, wodurch die Erwartungen der Bürger immer höher geschraubt werden.[20] Da diese dann noch weniger befriedigt werden können, sind Enttäuschungen und damit Legitimationskrisen strukturell programmiert. Nach Offe und Habermas erzeugt also die kapitalistische Ökonomie periodisch Probleme, die das administrativ-politische und wohlfahrtsstaatliche System nicht hinreichend bewältigen können, was im Bereich der demokratischen Verfahren zu Legitimationsproblemen durch enttäuschte Bürger führt. Der demokratische Wettbewerb verschärft diese Probleme zusätzlich durch einen Überbietungswettlauf der politi-

---

15 *Habermas* (Fn. 14), S. 15.

16 Parteien werden im Mainstream der politikwissenschaftlichen Parteienforschung als amphibische Wesen betrachtet, die sowohl der gesellschaftlichen wie der staatlichen Sphäre angehören. In den letzten Jahrzehnten wird allgemein eine „Verstaatlichung" der Parteien kritisiert, die als Kartellparteien zunehmend ihre gesellschaftlichen Wurzeln verlieren und sich monopolistisch den Zugang zu staatlichen Entscheidungsinstitutionen gesichert haben (*Richard S. Katz/Peter Mair*, Changing Models of Party Organisation and Party Democracy. The Emergence of the Cartel Party, Party Politics 1 (1995), S. 5).

17 *Habermas* (Fn. 14), S. 98.

18 *Offe* (Fn. 14); *ders.*, Krisen des Krisenmanagements. Elemente eine politischen Krisentheorie, in: Martin Jänicke (Hrsg.), Herrschaft und Krise. Beiträge zur politikwissenschaftlichen Krisenforschung, 1973, S. 197.

19 Vgl. *James O'Connor*, The Fiscal Crisis of the State, New York 1973.

20 *Offe* (Fn. 14), S. 220.

schen Parteien. Der administrative Staat wird gewissermaßen von zwei Seiten unter Druck gesetzt: von der kapitalistischen Wirtschaft auf der einen und den demokratischen Verfahren auf der anderen Seite.

Zweierlei ist hier bemerkenswert: Erstens ersetzen Habermas und Offe den Staatsbegriff durch den weiteren Begriff des „politisch-administrativen Systems“, wobei in der politischen Dimension vor allem demokratische Verfahren, Institutionen und Organisationen verortet werden, während der administrative Staat primär als Exekutive erscheint. Zweitens rücken sie über die Legitimationsfrage die Demokratie wieder stärker ins Zentrum, wovon sie von Luhmann durch weitgehend demokratieneutrale Verfahrensnormen zur Legitimitätserzeugung verdrängt wurde.

Dieser höchst selektive Durchgang durch drei Varianten der Systemtheorie bedarf sicherlich der Vertiefung. Er zeigt aber, dass bei *Luhmann* das Konzept des Staates noch soziologisch-systemtheoretisch „verabschiedet“ wurde, während die US-amerikanischen Politikwissenschaftler *Almond*, *Easton* und *Powell* eine solche Staatsverabschiedung nicht einmal mehr für theoretisch relevant hielten. Selbst bei *Habermas* und *Offe* sind die Konturen des Staates innerhalb des „politisch-administrativen“ und des „legitimationserzeugenden politischen“ Systems unscharf geworden. Allerdings trifft *Willkes* Vorwurf der Verarmung der Staatstheorie durch die Ablösung des Staates aus seinen gesellschaftstheoretischen Einbettungen auf *Habermas* und *Offe* gewiss nicht zu, weil diese die (verhängnisvolle) Verklammerung der Ökonomie, des politisch-administrativen Systems und sozialkultureller Kontexte geradezu zum zentralen Thema machen. Dennoch lässt sich für systemtheoretische Betrachtungen ganz allgemein ein Verblassen der konkreten normativen und institutionellen Bestände des Staates und der Demokratie konstatieren. Macht dies die zeitgenössische Demokratietheorie besser? Wie hält sie es mit dem Staat?

III. Wie viel Staat braucht die Demokratie(theorie)?

Demokratietheorien lassen sich nach unterschiedlichen Kriterien auseinanderhalten.[21] Die geläufigste Unterscheidung folgt der normativen Dimension. Berücksichtigt wird hier, wie viele Bürger an den politischen Geschäften der Res Publica teilnehmen dürfen, sollen oder gar müssen, wer legitimiert ist, die allgemein verbindlichen Entscheidungen zu treffen, und inwieweit die Demokratie auch für die inhaltliche Erfüllung des Allgemeinwohls verantwortlich ist. Insofern haben sich die Koordinaten der Demokra-

---

21 Vgl. u. a.: *David Held*, Democracy: From City-states to a Cosmopolitan Order?, Political Studies 40 (1992), S. 10; *ders.*, Models of Democracy, Oxford 1996; *Manfred G. Schmidt*, Demokratietheorien. Eine Einführung, 5. Aufl. 2010; *Oliver W. Lembcke / Claudia Ritzi / Gary S. Schaal* (Hrsg.), Zeitgenössische Demokratietheorie, Bd. 1, 2012.

tiesystematik in mehr als 2000 Jahren nicht allzu weit von der aristotelischen Klassifikation politischer Systeme entfernt. Allerdings wird nun die Zahl derer, die herrschen, durch die Zahl derer ersetzt, die partizipieren (dürfen); es werden Verfahren der Entscheidungsfindung a priori bestimmt und die prozedurale Ausgestaltung der Auswahl der Regierenden durch Wahlgesetze festgelegt. Der Demokratie liegt die Herrschaft des Volkes als nicht hintergehbares Axiom zugrunde. Das Volk herrscht über sich selbst. Da es dies in Flächenstaaten nicht direkt tun kann, bedarf es der Repräsentation. Das Volk wählt seine Repräsentanten und diese üben mit einem relativ allgemeinen Delegationsauftrag die Herrschaft aus. Insofern liegt nach dem repräsentativen Narrativ zwischen denen, die herrschen bzw. als Repräsentanten regieren, und denen, die als Repräsentierte wie Regierte die Repräsentanten auswählen und abwählen, kein wirklich kategorialer Unterschied.

In der Dimension der Partizipation reicht die Spannbreite der modernen Demokratietheorien von der „elitären" oder „realistischen" Demokratie" des einflussreichen Ökonomen und Demokratietheoretikers *Joseph A. Schumpeter*[22] über die „partizipativen" Demokratietheorien der 1970er und 1980er Jahre[23] bis hin zu den Vertretern der deliberativen Demokratie der letzten beiden Jahrzehnte wie *James Fishkin*[24], *John Dryzek*[25] und *Mark Warren*.[26] Die Dimension des Allgemeinwohls ist aus der Konzeptualisierung des Demokratiebegriffs unter dem insbesondere von der US-amerikanischen Politikwissenschaft angemahnten „lean concept building" verschwunden. Selbst ehemals analytische Marxisten wie *Adam Przeworski* würden ein gemeinwohlorientiertes Konzept wie jenes der „sozialen Demokratie"[27] für die empirisch-vergleichende Demokratieforschung als unzulässig normativ und deskriptiv-opulent ablehnen. Unter Berufung auf Schumpeter and Dahl plädiert auch *Przeworski*[28] für die konzeptionelle Reduktion des Begriffs Demokratie auf freie und faire Wahlen.

Mit den normativ-theoretischen Fragen, ob das Gemeinwohl substanziell bestimmt werden oder sich in der pluralistischen Demokratie prozedurali-

---

22 *Joseph A. Schumpeter*, Capitalism, Socialism, and Democracy, New York 1942.

23 *Carol Pateman*, Participation and Democratic Theory, Cambridge 1970; *Benjamin R. Barber*, Strong Democracy. Participatory Politics for a New Age, Berkeley 1984.

24 *James Fishkin*, Democracy and Deliberation. New Directions for Democratic Reforms, New Haven/London 1991.

25 *John Dryzek*, Deliberative Democracy and Beyond. Liberals, Critics, Contestations, Oxford 2000.

26 *Mark Warren*, Deliberative Democracy, in: April Carter/Geoffrey Stokes (Hrsg.), Democratic Theory Today, Cambridge 2002, S. 173.

27 *Hermann Heller*, Demokratie und soziale Homogenität (1928), in: ders., Gesammelte Schriften, Bd. 2, Leiden 1971, S. 425; *Thomas Meyer*, Theorie der sozialen Demokratie, 2005.

28 *Adam Przeworski*, Democracy and the Limits of Self-Government, Cambridge 2010.

siert nur a posteriori[29] herstellen kann und wie viele Bürger sich eigentlich in der Demokratie aktiv beteiligen sollten, ist der Disput um den optimalen Umfang des Begriffs der Demokratie verbunden. Hier mischen sich normative Positionen um die „beste" Demokratie mit analytischen Überlegungen dazu, welcher Demokratiebegriff in der empirischen Demokratieforschung am sinnvollsten eingesetzt werden kann. Am einfachsten lassen sich wohl minimalistische und maximalistische Verständnisse der Demokratie unterscheiden. Dabei steht aber nicht die Frage nach der Zahl der aktiven politischen Bürger im Vordergrund, sondern die nach der Zahl und dem Umfang der Teilsysteme und Institutionen, die genuin der Demokratie zuzurechnen sind. Hinzu kommt die Problematik, ob auch Resultate der demokratischen Politik, wie etwa die gerechte Verteilung von Primärgütern[30] und Lebenschancen[31], in die Konzeptualisierung der Demokratie einbezogen werden sollen.

Hier kommt die Frage nach dem Staat wieder mit ins Spiel. Wie viel Staat braucht die Demokratie und wie viel vom Staat ist schlicht Staat und nicht Teil der Demokratie? Lässt sich beides eigentlich in demokratischen Ordnungen trennen? Welche Funktionen des Staates sind genuin demokratisch und welche schlicht regimeneutrale Funktionen, die der Staat gleichermaßen in Diktaturen wie in Demokratien ausübt? Anders formuliert: Wie viel Rechts- und Sozialstaat braucht die Demokratie, damit sie eine solche genannt werden kann? Gilt die Regel, je mehr Rechts- und Sozialstaat, umso höher die Legitimität oder Qualität der Demokratie? Oder ist der Staat als Rechts- und Sozialstaat der Demokratie äußerlich zwar wichtig als ihr „Hilfssystem", aber nicht definierender Bestandteil der Demokratie selbst? Diese Fragen werden von Minimalisten und Maximalisten unterschiedlich beantwortet – mit erheblichen Konsequenzen für die empirische Demokratieforschung. Dies gilt etwa für die Qualitätsbestimmung der Demokratie in komparativer Absicht[32] wie auch für die Frage, ob sich Demokraten in der Krise befinden.[33]

1. Die Minimalisten

Minimalisten wie *Schumpeter*[34] gehen davon aus, dass freie, gleiche und geheime Wahlen nicht nur der Kern der Demokratie, sondern diese selbst

---

29 *Ernst Fraenkel*, Deutschland und die westlichen Demokratien, 1964.

30 *John Rawls*, Eine Theorie der Gerechtigkeit, 1975.

31 *Amartya Sen*, Ökonomie für den Menschen. Wege zur Gerechtigkeit und Solidarität in der Marktwirtschaft, 2000.

32 *Marc Bühlmann/Wolfgang Merkel/Lisa Müller/Bernhard Weßels*, The Democracy Barometer: A New Instrument to Measure the Quality of Democracy and Its Potential for Comparative Research, European Political Science 11 (2012), S. 519.

33 *Wolfgang Merkel*, Die Krise der Demokratie als politischer Mythos, in: Harald Bluhm/Karsten Fischer/Marcus Llanque (Hrsg.), Ideenpolitik. Geschichtliche Konstellationen und gegenwärtige Konflikte, 2011, S. 435.

34 *Schumpeter* (Fn. 22).

sind. Über Wahlen können die politischen Unternehmer – etwa Parteien – ihre programmatischen Produkte anbieten, die von den Wählern nachgefragt, geprüft und ausgewählt werden. Das Angebot mit der höchsten Nachfrage bekommt den Zuschlag und damit das Recht auf Zeit, die normativen Präferenzen und materiellen Interessen der Wähler in materielle Politik umzusetzen. In periodisch wiederkehrenden Rechnungslegungen haben dann die Repräsentierten die Möglichkeit, die Repräsentanten für die zurückliegende Legislatur zur Verantwortung zu ziehen und sie je nach Beurteilung wieder- oder abzuwählen. Das gilt für die Regierung wie für die Opposition. Der Wesenskern der Demokratie wird damit von den Minimalisten, die sich selbst gern als Realisten bezeichnen, bewusst auf die „vertikale Verantwortlichkeit" zwischen Regierten und Regierenden begrenzt.

Dieses minimalistische Verständnis ist in der US-amerikanischen empirischen Demokratieforschung zur herrschenden Lehre geworden. Besonders radikal wird es von dem einflussreichen Demokratieforscher *Adam Przeworski* vertreten.[35] Meist folgen *Przeworski* und andere einem impliziten oder expliziten Rückgriff auf *Robert Dahls* Polyarchy[36], in der Demokratie schlank als „public contestation and the right to participate"[37] definiert wird. Die daraus entwickelten acht institutionellen Minima der Demokratie[38] beziehen sich folgerichtig auf allgemeine freie Wahlen und den freien Zugang zu Informationen. Der Staat kommt allenfalls als ein der Demokratie äußerlicher Garant dieser politischen Freiheiten und Rechte vor. Als Organisator des Gerichtswesens, einer demokratietauglichen Verwaltung, der horizontalen Gewaltenteilung oder gar als Sozialstaat tritt er nicht in Erscheinung.

Nicht, dass *Schumpeter*, *Dahl* oder *Przeworski* solcherlei Staatsaufgaben normativ ablehnen würden, aber als Bestandteil der Demokratie sehen sie den (Rechts-)Staat jenseits der Garantiefunktion freier Wahlen theoretisch nicht vor. Er bleibt der Demokratie äußerlich. In der Sprache der vergleichenden Politikwissenschaft kann der Staat mit seinen Funktionen und deren Erfüllung dann als unabhängige, d. h. erklärende Variable für die abhängige Variable des Explanandums Demokratie, deren Stabilität oder Qualität operationalisiert und somit analytisch eingesetzt werden. Der Staat wird nicht verabschiedet, ist aber kein konstituierender Teil der Demokratie.

---

35 *Przeworski* (Fn. 28).

36 *Robert Dahl*, Polyarchy. Participation and Opposition, New Haven 1971. Der spätere Dahl entfernt sich wieder von diesem engen elektoralen Demokratiekonzept, indem er mit der wachsenden Ungleichheit in der politischen Partizipation auf sozioökonomische Requisiten der faktischen politischen Gleichheit verweist. Vgl. *ders.*, Politische Gleichheit ein Ideal?, 2006.

37 *Dahl*, Polyarchy (Fn. 36), S. 5.

38 *Dahl*, Polyarchy (Fn. 36), S. 3.

2. Maximalisten

Maximalisten gehen in mindestens zweifacher Hinsicht über die minimalistische Demokratiedefinition hinaus. Zum einen begnügen sie sich nicht mit freien Wahlen, also dem Zugang zur Macht, als dem alleinigen Definiens demokratischer Regime. Diese müssen vielmehr durch rechts- und sozialstaatliche Normen, Institutionen, Gebote und Garantien ergänzt werden. Zum anderen rechnen Maximalisten Politikergebnisse wie soziale Gerechtigkeit in den Demokratiebegriff ein. Systemtheoretisch heißt das, dass die *Input*-Dimension (Partizipation, Repräsentation) sowie der *throughput* (Entscheidungsverfahren) gestärkt und ausdifferenziert werden und gleichzeitig die *Output*-Dimension mit in die Demokratiedefinition einbezogen wird. Zur *Output*-Dimension zählen Kollektivgüter wie die innere und äußere Sicherheit, ökonomische Wohlfahrt, sozialstaatliche Garantien und die erkennbare Fairness in der Verteilung von Primärgütern, Einkommen, sozialer Sicherung und Lebenschancen. Insbesondere die Vermeidung extremer Ungleichheiten bei der Verteilung von Einkommen, Primär- wie Sozialgütern steht im Mittelpunkt. Denn erst die „soziale Demokratie" sichere das politische Gleichheitsprinzip. Für eine solche Position stand der Weimarer Staatsrechtslehrer *Herrmann Heller*[39] und steht heute der Politikwissenschaftler *Thomas Meyer*[40]. Auch in den Ländern Lateinamerikas, deren Gesellschaften am stärksten von sozioökonomischen Ungleichheiten gezeichnet sind, war dies stets ein fester Topos im Demokratieverständnis.

Allerdings sind manche dieser systemischen Leistungen *(outputs)* und Ergebnisse *(outcomes)* nicht unbedingt demokratiespezifisch. Sie können durchaus auch in und durch Diktaturen erbracht werden: Man denke an das Wirtschaftswachstum in China und Vietnam, die wirtschaftliche und soziale Wohlfahrt in der weichen Autokratie Singapur oder die sozioökonomische Gleichheit in Kuba. Zudem sind die Zurechnungslinien der *outcomes* diffus: Ist es die Politik des Staates oder die Form der Wirtschaft oder gar die dominante Kultur und Ethik einer Gesellschaft[41], die solche wirtschaftlichen und sozialen Leistungen hervorbringt? Der Gemeinplatz, dass diese systemischen Leistungen multikausal-interdependente Ursachen haben, schafft die genannte Problematik nicht aus der Welt, sondern begründet sie lediglich.

Daher ist es problematisch, die *Output*-Dimension direkt in die Definition der Demokratie einzubeziehen. Dennoch entscheidet die systemische Leistungsperformanz in der Demokratie auch über deren Legitimität in den Augen der Bürger (Legitimitätsglaube) und damit über deren Krisenanfällig-

---

39 *Hermann Heller*, Staatslehre (1934), in: Gesammelte Schriften, Bd. III. Leiden 1992, S. 79 ff.

40 *Meyer* (Fn. 27).

41 *Max Weber*, Die protestantische Ethik I. Eine Aufsatzsammlung, hrsg. von Johannes Winckelmann, 2. Aufl. 1972.

keit. Kann sie zentrale Probleme nicht lösen, „liefert" sie nicht die Güter, die die Bürger erwarten, ist ihre Stabilität gefährdet. Darin ist sie allerdings der Autokratie nicht unverwandt. Es harrt noch einer gründlichen Untersuchung, ob in etablierten Demokratien die spezifisch-utilitaristisch motivierte Unterstützung oder die diffus-normative Unterstützung die Demokratie stärker stabilisiert. In der maximalistischen Demokratietheorie muss der Staat nicht wiederentdeckt werden; er war von Anfang an präsent, omnipräsent mögen seine Kritiker sagen. Die Einbeziehung von Politikresultaten in die Demokratiedefinition bleibt problematisch.

3. Mittleres Demokratiekonzept

Die Vertreter eines *mittleren Demokratiekonzepts* halten das Verständnis der minimalistischen Demokratie für dünn und analytisch unter-, das maximalistische Demokratieverständnis aber für überkomplex und innerhalb der internationalen Wissenschaftsgemeinschaft für nicht konsensfähig. Wie viel sozioökonomische Gleichheit verlangt die politische Gleichheit oder welche Gerechtigkeit ist gemeint: Chancengerechtigkeit, Primärgütergerechtigkeit, Ergebnisgerechtigkeit? Marktgerechtigkeit: nach der Definition von *Rawls*, *Walzer*, *Sen* oder doch (nur) *Friedrich August von Hayek*? Diese Fragen sind in der Tat theoretisch kaum zu entscheiden und wurden schon von Philosophen und Sozialwissenschaftlern in den USA oder Schweden unterschiedlich beurteilt, geschweige denn von Eliten und der breiten Masse in diesen Ländern. Es ist ein ernst zu nehmender Hinweis in einer globalen Wissenschaftswelt, dass normativ allzu stark eingefärbte Konzepte transnational oder transkulturell nur sehr eingeschränkt reisefähig sind. Dies befördert den modischen Trend zu *lean concepts*, zumal diese für die statistische Analyse einfacher aufzubereiten sind.

Vertreter eines Demokratiekonzepts mittlerer Reichweite bleiben skeptisch gegenüber dem demokratischen Maximalismus, fügen aber dem minimalistischen demokratischen Kernbereich der freien, allgemeinen, gleichen und fairen Wahlen die Sphären des Rechtsstaats und der horizontalen Gewaltenkontrolle hinzu. Erst die Einbettung freier Wahlen in garantierte Menschen-, Grund- und Bürgerrechte, die demokratisch legitimierte Genese gesamtgesellschaftlich verbindlicher Normen und die wechselseitige Kontrolle von Exekutive, Legislative und Judikative machen formal demokratische Wahlen auch wirklich demokratiewirksam.[42] *Jürgen Habermas* nannte dies die normativ wie funktional unhintergehbare „Gleichursprünglichkeit" von zivilen Schutz- und politischen Beteiligungsrechten, „von Recht und politischer Macht".[43] So verstanden ist Demokratie ohne Rechtsstaat nicht

42 *Wolfgang Merkel*, Systemtransformation. Eine Einführung in die Theorie und Empirie der Transformationsforschung, 2. Aufl. 2010, S. 31.

denkbar. Denn erst die rechtsstaatliche Grundsicherung negativer Abwehrrechte erlaubt den freien und repressionsfreien Gebrauch positiver politischer Beteiligungsrechte wie die Gründung von politischen Parteien, den Eintritt in diese, die Wahl dieser Parteien, die Teilnahme an öffentlichen Diskursen, Manifestationen und Demonstrationen. Insofern ruhen freie und faire Wahlen immer auch auf der rechtsstaatlichen Garantie der Partizipations- und Bürgerrechte. Dies betrifft die vertikale Legitimationslinie von Wählern und Gewählten, von Bürgern und politischen Repräsentanten. Wird der Rechtsstaat mit seinen Normen, Institutionen und Verfahren nicht in die Demokratiedefinition einbezogen, hat dies für die konkrete Anwendung auf empirische Demokratieanalysen gravierende Folgen. Weder in Fallstudien noch in Vergleichsanalysen können dann die Bereiche für den Qualitätsverfall oder die Qualitätsverbesserung demokratischer Funktionserfüllung erfasst werden. Auch Rückschlüsse auf die Qualität und Stabilität der (elektoralen) Demokratie sind nicht möglich. Insbesondere können die Verfalls- und Aufstiegslinien demokratischer Regime nicht nachgezeichnet werden. Ein Krisenvirus der Demokratie etwa, der von einer defizitär funktionierenden Gewaltenteilung über die Verletzung der Bürgerechte und Einschränkung politischer Partizipation in das Zentrum freier und fairer Wahlen eindringt und deren Ergebnisse verzerrt, kann so kaum nachverfolgt werden.

Allerdings verlangen die Idee und Entwicklung des Rechtsstaates im 21. Jahrhundert auch eine präzise Abgrenzung vom Legalstaat des 19. Jahrhunderts. Dies bedeutet, dass auch das Recht des Rechtsstaates einer Legitimation bedarf, die letztlich nur aus der Volkssouveränität selbst und angemessenen Verfahren ihrer Umsetzung wie der Assoziationsfreiheit, wie fairen Wahlen und freien Diskursen geschöpft werden kann. Die Geltungskraft des Rechts ist in der Demokratie untrennbar mit der Legitimität des Rechts verbunden: „Die Idee des Rechtsstaates verlangt im Gegenzug eine Organisation der öffentlichen Gewalt, die die rechtsförmig verfasste politische Herrschaft nötigt, sich am legitim gesetzten Recht ihrerseits zu legitimieren.“[44] Unter diesen Gesichtspunkten würde sich der in diesem Zusammenhang so oft zitierte „preußische Rechtsstaat“ nicht mehr als singulärer Beweis eines Rechtsstaates ohne Demokratie qualifizieren, da die Legitimität einer Rechtssetzung ohne die demokratische Beteiligung aller Rechtsstaatsunterworfenen im 21. Jahrhundert normativ nicht mehr zu rechtfertigen ist.

Dem minimalistischen und dem mittleren Konzept der Demokratie gemeinsam ist die Beschränkung auf Normen, Institutionen und Verfahren, die dem demokratischen Entscheidungsprozess zugrunde liegen. Mittlere Demokratiekonzepte beschränken sich auf die *Input-* und *Throughput*-Funktio-

---

43 *Jürgen Habermas*, Faktizität und Geltung. Beiträge zur Diskurstheorie des Rechts und des demokratischen Rechtsstaates, 1992, S. 166.

44 *Habermas* (Fn. 43), S. 208.

nen (Partizipation, Repräsentation und Entscheidungsverfahren). Sie gehen damit über freie Wahlen erheblich hinaus und ergänzen dieses Kernregime der Demokratie durch die demokratischen Teilregime der Bürgerechte, der horizontalen Gewaltenteilung und der Garantie, dass tatsächlich nur jene die kollektiv bindenden Entscheidungen legitimer Weise treffen, die dafür a priori ein demokratisch-konstitutionelles Mandat haben. Das bezieht sich nicht etwa nur auf den Einfluss des Militärs in jüngeren Demokratien wie Indonesien, Südkorea oder Chile, sondern kann auch auf supranationale Politikregime wie die G8, G20, den IWF, Zentralbanken und damit auf die Institutionen und internationalen Regime reifer Demokratien angewandt werden. Dort treffen die Exekutiven mittlerweile immer häufiger fundamentale Entscheidungen, die von den Parlamenten bestenfalls ex post und damit nur schwach legitimiert werden.[45]

Ein solches mittleres Demokratiekonzept, das demokratische und rechtsstaatliche Verfahrensregeln in ihrer unaufhebbaren Verschränkung berücksichtigt, habe ich mit der „embedded democracy" vorgelegt.[46]

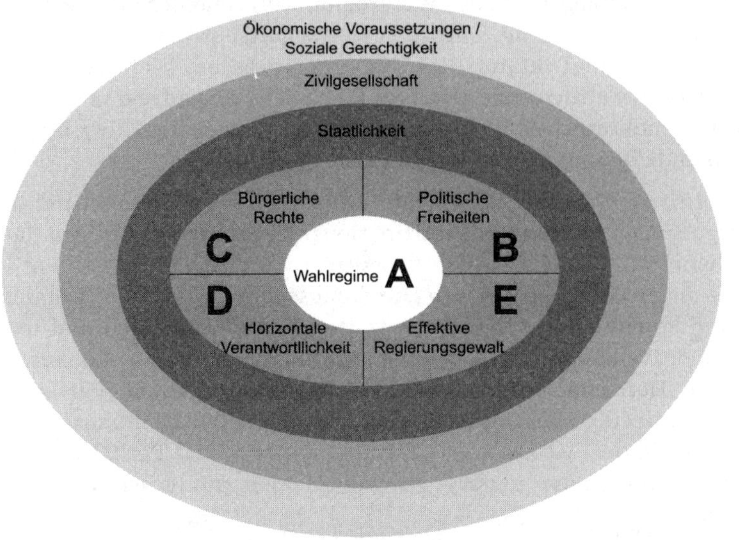

Quelle: *Wolfgang Merkel*, Systemtransformation. Eine Einführung in die Theorie und Empirie der Transformationsforschung, 2. Aufl. 2010, S. 31 (modifiziert).

Abbildung 1: Das Konzept der eingebetteten Demokratie

45 Die weder demokratisch noch konstitutionell legitimierte Entscheidungserzwingung durch Hedgefonds und „systemrelevante" Banken soll hier genannt, kann mit ihrer erheblichen Demokratieproblematik an dieser Stelle jedoch nicht diskutiert werden.

a) Die Teilregime der Demokratie. Fünf Teilregime definieren die eingebettete (rechtsstaatliche) Demokratie: ein demokratisches Wahlregime (A); das Regime politischer Partizipationsrechte (B); das Teilregime bürgerlicher Freiheitsrechte (C); die institutionelle Sicherung der Gewaltenkontrolle (D) sowie die Garantie, dass die effektive Regierungsgewalt (E) der demokratisch gewählten Repräsentanten de jure und de facto gesichert ist. Mit dieser Einteilung wird klar, dass der Begriff der *embedded democracy* über ein minimalistisches Demokratieverständnis hinausgeht. Es ist dennoch realistisch, weil er sich ausschließlich auf die institutionelle Architektur bezieht und die *Output*-Dimension wünschbarer Politikergebnisse nicht als definierendes Merkmal der rechtsstaatlichen Demokratie einbezieht. Sozialstaat, Fairness der Verteilung wirtschaftlicher Güter oder gar soziale Gerechtigkeit mögen wünschenswerte Politikergebnisse demokratischer Entscheidungsprozesse sein, konstitutiv definierende Elemente der eingebetteten Demokratie sind sie nicht.

A. Wahlregime. Dem ‚Wahlregime' kommt in der Demokratie eine zentrale Position zu, weil Wahlen der sichtbarste Ausdruck der Volkssouveränität sind. Darüber hinaus stellt das Wahlregime aufgrund der offenen pluralistischen Konkurrenz um die zentralen Herrschaftspositionen auch die kardinale Differenz zur Diktatur dar. Ein demokratisches Wahlregime verlangt ein universelles aktives und passives Wahlrecht sowie freie und faire Wahlen. Ein demokratisches Wahlregime ist eine notwendige, aber längst nicht hinreichende Bedingung für demokratisches Regieren.

B. Politische Partizipationsrechte. Die den Wahlen voraus- und über sie hinausgehenden politischen Partizipationsrechte vervollständigen die vertikale Demokratiedimension. Sie konstituieren die Arena der Öffentlichkeit als eine eigenständige politische Handlungssphäre, in der sich organisatorische und kommunikative Macht entfaltet. In ihr bestimmen und unterfüttern kollektive Meinungs- und Willensbildungsprozesse die Konkurrenz um politische Herrschaftspositionen. Konkret beinhalten die Partizipationsrechte eine uneingeschränkte Geltung des Rechts auf Meinungs- und Redefreiheit sowie der Assoziations-, Demonstrations- und Petitionsrechte. Neben den öffentlichen müssen private Medien ein erhebliches Gewicht besitzen.

C. Bürgerliche Freiheitsrechte. Demokratische Wahlen und politische Partizipation bedürfen der Ergänzung durch die bürgerlichen Freiheits- und Abwehrrechte. Als negative Freiheitsrechte gegenüber dem Staat begrenzen die bürgerlichen Freiheitsrechte den staatlichen Herrschaftsanspruch. Die

---

[46] *Wolfgang Merkel*, Embedded and Defective Democracies, in: Aurel Croissant/Wolfgang Merkel (Hrsg.), Special Issue of Democratization: Consolidated or Defective Democracy? Problems of Regime Change 11/5 (2004), S. 33; *Merkel* (Fn. 34), S. 30–37.

individuellen Schutzrechte gewähren den rechtlichen Schutz von Leben, Freiheit und Eigentum; sie gewähren Schutz vor ungerechtfertigter Verhaftung, vor Exil, Terror, Folter oder unerlaubter Einmischung ins Privatleben. Diese individuellen Grundrechte zähmen mehrheitsdemokratische Willkür und verhindern eine „Tyrannei der Mehrheit“[47].

D. Gewaltenteilung und horizontale Verantwortlichkeit. Das vierte Teilregime der rechtsstaatlichen Demokratie besteht aus Regeln der horizontalen Gewaltenteilung. Diese betrifft die Frage der Herrschaftsstruktur und beinhaltet die Rechtmäßigkeit des Regierungshandelns sowie dessen Überprüfung im Sinne einer balancierten Interdependenz und Autonomie von Legislative, Exekutive und Judikative. Auf diese Weise werden die Verantwortlichkeit und Verantwortung der Regierung nicht nur punktuell über Wahlen, sondern auch stetig über die sich wechselseitig kontrollierenden konstitutionellen Gewalten gewährleistet. Da in parlamentarischen Regierungssystemen Exekutive und Legislative eng verschränkt sind, kommt der Unabhängigkeit der Justiz und insbesondere ihren Richtern eine besondere Bedeutung zu.

E. Effektive Regierungsgewalt. Das fünfte Teilregime der effektiven Regierungsgewalt legt fest, dass nur diejenigen Personen, Organisationen und Institutionen berechtigt sind, verbindliche politische Entscheidungen zu treffen, die durch freie Wahlen legitimiert wurden. Das Militär, aber auch machtvolle Unternehmen, Banken oder Finanzfonds dürfen nicht letztinstanzlich über die Sicherheits-, Finanz- oder Wirtschaftspolitik bestimmen. Trotz der beeindruckenden Demokratisierung Lateinamerikas seit den 1980er Jahren, trotz weiterer Teilerfolge in Südostasien bestimmt das Militär in manchen Demokratien immer noch Teile der Sicherheitspolitik sowie seinen eigenen Haushalt jenseits von Parlament und Regierung. Als eine ebenfalls problematische Einschränkung der souveränen Prärogative von Parlament und Regierung muss das Wirken globaler Institutionen wie des IWF oder supranationaler Institutionen wie der EZB und der Europäischen Union gesehen werden, wenn diese, wie dies seit 2010 geschieht, tief in die Haushaltspolitik überschuldeter Länder wie Griechenland, Portugal, Irland oder Spanien eingreifen. Selbst für die Geberländer entstehen bei Schuldenschnitten Haftungsrisiken, die von den Parlamenten so nicht mitentschieden wurden.

b) Die interne und externe Einbettung. Die beschriebenen Teilregime können ihre Wirkung für die Demokratie nur dann voll entfalten, wenn sie wechselseitig verschränkt sind. Demokratie wird damit als ein Gefüge von Teilregimen begriffen, das sich wechselseitig ergänzt, aber auch begrenzt. Jede Demokratie ist zudem in eine Umwelt eingebettet. Diese umschließt die

---

47 *Alexis de Tocqueville*, Über die Demokratie in Amerika (1835), 1990, S. 160.

Demokratie, ermöglicht und stabilisiert bzw. behindert oder destabilisiert sie. Die wichtigsten externen Einbettungsringe sind der sozioökonomische Kontext, die Zivilgesellschaft und die gesicherte territoriale Integrität sowie eine hinreichende Akzeptanz der Festlegung, wer zum Staatsvolk gehört oder nicht. Insofern umfasst die ‚Staatlichkeit' den gesicherten Bestand des Staatsgebietes und des Staatsvolkes. Die Beschädigung oder Unterentwicklung dieser äußeren Einbettung zieht häufig Defekte der Demokratie selbst nach sich oder macht sie zumindest fragiler und instabiler.

Der Staat taucht in diesem Demokratiekonzept mit fünf Funktionen auf:

- Zunächst besteht die äußere Einbettung in eine gesicherte *Staatlichkeit*. Wenn die Fragen des Staatsterritoriums und des Staatsvolkes ungeklärt sind und zu gewaltsamen Konflikten (Autonomie, Sezession) führen, kann sich kaum eine stabile Demokratie entwickeln, wie die Beispiele Kolumbiens, Russlands, Georgiens und Indonesiens andeuten. Eine gesicherte Staatlichkeit ist eine fundamentale Voraussetzung für eine im Inneren friedfertige Demokratie.

- Die *Staatlichkeit* besitzt aber noch eine andere Dimension. Dies ist die Effizienz und Demokratietauglichkeit staatlicher Verwaltungen. Sind diese nicht effizient, können demokratisch getroffene Entscheidungen nicht angemessen implementiert werden. Sind sie autoritär durchsetzt wie in der Weimarer Republik und vielen Transformationsländern der sogenannten dritten Demokratisierungswelle des zwanzigsten Jahrhunderts, werden Entscheidungen häufig nur selektiv oder aber verzerrt umgesetzt.

- Der *Rechtsstaat* ist in allen fünf Teilregimen präsent. Ohne seine Regeln und seine legitime Supervisions- und Sanktionsgewalt wären die Teilregime entweder funktionsunfähig oder hochgradig defekt. Besondere Wirkungsmacht kommt dem Rechtsstaat, aber im Teilregime C der Grund- und Bürgerrechte zu.

- Der *Verfassungsstaat* hat seine besondere Wichtigkeit im konstitutionellen Schutz der Gewaltenkontrolle (Teilregime D), aber auch im Teilregime E, in dem in einer rechtstaatlichen Demokratie abzusichern ist, dass nur jene Institutionen und Personen die Befugnis für allgemein verbindliche Entscheidungen besitzen dürfen, denen diese demokratisch-konstitutionell zugewiesen wurde.

- Der *Sozialstaat* taucht zwar nicht als definitorischer Bestandteil der Demokratie auf, aber sehr wohl in der äußeren Einbettung als eine wichtige Möglichkeitsbedingung, also ein Beitrag zu den sozialen Requisiten der Demokratie. Vereinfacht formuliert: je größer die sozioökonomische Ungleichheit in einem Land, umso größer die Wahrscheinlichkeit, dass dies das konstituierende Prinzip politischer Gleichheit de facto einschränkt. Allerdings steht die Bedeutung des Sozialstaates für die Demokratie hinter jener des Rechtsstaates zurück. Denn eine Demokratie kann sehr wohl dauerhaft und stabil mit einem marginalen Sozialstaat existieren, ein defekter Rechtsstaat würde dagegen auch die partizipativen Kerne der Demokratie und die für die politischen Beteiligungsrechte unverzichtbaren Grund- und Freiheitsrechte beschädigen.

Gleichwohl zeigt die empirische Forschung, dass ganz offensichtlich ein positiver Zusammenhang zwischen einem starken Sozialstaat, sozialer Gerechtigkeit und der Qualität der Demokratie besteht: Je höher die soziale Gerechtigkeit, umso höher die Qualität der Demokratie.[48]

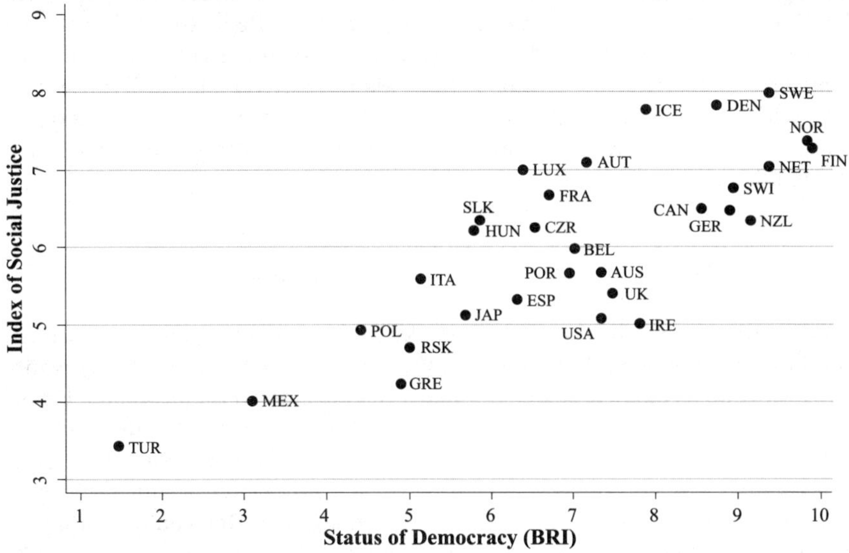

Quelle: Wolfgang Merkel / Heiko Giebler, Measuring Social Justice and Sustainable Governance in the OECD, in: Bertelsmann Stiftung (Hrsg.), Sustainable Governance Indicators 2009. Policy Performance and Executive Capacity in the OECD, 2009, S. 209.

Abbildung 2: Soziale Gerechtigkeit und Qualität der Demokratie

Auch empirische Untersuchungen legen nahe, dass die Qualität der Demokratie in einem Land umso höher ist, je besser es um die soziale Gerechtigkeit bestellt ist.[49] Unbestritten ist auch, dass der Sozialstaat über seine Bildungs-, Gesundheits- und Rentenpolitik zur sozialen Gerechtigkeit beiträgt. Konstitutiv für den demokratischen Verfassungsstaat ist er jedoch nicht.

48 *Wolfgang Merkel / Heiko Giebler*, Measuring Social Justice and Sustainable Governance in the OECD, in: Bertelsmann Stiftung (Hrsg.), Sustainable Governance Indicators 2009. Policy Performance and Executive Capacity in the OECD, 2009, S. 187–215.

49 *Merkel / Giebler* (Fn. 48).

Wie viel Staat braucht die Demokratie und wie viel Staatstheorie braucht die Demokratietheorie? Eine gehörige Portion, und zwar insbesondere in Form einer Rechtsstaatstheorie, weil diese uns aufklärt über die legitimen Formen der Herrschaftskontrolle und die Grenzen legitimer staatlicher Eingriffe in die Rechte und die Lebenswelt der Bürger. Die Staats- und Rechtsstaatstheorie ist essentiell für die Demokratietheorie und wird auch in Zukunft nicht durch die normativ häufig beliebige Governance-Forschung ersetzt werden können.[50] Wenn die Suche nach funktionalen Äquivalenten die Governance-Forschung in Mehrebenensystemen beherrscht, wird die normative Frage nach demokratischer Legitimität zumindest verdrängt.[51] Aber gerade in Zeiten internationaler und supranationaler Übergriffe auf den Bestand nationalstaatlicher Demokratien muss die historisch bisher am höchsten entwickelte Form der Demokratie, nämlich der rechtsstaatlich organisierte demokratische Nationalstaat, als normativer Maßstab dafür dienen, wie viel Abwanderung von Entscheidungsrechten auf übergeordnete Ebenen oder demokratisch kaum legitimierte Institutionen hingenommen werden darf.

IV. Wer steckt in der Krise: Die Demokratie oder der Staat?

Wozu brauchen wir aber eine Demokratietheorie, die viele Institutionen und Funktionen des Staates einbezieht? Sicherlich auch für die allgegenwärtige Frage, ob es eine Krise der Demokratie gibt, und wenn ja, welche Bereiche besonders betroffen sind, welche Ansteckungsgefahren für die weiteren Teilbereiche der Demokratie existieren und welches die Ursachen sein könnten. Es liegt auf der Hand, dass diese Fragen mit einem minimalistischen Demokratiebegriff nicht beantwortet werden können. Der von den Minimalisten immer wieder reklamierte Vorteil, dass ein so schlanker Demokratiebegriff Vergleiche zwischen besonders vielen Ländern, wie etwa den 117 „elektoralen Demokratien“, die Freedom House[52] gezählt hat, ja sogar zwischen allen rund 200 Staaten dieser Welt erlaubt, schmilzt zusammen, wenn man wesentliche Fragen mit dem Konzept gar nicht untersuchen kann.

---

50 *Offe*, Governance – ‚Empty signifier‘ oder sozialwissenschaftliches Programm? in: Gunnar Folke Schuppert/Michael Zürn (Hrsg.), Governance in einer sich wandelnden Welt, PVS-Sonderheft 41 (2008), S. 71.

51 Gunnar Folke Schuppert schließt allerdings nicht aus, dass Governance durchaus in einem normativ gehaltvollen Sinne verwendet wird und verwendet werden kann, wenn etwa das Adjektiv *good* davorgesetzt wird (*Schuppert*, Governance – auf der Suche nach Konturen eines ‚anerkannt eineindeutigen Begriffs‘, in: ders./Michael Zürn (Hrsg.): Governance in einer sich wandelnden Welt, PVS-Sonderheft 41 (2008), S. 27). Sieht man sich die Explizierung von *good* bei der OECD, Weltbank und GIZ näher an, zeigt sich, dass darin rechtsstaatliche und partizipative Elemente enthalten sind.

52 www.freedomhouse.org/sites/default/files/inline_images/FIW%202012%20Booklet--Final.pdf, S. 4.

Ob es eine Krise der Demokratie gibt, wird vor allem theoretisch (vor-) entschieden.[53] Minimalisten sprechen nicht davon, solang freie und faire Wahlen garantiert sind. Und die werden trotz Berlusconi und undurchsichtigen Manövern bei den Präsidentschaftswahlen von 2000 in den USA den ‚alten' OECD-Staaten fast automatisch attestiert. Ein schlankes, minimalistisches Konzept stellt keine analytischen Sensorien zur Verfügung, die die Symptome oder Ursachen von nahenden oder manifesten Krisen erkennen oder gar erklären könnten. Es bleibt statisch und unfähig, problematische Entwicklungen innerhalb des demokratischen Systems zu lokalisieren, das Ansteckungspotenzial für die angrenzenden Demokratiebereiche zu diagnostizieren und mit Erklärungen aufzuwarten. Es wird erst warnen können, wenn die Krise den Kern freier und fairer Wahlen längst erreicht hat.

Bei einem maximalistischen Demokratiekonzept liegt dagegen die Versuchung nahe, vielfältige Krisen in Permanenz zu erkennen: Fiskalprobleme des Staates, Abbau des Sozialstaates, Rückgang der Wahlbeteiligung, Niedergang der Volksparteien oder die wachsende sozioökonomische Ungleichheit werden häufig als Symptome und Ursachen der Demokratie gedeutet. Sie stellen zweifellos erhebliche Herausforderungen dar. Eigentümlicherweise werden sie aber nicht mit den Fortschritten oder stabilisierenden Wirkungen anderer Teilregime der Demokratie verrechnet, etwa im Bereich der Bürger- und Minderheitenrechte, der Transparenz politischer Vorgänge oder der stärkeren Kontrolle der politischen Eliten durch die Medien. Unsere empirischen Forschungen im Rahmen des Demokratiebarometers deuten darauf hin, dass sich die reale politische wie ökonomische Situation der Frauen, die Bürger- und Minderheitenrechte, aber auch die Partizipationsmöglichkeiten der dreißig besten Demokratien in den letzten Jahren erheblich verbessert haben. Insbesondere die Fortschritte bei den Rechten der Frauen und Minderheiten tragen eine stark rechtsstaatliche Signatur.

Die Imagination eines „Goldenen Zeitalters" der Demokratie scheint ein unzerstörbarer Mythos zu sein. Ein solches Zeitalter, gerne in die 1950er/60er Jahre verlegt, kann jedoch weder für die formierte Gesellschaft der Adenauer-Ära gelten noch für die Schweiz ohne Frauenwahlrecht, das illiberal-korrupte Italien der Democraczia Christiana oder die USA noch zu Zeiten Kennedys, als ein ungeschminkter Rassismus dem afroamerikanischen Bevölkerungsteil in den Südstaaten zentrale Bürgerrechte vorenthielt. Dennoch hält sich erstaunlicherweise die immer wieder vorgetragene Mär von einem „Goldenen Zeitalter" oder vergangenen „demokratischen Momenten"[54] als schlechter Mythos, um darauf aufbauend nichts weniger als die Postdemokratie auszurufen.

---

53 *Merkel* (Fn. 33); *ders.*, Gibt es eine Krise der Demokratie? Mythen, Fakten und Herausforderungen, WZB-Mitteilungen 139 (2013), S. 1.

54 *Colin Crouch*, Post-Democracy, Cambridge 2004.

Nicht dass es gegenwärtig keine Demokratiedefizite gäbe. Einbußen musste die Qualität der etablierten Demokratien z. B. in den Bereichen der horizontalen Gewaltenkontrolle hinnehmen. Dies trifft weniger die Gerichte, wohl aber den wachsenden Kontrollverlust der Parlamente in Zeiten der Globalisierung, Europäisierung und internationalen Finanzkrisen. Die größte Herausforderung und den problematischsten Qualitätsverlust sehe ich jedoch bei der politischen Partizipation. Dies bezieht sich nicht auf die politischen Beteiligungs*rechte*, wohl aber auf die *reale* Beteiligung an der Res Publica. Die schleichende Exklusion der größer werdenden Unterschicht zunächst aus der wirtschaftlichen, dann der sozialen und schließlich auch der politischen Sphäre unseres Gemeinwesens nimmt zu. Dass diese Ausgrenzung einen sich verstärkenden Trend zur generationalen Vererbung in sich trägt, macht diese nicht nur zu einem sozialen, sondern auch zu einem politischen Skandal. Sozioökonomische Ungleichheiten dürfen das politische Gleichheitsprinzip nicht gravierend verletzen. Sonst droht eine milde Form der „low-intensity citizenship“[55] für die Marginalisierten, wie sie viele junge Demokratien in Lateinamerika oder Asien plagt. Setzt sich der Prozess der schleichenden Exklusion der Unterschicht fort und konzentriert sich die gegenwärtige Demokratisierungsdebatte primär darauf, die Mitwirkungspotenziale der Mittelschicht zu stärken, dann wird sich hinter dem Rücken aufgeblasener Diskurse gut situierter „Wutbürger“ ein Prozess fortsetzen, der, kaum bemerkt und diskutiert, eines Tages nur noch „normative Schrumpfstufen“[56] der politischen Gleichheit und repräsentativen Demokratie hinterlässt. Die permanente Existenzkrise der Demokratie ist in der entwickelten demokratischen Welt ein Mythos, ihre innere klassenspezifische Aushöhlung jedoch Realität. Es sind im Übrigen stärker die partizipativen Elemente als die rechtsstaatlich gesicherten Bürgerrechte, die in den letzten Jahren in den westeuropäischen Demokratien unter Druck geraten sind.[57] Die Ursachen lassen sich aber nicht allein auf die demokratischen Verfahrensregeln jenseits staatlichen Handelns zurückführen.

Und hier kommt dann doch der Steuer-, Sozial- und Bildungsstaat wieder ins Spiel. In allen drei Sphären wird man von einem milden Staatsversagen sprechen können, das die Demokratie in einem ihrer Grundprinzipien, nämlich der politischen Gleichheit, herausfordert. Damit führt dieses (partielle) Staatsversagen auch zu einem (partiellen) Demokratieversagen. Mit der Rückkehr der Klassenfrage und dem zunehmenden Ausstieg der unteren Klasse aus der politischen Partizipation droht die Verfestigung einer Zwei-

---

55 *Guillermo O'Donnell*, Horizontal Accountability in New Democracies, Journal of Democracy 9/3 (1998), S. 112.

56 *Claus Offe*, Herausforderung der Demokratie. Zur Integrations- und Leistungsfähigkeit politischer Institutionen, 2003, S. 128.

57 Die USA und im geringeren Maße Großbritannien bilden mit ihren rechtsstaatlich problematischen Sicherheitsgesetzen nach 9/11 eine Ausnahme.

Drittel-Demokratie, wie ich sie etwa in der Schweiz oder den USA, aber längst auch schon in Osteuropa sehe.[58] Die Wiederentdeckung des Staates erscheint mir deshalb als zwingendes Gebot, sowohl in der realen politischen Welt wie auch in der Demokratietheorie und der Demokratieforschung. Die Chancen dafür stehen gar nicht so schlecht. Die hohe Zeit der Systemtheorie scheint ebenso vorbei wie die der neoliberalen Vision des Minimalstaates. Beides kann die rechtsstaatliche Demokratietheorie nur bereichern.

58 *Wolfgang Merkel/Alexander Petring*, Politische Partizipation und demokratische Inklusion, in: Tobias Mörschel/Christian Krell (Hrsg.), Demokratie in Deutschland. Zustand – Herausforderungen – Perspektiven, 2012, S. 93.

Staatstheorie oder Demokratietheorie?

Kommentar

Von Jens Kersten, München

Ein Gespräch der Staatstheorie und der Demokratietheorie über politische Herrschaft ist ohne die Verfassungstheorie nicht möglich. Die Staatstheorie fokussiert auf den Staat als territorial begrenzte Herrschaft über Menschen. Die Verfassungstheorie beschreibt die politische Legitimation und die rechtliche Bindung von Herrschaftsgewalt. Die Demokratietheorie reflektiert auf ein Volk freier und gleicher Bürger als Legitimationsquelle der Herrschaftsausübung. Im demokratischen Verfassungsstaat sind Staat, Verfassung und Demokratie aufeinander bezogen. Doch die gegenwärtige politische Welt lässt sich nicht mittels eines – sei es staats-, verfassungs- oder demokratietheoretischen – Monismus begreifen. Der realistische, historische, normative und wissenschaftliche Blick auf die gegenwärtige Entwicklung politischer Herrschaft erfordert vielmehr einen dreidimensionalen Methodenansatz von Staats-, Verfassungs- und Demokratietheorie.

I.

Der realistische Blick auf die politische Welt zeigt, dass der demokratische Verfassungsstaat nicht die vorherrschende Form politischer Herrschaftsausübung ist. Die Weltgesellschaft kennt Staaten mit und ohne Verfassung, die teilweise demokratisch, teilweise undemokratisch und teilweise überhaupt nicht regiert werden. Darüber hinaus haben sich supra-, trans- und internationale Formen der politischen Herrschaft entwickelt, die keine Staaten sind, wohl aber über „Verfassungen" verfügen, die sich – mehr oder minder erfolgreich – um demokratische Strukturen bemühen. Gerade weil auf diese Weise Staat, Verfassung und Demokratie nicht über den gleichen politischen Anknüpfungspunkt verfügen, bedarf es eines konstruktiven Zusammenwirkens von Staats-, Verfassungs- und Demokratietheorie für die wissenschaftliche Analyse und Kritik politischer Wirklichkeit. Auf der Grundlage dieses dreidimensionalen Methodenansatzes lassen sich theoretische Synergieeffekte erzielen, um in der Vernetzung supra-, trans- und internationaler Akteure mit demokratischen, aber auch undemokratischen

Staaten neue Formen der Herrschaftsentwicklung zu begreifen und zu bewerten. Zugleich gehen mit einem dreidimensionalen Methodenansatz von Staats-, Verfassungs- und Demokratietheorie aber auch theoretische Differenzierungseffekte bei der Beschreibung vernetzter Herrschaft einher, da klare Abgrenzungen politischer Strukturen im Hinblick auf deren Legitimitäts- und Legalitätsbedürfnis möglich werden.

Ein Beispiel für die Leistungsfähigkeit eines solchen dreidimensionalen Methodenansatzes von Staats-, Verfassungs- und Demokratietheorie ist die Beschreibung der gegenwärtigen Transformation des Gewaltmonopols in der Europäischen Union. *Max Webers* klassische Definition begreift den modernen Staat idealtypisch über sein „Monopol legitimer physischer Gewaltsamkeit."[1] Jede historisch informierte Theoriebildung wird die zivilisatorische Leistung reflektieren, die die Entwicklung des legitimationsbedürftigen Gewaltmonopols des Staats für die rationale Ausübung von Herrschaft darstellt.[2] Gerade angesichts der Erosion des staatlichen Gewaltmonopols kann aber ein verantwortungsbewusster Methodenansatz das heuristische Spielpotential nutzen,[3] das sich im Spannungsfeld von Staats-, Verfassungs- und Demokratietheorie ergibt, um die Funktion des Gewaltmonopols im Verfassungsverbund der Europäischen Union neu zu denken:[4] Nur auf den ersten Blick erweist sich dabei das Gewaltmonopol der Mitgliedstaaten für die Begründung der Europäischen Union als Herrschaftsverband als eine sperrige Argumentationsfigur. Doch über den Gedanken der Europäischen Union als „Verfassungsverbund"[5] lässt sich das mitgliedstaatliche Gewaltmonopol in das Verständnis eines föderalen europäischen Herrschaftsverbands einbinden. Hierbei zeigt gerade auch die Analyse des föderalen Systems der Bundesrepublik, dass das Monopol der legitimen physischen Gewaltsamkeit keineswegs vom Schwerpunkt her beim Bund, sondern vor allem bei den Ländern liegt. Sollte die Entwicklung weiter dahin gehen, dass die Europäische Union im Rahmen ihrer Justiz-, Innen-, Außen-, Grenz- und Sicherheitspolitik verstärkt physische Gewalt ausüben kann, drängt sich gerade vor dem Hintergrund des Gewaltmonopols die Frage nach der „integrierten Staatlichkeit" von Europäischer Union *und* Mitgliedstaaten auf. Das Gewaltmonopol *nicht der*, sondern *in der* Europäischen Union kann

---

1 *Max Weber*, Politik als Beruf, in: ders., Gesammelte politische Schriften, hrsg. v. Johannes Winckelmann, 5. Aufl. 1988, S. 505 (506).

2 Vgl. *Gunnar Folke Schuppert*, Staatswissenschaft, 2003, S. 68 ff.

3 Vgl. *Schuppert*, Staatswissenschaft (Fn. 2), S. 272 ff., zur Erosion des staatlichen Gewaltmonopols.

4 Vgl. hierzu und zum Folgenden *Jens Kersten*, Warum Georg Jellinek? Jellinek und die Staats- und Europarechtslehre der Gegenwart, in: Andreas Anter (Hrsg.), Die normative Kraft des Faktischen. Das Staatsverständnis Georg Jellineks, 2004, S. 175 (189 f.).

5 Vgl. zum Konzept der Europäischen Union als „Verfassungsverbund" BVerfG, NJW 2009, S. 2267 (2271 [Rn. 229]) – Lissabon.

auf diese Weise im Anschluss an *Gunnar Folke Schuppert* im Sinn einer „Koproduktion von Staatlichkeit“[6] verstanden werden. „Staat“ und „Staatlichkeit“ sind also zu unterscheiden;[7] und die „Staatlichkeit“ *in der* Europäischen Union wird sich im Hinblick auf das Gewaltmonopol in einer demokratisch verantworteten Kompetenzverteilung und Kompetenzausübung nationaler und europäischer Akteure konstellieren.

II.

Der historische Blick verweist auf die sehr unterschiedlichen politischen Erfahrungen der Herrschaftsausübung, die sich in der Staats-, Verfassungs- und Demokratietheorie gespeichert finden.[8] Diese theoretischen „Begriffsspeicher“ historischer Erfahrung sind auch für die Analyse aktueller Herrschaftskonstellationen einer vernetzten statt stratifizierten politischen Welt unverzichtbar. Sie beschreiben über empirische und normative Typenbildung die Funktionsbedingungen von Staat, Verfassung und Demokratie. Gerade das Verständnis neuer Governancekonstellationen kann auf diesen klassischen Erfahrungsschatz zurückgreifen und ihn theoretisch weiterentwickeln. Die Transformation historischer Erfahrung in der Staats-, Verfassungs- und Demokratietheorie ist dabei unmittelbar mit der Reflexion der jeweils eigenen Theoriegeschichte verbunden. Diese schwingt regelmäßig unausgesprochen in den theoretischen Analysen und normativen Konstruktionen mit. Sie wird nur selten so ausdrücklich aufgerufen wie beispielsweise in den Erörterungen der Voraussetzungen demokratischer Herrschaft in der Entscheidung des Bundesverfassungsgerichts zum Vertrag von Maastricht vom 12. Oktober 1993: „Jedes der Staatsvölker ist Ausgangspunkt für eine auf es selbst bezogene Staatsgewalt. Die Staaten bedürfen hinreichend bedeutsamer eigener Aufgabenfelder, auf denen sich das jeweilige Staatsvolk in einem von ihm legitimierten und gesteuerten Prozeß politischer Willensbildung entfalten und artikulieren kann, um so dem, was es – relativ ho-

---

6 Vgl. *Gunnar Folke Schuppert*, Staat als Prozess. Eine staatstheoretische Skizze in sieben Aufzügen, 2010, S. 158 ff.; *ders.*, Von der Ko-Produktion von Staatlichkeit zur Co-Performance von Governance. Eine Skizze zu kooperativen Governance-Strukturen von den Condottieri der italienischen Renaissance bis zu Public Private Partnerships, in: Sebastian Botzem / Jeanette Hofmann / Sigird Quack / Gunnar Folke Schuppert / Holger Straßheim (Hrsg.), Governance als Prozess. Koordinationsformen im Wandel, 2009, S. 285 (301 ff.).

7 Vgl. darüber hinaus zur Transformation von Staatlichkeit *Gunnar Folke Schuppert*, The Europeanisation of National Governance Structures in the Context of the Transformation of Statehood, in: ders. (Hrsg.), The Europeanisation of National Governance, 2006, S. 9 ff.

8 Vgl. zur Speicherung historischer Erfahrung in der rechtswissenschaftlichen Begriffs- und Theoriebildung *Armin von Bogdandy*, Beobachtungen zur Wissenschaft vom Europarecht. Strukturen, Debatten und Entwicklungsperspektiven der Grundlagenforschung zum Recht der Europäischen Union, in: Der Staat 40 (2001), S. 3 (12 ff.).

mogen – geistig, sozial und politisch verbindet (vgl. hierzu *H. Heller*, Politische Demokratie und soziale Homogenität, Gesammelte Schriften, 2. Bd., 1971, S. 421 [427 ff.]), rechtlichen Ausdruck zu geben."[9]

Mit dem Zitat Hermann Hellers ruft der Zweite Senat des Bundesverfassungsgerichts in seiner Konkretisierung des Demokratieprinzips als Maßstab der europäischen Integration den Weimarer Methoden- und Richtungsstreit auf – und dies in der für die bundesdeutsche Staatsrechtslehre typischen Art und Weise: *Hans Kelsen* ignoriert, *Rudolf Smend* integriert, Hermann Heller zitiert und *Carl Schmitt* praktiziert. Sicherlich ließe sich innerhalb dieser theoriegeschichtlichen Aktualisierung der Weimarer Verfassungslehre durch die Karlsruher Rechtsprechung danach fragen, warum ein theoretisch selektiv rezipierter und politisch weichgespülter Carl Schmitt demokratietheoretisch so erfolgreich sein kann,[10] während sich die liberale Demokratietheorie Hans Kelsens nur mühsam im kollektiven Gedächtnis der bundesdeutschen Staatsrechtslehre hält.[11]

Doch die Frage nach den Bedingungen legitimer Herrschaftsausübung in der Europäischen Union lässt sich theoriegeschichtlich nicht nur im Rekurs auf die Weimarer Demokratie- und Verfassungslehre, sondern auch in Anknüpfung an die spätkonstitutionelle Staatstheorie diskutieren: *Georg Jellineks* Konkretisierung des Begriffs des „Staatsvolks" in der Statuslehre reflektiert auf rechtsvergleichender Grundlage die Entwicklung der Legitimation politischer Herrschaft im Spannungsverhältnis von *status passivus* und *status activus*: Die Unterwerfung der Bürger unter die Staatsgewalt (*status passivus*)[12] wird durch die Mitwirkungsrechte der Bürger an der Staatsgewalt (*status activus*) kompensiert.[13] Dabei kommt die Entwicklung der politischen Kultur legitimer Herrschaft nach der Auffassung Jellineks im zunehmenden Regress des *status passivus* und in der zunehmenden Entfaltung des *status negativus*, *positivus* und insbesondere *activus* zum Ausdruck.[14] Diese abstrakte Reflexion auf einer staatstheoretischen „Metaebene"[15] begreift Legitimation von Herrschaft als ein historisch relatives

---

9 BVerfGE 89, 155 (186).

10 Vgl. zur selektiven Carl Schmitt-Rezeption *Ernst-Wolfgang Böckenförde*, in: ders./Dieter Gosewinkel, Wissenschaft, Politik, Verfassungsgericht, 2011, S. 361: „Ich habe von seinem [Carl Schmitts] Werk immer das herausgesucht, was ich übernehmen und akzeptieren konnte." (Klammerzusatz durch den Verfasser)

11 Vgl. aber *Hans Kelsen*, Verteidigung der Demokatie. Abhandlungen zur Demokratietheorie, hrsg. v. Matthias Jestaedt/Oliver Lepsius, 2006.

12 Vgl. *Georg Jellinek*, System der subjektiven öffentlichen Rechte, 2. Aufl. 1905, hrsg. v. Jens Kersten, 2011, S. 84 ff., 196 ff., 293 ff.

13 Vgl. *Jellinek* (Fn. 12), S. 87, 136 ff., 288.

14 Vgl. *Jellinek* (Fn. 12), S. 86 f., 200.

15 *Walter Pauly*, Georg Jellineks „System der subjektiven öffentlichen Rechte", in: Samuel L. Paulson/Martin Schulte (Hrsg.), Georg Jellinek – Beiträge zu Leben und Werk, 2000, S. 227 (240).

Wechselspiel von politischer Gewalt, politischer Freiheit und politischer Partizipation. Sie ist mit diesem entwicklungsoffenen, rechtsvergleichend rückgebundenen Methodenansatz in der theoriegeschichtlichen Perspektive sehr viel eher in der Lage, die Evolution supranationaler politischer Herrschaft zu reflektieren als eine demokratie- und verfassungstheoretische Homogenitätslehre, die in ihrer diskriminierenden Originalfassung auf „die Ausscheidung oder Vernichtung des Heterogenen"[16] zielte. Auf diese Weise lässt sich in der historischen Perspektive eines dreidimensionalen Methodenansatzes die gegenseitige Kritik von Staats-, Verfassungs- und Demokratietheorie fruchtbar machen.

III.

Der normative Blick fällt auf Art. 20 Abs. 1 GG: Die Bundesrepublik ist ein demokratischer und sozialer Bundesstaat. Diese normative Konstitution der Bundesrepublik als demokratischer Verfassungsstaat löst dreifachen Theoriebedarf aus: Wie ist das Verhältnis von Staat, Verfassung und Demokratie im demokratischen Verfassungsstaat zu denken, zu gestalten und zu entwickeln?

In den letzten beiden Jahrzehnten wurde vor allem die normative Provokation thematisiert, die vom demokratischen Verfassungsstaat für das Verständnis demokratischer Legitimation der Europäischen Gemeinschaften und sodann der Europäischen Union ausging.[17] Insbesondere die Entscheidungen des Bundesverfassungsgerichts zu den Verträgen von Maastricht vom 12. Oktober 1993[18] und Lissabon vom 30. Juni 2009[19] sowie deren zustimmende und kritische Rezeption in der Staatsrechtslehre sind Ausdruck dieses Diskurses. Das normativ äußerst komplexe Problem der demokratischen Legitimation im Mehrebenensystem lässt sich nur in einem theoretisch ebenso komplexen Theoriediskurs abbilden, der nicht einseitig auf den Staat, die Verfassung oder die Demokratie als Argument setzt.[20] Vielmehr gilt es, die Legitimationsprobleme der europäischen Integration in einem dreidimensionalen Methodenansatz von Staats-, Verfassungs- und Demokratietheorie zu reflektieren. Auf der staatstheoretischen Ebene erfolgt diese Reflexikon mit dem Konzept offener Staatlichkeit[21] und einem normativ re-

---

16 *Carl Schmitt*, Die geistesgeschichtliche Lage des heutigen Parlamentarismus, 8. Aufl. 1996, S. 14.

17 Vgl. *Dieter Grimm*, Ursprung und Wandel der Verfassung, in: Josef Isensee/Paul Kirchhof (Hrsg.), Handbuch des Staatsrechts, Bd. I, 3. Aufl. 2003, § 1, Rn. 87 ff. m. w. N.

18 Vgl. BVerfGE 89, 155 – Maastricht.

19 Vgl. BVerfG, NJW 2009, S. 2267 ff. – Lissabon.

20 Vgl. krit. zum Staat als Argument *Christoph Möllers*, Staat als Argument, 2000.

flexiven Verständnis von Souveränität als der Fähigkeit des Staatswillens, sich nicht nur an das selbst gesetzte Verfassungsrecht zu binden, sondern auch in supranationale Verfassungsverbünde zu integrieren.[22] Auf der verfassungstheoretischen Ebene liegt die Herausforderung darin, die strukturellen Kopplungen der Verfassungsräume der Länder, des Bundes und der Europäischen Union konstruktiv zu entfalten, die in den Struktursicherungsklauseln des Art. 20, Art. 23 Abs. 1 und Art. 28 Abs. 1 Satz 1 GG sowie des Art. 2, Art. 4 Abs. 2 Satz 1 und Art. 6 EUV enthalten sind. Und auf der demokratietheoretischen Ebene sind schließlich die Modi demokratischer Legitimation für die Ausübung politischer Herrschaft im europäischen Verfassungsverbund weiter auszudifferenzieren.

Gerade in diesem letzten Punkt fallen jedoch die Asymmetrien auf, die im europäischen Mehrebenensystem bestehen:[23] Das Grundgesetz sieht als demokratische Legitimationsmodi zwar Wahlen und Abstimmungen vor (Art. 20 Abs. 2 Satz 2 GG), entfaltet aber letztlich – vom Sonderfall des Art. 29 GG für die Länderneugliederung abgesehen – eine genuin repräsentative Demokratie. Demgegenüber differenzieren Art. 10 und Art. 11 EUV zwischen repräsentativen, plebiszitären, partizipativen und assoziativen Legitimationsbausteinen. Deshalb provoziert nicht nur das Demokratieverständnis des Grundgesetzes die Legitimation politischer Herrschaft der Europäischen Union. Sondern auch umgekehrt wirft die Vielfalt europäischer Legitimationsmodi Fragen an die repräsentative Monokultur des grundgesetzlichen Demokratieverständnisses auf. Insofern lassen sich auf der Grundlage des staatstheoretischen Konzepts der offenen Staatlichkeit und des verfassungstheoretischen Verständnisses der strukturellen Kopplung europäischer und nationaler Verfassungsräume die plebiszitären, partizipativen und assoziativen Legitimationsbausteine der Art. 10 und 11 EUV über die Struktursicherungsklausel des Art. 23 Abs. 1 GG für die demokratietheoretische Interpretation des Art. 20 Abs. 1 und 2 GG nutzbar machen und von dort über Art. 28 Abs. 1 Satz 1 GG auch an die Länder „weiterreichen". Auf diese Weise entwickelt der dreidimensionale Methodenansatz aus Staats-, Verfassungs- und Demokratietheorie über seine plurale Konturierung politischer Legitimation auch die politische Kultur im europäischen Mehrebenensystem weiter.[24]

---

21 Vgl. *Udo Di Fabio*, Das Recht offener Staaten. Grundlinien einer Staats- und Rechtstheorie, 1998; *ders.*, Der Verfassungsstaat in der Weltgesellschaft, 2001.

22 Vgl. BVerfG, NJW 2009, S. 2267 (2270 [Rn. 223]) – Lissabon; zur Entwicklung der Selbstbindungslehre *Jens Kersten*, Georg Jellinek und die klassische Staatslehre, 2000, S. 409 ff.

23 Vgl. hierzu und zum Folgenden *Jens Kersten*, Europäische Raumentwicklung nach dem Lissabon-Urteil des Bundesverfassungsgerichts, in: UPR 2010, S. 201 (203 f.).

24 Vgl. *Gunnar Folke Schuppert*, Politische Kultur, 2008, S. 262 ff.

IV.

Der wissenschaftliche Blick richtet sich auf den epistemologischen Mehrwert eines offenen und kreativen Umgangs mit differenzierten Theorieansätzen. Die gegenseitige Synergie, Differenz und Kritik von Staats-, Verfassungs- und Demokratietheorie im Spannungsverhältnis von Faktizität und Normativität politischer Herrschaft dynamisiert die Theorieentwicklung insgesamt. Die in dieser wissenschaftlichen Dynamik angelegte Neugier auf die Reflexion neuer politischer Phänomene hat Gunnar Folke Schuppert in seinem jüngsten Buch über *Governance und Rechtsetzung* unter Beweis gestellt. In diesem unternimmt er einen „Ausbruch aus dem Ghetto der Gesetzgebungslehre“ und bricht zu einer „Reise in die ‚World of Rules‘“ auf.[25] Als Kompass auf dieser Reise dienen Schuppert die Staats-, die Verfassungs- und die Demokratietheorie. Denn praktisch alle – alten wie neuen – Phänomene der Rechtsetzung und Regulierung, denen er auf seiner Reise auf nationaler, europäischer und internationaler Ebene begegnet, koppeln sich nicht vollkommen von staatlichen Strukturen ab, suchen verfassungsrechtlichen Halt und werfen Fragen demokratischer Legitimation auf. Paradigmatisch wird dies im Rahmen von Schupperts Auseinandersetzung mit den Formen einer „nur“ graduellen Entkopplung von Staat und Recht deutlich: Der „Erzählung vom transnationalen Recht“[26] als den „autonomen“ Normen einer globalen Zivilgesellschaft setzt Schuppert die staats-, verfassungs- und demokratietheoretisch informierte Forderung entgegen, „das Verhältnis von zivilgesellschaftlicher Normproduktion und staatlicher Rechtsordnung differenzierter wahrzunehmen und darzustellen.“[27] Das Verständnis des transnationalen Rechts als „Recht hybriden Charakters“[28] beruht dabei gerade auf dem staatlichen Anteil in der Rechtserzeugung und Rechtsdurchsetzung, ohne dass damit die Staatszentriertheit transnationaler Verrechtlichungsprozesse behauptet würde. Dieses wissenschaftliche Differenzierungsvermögen in der begreifenden Begriffsbildung des „Neuen“ beruht aber gerade auf einem differenzierten Methodenansatz, der Staats-, Verfassungs- und Demokratietheorie integriert. Ganz in diesem Sinn ist das Werk von Gunnar Folke Schuppert das fulminante Plädoyer für eine opulente Staats-, Verfassungs- und Demokratietheorie.

---

25 Vgl. *Gunnar Folke Schuppert*, Governance und Rechtsetzung. Grundfragen einer modernen Regelungswissenschaft, 2011, S. 7.

26 *Schuppert*, Governance und Rechtsetzung (Fn. 25), S. 374.

27 *Schuppert*, Governance und Rechtsetzung (Fn. 25), S. 378.

28 *Schuppert*, Governance und Rechtsetzung (Fn. 25), S. 382.

IV. Staat, Politik, Recht

Der Staat – weiterhin der zentrale Ort des Politischen?

Von Ulrich K. Preuß, Berlin

I. Zur Kategorie des Politischen

Das Politische ist eine elementare Kategorie des Sozialen. Politisch ist nicht die Eigenschaft eines Individuums; politisch ist ein Attribut des Gemeinschaftslebens. Im *politischen* Verband werden die Schranken der naturhaften, quasi-organischen Formationen der Familie, der Sippe und des Stammes überwunden und durch die Herstellung einer kaum weniger existentiellen, aber abstrakten Verbindung einander blutsmäßig nicht verwandter Menschen überformt. Das Besondere und Einzigartige einer solchen Gemeinschaft besteht darin, dass, anders als eine natürliche Gemeinschaft, ihr bloßes Dasein nicht bereits ihr Zweck ist; sie ist nicht gegeben, sondern aufgegeben. Diese Eigenart bedingt die Notwendigkeit bewusster Organisation, die das Bedürfnis nach Selbstdeutung erzeugt. Eine politische Gemeinschaft verhält sich zu sich selbst, sie beobachtet, reflektiert, ändert und korrigiert sich selbst, vor allem natürlich deswegen, weil die Organisation von Herrschaft ihr zentrales Thema ist. Die Herstellung und Bewahrung einer dauerhaften und unauflöslichen, aber nicht bereits durch die Natur gegebenen Verbundenheit eines Wir bildet den Kern des Politischen.

Die politische Gemeinschaft ist aufgrund ihres inhärent reflexiven Charakters eine äußerst anspruchsvolle menschliche Vergemeinschaftungsform. Es ist daher wenig überraschend, dass sie in der Entwicklungsgeschichte der Menschheit erst sehr spät in Erscheinung getreten ist – etwa in der Mitte des fünften vorchristlichen Jahrhunderts, als die Griechen das Politische erfanden.[1] Insofern ist die hier zu behandelnde Verbindung des Politischen mit dem Staat nur eine unter mehreren historischen Erscheinungsformen des Politischen.[2] Diese Feststellung impliziert die These ihrer Vergänglichkeit. Ist die Zeit ihres Endes gekommen? Die Antwort wird hier in vier Schritten

---

1 *Christian Meier,* Die Entstehung des Politischen bei den Griechen, 1980, S. 40 ff., 144 ff.; *Christian Meier,* Athen. Ein Neubeginn der Weltgeschichte, 1993, S. 128 ff.

2 Zu verschiedenen historischen Konzeptionen des Politischen vgl. *Thomas Meyer*, Was ist Politik?, 2000, S. 24 ff.

entwickelt. Am Anfang steht die Skizze des Ursprungsbegriffs des Politischen (II.), gefolgt von der Erläuterung der Eigenart der Verbindung des Politischen mit dem Staat (III.). In den Abschnitten IV., V. und VI. analysiere ich die Folgen der strukturellen Wandlungen der drei definierenden Elemente des Staates in den vergangenen dreieinhalb Jahrhunderten für den Begriff des Politischen: Staatsvolk, Staatsgewalt und Staatsgebiet. Abschnitt VII. befasst sich mit den gegenwärtigen Wettbewerbern des Staates um den Status als politische Gemeinschaft und führt in Abschnitt VIII. zu der Antwort auf die in der Überschrift formulierte Frage.

II. Das Politische als das Polis-Gemäße

Bereits die Etymologie belehrt uns, dass der klassische Ort des Politischen die altgriechische *Polis* ist. Hier ist das Politische welthistorisch entstanden. Es war in der Polis verkörpert, einer menschlichen Gemeinschaft neuen Typs: die Gemeinschaft der Freien und Gleichen, die gemeinsam an der Herrschaft teilhaben, d. h. als Gleiche über Gleiche, d. h. über Ihresgleichen herrschen und von Ihresgleichen beherrscht werden. Diese politische Qualität drückt sich im individuellen Status des Bürgers aus – der Status der Mitgliedschaft in der Polis. Auch wenn diese über ein halbes Jahrtausend vor Christi Geburt aufkommende gänzlich neue Idee einer Gemeinschaft der Bürger in vieler Hinsicht nicht der historischen Realität entsprechen und daher eher zu den Gründungsmythen Europas zu zählen sein mag, so läge doch, wie *Pocock* zu Recht bemerkt hat, die Einzigartigkeit Europas bereits in der Existenz gerade dieses Mythos; keine andere Zivilisation hat einen derartigen Mythos als Grundlage ihres Wertbewusstseins und Stolzes hervorgebracht.[3] Die Gemeinschaft der Bürger – die politische Gemeinschaft – ist weder eine durch die Gemeinsamkeit des Ortes, der Abstammung oder des wechselseitigen Nutzens gestiftete Gemeinschaft.[4] Das Sprechen als kommunikativer Akt tritt an die Stelle des Blutes, und die Teilnahme am gemeinsamen Entscheiden, nicht der Inhalt der Entscheidungen ist das Wesentliche dieser Art der Mitgliedschaft. Großfamilie, Sippe, Stamm sind primordiale Gemeinschaften, deren Ordnung durch naturwüchsige Loyalitäten aufrechterhalten wird. Eine politische Gemeinschaft dagegen ist gewissermaßen synthetisch; als eine Gemeinschaft von Fremden muss sie die sie tragenden Bindungen aus sich selbst heraus erzeugen. Die politische Gemeinschaft besteht aus dem fragilen kommunikativen Zusammenhang der Bürger. *Thukydides* spricht, wenn er die Polis meint, nicht von „Athen“, sondern von „den Athenern“.[5]

---

3 *J. G. A. Pocock*, The Ideal of Citizenship Since Classical Times, in: R. Beiner (Hrsg.), Theorizing Citizenship. Albany 1995, S. 29.

4 *Meier*, Die Entstehung des Politischen (Fn. 1), S. 27 ff., 247 ff.; *Philip B. Manville,* The Origins of Citizenship in Ancient Athens. Princeton, N.J. 1990, S. 48.

Darin ist impliziert, dass in ihren Mitgliedern die Vorstellung lebendig ist, dass sie einen Verband mit spezifischen Ordnungserfordernissen bilden; sie müssen ein reflexives Verhältnis zu sich selbst als Mitgliedern dieses Verbandes haben, denen die Erfüllung dieses Ordnungserfordernisses obliegt. Politisch ist eine Gemeinschaft m.a.W. nur, wenn in ihr das Bewusstsein der Verantwortung ihrer Mitglieder für die Ordnung dieser Gemeinschaft – d. h. vor allem für die Gerechtigkeit ihrer Herrschaftsbeziehungen – institutionalisiert ist. Sie äußert sich nicht nur in der aktiven Teilnahme an der Erhaltung und Förderung des Gemeinwesens, sondern auch in Gehorsam und Loyalität ihm gegenüber. In diesem Sinne des Politischen gründen Kritik, Gehorsam und Loyalität als moralische Haltungen gegenüber dem politischen Gemeinwesen in dem Status der Mitgliedschaft, d. h. des Bürgers.

Die Polis entstand in der Kleinräumigkeit der attischen Städte und war daher im Grunde ein lokales und auch zeitlich begrenztes Ereignis. Es konnte welthistorisch nur so wirkungsmächtig werden, weil in ihm das Ideal bürgerschaftlicher Selbstherrschaft aufleuchtete. Dass dieses Ideal in der attischen Polis nur innerhalb einer Minderheit eine jedenfalls annähernde Wirklichkeit wurde, hat ihm seine Ausstrahlungskraft nicht genommen. Dennoch, als sich in Europa im Zuge der Transformation der feudalen Ordnung etwa seit dem 11. Jahrhundert neue Formen des Gemeinschaftslebens herausbildeten – unter diesen spielten die Städte wiederum eine besonders wichtige Rolle[6] – setzte sich am Ende – im 17. Jahrhundert der souveräne territoriale Staat als die dominante politische Formation gegen seine Konkurrenten durch.[7] Erstaunlicherweise knüpfte er dabei keineswegs an die griechische Ursprungsversion des Politischen an.[8]

III. Der Staat: Das Politische als Lösung des Kollektivgutproblems durch Souveränität

Der Staat ist geradezu der idealtypische Gegensatz zur Polis. Er ist der Verband, der in seiner begrifflichen Konstruktion die Pflicht zum Gehorsam radikal von Mitgliedschaft, Zugehörigkeit und Verantwortung für das Gemeinwesen trennt und depersonalisiert. Dies ist die Implikation seines territorialen Charakters.

---

5 Zitat bei *Meier,* Die Entstehung des Politischen (Fn. 1), S. 253; *Manville* (Fn. 4), S. 6.

6 Vgl. *Charles Tilly / Wim P. Blockmans* (Hrsg.), Cities and the Rise of States in Europe, A.D. 1000 to 1800, Boulder 1994; *Fernand Braudel*, Civilization and Capitalism, 15th–18th Century, Vol. 3: The Perspective of the World, New York 1984, S. 27 ff.

7 *Hendrik Spruyt*, The Sovereign State and its Competitors. An Analysis of Systems Change. Princeton, N.J. 1994, S. 153 ff.

8 Zu Recht weist z. B. Quaritsch darauf hin, dass den Griechen die Vorstellung einer „Gebietskörperschaft“ fremd war, vgl. *Helmut Quaritsch*, Staat und Souveränität, Bd. I, 1970, S. 22.

Max Weber definierte bekanntlich den Staat als die menschliche Gemeinschaft, welche das Monopol physischer Gewaltsamkeit „innerhalb eines bestimmten Gebietes" erfolgreich beansprucht; mit der Parenthese: „dies: das ‚Gebiet', gehört zum Merkmal"[9] hob er nochmals die wesentliche Bedeutung des territorialen Charakters des Staates hervor. Territorialität impliziert eine grundlegende Transformation der Struktur und der Bedeutung physischer Gewaltsamkeit innerhalb einer gegebenen sozialen Struktur.

In vorstaatlichen politischen Vereinigungen war Zwang, letztlich physische Gewalt ein bloßes Instrument in den Händen der Herrscher, deren Autorität auf ihrem sozialen Status beruhte, der sich aus Alter, göttlicher Abstammung, dynastischer Tradition, religiösem Charisma, militärischen Verdiensten und dergleichen ableitete. Dagegen ist im modernen Staat Zwangsgewalt nicht *eine*, sondern *die* Quelle politischer Autorität. Sie wird zum zentralen Faktor gesellschaftlicher Integration. Der Grund dafür liegt darin, dass die politische Entität „Staat" kein Personenverband, sondern ein Gebietsverband, d. h. durch Territorialität definiert ist.

Die territoriale Dimension von Autorität enthält den Anspruch auf Gehorsam von jedermann, der sich in dem physischen Bereich des Territoriums aufhält.[10] Insofern sind Territorialität und Territorium nicht lediglich räumliche Kategorien. Ein Raum wird zu einem Territorium, wenn er mit der Ausübung von Autorität kombiniert wird: durch die Kontrolle über Zu- und Abgang, durch den Ausschluss von der Nutzung der im Gebiet vorhandenen Ressourcen oder durch die Kontrolle über die innerhalb des Gebietes stattfindenden sozialen Interaktionen.[11] Insbesondere in diesem letzteren Fall wird deutlich, dass Territorialität eine Art Generalisierung von autoritativer Machtausübung bedeutet. An Stelle einer Kontrolle jeder einzelnen Interaktion von Fall zu Fall kann der Herr des Territoriums alle diese Vorgänge unter die von ihm gesetzten Regeln subsumieren, einschließlich zukünftiger Ereignisse, die er selbst noch gar nicht kennen kann. Diese umfassende und ausschließliche Kontrolle über ein Territorium ist eine wesentliche Dimension von Souveränität im Sinne des zum staatlichen Grundmodell gewordenen „Westfälischen Systems".[12]

Die Entpersönlichung von Herrschaft hat zur Folge, dass Umfang und Intensität von Herrschaft standardisiert werden. Sie erlaubt es ihm, über eine Vielzahl von Menschen nach allgemeinen Maßstäben zu herrschen. Aus interpersonaler Beherrschung wird unpersönliche Ordnung. Die strukturelle

---

9 *Max Weber,* Wirtschaft und Gesellschaft. Studienausgabe, 1964, S. 1043.

10 *David Miller / Sohail H. Hashmi* (Hrsg.), Boundaries and Justice. Diverse Ethical Perspectives. Princeton, N.J., 2001, Introduction, S. 4.

11 Hierzu und zum Folgenden *Robert David Sack*, Human Territoriality. Its Theory and History. Cambridge 1986, S. 31 ff.

12 *Stephen D. Krasner*, Sovereignty. Organized Hypocrisy. Princeton, N.J. 1999, S. 20 ff.

Bedeutung des territorialen Charakters des Staates ist treffend in dem Satz von *Gianfranco Poggi* formuliert: „Der Staat *hat* nicht ein Territorium, er *ist* ein Territorium".[13] Das drückt den diametralen Gegensatz zu der Feststellung des Thukydides aus: „Die Männer sind die Stadt, nicht Mauern und Schiffe."[14]

So entstand seit dem 17. Jahrhundert in Europa eine Pluralität territorial abgegrenzter, funktional gleicher oder ähnlicher Herrschaftsgebilde, in denen die Bevölkerung in separaten ‚Containern' zu Untertanenverbänden zusammengefasst wurde.[15] Der sich hier vollziehende schrittweise Prozess der ‚Verstaatlichung' der Erdoberfläche hat die Welt bekanntlich grundlegend revolutioniert und die ‚Menschheit' in eine ‚Staatengesellschaft' umgewandelt. Parallel dazu veränderte die Territorialisierung aber auch grundlegend die überkommenen Lebenswelten der in nivellierte Untertanen verwandelten Menschen. *Macpherson* entzifferte die Merkmale der sich unter souveräner Gebietsherrschaft herausbildenden neuen Gesellschaft aus den Schriften von *Hobbes* und *Locke* und entdeckte einen neuen Typus von Gesellschaft, dessen charakteristisches Merkmal er als Besitzindividualismus kennzeichnete („possessive individualism"):[16] ein unpersönliches und abstraktes Muster der Konkurrenz atomisierter Individuen um knappe Güter, von denen jedes für sich und isoliert um sein bzw. ihr Überleben kämpft. Es war das Paradigma der Marktgesellschaft, und die Marktteilnehmer bestanden aus Untertanen.

Wie konnte ein solches Gebilde jahrhundertelang zum Inbegriff des Politischen werden? Oben habe ich als ein unverzichtbares Merkmal des Politischen eine existentielle Gemeinschaft genannt, deren Mitglieder durch einen innerlich zwingenden und verbindlichen Zweck miteinander verbunden sind, die ein reflexives Verhältnis zu sich selbst als Mitglieder dieses Verbandes und zu diesem Verband selbst haben, aufgrund dessen sie Verantwortung für die Erfüllung der Ordnungserfordernisses dieser Gemeinschaft annehmen – m. a. W., politisch war in der griechischen Tradition ein Bürgerverband. Nichts davon finden wir im Staat: er kennt keine Bürger, die Träger der Verantwortung für das Wohl des Staates sein könnten, sondern nur gehorsamspflichtige Untertanen, denen es sogar verboten ist, über öffentliche Angelegenheiten zu „räsonieren". Schwerlich kann man ihn als ein Gemeinwesen bezeichnen.

---

13 *Gianfranco Poggi*, The State. Its Nature, Development and Prospects. Stanford 1990, S. 22.

14 Zit. nach *Meier*, Die Entstehung des Politischen (Fn. 1), S. 253.

15 *John G. Ruggie*, Territoriality and Beyond: Problematizing Modernity in International Relations, *International Organization* 47/1 (1993), S. 139; zur Metapher des ‚Containers' vgl. *Peter J. Taylor,* The State as Container: Territoriality in the Modern World-System, Progress in Human Geography 18/2 (1994), S. 151.

16 *Crawford B. Macpherson*, Die politische Theorie des Besitzindividualismus. Von Hobbes bis Locke, 1967.

Dennoch galt der Staat für mehr als dreihundert Jahre als der Inbegriff der politischen Qualität menschlicher Verbände. Dies lässt sich nur damit erklären, dass die Kategorie Staat den Begriff der Politik und des Politischen selbst verändert hat. Nach etatistischen Kriterien ist das Merkmal des Politischen die staatliche Souveränität, die an seine Territorialität gebunden ist. Um das zu verstehen, müssen wir uns klar machen, dass die Definition der Souveränität als höchste Gewalt im Staat ungenau ist. Denn damit wird dem Missverständnis Vorschub geleistet, als habe der Souverän im Verhältnis zu anderen Mächtigen den größten Umfang an Macht, unter allen Mächten sei er der höchste. Dann wäre seine Macht jedoch lediglich relativ die höchste, nicht absolut; auf dieses Merkmal legt *Bodin* in seiner berühmten Definition der Souveränität aber größten Wert.[17] Seine Macht ist absolut, weil sie die Macht des Staates – in Bodin's Terminologie: der Republik – als eine Gesamtheit in sich vereinigt.[18] Souveränität ist m.a.W. die im und durch den Staat vereinigte Macht der gesamten Gesellschaft. Bei Bodin wird das sehr deutlich wenn er erklärt, dass Gesetze Befehle sind, die alle Untertanen als Allgemeinheit betreffen und von allgemeinen Interessen handeln.[19] Mit anderen Worten, die Bewohner des Staates sind nicht lediglich weniger mächtig als der Souverän, also schwächer als er, sondern qualitativ nicht mit ihm zu vergleichen: sie sind ihm unterworfen (*subjiziert*), d. h. seine Untertanen. Die oben zitierte Formulierung von Poggi paraphrasierend könnte man daher sagen, dass der Staat keine Macht *hat*, sondern eine Macht *ist*, wie das ja in dem Verhältnis der Staaten zueinander auch anerkannt ist. Das ist so, weil sie die Macht der Gesamtheit der in ihnen und durch sie organisierten Gesellschaft repräsentieren.

Betrachten wir die Funktion der Souveränität, so wird deutlich, dass sie gewissermaßen als Treuhänderin des Interesses der Gesamtgesellschaft an ihrer Ordnung fungiert. Soziologisch gesprochen: Souveränität ist ein Medium der Integration und Disziplinierung einer Menge zunehmend dissoziierter, um nicht zu sagen: atomisierter Individuen, die in der frühmodernen Epoche der europäischen Geschichte, in der die feudale Ordnung zu erodieren beginnt, aus überkommenen sozialen Bindungen und Bezügen geworfen und unter das „besitzindividualistische" Ordnungsparadigma gezwungen worden waren.[20] Die Verantwortung für die Ordnung dieser neuartigen Gesellschaft konnten diese Individuen nicht übernehmen, da sie, modern gesprochen, der Logik des kollektiven Handelns unterlagen: wie Hobbes es im

---

17 *Jean Bodin,* Sechs Bücher über den Staat. Buch I–III. Übersetzt u. mit Anmerkungen versehen v. Bernd Wimmer, 1981, Buch I, Kap. 8, S. 205 u. 210 ff.

18 Vgl. *Dieter Grimm,* Souveränität. Herkunft und Zukunft eines Schlüsselbegriffs, 2009, S. 20 ff.

19 *Bodin* (Fn. 17), Buch I, Kap. 8, S. 222; Kap. 10, S. 294.

20 Nach wie vor wegweisend *Karl Polanyi,* The Great Transformation. Politische und Ökonomische Ursprünge von Gesellschaften und Wirtschaftssystemen, 1978.

Leviathan plastisch beschrieben hat, waren sie in ihrem individuellen Kampf ums physisches Überleben in einen *bellum omnium contra omnes* verstrickt, der sie strukturell unfähig machte, trotz elementarer gemeinsamer Interessen (vor allem Sicherheit, Frieden, Infrastruktur) diese Gemeinschaftsgüter kollektiv hervorzubringen.[21]

Hobbes, aber auch andere naturrechtlichen Vertragstheoretiker, zeigten die Lösung aus diesem Dilemma:[22] ein zwischen den freien Individuen geschlossener Vertrag, durch den sie einen Souverän als Ordnungsmacht einsetzen, dem gegenüber sie sich zum Gehorsam verpflichten und der die unabdingbaren Gemeinschaftsgüter erbringt: Gemeinwohl durch gemeinsame Unterwerfung, das Gemeinwesen als Untertanenverband. Souveränität war ein funktionelles Äquivalent zur Integration durch wechselseitiges Sprechen in der antiken Polis. Mit anderen Worten: der Container, die staatliche Zwangsanstalt, verkörperte die Gemeinschaftsinteressen seiner „Insassen" und stellte für diese daher durchaus eine existentielle Gemeinschaft dar, die *Jellinek'sche* „Gebietskörperschaft".[23] Denn ohne die Lösung des Kollektivgutproblems würden die aus ihren ständischen Bindungen und Einbettungen geschleuderten Individuen nicht-politischen, im Zweifel barbarischen Formen von Herrschaft unterworfen worden sein.

Der Staat mit seiner territorial definierten innerstaatlichen Souveränität verkörpert mithin die politische Qualität dieser neuartigen menschlichen Gesellungsform, die auch durchaus etwas Sakrales insofern hat, als die auf einer Mischung aus Furcht und Hoffnung beruhende Unterwerfung unter eine höchste Gewalt jedenfalls in monotheistischen Glaubensgemeinschaften eine religiöse Existenzform des Menschen dargestellt hatte. Doch die Spuren zur politischen Theologie können hier nicht weiterverfolgt werden. So muss dahingestellt bleiben, ob vielleicht auch im Wandel der Formen der Gottesverehrung gewisse Parallelen zu den Transformationen erkennbar sind, die der Staat und seine politischen Qualität seit ihrem Auftreten zu Beginn der Neuzeit in Europa bis zur Gegenwart erfahren haben. Gegenstand der folgenden Überlegungen sind dagegen die einschneidenden Veränderungen, die der moderne Staat und das mit ihm verbundene Konzept des Politischen in seiner etwa vierhundertjährigen Geschichte erlebt haben. Es wird sich zeigen, dass in den drei strukturbedeutsamen Schritten dieser Entwicklungsgeschichte jeweils eines der drei Elemente, die nach der von Georg Jellinek begründeten Lehre den modernen Staat konstituieren,[24] grundlegend transformiert worden ist: zuerst das Staatsvolk, das vom Untertantenverband zur

---

21 Grundlegend *Mancur Olson,* The Logic of Collective Action. Public Goods and the Theory of Groups. Cambridge/Mass. 1977.

22 *Wolfgang Kersting,* Die politische Philosophie des Gesellschaftsvertrags, 1994.

23 *Georg Jellinek*, Allgemeine Staatslehre. Nachdr. d. 3.Aufl. 1960 [1900], S. 183.

24 *Jellinek* (Fn. 23), S. 394 ff.

Nation wird; danach die Staatsgewalt, die plutalisiert und „vergesellschaftet“ wird, und schließlich das Staatsgebiet, das seine Geschlossenheit und damit seine herrschaftskonstituierende Funktion einbüßt. Was bedeuten diese Transformationen für die Verbindung des Politischen mit dem Staat?

IV. Staatsvolk: Die Herausbildung des *Wir* der Nation

In der ersten und wohl folgenreichsten dieser Transformationen wurde der Staat zum Verfassungsstaat und in aller Regel gleichzeitig auch zum Nationalstaat. Dies war keine zufällige Koinzidenz. Im Verfassungsstaat emanzipiert sich der Untertanenverband des absolutistischen Container-Staates zur Aktivbürgerschaft und konstituiert sich als Nation, die die Souveränität nun für sich beansprucht. Nationen hatte es in Europa auch vor der französischen Revolution gegeben. Folgt man der seit dem Ende des 19. Jhdts. geläufigen Unterscheidung zwischen Kulturnationen und Staatsnationen,[25] so hatten sich im Verlaufe einer jahrhundertealten Geschichte soziale Großgruppen herausgebildet, die sich durch die Gemeinsamkeit ihres Siedlungsgebietes, ihrer Abstammung, ihrer Religion und vor allem ihrer Sprache voneinander unterschieden und als Kultur- und Sprachgemeinschaften existierten, ohne zugleich auch notwendigerweise eine gemeinsame politische Geschichte und Herrschaftsorganisation zu besitzen. Jahrhundertelang entbehrte der Begriff der Nation jeglicher politischer Bedeutung, und schon gar nicht umfasste er die Gesamtheit einer territorial definierten Menschenmenge. Bis ins 18. Jhdt. hinein finden wir Beispiele dafür, wie in Deutschland und in Frankreich der Adel, also eine ganz und gar exklusive gesellschaftliche Gruppe, als Nation angesprochen wird,[26] ohne dass diese Gruppe sich etwa, wie dann 1789 der dritte Stand, mit der Gesamtheit der Gesellschaft identifiziert hätte. In der Entwicklung zum Nationalstaat, zu einer Organisation also, in der die Gesamtheit der Einwohner eines Territoriums eine relativ einheitliche, wenn auch keinesfalls ethnisch homogene Sprach- und Kulturgemeinschaft bildet und zugleich als Staat politisch organisiert ist, sind vor dem 19. Jhdt. vor allem England, Frankreich und Spanien vorangeschritten. Überall sonst erlebten, in den Worten Friedrich Meinekes, „die Nationen [...] ein mehr pflanzenhaftes und unpersönliches [...] Wachstum“ und führten ein „vegetatives und schlummerndes Dasein“,[27] das erst spät, in der Regel im 19. Jahrhundert, zu politischem Selbstbewusstsein erwachte und den Willen zur Selbstbestimmung entwickelte. Diese politische Qualität erhielt die Nation erst durch ihre Verbindung mit dem Staat: dessen territoria-

25 Vgl. *Friedrich Meinecke,* Weltbürgertum und Nationalstaat, 1908, S. 2 ff.

26 Vgl. *Gerhard Leibholz*, Volk, Nation und Staat im 20. Jahrhundert. 3. Aufl. 1958, S. 12.

27 *Meinecke* (Fn. 25), S. 5.

le Organisation definierte die physischen Grenzen des sich als Nation konstituierenden Staatsbürgerverbandes und emanzipierte die Nation gleichzeitig aus ihrer Existenz als vorpolitische Ethnie. Der Staat politisierte den Begriff der Nation, verband sie untrennbar mit Staatlichkeit und machte sie so zum politischen Subjekt.

Die Politisierung der Nation hatte tiefgreifende gesellschaftliche Implikationen, deren folgenreichste bis heute die Demokratisierung der Staatsnation ist. Frankreich ist das klassische historische Beispiel, in dem die Geburt der Nation und die Konstitution einer egalitären Staatsbürgergesellschaft in eins fallen; die Nation ist nichts anderes als diese Staatsbürgergesellschaft, sie ist eine durch die Konstitution geschaffene politische Einheit. „Was ... ist eine Nation?" fragt am Vorabend der Revolution der Abbé Siéyès, und er antwortet: „Ein Körper, dessen Mitglieder unter einem *gemeinsamen* Gesetz leben und durch eine und dieselbe *gesetzgebende Versammlung* vertreten sind."[28] In dieser Definition steckt freilich ein innerer Widerspruch, dessen Auflösung das gesamte 19. Jahrhundert und in einigen europäischen Nationen sogar noch die ersten Jahrzehnte des 20. Jahrhunderts in Atem hielt: während alle Einwohner eines Staates unter gemeinsamen Gesetzen lebten, waren doch keineswegs auch alle Einwohner in der gesetzgebenden Versammlung vertreten, die diese Gesetze erließ. Erst wenn beide Personenkreise kongruent sind, ist die Nation das politisch geeinte Volk, der Nationalstaat ein Synonym für Demokratie. Dann konstituieren sich Staat und Nation wechselseitig, und zutreffender spräche man dann nicht vom Nationalstaat, sondern von der Staatsnation. Das gleiche Wahlrecht für die unteren Volksklassen und die Frauen setzte sich fast überall in Europa erst im 20. Jahrhundert durch. Erst seitdem ist das am Ende des 18. Jahrhunderts geschichtsmächtig gewordene Ideal der demokratischen Staatsnation verwirklicht worden.

Was Deutschland betrifft, so ist bekannt, dass der hier im 19. Jahrhundert vorherrschende Nationsbegriff eine vorpolitische, kulturell geprägte Gemeinschaft voraussetzte, derzufolge es Deutsche gab, bevor es, ja ohne dass es Bürger eines deutschen Nationalstaates gab. Aber das Bewusstsein von der politischen Qualität einer auf Staatlichkeit aufbauenden Nation war zumindest in den Verfassungsdebatten in der Paulskirche durchaus vorhanden. So erklärte beispielsweise der Abg. Wilhelm Jordan: „Ich glaube, wir können ruhig sagen: Jeder ist ein Deutscher, der auf dem deutschen Gebiete wohnt [...] die Nationalität ist nicht mehr begrenzt durch die Abstammung und die Sprache, sondern ganz einfach bestimmt durch den politischen Organismus, durch den Staat. Die Engländer, Schotten und Iren bilden zusammen *eine* Nation. Sie fassen sich zusammen zur britischen Nation, und mit

28 *Emmanuel Sieyès*, Was ist der dritte Stand? (hrsg. v. R. H. Foerster), 1968, S. 40 (Hervorhebung i. O.).

demselben Rechte können wir sagen: Alle, welche Deutschland bewohnen, sind Deutsche, wenn sie auch nicht Deutsche von Geburt und Sprache sind. Wir dekretieren sie dazu, wir erheben das Wort ‚Deutscher' zu einer höheren Bedeutung und das Wort ‚Deutschland' wird fortan ein politischer Begriff."[29]

Wenn demnach die politische Qualität auch der demokratischen Staatsnation seiner Staatlichkeit geschuldet war, so haben wir es hier doch um einen erheblich veränderten Begriff des Politischen zu tun. Denn die demokratische Staatsnation ist zwar wie der vorkonstitutionelle Container-Staat ein territorial definierter Herrschaftsverband, aber es tritt ein wesentliches Element hinzu: in dem Begriff der Nation kommt die Existenz eines sich selbst konstituierenden „Wir" zum Ausdruck, das Quelle und Maßstab der Legitimität staatlicher Herrschaft bildet. Die Selbstherrschaft des „Wir", jenes paradigmatischen „we the people" der US-amerikanischen Verfassung, begründet einen Zusammenhang und eine Zusammengehörigkeit, die nicht auf vorgängiger Gemeinschaft beruhen, sondern auf Prozessen der Selbstkonstitution, die in der Staatstheorie mit dem Begriff der konstituierenden Gewalt (*pouvoir constituant*) belegt werden. Dieses durch Selbstreflexion gekennzeichnete und auf stete Erneuerung seines Zusammenhalts angewiesene „Wir" ist der Kern des Politischen der demokratischen Nation, denn in ihm bilden Menschen eine Gemeinschaft, die jenseits aller Funktionalität für verschiedenste Zwecke zuallererst ein Selbstzweck ist.

V. Staatsgewalt: Die Politisierung der Gesellschaft

Der zweite große Einschnitt in der Entwicklung des modernen Staates war eine unmittelbare Konsequenz der Vollendung des ersten, der Nationwerdung der europäischen Staaten, und erfolgte mit dem Eintritt der unteren Gesellschaftsschichten in die Arena der Politik. Es war der Schritt zur Herausbildung der wohlfahrtsstaatlichen Massendemokratie. Der im Wesentlichen nach dem Ersten Weltkrieg abgeschlossene Prozess der Ausdehnung des aktiven und passiven Wahlrechts auf die gesamte erwachsene Bevölkerung öffnete den Weg dazu, die Dynamik der kapitalistischen Marktökonomie und die Spannungen und Konflikte, die aus der daraus resultierenden sozialen Ungleichheit, aus sozio-ökonomischer Abhängigkeit, kultureller Deprivation und klassenbedingter Missachtung erwuchsen, staatlicher Regulierungsmacht zu unterwerfen. Die sozio-ökonomische Klassenspaltung wurde politisiert, und zugleich bildeten sich für breite Bevölkerungskreise neuartige Bindungen und Loyalitäten heraus, die mit de-

[29] Zit. nach *Theodor Schieder*, Nationalstaat und Nationalitätenproblem, in: ders., Nationalismus und Nationalstaat. Studien zum nationalen Problem im modernen Europa, 1991, S. 17 (25).

nen zur Nation konkurrierten und damit den existentiellen Charakter der Staatsnation in Frage stellten. So hatte z. B. für die meisten Kommunisten die Loyalität zum internationalen Proletariat und zu der Partei, die für die Errichtung von dessen Herrschaft kämpfte, Vorrang vor der Bindung an die Nation, ebenso wie für Nationalsozialisten die Herrschaft einer rassisch definierten Machtelite über „Fremdvölkische" die Loyalität zur verachteten demokratischen Nation ausstach.

Diese Situation ist der Hintergrund des berühmt-berüchtigten Essays von *Carl Schmitt* über den Begriff des Politischen. Als Skandalon wurde seinerzeit und wird auch heute noch seine These empfunden, dass die „spezifisch politische Unterscheidung, auf welche sich die politischen Handlungen und Motive zurückführen lassen, [...] die Unterscheidung von *Freund* und *Feind* [ist]".[30] Analytisch bedeutsamer und letztlich auch diese Bestimmung des Politischen tragend ist jedoch die Loslösung des Begriffs des Politischen von dem des Staates, die in dem nicht minder berühmten ersten Satz des Essays in lakonischer Kürze und geradezu provokativer Entschiedenheit zum Ausdruck kommt: „Der Begriff des Staates setzt den Begriff des Politischen voraus".[31] Der Satz besagt, dass die existentielle Verbundenheit der innerhalb eines zusammenhängenden Raumes lebenden Menschen weder durch den Staat und seine Territorialität, noch durch die demokratische Nation gestiftet wird, sondern durch dem Staat vorausliegende Vergemeinschaftungen. Der Staat ist dieser These zufolge lediglich eine sekundäre, abgeleitete Daseinsform gegenüber der primären, politischen Existenzweise.[32]

Zweifellos stand Schmitt, als er diesen Text schrieb, vor Augen, dass die Menschen in den bis an den Rand des Bürgerkrieges zugespitzten sozialen Konflikten der Weimarer Republik sich jeweils mit partikularen Kräften jenseits von Staat und Nation identifizierten und diesen gegenüber Bindungen und Loyalitäten eingegangen waren, die häufig auch bis zur Bereitschaft der Aufopferung des eigenen Lebens reichten. Das charakterisiert Bürgerkriegs- oder bürgerkriegsähnliche Situationen, in denen der Staat selbst zur Bürgerkriegspartei geworden ist.

Und tatsächlich sieht es so aus, als beruhe Schmitts Diagnose der Trennung des Politischen vom Staat in erster Linie auf der Beobachtung, dass der Staat seine strukturelle Überlegenheit über die Gesellschaft verloren und sich im Zeitalter der Massendemokratie gewissermaßen mit der Gesellschaft gemein gemacht habe.[33] Ausdrücklich identifiziert Schmitt die politi-

---

30 *Carl Schmitt*, Der Begriff des Politischen. Text von 1932 mit einem Vorwort und drei Corollarien, 1963, S. 26 – Kursiv i.O.

31 *Schmitt* (Fn. 30), S. 20.

32 Vgl. *Christoph Schönberger*, „Staatlich und Politisch" (20–26). Der Begriff des Staates in Carl Schmitts *Begriff des Politischen*, in: R. Mehring (Hrsg.), Carl Schmitt Der Begriff des Politischen. Ein kooperativer Kommentar, 2003, S. 21.

sche Einheit mit der „souveränen Einheit des Staates“,[34] d. h. mit seiner herrschaftlichen Überlegenheit über die Gesellschaft. Und diese sei im Pluralismus der Verbände und Assoziationen, die den Staat durchdringen, verloren gegangen. Die Gleichung Staatlich = Politisch werde, so schreibt er im *Begriff des Politischen* „in demselben Maße unrichtig und irreführend, in welchem Staat und Gesellschaft sich gegenseitig durchdringen, alle bisher staatlichen Angelegenheiten gesellschaftlich und umgekehrt alle bisher ‚nur‘ gesellschaftlichen Angelegenheiten staatlich werden, wie das in einem demokratisch organisierten Gemeinwesen notwendigerweise eintritt“.[35]

Die Durchdringung von Staat und Gesellschaft und der darin implizierte Verlust der unangefochtenen Hoheit des Staates gegenüber der Gesellschaft ist aber nur die Kehrseite eines demokratischen Emanzipationsprozesses, in dem sich die Gesellschaft die im Staat organisierten Instrumente der Ordnung des sozialen Lebens aneignet – der „Vergesellschaftung“ des Staates korrespondiert eine Politisierung der Gesellschaft, die nicht länger hinnimmt, nur Objekt eines überlegenen staatlichen Ordnungswillens zu sein, und sei dieser auch durch demokratische Wahlen legitimiert. Sie beansprucht, die in ihr enthaltenen moralischen, intellektuellen und materiellen Ressourcen zur Selbst-Gestaltung, d. h. zur Ordnung des gesellschaftlichen Ganzen ohne die demo-autoritäre Vermittlung durch den Staat selbst zu nutzen. Die selbstbewusst gewordene Gesellschaft – es hat sich der Begriff der Zivilgesellschaft für sie durchgesetzt[36] – wird „politisch“ in dem Sinne, dass sie eigenständige Institutionen und Formen der Artikulation bürgerschaftlichen Engagements entwickelt und deren vielfältigen Impulse für den politischen Prozess durch den Filter einer pluralistischen Öffentlichkeit an die zu verbindlicher Entscheidung legitimierten staatlichen Organe leitet. Staatliche Entscheidungen – Gesetze, Pläne, Verwaltungsakte, selbst gerichtliche Entscheidungen – sind dann nicht autoritative Fixierungen dessen, was in einem abstrakten Gesamtwillen des Volkes beschlossen liegt und deswegen gilt,[37] sondern Ergebnis lebendiger, d. h. streitiger, vielfältig gebrochener und unabgeschlossener Meinungs- und Willensbildungsprozesse,

---

33 Hierzu *Thomas Vesting*, Erosionen staatlicher Herrschaft. Zum Begriff des Politischen bei Carl Schmitt, AöR 117 (1992), S. 4 (27 ff.).

34 *Schmitt* (Fn. 30), S. 41.

35 *Schmitt* (Fn. 30), S. 24; *Schönberger* (Fn. 32), S. 37 ff.

36 Zu den verschiedenen theoretischen Wurzeln des Begriffs vgl. *Charles Taylor,* Die Beschwörung der Civil Society, in: K. Michalski (Hrsg.) Europa und die Civil Society, 1991, S. 52; *Jean Cohen/Andrew Arato,* Civil Society and Political Theory Cambridge/Mass. 1992.

37 Zur krit. Auseinandersetzung mit dem ‚volksdemokratischen‘ Demokratiekonzept vgl. *Brun-Otto Bryde*, Die bundesrepublikanische Volksdemokratie als Irrweg der Demokratietheorie, Staatswissenschaften und Staatspraxis 5 (1994), S. 305, sowie die Beiträge in dem Sammelband von *Thomas Blanke* (Hrsg.), Demokratie und Grundgesetz. Eine Auseinandersetzung mit der verfassungsgerichtlichen Rechtsprechung, 2000.

in denen eine demokratische Gesellschaft sich als politische Kraft artikuliert und selbst wahrnimmt.[38]

Die von Carl Schmitt und der konservativen Staatsrechtslehre der Weimarer Republik mit Schrecken wahrgenommene Vergesellschaftung des Staates und Politisierung der Gesellschaft hat den Staat als Bezugspunkt politischen Handelns nicht entthront. Aber an die Stelle des Staates ist der demokratische Staat getreten, und dessen Konzept des Politischen impliziert, dass die Pluralität der Gesellschaft zu einem aktiven Element des Gemeinwesens geworden ist. Insofern hat der *demokratische* Staat das Monopol des Politischen verloren. Das Politische ist dort verortet, wo Bürger dem von ihnen gebildeten Gemeinwesen eine Ordnung geben – im demokratischen Staat ist das der Austauschprozess zwischen Zivilgesellschaft und Staat. In ihm sind die beiden Grundelemente der politischen Gemeinschaft verbunden: Zugehörigkeit und freie Mitwirkung an der Gestaltung des Gemeinwesens.

VI. Staatsgebiet: Die De-Territorialisierung des Staates – *politics without a polity?*

Unter den drei konstitutiven Staatselementen hat das wohl wichtigste und von Jellinek auch an erster Stelle behandelte räumliche Merkmal der Territorialität den sich über Jahrhunderte erstreckenden Umwälzungen am längsten standgehalten. Sowohl die demokratische Staatsnation wie auch die sich in der zweiten Hälfte des 20. Jahrhunderts jedenfalls in Europa durchsetzende wohlfahrtsstaatliche Massendemokratie entfalteten sich auf der Grundlage nicht nur rechtlich gesicherter, sondern auch wirtschaftlich und kulturell anerkannter territorialer Grenzen.[39] Doch unter dem Druck der Globalisierung ist auch die Bedeutung dieses Elements zweifelhaft geworden. Zwar existieren Grenzen zwischen Staaten fort und haben insbesondere im internationalen Recht nach wie vor eine große Bedeutung. Aber sie sind porös geworden, weil ihre Sinnhaftigkeit als Medien der Strukturierung einer ungeordneten globalen Welt nachgelassen hat. Wir erleben eine Entwicklung, in der Staaten als Folge intensiver grenzüberschreitender Verflechtungen in vielen Lebensbereichen, namentlich der Wirtschaft, der Politik, der Kultur, der Wissenschaft und des Sports in Beziehungen wechselseitiger Abhängigkeiten eingebettet sind, die ihnen immer seltener autonome

---

38 Hierzu *Alfred Rinken*, Demokratie als Organisationsform der Bürgergesellschaft, in: Bovenschulte et al. (Hrsg.), Demokratie und Selbstverwaltung in Europa, 2001, S. 223 m. w. N.

39 Vgl. *Stephan Leibfried/Michael Zürn* (Hrsg.), Transformationen des Staates?, 2006; *Achim Hurrelmann* et al., Die Zerfaserung des Nationalstaates: Ein analytischer Rahmen, in: dies., Zerfasert der Nationalstaat? Die Internationalisierung politischer Verantwortung, 2008, S. 21 (25 ff.).

Entscheidungen für den Bereich ihrer Gebietsherrschaft erlauben. Zunehmend übernehmen internationaler Organisationen wie z. B. die Weltbank, der Internationale Währungsfonds (IWF), die Welthandelsorganisation (WTO) oder die Internationale Meeresbodenbehörde nach dem UN-Seerechtsübereinkommen internationale Ordnungsaufgaben, deren Wirkungen nicht selten direkt in die Lebensverhältnisse im Inneren der jeweiligen Mitgliedstaaten eingreifen. Das auf dem Prinzip der territorial radizierten Souveränität beruhende, über Jahrhunderte geltende Prinzip der freiwilligen Staatenkoordinierung als bestimmendes Ordnungsmuster der internationalen Politik erodiert.

Neben einer Entwertung territorial definierter staatlicher Souveränität als Folge wachsender internationaler Interdependenz des Staates findet auch so etwas wie eine Emanzipation funktional spezialisierter Sozialbereiche von dem staatlichen Anspruch auf eine territorial begründete Gesamtverantwortung für Gemeinwesen und Gemeinwohl statt.[40] Trans- und supranationale Akteure (wie z. B. transnationale Unternehmen oder das Internationale Olymische Komitee) oder subjektlose Interaktionen und Kommunikationen (wie z. B. der Regel- und Institutionenkomplex der Wissenschaft) entwickeln einen jeweiligen funktionalen Eigensinn, der territoriale Grenzen ignoriert, weil diese immer weniger als „Sinngrenzen zwischen sozialen, ökonomischen und kulturellen Sphären [fungieren]“.[41] Es hat den Anschein, als sei damit die Möglichkeit einer umfassenden gesellschaftlichen Gestaltung auf territorialer Grundlage, idealiter durch das kollektive Subjekt einer verfassunggebenden Gewalt, historisch obsolet geworden.

So jedenfalls argumentiert Gunther Teubner in seiner Diagnose der politisch-rechtlichen Folgen der Globalisierung. „In der funktional differenzierten Gesellschaft“, so schreibt er, „kann die politische Verfassung die ihr häufig zugemutete Rolle, die fundamentalen Prinzipien der anderen Teilsysteme festzulegen, nicht übernehmen, ohne dass eine problematische Selbstblockierung der Gesellschaft einsetzt […]. Gesellschaftliche Konstitutionalisierung kann in der Moderne nur so vor sich gehen, dass jedes Teilsystem für sich selbst reflexive Mechanismen entwickelt und diese nicht von der Politik verordnet werden. […] Man muss die Vorstellung aufgeben, dass die Politik im Staat die Gesellschaft repräsentiert und die anderen Gesellschaftsteile […] daran partizipieren. Kein Teilsystem der Gesellschaft, auch nicht die Politik, kann heute mehr die Gesamtgesellschaft repräsentieren […].“[42] Auf systemtheoretischer Prämisse lässt sich die Politik gewiss

40 Vgl. *Alexander B. Murphy*, The sovereign state system as political-territorial ideal: historical and contemporary considerations, in: Biersteker / Weber (Hrsg.), State Sovereignty as a Social Construct, Cambridge 1996, S. 81 (107 ff.).

41 *Gunther Teubner*, Verfassungsfragmente. Gesellschaftlicher Konstitutionalismus in der Globalisierung, 2012, S. 74.

42 *Teubner* (Fn. 41), S. 178.

als ein Teilsystem der Gesellschaft konzeptualisieren, und dann leuchtet auch die Folgerung ein, dass das politische System nicht die innere Rationalität anderer gesellschaftlicher Teilsysteme bestimmen kann. Doch die Semantik des Begriffs *des Politischen* richtet sich auf etwas anderes als die *der Politik*. *Die Politik* ist ein bestimmtes Feld sozialer Aktivität, gewissermaßen ein Sachgebiet; *das Politische* bezeichnet dagegen das Reflexionsvermögen eines „Wir", das jenseits aller Differenzierungen und Fragmentierungen die Idee des Ganzen einer auf sich selbst gestellten kollektiven Existenz zum Ausdruck bringt.[43]

Teubner, des Unterschiedes zwischen *der Politik* und *dem Politischen* (*la politique und le politique*) sehr wohl gewärtig, ist jedoch davon überzeugt, dass es ein die verschiedenen Sozialsysteme überwölbendes Ganzes nicht gibt und dass das Politische daher in den gesellschaftlichen Teilbereichen zu finden ist, als „der immer problematische, nie ‚technokratisch' zu determinierende Umgang der Sozialsysteme mit ihren je eigenen Gründungs- und Entscheidungsparadoxien".[44] Aus dieser Sicht ist der Staat daher nicht länger der zentrale Ort des Politischen.

Doch trifft diese Analyse nicht den Kern der Frage nach dem Politischen. Es ist richtig, dass die demokratische Staatsnation, in der die Bürger ihre politische Existenz finden, in mancherlei Hinsicht (z. B. hinsichtlich der Exklusivität der Herrschaft über das staatliche Territorium oder der Tendenz zur Abschließung gegenüber anderen Nationen und der internationalen Gemeinschaft insgesamt) historisch überholt ist. Dennoch sind bedeutsame spezifisch staatliche Funktionen bislang nicht auf andere sozialen Formationen übergegangen, seien diese nun supranationale Gebilde wie die EU, funktionsspezifische internationale Organisationen wie die WHO oder die WTO, oder sei es auch die universale internationale Organisation der Vereinten Nationen. *Dieter Grimm* hat zu Recht darauf hingewiesen, dass keine internationale Organisation über einen eigenen Apparat der Rechtserzwingung verfügt, geschweige denn über das Monopol physischer Gewaltsamkeit. Als von Staaten geschaffene Gebilde unterliegen diese Gebilde trotz vieler Anzeichen von Autonomisierung und Selbstermächtigung weiterhin staatlicher Bestimmungsmacht, und dies gilt sogar auch für die in Richtung Autonomisierung wohl am weitesten fortgeschrittene EU.[45] So bleibt für das einzelne Individuum der Status der Staatsangehörigkeit der wohl einzige, der (neben der vorpolitischen der Familienzugehörigkeit) von existentieller Bedeutung

---

43 Vgl. *Christian Meier*, Zu Carl Schmitts Begriffsbildung – Das Politische und der Nomos, in: H. Quaritsch (Hrsg.), Complexio Oppositorum. Über Carl Schmitt, 1988, S. 537 (540).

44 *Teubner* (Fn. 41), S. 176.

45 *Dieter Grimm*, The Achievement of Constitutionalism and its Prospects in a Changing World, in: P. Dobner/M. Loughlin (Hrsg.), The Twilight of Constitutionalism?, Oxford 2010, S. 3 (17 f., 22).

ist. Die Zugehörigkeit zum Staat, immer häufiger selbst der bloße dauerhafte Aufenthalt im Staat, bildet die Grundlage für intensive und umfassende Verpflichtungen der Individuen, die im Extremfall bis zur Pflicht zur Aufopferung des eigenen Lebens für die Interessen der staatlichen Gemeinschaft reichen können. Bezeichnenderweise setzt selbst der Bürgerschaftsstatus in der EU die Staatsangehörigkeit eines Mitgliedsstaates voraus. „Die Unionsbürgerschaft tritt zur nationalen Staatsbürgerschaft hinzu, ersetzt sie aber nicht."[46] All dies zeigt, dass die politische Qualität des Staates trotz des Verlustes exklusiver Herrschaftsmacht über sein Territorium fortbesteht.

VII. Die Wettbewerber des Staates

Das heißt nicht, dass der demokratischen Staatsnation nicht etwa Konkurrenten in ihrer Funktion als dominierende Ordnungsmacht erwachsen sind. In der heutigen Ära der Globalisierung wird der Staat von zwei Seiten herausgefordert – von supranationalen Gebilden, unter denen die Europäische Union in der Entwicklung einer institutionellen Eigenstruktur am weitesten fortgeschritten ist, und der Stadt, genauer: global vernetzten metropolitanen Zentren, unter denen die sogenannten *global cities* oder *world cities* am sichtbarsten sind.[47] Sie haben übrigens eine gewisse Ähnlichkeit mit jenen, gegen die sich der Staat in seinem Entstehungsprozess durchsetzte, nämlich die universalen Mächte des Reiches und der Kirche einerseits, Städte und Städtebünde andererseits.[48] Was hat es mit diesen Wettbewerbern um das Attribut des Politischen auf sich? Taugen sie als zeitgemäße Alternativen zu dem bisher herrschenden, in der postmodernen Welt unter Druck geratenen staatlich-territorialen Ordnungsparadigma?

1. Die supranationale Alternative: Die EU

Sowohl die EU wie auch die modernen Städte sind als Ordnungsmodelle Antworten auf grundlegende Wandlungen der ökonomischen Strukturen der kapitalistischen Industriegesellschaft, die sich seit dem 19. Jahrhundert im Schoße des Nationalstaates herausgebildet hatten. Die Ökonomie der industriellen Revolution beruhte auf der Kontrolle der drei wesentlichen Produktionsfaktoren Arbeit, Kapital, Boden/natürliche Ressourcen durch den Nationalstaat. Als Nationalökonomie war sie trotz grenzüberschreitenden

---

46 Art. 20 Abs. 1 AEUV.

47 Grundlegend *Saskia Sassen*, Global cities: New York, London, Tokyo. 2nd ed. Princeton, N.J., 2001; *Neil Brenner/Roger Keil* (Hrsg.), The Global Cities Reader. New York 2006.

48 *Spruyt* (Fn. 7), S. 77 ff., 109 ff., 130 ff.; vgl. auch die Beiträge in *Tilly/Blockmans* (Fn. 6).

Handels in ihrer physischen und sozialen Reichweite im Wesentlichen kongruent mit dessen territorialen Grenzen. Die Intensivierung der internationalen Arbeitsteilung und die schon von *Marx* analysierte expansive Tendenz des Kapitals haben diese Kongruenz seit der zweiten Hälfte des 20. Jahrhunderts irreversibel beseitigt und in Europa nicht nur einen mittlerweile 27 Länder umgreifenden Binnenmarkt, sondern auch intensive grenzüberschreitende Formen der wirtschaftlichen Verflechtung bis hin zu einer Währungsunion unter den am weitesten fortgeschrittenen europäischen Staaten hervorgebracht.

Mit einer gewissen Verzögerung hat die EU auch einen eigenen politischen Raum geschaffen. Seit dem Maastricht-Vertrag von 1993 und fortschreitend bis zum gegenwärtig geltenden Lissabon-Vertrag hat sie den Status der Unionsbürgerschaft geschaffen und ihn mit demokratischen Rechten – in erster Linie die Rechte der Wahl zum Europäischen Parlament und der Teilnahme an der Europäischen Bürgerinitiative – ausgestattet hat (Art. 9 ff. EUV/20, 22, 24 AEUV). Dabei ist die institutionelle Verknüpfung des mitgliedsstaatlichen Bürgerstatus mit dem der EU Bestandteil des zwischen diesen beiden Ebenen bestehenden Verfassungsverbundes.[49] Politische Selbstbestimmung der Völker der EU findet in diesem politischen Verbund statt. Die Europäische Union und ihre Mitgliedsstaaten verkörpern damit gleichsam gesamthänderisch die politische Qualität der Gemeinschaft, die die Völker der EU bilden.

Damit ist zugleich gesagt, dass die Union weit davon entfernt ist, den Staat als Kern der politischen Existenz der Europäer abzulösen. Das zeigt sich auch daran, dass die Völker der Mitgliedsstaaten in der augenblicklichen Krise der EU eher mit einem Rückzug auf ihre nationalen Identitäten reagieren als mit der Verstärkung ihrer Identifizierung mit den Institutionen der EU.[50] Das ist verständlich, denn ihre politische Identität finden sie in erster Linie in Geist und Institutionen der demokratischen Nation. Deren Institutionen sind ihren Lebenswelten näher und vertrauter als die des politischen Systems der EU. Es ist zweifelhaft, ob sich daran in absehbarer Zeit Wesentliches ändern wird; denn die EU weist als multinationaler Verband ein erheblich höheres Maß an Heterogenität und damit eine größere Neigung zur Fragmentierung politischer Willensbildung auf als jedes ihrer nationalstaatlichen Mitglieder. Wie immer eine dem wirtschaftlichem und gesellschaftlichem Niveau der europäischen Integration angemessene Demokratie

---

49 Vgl. *Ingolf Pernice*, Europäisches und nationales Verfassungsrecht, in: VVDStRL 60 (2001), S. 148.

50 So glaubten z. B. nur 38 % der Befragten in allen Mitgliedsländern der EU, dass sich die EU mit ihren Politiken in die richtige Richtung bewegt, und 31 % waren überzeugt, dass die Politik der Europäischen Union sie ihren eigenen Zielen nicht näher bringt vgl. vgl. Standard Eurobarometer Nr. 76 (Herbst 2011), S. 8, http://ec.europa.eu/public_opinion/archives/eb/eb76/eb76_de_de_nat.pdf.

auf europäischer Ebene aussehen mag,[51] sie wird die politische Identität der Völker der Mitgliedsstaaten zu achten haben und deren politische Verkörperung im demokratischen Staat in absehbarer Zeit nicht ablösen.

2. Die ‚glokale' Alternative: Die Stadt

Um zu verstehen, warum Städte, und hier insbesondere sog. *global cities* als mögliche neue Formen politischer Existenz im 21. Jahrhundert angesehen werden können, müssen wir uns in Erinnerung rufen, worauf die für die Vergangenheit selbstverständliche Identifizierung des Staatlichen mit dem Politischen beruht. Der historische Sieg des Staates über die Stadt beruhte darauf, dass er kraft seiner Herrschaft über ein ausgedehntes Territorium Sicherheit und Berechenbarkeit aller sozialen Interaktionen gewährleisten konnte; die Einwohner der Städte (und deren Bünde, wie der Hanse) hatten dagegen keine Kontrolle über das Schicksal ihrer die Stadtgrenzen überschreitenden Transaktionen und mussten sich vor allem mit einer Vielzahl unterschiedlicher ökonomischer Standards (Maße, Gewichte, Währung) herumschlagen, die ihre ökonomischen Transaktionen im Vergleich zu innerstaatlichem Handel unsicherer und damit auch ineffizienter machten.[52] Im 17. Jahrhundert setzt sich dann in Europa überall die staatliche Gebietsherrschaft durch;[53] in deren Gefolge vollzieht sich im 18. Jahrhundert der Übergang von der Stadtwirtschaft zur Territorialwirtschaft.[54] Und auch für die sich seit dem 19. Jahrhundert entfaltende kapitalistische Industriegesellschaft erweist sich, wie erwähnt, der territorial geschlossene Nationalstaat dank seiner Kontrolle über Kapital, Boden und Arbeitskräfte als effizienteste politische Form.

Wie wir heute rückblickend deutlicher erkennen, setzte seit den 1970er Jahren in Europa und in den USA ein stetiger De-Industrialisierungsprozess ein, der das an staatliche Territorialität gebundene fordistisch-keynesianische Modell des Kapitalismus – standardisierte Massenproduktion, Massenkonsum und staatliche Steuerung der wachstumsrelevanten Parameter – unterminierte und zur Erosion des staatlich-territorialen Herrschaftsmodus führte.[55] Nationalstaatliche Arbeitsmarkt- und Industriepolitiken verloren angesichts der rapide gesteigerten Kapitalmobilität an gestalterischer Kraft.

---

51 Hierzu *Claudio Franzius / Ulrich K. Preuß*, Die Zukunft der europäischen Demokratie, 2012.

52 Vgl. *Spruyt* (Fn. 7), S. 159 ff.

53 *Wolfgang Reinhard*, Geschichte der Staatsgewalt. Eine vergleichende Verfassungsgeschichte Europas von den Anfängen bis zur Gegenwart, 1999, S. 239 ff.

54 *Braudel* (Fn. 6), 288, 294.

55 *Neil Brenner*, Global Cities, Glocal States: Global City Formation and Ftate Territorial Restructuring in Contemporary Europe, Review of International Political Economy 5 / 1 (1998), S. 1 (4 ff.).

Hinzu kam, dass insbesondere seit den 1990er Jahren die Revolution der Technologien der Informationsverarbeitung und -übermittlung den Schwerpunkt der wirtschaftlichen Wertschöpfung in den Dienstleistungsbereich verschob, innerhalb dessen der Finanzsektor und mit ihm verbundenen Wirtschaftszweige zunehmend an Gewicht gewonnen haben. Die für diese postindustrielle Ökonomie erforderliche physische Infrastruktur erforderte nicht länger die Erschließung des gesamten oder doch erheblicher Teile des nationalen Territoriums, sondern eine Konzentration in städtischen Zentren, die als Informations- und Verkehrsknotenpunkte fungieren und netzwerkartig mit gleichen Zentren überregional und -national verknüpft sind. Solche Städte verwandeln sich in Dienstleistungszentren, die neben der Bereitstellung der erforderlichen physischen Infrastruktur auch die Befriedigung der materiellen und kulturellen Bedürfnisse des Personals der häufig transnationalen Unternehmen gewährleisten. Nicht zu vergessen als Strukturmerkmal heutiger Großstädte ist dabei auch die zu erheblichen Anteilen aus Armutsmigranten zusammengesetzte internationale Arbeitsbevölkerung, die sich auf großenteils niedrigstem Lebensniveau in ghettoartigen Armutsquartieren der Großstädte konzentriert.[56]

Solche städtischen Agglomerationen dominieren und strukturieren zunehmend die Ökonomie ihres Umlandes und kehren tendenziell zu einer neuen Art von Stadtwirtschaft zurück, ähnlich der, die vor der Durchsetzung der Territorialwirtschaft im 18. Jhdt. existierte und durch dieselben Merkmale gekennzeichnet ist: Vermeidung der Lasten des sog. Primärsektors der Wirtschaft und Gleichgültigkeit gegenüber den Methoden der Produktion der von ihnen konsumierten Güter.[57] Einige Städte wie London, New York, oder Tokyo sind im Zuge dieser Entwicklung zu *global cities* geworden, die, wie z. B. die Region von Groß-London, das umliegende Land gleichsam zu einer Art geographischem Anhängsel abgewertet haben.[58] In Deutschland kommt allenfalls Frankfurt/M. für diese Rolle in Betracht, obwohl auch Städte wie Hamburg und Berlin unabhängig von ihrem Status als Stadtstaaten tendenziell ihr jeweiliges Umland dominieren, in sozio-ökonomische und -kulturelle Abhängigkeit versetzen und zu deren Entvölkerung beitragen. Es ist die für diese Städte charakteristische Verbindung von lokalem und globalem Wirkungskreis, die die Wortschöpfung ‚glokal' hervorgebracht hat.[59]

---

56 Hierzu eindrucksvoll *Saskia Sassen*, The Global City: Strategic Site/New Frontier, in: E. F. Isin (Hrsg.), Democracy, Citizenship and the Global City, New York 2000, S. 48.

57 *Braudel* (Fn. 6), S. 295 f.

58 *Peter J. Taylor*, World Cities and Territorial States. The Rise and Fall of their Mutuality, in: Knox/Taylor (Hrsg.), World Cities in a World-System, New York 1995, S. 48; *Mick Dunford*, Metropolitan Polarization, the North-South Divide and Socio-Spatial Inequality in Britain A Long-Term Perspective, European Urban and Regional Studies 2 (1995), S. 145.

59 *Brenner* (Fn. 55), S. 3.

Bedeutet nun die ökonomische Dominanz der großen Städte über das Territorium auch eine politische Enteignung des Staates? Immerhin ist die Stadt nicht nur der Ort von Handel und Dienstleistungsproduktion, sondern auch einer über ihre Grenzen hinaus ausstrahlenden politischen Öffentlichkeit. Die hier lebenden neuen Mittelschichten einer wissensbasierten Ökonomie sind in besonderer Weise qualifiziert, Träger des reflexiven Vermögens der Gesellschaft zu sein. Weltweit sind in neuerer Zeit politische Rebellionen von solchen städtischen Mittelschichten ausgegangen – angefangen von der Arabellion über die Occupy-Bewegung in New York bis hin zu den Massenprotesten in Moskau; auch China wird davon schwerlich verschont werden.

Dennoch, trotz De-Industrialisierung, De-Territorialisierung und De-Nationalisierung der wirtschaftlichen Wertschöpfung und der Bedeutungssteigerung einiger urbaner Zentren ist das Politische nicht vom Staat in die Stadt abgewandert;[60] das gilt auch für *global cities*. Städtische Metropolen mit globalen (überwiegend wirtschaftlichen) Funktionen sind rechtlich Bestandteile der Staaten, auf deren Territorium sie gelegen sind. Sie sind hinsichtlich ihrer physischen Infrastruktur (Wasser, Energie, Müllentsorgung, Kommunikations- und Verkehrswege) von ihrem staatlichen Umland abhängig. Eine Stadt verfügt nicht über die Fähigkeiten, die für die Befriedigung ihrer örtlichen Bedürfnisse erforderlichen Ressourcen aus eigener Kraft zu beschaffen, angefangen von der erwähnten physischen Infrastruktur bis hin zur Gewährleistung eines gesicherten Aufenthaltsstatus für das internationale Dienstleistungspersonal und zur Steuerung der Immigration ausländischer Arbeitskräfte des Niedriglohnsektors. Die Kontrolle über diese Bedingungen hat nur der Staat, sei es kraft seiner fortbestehenden territorialen Hoheit über das Umland, sei es kraft seines Status als Subjekt des internationalen Rechts und des damit gegebenen Monopols, mit anderen Völkerrechtssubjekten in Austausch zu treten. Kraft der ausschließlich ihm zur Verfügung stehenden materiellen und symbolischen Ressourcen bleibt er der Verband, der die Befriedigung der existentiellen Bedürfnisse seiner Bewohner gewährleistet und diese damit auch zu Loyalität und Hingabe zu motivieren vermag, wie sie nur politischen Gemeinschaften eigen sind. Dazu gehört auch die Erfüllung seiner traditionellen Aufgabe, eine immer heterogener werdende und durch z. T. extreme soziale Gegensätze gekennzeichnete Bevölkerung zur Gemeinsamkeit einer Staatsbürgergesellschaft zu integrieren. Umgekehrt ist der Staat mehr als je auf die wirtschaftliche Dynamik und den sozialen Aktivismus der Stadt und ihrer Bewohner angewiesen, um aus dem überwiegend in Städten erzeugten Sozialprodukt seine Aufgaben finanzieren zu können.

---

60 Hierzu *Michael Zürn*, Regieren jenseits des Nationalstaates. Globalisierung und Denationalisierung als Chance, 1998, S. 64 ff.

Das Territorium bleibt somit weiterhin ein wichtiges Kriterium für die Bestimmung der physischen Reichweite der Gesellschaft, aus der das Wir gebildet werden muss, damit diese sich selbst beschreiben, verstehen und gestalten, kurz: institutionelle Verkörperung des Politischen sein kann. Nur der Staat hat die Ressourcen, die heterogenen Elemente einer Gesellschaft auf der Grundlage seiner Territorialität zu einer Gesamtheit zu formen und Institutionen einer Verantwortung für deren Gemeinwohl bereitzustellen. Allerdings, in Europa kann er diese Verantwortung alleine nicht länger tragen. Er muss sie mit dem überstaatlichen Verband der Europäischen Union teilen. Und in Zukunft wird er wohl auch zunehmend Rücksicht auf bestimmte metropolitane Agglomerationen nehmen müssen, in denen sich die wirtschaftlichen Funktionen einer globalisierten Wirtschaft konzentrieren und die ihn weitgehend materiell und vermittels der sozio-politischen und -kulturellen Intelligenz und Aktivität der urbanen Mittelschichten auch ideell ernähren.

VIII. Schlussfolgerung

So findet denn die Frage: Der Staat – weiterhin der zentrale Ort des Politischen? eine zweideutige Antwort: Der Staat hat das Monopol des Politischen verloren – aber für die Gestaltung der globalisierten Welt des 21. Jahrhunderts ist seine politische Qualität weiterhin unentbehrlich.

Kommentar zum Beitrag von Ulrich K. Preuß

Von Florian Meinel, Berlin

Der Beitrag von *Ulrich K. Preuß* reformuliert die Frage des Titels nach dem Ort des Politischen als Frage nach dem Stand-Ort der Gegenwart in einer historischen Dialektik politischer Assoziation. In diesem Verfahren liegen der Reiz und die Problematik des Ansatzes. Über die festgefahrenen Befindlichkeiten der meisten rechtswissenschaftlichen Besinnungen über Staat und Politik erhebt sich Preuß schon in den ersten Sätzen seines Textes behende. Er denkt die Begriffe des Titels – der Staat und das Politische – nicht affektiv-gegenständlich, sondern kategorial. Unter der Kategorie des Politischen versteht Preuß die Zugehörigkeit zu einer nicht naturhaften Assoziationsform. Nicht naturhaft, weil politische Gemeinschaften stets neu hervorgebracht und auf Dauer gestellt werden müssen, nach Deutungen verlangen, erzählt werden müssen und so weiter, mit anderen Worten: strukturell reflexiv angelegt sind. Unter dem Staat versteht er mit *Max Weber* eine territorial abgegrenzte bürokratische Herrschaftsform mit Gewaltmonopol. Auf diese Weise fasst Preuß das Verhältnis von Staat und Politischem als Verhältnis von räumlicher Herrschaftsausübung und personaler Zugehörigkeit, als Verhältnis von Territorialität und Kollektivität: Während sich in der attischen Polis erstmalig die abstrakte Form von nicht naturhafter, sondern „rein“ politischer Zugehörigkeit bildet und damit das Ideal bürgerschaftlicher Selbstregierung, kenne der in der Frühneuzeit entstehende moderne Staat eine derartige Basiskategorie der persönlichen Zugehörigkeit als Territorialstaat gerade nicht. Er repräsentiere als Territorialstaat der souveränen Fürsten und also Gebietsverband den dialektischen Gegensatz zum Personenverband der Polis, seine Herrschaft sei daher nicht personal, sondern territorial radiziert. Wenn dieser Staat gleichwohl das Monopol des Politischen an sich habe ziehen können, wie Preuß behauptet, so deshalb, weil die Souveränitätskonzeption unausgesprochen als Instrument der Durchsetzung und Aufrechterhaltung einer besitzindividualistischen Ordnungen fungierte: Rationalisierung, Bürokratisierung, Verrechtlichung, Auflösung der ständischen Ordnung, Herausbildung der Nationen sind ihre epochalen Tendenzen.

Welchen Erklärungswert hat dieser Gegensatz für die Fragestellung? Worauf zielt er ab? Erkennbar geht es Preuß hinter dem formalen Kriterium der

Zugehörigkeit um eine normative Auszeichnung des Politischen durch die Idee einer Vergemeinschaftung auf der Basis bestimmter, an die Zugehörigkeit gebundener *politischer Rechte* („Selbstbestimmung"), wenn er die Rationalität und Abstraktheit des modernen Staates nur indirekt als politisch gelten lässt. Mit dieser Engführung des Politischen entgehen Preuß meines Erachtens einige gerade für die heutige Problematik bedeutsame Aspekte – ich komme darauf zurück. Preuß erklärt aus seiner Unterscheidung von Kollektivität und Territorialität, weshalb der Staat eigentlich erst an der Wende zum 19. Jahrhunderts zum zentralen Ort des Politischen werden konnte: Erst in der Entwicklung zum Nationalstaat sei innerhalb des Territorialstaats die verbandsmäßige Zugehörigkeit wieder explizit gemacht und der Staat dadurch tiefgreifend verändert worden. Erst in der Nation trat dem Souverän ein neues politisches Subjekt gegenüber, das auf lange Sicht die Demokratisierung des Staates erzwang. Aus dieser Dialektik heraus erklärt sich bei Preuß auch der Umschlag des Nationalstaates in den Sozialstaat: Die politische Formgebung der Nation im Staat machte die „Gesellschaft" als Entfaltungsraum der sozialen Ungleichheit überhaupt erst sichtbar: Die Vergesellschaftung des Staates und die Politisierung des Sozialen im 20. Jahrhundert sind demnach Aspekte ein und desselben historischen Vorgangs.

Diese Wendung stellt dann aber freilich zugleich die erste große Relativierung des Staates als zentraler Ort des Politischen in der Moderne dar, weil der Staatsnation in der Zeit des Totalitarismus in „Klasse" und „Rasse" Konkurrenten um die primäre Loyalität entstehen. Ob aber der moderne Staat jemals das Monopol des Politischen besessen hat, wie Preuß dies prominent in seiner Schlussthese behauptet? Historisch lässt sich dies bezweifeln. Monopol des Politischen, das hieße ja nach Preuß: rechtliche oder faktische Ausschließlichkeit der auf den Staat oder die Staatsnation bezogenen existentiellen Zugehörigkeit. Historisch ist die Konkurrenz des Staates mit anderen Trägern existentieller Ansprüche auf Zugehörigkeit, namentlich die Konkurrenz von Staat und Kirche, neuzeitliche Normalität, sieht man einmal ab von der Ära der französischen Revolution und dem Versuch der *Loi le Chapelier*, alle intermediären Organisationen zu eliminieren, sämtliche vermittelnden Beziehungen im Zwischenraum zwischen dem Individuum und der Staatsnation zu beseitigen.

Und wo stehen wir heute? Parallel zur dialektischen Aufhebung der souveränen Staatsgewalt im Sozialstaat beschreibt Preuß die Aufhebung oder doch: Relativierung der Territorialität des Staates durch die Globalisierung. Dabei weist er die Annahmen der systemtheoretischen Schule zurück, wonach unter den Bedingungen entgrenzter Politik überhaupt die Vorstellung einer derartig hochaggregierten Form der Zugehörigkeit aufzugeben ist, wie sie dem Staat eigentümlich war. Dies schon deshalb nicht, weil keine nichtstaatliche Instanz über das Gewaltmonopol verfüge. Auch die *global cities* als tendenziell hegemoniale Vergesellschaftungen innerhalb und unterhalb von Staaten könnten auf absehbare Zeit nicht zu den zentralen Trägern des Politischen werden, weil ihnen nirgends die Entscheidungsbefugnis über diejenigen infrastrukturellen und personalen Ressourcen zufalle, auf denen ihre wirtschaftliche Funktionsweise beruhe. Diese Argumentation ist von Preuß' Begriff des Politischen her allerdings konsequent, denn von ihm aus verlöre das Politische in einer acephalen Weltordnung nicht nur den Staat als seinen Ort, sondern hörte überhaupt auf zu bestehen.

An dieser Stelle ist allerdings ein gewisser Bruch in der Argumentationsweise nicht zu verkennen: Während Preuß bis hierher die gestellte Frage rein aus der historischen Dialektik der „staatsbildenden Kräfte" (*Fritz Hartung*) heraus beantwortet, wird seine Argumentation nun mit einem Male offen normativ: *Weil* die westlichen Staaten das rechtliche Monopol der physischen Gewaltsamkeit nach wie vor behaupten, bleibe der politische Status der Staatsangehörigkeit der einzige von existenzieller Bedeutung für den Einzelnen und deswegen auch der Staat hauptsächlicher Träger des Politischen. Nun, dass das zum Begriff des Staates gehörende Gewaltmonopol bis heute nicht von ihm gelöst worden ist, ist fraglos richtig und sicherlich wünschenswert, besagt aber doch wenig über die Art und die Dynamik der Kräfte, die die von Preuß geschilderten nichtstaatlichen Formen politischer Assoziation tragen. Schließlich sind auch „existentielle" Organisationsformen der politischen Zugehörigkeit denkbar, die nicht wie der Staat als „innere Friedensordnung" eines Verbandes gedacht werden können und für die die Frage nach der legalen Monopolisierung des physischen Zwangs deswegen nicht allein ausschlaggebend ist.

Auch ist die politische Qualität der Staatsangehörigkeit der Mitgliedstaaten der Europäischen Union durch das Institut der Unionsbürgerschaft gewiss nicht aufgehoben, insofern die Unionsbürgerschaft nach Art. 20 Abs. 1 S. 2 und 3 AEUV „akzessorisch" zur Staatsangehörigkeit der Mitgliedstaaten ausgestaltet ist. Doch zum einen zeigt der Europäische Gerichtshof schon in seiner bisherigen Rechtsprechung, dass er sich an eine derartige Vorstellung von Akzessorietät nicht gebunden fühlt.[1] Zum anderen war auch die Nationalisierung und Homogenisierung der Staatsangehörigkeit während des „langen" 19. Jahrhunderts[2] ein langwieriger und hochkomplexer Vorgang: Noch die Reichsverfassung von 1871 kannte lediglich das gemeinsame Indigenat, erst kurz vor dem Ersten Weltkrieg wurde im deutschen Reich „die" nationale Staatsangehörigkeit gesetzlich ausgestaltet. Von einer in sich abgeschlossenen und einheitlichen Kategorie der politischen Zugehörigkeit kann jedenfalls für Deutschland auch in der Hochzeit der national-

---

1 Siehe nur *Martin Nettesheim*, Der „Kernbereich" der Unionsbürgerschaft, JZ 2011, S. 1030.

2 Grundlegend *Dieter Gosewinkel*, Einbürgern und Ausschließen, 2. Aufl. 2004.

staatlichen Epoche keine Rede sein, und die Gegenüberstellung der gefestigten nationalen und der durch Heterogenität und Fragmentierung geprägten europäischen Zugehörigkeit fixiert die Erfahrung des späten 20. Jahrhundert, ist darüber hinaus aber vielleicht nur von begrenzter Aussagekraft. In allen föderalen Zusammenhängen wäre auf die Frage des Titels überhaupt erst nachzufragen: welcher Staat?

Die Frage bleibt also offen: Welches Alleinstellungsmerkmal verheißt dem Staat als Herrschaftsform, also heute konkret: dem Nationalstaat auch auf mittlere Sicht seine Unhintergehbarkeit als zentraler Ort des Politischen, nachdem es nicht mehr ohne weiteres die politische Ordnungskraft des Nationalen ist? Denn es war historisch ja gerade der Nationalismus, dem es gelang, die Staatlichkeit als Ort des Politischen gegen monarchische Interessen durchzusetzen. Diese Frage wird sich meiner Auffassung nach nicht aus einer dialektischen Analyse der Durchdringung von Territorialität und Zugehörigkeit oder der Entgrenzung von Herrschaft in der gegenwärtigen Weltordnung beantworten lassen. Vielversprechender erschiene mir eine Analyse der politischen und rechtlichen Strukturen der Konstitution und Kohäsion des politischen Verbandes selbst. Dieser Frage, wie politische Zugehörigkeit in der Gegenwart eigentlich erzeugt und sichergestellt wird, widmet Preuß keine sonderliche Aufmerksamkeit, er setzt sie (als selbstverständlich?) voraus, fast scheint es, als sehe er die „Herstellung und Bewahrung einer dauerhaften und unauflöslichen, aber nicht bereits durch die Natur gegebenen Verbundenheit eines Wir“ als existenzielle und unveränderliche Basisfunktion an, die von der attischen Polis bis zur postnationalen Konstellation ähnlichen Gesetzmäßigkeiten unterliegt. Hier ist aber zu fragen, ob nicht die Erzeugungsbedingungen politischer Zugehörigkeit ebenso starken Wandlungsprozessen unterliegen wie die territorialen Organisationsformen von Staatlichkeit und wie beides miteinander zusammenhängt: Die von Preuß geschilderte Entterritorialisierung von Herrschaft begleitet eine De-Existentialisierung und Verrechtlichung der politischen Zugehörigkeiten. Und vielleicht sind beide Prozesse auch nur unterschiedliche Betrachtungsweisen ein- und desselben Sachverhalts. Die *existentielle* Auszeichnung der Zugehörigkeit zu politischen Verbänden wäre dann ein Anachronismus, theoretisches Erbe der europäischen Zwischenkriegszeit, das wir in Ermangelung eigener konkreter Begriffe von Zugehörigkeit unhinterfragt mitschleppen.

Welches Bild ergibt sich aber, wenn man die von Preuß aufgeworfenen Fragen „von unten her“, von der sozialen und rechtlichen Verortung des Einzelnen im politischen Raum her stellt? Es lässt sich gar nicht bestreiten, dass zahlreiche Phänomene auf eine zunehmende „Fragmentierung“ des Politischen hinweisen, die ausnahmslos die Stellung des Einzelnen zum Politischen in irgendeiner Weise mit betreffen: die Zunahme grenzüberschreitender Verflechtungen auf den Feldern der Wirtschaft, der Kultur, der

Wissenschaft oder des Sports, die auf den Einzelnen durchgreifende Tätigkeit internationaler und transnationaler Organisationen, die politische Verselbständigung von Metropolen, oder die vielfältige Ausdifferenzierung sozialer Gruppen, die keinen Pfaden nationaler Herkunft mehr folgt. Doch wie ließe sich aus diesem Kaleidoskop politischer Erfahrungen des frühen 21. Jahrhunderts dem – nach *Folke Schuppert* ja bekanntlich ganz erstaunlich wandlungsfähigen[3] – Staat eine Prognose stellen? Solche Versuche wären notwendig hochspekulativ. Vergleichsweise prosaisch erscheinen demgegenüber zwei andere Aspekte, die das Verhältnis des Politischem zum Staat im Kern betreffen und – was den Stand dieses Verhältnisses angeht – in die entgegengesetzte Richtung weisen. Es scheint mir in gewisser Weise die Konsequenz aus Preuß' auf Selbstbestimmung fixiertem Begriff des Politischen, dass diese eher strukturellen Aspekte bei ihm fehlen.

Da ist einmal das Verhältnis von Staat und politischer Öffentlichkeit. Wir wissen spätestens seit dem *Strukturwandel der Öffentlichkeit* von *Jürgen Habermas*, in welchem Maß einerseits die „Medienrevolution" des 18. und 19. Jahrhunderts und die Entstehung nationaler Publizität zur Verbindung von Politischem und Nationalstaat beigetragen haben und wie andererseits die Propaganda im 20. Jahrhundert das Gesicht staatlicher Politik verändert hat. Und *Helmut Schelsky* hat schon vor dreißig Jahren gezeigt, wie die organisierte Publizität als fast entscheidendes Machtmittel das politische Geschehen bestimmt und deswegen in einer Begriffsbestimmung des Politischen nicht fehlen darf.[4] Nun entspricht es aber einer verbreiteten Annahme, dass dieser Zusammenhang von staatlicher Politik und Publizität heute in Auflösung begriffen ist. Die Aufmerksamkeit des Medienpublikums lässt sich infolge des medialen Wandels heute offensichtlich nicht mehr so weitgehend auf die Arena des Staates ausrichten wie dies bis zum Ende des letzten Jahrhunderts möglich war. Aber moderne Politik ist nun einmal nur als Arena denkbar, funktioniert szenisch, setzt den Zuschauer immer schon voraus.[5] Deshalb dürfte die „Entgrenzung" der politischen Kommunikation auf lange Sicht sehr maßgeblich zu einer Ablösung des Politischen vom Staat beitragen.

Unter einem zweiten Aspekt kann von einer solchen Ablösung indessen keine Rede sein. Gemeint ist der Bereich wohlfahrtsstaatlicher Politik. Die Behauptung dürfte keinen Widerspruch hervorrufen, dass sich das Politische unter den Bedingungen entfalteter Wohlfahrtsstaatlichkeit nicht mehr nur an der kollektiven Selbstbestimmung innerhalb eines politischen Verbandes festmachen lässt, sondern ganz wesentlich über die Teilhabe an den

---

3 *Gunnar Folke Schuppert*, Staatswissenschaft, 2003, S. 920 f. und passim.

4 *Helmut Schelsky*, Der „Begriff des Politischen" und die politische Erfahrung der Gegenwart, in: Der Staat 22 (1983), S. 321 (341).

5 Vorzüglich neuerdings *Jeffrey Edward Green*, The Eyes of the People, Oxford 2010.

wohlfahrtsstaatlichen Leistungen dieses Verbandes definiert ist. Hier, also in der Verteilung des Sozialproduktes über das Steueraufkommen sowie – in einem ganz weiten Sinne – in der Verteilung von Lebenschancen durch die Einrichtungen der wohlfahrtsstaatlichen Verwaltung,[6] liegt der Schwerpunkt der politischen Auseinandersetzungen, die Umverteilungspolitik ist das Machtzentrum sozialstaatlicher Demokratien, die Teilhabe am ausdifferenzierten sozialstaatlichen Verteilungsinstrumentarium ist die Basis politischer und sozialer Kohäsion und tief in die politisch Semantik eingesickert.[7] Wo wäre auf diesem Felde ein nennenswerter „Rückzug des Staates" zu verzeichnen, der ja, wie gerade Schuppert immer wieder betont hat, keineswegs mit seinem Formenwandel verwechselt werden darf?[8] Recht besehen haben sich die Staaten zumindest in Europa durchweg jene Kompetenzen bewahrt, die heute den wohlfahrtsstaatlichen Kern politischer Zugehörigkeit ausmachen. Sie haben sich als Sozialstaaten ihre „Verankerung in der Vitalsphäre der Bevölkerung" – um eine sprechende Formulierung *Ernst Forsthoffs* zu gebrauchen[9] – in vollem Umfang bewahrt.

Dies zeigt sich nicht zuletzt am Verhältnis der Mitgliedstaaten zur Europäischen Union: Die Vorherrschaft der Mitgliedstaaten über die sozialstaatliche Umverteilung, das heißt über den Bereich der Steuer-, Wirtschafts-, und Sozialpolitik, ist – trotz aller partiellen Überformungen durch das Unionsrecht – bislang *der* große politische Vorbehalt der Mitgliedstaaten und das spezifische Kriterium der „vertikalen Gewaltenteilung". So haben die Mitgliedstaaten bisher darauf geachtet, selbst Herren über die Umverteilung zu bleiben oder zumindest als solche auftreten zu dürfen – und der Union eine eigene Besteuerungshoheit verweigert.[10] Dagegen treten die supranationalen Hoheitsträger vornehmlich als Verhinderer der sozialen Umverteilung in Erscheinung.[11] Die Staaten haben damit ein feines Gespür bewiesen für das politische Gravitationsfeld der Verteilung, das *Johannes Popitz* einmal in anderem Zusammenhang als die „Anziehungskraft des größten Etats"[12] bezeichnet hat. Eine solche Betrachtungsweise liegt – vielleicht mehr unterschwellig – auch der jüngsten Rechtsprechung des Bundesverfassungsgerichts zur Europäischen Integration zugrunde, über deren Berechtigung damit noch nichts gesagt ist, wo das parlamentarische Haushaltsrecht als eine

---

6 Zur Entfaltung der sozialstaatlichen Umverteilung als Grundbegriff der Verfassungslehre *Görg Haverkate*, Verfassungslehre, 1992.

7 *Karsten Fischer*, Moralkommunikation der Macht, 2006.

8 *Gunnar Folke Schuppert*, Rückzug des Staates? – Zur Rolle des Staates zwischen Legitimationskrise und politischer Neubestimmung, in: DÖV 1995, S. 761.

9 *Ernst Forsthoff*, Der Staat der Industriegesellschaft, 1971, S. 79.

10 *Christian Waldhoff*, Finanzautonomie und Finanzverflechtung in gestuften Rechtsordnungen, in: VVDStRL 66 (2007), S. 216 (257 ff.).

11 *Danny Nicol*, The Constitutional Protection of Capitalism, Oxford 2010.

12 *Johannes Popitz*, Der Finanzausgleich, in: Handwörterbuch der Finanzwissenschaft, Bd. II, 1927, S. 346.

normative Grenze der „Entstaatlichung“ behandelt wird.[13] Erst wenn also die Umverteilung des Steueraufkommens und die Macht über die Zuteilung von Lebenschancen auf den Feldern von Wirtschafts- und Sozialpolitik nicht mehr im Rahmen staatlicher Politik entschieden würde, so lässt sich diese Rechtsprechung paraphrasieren, wäre eine Grenze überschritten, wäre der Staat vielleicht nicht mehr der zentrale Ort des Politischen.

13 BVerfGE 129, 124 (177 f.).

Umbauten im Hause des Rechts angesichts des Wandels von Staatlichkeit

Von Wolfgang Hoffmann-Riem, Hamburg

I. Zur Arbeitsweise von GFS

Den Wandel von Staatlichkeit zu beschreiben und analytisch auszuwerten ist das eine, ihn auch auf das Recht und dessen Wandel zu beziehen, ist ein zweites. Beides hat *Gunnar Folke Schuppert* mit bewundernswerter Klarsicht und Ausführlichkeit in Angriff genommen.

Der mit den Beiträgen dieses Bandes Geehrte – ich kürze ihn im Folgenden als GFS ab – hat in seinen vielen Büchern und Aufsätzen eine Arbeitsmethode genutzt, die manche Vertreter seiner Disziplin mit einer gewissen Verachtung (vielleicht auch geheimem Neid) zur Kenntnis nehmen, die aber für sein Anliegen besonders geeignet ist: Er baut Texte von Autoren aus unterschiedlichen wissenschaftlichen Disziplinen im Originalton in seine Analysen ein, kleidet sie aber durch einleitende und überleitende Kommentare nach Maßgabe der Schuppert'schen Haute Couture ein. Dies ist die offene Patchwork-Methode.

Sie unterscheidet sich wohltuend von der im Wissenschaftsbetrieb nicht unüblichen verdeckten Patchwork-Methode. Über dieser schwebt allerdings seit kurzem das Damoklesschwert der Denunziation durch Computerfreaks – mit dem weiteren Risiko anschließender Entkleidung von Titeln und Ehrenzeichen. GFS braucht Aktivitäten wie die von GuttenPlag Wiki nicht zu befürchten.

Die offene Patchwork-Methode hat in der Community der transdisziplinär kommunizierenden Wissenschaftler noch einen weiteren Vorteil. Die mit ihr verbundene Verleihung einer Art Adelstitel an einen Autor, dessen Text GFS als Kronzeuge für wichtige Erkenntnisse im Originalton und unter Nennung des Autors und meist mit begleitenden freundlichen Worten zur Bedeutung des Beitrags aufgreift, nährt das Selbstbewusstsein (vielleicht auch die Eitelkeit) des so Geadelten.

GFS nutzt eine besonders anspruchsvolle Spezies des wissenschaftlichen Patchworks. Die im Original zitierten Quellen sind nur die Bebilderung oder Plausibilisierung einer von GFS eigenständig entwickelten, theoretisch-konzeptionell ansprüchlichen Ausdeutung und Systematisierung wissenschaftlicher Befunde. Die reflektierte Bestandsaufnahme nutzt GFS als Basis, um den Status quo bisherigen Wissens möglichst zu überwinden und neue Anstöße zu geben. In diesem Sinne beruhen die folgenden Ausführungen im Wesentlichen auf seinen Anstößen, allerdings gekoppelt mit dem bescheidenen Versuch, sie in die eigene Sichtweise zu integrieren. Die jahrzehntelange Freundschaft und der langjährige Austausch mit GFS mögen als Entschuldigung dafür dienen, wenn das Folgende dennoch sehr GFS-lastig ausfällt.

Noch in einer zweiten Hinsicht unterscheiden sich die Arbeiten von GFS von denen der meisten rechtswissenschaftlichen Autoren: Er gibt sich ausdrücklich als Person zu erkennen, subjektiviert also seine Ansichten. Damit vermeidet er das bei Juristen typische Vorgehen, einen objektiven Wahrheitsgehalt von Aussagen durch Passivkonstruktionen, Allsätze oder die Bezugnahme auf das Pseudosubjekt „man" zu behaupten. Einen besonderen Charme gewinnt der subjektivierende Sprachstil von GFS ferner durch die auffällige Vermeidung des Wörtchens „ich" und dessen Ersetzung durch das vereinnahmende „wir".

Der Leser hat die Wahl, den *pluralis majestatis* als Ausdruck der majestätischen Größe der anschließend folgenden Einsicht zu nehmen oder als Angebot der kumpelhaften Inklusion: Wir – ich Autor und du Leser und noch viele mehr – wir – so mag diese Redeweise suggerieren – sind uns einig in der Betrachtung und Deutung, mag es gleichwohl noch Wissenschaftler geben, die den Pfad geteilter Einsicht erst noch finden müssen.

Es ist mir bisher zwar völlig fremd, ich werde im Folgenden aber ausprobieren, was es mit mir macht, wenn ich (allerdings beschränkt auf diesen Beitrag) in das Schuppert'sche „wir" einsteige.

Wir haben im Folgenden vor, Sie zu einer Besichtigung des im Umbau befindlichen Hauses des Rechts einzuladen. Zur Einstimmung soll allerdings ein Prolog dienen, der einzelne Stichworte zum Thema Wandel von Staatlichkeit benennt.

II. Prolog zu theoretischen Grundannahmen

GFS stellt immer wieder klar, dass es sich bei der sich wandelnden Staatlichkeit nicht um einen objektivierten Gegenstand handelt. Vielmehr geht es um die „erblickte Staatlichkeit".[1] Thema ist das soziale Konstrukt von Staatlichkeit, das wir unter gegenwärtigen Bedingungen und in unserer gegenwärtigen Situation (beispielsweise konkret in diesem Workshop) als er-

---

1 *Gunnar Folke Schuppert*, Verwaltungsrecht und Verwaltungsrechtswissenschaft im Wandel. Von Planung über Steuerung zu Governance?, AöR 133 (2008), S. 97 (86).

heblich wahrnehmen. Soll dieser Wandel von Staatlichkeit mit Beobachtungen zum Wandel von Recht kombiniert werden, erfolgt das soziale Konstrukt aus einer spezifischen Perspektive und mit einer Vorgehensweise, die das Hin- und Herwandern des Blicks zwischen dem Wandel von Staatlichkeit und dem Wandel von Recht aufnimmt.

Aus der Schuppert'schen Perspektive, die Governance-Forschung und Steuerungswissenschaft verbindet, ist besonders wichtig, dass es beim Recht um die Lösung gesellschaftlicher Probleme in einem weiten Sinne und mit Hilfe eines spezifischen Mediums, eben des Rechts, und in dessen Rahmen geht. Steuerung in diesem Kontext ist problemlösungsorientiert.[2] Dabei hat GFS seit langem die Bereitstellungsfunktion des Rechts als besonders wichtig herausgestellt.[3] Es geht um die Bereitstellung der für die Problembewältigung geeigneten Mittel: „Rechtsnormen, Rechtsinstitute, Organisations- und Verfahrenstypen".[4] Solche Mittel können entweder für die Bürger bereitgestellt werden, die mit ihrer Hilfe in eigener Verantwortung oder in Interaktion mit anderen Bürgern Probleme lösen, oder aber für hoheitliche Akteure, die steuernd auf Problemlösungen einwirken.

Die zu lösenden Probleme beziehen sich regelhaft auf Bedürfnisse, wie etwa Sicherheit, Wohlstand, Freiheit oder sonstigen Interessenschutz.[5] Bei ihrer Befriedigung handelt es sich zwar zunächst um gesellschaftliche Aufgaben, aber insoweit, als (auch) der Staat für ihre Befriedigung (mit) zuständig ist, handelt es sich (auch) um Staatsaufgaben. Im Hinblick auf solche Aufgaben und deren Wandel betont GFS, dass es regelhaft weniger um einen Abbau von Aufgaben, nicht einmal um deren Wandel geht, sondern vielfach eher um einen Wandel des Aufgabenverständnisses,[6] verbunden mit einem Wandel des Modus der Aufgabenerfüllung. Aus steuerungswissenschaftlicher Perspektive, und insofern unter Rückgriff auf einen problemlösungs- und damit wirkungsorientierten Steuerungsbegriff, geht es um eine Problembewältigung im Rahmen des Steuerungsmediums Recht mit dem Ziel der Erreichung erwünschter und der Vermeidung unerwünschter Wirkungen.[7]

---

2 So mehrfach in Schupperts Werken, beispielsweise in *Gunnar Folke Schuppert*, Die Verwaltungswissenschaft als Impulsgeberin der Verwaltungsrechtsreform, in: Wolfgang Hoffmann-Riem, Offene Rechtswissenschaft. Ausgewählte Schriften und begleitende Analysen, 2010, S. 1041 (1063 f.).

3 So etwa *Gunnar Folke Schuppert*, Verwaltungsrechtswissenschaft als Steuerungswissenschaft. Zur Steuerung des Verwaltungshandelns durch Verwaltungsrecht, in: Wolfgang Hoffmann-Riem / Eberhard Schmidt-Aßmann / Gunnar Folke Schuppert (Hrsg.), Reform des Allgemeinen Verwaltungsrechts, 1993, S. 65 (96 f.).

4 Ebd.

5 *Schuppert*, Verwaltungsrecht (Fn. 1), S. 92.

6 *Gunnar Folke Schuppert*, Was ist und wie misst man Wandel von Staatlichkeit?, Der Staat 47 (2008), S. 325 (342).

7 So meine eher pragmatische Definition von Steuerung, siehe etwa *Wolfgang Hoffmann-Riem*, Die Governance-Perspektive in der rechtswissenschaftlichen Innovationsforschung, 2011, S. 19.

Indikatoren des Wandels von Staatlichkeit unterscheidet GFS nach internen und externen Indikatoren des Wandels. Hören wir ihn zunächst im Originalton zu Indikatoren internen Wandels:

„Wenn über den Wandel von Staatlichkeit im Innern geschrieben wird, tauchen fast immer vier Veränderungsindikatoren auf, die wir in Anlehnung an den Sprachgebrauch im Klassikerfilm ‚Casablanca' als die üblichen Verdächtigen bezeichnen wollen. Es sind dies der Aufgabenwandel, der Wandel der Handlungsformen, der Wandel der Organisationsform öffentlicher Aufgabenwahrnehmung und der Instrumentenwandel."[8]

Hinsichtlich der Indikatoren externen Wandels erlauben wir uns, einen Korb mit Früchten zusammenzustellen, die von der Sonne des Jubilars verwöhnt und von ihm gepflückt wurden, hier aber nur stichwortartig benannt werden können. Besonders wichtig sind die

„Megatrends des Wandels:[9]

- Europäisierung und Internationalisierung,
- Pluralisierung und Trabantisierung,
- Privatisierung und Auslagerung von Staatsaufgaben,
- Ökonomisierung,
- Hybridisierung öffentlicher Aufgabenträger,
- Vernetzung und Netzwerkbildung."

Jetzt muss endlich der Governanceansatz eingebracht werden, denn in letzter Zeit ist kaum ein Buch von GFS geschrieben oder als Herausgeber verantwortet worden, das nicht das Governancethema aufgreift. Wieder in den Worten von GFS:[10]

„Der Governanceansatz

- erleichtert die Wahrnehmung von Verflechtungen und Interdependenzen sowie der Auflösung oder Erosion bisher vertrauter Grenzziehungen,
- erleichtert die systematisierende Verdichtung von Governanceinstrumenten und Governancearrangements zu aufgabenbezogenen Governance-Regimen, die damit zugleich als Gegenstand normativer Begutachtung nach den Kriterien des Rechtsstaats- und Demokratieprinzips benannt und handhabbar werden,
- erleichtert die Analyse von politischen Entscheidungsprozessen in Mehrebenensystemen – ‚*multilevel governance*' –, sei es aus der Perspektive des Regierens (Politikverflechtungsfall), sei es aus der Perspektive der Verwaltung (Stichwort ‚Europäische Verbundverwaltung'), sei es aus der Perspektive der Normsetzung (Rechtsetzung in gestuften Rechtsordnungen)."

Im Übrigen betont GFS die dynamische Perspektive des Governanceansatzes. Sie erlaubt es, Veränderungsprozesse positiv zu benennen und der

---

8 *Schuppert*, Wandel von Staatlichkeit (Fn. 6), S. 339.

9 Dazu *Schuppert*, Wandel von Staatlichkeit (Fn. 6), S. 334 ff. Siehe ferner *ders.*, „Neue" Staatlichkeit – „Neue" Staatswissenschaft? Zu den Aufgaben einer Staatswissenschaft heute, in: FS Rainer Wahl, 2011, S. 185 (194 f.).

10 *Gunnar Folke Schuppert*, Alles Governance oder was?, 2011, S. 46.

Diskussion über „accountability" und Legitimation veränderter Modi des Regierens zuzuführen.[11] Wird in der Folge auf die Gemengelage maßgebender Entscheidungsfaktoren, auf Interdependenzen, gegebenenfalls Vernetzungen, auf dynamische Rückkoppelungen, auf funktionale Äquivalente, auf Widersprüchlichkeiten und Dysfunktionalitäten hingeführt, wird eine Komplexität sichtbar, die Juristen bisher meist durch Parzellierung ihres Problemgartens und Einzäunung des jeweils beackerten Teilfeldes hinwegfingiert haben. Dies muss nicht Ausdruck von disziplinärer Borniertheit sein, sondern kann vielfach schlicht dem Ziel der Handhabbarkeit von Recht durch Rechtsanwender geschuldet sein. Diese müssen ja regelhaft ohne eine auf die Erfassung der Komplexität ausgerichtete wissenschaftliche Vorbildung in einer konkreten Entscheidungssituation sowie meist unter Zeitdruck und ohne Zugang zu allen relevanten Informationen Problemlösungen im Rahmen des Rechts erarbeiten. Bei einem theoretisch arbeitenden Rechtswissenschaftler, der sich nicht in einer solchen beengten Entscheidungssituation befindet, sondern weitere Möglichkeiten der Erfassung von Komplexität nutzen kann und will, darf eine Verengung des Blicks nicht am Anfang stehen. Sie kann aber gerechtfertigt sein, wenn daran gearbeitet wird, Handreichungen für konkrete Entscheidungen zu liefern, etwa durch Kondensation von entscheidungsleitenden Topoi in Rechtsdogmatik (siehe unten III. 6.).

Rechtswissenschaft selbst muss bemüht sein – und hier zitieren wir uns selbst –, „das Zusammenspiel von rechtsnormativen Programmen, verfügbaren Organisationen, maßgebenden Verfahren, entscheidungsbezogenen ‚Spielregeln', Handlungsanreizen und Ähnlichem in die Betrachtung" einzubeziehen.[12] Letztlich fordert dies eine ganzheitliche Vorgehensweise, wie sie seit *Lorenz von Stein* in der deutschen Verwaltungsrechtswissenschaft eigentlich verpönt ist.[13]

Der Governanceansatz interessiert uns bei dem Versuch, Staatlichkeit aktuell wahrzunehmen und die Funktion von Recht darauf zu beziehen. In erster Linie eignet er sich als analytischer Ansatz,[14] der sich um den Modus und die Qualität der Bewältigung von Problemen kümmert (empirisch: wie funktioniert die Problembewältigung? normativ: wie funktioniert sie am besten, soweit Recht einbezogen wird?).[15] Im Hinblick auf den Umgang mit Rechtsnormen reicht es insoweit häufig nicht, diese nur unter Nutzung der sog.

---

11 Ebd., S. 45 f.

12 *Wolfgang Hoffmann-Riem*, Modernisierung der Rechtswissenschaft als fortwährende Aufgabe, in: FS Hans Peter Bull, 2011, S. 157 (177).

13 Dazu siehe auch *Wolfgang Hoffmann-Riem*, Die Governance-Perspektive in der rechtswissenschaftlichen Innovationsforschung, 2011, S. 15 ff.

14 *Gunnar Folke Schuppert*, Governance-Forschung: Versuch einer Zwischenbilanz, Die Verwaltung 44 (2011), S. 273 (276 f.).

15 *Hoffmann-Riem* (Fn. 13), S. 19.

Canones der juristischen Methodenlehre auszulegen und die so mit den Mitteln der Hermeneutik zugerichtete Norm auf ein in die Gesamtlage eingewebtes Problem anzuwenden. Das mag in Fällen ausreichen, in denen es um die Bewältigung klar strukturierter und schon häufig bearbeiteter Probleme geht, für die sich in der Rechtsordnung bestimmte Lösungen eingeschliffen haben. Es kann aber nicht in Problemsituationen oder konkreten Fällen ausreichen, die durch die von GFS identifizierten Megatrends externen und internen Wandels von Staatlichkeit geprägt sind und dabei eine hohe Komplexität gewonnen haben. Denen kann ein derart reduktionistischer Umgang mit dem Problem nicht gerecht werden.

Insofern ist es eine entscheidende Frage, ob und wieweit das anzuwendende Recht auf die gegenwärtig wahrzunehmende Komplexität hinreichend eingestellt ist. Deswegen war es fast unvermeidbar, dass GFS sich in jüngerer Zeit vermehrt der Rechtsetzung zugewandt und dabei auch Regeln in den Blick genommen hat, die nicht zwingend die Form des Rechts annehmen. Er hat die Forderung nach einer modernen Regelungswissenschaft aufgestellt und zugleich – wie es seinem Naturell entspricht – ausformuliert.[16] In seiner lehrbuchartigen Monografie zur Regelungswissenschaft betont er erneut die Prozesshaftigkeit der Perspektive,[17] die er schon vielfach bei der Analyse der Veränderung von Governancestrukturen und der Erklärung beobachtbarer Wandelungsprozesse genutzt hat. Auch hier lassen wir ihn (wenn auch gekürzt) wieder zu Wort kommen:[18]

> „Diese Prozessperspektive kann in vier Dimensionen näher entfaltet werden, nämlich im Hinblick auf
> - sich wandelnde und neue Akteurskonstellationen […],
> - sich wandelnde und neue institutionelle Arrangements und Regelungsstrukturen […],
> - sich auflösende bzw. verwischende bisherige Grenzziehungen wie etwa zwischen national und international, öffentlich und privat, innen und außen etc., wobei diesem Fokus die Annahme zugrunde liegt, dass die beobachtbaren Prozesse des Wandels von Staatlichkeit sich vor allem als Prozesse von Entgrenzungen und Grenzverwischungen vollziehen,
> - sich wandelnde oder neue zu entwickelnde Legitimationskonzepte, die die Geborgenheit nationalstaatlicher Legitimationsstränge überwinden und legitimatorische Anforderungen an neue, insbesondere transnationale Governanceformen stellen."

Wenn GFS damit in Verbindung zu bringende Regelsetzungen in den Blick nimmt, verdeutlicht er, dass viele Akteure mitwirken an einem Prozess, in dem das Gesetz das zentrale (aber nicht alleinige) Steuerungsme-

---

16 *Gunnar Folke Schuppert*, Governance und Rechtsetzung. Grundfragen einer modernen Regelungswissenschaft, 2011.

17 *Schuppert*, Wandel von Staatlichkeit (Fn. 6), S. 357.

18 Ebd.

dium des Rechts ist.[19] Insofern ist von Bedeutung, dass die Aufgaben des Staates keineswegs stets unmittelbar durch den Staat – etwa mit Verboten oder durch staatliche Leistungserbringung – erfüllt werden. Zunächst einmal nehmen die Bürger (die Gesellschaft) ihre Angelegenheiten selbst in die Hand, sind dabei aber in einer Rechtsordnung auch mit der Erwartung konfrontiert, auf rechtlich geschützte Interessen anderer Rücksicht zu nehmen und gegebenenfalls auch Gemeinwohlziele mit zu verwirklichen. Obwohl der Staat sich in vielen Bereichen selbst als Hauptakteur der Erfüllung von Gemeinwohlzielen verstanden hat und – wenn auch begrenzter – weiter versteht, wird heute immer sichtbarer, dass er in vielen Bereichen vorrangig auf Problemlösungen im Bereich der Gesellschaft selbst vertraut und vertrauen muss. Er kann und muss aber gegebenenfalls durch Rahmen- und Schrankensetzung sowie prozessbezogene Spielregeln sichern, dass die gesellschaftliche Problemlösung möglichst allen geschützten Interessen gerecht wird, also in diesem Sinne möglichst gemeinwohlverträglich erfolgt (Gewährleistungsverantwortung).[20] Der Begriff der Gewährleistung verweist dabei auf eine anspruchsvolle Aufgabe des Staates, der als Garant dafür wirken soll, dass die gesellschaftliche Problembewältigung gelingt, und zwar unter den Bedingungen von Freiheit, wobei die Folgen des Freiheitsgebrauchs des einen verträglich für andere betroffene Rechtsträger und deren Rechtsgüter bleiben sollen. Werden hierbei Defizite sichtbar, mag ferner die Auffangverantwortung des Staates aktiviert werden, insbesondere in der Erwartung, als eine Art Ausfallbürge bei gesellschaftlicher Schlechterfüllung zu wirken.

Es geht also nicht nur darum, Gesetze – wie es in der Zeit der Herausbildung des modernen Rechtsstaats vorrangig war – als rechtsstaatliche Begrenzung von Staatsgewalt und Medium demokratischer (Volks)Legitimation des Staatshandelns zu deuten – dies ist selbstverständlich weiterhin wichtig –, sondern zusätzlich, vielleicht in erster Linie darum, Gesetze als Instrumente der Sicherung einer bestimmten Qualität gesellschaftlicher und staatlicher Problembewältigung zu verstehen.[21] Aspekte der Qualitätsgewährleistung zeigen sich auch an klassischen Rechtsinstituten zur inhaltlichen Ergänzung der Gesetzesbindung, etwa in dem Gebot der Eignung oder jedenfalls Teileignung einer Regelung zur Problembewältigung, dem Erfordernis geringstmöglicher Beeinträchtigung anderer betroffener Interessen und der Angemessenheit der Zuordnung von Belastungen und Begünstigun-

---

19 *Schuppert*, Regelungswissenschaft (Fn. 16), S. 44.

20 Die Verlagerung des Blicks auch der Rechtswissenschaft von der Erfüllungsverantwortung des Staates hin zur Gewährleistungsverantwortung ist vielfach von GFS beschrieben worden, siehe statt vieler Beiträge etwa *Gunnar Folke Schuppert*, Verwaltungswissenschaft, 2011, S. 933 ff., 990 ff.

21 Zur Qualitätsgewährleistung durch Gesetze siehe *Wolfgang Hoffmann-Riem*, Gesetz und Gesetzesvorbehalt im Umbruch, AöR 130 (2005), S. 5 ff.

gen – alles Aspekte des für den Rechtsstaat besonders wichtigen Grundsatzes der Verhältnismäßigkeit.

Ein Gesetz, das dem Gewährleistungskonzept verpflichtet ist, muss die von der Governanceforschung analysierten Erscheinungen, insbesondere Interdependenzen, in den Blick nehmen, um die Wirkungstauglichkeit und damit Qualität der Problemlösung auch angesichts der jeweiligen Akteurskonstellationen und (meist) komplexen Regelungsstrukturen zu erreichen.

Noch ein Weiteres ist für GFS's wissenschaftliche Arbeit wichtig: Die Beschreibung des Wandels von Staatlichkeit und Recht sowie der Rechtswissenschaft muss auch angemessen berücksichtigen, dass Recht und Rechtsanwendung auf einen spezifischen Ausschnitt von Wirklichkeit – nämlich der ökonomischen, politischen, kulturellen, sozialen, technologischen u. ä. Wirklichkeit – bezogen sein soll, also auf den „Realbereich der Norm". Für eine Rechtswissenschaft, die den Governanceansatz nutzt, um vor allem das Prozesshafte der Rechtsanwendung (auch der Rechtserzeugung) zu erfassen und die den Steuerungsansatz hinzunimmt, um den Wirkungsbezug von Recht einzukalkulieren, muss sich daher auch dem Realbereich zuwenden und bemüht sein, Methoden und Ergebnisse unter Berücksichtigung des Wechselspiels von gesetzter Norm und der von ihr in Bezug gesetzter Wirklichkeit zu finden.

III. Besichtigung im Hause des Rechts

Um einen Eindruck von den stattfindenden oder noch erforderlichen Umbauten zu erhalten, betreten wir zusammen mit einer Gruppe anderer Rechtstouristen nun das „Haus des Rechts", wobei die Besichtigung auf sieben Teilräume beschränkt wird. Die Zahl sieben ist nicht zufällig, weil wir mit GFS nicht ausschließen, dass in der Rechtswissenschaft auch Magie im Spiel ist. Jedenfalls hat die Zahl sieben auch GFS fasziniert, als er in seiner Monografie „Staat als Prozess" eine „Staatstheoretische Skizze in sieben Aufzügen" zeichnete.[22]

1. Vorratskammer 1: Rechtsquellen

Wir betreten zunächst die „World of Rules"[23], die Vorratskammer der Rechtsquellen. Die Welt der Regelungen und Regelungsstrukturen lässt sich, so GFS, am ehesten durch eine Reise „mit gemütlichem Tempo" erschließen, die mit dem Vertrauten beginnt und dann zu Neuem fortschreitet.[24] Über-

22 *Gunnar Folke Schuppert,* Staat als Prozess. Eine staatstheoretische Skizze in sieben Aufzügen, 2010.

23 *Schuppert,* Regelungswissenschaft (Fn. 16), etwa S. 141.

raschend sind die Vielfalt des dabei zu Beobachtenden und die Weiterungen der Fragerichtungen, die das Besichtigen stimuliert.

Die Gegenwart ist durch eine ungeheure Vervielfachung von Rechtsquellen in verschiedenen Ebenen geprägt, so im nationalen Recht, im europäischen Mehrebenenverbund und in trans- und internationalen Rechtsbeziehungen. Diese Vervielfachung von Quellen deutet zugleich auf eine Vervielfachung von Regelsetzern hin, nämlich solche, die im nationalen Recht (etwa Gesetzgeber, Verwaltung, Kommune, Bundesland oder Bund) und die im europäischen Bereich tätig sind (etwa EU-Kommission oder Europäisches Parlament), aber auch verschiedene Akteure im trans- und internationalen Raum (wie WTO oder Weltbank). Dabei gibt es hoheitlich oder hoheitlich legitimierte, aber auch rein private Regelsetzer.[25] Kennzeichnend ist ebenfalls eine Ausweitung der Art der Quellen, so im Bereich der Erfüllung öffentlicher Aufgaben durch Nutzung öffentlich-rechtlicher, privatrechtlicher und hybrider (öffentlich-privatrechtlicher) Normen sowie durch den Rückgriff auf formale und informale Regeln. Dabei ergibt sich auch die Notwendigkeit, die Schnittstellen zwischen formalen und informalen Regeln sowie gegebenenfalls die wechselseitigen Austauschbarkeiten zu berücksichtigen.

Kennzeichnend sind auch unterschiedliche „Härtegrade“ von Recht, die etwa erkennbar werden, wenn versucht wird, Standards, Rules of Conduct, Leitbilder oder Empfehlungen daraufhin zu besehen, ob sie als Recht anerkannt werden und dem Hard Law oder dem Soft Law zuzuordnen oder bloß faktisch befolgte Regeln sind. Die unterschiedlichen Härtegrade lassen sich insbesondere an den Begriffen verbindlich und sanktionsbewehrt festmachen und in den folgenden Kombinationen auffangen:

- rechtsverbindlich und sanktionsbewehrt;
- rechtsverbindlich, aber in der Rechtsordnung sanktionslos, wenn auch gegebenenfalls mit faktischen Sanktionen bewehrt;
- rechtlich unverbindlich, aber faktisch verbindlich, weil mit faktischen Sanktionen bewehrt (etwa dem Risiko des Verlusts zukünftiger Geschäftsbeziehungen oder der Ächtung in der Community);
- rechtlich unverbindlich und auch faktisch nicht sanktioniert.

Ein solcher Befund hoher Diversität führt nicht nur zu Schwierigkeiten im praktischen Umgang mit der Vielfalt, sondern provoziert auch Grundfragen, wie die, was Recht ist und was (nur) sonstige Regeln sind sowie ferner: Können sonstige Regeln funktionale Äquivalente für Recht sein? Für Recht wird üblicherweise verlangt, dass es von einem dazu spezifisch legitimierten Träger (etwa dem Parlament) in einem dafür bestimmten Verfahren und un-

24 Ebd.

25 Ebd., S. 200 ff.

ter Nutzung dafür vorgesehener Handlungsformen festgelegt und mit Verbindlichkeit ausgestattet wird. Dabei sind die meisten Definitionen von Recht auf das „gesollte“ Sein bezogen, also auf Ge- und Verbote. Recht umschreibt aber auch einen Korridor des Erlaubten, also des Gedurften, das sich nicht stets nur als die Restgröße des Nicht-Verbotenen verstehen lässt. Dies reicht insbesondere nicht, wenn Gewährleistungsrecht einen Möglichkeitsraum für Handeln eröffnet und dabei nicht nur Grenzen setzt, sondern den Raum auch näher strukturiert. Der moderne Staat trägt im Übrigen Verantwortung auch im Hinblick auf die Ermöglichung von Verhalten durch Bereitstellung der Voraussetzungen zum Rechtsgebrauch, etwa der dafür erforderlichen Infrastrukturen oder der Schaffung von Angeboten zum Erwerb entsprechender Kompetenzen (etwa Bildung).

Besonders diskussionsbedürftig ist die Frage, was eine Regel – verstanden als abstrakt-generelle Verhaltensvorgabe – als „Recht“ adelt:[26] Ist für die Qualität als Recht ein Hoheitsträger als Regelsetzer gefordert oder genügen Private, die beispielsweise im Bereich der Standardsetzung, der Formulierung von Codes of Conduct und Ähnlichem Verhaltensregeln setzen? Welche Bedeutung hat die Sanktionierbarkeit, wiederum unterschieden danach, ob Hoheitsträger die Sanktion mit Hilfe besonderer Instrumente hoheitlicher Rechtsdurchsetzung vornehmen oder ob auch faktisch wirksame Sanktionen ausreichen. Dies alles führt in die besonders aktuelle, von GFS mehrfach aufgegriffene Diskussion um „Soft Law“.[27] Bedarf es für die Einordnung von Soft Law in das Aufmerksamkeitsspektrum von Rechtswissenschaft oder für seine Anerkennung als funktionales Äquivalent für staatliches Recht des „Hardening“,[28] etwa der Rezeption privater Standards in die Rechtsordnung usw.?

Bei solchen und anderen Fragen bedarf es der Vergewisserung, welche Funktionen Rechtsnormen haben. Traditionell zählen dazu die schon erwähnte rechtsstaatliche Begrenzung der Staatsgewalt und die Nutzung von Recht als Medium demokratischer Volkslegitimation staatlichen Handelns. Wird auf die – auch für staatliches Recht zentrale – Funktionen der Orientierung für die Normbetroffenen und der Ordnung gesellschaftlicher Ver-

---

26 Wieweit verfügbare Regeln in die Kategorie des Rechts geordnet werden oder als „Nicht-Recht“ gelten, ist eine rechtstheoretische Frage bzw. eine Frage definitorischer Konvention.

27 Siehe *Schuppert,* statt vieler etwa: Regelungswissenschaft (Fn. 16), S. 340 ff. Aus der weiteren Literatur siehe etwa *Matthias Knauff*, Der Regelungsverbund: Recht und Soft law im Mehrebenensystem, 2010; *Nils C. Ipsen*, Private Normenordnungen als transnationales Recht? 2009, S. 29 ff. und passim; *Jürgen Schwarze*, Soft law im Recht der Europäischen Union, EuR 2011, S. 3 ff.; *Ulrich Sieber*, Rechtliche Ordnung in einer globalen Welt. Die Entwicklung zu einem fragmentierten System von nationalen, internationalen und privaten Normen, Rechtstheorie 41 (2010), S. 151 ff.

28 Dazu siehe *Schuppert,* Regelungswissenschaft (Fn. 16), S. 397 ff.; *ders.*, Der Rechtsstaat unter den Bedingungen informaler Staatlichkeit, 2011, S. 56 ff.

hältnisse (etwa durch Privatrecht) gesehen, dann führen vor allem diese Dimensionen zu der Frage, wieweit nichthoheitlich gesetzte Regeln funktionale Äquivalente für staatliches Recht sein können. Gleiches gilt für die – ebenfalls schon erwähnte – Funktion von Recht, eine bestimmte Qualität der Problembewältigung zu sichern. Die erwünschte Qualität kann möglicherweise auch im Bereich öffentlicher Aufgaben in vielen Sektoren durch gesellschaftliche Selbstregulierung (etwa über den Markt oder die Familie) erreicht werden, bedarf aber evtl. doch einer ergänzenden Qualitätsbeobachtung und -sicherung durch den (Gewährleistungs-)Staat. Dabei stellt sich dann die weitere Frage, woran denn eigentlich Qualität gemessen wird. Da es insoweit sicherlich nicht reicht, die Regelbefolgung als solche als hinreichend anzusehen, sondern – der steuerungswissenschaftlichen Perspektive folgend – es auch notwendig ist, auf die Wirkungen von Recht zu sehen, führt das Räsonnement zu der weiteren Frage, welcher Typ an Wirkungen denn maßgebend ist: Kommt es auf den Output an (etwa einen erlassenen Verwaltungsakt und dessen Rechtmäßigkeit), den Impact als gegebenenfalls nur kurzfristiges Einwirken auf das Verhalten der Adressaten (Mikrofolgen) oder den Outcome, die langfristigen Wirkungen einer Maßnahme auf das gesellschaftliche, ökonomische oder sonstige Umfeld (Makrofolgen).[29]

Es zeigt sich, dass in der Vorratskammer der World of Rules noch eine Fülle offener Fragen gestapelt sind. Zu den offenen Fragen gehört auch die, ob angesichts der Diversität von Regeln und der Ansiedlung eines Teils von ihnen in den Grenzzonen des Rechts eine Beherrschbarkeit der Artenvielfalt durch Rechtswissenschaft noch vorstellbar ist oder gar, ob der Selbststand von Recht und Rechtswissenschaft in Gefahr ist.[30]

2. Vorratskammer 2: Grundrechtemagazin

Während wir den Raum verlassen, ist ein Murmeln unter den anderen Besuchern zu hören, die unter anderem fragen, an welchen Maßstäben sich eigentlich solche Rechtsquellen ausrichten und wieweit solche Maßstäbe auch auf ihre Nutzung in der Rechtsanwendung einwirken? Schnell wird erkennbar, dass diese Fragen zu vielfältig sind, um auf schnelle Weise umfassend beantwortet werden zu können. Dementsprechend werden die Besucher nur in einen Teilraum der Vorratskammer geführt, in dem Maßstäbe aufbewahrt und gepflegt werden. An der Eingangstür dieses Magazins steht: Grundrechte als Maßstäbe.

---

29 Zu den Begriffen siehe statt vieler *Andreas Voßkuhle*, Neue Verwaltungsrechtswissenschaft, in: GVwR I, 2. Aufl. 2012, § 1 Rn. 32.

30 Zur Diskussion dazu siehe statt vieler die Beiträge in: Christoph Engel/Wolfgang Schön (Hrsg.), Das Proprium der Rechtswissenschaft, 2007.

Hier reduzieren wir den Blick in Erinnerung an GFS's mehrfach beschworene These, dass wir es in der Gegenwart vielfach mit einer Koproduktion von Staatlichkeit zu tun haben, also mit dem Wirken einer Vielzahl von Akteuren, die nicht notwendig als Hoheitsträger institutionalisiert sind. Wenn auch nichtstaatliche Träger Verantwortung für die Rechtsetzung (und Rechtsanwendung) haben, führt dies zu der Grundsatzfrage, ob die Koproduktion von Staatlichkeit und Recht Erosionen von Freiheitsgarantien bedingt, die in den klassischen Grundrechten enthalten sind.

Die Megatrends der Transnationalisierung, Deregulierung und Privatisierung kennzeichnen eine Lage, in der frühere öffentliche Aufgaben oder neue öffentliche Aufgaben nicht oder nicht (mehr) allein in staatlicher Verantwortung, sondern (auch) von Privaten – In- und Ausländern – wahrgenommen werden. Hier besteht ein Risiko, dass die als Bindung der Staatsgewalt gegenüber Eingriffen in Freiheitsbereiche institutionalisierten Grundrechte ihre Wirkungskraft nicht mehr entfalten können, da der traditionell Grundrechtsgebundene ausfallen kann, wenn der Staat seine Aufgaben durch andere wahrnehmen lässt. Die Koproduktion von Staatlichkeit führt daher zu der Frage, ob Freiheitsschutz gleichwohl auf einem hinreichenden Niveau gesichert werden kann.

Hier ist der von GFS zusammen mit seinem Schüler *Christian Bumke* frühzeitig beschriebenen Prozess der Konstitutionalisierung der Rechtsordnung bedeutsam.[31] Es geht insbesondere um die Frage der Grundrechtsprägung der Rechtsordnung auch insoweit, als private Akteure tätig werden. Bekanntlich ist die Leitentscheidung hierfür das Lüth-Urteil des Bundesverfassungsgerichts, die zugleich für die Entwicklung der Grundrechtsdogmatik wohl bedeutendste Entscheidung des Bundesverfassungsgerichts.[32] Diese Entscheidung wird von Öffentlich-Rechtlern meist gelobt, von Zivilrechtlern aber kritisiert, die in ihr einen Übergriff des Öffentlichen Rechts in die Domäne des Zivilrechts sehen. Aus öffentlich-rechtlicher Sicht hat *Rainer Wahl* von der „Wiedergeburt der Rechtsordnung aus dem Geist der Grundrechte" gesprochen.[33] Die Lüth-Entscheidung wurde maßgebend für die Konstitutionalisierung der Rechtsordnung im Geist der Freiheitsrechte und als Mittel zur Emanzipation auch der Zivilrechtler aus der Denkwelt des Römischen Rechts sowie aus der Traumwelt des Naturrechts.

---

31 *Gunnar Folke Schuppert/Christian Bumke*, Die Konstitutionalisierung der Rechtsordnung. Überlegungen zum Verhältnis von verfassungsrechtlicher Ausstrahlungswirkung und Eigenständigkeit des „einfachen" Rechts, 2000; *Schuppert*, Verwaltungsrecht (Fn. 1), S. 82.

32 BVerfGE 7, 198 ff.

33 Als Zeuge mag *Rainer Wahl* gelten: Die objektiv-rechtliche Dimension der Grundrechte im internationalen Vergleich, in: Detlef Merten/Hans-Jürgen Papier (Hrsg.), Handbuch der Grundrechte in Deutschland und Europa, Bd. I, 2004, § 19, Rn. 1.

Im modernen *Gewährleistungsstaat* gewinnt die Lüth-Entscheidung eine neue Bedeutung und wird zum Meilenstein auch für die Gewährleistungsrechtsprechung. Die Lüth-Entscheidung hat nämlich den objektiv-rechtlichen Dimensionen des Freiheitsschutzes verfassungsgerichtliche Weihen verliehen. Durch die ihr folgende Rechtsprechung und die Verarbeitung in der Rechtswissenschaft sind die objektiv-rechtlichen (manche sagen lieber: objektiven) Dimensionen der Grundrechte zwischenzeitlich in einer Reihe von Einzelinstitutionen ausdifferenziert worden,[34] so in Schutzpflichten, Verfahrensrechte, Teilhaberechte und vor allem Orientierungen für die Schaffung von Strukturen in Form von Organisationen oder von Infrastrukturen. Die objektiv-rechtliche Dimension der Grundrechte findet sich auch in Argumentationstopoi wie dem des Untermaßverbots[35] oder der Forderung nach Herstellung praktischer Konkordanz[36] vor allem in multipolaren Konfliktlagen. Sie wirkt sich zwar auch auf Bereiche aus, in denen Private ohne Bezug auf öffentliche Aufgaben handeln, wird aber auch wichtig, soweit die Erfüllung bisheriger staatlicher Aufgaben in den Bereich der Gesellschaft verlagert wird, sie aber weiterhin als öffentliche Aufgaben zu qualifizieren sind. Dementsprechend unterliegt die spezifische Qualität ihrer Wahrnehmung der Gewährleistung durch den Gesetzgeber.

Während in den fünfziger und sechziger Jahren des vorigen Jahrhunderts noch darüber heftig diskutiert wurde, wieweit der Staat sich durch eine „Flucht ins Privatrecht" (also die Nutzung privatrechtlicher Handlungsformen für die Erfüllung öffentlicher Aufgaben) der Grundrechtsbindung entziehen kann,[37] ist heute die Suche nach Sicherungen vordringlich, die bei der Wahrnehmung öffentlicher Aufgaben im Bereich der Gesellschaft als funktionale Äquivalente für die rechtsstaatlich und demokratisch bezogenen Bindungen wirken können, die auf staatliches Handeln Anwendung finden. Ohne entsprechende Vorkehrungen würde bei einer Privatisierung vormals öffentlicher Aufgaben der Freiheitsschutz abgeschnitten, weil der traditionelle Adressat der Grundrechtsbindung ja entfällt.[38]

Die Grundrechtswirkung ist in solchen Feldern auf das Gesetz als Mittler der Freiheitsicherung angewiesen, sei es dadurch, dass ein Gesetz bei der

---

34 Vgl. *Wahl*, Objektiv-rechtliche Dimension (Fn. 33), Rn. 5 ff.

35 Dazu siehe *Lars Peter Störring*, Das Untermaßverbot in der Diskussion: Untersuchung einer umstrittenen Rechtsfigur, 2009.

36 Dazu grundsätzlich *Konrad Hesse*, Grundzüge des Verfassungsrechts der Bundesrepublik Deutschland, 20. Aufl. 1995, Rn. 317 ff.

37 Dazu siehe *Hartmut Maurer*, Allgemeines Verwaltungsrecht, 18. Aufl. 2011, § 3, Rn. 26, § 26, Rn. 56.

38 Allerdings hat es in der Rechtsordnung seit jeher gewisse Möglichkeiten gegeben, auch bei privatrechtlichem Handeln zur Erfüllung öffentlicher Aufgaben Grundrechtsbindung anzunehmen, so etwa über das Institut der Beleihung. Dazu siehe statt vieler *Horst Dreier*, in: ders. (Hrsg.), Grundgesetz. Kommentar, 2. Aufl. 2004, § 1 III, Rn. 39.

Ausfüllung wertungsoffener Begriffe von den normativen Vorgaben der Grundrechtsordnung her ausgelegt wird, sei es, dass der Gesetzgeber die Grundrechte als Auftrag zur Freiheitssicherung versteht und die Grundrechtsbindung mit Hilfe seiner Gesetzgebung gezielt umsetzt.

Die Ausstrahlungswirkung der Grundrechte auf die gesamte Rechtsordnung ist im Gewährleistungsstaat auch deshalb wichtig, weil er in vielen Bereichen vielfältige Möglichkeitsräume eröffnet („enabling") und der Gesellschaft die Chance einräumt, aus unterschiedlichen Optionen eine solche maßgeschneidert auszuwählen, die der Befriedigung der jeweils betroffenen Interessen aus Sicht der Akteure am besten dient. Die Nutzung des Optionenreichtums – von GFS vielfältig durch Verweis auf Choice-Situationen beschrieben[39] – ist als solche nicht negativ zu bewerten, sondern als legitimes Mittel zur Wahl von Instrumenten, Rechtsformen oder Organisationen zu verstehen. Der Komplexität der Regelungsstrukturen und der Komplexität betroffener Akteure und Interessen wird Rechnung getragen, indem den Akteuren die Möglichkeit eröffnet wird, passgerechte Lösungen zu wählen. Choice-Situationen eröffnen Wege zur Optimierung der Interessenwahrnehmung, müssen aber gegebenenfalls mit Vorkehrungen versehen werden, damit freiheitsschützende Bindungen nicht unterlaufen werden. Dies gilt nicht nur, aber mit besonderem Nachdruck dann, wenn privater Freiheitsgebrauch angesichts von Asymmetrien in den gesellschaftlichen Machtverhältnissen andernfalls die Durchsetzung einseitiger Interessen zum Nachteil anderer erlauben würde.

Derartige Probleme stellen sich nicht nur im Binnenbereich des Staates, also im territorialen Geltungsbereich der jeweiligen Verfassung, sondern auch bei Aktionen trans- und internationalen Zuschnitts, bei denen die Akteure wegen der Begrenzung der Hoheitsgewalt der Territorialstaaten nicht oder nur teilweise an die nationale Grundrechtsordnung gebunden sind. Auch wenn es noch keine dem nationalen Bereich vergleichbare Konstitutionalisierung des transnationalen Raums und entsprechend keine hinreichenden transnationalen Verrechtlichungsprozesse gibt,[40] lässt sich die objektivrechtliche Dimension der Grundrechte auch dahingehend verstehen, dass deutsche Hoheitsträger verpflichtet sind, im Rahmen ihrer Möglichkeiten auf die trans- und internationalen Ordnungen so einzuwirken, dass auch den Grundrechtserwartungen des Grundgesetzes möglichst Genüge getan wird. Durch die Europäisierung des Grundrechtsschutzes insbesondere in Gestalt der Europäischen Menschenrechtskonvention und der Charta der Grundrechte sowie durch grundrechtsgeprägtes völkerrechtliches Abkom-

---

39 Siehe statt vieler *Schuppert*, Verwaltungswissenschaft (Fn. 20); *Gunnar Folke Schuppert/Christian Bumke*, Verfassungsrechtliche Grenzen privater Standardsetzung, in: Detlef Kleindiek/Wolfgang Oehler (Hrsg.), Die Zukunft des deutschen Bilanzrechts, 2000, S. 71 ff.; *Schuppert*, Informale Staatlichkeit (Fn. 30), S. 43 ff.

40 Dazu *Schuppert,* Alles Governance (Fn.10), S. 37 ff.

men haben die nationalen Grundrechte „Gesellschaft" bekommen.[41] Es wird eine Herausforderung in der Zukunft sein, abschüssige Bahnen des Grundrechtsschutzes in trans- und internationalen Sektoren möglichst zu vermeiden. Im Übrigen haben die nationalen Hoheitsträger dort, wo trans- und internationale private Akteure den nationalen Rechtsraum betreten, ohnehin die Aufgabe und die Rechtsmacht, für die Geltung und Durchsetzung nationaler Grundrechte zu sorgen.

3. Werkstatt 1: Rechtsetzung

Die Pluralisierung der Akteure und der mögliche Verbund ihrer Aktivitäten wurden schon erwähnt. Besonders intensiv hat GFS sich Prozessen der kooperativen Rechtserzeugung[42] und Rechtsvermeidung zugewandt.[43] Normvorbereitende Kooperationen oder die Aushandlung von Norminhalten sind Beispiele für den ersten Aspekt.[44] Selbstverpflichtungen der Wirtschaft,[45] etwa in Gestalt normvermeidender Verträge und Absprachen, stehen für den zweiten Typ. In das Feld kooperativer Rechtserzeugung gehört aber auch die Einschaltung „alternativer" Rechtsproduzenten, etwa von Großkanzleien, Leihbeamten,[46] Lobbyisten[47] oder Formulating Agencies. GFS schlägt vor, bei der Erfassung solcher Phänomene einen Suchscheinwerfer einzuschalten, um sich verändernde Grenzverläufe besser erkennen zu können.[48] Seiner Auswertung können wir nichts als Zustimmung hinzufügen:[49]

> „[V]on einer klaren, gar dichotomischen Entgegensetzung von hierarchisch-staatlicher Regulierung einerseits und einer informell-unverbindlichen privaten Selbstregelung andererseits kann schlechterdings nicht die Rede sein. Was wir vorgefunden haben und vorfinden, ist eine in jedem Regelungsbereich etwas anders beschaffene Gemengelage von Elementen staatlicher Rechtsetzung und gesellschaftlicher Selbstregulierung, so dass man – auf der Suche nach einem angemessenen Begriff – von einer Verzahnung beider Regelungsmodi sprechen kann."

Die Überschrift für die mit diesem Ergebnis begonnene Suche ist nicht überraschend: „Das Gesetz bekommt Gesellschaft." Es geht um die Koproduktion von Recht:[50] In der Rechtsetzung lässt sich eine Koproduktion von

41 Formulierung in Anlehnung an den Satz „Das Gesetz bekommt Gesellschaft" bei *Schuppert* Regelungswissenschaft (Fn. 16), S. 200.

42 *Schuppert,* Regelungswissenschaft (Fn. 16), S. 60 ff.

43 Ebd., S. 65 ff.

44 Ebd., S. 60 ff.

45 Ebd., S. 67 ff.

46 Ebd., S. 72 ff.

47 Ebd., S. 72 ff.

48 Ebd., S. 227.

49 Ebd., S. 237 f.

50 Ebd., S. 60 ff.

Staatlichkeit beobachten,[51] aber auch eine graduelle Entkoppelung von Staat und Recht.[52]

Begriffe wie Koproduktion, Entkoppelung oder Gemengelage sind eine Herausforderung für eine Rechtswissenschaft, die bei den Begriffen Rechtsquellen und Rechtsetzung traditionell in abgrenzbaren Sphären denkt. Dies erfolgt etwa, wenn das Rechtssystem in die zwei Bereiche des öffentlichen und privaten Rechts getrennt wird, wenn dafür rechtliche Instrumente je spezifisch geschaffen und je unterschiedliche Rechtswege bereitgestellt werden und damit rechtswegtypische Rechtsschutzmöglichkeiten nutzbar sind. Heute aber hat sich der Optionenraum ausgeweitet und es gibt diverse Choice-Situationen, nicht nur die Regulatory Choice, sondern auch Optionenwahlen im Rahmen der bereitgestellten Regelungstypen.

Wird wiederum das Bild komplexer Regelungsstrukturen herangezogen, dann zeigt sich aufgrund der vielfältigen Möglichkeiten und Interdependenzen ein Bedarf an Kohärenzsicherung. Es ist sicherlich kein Zufall, dass sich in den gesetzten Regeln auch Vorkehrungen für die Art der Kohärenzsicherung finden, etwa in Gestalt der in Gesetzen immer häufiger auffindbaren Leitbilder, Konzepte und Konzeptpflichten, Strategien, Verfahrensarrangements oder Regelungsregimes. Diese wiederum können (und sollten sinnvollerweise) auf die unterschiedlichen Modi der Problembewältigung abgestimmt sein, die meist als Governancemodi bezeichnet werden, etwa

- Hierarchie,
- Verhandlung/Kooperation,
- Markt/Wettbewerb,
- Netzwerke.

4. Werkstatt 2: Rechtsanwendung

Die Zeit drängt und die Werkstatt der Rechtsetzung muss verlassen werden, nicht ohne dass die Besucher ihre Bewunderung für die Kreativität der dort tätigen Handwerker aussprechen und deren handwerkliche Fähigkeiten für passgenaue Schnitzarbeiten loben. Auch der nächste Raum, die Werkstatt der Rechtsanwendung, ist ein Ort hektischer Aktivität.

Rechtsanwendung als Entscheidung muss die unterschiedlichen Entscheidungsfaktoren berücksichtigen und kann sich nicht allein auf die richtige Interpretation der aufzufindenden und anzuwendenden Rechtsnorm be-

---

51 *Schuppert,* Wandel von Staatlichkeit (Fn. 6), S. 331, 350; *ders.*, Von der Ko-Produktion von Staatlichkeit zur Co-Performance von Governance, in: Sebastian Botzem u. a. (Hrsg.), Governance als Prozess, S. 285 ff.

52 *Schuppert,* Regelungswissenschaft (Fn. 16), S. 359 ff.

schränken. Wie schon in GFS's Mammutwerk, der „Verwaltungswissenschaft" aus dem Jahr 2000, näher dargelegt war, gibt es eine Fülle von entscheidungsdeterminierenden Faktoren, so insbesondere die handelnde(n) Organisation(en), das anzuwendende Verfahren, das eingesetzte Personal und die verfügbaren Ressourcen, insbesondere Finanzmittel und Wissen.[53] Wer sich auch mit diesen Steuerungsfaktoren befassen will, kann ohne „disziplinare Entgrenzung"[54] keine hinreichenden analytischen Hilfen zur Erfassung der Steuerung durch Recht angesichts des Wandels von Staatlichkeit gewinnen. „Grenzgängertum" wird zum Beruf.[55]

Rechtsanwendung als Akt der Steuerung des Verwaltungshandelns selbst oder/und der Steuerung der Adressaten einer Entscheidung durch die Verwaltung als Steuerungssubjekt[56] ist

- problemlösungsorientiert,
- wirkungsorientiert,
- wissensorientiert,
- akteursorientiert,
- objektorientiert.[57]

Bei Entscheidungen in Gestalt der Rechtsanwendung geht es in maßgebender Weise zunächst um die Erfassung des Normgehalts, der – wie erwähnt – nicht allein auf die Erfassung des Normtextes bezogen sein darf, sondern auch sein Wechselspiel mit dem Realbereich der Norm einzukalkulieren und die situativen, personellen u. ä. Aspekte des Entscheidungsbereichs zu beachten hat. Selbst soweit Rechtsanwendung sich in die klassischen Aufgabenfelder der (hermeneutischen) Auslegung und der Subsumtion durch Bezugnahme der Norm auf einen konkreten Sachverhalt konzentriert, ist auch zu berücksichtigen, dass Rechtsnormen weitgehend auslegungsbedürftige und vielfach wertungsoffene Begriffe verwenden,[58] sodass bei ihrer Anwendung gegebenenfalls eine Maßstabsergänzung unausweichlich werden

53 Außer dem Verweis auf die Verwaltungswissenschaft, 2000, sei – statt vieler – verwiesen auf *Gunnar Folke Schuppert*, Verwaltungsorganisation und Verwaltungsorganisationsrecht als Steuerungsfaktoren, in: Wolfgang Hoffmann-Riem/Eberhard Schmidt-Aßmann/Andreas Voßkuhle (Hrsg.), GVwR I, 2. Aufl. 2012, § 16 sowie die Beiträge von *Eberhard Schmidt-Aßmann, Jens-Peter Schneider, Hans Christian Röhl, Ivo Appel* u. a., in: GVwR II, 2. Aufl. 2012, sowie von *Andreas Voßkuhle* und *Stefan Korioth*, in: GVwR III, 2. Aufl. 2013.

54 *Schuppert*, Verwaltungsrechtsreform (Fn. 2), S. 1049.

55 Formulierung nach *Schuppert*, Verwaltungswissenschaft (Fn. 20), S. 41.

56 Siehe dazu *Schuppert*, Verwaltungsrecht (Fn. 1), S. 98 f.

57 *Schuppert*, Verwaltungsrechtsreform (Fn. 2), S. 1063 ff.

58 Siehe statt vieler *Matthias Jestaedt*, Maßstäbe des Verwaltungshandelns, in: Hans-Uwe Erichsen/Dirk Ehlers (Hrsg.), Allgemeines Verwaltungsrecht, 14. Aufl. 2010, S. 329 ff., 333 ff., 337 ff. und passim.

kann.[59] Insoweit wird in den Akt der Rechtsentscheidung auch ein Element der Rechtserzeugung integriert. Hier zeigt sich, dass Rechtswissenschaft als Rechtsanwendungswissenschaft mehr ist als Hermeneutik. Rechtswissenschaft als Rechtsanwendungswissenschaft ist als problemlösungsorientierte Handlungs- und Entscheidungswissenschaft zu verstehen,[60] die bemüht sein muss, die verschiedenen entscheidungsrelevanten Faktoren in ihrer jeweiligen Eigenständigkeit sowie ihrer In-Bezugsetzung zu verarbeiten. Soweit Elemente der Rechtserzeugung (Rechtsetzung) einzuarbeiten sind, geht es selbstverständlich weder um eine generell-abstrakte noch um eine letztverbindliche Rechtserzeugung, wohl aber um eine in der Entscheidungssituation unvermeidbare und durch sie geprägte, aber selbstverständlich den Aspekt der Verallgemeinerungsfähigkeit einbeziehende Rechtserzeugung.

5. Schaltraum: Methoden

An der Tür des fünften Raums ist das große Schild „Wie" angebracht. Sie führt in den Schaltraum der Methoden. Gleich am Eingang weist ein Schild darauf hin, dass auch Fragen der Ausweitung des methodisch angeleiteten Blicks von Rechtsanwendung und -wissenschaft gestellt werden. Neben der „richtigen" Norminterpretation gehe es um die „richtige" Einbettung des Umgangs mit Normen in das betroffene gesellschaftliche Problemfeld, in das Akteursgefüge, in das verfügbare Wissen und um die Berücksichtigung von Wirkungszusammenhängen. Soweit Rechtswissenschaft als problemlösungsorientierte Handlungs- und Entscheidungswissenschaft sich mit dem Vorgang und Ergebnis von Problembewältigung im Rahmen des Rechts befasse, müsse ihr Gegenstand auch, ja zunächst auf die Faktoren bezogen sein, die die Herstellung einer solchen rechtsgeprägten Entscheidung betreffen.

Rechtswissenschaft als (wirkungsorientierte) Handlungs- und Entscheidungswissenschaft braucht Methoden der Entscheidungsfindung, die den internen und externen Wandel von Staatlichkeit verarbeiten, die von GFS identifizierten Megatrends des Wandels einkalkulieren, aber auf die Mikroebene der Entscheidung in einer spezifischen Entscheidungssituation unter Beachtung der relevanten Entscheidungsfaktoren ausgerichtet sind. Eine solche Umschreibung der Aufgabe erlaubt zugleich die Rückbindung an die Governanceforschung: Die von ihr analysierte Gemengelage von Entscheidungsfaktoren bedarf der Durchdringung anhand einer Reihe von Fragen, etwa:

---

59 Dazu siehe *Hans-Joachim Koch*, Unbestimmte Rechtsbegriffe und Ermessensermächtigungen im Verwaltungsrecht, 1979, S. 136 ff.; *Wolfgang Hoffmann-Riem*, Eigenständigkeit der Verwaltung, GVwR I , 2. Aufl. 2012, Rn. 85.

60 *Schuppert*, Verwaltungsrecht (Fn. 1), S. 99; *ders.*, Verwaltungswissenschaft (Fn. 20), S. 740.

- Welche Entscheidungsfaktoren steuern das Entscheidungsverhalten?
- Sind sie rechtlicher Art oder doch – wie Organisation, Verfahren und Ressourcen – zumindest rechtlich umhegt?
- Lässt sich die Orientierung durch Recht in eine dem Rechtsstaat angemessene Disziplinierung und Rechtfertigung des Einsatzes dieser Faktoren ummünzen oder ist es unvermeidbar, dass solche Faktoren – wie meist bisher – im Bereich des Unbenannten bleiben?

Rechtsanwendung unter Berücksichtigung derartiger Problemdimensionen bedarf einer rechtswissenschaftlichen Methode, die auch auf den Prozess der Herstellung von Entscheidungen ausgerichtet ist.[61] Es reicht nicht, sich mit einer gelungenen Darstellung der Rechtmäßigkeit einer getroffenen Entscheidung zu beschränken, insbesondere nicht, solange die geforderte Rechtfertigung der Entscheidung sich nur am Ergebnis orientiert, ohne auch den Weg dahin einzubeziehen. Vielmehr ist auch zu fragen, ob die dort steuernden Faktoren in rechtlich einwandfreier Weise eingesetzt werden/worden sind. In den Blick sind damit auch situativ für die Entscheidung maßgebende Faktoren zu nehmen. Derartige Faktoren wirken schon auf den Prozess der Erfassung des Sinns der Norm und ihrer rechtlichen Begriffe ein, betreffen aber auch den Prozess der Erfassung des konkreten Sachverhalts sowie des Realbereichs und die Zuordnung von konkretem Sachverhalt und einschlägiger Norm. Eine auf Rechtsanwendung als komplexer Entscheidungsprozess ausgerichtete Rechtswissenschaft erfordert mehr als nur Argumentationskunst, sie muss zur Entscheidungskunst werden.

6. Chefetage: Dogmatik

Methoden sind letztlich ein Hilfsmittel. Dies gilt ebenfalls für die Rechtsdogmatik: Deren Name prangt auf der Tür zum Eingang in die Chefetage, allerdings mit einem Zusatz. Er lautet: „Neue Rechtsdogmatik". Leider ist der Blick in ihn durch Gerüste und eine Reihe von Abdeckplanen beeinträchtigt. Vieles wirkt noch unfertig.

Über Rechtsdogmatik sprechen Juristen viel, seltener aber definieren sie, was damit genau gemeint wird. Im herkömmlichen Verständnis ist Rechtsdogmatik auf die Erarbeitung eines in Wissenschaft und Praxis konsentierten – möglichst in einen systematischen Zusammenhang geordneten – Bestandes der für die Darstellung der Richtigkeit einer Entscheidung zugelassenen Argumentationsfiguren gerichtet.[62] Soll aber ernst gemacht werden mit der

61 *Wolfgang Hoffmann-Riem*, Methoden einer anwendungsorientierten Verwaltungsrechtswissenschaft, in: ders., Offene Rechtswissenschaft, 2011, S. 35 (46 ff.).

62 Zum Begriff siehe etwa *Winfried Brohm*, Die Dogmatik des Verwaltungsrechts vor den Gegenwartsaufgaben der Verwaltung, VVDStRL 30 (1972), S. 245 (248 f.);

Einsicht, dass die Weichen für die Richtigkeit einer Entscheidung – etwa für die Art der Wissensgenerierung und -verarbeitung – schon auf der Herstellungsebene gestellt werden, muss die Aufgabe der Rechtsdogmatik entsprechend erweitert und auf die Erarbeitung auch der die Steuerung auf der Herstellungsebene erfassenden Faktoren und ihrer normativ gestützten Strukturierung sowie deren Relationierung gerichtet werden. Dabei muss versucht werden, auch Weichenstellungen im Herstellungsprozess und die in ihm genutzten Orientierungen zu erfassen, etwa solche, die den Zugang zu implizitem Wissen und den Umgang mit Nichtwissen ermöglichen oder die angewandten Regeln zum Umgang mit Ressourcenknappheit offenlegen.[63]

Unbeantwortet ist aber bisher die Frage, wieweit Einsichten über die Wirkungsweise derartiger Steuerungsfaktoren in normative Orientierungen eingebracht werden können und in dem Sinne „dogmatisierbar" sind, dass sie routinehaft abrufbar werden. Kann der Einsatz solcher Faktoren, wie es Rechtsdogmatik an sich anstrebt, davon entlasten, ihre normative Relevanz in jeder Rechtsanwendungssituation je neu konstruieren zu müssen? Geht das so, dass die Dogmatik dennoch für Überraschungen offen bleibt – etwa solcher Lagen, in die die Akteure situativ hineingeraten und die sie besonders irritieren? Anders formuliert: Lassen sich beispielsweise Anforderungen an die Richtigkeit von Verfahren – etwa Transparenz, rechtliches Gehör, Fairness, aber auch an den Umgang mit Nichtwissen jenseits des Regimes von Beweislastregeln oder der Rücksichtnahme auf begrenzte finanzielle und personelle Ressourcen (Vorbehalt des Möglichen) – in einer dogmatisierbaren Weise formulieren, sodass ihre Verfügbarkeit das Entscheidungsverhalten entlastet? Völlig unrealistisch wäre es jedenfalls, von den Entscheidern in der jeweiligen Entscheidungssituation zu erwarten, dass sie entsprechende Maßgaben jeweils neu erarbeiten; erstrebenswert sind abrufbare Module, die ihnen schon auf der Ebene der Herstellung der Entscheidung entlastend zur Verfügung stehen und die sie anschließend ebenfalls für die Darstellung der Richtigkeit ihrer Entscheidung nutzen dürfen.

Auch eine solche Erarbeitung von Modulen setzt ein gewisses „Grenzgängertum als Beruf"[64] voraus. Diese Haltung kann Grundlage der Entwicklung entsprechender Module in der Rechtspraxis und der Rechtswissenschaft sein. Dabei wird es wegen der – angesichts des laufenden Wandels von Staatlichkeit unverzichtbaren – Anpassungsfähigkeit wichtig sein, auch Lernfähigkeit in die Module einzubauen (als Einbruchstellen für die Reak-

---

ders., Kurzlebigkeit und Langzeitwirkung der Rechtsdogmatik, in: FS Harmut Maurer, 2001, S. 1079 (1082).

63 Leicht abgewandelte Formulierung von *Wolfgang Hoffmann-Riem*, Wissen, Recht und Innovation, in: Hans-Christian Röhl (Hrsg.), Wissen – Zur kognitiven Dimension des Rechts, Beiheft 9, Die Verwaltung 2010, S. 159 (184). Diese Fundstelle gilt auch für das Folgende.

64 Siehe oben Fn. 57.

tion auf veränderte Kontextbedingungen, Deutungsmuster u. ä.) und Dogmatik auf diese Weise so zu flexibilisieren, dass sie in der Lage ist, sich durch neue Informationen irritieren zu lassen, diese Irritation aber produktiv werden lassen.

„Irritation", das empfinden auch die Besucher des Raums. Gern kommen sie der Aufforderung nach, abschließend einen Raum der Besinnung zu betreten.

7. Andachtsraum: Legitimation

Dieser Raum befindet sich in einem Nebengebäude, angezeigt durch das Schild „Legitimation". Offenbar geht es um die Besinnung darüber, ob und wieweit das in komplexe Regelungsstrukturen eingebundene Recht und die auf diese Regelungsstrukturen abgestimmte Rechtswissenschaft auch geeignet sind, Entscheidungsverhalten zu legitimieren. Dies bedarf aber zunächst der Abklärung, was mit Legitimation erreicht werden soll. Es handelt sich ja um einen Begriff mit vielfältigen Konnotationen.[65] Geht es – soweit Recht als Legitimationsmittel genutzt wird – um die Rechtfertigung der Ausübung von Herrschaft mit den Mitteln des Rechts oder um die Sicherung der Folgebereitschaft der Rechtsunterworfenen als empirischem Befund oder um beides?

In juristischer Perspektive geht es bei Legitimation meist um die Rechtfertigung der Ausübung von Herrschaft im Rahmen des Rechts. Insofern wird in der deutschen Diskussion immer noch vorrangig das Konzept verfolgt, nach dem es erforderlich ist und ausreicht, Legitimation durch Legalität (Rechtmäßigkeit) zu gewinnen. Das Bild der „lückenlosen Legitimationskette"[66] soll dabei veranschaulichen, dass es erforderlich ist, aber auch ausreicht, wenn das Rechtsanwendungshandeln sich letztlich (auch über mehrere Zwischenschritte und unter Beteiligung unterschiedlicher Akteure) auf ein vom Parlament als Vertreter des Volkes verantwortetes Gesetz zurückführen lässt. Dieses Bild oder Modell aber reicht nicht mehr, wenn Problemlösungen in „Koproduktion" von Staatlichkeit gefunden werden und Recht im Zusammenwirken staatlicher und nichtstaatlicher Akteure gebildet wird. Es reicht auch nicht, wenn berücksichtigt wird, dass die Anwendung von Recht bei der Erfüllung öffentlicher Aufgaben vielfach Optionenräume vorfindet, deren Ausfüllung auf ergänzende Wertungen (Maßstabsergänzungen),[67] Einschät-

---

65 Zur Legitimationsdiskussion siehe statt vieler *Hans-Heinrich Trute*, Die demokratische Legitimation der Verwaltung, GVwR I, 2. Aufl. 2012, § 6; dort in Fn. 3 Hinweise auf weiteres Schrifttum zum Legitimationsbegriff und -konzept.

66 So etwa BVerfGE 47, 253 (275); 123, 39 (69). Zurückhaltender der Erste Senat, siehe BVerfGE 111, 191 (216 ff.).

67 Siehe oben Fn. 59.

zungen und Prognosen gestützt werden, für die das staatlich gesetzte Recht allenfalls grobe Orientierungen bereitstellt. Wird der Maßstab der Rechtmäßigkeit über die bloße Legalität hinaus zu dem der Richtigkeit von Problemlösungsverhalten erweitert – etwa durch Anerkennung von Zielwerten wie Akzeptabilität, Effizienz, Implementierbarkeit, Zukunftstauglichkeit –, dann ist auch nach Möglichkeiten der Legitimation des Umgangs mit solchen Zielwerten zu fragen. Damit deutet sich an, dass es in dem Andachtsraum Legitimation nicht allein um Besinnung auf das Überkommene gehen kann, sondern vor allem um die Vorbereitung auf weitere oder zumindest nachhaltiger als bisher gestellte Fragen.

Dabei kann an Diskussionen angeknüpft werden, die das Überkommene ohnehin in Frage stellen. So wird das Bild von der Legitimationskette in der Rechtswissenschaft und -praxis keineswegs immer oder jedenfalls nicht ohne Relativierungen eingesetzt. In einem Teil der Literatur wird zusätzlich oder stattdessen von der Vielzahl und Vielfalt möglicher Legitimationsbausteine gesprochen und es wird darauf verwiesen, dass die Ausübung von Herrschaft sich zwar auch, aber nicht nur durch Gesetzesbindung legitimiert. Vor allem muss dem Rechnung getragen werden, dass – wie erwähnt – die Funktionen des Rechts oder des Gesetzes nicht nur auf die Begrenzung von Herrschaftsgewalt ausgerichtet sind, sondern dass das Gesetz auch inhaltliche Orientierungen bei der Optionenwahl geben und vor allem eine hinreichende Qualität der Problemlösung gewährleisten soll.[68] Insofern liegt es nahe, das Konzept der Legitimationskette durch das Konzept eines hinreichenden Legitimationsniveaus zu ersetzen und Konsens darüber zu suchen, welche Faktoren dabei zählen. Insofern fällt beispielsweise auf, dass in der auf das Europarecht bezogenen Legitimationsdiskussion die Suche nach einer Vielfalt von Legitimationsbausteinen sehr viel intensiver ist als in der deutschen Diskussion.

Ein Andachtsraum ist keine Ideenwerkstatt, ermöglicht es aber, sich auf das zu besinnen, was Legitimation leisten soll und aufgrund verfügbarer Faktoren leisten kann. Dabei wird es – dies sei hier nur als Aufgabe formuliert – besonders wichtig sein, nach der Legitimationskraft der unterschiedlichen Governancemodi zu fragen und die in den Begriff der Regelungsstruktur aufgegangenen Teilelemente daraufhin zu befragen, wieweit sie dazu beitragen können, die verschiedenen Funktionen von Recht in einer Weise umzusetzen, dass ein Höchstmaß an demokratischer Legitimation erreicht wird. Wichtig für ein die Komplexität einfangendes Legitimationskonzept ist nicht nur die Rückbindung an den im Gesetz ausgedrückten

68 Dies führt u. a. zu der Frage, ob der Output selbst legitimierend wirkt. Dazu siehe (aus politikwissenschaftlicher Sicht) grundlegend *Fritz Scharpf*, Legitimationskonzepte jenseits des Nationalstaats, in: Gunnar Folke Schuppert u. a. (Hrsg.), Europawissenschaft, 2005, S. 705 (711 ff.). Aus der neueren Diskussion etwa *Niels Petersen*, Demokratie und Grundgesetz, JöR N. F., 58 (2010), S. 137 (144 ff.).

Volkswillen, sondern auch Legitimation durch Verfahren (etwa Expertise, Partizipation, Repräsentation[69]) sowie durch die mit den Begriffen Output, Outcome und Impact erfassten Folgendimensionen.

Dabei stellt sich aber noch ein weiteres Problem. Die Legitimationsdiskussion wird meist auf den Staat als Akteur bezogen und begrenzt. Angesichts des Befundes der Koproduktion von Recht und Staatlichkeit muss geklärt werden, wieweit sich Legitimationserfordernisse auch auf nichtstaatliche oder hybride Akteure beziehen, etwa private Normsetzer.[70] Jedenfalls liegt es nahe, solche Arten der Herrschaftsausübung durch Private, die funktional der staatlichen Herrschaftsausübung vergleichbar sind, Legitimationsanforderungen zu unterwerfen. Dazu zählt etwa die private Normsetzung mit rechtlicher oder faktischer Verbindlichkeit für Dritte oder die Schaffung von Infrastrukturen, die für die Entfaltung in der Gesellschaft besonders wichtig oder gar unverzichtbar sind, wie etwa Kommunikationsinfrastrukturen (Telekommunikation, Internet) oder sonstige Netzwerke (Verkehr, Energie u. a.). Das Handeln privater Akteure kann den Anforderungen einer anhand des Art. 20 Abs. 3 GG (Bindung der Staatsgewalt an das Gesetz) modellierten Legitimationskette nicht einfach unterstellt werden. Eine Ausnahme bestände, wenn es – ähnlich wie im Bereich der objektiven Grundrechtsgeltung – möglich wäre und gelänge, auch derartige Akteure solchen Bindungen zu unterwerfen, wie sie für Staatsgewalt typisch sind. Dann aber entstände das Risiko, dass den gesellschaftlichen Faktoren, die zur Pluralisierung der Akteure und der Schaffung von Koproduzenten von Recht und Staatlichkeit beigetragen haben, nicht genügend Raum gegeben wird. Es würde jedenfalls merkwürdig anmuten, wenn die durch die diversen Entgrenzungen geschaffenen Möglichkeiten flexibler und maßgeschneiderter Problemlösungen dadurch gestutzt würden, dass Legitimationsanforderungen nach einem Modell geschaffen werden, das für frühere Erscheinungsformen von Staatlichkeit geschaffen worden und darauf zugeschnitten war.

Abgesehen von solchen grundsätzlichen Erwägungen steht auch für die Legitimation hoheitlicher Herrschaftsausübung die weitere Klärung an, ob es zusätzlich zu den weiterhin unabdingbaren Anforderungen der Legalität als Mindestvoraussetzung der Legitimation weitere Legitimationsanforderungen geben muss, darunter auch solche, die sich als empirische Legitimationsfaktoren qualifizieren lassen, wie Akzeptanz oder Problemlösungsfähigkeit. Zusätzlich ist zu fragen, wieweit verfahrensmäßige Legitimationsfaktoren in Ergänzung der Anforderungen des Verfahrensrechts an eine Entscheidung legitimierend wirken, etwa die Nutzung von Expertise, die Partizipation der Betroffenen oder der Einsatz von Konfliktlösungsmodellen wie Mediation.

---

69 Vgl. *Schuppert*, Regelungswissenschaft (Fn. 16), S. 243 ff.

70 Vgl. ebd., S. 238 ff.

Nachdem solche Stichworte in den Raum gestellt sind, lässt sich beobachten, dass die Besucher sich mehr verunsichert als versichert fühlen. Die letzten Worte, die sie vernehmen, empfinden sie dennoch als Trost und Auftrag: „Dies ist ein Ort der Besinnung; es geht um grundsätzliche Sinnfragen und Sinnfragen stellen sich erst, wenn man Fragen hat. Nutzen Sie die Chance der Besinnung als Chance für Antworten“.

Die Staatstheorie des Bundesverfassungsgerichts

Von Andreas Voßkuhle, Karlsruhe/Freiburg i. Br.*

Das mir aufgegebene Vortragsthema suggeriert, es gäbe eine Staatstheorie des Bundesverfassungsgerichts, so wie es eine Staatstheorie *Hans Kelsens* oder *Ernst-Wolfgang Böckenfördes* gibt. Warum diese Annahme unzutreffend ist, möchte ich im Folgenden in zwei Arbeitsschritten versuchen darzulegen. Zunächst soll auf einer abstrakten Ebene die mögliche Rolle des Bundesverfassungsgerichts als Theorieproduzent und insbesondere als Produzent von Staatstheorie kritisch beleuchtet werden (I.). Die dort gesammelten Erkenntnisse sollen dabei helfen, in einem zweiten Schritt anhand von drei klassischen staatstheoretischen Fragestellungen konkrete staatstheoretische Argumentationslinien in der Rechtsprechung des Bundesverfassungsgerichts näher zu untersuchen und richtig einordnen zu können (II.).

I. Staat, Theorie und Bundesverfassungsgericht

1. Warum das Bundesverfassungsgericht als Theorieproduzent nicht geeignet ist

Der Generaleinwand gegen die Annahme, das Bundesverfassungsgericht besitze eine Staatstheorie, liegt auf der Hand: Gerichte entwerfen keine Theorien. Sie gewähren Rechtsschutz und lösen einzelne Fälle. Selbst wenn man diesen Generaleinwand einmal beiseite schiebt, ist zumindest aus drei Gründen Skepsis in Bezug auf die Eignung des Bundesverfassungsgerichts als Theorieproduzent angezeigt.[1]

(1) *Phänomenologisch* ist bereits die Rede von *der* Staatstheorie *des* Bundesverfassungsgerichts problematisch. Welches Bundesverfassungsgericht ist gemeint? Das Gericht der 1950er Jahre ist weder im Hinblick auf Herkunft und Persönlichkeit seiner Richter mit dem heutigen ver-

* Für die sehr wertvolle Unterstützung bei der Erarbeitung und Abfassung dieses Beitrags danke ich meinem wissenschaftlichen Mitarbeiter am Institut für Staatswissenschaft und Rechtsphilosophie Herrn Assessor Thomas Wischmeyer.

1 Die Darstellung von *Robert van Ooyen*, Die Staatstheorie des Bundesverfassungsgerichts, 3. Aufl. 2010, reflektiert diese Probleme nicht, was in der Konsequenz auch zu falschen Schlussfolgerungen führt.

gleichbar noch sind es seine Fälle. Sind diese zunächst von den Problemen einer Post-Konflikt-Gesellschaft in den bundesrepublikanischen Anfangsjahren geprägt, haben sie heute die Eingliederung Deutschlands in eine vernetzte Weltordnung zum Gegenstand. Unterschiede zwischen den Senaten treten hinzu. Möglicherweise lassen sich einzelnen Richtern, deren staatstheoretische Sozialisierung bekannt ist, theoretische Agenden zurechnen.[2] Aber diese sind nicht Agenden des Gerichts. Eine einheitliche Theorie ließe sich deshalb – wenn überhaupt – nur unter Verdeckung der – oft spannenderen – Brüche rekonstruieren.

(2) Auch *funktional* erscheint das gerichtliche Verfahren nicht mit wissenschaftlicher Theoriebildung kompatibel. Die Wissenschaft versucht, einen Ausschnitt der Realität zu verallgemeinern und in einer Theorie zu beschreiben. Sie ist frei. Das gerichtliche Verfahren dient dagegen der Würdigung des Besonderen. Theoriebildung engt Entscheidungsmöglichkeiten des Gerichts ein und verhindert pragmatischen Interessenausgleich im Einzelfall. Im Vergleich zur Wissenschaft sind Gerichte zudem mehrfach konditioniert: Durch die Normen, die die Entscheidung tragen, durch die jeweiligen Fallkontexte, durch den Parteivortrag[3] und nicht zuletzt durch eigene, frühere Entscheidungen, die eine Art Pfadabhängigkeit begründen.[4] Anders als die Wissenschaft können sie über diese Parameter nicht verfügen. Nicht alles, was losgelöst von Normtexten denkbar und wünschenswert ist, ist für ein Gericht interpretatorisch machbar. Ein Gericht würde also seine Aufgabe verfehlen, wenn es Richterbank und Katheder verwechselte. Das gilt auch und gerade für Verfassungsgerichte. Umgekehrt sind Gerichte vom Anspruch entlastet, zum Fortgang der Erkenntnis beizutragen. Die Flexibilität und kreative Unruhe, die für wissenschaftliches Denken notwendig und charakteristisch ist, passt nicht zu zentralen Handlungsmaximen richterlicher Tätigkeit, die nicht nur eine gesetzeskonforme Lösung des Falles im Blick hat, sondern auch Stabilität und Rechtssicherheit gewährleisten will. Versteht man zudem mit *Folke Schuppert* den Staat als Gegenstand, der

---

2 Vgl. etwa zur Position Paul Kirchhofs: *Christoph Möllers*, Staat als Argument, 2000, S. 378–388. Zu Kirchhof und Böckenförde: *van Ooyen* (Fn. 1), S. 63–76. Hierzu auch *Thomas Oppermann*, Das Bundesverfassungsgericht und die Staatsrechtslehre, in: Festschrift 50 Jahre BVerfG, Bd. 1, 2001, S. 421–460 (ausführlich zu Drath, Friesenhahn, Leibholz, Hesse, Steinberger, Herzog, Grimm, Böckenförde, Klein und Kirchhof).

3 Gerichte sind ihrer Natur nach responsiv: Was an Parteivortrag an sie herangetragen wird, dazu müssen sie sich verhalten. Obiter dicta, die in Urteilsrezensionen kritisiert werden, dienen häufig rechtlichem Gehör.

4 Krit. dazu *Oliver Lepsius*, Die maßstabsetzende Gewalt, in: Matthias Jestaedt/ Oliver Lepsius/Christoph Möllers/Christoph Schönberger, Das entgrenzte Gericht, 2011, S. 159 (214 ff.); *Christoph Möllers*, Legalität, Legitimität und Legitimation des Bundesverfassungsgerichts, ebd., S. 283 (383 ff.).

tes operiert, ohne ihn zum Gegenstand eigenständiger Reflexion zu machen. Wenn das Gericht die Rechtspersönlichkeit und Einheit des Staates unterstellt, mag dies ursprünglich auf staatstheoretischen Konzepten beruhen.[9] Man käme aber kaum auf den Gedanken, dass sich das Gericht insoweit staatstheoretisch äußern wolle. Vor diesem Hintergrund macht es nur Sinn, solche Ausführungen in Entscheidungen des Bundesverfassungsgerichts als „Staatstheorie" anzusehen, in denen „Staat" – um den Titel einer einschlägigen Dissertation aufzunehmen – zum „Argument" wird.[10] Das beinhaltet ausdrückliche Bezugnahmen auf den Staatsbegriff indes ebenso wie die implizite, aber erkennbare Rezeption staatstheoretischer Argumentationsfiguren aus der Wissenschaft, die etwa auf der Ebene des Vorverständnisses die Normauslegung strukturieren.

(2) Ferner darf sich „Staatstheorie" in diesem schwachen Sinne nicht die erwähnte Rhetorik des Verdachts zu Eigen machen. Dass das Gericht über den Staatsbegriff nachdenkt, ist kein Grund, ihm kurzschlüssig bestimmte inhaltliche Positionen zuzuschreiben. Kontext, Inhalt und Funktion der Verwendung des Staatsbegriffs durch das Gericht kommt daher im vorliegenden Zusammenhang besondere Bedeutung zu.[11]

II. Elemente einer Staatstheorie

Mit diesen Vorbehalten und Relativierungen im „Gepäck" möchte ich nun in einem zweiten Schritt anhand von Entscheidungen zu drei klassisch staatstheoretischen Problemkreisen Elementen einer bundesverfassungsgerichtlichen Theorie des Staates nachspüren: Die Themen betreffen das Verhältnis des Staates nach außen, insbesondere zu Europa (1.), die Gestaltung des Staates nach innen, insbesondere das Konzept des Pluralismus (2.), und schließlich das Verhalten des Staates in Extremsituationen, die Notstandsproblematik (3.).[12]

9 Vgl. *Möllers* (Fn. 2), S. 228 ff.

10 Vgl. *Möllers* (Fn. 2).

11 Dies bleibt außer Acht bei *van Ooyen* (Fn. 1), S. 78 f.

12 Zu zahlreichen anderen, in der Wissenschaft diskutierten staatstheoretischen Problemen, hatte das Gericht nie Gelegenheit, Stellung zu beziehen, vgl. *Möllers* (Fn. 6), S. 107. Andere mögliche Topoi, die hier zu diskutieren wären, sind etwa die Konzeption funktionsfähiger Staatlichkeit, die in der Rechtsprechung des Bundesverfassungsgerichts häufiger auftaucht (vgl. Sondervotum Di Fabio/Mellinghoff, BVerfGE 104, 273 (282); siehe auch die Nachweise bei *Matthias Jestaedt*, Bundesstaat als Verfassungsprinzip, HStR II, 3. Aufl. 2004, § 29 Rn. 73 Fn. 353 f.). Auch zum Verhältnis von Staat und Gesellschaft bezieht das Gericht nur selten ausdrücklich Stellung. Anhaltspunkte für eine entsprechende Konzeption ergeben sich etwa aus den Entscheidungen zur Grundrechtsverpflichtung (vgl. etwa jüngst die Entscheidung zur Grundrechtsgeltung im öffentlichen Raum des teilprivatisierten Frankfurter Flughafens: BVerfGE 128, 226) und zum Verhältnis von Gesetz und Verwaltung (vgl. die Rechtsprechungslinie ab BVerfGE 33, 125 (157 ff.) – *Facharzt*). In diesen Kontext ge-

stets in Wandlung ist,[5] werden die Schwierigkeiten richterlicher Staatstheorie endgültig klar.

(3) Nicht zuletzt ist „Staatstheorie“ aus *rechtswissenschaftlicher Sicht* ein ziemlich vermintes Terrain: Die bundesrepublikanische Debatte um das Verhältnis von Staat und Verfassung ist bekannt.[6] Staatstheorie – in ihrer üblichen Darstellung als Verfallsgeschichte[7] – kennt kaum Modulationsformen zwischen Apologetik und Polemik. Wer als Jurist im Verfassungsstaat und im Rahmen der Verfassungsauslegung auf Staatstheorie Bezug nimmt, steht im *Verdacht*, die Wertungen des Grundgesetzes durch meta-verfassungsrechtliche Überzeugungen überspielen zu wollen.[8] „Staatstheorie“ wird vielfach gleichgesetzt mit einem bestimmten, tiefen Verständnis der Rolle des Staats im Verhältnis zur Verfassung. Für ein Verfassungsgericht ist Staatstheorie in diesem meta-verfassungsrechtlichen Sinne deshalb ein gefährlicher Vorwurf, der seine Legitimationsgrundlage bedroht. Das wissen auch die Richterinnen und Richter.

2. Wie lassen sich staatstheoretische Erwägungen des Gerichts identifizieren?

Wenn man daher nicht an dieser Stelle bereits abbrechen will, dann muss man nach Wegen suchen, die Frage nach der „Staatstheorie des Bundesverfassungsgerichts“ sinnvoll zu interpretieren, ohne das Gericht an falschen Maßstäben zu messen. Dabei gilt es Folgendes zu beachten:

(1) Zunächst erscheinen Überlegungen zu einer „Staatstheorie“ des Gerichts dort wenig ertragreich, wo das Gericht mit dem Begriff des Staa-

---

5 *Gunnar Folke Schuppert*, Staat als Prozess, 2010, S. 10 ff.

6 Die Polemik der Debatte bildet sich selbst in ihren Historisierungen noch ab: vgl. einerseits *Christoph Möllers*, Der vermisste Leviathan, 2008, insbes. S. 63 ff. zum Handbuch des Staatsrechts; andererseits *Josef Isensee*, Die Staatlichkeit der Verfassung, in: Otto Depenheuer/Christoph Grabenwarter (Hrsg.), Verfassungstheorie, 2010, S. 199–270 (224 ff.). Vgl. auch ebd., S. 228 die Anmerkung zu *Möllers* (Fn. 2): „[D]rei Jahrzehnte nach dem Versickern der Kulturrevolution [= 1968] erschien eine Dissertation, die sich bemühte, die kulturrevolutionäre Prämisse einer Verfassung ohne Staat verfassungsdogmatisch und -theoretisch zu bestätigen und die Entbehrlichkeit des Staates als Kategorie wie als Argument darzulegen, freilich nicht aus nachzüglerischer Ideologie, sondern aus Drang nach Profilierung im Fach.“

7 Hierzu *Niklas Luhmann*, Metamorphosen des Staates, in: ders., Gesellschaftsstruktur und Semantik, Bd. 4, 1995, S. 101–137. Kritische Nachweise zu dieser Rhetorik auch bei *Schuppert* (Fn. 5), S. 9 ff.

8 Zur Bedeutung der Allgemeinen Staatslehre vgl. *Andreas Voßkuhle*, Die Renaissance der Allgemeinen Staatslehre, JuS 2004, S. 4 ff. Vgl. ferner zur Diskussion aus neuerer Zeit *Oliver Lepsius*, Braucht das Verfassungsrecht eine Theorie des Staates?, EuGRZ 2004, S. 370 ff.; *Olivier Jouanjan*, Braucht das Verfassungsrecht eine Staatslehre? – Eine französische Perspektive, EuGRZ 2004, S. 362 ff.; *Christoph Gusy*, Brauchen wir eine juristische Staatslehre?, JöR 55 (2007), S. 41 ff.

1. „Staatstheorie" und Europäische Einigung

Streit über das, was Staatlichkeit ist und welche Rolle ihr zukommt, besteht aktuell vor allem im Hinblick auf die europäische Einigung.[13] Dementsprechend setzen viele Karlsruher Staatstheorie auch mit den Entscheidungen des Bundesverfassungsgerichts zur Europäischen Integration gleich.[14] Dabei gerät aus dem Blick, dass die Äußerungen des Gerichts zum Europarecht keineswegs die ersten oder einzigen sind, die zur Definition des Staates „nach außen" Stellung nehmen. Die Rechtsprechung des Bundesverfassungsgerichts zur Rechtslage Deutschlands nach 1945 beschäftigte sich intensiv mit diesem Problem. Zu diesem Zeitpunkt war die äußere Staatlichkeit Deutschlands auf eine deutlich existentiellere Weise prekär als heute. In einer Reihe von Entscheidungen buchstabierte das Gericht die Trias von Staatsvolk – Staatsgebiet – Staatsgewalt aus.[15] Zwar war das Ergebnis dieser Subsumtion – die Identität der Bundesrepublik Deutschland mit dem Völkerrechtssubjekt Deutsches Reich – etwa wegen seiner Konsequenzen für das Verhältnis zur DDR nie unumstritten. Die staatstheoretischen Prämissen des Gerichts wurden dagegen weitgehend akzeptiert.

Eher umgekehrt verhält es sich mit der Rechtsprechung des Bundesverfassungsgerichts zu Europa. Zwar durchzieht der Bezug auf den Staatsbegriff keineswegs alle diesbezüglichen Entscheidungen.[16] Doch bedient sich das

---

hören auch Fragen, die sich im Zusammenhang mit der Privatisierung des Maßregelvollzugs stellen (BVerfGE 130, 76).

13 Zur Bedeutung des Maastricht-Urteils als Initialmoment für die staatstheoretische Diskussion in der Wissenschaft siehe *Möllers* (Fn. 6), S. 72 f.

14 Siehe nur die Schrift von *van Ooyen* (Fn. 1).

15 BVerfGE 2, 1 (56) – SRP-Verbot; 2, 266 (277) – Notaufnahme: „Diese Auslegung des Art. 11 GG ergibt sich nicht nur aus der im Grundgesetz verankerten grundsätzlichen Auffassung vom gesamtdeutschen Staatsvolk, sondern nicht minder aus der ebenfalls grundsätzlichen Auffassung vom gesamtdeutschen Staatsgebiet, und insbesondere von der gesamtdeutschen Staatsgewalt: Die Bundesrepublik Deutschland als der berufene und allein handlungsfähige Teil Gesamtdeutschlands, der staatlich wieder organisiert werden konnte, hat den Deutschen der sowjetischen Besatzungszone die Freizügigkeit auch wegen dieser grundsätzlichen Auffassung von dieser ihrer Position gewährt. Sie hat damit zugleich den Anspruch auf Wiederherstellung einer umfassenden deutschen Staatsgewalt gerechtfertigt und sich selbst als die Staatsorganisation des Gesamtstaates legitimiert, die bisher allein in Freiheit wieder errichtet werden konnte." BVerfGE 3, 58 (88 f., 121) – Beamtenverhältnisse; 3, 288 (319 f.) – Berufssoldatenverhältnisse; 6, 309 (336 ff.) – Reichskonkordat; sowie dann nochmals umfassend zum Fortbestand der Staatlichkeit Deutschlands in BVerfGE 36, 1 (15 ff.) – Grundlagenvertrag: „Die Bundesrepublik umfaßt also, was ihr Staatsvolk und ihr Staatsgebiet anlangt, nicht das ganze Deutschland, unbeschadet dessen, daß sie ein einheitliches Staatsvolk des Völkerrechtssubjekts ‚Deutschland' (Deutsches Reich), zu dem die eigene Bevölkerung als untrennbarer Teil gehört, und ein einheitliches Staatsgebiet ‚Deutschland' (Deutsches Reich), zu dem ihr eigenes Staatsgebiet als ebenfalls nicht abtrennbarer Teil gehört, anerkennt. Sie beschränkt staatsrechtlich ihre Hoheitsgewalt auf den ‚Geltungsbereich des Grundgesetzes' […], fühlt sich aber auch verantwortlich für das ganze Deutschland (vgl. Präambel des Grundgesetzes)"; 77, 137 (150 ff.) – Teso.

Gericht des Arguments der Staatlichkeit, wenn es dazu aufgefordert wird, den grundgesetzlichen Rahmen für die Bedingungen der europäischen Integration zu bestimmen.[17] Den Ergebnissen dieser Judikatur wird nun vielfach Achtung gezollt, insofern sie den europäischen Integrationsvorgang stets unterstützend begleitet hat.[18] Demgegenüber kritisieren viele die Argumentation des Gerichts mit dem Staatsbegriff.[19] Klassische Topoi dieser Kritik lauten: Indem das Gericht versuche, die Europäische Union unter Rückgriff auf staatstheoretische Begriffe zu erklären,[20] verfehle es die Eigenrationalität der europäischen Entwicklung. Es sei in einem alteuropäischen Konzept von Staat und Souveränität als Selbstzweck gefangen. Das Gericht beharre auf dem Bestehenden und sei unfähig, die einzig wirkliche Konstanz von Staatlichkeit, ihre Veränderung, anzuerkennen.

Ob diese Kritik in der Sache berechtigt ist, soll dahinstehen.[21] Hier kann nur auf Gefahren hingewiesen werden, die drohen, wenn man das Gericht fehlerhaft als staatstheoretischen Denker in einem starken Sinne wahrnimmt und die eingangs geschilderte Eigenrationalität richterlicher Tätigkeit und die Probleme der Disziplin „Staatstheorie" vernachlässigt.

Zunächst scheitert – wie einleitend bemerkt – eine Rhetorik des Verdachts, die schon die Bezugnahme auf den Staatsbegriff mit einer etatistischen Stellungnahme im klassisch nationalstaatlichen Sinne identifiziert. Will man vermeiden, den Gebrauch des Staatsbegriffs mit inhaltlichen Aussagen zu verwechseln, müssen in der Rechtsprechung wie in der Wissenschaft Kontext und Funktion der Argumentation mit dem Staatsbegriff Beachtung finden.

Kontextuell muss sich das Gericht zum Staatsbegriff verhalten, da es Garant eines Verfassungstextes ist, dem das Modell offener Staatlichkeit zugrunde liegt und der selbst an vielen Stellen auf den Staatsbegriff Bezug nimmt. Dies gilt insbesondere für die Maßstäbe der Bewertung des europä-

---

16 Vgl. etwa das völlige Fehlen jeder im hiesigen Sinne staatstheoretischen Reflexion im Honeywell-Beschluss des Zweiten Senats vom 6. Juli 2010 (BVerfGE 126, 286).

17 So heißt es im ersten Leitsatz des Lissabon-Urteils (BVerfGE 123, 267) denn auch: „Das Grundgesetz ermächtigt mit Art. 23 GG zur Beteiligung und Entwicklung einer als Staatenverbund konzipierten Europäischen Union. Der Begriff des Verbundes erfasst eine enge, auf Dauer angelegte Verbindung souverän bleibender Staaten, die auf vertraglicher Grundlage öffentliche Gewalt ausübt, deren Grundordnung jedoch allein der Verfügung der Mitgliedstaaten unterliegt und in der die Völker – das heißt die staatsangehörigen Bürger – der Mitgliedstaaten die Subjekte demokratischer Legitimation bleiben."

18 So dann etwa auch *van Ooyen* (Fn. 1), S. 77.

19 Vgl. nur *Joseph Weiler*, Der Staat „über alles", JöR 44 (1996), S. 91 ff.

20 Siehe nur zum Kategorienproblem: *Rainer Wahl*, Erklären staatstheoretische Leitbegriffe die Europäische Union?, JZ 2005, S. 916 ff.

21 Zur Konzeption des Bundesverfassungsgerichts siehe *Andreas Voßkuhle*, Der europäische Verfassungsgerichtsverbund, NVwZ 2010, S. 1 ff.

ischen Integrationsprojektes, die Art. 20, 23, 38, 79 Abs. 3 und 146 GG. Dabei hat das Bundesverfassungsgericht diese Rahmennormen der Integration von Anfang an im Hinblick auf den im Grundgesetz enthaltenen Auftrag zur internationalen und europäischen Zusammenarbeit der Bundesrepublik entfaltet. In der Lissabon-Entscheidung hat das Bundesverfassungsgericht das verfassungsrechtliche Prinzip der Völkerrechtsfreundlichkeit zudem um den Grundsatz der Europarechtsfreundlichkeit ergänzt, der die Mitwirkung Deutschlands an der europäischen Integration als Verfassungspflicht gebietet.[22] Auch dem damit angesprochenen europäischen Rechtsrahmen ist das Konzept staatlicher Identität aber keineswegs fremd – er widerspricht ihm nicht nur nicht, sondern setzt es voraus. So findet denn auch die dem Verfassungsgericht obliegende Identitätskontrolle ihren Bezugspunkt in Art. 4 Abs. 2 EUV. Dort heißt es:

> „Die Union achtet die Gleichheit der Mitgliedstaaten vor den Verträgen und ihre jeweilige nationale Identität, die in ihren grundlegenden politischen und verfassungsmäßigen Strukturen einschließlich der regionalen und lokalen Selbstverwaltung zum Ausdruck kommt. Sie achtet die grundlegenden Funktionen des Staates, insbesondere die Wahrung der territorialen Unversehrtheit, die Aufrechterhaltung der öffentlichen Ordnung und den Schutz der nationalen Sicherheit. Insbesondere die nationale Sicherheit fällt weiterhin in die alleinige Verantwortung der einzelnen Mitgliedstaaten."

In diesem von Verfassung und Europarecht durch den Staatsbegriff vorstrukturierten Kontext erschiene es verfehlt, wenn das Gericht die Auseinandersetzung mit diesem Begriff miede. Dem korrespondiert, dass auch die Wissenschaft supranationale Integration keineswegs mehr als Ersatz für Staatlichkeit sieht, sondern nur einen Funktionswandel konstatiert.[23]

Wichtig ist daher vor allem die *Funktion*, die den Konzepten Staatlichkeit und Souveränität in der Rechtsprechung des Bundesverfassungsgerichts zukommt. Diese Funktion bringt das Lissabon-Urteil wie folgt auf den Begriff:

> „Souveräne Staatlichkeit steht danach für einen befriedeten Raum und die darin gewährleistete Ordnung auf der Grundlage individueller Freiheit und kollektiver Selbstbestimmung. Der Staat ist weder Mythos noch Selbstzweck, sondern die historisch gewachsene, global anerkannte Organisationsform einer handlungsfähigen politischen Gemeinschaft."[24]

In vergleichbarer Weise bestimmt das Maastricht-Urteil Staatlichkeit unter Bezug auf das Demokratieprinzip und das Wahlrecht.[25]

---

22 Ausführlich: *Voßkuhle* (Fn. 21), S. 1 ff.

23 Vgl. etwa die Befunde bei *Philipp Genschel / Stephan Leibfried*, Schupperts Staat. Wie beobachtet man den Wandel einer Formidee?, Der Staat 47 (2008), S. 359 ff.; *Philipp Genschel / Stephan Leibfried / Bernhard Zangl*, Der zerfaserte Staat, Vorgänge 182 (2008), S. 4 ff. Ähnlich auch schon *Luhmann* (Fn. 7), S. 130 ff.

24 BVerfGE 123, 267 (346). Zur demokratieschützenden Funktion der Staatlichkeit siehe auch BVerfGE 89, 155 (171 ff., 186).

Keineswegs setzt das Gericht in seiner Bezugnahme auf den Staatsbegriff also zur Apotheose des Nationalstaats an. Vielmehr bemüht es sich um die Entwicklung einer Dogmatik Deutschlands als „Mitglieds-Staat“[26] in der Europäischen Union im Einklang mit den Forderungen des Verfassungstextes. Staatlichkeit ist hier ganz in den Dienst wirksamen Grundrechtsschutzes und eines materiell bedeutsamen Demokratieverständnisses gestellt.[27]

Prüfungstechnisch geht der Staatsbegriff dennoch nicht vollständig in den genannten Primärprinzipien auf. Auch dies erklärt sich nur, wenn man das Gericht als Organ der Rechtsprechung und nicht als Produzent von wissenschaftlicher Theorie wahrnimmt: Staatlichkeit dient dem Gericht als binäre Größe zur Strukturierung der Prüfung einer Verletzung der genannten Prinzipien. Gilt die fehlende Skalierbarkeit von Staatlichkeit im wissenschaftlichen Diskurs als Schwäche des Begriffs[28], gibt diese Eigenschaft der richterlichen Tätigkeit klarere Maßstäbe. Sie stabilisiert den verfassungsrechtlichen Schutzgehalt in organisatorischer Hinsicht und trägt damit zur Transparenz und Rationalisierung der Überprüfung weiterer Integrationsschritte bei.

Damit lässt sich festhalten: Das Bundesverfassungsgericht räumt Staatlichkeit in seiner Rechtsprechung zu Europa einen wichtigen Platz ein. Unter Beachtung der nötigen Sorgfalt mag die Rede von einer Staatstheorie des Gerichts insofern durchaus ihre Berechtigung haben.[29]

2. „Staatstheorie“ des Pluralismus

Während der Staatsbegriff in der Rechtsprechung zum Verhältnis des Grundgesetzes zu Europa eine bedeutende Rolle spielt, ist das in den Entscheidungen zur inneren Gestaltung des Staates nicht der Fall. Dennoch finden sich dort Figuren, die ihren ideengeschichtlichen Ursprung in staatstheoretischen Überlegungen haben und teilweise auch noch darauf Bezug nehmen. Eine dieser Vorstellungen sei hier herausgegriffen – die einer „Ordnung des Pluralismus“.

25 Vgl. etwa BVerfGE 89, 155 (177): „Art. 38 GG verbürgt nicht nur, daß dem Bürger das Wahlrecht zum Deutschen Bundestag zusteht. […] Gibt der Deutsche Bundestag Aufgaben und Befugnisse auf, insbesondere zur Gesetzgebung und zur Wahl und Kontrolle anderer Träger von Staatsgewalt, so berührt das den Sachbereich, auf den der demokratische Gehalt des Art. 38 GG sich bezieht.“

26 Begriff bei: *Rainer Wahl*, Herauforderungen und Antworten. Das öffentliche Recht der letzten fünf Jahrzehnte, 2006, S. 96.

27 Anders dagegen: *Martin Nettesheim,* Ein Individualrecht auf Staatlichkeit? Die Lissabon-Entscheidung des BVerfG, NJW 2009, S. 2867 (2869).

28 Vgl. *Möllers* (Fn. 2), S. 424 f.

29 So auch *Möllers* (Fn. 6), S. 106 f.

Die Wiederentdeckung des Pluralismus nach dem Zweiten Weltkrieg – etwa durch Ernst Fraenkel – kreist um die Überzeugung, dass die Heterogenität und Interessenvielfalt der Gesellschaft keine Not, sondern eine Tugend ist. Politische Parteien und andere gesellschaftliche Organisationen sind Ausdruck dieser Heterogenität. Als staatstheoretisches Konzept stellt es Staatsmacht und Gruppeninteressen einander als gleichwertig gegenüber und integriert sie im demokratischen Verfassungsstaat ineinander.[30] Diese Vorstellungen entfalteten von Beginn an großen Einfluss auf das Bundesverfassungsgericht. Das lässt sich an zwei Beispielen verdeutlichen:[31]

(1) So ist zum einen die verfassungsgerichtliche Auslegung von Art. 21 GG pluralistischem Denken verpflichtet. Die staatstheoretische Vorstellung, die das Gericht mit Art. 21 GG verbindet, wird schon im ersten Band der Entscheidungssammlung wie folgt zum Ausdruck gebracht: Durch Art. 21 GG werde „von Bundes wegen der moderne demokratische *Parteienstaat* legalisiert; die Parteien sind in die Verfassung eingebaut [...]. Sie stehen daher nicht wie andere soziale Gebilde nur in einer verfassungsmäßig gesicherten Position dem Staate gegenüber."[32]

(2) Zwar ordnet das Gericht die Parteien nicht der staatlichen, sondern der gesellschaftlichen Sphäre zu.[33] Das Konzept des „Parteienstaats" führt jedoch in der Sache zu einer intermediären Stellung der Parteien, die sich in zwei Punkten niederschlägt: Die zentrale gesellschaftliche Bedeutung der Parteien für das Gemeinwesen wird anerkannt und mit der Gewährung eines sehr weitgehenden Gestaltungsspielraums verknüpft. Die Bedeutung manifestiert sich in ihrer Aufgabe, an der politischen Willensbildung des Volkes mitzuwirken, diesen Willen vorzuformen und sich an Wahlen sowie an der personellen Besetzung von Staatsämtern zu beteiligen. Umgekehrt verpflichtet das Verfassungsgericht Parteien zur Beachtung binnenorganisatorischer Regeln, die sich am Vorbild staatlicher Organisationen orientieren. So hat das Karlsruher Gericht dem Ver-

30 Hierzu umfassend: *Robert van Ooyen*, Der Staat der Moderne. Hans Kelsens Pluralismustheorie, 2003, S. 222 ff. Zu Hugo Preuß als Vordenker einer Verfassungstheorie des Pluralismus siehe den gleichnamigen Beitrag von *Andreas Voßkuhle*, Der Staat 50 (2011), S. 251 ff.

31 Weitere pluralistische Elemente beinhaltet die Rechtsprechung zur Vereinigungsfreiheit (Art. 9 GG), zur kommunalen Selbstverwaltung (Art. 28 Abs. 2 GG) sowie zur Existenz und zum Schutz der freiheitlich-demokratischen Grundordnung, die den pluralen Meinungsbildungsprozess offen halten soll (Verwirkung von Grundrechten, Art. 18 GG; Parteienverbot, Art. 21 Abs. 2 GG). Vgl. dazu nur *Reinhold Zippelius / Thomas Würtenberger*, Deutsches Staatsrecht, 32. Aufl. 2008, § 53, Rn. 3 ff.

32 BVerfGE 1, 208 (255), u. a. unter Hinweis auf Schriften von *Leibholz*, der bekanntlich die verfassungsgerichtliche Rechtsprechung insoweit stark geprägt hat, ohne dass das Gericht seiner Parteienstaatslehre je voll gefolgt wäre.

33 Zur Geltung des „Verbots einer Einfügung der Parteien in die organisierte Staatlichkeit" siehe BVerfGE 20, 56 (102), unter Rückgriff auf *Hesse*, Die verfassungsrechtliche Stellung der politischen Parteien im modernen Staat, in: VVDStRL 17 (1959) S. 11 (33).

fassungspostulat, dass die innere Ordnung von Parteien demokratischen Grundsätzen entsprechen müsse (Art. 21 Abs. 1 S. 3 GG), schon früh zur Geltung verholfen.[34]

Vergleichbares findet sich im Bereich der organisatorischen Dimension der Kommunikationsgrundrechte. So stellt etwa das Gericht dem weiten Gestaltungsspielraum der Rundfunkanstalten schon früh die Notwendigkeit einer pluralistischen Binnenorganisation der Rundfunkanstalten gegenüber, um auf diese Weise ein inhaltlich pluralistisches Rundfunkprogramm effektiv zu gewährleisten.[35]

Auch wenn der Einfluss des Pluralismus auf diese Konzepte spürbar ist und sich etwa in der Rede vom Parteienstaat niederschlägt, so verschwimmen hier doch staatstheoretische Erwägungen mit der Prüfung von Grundrechten. Schon im Fall des Rundfunkrechts hat sich die verfassungsgerichtliche Semantik weitgehend vom Staatsbegriff gelöst. Staatstheorie konnte sich der Sogwirkung der Grundrechte nicht entziehen und ist zu Grundrechtstheorie transformiert. Natürlich lässt sich die verfassungsgerichtliche Rechtsprechung zum Pluralismus nach wie vor im staatstheoretischen Vokabular diskutieren. Ob man damit das Selbstverständnis des Gerichts trifft und ob dies zu einem besseren Verständnis und einem höheren Rationalisierungsgrad der Rechtsprechung führt, erscheint aber im Ergebnis fraglich. Offenbar gilt: Je weiter man in den Kernbereich grundrechtlichen Denkens vorstößt, desto stärker werden die Zweifel daran, ob von einer Staatstheorie des Gerichts die Rede sein kann. Das lässt sich bei unserer dritten Einzelbohrung noch deutlicher beobachten.

3. „Staatstheorie" und das Konzept der Verfassungsvoraussetzungen

Kaum ein Topos darf für sich in Anspruch nehmen, den wissenschaftlichen Diskurs über Staatstheorie so verschärft zu haben wie die Lehre vom Staat als Verfassungsvoraussetzung.[36] Unmittelbare staatsrechtliche Konsequenzen hat diese Lehre – wie seit *Jellinek* bekannt ist – im Fall einer staat-

---

34 BVerfGE 2, 1 (13, 45 f.).

35 BVerfGE 12, 205 (261 f.); 57, 295 (325). „Sachwalter der Allgemeinheit" sollen die Staatsferne des Rundfunks garantieren: vgl. etwa BVerfGE 60, 53 (63); 83, 238 (333 f.).

36 Vgl. *Herbert Krüger*, Verfassungsvoraussetzungen und Verfassungserwartungen, in: FS Scheuner, 1973, S. 285 (292 ff.); *Josef Isensee*, Staat und Verfassung, in: HStR I, 1. Aufl. 1987, § 13 Rn. 1: „Dennoch ist Verfassung nicht zu verstehen ohne Staat. Dieser ist ihr Gegenstand und ihre Voraussetzung. In ihm erreicht sie Geltung und Wirklichkeit."; *ders.*, Grundrechtsvoraussetzungen und Verfassungserwartungen, HStR V, 1. Aufl. 1992, § 115, Rn. 1, 105 f.; mit stärkerer Hinwendung zum Verfassungsbegriff jetzt *ders.* (Fn. 6), S. 200. Präzise zur Problematik: *Matthias Jestaedt*, Die Verfassung hinter der Verfassung, 2009, S. 61 ff.

lichen Notlage.[37] In ihrer reinsten Form hat die Lehre die Frage ungeschriebener staatlicher Notstandsbefugnisse zum Gegenstand.[38] Allgemein hat sie Einfluss auf die Bewertung von Grenzen staatlicher Eingriffsbefugnisse. Insbesondere am Konzept der Verfassungsvoraussetzungen macht sich die eingangs erwähnte Kritik an Staatstheorie als meta-verfassungsrechtlicher Argumentationsbasis fest.

Dennoch ist es in der Wissenschaft in den vergangenen zehn Jahren zu einer Aktualisierung diesbezüglicher staatstheoretischer Argumentationsmuster gekommen.[39] Im Vergleich zu früher, etwa den 1970er Jahren[40], hat sich das Denken noch radikalisiert. Das „Grundrecht auf Sicherheit"[41] wird zum Postulat der „Selbstbehauptung des Rechtsstaates"[42] und wird teils sogar mit staatstheoretischen Reflexionen über die Notwendigkeit des „Bürgeropfers"[43] garniert. Die Probleme, die dieser Argumentation in jeglicher Hinsicht anhaften, müssen hier nicht wiederholt werden.[44]

Das Bundesverfassungsgericht hat sich nun in diesem Kontext nie auf Staatstheorie als Schranke der Grundrechte eingelassen, obwohl es die Gewährleistung von Sicherheit seit jeher zu den Kernfunktionen des Staates zählt.[45] Seine Rechtsprechung zum Verhältnis von Sicherheit und Freiheit ist konsequent von der subjektiven Rechtsstellung des Einzelnen her konstruiert. Der Staat als Abstraktum hat kein argumentatives Gewicht.

Auch in der einzigen Entscheidung aus jüngerer Zeit, in der das Gericht tatsächlich zur Möglichkeit eines Staatsnotstandes Stellung nimmt – der Entscheidung des Gerichts zu § 14 Abs. 3 LuftSiG[46] –, wird die individualrechtliche Perspektive nicht verlassen. Im Urteil steht die Gefahr der Verobjektivierung des Rechtssubjekts ganz im Vordergrund. Die Skepsis des Gerichts am Konzept des Staatsnotstandes wird überdeutlich: Falls ein derartiges Konzept überhaupt grundrechtseinschränkend wirken könne – was dahingestellt bleibt –, sind die materiellen Hürden für seine Anwendbarkeit – ein Angriff, der auf die Beseitigung des Gemeinwesens und die

---

37 Dazu: *Möllers* (Fn. 2), S. 29, 261.

38 Umfassend jüngst noch einmal *Isensee* (Fn. 6), S. 257 ff.

39 Nachweise bei *Möllers* (Fn. 2), S. 265 mit Fn. 66.

40 Darunter etwa *Ernst-Wolfgang Böckenförde*, Der verdrängte Ausnahmezustand, NJW 1978, S. 1881 ff.

41 *Josef Isensee*, Das Grundrecht auf Sicherheit, 1983.

42 *Otto Depenheuer*, Selbstbehauptung des Rechtsstaates, 2007.

43 *Otto Depenheuer*: Das Bürgeropfer im Rechtsstaat, in: ders. (Hrsg.): Staat im Wort – Festschrift für Josef Isensee, 2007, S. 43 ff.

44 Vgl. dazu *Möllers* (Fn. 2), S. 257 ff.; *Christoph Gusy*, Gewährleistung von Freiheit und Sicherheit im Lichte unterschiedlicher Staats- und Verfassungsverständnisse, VVDStRL 63 (2004), S. 151 ff.

45 Vgl. zu aktuellen Forschungen zur Sicherheitsdimension die Nachweise bei *Schuppert* (Fn. 5), S. 107 ff.

46 BVerfGE 115, 118.

Vernichtung der staatlichen Rechts- und Freiheitsordnung gerichtet ist – fast unerfüllbar hoch.[47]

Im Kernbereich der Grundrechte besitzt Staatstheorie für das Bundesverfassungsgericht also keinen Platz. Die Theoretiker der Ausnahmelage erkennen dies und werfen dem Gericht dementsprechend auch die Preisgabe von Staatlichkeit und „wirklichkeitsblinden [...] Verfassungsautismus“[48] vor.

III. Fazit

Mit dieser Kritik schließt sich der Bogen: Sie macht noch einmal deutlich, weshalb die Rede von einer „Staatstheorie“ des Bundesverfassungsgerichts so problematisch ist.[49] Zu divers sind die jeweiligen Kontexte. Zwischen der Rolle des Staates in der Europäischen Integration und als Grenze grundrechtlicher Freiheitsbetätigung bestehen zu große Unterschiede. Zu ausdifferenziert sind zudem bestimmte Bereiche der Rechtsprechung, etwa im grundrechtlichen Bereich, um staatstheoretische Erwägungen integrieren zu können. Schließlich ist der normative Status vieler staatstheoretischer Argumentationen in der Wissenschaft zu unklar, um verfassungsgerichtlich anschlussfähig zu sein.[50]

Dass es an einer konsistenten Staatstheorie fehlt, ist somit kein Defizit. Es zeigt vielmehr, dass das Gericht einen souveränen Umgang mit staatstheoretischen Argumenten pflegt. Es bringt diese dort und nur dort zur Anwendung, wo die normativen Parameter dies fordern oder zulassen und die Überlegungen einen Rationalitätsgewinn versprechen.

In den Fällen, in denen das Gericht auf den Staatsbegriff Bezug nimmt, lassen sich dann allerdings durchaus verallgemeinerbare Tendenzen identifizieren. Diese ergeben weniger eine „Theorie“. Eher lassen sie ein „Leitbild“[51] der verfassungsgerichtlichen Vorstellung von Inhalt und Funktion des Staatskonzepts aufscheinen. Dieses Leitbild lässt sich – bei aller Vorsicht – in zwei Gedanken zusammenfassen:

---

47 BVerfGE 115, 118 (159). Vgl. auch BVerfGE 49, 24 (69).

48 *Depenheuer* (Fn. 42), S. 29.

49 Ähnlich problematisch wäre die Rede von einer „Staatstheorie“ des Grundgesetzes; hierzu *Isensee* (Fn. 6), S. 247: „Das Grundgesetz enthält keine Theorie des Staates.“

50 Insoweit wie hier einig in ihrer Bewertung einer Staatstheorie durch die Rechtspraxis und das Bundesverfassungsgericht: *Möllers* (Fn. 6), S. 67, 106 f.; *Isensee* (Fn. 6), S. 237 f.

51 Zur Rolle des Metaphorischen im Bereich der Staatlichkeit: *Albrecht Koschorke / Susanne Lüdemann / Thomas Frank / Ethel Matala de Mazza*, Der fiktive Staat, 2007. Zu Leitbildern *Andreas Voßkuhle*, Neue Verwaltungsrechtswissenschaft, in: GVwR I, 2. Aufl. 2012, § 1 Rn. 40 m. w. N.

(1) Der Staat ist für das Bundesverfassungsgericht als bedeutungsvolle Entscheidungseinheit Garant für transparente Zurechnungszusammenhänge. In seiner historisch überkommenen Form als Rechtsstaat trägt er entscheidend zur Durchsetzung und Kontrolle demokratischer und grundrechtlicher Grundsätze bei. Ihm gelingt damit eine besonders effektive Koppelung von In- und Output.[52] Staatlichkeit gilt dem Gericht als Garant gegen Verantwortungsdiffusion in immer komplexeren weltgesellschaftlichen Organisationszusammenhängen.

(2) Diese Vorstellung des Staates hält sich von jeder Verabsolutierung des Staatsbegriffs fern. Staatlichkeit ist weder Ideal noch unabänderliches Konzept. Sie hat vielmehr in der Rechtsprechung des Bundesverfassungsgerichts stets und ausschließlich eine dienende Funktion. Der Rekurs auf den Staat erfolgt bezogen auf ein verfassungsrechtliches Argument und unterliegt damit – wie alle anderen juristischen Begriffe und Konzepte – den Regeln der Verfassung.[53]

Die hier zum Ausdruck kommende Skepsis gegenüber einer „Staatstheorie des Bundesverfassungsgerichts" darf nicht missverstanden werden als Indifferenz des Gerichts gegenüber „guter" Staatstheorie. Staatstheorie auf dem Stand der Wissenschaft erfüllt vielmehr zentrale Funktionen, die das Gericht – wie eingangs ausgeführt – selbst nicht leisten kann, auf die es mittelbar aber durchaus angewiesen ist.[54] Präzise Beschreibung von Staatlichkeit sensibilisiert das Gericht für neue Problemlagen. Normative Kontextualisierungen dieser Probleme sind ein wichtiges Diskussionsangebot an das Gericht, wenn es gelingt, sie in einen verfassungsrechtlichen Rahmen einzukleiden. Sorgfältige Untersuchungen der Rechtsprechung des Bundesverfassungsgerichts zu staatstheoretischen Problemzusammenhängen können zur stets notwendigen und willkommenen Aufklärung über es selbst beitragen. Aus aktuellem Anlass sei nur hinzugefügt: Folke Schupperts staatstheoretisches Werk setzt hier in allen Bereichen Maßstäbe.

---

52 Ein vergleichbares Modell einer besonderen „institutionellen Kompetenz" des Staates bietet *Schuppert* (Fn. 5), S. 17, 169 ff.

53 Vgl. hierzu klassisch *Adolf Arndt*, Umwelt und Recht, NJW 1963, S. 24 (25): „In einer Demokratie gibt es an Staat nicht mehr als seine Verfassung zum Entstehen bringt." Dazu, wie sich dies zur Handlungsfähigkeit des Staates verhält, vgl. auch BVerfGE 98, 218 (246): „Dem Grundgesetz liegt nicht die Vorstellung zugrunde, dass sich jede vom Staat ergriffene Maßnahme auf eine verfassungsrechtliche Ermächtigung zurückführen lassen müsse. Es geht vielmehr von der generellen Befugnis des Staates zum Handeln im Gemeininteresse aus, erlegt ihm dabei aber sowohl formell als auch materiell bestimmte Beschränkungen auf. Ein Regelungsverbot kann sich unter diesen Umständen nicht schon aus einer fehlenden verfassungsrechtlichen Ermächtigung, sondern nur aus verfassungsrechtlichen Schranken staatlicher Entscheidungen ergeben."

54 Zu Anforderungen an Verfassungstheorie, die im Wesentlichen auf Staatstheorie übertragbar sind: *Voßkuhle* (Fn. 8), S. 4.

Anhang

Teilnehmer des Colloquiums

Beisheim, Marianne, Dr. rer. pol., Freie Universität Berlin

Benz, Arthur, Prof. Dr. jur., Technische Universität Darmstadt

Börzel, Tanja A., Prof. Dr., Freie Universität Berlin

Bumke, Christian, Prof. Dr. jur., Bucerius Law School Hamburg, Commerzbank-Stiftungslehrstuhl Grundlagen des Rechts

Fischer, Karsten, Prof. Dr. rer. soc., Ludwig-Maximilians-Universität München

Franzius, Claudio, PD Dr. jur., Universität Hamburg / Freie Universität Berlin

Grimm, Dieter, Prof. Dr. jur. Dr. h.c. mult., Wissenschaftskolleg zu Berlin

Hoffmann-Riem, Wolfgang, Prof. Dr. jur., LL.M., Universität Hamburg, Richter des Bundesverfassungsgerichts a. D.

Huber, Peter M., Prof. Dr. jur., Ludwig-Maximilians-Universität München, Richter des Bundesverfassungsgerichts

Ipsen, Jörn, Prof. Dr. jur., Universität Osnabrück

Jann, Werner, Prof. Dr., Universität Potsdam

Kersten, Jens, Prof. Dr. jur., Ludwig-Maximilians-Universität München

Kötter, Matthias, Dr. jur., Freie Universität Berlin / Wissenschaftszentrum Berlin für Sozialforschung

Kumm, Mattias, Prof. Dr., Wissenschaftszentrum Berlin für Sozialforschung

Leibfried, Stephan, Prof. Dr. rer. pol., Universität Bremen

Lepsius, Oliver, Prof. Dr. jur., Universität Bayreuth

Meinel, Florian, Dr. jur., Humboldt-Universität zu Berlin

Merkel, Wolfgang, Prof. Dr. rer. pol., Wissenschaftszentrum Berlin für Sozialforschung

Neidhardt, Friedhelm, Prof. Dr. rer. pol., Wissenschaftszentrum Berlin für Sozialforschung

Preuß, Ulrich K., Prof. Dr. jur., Hertie School of Governance Berlin

Richter, Ingo, Prof. Dr. jur., Wissenschaftszentrum Berlin für Sozialforschung

Risse, Thomas, Prof. Dr. rer. pol., Freie Universität Berlin

Scherzberg, Arno, Prof. Dr. jur., Universität Erfurt

Schmidt-Aßmann, Eberhard, Prof. Dr. jur. Dres h.c., Universität Heidelberg

Schulze-Fielitz, Helmuth, Prof. Dr. jur., Universität Würzburg

Schuppert, Gunnar Folke, Prof. Dr. jur., Wissenschaftszentrum Berlin für Sozialforschung

Voßkuhle, Andreas, Prof. Dr. jur., Universität Freiburg, Präsident des Bundesverfassungsgerichts

Zürn, Michael, Prof. Dr. rer. soc., Wissenschaftszentrum Berlin für Sozialforschung